GALILAEA
SVPERIOR SEV GENTIVM.
Ptolemais
Carmelum prom.
GALILAEA INFERIOR.
NAPTHALIM.
SEBV:
LON.
ISACHAR
GENESAR Regio.
MARE GENE SARETH.
TRA: CHONITIS Regio.
MANASSES.
ARGOB Regio
GILEADITIS.
TOPARCHIA.
PEROEA Regio.
GAD.
RVBEN.
Iordanis flu.
Ituræa, uel Chamat.
COELE SY: RIAE PARS.
GAVLONITIS Regio.
GESSVRI, vel BATHAREA.
Hermon mons.
Gilead mons.
Capitolias.
AMMONITIS REGIO, QVAE NVNC PHILADELPHIA.
Samuli.
Philadelphia.
Thraconi montes.
Amor: rhei.
Telemannum.
Cademoth solitudo.
Beer puteus.
Mathanah solitudo.
Nabathei.
ARABIAE
TRAEAE PA:
Almon Diblathaim.
MOABITIS REGIO
VEL MORTVVM
1. Bethhaisimoth.
2. Asdothpisga.
3. Bethbaalmeon.
4. Bethania.
5. Betphage.
Priui: legio Imperiali, et Belgico, ad decenni: um.
Abraha: mus Orteli: us in hanc for: mam minorem redigebat. Anno CIↃ.IↃ.LXXXVI.

# WELTATLAS DER ALTEN KULTUREN

# JÜDISCHE WELT

Aus dem Englischen übertragen von Holger Fliessbach und Gertraude Wilhelm

Redaktion: Manfred Braun

Korrekturen, Register: Monika Wöhlken

Entwurf des Schutzumschlags: Ludwig Kaiser

Herstellung: Dieter Lidl, München
Satz: J. Fink GmbH, München



AN EQUINOX BOOK

Die Originalausgabe unter dem Titel *Atlas of the Jewish World* wurde entwickelt und realisiert von Equinox Ltd., Oxford.

Chefredaktion: Graham Speake

Textredaktion: Robert Peberdy
Bildredaktion: Andrew Lawson
Landkarten: Zoë Goodwin, Nicholas Harris
Design: Adrian Hodgkins
Produktion: Clive Sparling


Reproarbeiten: Alpha Reprographics, Harefield, Middlesex; Fotographics Ltd., London/Hongkong

Druck- und Bindearbeiten: Heraclio Fournier SA., Vitoria

Printed in Spain



ISBN 3-88472-089-9

*Frontispiz: Juden aus verschiedenen Ländern in traditionellen Gewändern des 19. Jahrhunderts.*
*Seite 2/3 (von links nach rechts): eine Dame aus Konstantinopel, ein Mann aus Smyrna, ein Jerusalemer Paar, ein Marokkaner.Seite 4/5: ein polnisches, indisches und algerisches Paar. Seite 6: ein Reform-Rabbiner aus Hamburg.*

# WELTATLAS DER ALTEN KULTUREN

# JÜDISCHE WELT

von Nicholas de Lange

Christian Verlag

# INHALT

## Zweiter Teil: Aspekte jüdischen Lebens



## Dritter Teil: Die heutige jüdische Welt

# CHRONOLOGISCHE ÜBERSICHT

| | 1000 v. Chr. | 300 v. Chr. | n. Chr. | 300 | 600 | 900 |
|---|---|---|---|---|---|---|
| DER WESTEN | | Beginn der westlichen Diaspora | Diaspora-Aufstände 115–117 | Christentum wird Staatsreligion des Römischen Reichs 391/92 | Zwangstaufen<br>Ausbreitung des Islam | »Goldenes Zeitalter« der Juden in Spanien ca. 900–1140 |

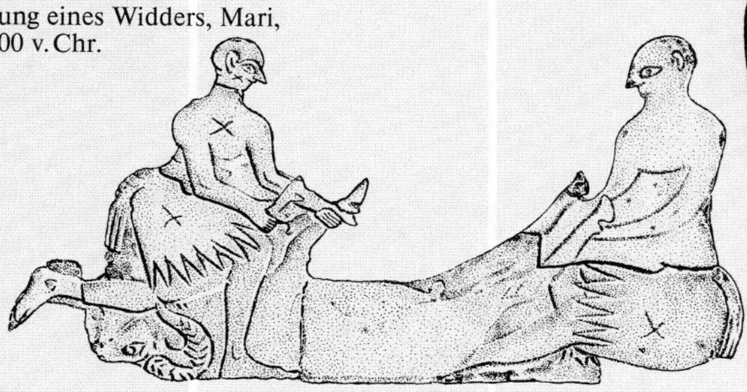

Opferung eines Widders, Mari, ca. 2400 v. Chr.

Judäa als trauernde Gefangene, römischer Silber-Denar, 69/70 n. Chr.

Moses mit der Gesetzesrolle, Fresko, Dura Europus, 245 n. Chr.

Thoraschrein, Mosaik, Bet Schean, 6. Jh.

| | 1000 v. Chr. | 300 v. Chr. | n. Chr. | 300 | 600 | 900 |
|---|---|---|---|---|---|---|
| PALÄSTINA/ ISRAEL | Königreich Davids und Salomos<br>Assyrische und babylonische Eroberungen<br>Persische Herrschaft | Makedonische Regierung<br>Hasmonäer-Dynastie<br>Eroberung durch die Römer 63 v. Chr.<br>Herodes der Große 40–4 v. Chr. | Römische Herrschaft<br>Erster jüdisch-römischer Krieg 66–74<br>Zweiter jüdisch-römischer Krieg (Bar-Kochba-Aufstand 132–35) | Aufstand des Patricius 351 | Persische Herrschaft 614–29<br>Arabische Eroberung 634–40 | Kreuzfahrerherrschaft |
| DER OSTEN | Babylonische Gefangenschaft<br>Beginn der östlichen Diaspora | Partherreich | Jüdische Herrscher in Babylonien und Adiabene | Sassanidenreich<br>Jüdische Herrscher in Himjar | Arabische Eroberungen<br>Übertritt der Chasaren zum Judaismus | Siedlungen in Indien und China |
| RELIGIÖSE ENTWICKLUNGEN | Erster Tempel<br>Zweiter Tempel | Griechischer Einfluß | Ausbreitung des Rabbinismus | | Geonim<br>Ausbreitung des Karäismus | Islamischer Einfluß |
| KULTUR | Biblische Literatur | Griechisch-jüdische Literatur | Mischna | Talmud | | Arabische Philosophie<br>Hebräische Dichtung |

| 1200 | 1500 | 1600 | 1700 | 1800 | 1880 | 1930 |
|---|---|---|---|---|---|---|
| Vertreibungen und Judenmassaker | Vertreibung aus Spanien 1492<br>Ghettos und Mellas | Jüdische Siedlungen in der Neuen Welt<br>Vierländersynode (ab 1623)<br>Chmielnicki-Massaker 1648/49 | | Teilungen Polens<br>Sperrbezirke für russische Juden (ab 1786)<br>Beginn der Judenemanzipation | Pogrome in Rußland<br>Massenauswanderung<br>Entstehen des Antisemitismus<br>Entstehen der zionistischen Bewegung<br>Judenemanzipation in Rußland 1917<br>Balfour-Deklaration 1917 | Nazistische »Endlösung«: Holocaust<br>Jüdischer Weltkongreß 1936 |

Salomo liest die Thora, französische Miniatur, 13. Jh.

Ein Jude aus Istanbul in der Tracht des 16. Jhs.

Holzsynagoge, Polen

Staatsflagge Israels

| 1200 | 1500 | 1600 | 1700 | 1800 | 1880 | 1930 |
|---|---|---|---|---|---|---|
| Mamelukische Herrschaft | Osmanische Herrschaft | | | | Beginn der zionistischen Siedlungen<br>Britisches Mandat 1920–48 | Proklamation des Staates Israel 1948 |
| Mongoleninvasion | Osmanisches Reich<br>Ansiedlung spanischer Flüchtlinge | | | | Anwachsen des arabischen Nationalismus | Massenauswanderung |
| Entstehung der Kabbala | Schulhan Aruch<br>Lurianische Kabbala | Sabbatai Zvi | Chassidismus | Reformjudentum<br>Orthodoxie | Konservative Bewegung | Reconstructionism |
| | Hebräischer Buchdruck | »Goldenes Zeitalter« der Amsterdamer Juden | | *Wissenschaft des Judentums*,<br>Hebräische Aufklärung | Hebräische Universität 1925 | Blüte jüdischer landessprachlicher Literatur |

Die heutige jüdische Welt
Jüdische Siedlungsgebiete
Dichte Besiedlung
Dünnere Besiedlung
Orte mit jüd. Bevölkerung
Größere Gemeinde
Noch bedeutende Gemeinde
Isolierte Gemeinde
USA Land mit jüdischer Bevölkerung
Maßstab am Äquator 1:60 000 000
160°
140°
120°
100°
80°
60°
40°
20°
0°
ALASKA
Anchorage
GRÖNLAND
ISLAND
Hudson Bay
KANADA
Winnipegsee
Winnipeg
Oberer See
Seattle
Minneapolis
Milwaukee
Chicago
Detroit
Toronto
Montreal
Hartford
Boston
Syracuse
Albany
Cleveland
Pittsburgh
Indianapolis
Philadelphia
Cincinnati
New York
New Haven
Bridgeport
Atlantic City
Washington
Baltimore
Norfolk
U S A
Missouri
San Francisco
San Jose
Denver
Kansas City
St. Louis
Las Vegas
Colorado
Los Angeles
Long Beach
San Diego
Phoenix
Tucson
Dallas
Mississippi
Atlanta
Houston
New Orleans
Rio Grande
Tampa
Orlando
Boca Raton
Fort Lauderdale
Miami
Golf von Mexiko
Monterrey
MEXIKO
Mexiko
KUBA
BAHAMAS
BELIZE
JAMAIKA
HAITI
DOMINIKANISCHE REPUBLIK
PUERTO RICO
Jungferninseln
KLEINE ANTILLEN
Karibisches Meer
GUATEMALA
HONDURAS
EL SALVADOR
NICARAGUA
COSTA RICA
PANAMA
Aruba
Curaçao
TRINIDAD
Caracas
Orinoko
VENEZUELA
GUYANA
Paramaribo
SURINAM
Franz. GUAYANA
KOLUMBIEN
ECUADOR
Amazonas
Manaus
Belém
Recife
BRASILIEN
PERU
Brasilia
Salvador
BOLIVIEN
PARAGUAY
Rio de Janeiro
São Paulo
Porto Alegre
Paraná
CHILE
Córdoba
Rosario
Santiago
URUGUAY
Buenos Aires
Montevideo
ARGENTINIEN
PAZIFISCHER OZEAN
ATLANTISCHER OZEAN
AZOREN
KANARISCHE INSELN
Trondheim
NORWEGEN
Oslo
Göteborg
GROSS-BRITANNIEN
Glasgow
DÄNEMARK
Leeds
Dublin
IRLAND
Manchester
Amsterdam
London
HOLL
Brighton
BELG
Antwerpen
Brüssel
DDR
Paris
LUX
BRD
FRANKR
ÖSTERR
SCHWEIZ
Lyon
Mailand
Toulouse
Marseille
Nizza
ITALIEN
Korsika
Rom
Madrid
Barcelona
PORTUGAL
Lissabon
SPANIEN
Gibraltar
Algier
Casablanca
MAROKKO
TUNESIEN
ALGERIEN
WEST-SAHARA
MAURETANIEN
MALI
Niger
NIGER
SENEGAL
GAMBIA
GUINEA BISSAU
GUINEA
OBER VOLTA
SIERRA LEONE
LIBERIA
ELFENBEINKÜSTE
GHANA
TOGO
BENIN
NIGERIA
KAMERUN
ÄQUATORIAL GUINEA
GABUN
KONGO
Kinshasa
NAMIBIA
Windhoek
Kapstadt

0°
60°
80°
100°
120°
140°
160°
180°
60°
40°
20°
0°
20°
40°
60°
Murmansk
Leningrad
Moskau
Gorki
Witebsk
Mogiljow
Gomel
Kiew
Charkow
Dnepropetrowsk
Donez
Rostow
Odessa
Simferopol
Wolga
Kuibyschew
Swerdlowsk
Tscheljabinsk
Ob
Jenissei
Lena
Irtysch
Tomsk
Irkutsk
U d S S R
Magadan
Amur
Birobidschan
MONGOLEI
KASPISCHES MEER
SCHWARZES MEER
Tbilisi
Baku
Taschkent
Istanbul
Ankara
TÜRKEI
Zypern
Aleppo
Beirut
LIB. SYRIEN
ISRAEL
Damaskus
Kairo
JORDANIEN
IRAK
Teheran
Isfahan
IRAN
KUWAIT
AFGHANISTAN
PAKISTAN
Indus
Neu Delhi
NEPAL
BHUTAN
Ganges
BANGLA-DESCH
Kalkutta
CHINA
Huang He
Yangtse
N KOREA S
JAPAN
Tokio
PAZIFISCHER OZEAN
Wendekreis des Krebses
Taipeh
TAIWAN
Hongkong
ÄGYPTEN
Nil
SAUDI-ARABIEN
KATAR
VAR
OMAN
INDIEN
Bombay
BURMA
LAOS
THAILAND
VIETNAM
KAMBODSCHA
SÜD-CHINESISCHES MEER
Manila
PHILIPPINEN
ARABISCHES MEER
N-JEMEN
S-JEMEN
SUDAN
DSCHIBUTI
ÄTHIOPIEN
SOMALIA
Cochin
SRI LANKA
BRUNEI
MALAYSIA
Singapur
Äquator
UGANDA
KENIA
Nairobi
BURUNDI
Victoriasee
TANSANIA
INDISCHER OZEAN
INDONESIEN
PAPUA-NEUGUINEA
Lubumbashi
MALAWI
SAMBIA
Harare
MOÇAMBIQUE
SIMBABWE
Bulawayo
MADAGASKAR
St. Denis
Réunion
SWASILAND
LESOTHO
Wendekreis des Steinbocks
AUSTRALIEN
Perth
Darling
Sydney
Melbourne
Auckland
NEUSEELAND
Wellington

# VORWORT

Die Geschichte der Juden ist zwar nur ein dünner Faden im Knäuel der Menschheitsgeschichte, doch hat sie weit hinausgewirkt über den engen Bereich des Volkes Israel selbst. Die Juden sind niemals ein großes oder mächtiges Volk gewesen, aber sie wurden immer wieder hineingerissen in die historischen Geschehnisse. Heute, unter dem Eindruck des nationalsozialistischen Infernos und angesichts der Ereignisse im Nahen Osten, ist dieses Hineingezogensein in die Weltgeschichte nur allzu offensichtlich. Die Juden wirkten oft als Außenseiter unter den Nationen, was zu vielen falschen Vorstellungen über sie Anlaß gegeben hat. Absicht des vorliegenden Werkes ist es, eine möglichst objektive Beschreibung der Juden zu liefern: wer sie sind und wie sie wurden, was sie heute sind.

Mir ist kein anderer Atlas bekannt, in dem dies angestrebt worden wäre, und so mußte ich, in Ermangelung eines Vorbildes, meine eigene, gewiß kritisierbare, Darstellungsweise wählen. Das Buch gliedert sich in drei Abschnitte, die in unterschiedlicher Art an das Thema »Jüdische Welt« herangehen. Der erste Teil bietet einen historischen Zugang; im Vordergrund stehen die Bevölkerungsbewegungen, die die schwankende Grundlage jüdischer Existenz gebildet haben, sowie die politischen und sozialen Bedingungen, die diese Wanderungen auslösten und ihre Richtung bestimmten. Der zweite Teil besteht aus einer Reihe allgemeiner gehaltener Essays über verschiedene Aspekte jüdischen Daseins; der dritte Teil schließlich ist eine Art Reiseführer durch die jüdischen Gemeinden der modernen Welt. Ich habe mich in diesem Abschnitt bemüht, nicht nur trockenes Zahlen- und Faktenmaterial zu liefern, sondern auch die lokalen Bedingungen zu würdigen, die jeder einzelnen dieser Gemeinden ein unverwechselbares Gepräge verleihen. Die drei Teile hängen miteinander zusammen, können aber auch separat und in beliebiger Reihenfolge gelesen werden.

Da es sich bei diesem Buch um einen Atlas handelt, liegt das eigentliche Schwergewicht bei den Karten. So konnte im Text auf viele Einzelheiten verzichtet werden, die in den Karten dargestellt sind. Gelegentlich mag der Text wehmütig, ja pessimistisch wirken. Das ist kaum verwunderlich. Die jüdische Erfahrung war oft alles andere als glücklich, und obwohl wir Juden jüngst eine der dunkelsten Epochen unserer Geschichte überstanden haben, besteht noch mancherlei Grund zur Besorgnis. Jeder Versuch, die Lage des heutigen Judentums zu beurteilen, ist notgedrungen subjektiv. Mein eigener Standpunkt als engagierter Jude gründet sich auf den Glauben und auf Optimismus. Aber ich hätte meinen Lesern sicherlich einen schlechten Dienst erwiesen, wäre ich über die unbestreitbar vorhandenen Zweifel und Enttäuschungen hinweggegangen. Vor 40 Jahren wäre das Gesamtbild zwar unvergleichlich viel düsterer ausgefallen, als es gegenwärtig der Fall ist. Doch wenn auch auf der materiellen Ebene jetzt eher Anlaß zur Zuversicht besteht, sind in religiöser und psychologischer Hinsicht die Aussichten alles andere als rosig. Alle Urteile, die ich im folgenden über die zeitgenössische Situation des Judentums abgebe, gründen sich auf nachweisbare Tatsachen und auf meine eigenen Erfahrungen mit jüdischen Menschen und Einrichtungen. Nicht jeder wird sich meiner Bilanz anschließen. Ich kann nur sagen, daß ich hocherfreut wäre, sollten sich meine pessimistischen Einschätzungen als falsch erweisen.

Ich hätte dieses Buch nicht ohne die Hilfe anderer schreiben können, denen ich an dieser Stelle meinen Dank abstatten möchte. An erster Stelle muß ich drei meiner Lehrer nennen: Ignaz Maybaum, James Parkes und Cecil Roth. Alle drei haben mich, jeder auf seine Weise, gelehrt, die jüdische Vergangenheit zu interpretieren, und sie alle haben spezifische Beiträge zu diesem Werk geleistet. Wertvolle Einsichten vermittelte mir auch Alexander Scheiber; ihm und seinem Stab vom Jüdischen Theologischen Seminar Ungarns bin ich darüber hinaus für die liebenwürdige Gastfreundschaft verbunden. Peter Brown, der mich entgegenkommenderweise bei der Textredaktion beriet, steuerte durchdachte Kritik und gute Ratschläge bei. Ein unerforschliches Geschick hat uns vor vielen Jahren unter seltsamen Umständen zusammengeführt, und er mag erstaunt sein, zu erfahren, wie viel er mir seither gegeben hat. Danken möchte ich ferner Susan Skilliter für ihren Rat bei allem, was das Osmanische Reich betraf, besonders bei der Auswahl der Illustrationen, sowie vielen anderen Freunden und Kollegen, die (vielleicht oft, ohne es zu wissen) Informationen und nützliche Anregungen lieferten. Erwähnt sei auch Michael Neuberger, der mir bereitwillig Bücher lieh und bei Bedarf launige Kommentare abgab. Eine besondere Dankesschuld habe ich bei Michael Stewart abzutragen – einfach dafür, daß er bei verschiedenen Gelegenheiten für mich da war, als ich ihn brauchte.

Mein innigster Dank jedoch gilt meiner Lebensgefährtin Patricia. Ohne ihren Zuspruch hätte ich das Werk nicht vollenden können. Ich habe es für sie geschrieben und für meine zwei Kinder: um ihnen etwas darüber mitzuteilen, woher wir alle kommen und was es bedeutet, heutzutage Jude zu sein.

ERSTER TEIL

# DER HISTORISCHE HINTERGRUND

# HAUPTMERKMALE JÜDISCHER GESCHICHTE

Schon die Existenz des jüdischen Nationalbewußtseins ist ein Phänomen: ein Volk, zerstreut über die Staaten der Erde, (bis vor kurzem) ohne eigenes Land oder einheitliche Sprache, und doch im Besitz eines ausgeprägten Gefühls der Zusammengehörigkeit und der gemeinsamen Identität. Diese jüdische Identität ist sogar für Juden selbst schwer erklärbar – man kann sie nicht in einen knappen Begriff fassen; der einzige Weg, sich ihrem Wesen zu nähern, führt über die Geschichte. Jude zu sein, bedeutet nicht, einem speziellen Glaubensbekenntnis beizupflichten, sondern letztlich die Bindung an eine kollektive Vergangenheit anzuerkennen. Die Juden stehen untereinander in Beziehung wie die Blätter eines Baumes: Einige Blätter wachsen in Büscheln zusammen oder werden durch den vorbeistreichenden Wind in flüchtige Berührung gebracht, andere stehen weit auseinander; doch alle ähneln sich in ihrer Art und sind durch ein komplexes System von Ästen verbunden, das sich nach außen verzweigt oder aufs Geratewohl überschneidet. Und alle schöpfen ihre Lebenskraft über den Stamm aus derselben Wurzel. Ein Jude in Philadelphia oder in Frankfurt mag auf den ersten Blick wenig mit einem Juden in Kiew oder Casablanca, in Tel Aviv oder Taschkent gemeinsam haben. Das einzige vereinende Element ist das Bewußtsein – wie schwach entwickelt auch immer –, daß sie den gleichen Ursprung haben, vielleicht die gleiche historische Bestimmung, die beinahe blindlings den einen hierhin und den anderen dorthin gestellt hat.

Die Juden sind eine kleine, zerstreute Nation. Mit einer Ausnahme bilden sie in jedem Land, wo sie leben, eine winzige Minorität der Bevölkerung, und beinahe überall besteht die Mehrzahl von ihnen aus Einwanderern oder deren Kindern und Enkeln. Zum Verständnis der zeitgenössischen jüdischen Welt ist es darum unumgänglich, etwas über die Erschütterungen der letzten 100 Jahre zu wissen. Doch die Geschehnisse müssen noch weiter zurückverfolgt werden. Blicken wir einige Jahrhunderte zurück, so waren die jüdischen Gemeinden nicht ganz so weit zerstreut und fester etabliert, doch sind die Unterschiede nur relativ. Zerstreuung, Wanderung, der Status als Minorität – das sind die durchgängigen Merkmale von mehr als 2000 Jahren jüdischer Geschichte. Und über diesen langen Zeitraum müssen nicht nur die äußerlichen historischen Fakten erforscht werden, sondern ebenso die subjektive Welt des jüdischen Geistes. Die Juden sind sich deutlich der unglücklichen und oft tragischen Wechselfälle bewußt, die ihr Volk erduldet hat. Ihr gegenwärtiges Denken und Handeln ist tief von der Vergangenheitserfahrung geprägt und von den Narben, die sie in der kollektiven Psyche hinterlassen hat. Im Zentrum des jüdischen Bewußtseins stehen heute der nationalsozialistische Holocaust sowie die Errichtung des Staates Israel. Doch diese Ereignisse können nicht gänzlich aus der modernen europäischen Geschichte erklärt werden. Der Holocaust war die Kulmination von Jahrhunderten der Isolation und des Judenhasses in Deutschland und anderen christlichen Ländern. Die Gründung Israels war für viele Juden die Realisierung der (mit den Worten der Nationalhymne) »2000 Jahre alten Hoffnung, ein freies Volk in einem eigenen Land zu sein«. Selbst die grundlegenden komplizierten Fragen der jüdischen Identität – Verbundenheit mit dem zerstreuten Volk oder volles Bürgerrecht im israelischen Staat; das Gefühl, eine religiöse oder ethnische Minderheit zu sein; die Uneinigkeiten und Konflikte, die innerhalb jeder jüdischen Gemeinde bestehen – müssen vor dem Hintergrund der wechselvollen Vergangenheit gesehen werden.

### Die Überlieferung

Wo mit den Ereignissen zu beginnen sei, ist eine vielumstrittene Frage. Juden (wie Christen) verfolgen ihre Anfänge bis in biblische Zeiten zurück. Bereits der jüdische Historiker Flavius Josephus betonte am Ende des ersten nachchristlichen Jahrhunderts das Alter der Israeliten und verweist seine Leser auf die Bibel als authentische Quelle ihres Werdegangs, angefangen mit der Erschaffung der Erde. Die Bibel ist zweifellos ein bedeutendes Zeugnis zum frühen Judentum. Sie umfaßt den Ursprung des Volkes und seine Entwicklung von einer einzigen Familie zu einem mächtigen Königreich, und dann, nach einer Periode des nationalen Niedergangs und des Exils, zu einem erneuerten Gemeinwesen in der alten Hauptstadt Jerusalem. Die Bibel enthält schon die meisten Komponenten der späteren Geschichte: Wanderung und den Status als Minorität, Unterdrückung und Regeneration, Streben nach nationaler Einheit und das Bewußtsein einer moralischen Mission für die Welt. Diese biblischen Themen haben einen nachhaltigen Einfluß ausgeübt, wenn nicht auf die jüdische Historie selbst, so zumindest auf die Interpretation, welche die Vorgänge durch Generationen von Juden bis in unsere Zeit erfahren haben.

Für das Verständnis der Juden und ihrer Religion nimmt die hebräische Bibel einen maßgeblichen Platz ein. Doch die Bibel, zumindest in ihren älteren Teilen, ist kein historisches Dokument. Sie bringt eine Deutung früherer Begebenheiten, eine Mischung aus Legende, Poesie und Propaganda; sie ist eine Mythe nationaler Ursprünge, die zumindest ebensoviel verbirgt wie enthüllt. Uns fehlen die Mittel, um ihre Angaben zu prüfen, und die tatsächlichen Fakten und ihre Chronologie sind Gegenstand komplexer Kontroversen. Die Archäologie und die Aufzeichnungen benachbarter Völker tragen gewiß dazu bei, den biblischen Bericht auszufüllen und einige Einzelheiten zu korrigieren oder zu bestätigen, aber vieles bleibt doch dunkel und fragmentarisch.

Erst mit dem Auftreten der Griechen können wir uns ein vollständigeres Bild vom Verlauf der Ereignisse machen. Die Griechen hatten schon lange bevor die Juden Teil der griechischen Welt wurden, Wert auf das objektive Studium der Geschichte und auf genaue Chronologie gelegt, und mit der Zeit übernahmen auch die Juden diese Vorgehensweise. Mehrere griechische historische Werke von jüdischen Autoren sind überliefert; das letzte und hervorstechendste ist die *Jüdische Archäologie* des Flavius Josephus, zusammen mit seinem Bericht vom ersten Krieg gegen die Römer *(Über den Jüdischen Krieg)*. Ihre Bedeutung läßt sich daran ermessen, daß wir nach Josephus' Tod wieder vor einem relativen Vakuum stehen, das einzig durch archäologische Funde und gelegentliche Hinweise in griechischen oder anderen nichtjüdischen Quellen ausgefüllt wird. Doch reichen die vorhandenen Informationen aus, um die Bedingungen des jüdischen

*Rechts:* Die Archäologie hat zur Kenntnis der jüdischen Vergangenheit unermeßlich viel beigetragen. Zu den sensationellsten Funden gehören Schriftdokumente aus Höhlen, die verstreut in den einsamen, zu den Ufern des Toten Meeres hin abfallenden Bergen liegen. Eine Gruppe dieser Aufzeichnungen macht die Revolte des Bar Kosiba (Kochba) erstaunlich lebendig; eine andere eröffnet Einblicke in eine vorher fast unbekannte jüdische Sekte, die wahrscheinlich auf die Zeit der Hasmonäer zurückgeht. Letztere Texte stammen aus den hier gezeigten Höhlen von Qumran, in unmittelbarer Nähe zu den Überresten einer vermutlichen Siedlung der Sekte. Diese Entdeckungen haben einige alte Fragen beantwortet, doch auch viele neue aufgeworfen: zur jüdischen politischen und Sozialgeschichte, zu Sprache und Literatur sowie hinsichtlich der religiösen Vorstellungen.

Lebens in all ihrer Komplexität zu veranschaulichen – unter verschiedenen Gesichtspunkten und an vielen Orten. Auffällig dabei ist die relative »Normalität« ihres Daseins im Verhältnis zu anderen vergleichbaren Völkern dieser Zeit und verglichen mit der »Anormalität« während der folgenden Periode der christlichen und muslimischen Herrschaft. Doch entnehmen wir den Worten zeitgenössischer jüdischer Schreiber auch ihre Voreingenommenheiten und Schwierigkeiten angesichts einer sich wandelnden Welt und lesen von ihren bitteren Klagen und Ambitionen.

Die daran anschließende Periode ist in zweifacher Hinsicht eine ziemlich dunkle: Aufzeichnungen fehlen oder sind bestenfalls bruchstückhaft, und der Gang der Dinge ist oft tragisch. Die Geschichte des jüdischen Mittelalters, vom Siegeszug des Christentums bis zur Aufklärung des 18. Jahrhunderts, ist niederdrückend und von Greueln gekennzeichnet. Es handelt sich um eine Zeit der Isolation und der Unterdrückung, des religiösen Zwangs und der physischen Gewalt, in der die jüdischen Gemeinden praktisch wehrlos waren. Viele von ihnen wurden vernichtet, und das Überleben der restlichen mutet beinah wie ein Wunder an.

Der bedeutende jüdische Historiker des 19. Jahrhunderts, Heinrich Graetz, wurde kritisiert, weil er das Geschick seines Volkes als einen Katalog von Leiden beschrieb. Man argumentierte, daß es Phasen relativer Sicherheit und sogar des Wohlstands und der kulturellen Blüte gegeben habe. Selbst wenn Graetz in seiner *Geschichte der Juden von den ältesten Zeiten bis auf die Gegenwart* stark übertrieben hat, so bleibt unstrittig, daß der Status der Juden fast überall durch Abhängigkeit und Unterlegenheit bestimmt war. Wohl wurden sie manchmal von der Obrigkeit beschirmt und ermutigt, und einzelne gelangten zu großem Reichtum und Einfluß, doch (von wenigen Ausnahmen abgesehen) waren sie niemals Herren ihres Schicksals. Ungeschützt sahen sie sich den Veränderungen des politischen Klimas und den Übergriffen religiöser Fanatiker und feindlich gesinnter Bevölkerungskreise ausgesetzt. Graetz war eigentlich sogar Optimist: Er glaubte an einen Fortschritt und an die dem menschlichen Gewissen und Verstand innewohnende Kraft zum Guten. Doch auch er mußte in den späteren Ausgaben seines Werks das Anwachsen des politischen Antisemitismus vermerken, und die Ereignisse seit seiner Zeit scheinen auf dramatische Weise die Unsicherheit der jüdischen Existenz bestätigt zu haben. Die hellen Phasen im Mittelalter waren rar und kurzlebig, auch wiegen sie weder das Elend auf, das das übliche Los der gewöhnlichen Juden unter christlicher oder muslimischer Herrschaft war, noch die Schrecken der Massaker und Vertreibungen, die ihnen im christlichen Europa nicht ein- oder zweimal zugefügt wurden, sondern zu wiederholten Malen. Die Unterdrückung und der Haß während der mittelalterlichen Periode haben in der kollektiven jüdischen Psyche Wunden hinterlassen, die weit davon entfernt sind, verheilt zu sein.

### Die tiefgreifende Krise der Moderne

Erst im 18. Jahrhundert wurden Forderungen nach einer Verbesserung des Status der Juden von den Regierungen ernst genommen. Doch aus den daraus resultierenden Reformen zog nur eine Minderheit Nutzen, sie berührten kaum die großen jüdischen Bevölkerungszentren in Osteuropa und der muslimischen Welt. Auch verstärkten die Reformen die Kräfte der Reaktion, die einer neuen, säkularen und politisch organisierten Form des Antisemitismus das Wort redeten. Und sie bewirkten andererseits Unsicherheit und Spaltung unter den Juden selbst. Während einige begeistert den Kampf um die Menschenrechte unterstützten, wiesen andere auf die Gefahr der Assimilation hin und wandten den Möglichkeiten einer neuen Zeit den Rücken. Die jüdische Religion und faktisch die jüdische Identität machten eine schwere Krise durch, die gegenwärtig noch anhält.

Inzwischen führten wirtschaftliche Not und politischer Druck in Osteuropa und den muslimischen Ländern zur Auswanderung großen Umfangs in den industrialisierten Westen und die Staaten der südlichen Hemisphäre, was die Auflösung der traditionellen Strukturen jüdischen Lebens und Glaubens nach sich zog. Diese bewegte Periode hatte allerdings für viele Juden auch positive Aspekte, wie den allmählichen Anstieg des Lebensstandards und des kulturellen Niveaus. Von den Juden kamen auch verschiedene Vorschläge, die Anormalität und die Ungerechtigkeiten ihrer Existenz zu beenden; der Kampf um politische Emanzipation und Integration war indessen von Nichtjuden eingeleitet und größtenteils fortgesetzt worden. Ferner wurden Organisationen gegründet, um den Emigranten beizustehen und Siedlungsprogramme zu entwickeln, die Armut zu lindern und die Ausbeutung der Arbeitskraft der Einwanderer zu verhindern, den Antisemitismus zu bekämpfen, den schulischen Standard zu verbessern und die bürgerlichen Rechte der Juden zu schützen und auszuweiten. Diese Vereinigungen leisteten in relativ kurzer Zeit außerordentlich viel. Einige von ihnen existieren bis zum heutigen Tag, da leider das Bedürfnis nach ihren Diensten weiterhin besteht.

Die neuen politischen Bewegungen und Wohlfahrtsorganisationen waren jedoch machtlos, die brutalste und vernichtendste Erscheinung der Inhumanität abzuwenden, die das Volk Israel je erlitten hat: den Holocaust der Nationalsozialisten. Zwischen der Machtergreifung im Jahr 1933 und der Niederlage Deutschlands 1945 wurde eine bedeutende Mehrheit der zehn Millionen europäischer Juden getötet oder ins Exil getrieben, etwa sechs

*Links:* Die feierliche Eröffnung der Hebräischen Universität in Jerusalem am 1. April 1925: Gemälde von Leopold Pilichowski (1869–1933). Lord Arthur James Balfour spricht, hinter ihm auf der Tribüne die sephardischen und aschkenasischen Oberrabbiner von Palästina, General Allenby, der britische Hochkommissar Sir Herbert Samuel, Dr. Chaijm Weizmann und der Oberrabbiner des britischen Empires, Dr. Joseph Hertz. Im Vordergrund sieht man den Künstler selbst bei der Arbeit.

Millionen wurden kaltblütig als Teil einer systematischen Ausrottungspolitik ermordet. Es ist schwer, sich eine Vernichtung dieser Größenordnung nur vorzustellen oder verstandesmäßig zu erfassen. Neben dem Verlust an Menschen (gut über ein Drittel aller Juden der Welt) zerstörten die Nationalsozialisten eine ganze Kultur oder genauer zwei Kulturen: das jiddischsprechende Judentum Polens und Osteuropas mit seinem blühenden Gemeindeleben und seinen berühmten Talmud-Akademien sowie das Judentum in Deutschland und Mitteleuropa mit seinen prächtigen Synagogen und Seminaren und seinem außerordentlichen Beitrag zum wissenschaftlichen, humanitären und kulturellen Leben. Hitlers Vernichtungsfeldzug beendete auch die Hoffnungen auf eine Normalisierung des jüdischen Daseins, die auf Verständnis und Aufklärung bauten, und er war gleichzeitig ein Angriff auf den traditionellen Glauben und das nationale Selbstbewußtsein.

Gegenwärtig, da der Holocaust 40 Jahre zurückliegt, warten noch immer einige der mit ihm in Zusammenhang stehenden Fragen auf eine befriedigende Antwort. Inzwischen ist, teilweise als Ergebnis der Katastrophe, ein jüdischer Staat in einem Teil des alten Landes Israel gegründet worden, und dies wiederum hat neue Fragen aufgeworfen: jene nach dem Wesen der jüdischen Identität und Bestimmung und nach der Beziehung zwischen Juden und Nichtjuden, nicht nur im Vorderen Orient, sondern allerorts. So ist es wenig verwunderlich, wenn die heutigen Juden desorientiert und beunruhigt wirken, oder wenn das Judentum sich in einem Übergangszustand zu befinden scheint.

### Die Erneuerung der jüdischen Historiographie

Inmitten einer Welt von Chaos und Veränderung ist die Anziehungskraft der Geschichte für die Juden eher stärker als schwächer geworden, gleichsam, als ob die Beschäftigung mit ihr einige Hoffnung auf Sicherheit oder Verständigung böte. Jüdische Historiographie selbst ist eine neuere Entwicklung – oder genauer, sie knüpfte nach mehr als eineinhalb Jahrtausenden wieder an die Zeit des Josephus (erstes Jahrhundert n. Chr.) an. Die Juden des Mittelalters bedurften offenbar der Geschichte nicht: Sie hielten sich an ihre angestammten Bräuche und Gesetze, und die vorhandenen Alternativen waren gering. Erst nach der Aufklärung zeigte sich ein Interesse an der Erforschung der eigenen Vergangenheit. Das frühe 19. Jahrhundert, für das traditionelle Judentum eine Periode der Ernüchterung, brachte eine neue akademische Disziplin hervor, die ihren Namen von der *Zeitschrift für die Wissenschaft des Judentums* erhielt, die 1822 von Leopold Zunz begründet wurde. Die Anhänger der Wissenschafts-Bewegung untersuchten die alte jüdische Literatur mit modernen Forschungsmethoden und bereiteten der wissenschaftlichen Beschäftigung mit der Geschichte den Weg. Ihre Leistung muß um so höher bewertet werden, da sie keine Fachgelehrten waren, sondern Rabbiner, Lehrer oder Geschäftsleute. Anregungen, das Studium des Judentums in die Universitätslehrpläne einzubeziehen, stießen auf Gleichgültigkeit oder Widerstand. Durch die Gründung des Jüdischen Theologischen Seminars in Breslau (Wroclaw) 1854 konnten sich schließlich einige Gelehrte uneingeschränkt der akademischen Forschung widmen und eine zukünftige Generation jüdischer Historiker heranbilden. Das Breslauer Modell wurde auch andernorts kopiert. Doch fiel es den Seminaren schwer, mit den Universitäten um die besten jüdischen Studenten zu konkurrieren; erst mit Gründung der Hebräischen Universität in Jerusalem 1925 wurde die Wissenschaft des Judentums (Judaistik) voll in den Lehrplan einer Hochschule integriert.

Die Judaistik bezog ihren Impuls aus den Verunsicherungen im frühen 19. Jahrhundert. Ihre Propagandisten wurden zum Teil durch den Wunsch motiviert, junge Juden mit Identifikationsproblemen für die reiche Vergangenheit zu interessieren und gleichzeitig der Welt ein positiveres Bild jüdischer Existenz zu zeigen. Sie hoben besonders die mittelalterlichen Leistungen ihres Volks hervor, vor allem jene der Philosophen und Dichter in Spanien. Die Idee eines spanischen Goldenen Zeitalters bot eine begierig aufgenommene Alternative zur Unsicherheit der Gegenwart; ihr Einfluß wird ganz offenkundig in der Wiederbelebung der maurischen Architektur, die für die Synagogen des späten 19. Jahrhunderts so charakteristisch ist. Große Namen der Vergangenheit, wie Philon, Maimonides und Spinoza, wurden gewichtige Symbole nationaler Größe: Es ist kein Zufall, daß es sich dabei um jüdische Denker handelte, die einen anerkannten Beitrag zur christlichen Tradition geleistet hatten. Auch die biblische Geschichte fand steigendes Interesse, zweifellos aus ähnlichen Gründen. Doch interne Spannungen beeinflußten auch die jüdische historische Forschung. Der Konflikt zwischen Reformern und Orthodoxen lenkte die Aufmerksamkeit auf die Anfänge des Rabbinats und förderte das wissenschaftliche Studium des Talmud. Leopold Zunz schrieb eine bemerkenswerte Abhandlung über die Predigt im Altertum, in der er aufzeigte, daß die-

Jacques Basnage (1653–1723), ein französischer Protestant, der die erste moderne Historie der Juden verfaßte (*Histoire des Juifs depuis Jésus Christ jusqu'à présent*, 1706). Sein Werk galt als Richtschnur für die nachfolgende jüdische Geschichtsschreibung.

**Rechts: Das Erbe der Vergangenheit**
Unser Wissen von der jüdischen Geschichte erweitert sich ständig. Diese Karte zeigt die wesentlichsten Einrichtungen, die sich auf ihre Erforschung spezialisiert haben, sowie Orte, an denen wichtige antike oder mittelalterliche Zeugnisse *in situ* erhalten sind. Daneben gibt es eine Fülle kleinerer Museen und Bibliotheken (von denen viele durch private Initiative oder eine örtliche jüdische Gemeinde eingerichtet wurden) und buchstäblich Tausende anderer Stätten mit historischen Überresten, deren Großteil noch auf eine systematische Untersuchung wartet. Besonders zahlreich sind Friedhöfe, die als Informationsquelle äußerst ergiebig sind, jedoch erst seit kurzem von den Forschern ernst genommen werden. Unglücklicherweise befinden sich die bedeutsamsten davon in Ländern, die für jüdische Gelehrte schwer zugänglich sind und wo nur eine kleine – oder auch gar keine – jüdische Bevölkerung für die Erhaltung sorgt.

**Steinerne Wurfgeschosse, abgefeuert von den römischen Truppen während der Belagerung Massadas (72–74).**

**Ruinen der Synagoge (6. Jh.) in Bar'am, Israel.**

**Teil eines Kapitells und einer Säule, Synagoge (3./4. Jh.) in Ostia, Italien.**

**Detail der mittelalterlichen Synagoge in Cordoba, Spanien**

**Bet Hatefutsot (Museum der jüdischen Diaspora), Tel Aviv, Israel**

# Die Kairoer Genisa

Das hebräische Wort *genisa* (»Versteck«) bezieht sich auf den frommen Brauch, beschädigte sakrale Schriften (oder generell solche, in denen der Name Gottes erscheint) aufzubewahren, um sie später in der Erde zu vergraben. Nicht selten findet man auf jüdischen Friedhöfen eine Grabstelle mit dem einfachen Hinweis *genisa:* Sie enthält wahrscheinlich alte Gebetbücher. Der erstaunliche Fund von Handschriften und gedruckten Texten, der als »Kairoer Genisa« bekannt geworden ist, stammt jedoch nicht von einem Friedhof, sondern aus einer Synagoge, der Ben-Esra-Synagoge in Al Fustat (Alt-Kairo). Verschiedene außergewöhnliche Umstände ließen diese Entdeckung zu einer der aufregendsten für die jüdische Geschichtsforschung werden. Erstens blickte die Synagoge auf ein ungefähr tausendjähriges Bestehen zurück. Zweitens war genügend Platz auf ihrem Speicher vorhanden, so daß die Sammlung nicht vergraben zu werden brauchte. Drittens ist das Klima Ägyptens bekanntlich für die Konservierung von Pergament und Papier ungewöhnlich günstig. Und viertens bildete Kairo in der Zeit, als das Material zusammengetragen wurde, eines der bedeutendsten jüdischen Zentren mit einem pulsierenden Gemeindeleben. Infolgedessen waren die Ende des 19. Jahrhunderts geborgenen Dokumente nicht nur für ihr Alter verhältnismäßig gut erhalten, sondern auch von herausragendem historischen Interesse. Zum Bestand gehörten Bibel- und Talmudfragmente, liturgische, rechtliche und literarische Schriften sowie Privat- und Geschäftsbriefe in einer bemerkenswerten Vielfalt von Sprachen.

*Unten:* Die Konservierung der Fragmente ist eine heikle Aufgabe. Bevor man die Stücke identifizieren, lesen und untersuchen kann, müssen sie sorgfältig einzeln geglättet und behandelt werden. In Cambridge ist eine eigene Abteilung der Universitätsbibliothek für das Material zuständig.

*Unten:* Das Hauptverdienst an der Bergung der Genisa-Dokumente gebührt Salomon Schechter, der Dozent in Cambridge und später Präsident des Jewish Theological Seminary in New York war. Die Geschichte seiner Reise nach Kairo und der Erwerbung des Funds für die Universität Cambridge gleicht einer Abenteuererzählung aus 1001 Nacht, voller wunderba-

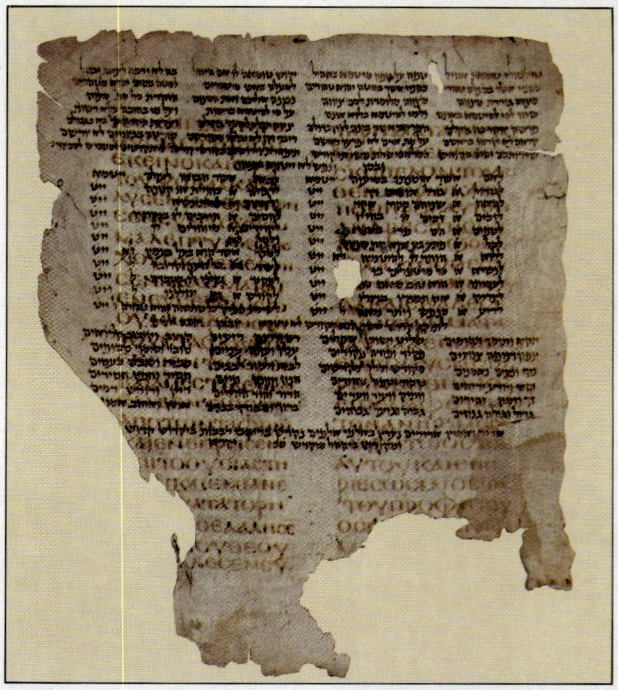

*Links:* Die meisten Dokumente datieren aus dem zehnten Jahrhundert, doch sind einige auch älter. Bei dem hier gezeigten handelt es sich um ein Palimpsest, eine Handschrift, deren ursprünglicher Text abgeschabt worden ist, um das Pergament ein zweites Mal gebrauchen zu können: in diesem Fall für ein liturgisches Gedicht in hebräischer Sprache. Der überschriebene Text (aus dem sechsten Jahrhundert und noch zu entziffern) ist ein Teil von Aquilas griechischer Bibelübersetzung.

*Links:* Es gibt zahllose historische Schriften in der Genisa, sowohl über bedeutende Ereignisse als auch über mehr lokale und beiläufige Angelegenheiten. Der abgebildete Text stammt aus einer angeblich auf den König der Chasaren zurückgehenden Schilderung von der Bekehrung seiner Vorfahren zum Judaismus *(siehe Seite 43).*

*Rechts:* Die Genisa-Handschriften vermitteln uns eine Fülle von Informationen über das Alltagsleben der mittelalterlichen jüdischen Gemeinden, beispielsweise über die Erziehung der Kinder. Knaben lernten schon in jungen Jahren lesen und schreiben; im Unterricht wurden Texte wie der hier gezeigte benutzt. Jeder Buchstabe des Alphabets taucht mehrere Male auf, jeweils mit anderen Vokalzeichen, die die Aussprache beeinflussen. Die Buchstaben sind immer in ihren Umrißlinien gegeben; vielleicht durften die Schüler die Felder mit Farbe ausmalen.

rer Zufälle und lächerlicher Mißverständnisse. Hier sieht man ihn, inmitten von Kisten mit verstaubten Fragmenten, in der früheren Universitätsbibliothek von Cambridge. Die Sichtung ergab schließlich weit über 100 000 Fragmente; kleinere, aber immer noch bedeutende Sammlungen sind nach Leningrad, London, Budapest und New York gegangen.

*Unten:* Zu den bemerkenswerten Entdeckungen in der Genisa zählten Autographen berühmter Persönlichkeiten. Dieses juristische Schriftstück hat Moses Maimonides verfaßt, der Ende des zwölften Jahrhunderts Oberhaupt der Kairoer Gemeinde war und internationales Ansehen als Rechtsautorität genoß.

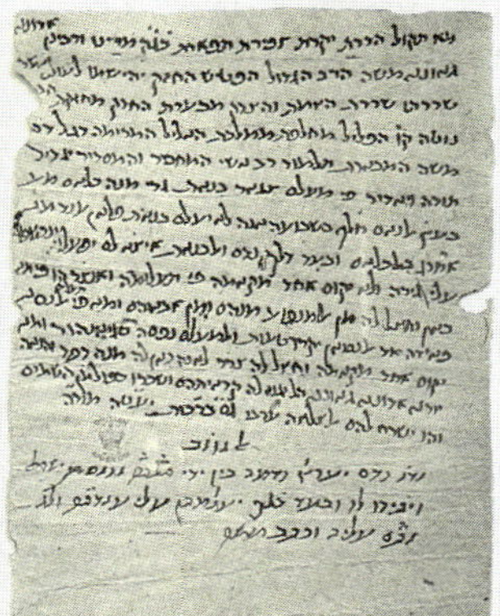

*Unten:* Die Manuskripte der Genisa sind in erstaunlich vielen Sprachen geschrieben; es kommen praktisch alle vor, die die Juden jemals benutzt haben, namentlich Hebräisch, Aramäisch, Arabisch, Persisch und Spanisch, doch existieren auch viele Fundstücke nichtjüdischen Ursprungs. Die Juden des Mittelalters gebrauchten das Arabische gern als Verkehrssprache, aber sie schrieben es bevorzugt mit hebräischen Schriftzeichen. Dieser Kalender weist allerdings arabische Schrift auf.

ser kontroverse Punkt des Reform-Gottesdienstes nicht eine sklavische Übernahme von der christlichen Kirche war, sondern die Wiederbelebung einer antiken synagogalen Praxis.

Ferner wandte man sich der National- und Lokalgeschichte zu. Die Juden gingen ihrer Verwurzelung in den einzelnen Gemeinden nach, um zu demonstrieren, daß auch sie eine ehrenhafte Vergangenheit in den jeweiligen Staaten hatten. Die Jewish Historical Society of England (1893 gegründet), eine der frühesten gelehrten Vereinigungen ihrer Art, förderte die Erforschung des mittelalterlichen jüdischen Lebens in England, ähnliche Gesellschaften entstanden in anderen Ländern. Das Augenmerk richtete sich auch auf die Zusammenstellung historischer Archive. Das Deutsche Jüdische Archiv wurde 1906 in Berlin eingerichtet, wo die Zionistische Weltorganisation 1919 ebenfalls ein Archiv ins Leben rief. Vorsichtigerweise wurde letzteres 1933 nach Jerusalem gebracht und ist nun eine wichtige dokumentarische Quelle. Ein noch ehrgeizigeres Projekt (realisiert 1939) war das General- (jetzt: Zentral-)Archiv für die Geschichte des jüdischen Volks an der Hebräischen Universität. Inzwischen kamen einige bedeutende jüdische Bibliotheken, Museen und Forschungsinstitute in verschiedenen Staaten hinzu.

Die frühen archäologischen Untersuchungen biblischer Orte im Nahen Osten erregten viel Aufmerksamkeit, doch waren vor Gründung der Hebräischen Universität Juden nur unwesentlich daran beteiligt. Wichtige Ausgrabungen aus späteren Perioden wurden im Lauf des 19. Jahrhunderts gemacht – die jüdischen Katakomben in Rom und Venosa, die Synagoge von Hammam Lif in Tunesien, die Nekropolis von Tell el-Jahudija in Ägypten und der erstaunliche Manuskriptfund von der Kairoer Genisa *(siehe links)* –, doch hatten sie anfangs kaum nennenswerten Einfluß auf die jüdische Geschichtsschreibung, noch wurden sie in der Öffentlichkeit stärker beachtet. Mit der Zunahme des jüdischen Interesses am Land Israel und durch die dortigen spektakulären archäologischen Entdeckungen änderte sich jedoch die Einstellung allmählich. Archäologie ist inzwischen beinah so etwas wie ein Nationalsport geworden. Bedeutsame neue Funde werden in der jüdischen Presse stark beachtet, sowohl in Israel wie in der Diaspora. Geradezu greifbar ist die Erregung, wenn lang verlorene Relikte der Vergangenheit aufgespürt werden und die Verbundenheit mit dem Land dokumentiert wird. Viele Ausgrabungen haben zu unserem Verständnis der jüdischen Geschichte beigetragen, wie die Rabbiner-Nekropolis von Bet Schearim, zahllose Überreste von römischen und byzantinischen Synagogen, oder faszinierende Gräber und Gebäude in Jerusalem. Die archäologischen Arbeiten am Palast des Herodes und der Zeloten-Festung von Massada zogen unbezahlte Volontäre aus 28 Ländern an. Dieser Ort des selbstmörderischen Widerstands gegen fremde Besatzung ist für die Israelis zu einem machtvollen Symbol und einer nationalen Wallfahrtsstätte geworden.

Ob die Vergangenheit tatsächlich die Fragen der Gegenwart beantworten kann, ist ein strittiger Punkt. Sehr häufig wird Geschichte beschworen, um religiöse oder politische Standpunkte zu stützen. Die Erneuerung des Interesses an jüdischer Historie spiegelt nicht nur eine natürliche Wißbegierde wider: Sie stillt ein Bedürfnis nach Sicherheit angesichts von Verwirrung, Desorientierung und millionenfachem physischem Verlust. Seit dem Nazi-Holocaust ist »Überleben« eine zentrale Devise für die Juden in aller Welt geworden, die zeitweilig einer blinden Obsession nahekommt. Die übersteigerte Fixierung auf die Vergangenheit mag sehr wohl auf eine tiefsitzende Angst vor der Zukunft verweisen.

# DIE JUDEN IM ALTERTUM

Die Wiege der Israeliten liegt im Vorderen Orient, genauer im »Fruchtbaren Halbmond«, der sich vom oberen Ende des Persischen Golfs das Tal des Euphrat hinaufwölbt und sich im Süden durch Syrien und Palästina nach Ägypten zieht. In diesem Gebiet befinden sich alle ältesten bekannten jüdischen Ansiedlungen, es stellt auch die Szenerie für die Ereignisse, die die traditionellen Berichte über die jüdische Herkunft beherrschen. Geographisch besteht es zumeist aus fruchtbarem kultiviertem Land, umgrenzt von Bergen und Wüsten. Historisch war es die Heimat mehrerer mächtiger Reiche, deren Wandlungen den Hintergrund für eine Vielzahl biblischer Episoden abgeben.

Die Juden des Altertums glaubten, daß ihre Geschichte, wie die der ganzen Menschheit, ihren Ausgang in Mesopotamien nahm, aber auch Ägypten, am anderen Ende des Halbmonds, spielte eine maßgebliche Rolle in ihrem Ursprung. Der Überlieferung nach kam der Stammvater Abraham ursprünglich von Ur, in der Nähe des Persischen Golfs, und lebte eine Zeitlang im weit nördlich gelegenen Haran (Charran), im Land Aram, bevor er nach Südwesten, nach Palästina und Ägypten zog. Abrahams Familiengrab wurde in Hebron bei Jerusalem aufgefunden, wo es heute noch Besuchern gezeigt wird. Die andere beherrschende Gestalt in früher Vorzeit, Moses, der »Gesetzgeber«, wurde in Ägypten geboren, führte aber sein Volk in die Wüste als Vorbereitung für den Einzug in das später Israel genannte Land.

Die hebräische Bibel beschreibt die Anfänge der Israeliten als zusammenhängende Geschichte, die sich von den Wanderungen der Familie Abrahams über die ägyptische Gefangenschaft bis zum Exodus entwickelt – von einem nomadischen oder halbnomadischen Leben zu einem seßhaften Dasein und von einem bedeutenden Stamm zu einem nationalen Verband. Nach einer Periode der Anarchie, unterbrochen durch die militärische Füh-

**Der Fruchtbare Halbmond**
Die Anfänge der Israeliten spielten sich in dieser Region natürlicher Gegensätze ab. Der Euphrat bewässert eine lange Ebene, die von Bergen und ausgedehnten Wüsten begrenzt wird – ein natürlicher Reise- und Handelsweg, aber auch wie geschaffen für militärische Eroberungen. Das Land Israel ist flächenmäßig klein, doch wird sein Gebiet von der außerordentlich wichtigen Route berührt, die von Mesopotamien nach Ägypten führt – deshalb seine Rolle als Ort kommerzieller und kultureller Begegnungen und sein Schicksal als Schlachtfeld. Erst mit dem Auftreten der Griechen erweiterte sich der Schauplatz der jüdischen Historie über die Grenzen Ägyptens und des Fruchtbaren Halbmonds.

Heutzutage sind die Juden vorwiegend Stadtbewohner, und das ist seit vielen Jahrhunderten so gewesen. Davor aber liegt eine Periode agrarischer Lebensweise, die mannigfache Spuren in den Gesetzen und Bräuchen hinterlassen hat. Und noch weiter zurück datiert das Zeitalter der »Väter« – Wüstennomaden, die als Gründer des Volkes Israel angesehen werden. Die Vorstellungen von Wüste und Nomadentum sind bis heute eng mit der jüdischen Gedanken- und Erfahrungswelt verwoben.

*Oben:* Eine Oase nahe Qurna im Südirak, wo sich der Überlieferung nach der Garten Eden befand.

*Rechts:* Die Landschaft von Judäa, die von Jerusalem zur Küste hin abfällt. Die Anlage von Terrassen zur landwirtschaftlichen Nutzung dieser kurvenreichen Hänge hat ihren Ursprung bereits in der Antike.

rerschaft der »Richter« (ca. 1200–1020 v. Chr.), wurde eine Monarchie begründet, die bald in zwei Königreiche zerfiel (926 v. Chr.): Juda im Süden und Israel im Norden. Da andere literarische Quellen fehlen, läßt sich die Genauigkeit dieser Überlieferung schwer einschätzen, doch wird der Bericht von der Einnahme Kanaans durch archäologische Funde in weiten Zügen erhärtet, während sie auf einige Details Zweifel werfen und nahelegen, daß es ein langwieriger Prozeß war, der das ganze 13. Jahrhundert v. Chr. in Anspruch nahm und einige Gebiete in kanaanitischer Hand beließ. Die Archäologie hat allerdings nicht die Hauptprobleme gelöst, die mit der vorangehenden Historie der israelitischen Eroberer verbunden sind, aber es gibt vermehrt Informationen über die Bewegungen der westsemitischen Völker während des zweiten Jahrtausends v. Chr. und ihre Sozialstruktur. Die frühen biblischen Geschichten tragen die Kennzeichen späterer textlicher Überarbeitungen, doch dürften einige auch in ihrer revidierten Form authentische Zeugnisse darstellen. Trotz intensiver Forschung ist noch nicht geklärt, wie die zwölf israelitischen Stämme entstanden sind oder wie und wann sie zu einer einzigen Nation zusammengeschlossen wurden. Die Namen der Stämme sind mit einzelnen Regionen des Landes verknüpft, und selbst wenn die Stammeseinteilung ursprünglich enge Blutsbande widerspiegelte, waren es mit der Zeit eher geographische als genealogische Kriterien, welche die Stammesidentität bestimmten; diese hatte aber generell weniger Bedeutung als die kleineren Einheiten (Familie und Sippe) wie auch die umfassendere nationale Identität. Während der Königszeit war die Stammeszugehörigkeit weitgehend symbolisch: Sie hatte in dieser Phase bereits den neuen Realitäten einer zentralisierten Verwaltung und einem vorherrschend städtisch und landwirtschaftlich geprägten Lebensstil Platz gemacht.

Die Monarchie ermutigte auch das Entstehen einer starken Kaufmannsschicht, die sich gleichermaßen am internationalen wie lokalen Handel beteiligte. Obwohl konkrete Beweise spärlich sind, wurden einige Händler wahrscheinlich zeitweilig oder auf Dauer im Ausland seßhaft und schufen damit die Grundlagen für eine spätere Diaspora der Kaufleute. Auf jeden Fall belegt die Bibel die Bewilligung (ca. 860 v. Chr.) eines Handelsviertels in Damaskus für König Ahab (1 Könige 20, 34). Die sich wiederholenden inneren Wirren und Einfälle von außen dürften auch zu einer gewissen Bevölkerungsbewegung geführt haben, sei es als Kriegsgefangene oder als politische Flüchtlinge. Mit der assyrischen Eroberung des nördlichen Königreichs Israel im späten achten Jahrhundert nahm die Diaspora dann substantiellere Formen an. Eine Inschrift von Sargon erwähnt 27 290 Deportierte aus Samaria im Jahr 721 v. Chr., und diese Zahl stellt sicher nur einen Bruchteil der Israeliten dar, die in Nordmesopotamien und weiter östlich während der assyrischen Vorstöße wieder angesiedelt wurden; ihren Platz nahmen Siedler aus Babylonien und Syrien ein. Die südliche Monarchie Juda bestand im Schatten der Assyrer weiter, und Ende des siebten Jahrhunderts, als Assyrien sich erfolglos gegen die Angriffe der Meder und Babylonier verteidigte, etablierte König Josia zeitweilig die judaische Herrschaft wieder in weiten Teilen des Gebiets, das einst von David regiert worden war.

Aber bald überrannten die Babylonier das Reich und zerstörten seine Städte, einschließlich Jerusalems mit seinem Tempel (587). Eine große Anzahl Juden wurde nach Babylonien gebracht, während andere nach Ägypten flohen. In beiden Regionen dürfte es schon israelitische Niederlassungen gegeben haben. Die Verbannten gaben ihre Bindung an die Heimat und ihre Hoffnung auf eine schließliche Rückkehr nicht auf. Sie hielten auch an ihrer nationalen Identität fest, doch seit dieser Zeit hatte das Judentum faktisch seine territoriale Basis verloren. Als der Perser Kyros II. 539 Babylonien eroberte und den Juden die Rückkehr nach Jerusalem und den Wiederaufbau des Tempels erlaubte, entschlossen sich viele, in ihren Gastländern zu bleiben. Weder die Babylonier noch die Perser mischten sich in das innere religiöse und soziale Leben der jüdischen Gemeinden ein. Die Juden waren der Mehrheit der königlichen Untertanen gleichgestellt, einige erreichten bedeutende Stellungen am Hof. In Ägypten hatten sie sogar ihren eigenen Tempel in Elephantine, während in Babylonien ein Tempelbau offensichtlich nicht versucht worden war. Die Gemeinden bewahrten ihre ausgeprägte Identität, die auf einer gemeinsamen Vergangenheit beruhte und durch Treue gegenüber Familie und Sippe verstärkt wurde. Die Idee der Nation war nicht mehr länger direkt mit dem Territorium Israels verbunden: Gottes Herrschaft erstreckte sich über die ganze Welt, selbst wenn die heilige Stadt Jerusalem seine eigentliche Heimat war.

### Jüdisches Leben unter griechischer Herrschaft

Nach der Eroberung Persiens durch die Makedonen (331 v. Chr.) änderten Alexander der Große und seine Nachfolger den Status ihrer jüdischen Untertanen nicht; Gleichheit der Behandlung sowie begrenzte Selbstverwaltung wurden ihnen auch weiterhin gewährt. Man legte ihnen nahe, sich in den neugegründeten Städten niederzulassen, und in den frühen Jahren der makedonischen Regierung kam es zu einer starken Ausweitung der Diaspora in der ganzen griechischen Welt, namentlich nach Westen, nach Kleinasien, Ägypten und darüber hinaus. Die jüdischen Gemeinden waren in offiziell anerkannten Korporationen *(politeumata)* organisiert, die von Führern und Räten geleitet wurden und eigene Gerichtshöfe besaßen, in denen das traditionelle Recht Anwendung fand. Auch andere Minderheiten besaßen ihre *politeumata* in den hellenischen Städten, und in vieler Hinsicht war die Stellung der Juden keine Ausnahme. Jedoch zog ihre Gesetzesautonomie notwendigerweise gewisse Privilegien nach sich, vor allem die Befreiung vom heidnischen Götterkult und von der göttlichen Verehrung ihrer Regenten sowie das Recht, die Sabbatruhe einzuhalten. Dieser besondere Status bildete eine wesentliche Voraussetzung für die Aufrechterhaltung des jüdischen Lebens und war die Grundlage der Loyalität gegenüber den Herrschern. Er erfüllte die Juden mit Genugtuung, schürte hingegen oft Ressentiments bei ihren Nachbarn. Verschiedentlich erhoben Juden auch den Anspruch auf das viel größere Privileg des griechischen Bürgerrechts mit der Behauptung, daß es ihnen von den Gründern der griechischen Städte verliehen worden sei. Dies entspricht nicht den Tatsachen: Obwohl einzelne dieses Bürgerrecht erwarben, verfügten die jüdischen Gemeinden an sich lediglich über bestimmte Privilegien, die im Detail von Ort zu Ort variierten. Der Besitz des Bürgerrechts war in jedem Fall

**Oben: Das Reich Davids und Salomos** Macht, Reichtum und Weisheit verliehen König David und seinem Sohn Salomo einen legendären Ruf. Die Karte zeigt, daß sie direkt oder indirekt über ein weites Gebiet mit einer bunt gemischten Bevölkerung regierten. David ernannte Jerusalem zu seiner Hauptstadt, Salomo gab den Bau des großen Tempels in Auftrag, der zum religiösen Mittelpunkt und zum Wahrzeichen nationaler israelitischer Identität wurde. Die Leistungen dieser Periode (ca. 1004–928 v. Chr.) hinterließen bleibenden Eindruck auf die folgenden Generationen.

der Sonderstatus einer Minderheit, und die Masse der Juden wie der Nichtjuden waren nicht Mitglieder der *polis*.

Die Lage auf dem Territorium von Juda (Ioudaia bei den Griechen, Judäa bei den Römern) und seiner Hauptstadt Jerusalem unterschied sich hiervon in mehrerlei Hinsicht. Dort bildeten die Juden die Majorität der Bevölkerung und besaßen weiterhin wie unter den Persern ein hohes Maß an Selbstverwaltung. Die Führung in Jerusalem wurde dem erblichen Hohenpriester und einem Stadtrat nach griechischem Muster anvertraut. Sie durften das Gebiet nach ihren »angestammten Gesetzen« verwalten und diese sogar auf nichtjüdische Bewohner anwenden. Obgleich Juda Teil des Ptolemäerreiches und später (ab ca. 200 v. Chr.) des Seleukidenreiches war, gab es bis zur Zeit von Antiochus IV. (175–164 v. Chr.) kaum Einmischung in die innere Autonomie. Der Gang der Ereignisse ist nicht völlig geklärt, doch scheint Antiochus zu Beginn seiner Amtszeit den Hohenpriester Onias abgesetzt und das Amt an dessen Bruder Jason verkauft zu haben, der die herkömmliche »Theokratie« abschaffte und Jerusalem als griechische *polis* unter dem Namen Antiochia konstituierte. Daraufhin brach ein langwieriger Bürgerkrieg aus, in dessen Verlauf Antiochus Jerusalem eroberte (169), es mit syrischen Soldaten besetzte und die Einführung des heidnischen Kults im Tempel sanktionierte (167). Der Widerstand ging indessen weiter und erreichte unter Führung des Hasmonäers Judas Makkabäus (gest. 160) und seiner Brüder Jonathan und Simeon beachtliche militärische und diplomatische Erfolge. Jonathan wurde 153 als Hoherpriester und seleukidischer Lokalgouverneur anerkannt, und sein Nachfolger Simeon erlangte 142 in Form der Befreiung von seleukidischer Besteuerung die Unabhängigkeit. 140 v. Chr. bestätigte eine Volksversammlung Simeon feierlich als Volksführer (Ethnarch), General und Hohenpriester mit immerwährender (erblicher) Herrschaft des selbständigen jüdischen Staats. Seine Nachfolge traten sein Sohn Johannes Hyrkanus I. (135–104) und anschließend dessen Söhne Aristobulus (104–103) und Alexander Jannäus (103–76) an. Die jüdische Oberhoheit wurde schrittweise ausgeweitet, so daß Alexander Jannäus bei seinem Tode über ein Territorium gebot, das in seiner Ausdehnung dem Reich Davids vergleichbar war. In den eroberten Landstrichen wurden Juden angesiedelt, die ursprünglichen Bewohner gewaltsam judaisiert und einige unbeugsame Städte zerstört. Man übertrug den Namen Judäa auf das gesamte vergrößerte Gebiet, und von Aristobulus an verwendeten die hasmonäischen (makkabäischen) Herrscher wie andere hellenisierte Regenten der Region den Königstitel. Nach dem Tod Alexanders regierte seine Witwe Salome Alexandra (76–67), und ihr ältester Sohn Hyrkanus hatte

**Stammbaum der Hasmonäer-Dynastie** (alle Daten v. Chr.)

Mattathias († ca. 166)

Judas Makkabäus († 160)

JONATHAN († ca. 142)
Hoherpriester 153/52–ca. 142

SIMEON († 134)
Hoherpriester ca. 142–134
Ethnarch 140–134

JOHANNES HYRKANUS I. († 104)
Hoherpriester und Ethnarch 134–104

ARISTOBULUS I. († 103)
Hoherpriester und König
104–103

ALEXANDER JANNÄUS († 76)
Hoherpriester und König
103–76
∞ SALOME ALEXANDRA († 67)
Königin 76–67

ARISTOBULUS II. († 49)
König 67–63

JOHANNES HYRKANUS II. († 30)
Hoherpriester 69–40
König 67
Ethnarch 47–40

ANTIGONUS MATTATHIAS († 37)
Hoherpriester und König 40–37

Jonathan Alexander († 49) ∞ Salome Alexandra († ca. 27)

Tochter
∞ Antipater, Sohn d. Herodes

Aristobulus († 35)
Hoherpriester 35

Mariamne († 29) ∞ HERODES († 4)
König 40–4

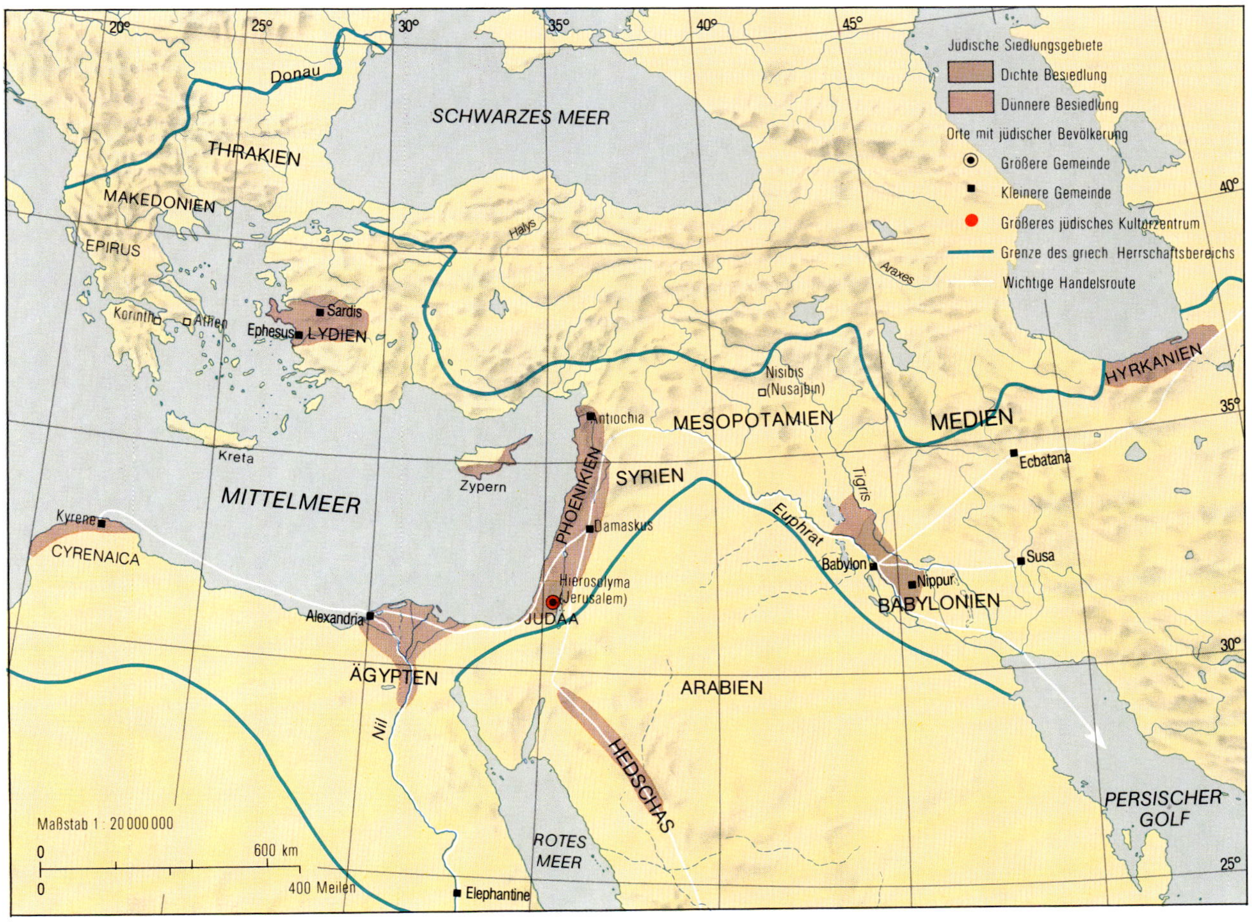


**Rechts: Die jüdische Welt 300 v. Chr.** Die Ursprünge der Diaspora sind auf dieser Karte deutlich sichtbar. Die jüdischen Siedlungen sind noch auf Judäa und Babylonien konzentriert, doch entstehen schon neue Ableger entlang der wichtigen Verkehrsadern und in den hellenischen Städten des östlichen Mittelmeerraums. Diese Verteilung spiegelt die beiden wesentlichen Ursachen der Wanderbewegung wider: Handelsmöglichkeiten und die griechische Politik, jüdischen Siedlern gewisse Sonderrechte zu verleihen. Zu diesem frühen Zeitpunkt hat die Expansion nach Westen kaum begonnen. Im Verlauf des dritten und zweiten vorchristlichen Jahrhunderts werden ihre Folgen signifikanter, ebenso die kulturelle Kluft zwischen der griechisch und der hebräisch oder aramäisch sprechenden Judenschaft.

**Links: Das Königreich der Hasmonäer**
Aus bescheidenen Anfängen wurden die Hasmonäer schließlich zu Herrschern über ein Territorium, das nur wenig kleiner war als das von David und Salomo *(siehe Seite 22)*. Die Karte verdeutlicht die schrittweise Ausdehnung ihrer Macht. Eine bedeutende militärische Leistung war die Eroberung der griechischen Stadt Samaria nach einer langwierigen Belagerung (ca. 108–104 v. Chr.) durch Hyrkanus I., die den Weg ebnete für die Einbeziehung Galiläas in den Hasmonäerstaat.

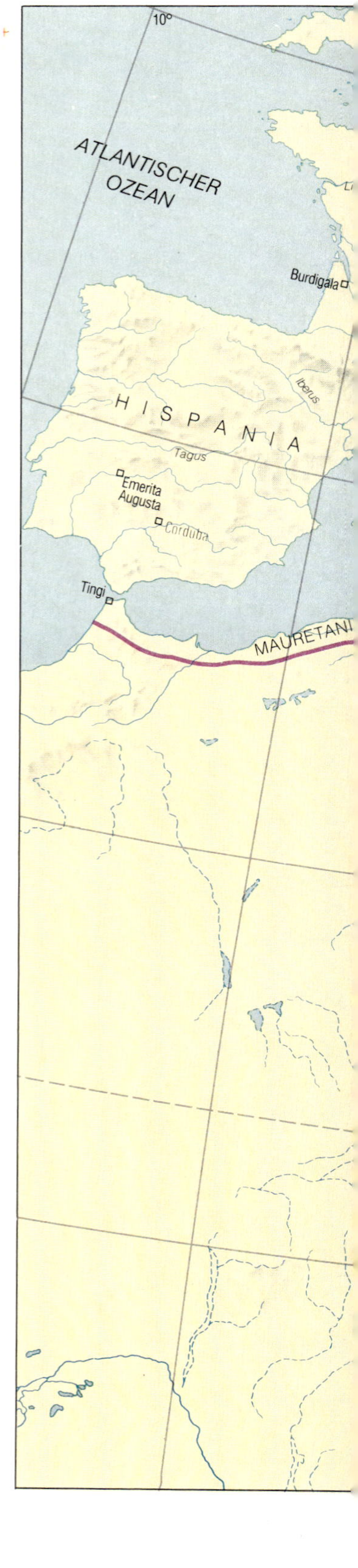


das Amt des Hohenpriesters inne. Doch bei Hinscheiden der Königin brach ein Bürgerkrieg zwischen Hyrkanus und seinem Bruder Aristobulus aus, der die Periode der Souveränität Judäas beenden sollte. Der römische General Pompejus, der in Kleinasien und Syrien einen erfolgreichen Feldzug führte, griff in die Kämpfe ein und nahm Jerusalem nach dreimonatiger Belagerung (63). Das Bild des Pompejus und seines Stabes beim Betreten des inneren Heiligtums des Tempels, ein Ort, der ausschließlich dem Hohenpriester vorbehalten war, hinterließ in den Herzen der Juden bleibende Verbitterung. Aber die Folgen waren noch weitreichender. Der Historiker Flavius Josephus berichtet über die Ereignisse: »Wir verloren unsere Freiheit und wurden den Römern untertan. Wir mußten den Syrern das Land zurückgeben, das wir ihnen abgenommen hatten. Dazu erhoben die Römer von uns in kurzer Zeit 1000 Talente, und die Königswürde, die früher den erblichen Hohenpriestern verliehen worden war, ging auf Laien über.«

## Judäa unter den Römern

Die nächsten 700 Jahre wurde das Land mit nur wenigen kurzen Unterbrechungen direkt oder indirekt von Rom beherrscht. Im großen und ganzen durften die Juden wie unter den vorangegangenen Machthabern ihre Angelegenheiten selbst verwalten, doch waren es die Römer, die offizielle Ernennungen aussprachen oder bestätigten, und in Krisenzeiten schreckten sie nicht vor gewaltsamer Intervention zurück, um die Pax Romana zu sichern.

Pompejus hatte das Gebiet Judäas stark verkleinert und unter die Aufsicht des Statthalters der neugeschaffenen Provinz Syrien gestellt. Hyrkanus wurde als Hoherpriester bestätigt, verlor jedoch seinen Königstitel. Später machte ihn Julius Caesar zum Ethnarchen (47 v. Chr.), aber nun lag die tatsächliche Macht in den Händen von Antipater, dem tüchtigen General des Hyrkanus. Diese Zeit war durch ständige Kämpfe gekennzeichnet, die vor allem von Aristobulus und seinen Söhnen angezettelt wurden, welche die Rückgewinnung des Throns anstrebten. Während einiger Jahre (40–37) herrschte einer der Söhne, Antigonus Mattathias, tatsächlich als König in Jerusalem mit dem Einverständnis der Parther, die die Region verheert hatten, doch in der Zwischenzeit war Herodes, Antipaters Sohn, durch den Senat von Rom als König Judäas anerkannt worden (40 v. Chr.). Mit römischer Hilfe eroberte er das Land zurück und regierte es bis zu seinem Tod 4 v. Chr. Unter Herodes besaßen die Hohenpriester nicht viel mehr als eine zeremonielle Funktion. Der jüdische *Sanhedrin* (Gerichtshof) verlor seine politische Macht und wurde durch ein staatliches Gremium ersetzt. Herodes gebot über ein ausgedehntes Gebiet mit einer großen nichtjüdischen Bevölkerung, und er versuchte, jüdisches und hellenistisches Herrschertum miteinander zu verbinden. Seine Regentschaft war erfolgreich und brachte Judäa Wohlstand, wenngleich sie durch erschreckende Mißachtung menschlichen Lebens (seine eigenen Familienangehörigen eingeschlossen) gekennzeichnet war. Zu seinen vielen bedeutenden Bauprojekten zählten der Wiederaufbau des Jerusalemer Tempels in hellenistischem Stil sowie mehrere Paläste und der wichtige Hafen Caesarea. Er war der letzte der großen jüdischen Könige, und viele Aspekte seiner Herrschaft erinnern an seinen legendären

**Unten: Die jüdische Welt 1 n. Chr.** Die Niederlassungen im gesamten hellenischen Gebiet und im Partherreich sind nun bedeutend umfangreicher geworden und breiten sich auch allmählich im lateinischsprachigen Westen aus. Es gibt wahrscheinlich insgesamt acht Millionen Juden (bei einer Weltbevölkerung von ca. 170 Millionen), davon mehr als zwei Millionen in Judäa, über eine Million jeweils in Ägypten, Syrien, Kleinasien und Babylonien. Alexandria hat eine besonders große jüdische Einwohnerschaft und ist Zentrum der griechisch-jüdischen Kultur.

Vorgänger David. Aber er blieb sich stets der Tatsache bewußt, daß seine Macht von der Gunst der Römer abhing und daß seine hauptsächliche Funktion darin bestand, römische Politik in der Region durchzuführen. Nach Herodes' Tod wurde sein Reich unter dreien seiner Söhne aufgesplittert, keiner erhielt jedoch den Titel eines Königs. Doch diese Teilung erwies sich weder als zufriedenstellend noch war sie von langer Dauer. Das Gebiet Judäa wurde nach Absetzung und Verbannung seines Herrschers Archelaus von einer Reihe römischer Prokuratoren aus dem Ritterstand verwaltet, abgesehen von einem kurzen Zwischenspiel (41–44 n. Chr.) mit Herodes' Enkel Agrippa als König. Einer der Prokuratoren heiratete eine Tochter Agrippas, ein anderer war von Geburt alexandrinischer Jude, doch hatte keiner von ihnen eine echte Beziehung zum Judentum, und die meisten stießen bei der jüdischen Bevölkerung auf Ablehnung. Die römische Regierung wurde als Militärregime und als steuerliche Ausbeutung empfunden. Die Hohenpriester und der *Sanhedrin* in Jerusalem besaßen keine wirkliche Macht, die Beziehungen zwischen Juden und Griechen waren gespannt, und es entstanden zahlreiche revolutionäre Bewegungen (zusammengefaßt unter der Bezeichnung Zeloten, »Eiferer«). Im Jahr 66 entluden sich die schwelenden Spannungen mit der Ermordung des Hohenpriesters und grausamen jüdisch-griechischen Kämpfen in den von beiden Bevölkerungsgruppen bewohnten Städten. Die römischen Armeen brauchten nahezu acht Jahre, um den Aufruhr zu ersticken. Das lag zum Teil daran, daß nach dem Selbstmord Kaiser Neros im Jahr 88 in Rom politische Ungewißheit herrschte, größtenteils aber an dem entschlossenen Widerstand der jüdischen Rebellen. Jerusalem fiel 70 an die Römer, und der Tempel wurde bis auf die Grundmauern niedergebrannt. Die letzte Rebellenfestung, Massada, konnte sich noch bis 74 halten.

Der Krieg markierte das Ende Jerusalems als jüdische Hauptstadt und das Ende der alten Institutionen theokratischer Herrschaft: des Tempels, des Hohenpriestertums, und des *Sanhedrin*. Die Römer versuchten jedoch nicht, die jüdische Religion und die jüdische Selbstregierung abzuschaffen. Sie gestatteten die Einsetzung eines neuen Rats (mehr aus Gelehrten als aus Priestern gebildet), der sich mit der internen Reorganisation und Verwaltung befaßte, während die Provinz Judäa gleichzeitig von Syrien abgetrennt und Prokuratoren mit Senatorenrang unterstellt wurde. 132 brach eine zweite Revolte aus, angeführt von Simeon bar Kosiba (Bar Kochba), der sich selbst als *Nasi* von Israel bezeichnete. Dieser Aufstand dauerte dreieinhalb Jahre und kostete die Römer schwere Verluste, noch mehr aber die Juden. Zahllose Menschen, darunter prominente Mitglieder der neuen Führungsschicht, wurden getötet, in die Sklaverei verkauft oder flohen ins Ausland. Jerusalem wurde in Aelia Capitolina umbenannt und die Juden aus der Stadt und einem ziemlich großen angrenzenden Gebiet verbannt; den jüdischen Namen der Provinz änderte man in Syria Palästina (ein Bezug auf die alten Philister). Außer im von Flüchtlingen überfluteten Galiläa und in einigen verstreuten Siedlungen bildeten die Juden jetzt eine Minorität. Für kurze Zeit unternahmen die Römer Anstrengungen, den Judaismus auszurotten, indem sie die Beschneidung sowie die Rabbinerausbildung und -ordination verboten, doch ging man bald zu einer neuen Politik über. Es kam zur Wiedereinsetzung einer begrenzten jüdischen Selbstregierung unter einem erblichen Ethnarchen oder Nasi, der dem Rat der Weisen vorstand und durch ein Netz jüdischer Gerichts-

Zwei bildliche Darstellungen von Judäa unter römischer Herrschaft, die in ihrer Aussage widersprüchlich sind. *Ganz oben:* Auf diesem Silber-Denar des Kaisers Vespasian, 69/70 n. Chr. in Rom geprägt, ist Judäa als trauernde Gefangene mit auf dem Rücken gefesselten Händen personifiziert. *Oben:* Die zelotische Darstellung zeigt den Tempel von Jerusalem, obwohl seit langem zerstört, in vollem Glanz. Die Münzinschrift lautet Schim'on (für Simeon Bar Kosiba), darüber befindet sich ein Stern, der auf die messianische Prophezeiung anspielt: »Es wird ein Stern aus Jakob aufgehen«.

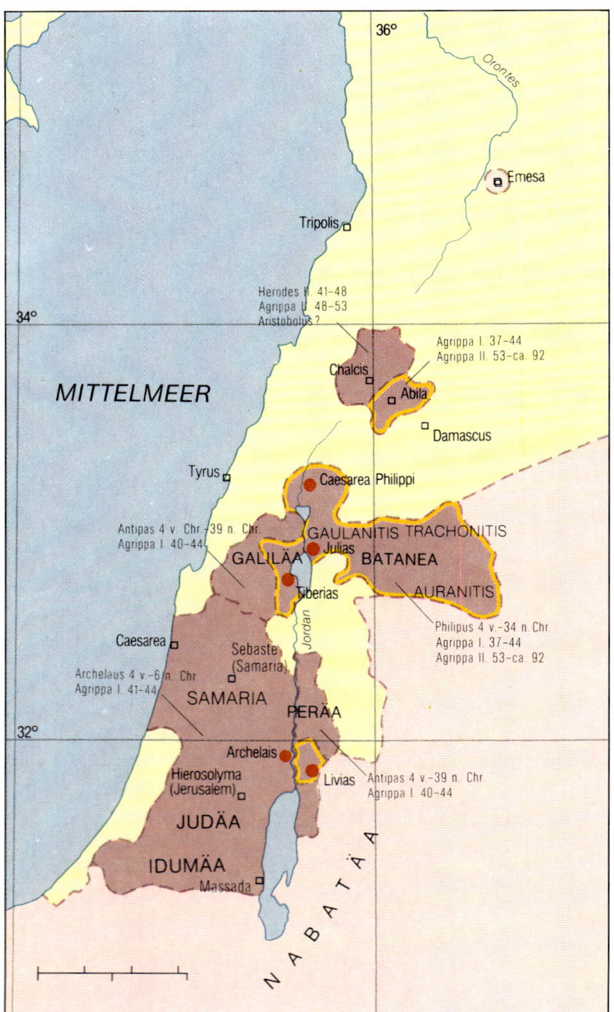


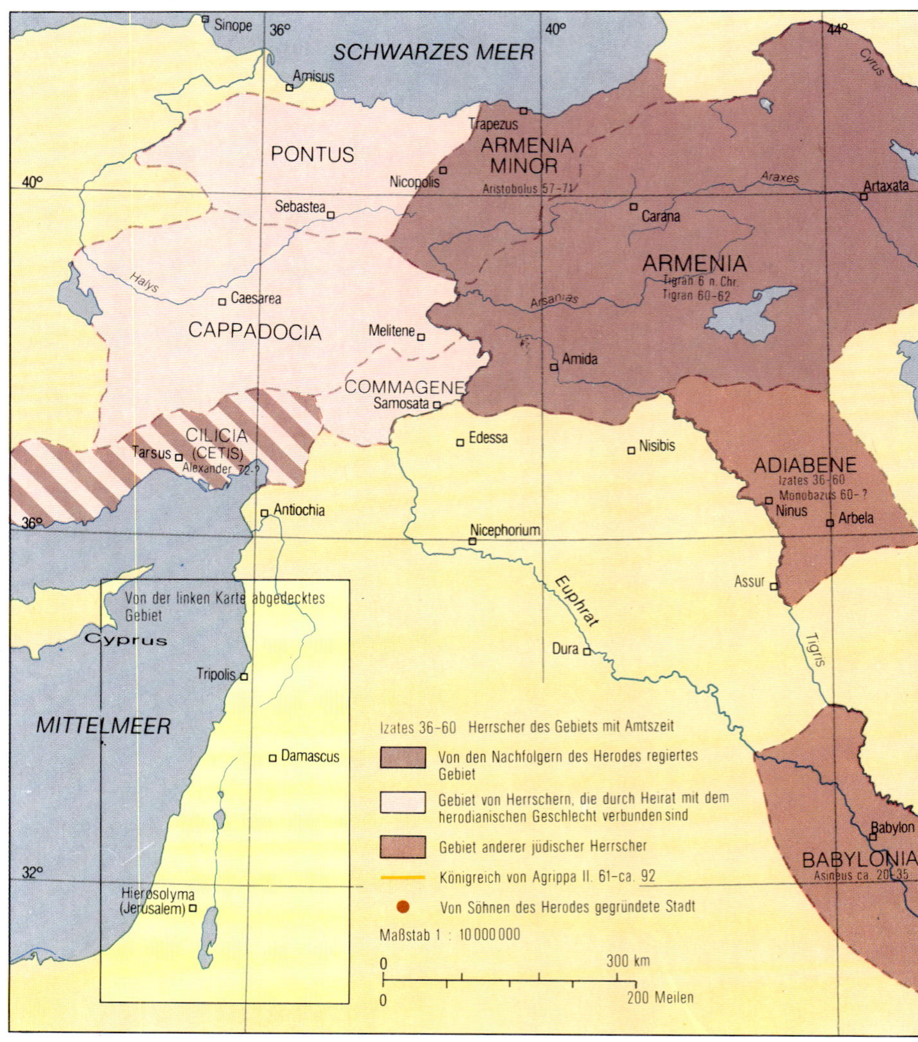

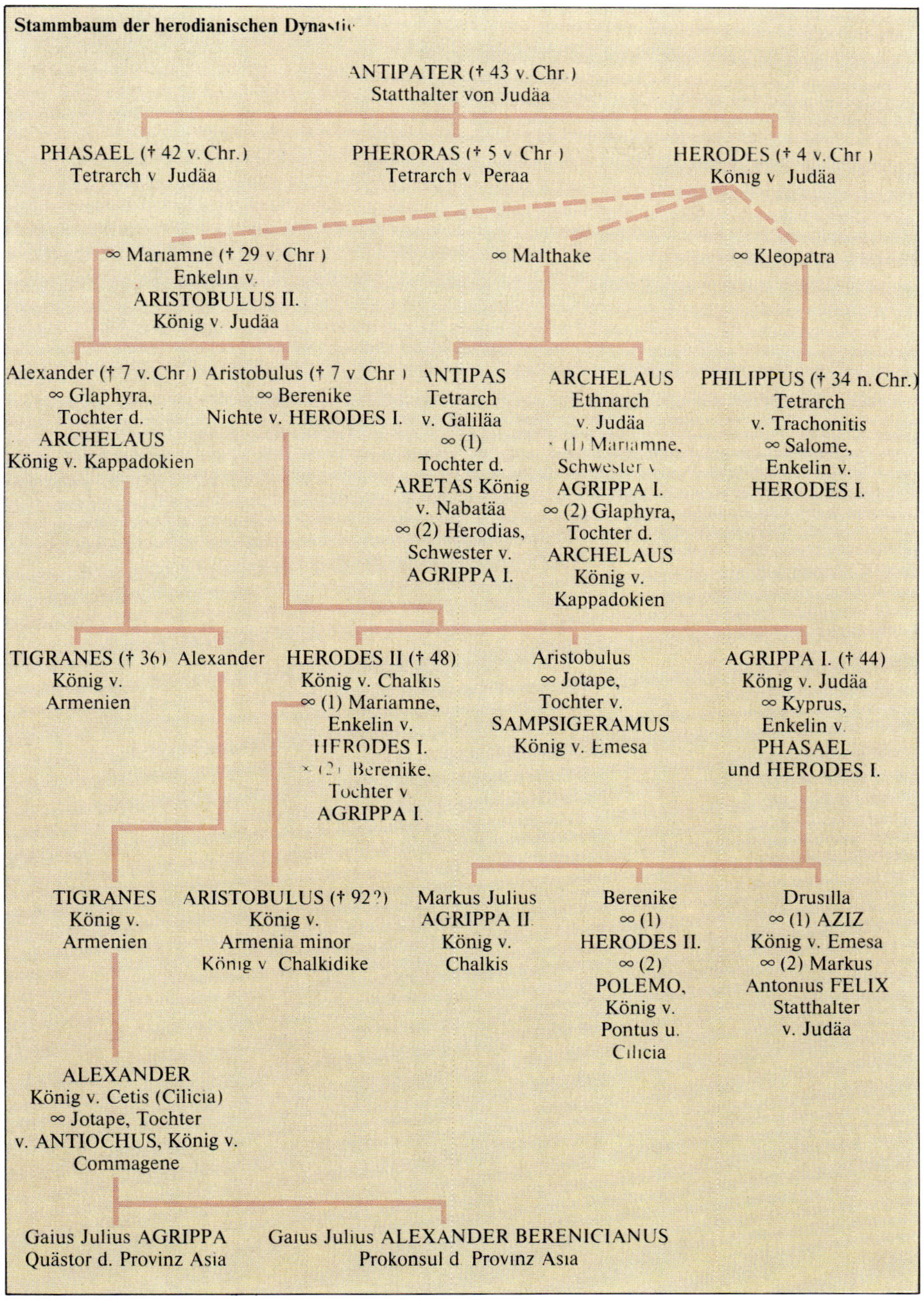


**Links: Jüdische Regenten im ersten Jahrhundert n. Chr.**
Herodes gründete eine Dynastie, die Heiratsbande mit vielen benachbarten Herrscherhäusern knüpfte. Seine Nachkommen regierten nicht nur in Judäa, sondern selbst im weit entfernten Armenien, zumeist jedoch lediglich als Vasallenkönige Roms. Schließlich verschmolzen sie mit der römischen Senatorenaristokratie. Im Partherreich war die Dynastie von Adiabene zum Judaismus konvertiert, während Babylonien mit seinem großen Judenanteil einige Jahre einen jüdischen Statthalter hatte.

höfe dem traditionellen Recht Geltung verschaffte. Die Ethnarchen sammelten beträchtliche Reichtümer und Privilegien an. Sie hielten in königlicher Manier Hof (tatsächlich behaupteten sie, von David abzustammen), hatten ihre eigene Polizeimacht und besaßen eine Flotte, mit der sie die Produkte ihrer Besitzungen in überseeische Länder transportierten. Ein nichtjüdischer Chronist teilt mit, daß – wenn auch zugegebenermaßen während einer Periode relativer Anarchie im Imperium (ca. 235–250) – die von den Ethnarchen mit römischer Billigung ausgeübte Macht sich in nichts von der eines Königs unterscheide, und er fügt hinzu, daß der Kaiser sich manchmal blind stelle gegenüber Todesurteilen, die die Gerichte des Ethnarchen verhängten.

Die römische Politik, das Ethnarchat zu unterstützen im Zusammenhang mit der Ernennung von Prokuratoren hohen Ranges sowie die Stationierung einer mächtigen Armee in Palästina, hatte gewiß den erwünschten friedenssichernden Effekt. Von 135 bis 351 gab es keine jüdischen Aufstände, und während der Revolte von 351, als ein kurzlebiger Versuch unternommen worden zu sein scheint, die Monarchie unter einem gewissen Patricius wieder zu errichten, haben sich die Ethnarchen Rom gegenüber offenbar loyal verhalten. An diese Erhebung schloß sich, vielleicht als unmittelbare Reaktion darauf, die erste offensive antijüdische Gesetzgebung der christlichen Kaiser an. Von diesem Zeitpunkt an verschlechterte sich die Stellung der Juden im Römischen Reich zunehmend, außer unter dem heidnischen Kaiser Julian, der den Tempel in Jerusalem wieder aufbauen wollte (363). Das Vorhaben wurde durch ein Erdbeben und den bald darauf folgenden Tod des Herrschers vereitelt. Es war vermutlich Julian, der dem Ethnarchen (der nun den Titel Patriarch führte) den ehrenvollen Rang des *praefectus praetorio* verlieh. Kaiser Theodosius annullierte diese Ehrung 415, und ein Gesetz von 429 bezieht sich auf die »Beendigung des Patriarchats«. Offensichtlich lehnte Theodosius es einfach ab, einen Nachfolger für den letzten Patriarchen anzuerkennen, und damit war das Amt abgeschafft.

Palästina war zu dieser Zeit in drei Provinzen aufgeteilt, von denen zwei eine ziemliche große jüdische Bevölkerung hatten. Sie besaßen ihre eigenen jüdischen Räte in Tiberia und in Caesarea. Die Juden in Palästina wie in der Diaspora waren erregt über die Christianisierungspolitik und leisteten gelegentlich gewaltsamen Widerstand, doch gab es keine ernsthaften Schwierigkeiten bis 613, als die Juden den persischen Armeen bei deren Einnahme von Palästina Hilfe leisteten. Jerusalem fiel 614, und für einige Jahre (bis 617) wurde die jüdische Regierung wieder eingesetzt. 629 eroberten die Römer erneut die Stadt und vertrieben die Juden zum zweiten Mal. Doch bald danach (634–640) wurde das Land von den Arabern überrannt, womit die Herrschaft Roms ihr endgültiges Ende fand.

### Die Diasporajuden im Imperium Romanum

Seit der Zerstörung Jerusalems im Jahr 70 gab es kaum einen Unterschied in der Stellung der Juden in Judäa oder anderswo im Imperium. Die Diaspora breitete sich weiter aus, zum Teil durch Proselyten, obgleich auch eine gewisse Abkehr vom Judaismus hin zur Staatsreligion und zum Christentum zu verzeichnen war. Absolute Zahlen sind nicht vorhanden, doch sprechen glaubhafte Schätzungen für die Zeit unmittelbar vor 70 von zweieinhalb Millionen Juden in Judäa und gut über vier Millionen in der römischen Diaspora. Später – insbesondere nach dem Aufstand von 132–135 – wuchs das Verhältnis der Diasporajuden zu den palästinensischen Juden beträchtlich an. Es ist wahrscheinlich, daß sie zusammen ein Zehntel der Gesamtbevölkerung des Reichs stellten, und in den Orten ihrer stärksten Konzentration – in den Städten der östlichen Provinzen – dürften sie ein Viertel oder mehr der Einwohnerschaft ausgemacht haben. Sie bildeten damit eine bedeutende Gruppe im Reich, eine Situation, für die es in der späteren Geschichte wenig Parallelen gibt. Dies erklärt auch, warum die Römer die jüdischen Angelegenheiten ernst nahmen, ganz abgesehen von dem Faktor einer ansehnlichen jüdischen Population jenseits der östlichen Grenze (um das Jahr 70 vielleicht eine weitere Million oder mehr).

Generelle römische Politik war es, bereits bestehende Rechte anzuerkennen und den Status quo so weit wie möglich zu erhalten. Auftretende Probleme suchte man auf lokaler Ebene zu lösen, und man unternahm keine nennenswerten Anstrengungen, fundamentale Grundsätze für die Behandlung aller Juden aufzustellen, wie wir es später unter christlicher Herrschaft antreffen. Ihr Status und ihre Rechte variierten von Ort zu Ort und sogar von Person zu Person innerhalb der jüdischen Gemeinden. Manchmal (und dies dürfte die Regel in den griechischen Städten im Osten gewesen sein) hatte die jüdische *politeuma* eine separate, parallele und in gewissem Sinn gleiche

*Oben links:* Der große siebenarmige Goldleuchter (Menora) aus dem Jerusalemer Tempel wird im Triumphzug durch Rom geführt (Ausschnitt aus dem Titus-Bogen).

*Oben:* Hunderte von jüdischen Grabsteinen sind in der römischen Diaspora gefunden worden. Dieser, aus der Ewigen Stadt selbst, erinnert an eine Frau namens Primitiva und ihren Enkel Euphrainon. Der Text ist griechisch, doch der Name der Primitiva erscheint in Latein. Die stilisierten Symbole – Menora, Lulab (Palmzweig), Etrog (Zitrusfrucht) und Ölfläschchen – trifft man häufig auf den Grabsteinen an.

*Links:* Rom besitzt einige jüdische Katakomben. Diese, an der Via Appia, hat interessante Fresken, die nicht spezifisch jüdisch wirken, sondern offensichtlich von heidnischen Vorstellungen beeinflußt sind: An der Decke bekränzt Victoria einen Jüngling mit einer Girlande und die Wände sind mit Pfauen geschmückt.

Struktur wie die jeweilige Stadt. Spannungen zwischen Juden und Griechen eskalierten zuweilen in Gewalttätigkeiten, beispielsweise 38 n. Chr. in Alexandria und 66 in verschiedenen östlichen Zentren. In solchen Fällen griff die römische Regierung ein, wenn nötig mit militärischer Macht, um den Frieden wiederherzustellen und etwaige konstitutionelle Probleme zu klären.

Der Erfolg dieser pragmatischen Haltung ist bemerkenswert. Die wenigen Fälle, in denen sie versagte, wie bei den eben erwähnten Aufständen, den Revolten in Judäa oder den Ereignissen von 115–117, als jüdisch-griechische Kämpfe sich über Ägypten, die Cyrenaica und Zypern ausbreiteten, zeigen, wie hitzig und mörderisch die Emotionen waren, die von der Regierung unter Kontrolle gehalten wurden. Trotz des jüdischen Nationalgefühls und trotz bekannter Versuche, Außenstehende in lokale Konflikte hineinzuziehen, waren die Zwischenfälle meistens auf eine Region oder Stadt beschränkt. Sogar die große Revolte von 66 in Judäa erhielt kaum oder gar keine Unterstützung von der Diaspora. Auf der anderen Seite waren sich die Römer gewiß der Faktoren bewußt, die den jüdischen Zusammenhalt ausmachten, namentlich ihr Glaube. Obgleich sie nicht (wie manchmal behauptet wird) ausdrücklich die jüdische Religion erlaubten, tolerierten sie sie in der Praxis, und sie bestätigten laufend frühere Privilegien oder verliehen neue, womit es den Juden ermöglicht wurde, weiter nach ihren traditionellen Regeln und Gesetzen zu leben. Die Römer erleichterten auch die Übersendung von Geldschenkungen aus den Provinzen an den Jerusalemer Tempel. Nach dessen Zerstörung wurde die reguläre Steuer in Form einer jüdischen Steuer an die kaiserliche Schatzkammer geleitet. Später erhielten die Ethnarchen, deren Autorität über alle Reichsjuden anerkannt worden war, die Erlaubnis zur Sammlung finanzieller Mittel. Auch diese fielen nach Beendigung des Patriarchats der kaiserlichen Schatzkammer zu. Eine derartige Fiskalpolitik dokumentierte zumindest, daß man die über das Imperium verstreuten Juden als einzigen Stamm ansah. Wenn die Steuerlasten und die damit verbundene Diskriminierung auch Unwillen auslösten, so boten doch der Schutz der Pax Romana und die Ehren, die den Ethnarchen als Repräsentanten der jüdischen Nation gewährt wurden, eine gewisse Entschädigung. Und außer dem Verbot der Beschneidung von Nichtjuden und der Ansiedlung in Jerusalem (beide Verordnungen scheinen die meiste Zeit recht nachlässig gehandhabt worden zu sein) war ihr Leben keinen nennenswerten weiteren Restriktionen unterworfen.

## Die östliche Diaspora

Eine beträchtliche Zahl von jüdischen Gemeinden war außerhalb der römischen Reichsgrenzen geblieben. Zu ihnen gehörten jene in den alten Zentren Babyloniens und Mesopotamiens, von denen verschiedene in ununterbrochener Linie bis zum heutigen Tage bestehen. Doch als einige dieser alten Zentren (wie beispielsweise Babylon) verfielen, zogen neugegründete Städte und Handelsplätze jüdische Siedler an, auch gab es aufgrund von Kriegen und Deportationen Bevölkerungsverschiebungen größeren Maßstabs. Das jüdische Siedlungsgebiet war ungeheuer weit, es erstreckte sich von Armenien bis Arabien im Süden und bis Medien und Elam (vielleicht sogar

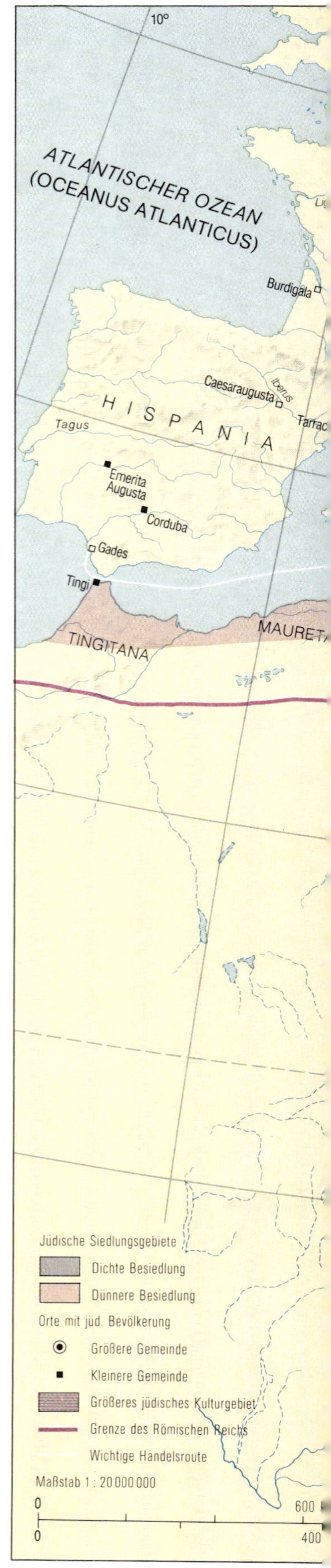

**Die jüdische Welt 300 n. Chr.**
Die Grenzen des Imperium Romanum unmittelbar vor der Christianisierung schließen weite Gebiete mit jüdischer Einwohnerschaft ein. Die schon früher festgestellte Expansion hat sich fortgesetzt: Praktisch überall im Mittelmeerraum leben nun Juden, und sie breiten sich nach und nach weiter in Westeuropa aus. Außerhalb des Römischen Reichs weist noch immer Babylonien die stärkste jüdische Besiedlung auf, doch sind neue Gemeinden in rascher Folge auch weiter entfernt an den wichtigen Handelswegen gegründet worden. Genaue Einzelheiten über diese entlegenen Niederlassungen liegen nicht vor, in einigen Fällen ist ihre bloße Existenz hypothetisch, doch kann es durchaus sehr viel mehr Siedlungen gegeben haben, von denen sich keine Spur erhalten hat. Für das römische Imperium müssen wir uns größtenteils auf Inschriften und andere archäologische Zeugnisse verlassen; auch dies bleibt eine fragmentarische und zufällige Information und zweifellos bestanden auch hier weitere jüdische Gemeinden.

bis nach Merw) im Osten. In nicht genau bekannter Zeit begannen sie sich sogar noch weiter nach Osten entlang der hauptsächlichen Handelswege auszubreiten. Die zahlenmäßig stärksten Niederlassungen befanden sich in Babylonien, obgleich auch hier, mit Ausnahme einiger weniger Städte, die Juden nur eine unter vielen ethnischen und religiösen Minderheiten waren.

Die Parther, die vom späten zweiten bis zum frühen dritten Jahrhundert weitgehend diese Region beherrschten, mischten sich wenig in das Leben ihrer Untertanen ein. Die Juden dienten ihnen loyal und scheinen unter ihrer Oberhoheit zu Wohlstand gekommen zu sein. Kurzfristig, wahrscheinlich zwischen 20 und 35 n. Chr., wurde Babylonien eigentlich von einem Juden, Asineus, mit Unterstützung des parthischen Königs regiert. Der Gegensatz zu Rom war ein dominierender Zug der parthischen Politik, und die Parther benutzten die Juden für ihre Zwecke. Wie bereits erwähnt, stellten sie 40 v. Chr. die Monarchie der Hasmonäer in Jerusalem wieder her, und es ist angenommen worden, daß sie ihre Hand bei den Revolten von 115–117 in Ägypten und anderswo im Spiele hatten. Die Erhebungen fanden während einer römischen Invasion Parthiens statt und dürfen durchaus in Beziehung gebracht werden mit der jüdischen Beteiligung an einem antirömischen Aufstand, der sich zur gleichen Zeit in Mesopotamien ereignete, hinter den vorrückenden kaiserlichen Armeen. In Palästina gab es Juden, die weiterhin von den Parthern Rettung von römischer Vormacht erhofften, und ein nationalistisches Motiv für die jüdische Loyalität gegenüber den Parthern ist nicht auszu-

**Unten: Die jüdische Welt 600 n. Chr.** Das Christentum hat sich nun auf dem Territorium des einstigen römischen Kaiserreichs durchgesetzt, doch sind Judendiskriminierungen noch kaum spürbar geworden, und das unglückliche Schicksal der europäischen Juden liegt noch in weiter Ferne. Ihre Ansiedlungen in Westeuropa sind beträchtlich gewachsen, doch besitzt Babylonien wahrscheinlich noch immer die größte jüdische Bevölkerungsdichte und ist zugleich das führende kulturelle Zentrum der jüdischen Ökumene.

Dura Europus war ein wichtiger Grenzposten am Euphrat, wo das römische und das parthische Reich zusammenstießen. Die Synagoge wurde 245 n. Chr. verschwenderisch mit biblischen Szenen ausgeschmückt, nur wenige Jahre bevor das Gebäude bei Verstärkungsarbeiten an den Stadtmauern teilweise beschädigt wurde. Doch diese Zerstörung hatte zur Folge, daß man den Rest der Synagoge erhielt, und ihre Fresken gehören zu den bemerkenswertesten Zeugnissen früher jüdischer Kunst (hier ein Beispiel). *Rechts:* Ezechiels Vision auf dem Feld der Totengebeine ist eine hoffnungsvolle Botschaft der nationalen Erneuerung.

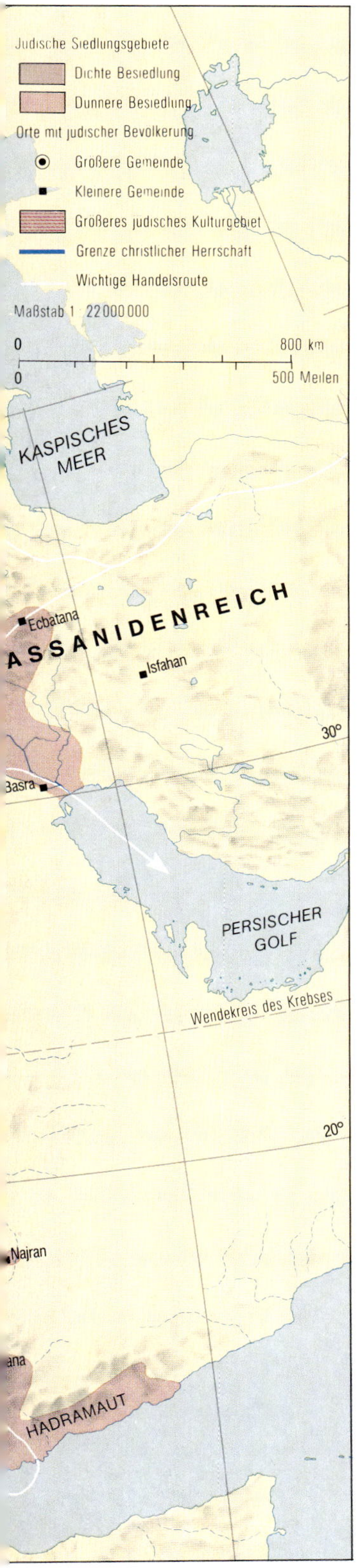


schließen, obgleich die bequemen Modalitäten unter deren Herrschaft eine ausreichende Erklärung dafür abgeben dürften. Es existieren Zeugnisse, daß östliche Juden sich vom Einfluß des Ethnarchen in Palästina befreien wollten: Die Parther erkannten einen *Resch Galuta* oder Exilarchen an, setzten ihn vielleicht sogar ein, dessen Einfluß und Würden nicht geringer, in mancher Beziehung sogar größer waren als die des römischen Ethnarchen. Das Amt mag durchaus geschaffen worden sein, um diesem einen Rivalen entgegenzustellen.

Von den vielen Fürstentümern und Unterkönigreichen, die den Parthern lehnspflichtig waren, wurde eines, Adiabene, eine Zeitlang von Juden regiert. Die dortige Königin Helene und ihr Sohn Izates konvertierten im frühen ersten Jahrhundert n. Chr. zum Judaismus, und die Herrscherfamilie errichtete eindrucksvolle Bauwerke in Jerusalem und unterstützte die romfeindlichen Rebellen im Krieg von 66–74 nachdrücklich, praktisch als einzige Juden außerhalb Palästinas. Es ist unmöglich, zu entscheiden, ob sie damit bewußt die parthische Politik förderten. Das offensichtliche Ausbleiben einer Reaktion seitens der babylonischen Diaspora könnte das Gegenteil nahelegen. Die spätere Geschichte der Dynastie ist unbekannt. Ein anderes Herrscherhaus, in Himjar in Jemen, wurde im späten vierten Jahrhundert und noch einmal im frühen sechsten Jahrhundert gleichfalls kurzfristig zum Judentum bekehrt.

Unter den sassanidischen Persern, die die Parther um 224 n. Chr. verdrängten, waren die Bedingungen für die Juden anfangs weiterhin günstig, trotz periodischer Versuche durch die Regenten, ihre Religion, den Zoroastrismus (Zarathustrismus) bei ihren Untertanen durchzusetzen, und trotz schwerer Verluste in Kriegen. Das Amt des Exilarchen blieb bestehen und erfuhr sogar eine Stärkung, und als sich die Position der Juden im christlichen Rom verschlechterte, wurden die freieren und wohlhabenderen Zentren im Osten für die westlichen Juden attraktiv. Mitte des fünften Jahrhunderts kam es zu religiösen Verfolgungen, unter denen Juden wie Christen litten. Spätere Legenden über die kurzlebige Errichtung eines unabhängigen jüdischen Staats durch den Exilarchen in Mahoza Ende des Jahrhunderts mögen mit diesen Verfolgungen in Zusammenhang stehen, doch sind die Berichte phantastisch und unzuverlässig. Über die Geschichte jüdischer Selbstregierung besitzen wir seit dieser Zeit nur wenig Informationen, möglicherweise wurde das Exilarchat während der Unruhen abgeschafft. Es dürfte während des sechsten Jahrhunderts wieder eingesetzt worden sein, als auch die jüdischen Akademien neu gegründet wurden, aber die letzten eineinhalb Jahrhunderte unter sassanidischer Herrschaft gelten als dunkle und schwierige Periode, so daß die Juden die arabischen Eroberer willkommen hießen, die ab 630 den Vorderen Orient überrannten.

# Herodes der Große

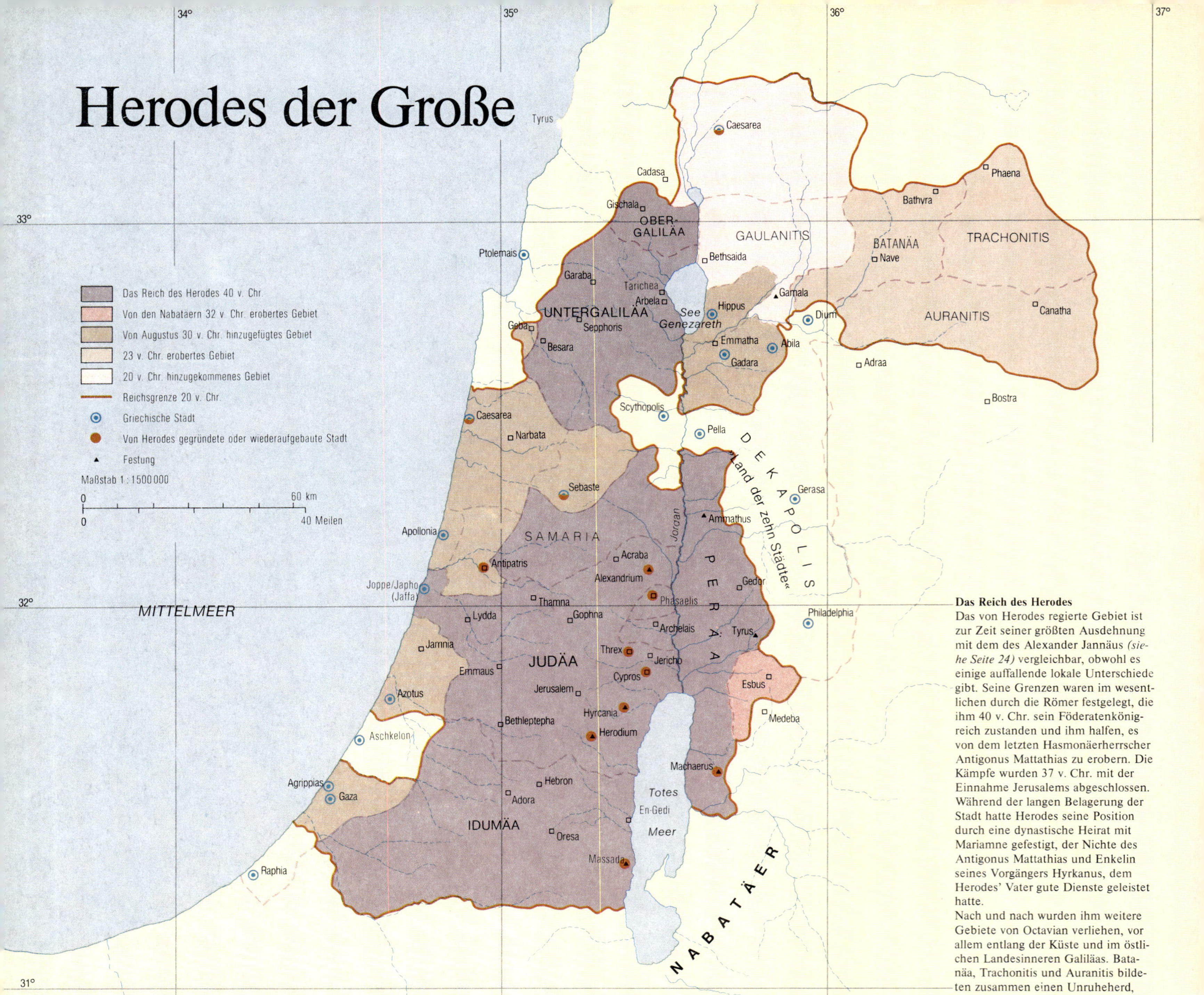


**Das Reich des Herodes**
Das von Herodes regierte Gebiet ist zur Zeit seiner größten Ausdehnung mit dem des Alexander Jannäus *(siehe Seite 24)* vergleichbar, obwohl es einige auffallende lokale Unterschiede gibt. Seine Grenzen waren im wesentlichen durch die Römer festgelegt, die ihm 40 v. Chr. sein Föderatenkönigreich zustanden und ihm halfen, es von dem letzten Hasmonäerherrscher Antigonus Mattathias zu erobern. Die Kämpfe wurden 37 v. Chr. mit der Einnahme Jerusalems abgeschlossen. Während der langen Belagerung der Stadt hatte Herodes seine Position durch eine dynastische Heirat mit Mariamne gefestigt, der Nichte des Antigonus Mattathias und Enkelin seines Vorgängers Hyrkanus, dem Herodes' Vater gute Dienste geleistet hatte.
Nach und nach wurden ihm weitere Gebiete von Octavian verliehen, vor allem entlang der Küste und im östlichen Landesinneren Galiläas. Batanäa, Trachonitis und Auranitis bildeten zusammen einen Unruheherd, den Herodes 23 v. Chr. befriedete; der Erwerb von Gaulanitis (Golan) vervollständigte die territoriale Ausweitung. Fortan hatte er sein Reich nur noch unter Kontrolle zu halten und zu sichern. Militärische Einrichtungen fallen auf der Karte besonders ins Auge, sei es innerhalb der Städte oder an stragetisch wichtigen Punkten, wie das Festungsdreieck Massada, Herodium und Machaerus (benannt nach dem römischen Befehlshaber, der ihn gegen den Hasmonäer Antigonus Mattathias unterstützt hatte).

Die Überlieferung ist mit Herodes hart verfahren, er lebt in der Erinnerung fort als unbarmherziger, hitzköpfiger Autokrat. Schon zu Lebzeiten stand er im Ruf der Grausamkeit, (bethlehemitischer Kindermord, Beseitigung seiner potentiellen Nachfolger), und seine prorömische Politik löste in einigen jüdischen Kreisen heftige Opposition aus, der er nur mit einem rigorosen Unterdrückungssystem Herr wurde, das sich auf seine militärische Macht und eine Kette von Festungsanlagen stützte. Doch beginnt sich neuerdings ein positiveres Bild durchzusetzen, das ihn auch als klugen und geschickten Staatsmann zeigt, als einen der erfolgreichsten und mächtigsten unter den römischen Vasallenkönigen seiner Tage. Sein strenges, pragmatisches Regiment bescherte Judäa ziemliche Stabilität und beträchtlichen Wohlstand, besonders im Vergleich zu den Dekaden unmittelbar vor und nach seiner Amtszeit (40–4 v. Chr.).
Die letzte Periode der Hasmonäer-Herrschaft war sowohl in Judäa wie in Rom durch Unsicherheit und mörderische Konflikte gekennzeichnet gewesen. Herodes' Vater, Antipater, hatte von der unruhigen Lage profitiert, seine eigene Macht aufgebaut und die Unterstützung Julius Caesars gewonnen. Nach Caesars Tod konnte sich Herodes die Gunst von Marc Anton sichern, und dann, nach dessen Niederlage bei Actium 31 v. Chr., die des Octavian (Caesar Augustus). Herodes zollte letzterem reichlich Ehrerbietung, indem er zwei neugegründete Städte nach ihm benannte, den Hafen Caesarea (anstelle von Stratonsturm) und die Bergstadt Sebaste (Samaria). Der glanzvolle Caesar-Augustus-Tempel, errichtet an exponierter Stelle gegenüber der Hafeneinfahrt Caesareas, wird von dem jüdischen Historiker Flavius Josephus beschrieben. Er enthielt eine Kolossalstatue des Kaisers, die einem berühmten griechischen Original nachgebildet war. In diesem Fall erscheint Herodes als typisch hellenistischer, an Rom orientierter Potentat, doch nahm er andernorts stärkere Rücksicht auf die jüdische Empfindlichkeit in religiösen Dingen und vermied die Aufstellung menschlicher Bildnisse. Sein größtes jüdisches Bauwerk, der Tempel in Jerusalem, ist hellenistisch im Stil, weist jedoch keine Bildnisse auf. Die Fabeltiere, die den Fuß des dortigen großen goldenen Leuchters *(siehe Seite 28)* schmückten, tauchen als Dekormotiv überall in der hellenistischen Welt auf, wo sie allerdings von menschlichen Figuren überragt werden. Die Ausgrabungen am Festungspalast des Herodes in Massada haben weitere Beispiele der geglückten Verbindung von jüdischen und hellenistischen Elementen zutage gefördert.

*Rechts:* Eines der eindrucksvollsten Zeugnisse des herodianischen Caesarea ist der Aquädukt, der das benötigte Wasser vom acht Kilometer nordöstlich gelegenen Karmel-Gebirge heranführte. Die Bögen tragen zwei separate Zuleitungen, sind auf Sand gebaut und ständig dem vom Seewind herangetragenen Sand ausgesetzt. Dennoch ist ein langer Streckenabschnitt erhalten geblieben, Beleg für die solide Konstruktion des Aquädukts. Caesarea kam dem dringenden Bedürfnis nach einem guten Hafen an dieser glatten Küste nach, und es blieb für lange Zeit das Tor zu Judäa.

*Unten:* Herodes vergrößerte und verschönerte Jerusalem, das seit den Tagen von David und Salomo beträchtlich nach Westen und Norden gewachsen war. Der Tempelberg bildete noch immer den Mittelpunkt. Herodes gestaltete den Tempel in hellenistischem Stil um, sein charakteristisches Mauerwerk ist in der westlichen Stützmauer der Plattform noch deutlich sichtbar. Westlich davon erhob sich die Oberstadt, dort, wo im frühen zweiten Jahrhundert v. Chr. unter Antiochus die hellenistische Stadt entstanden war, im und um das Areal, in dem sich jetzt das Armenierviertel befindet. Die Hasmonäer hatten dieses Gebiet auf zwei Seiten mit Mauern versehen und einen Palast in der Akra, der hellenistischen Festung, errichtet. Herodes vervollständigte die Mauer, die damit die Ober- von der Unterstadt trennte, und erbaute einen gutbefestigten Palast nahe dem heutigen Jaffa-Tor. Die frühere Festung, die den Tempelberg überragt, ließ er ebenfalls verstärken.

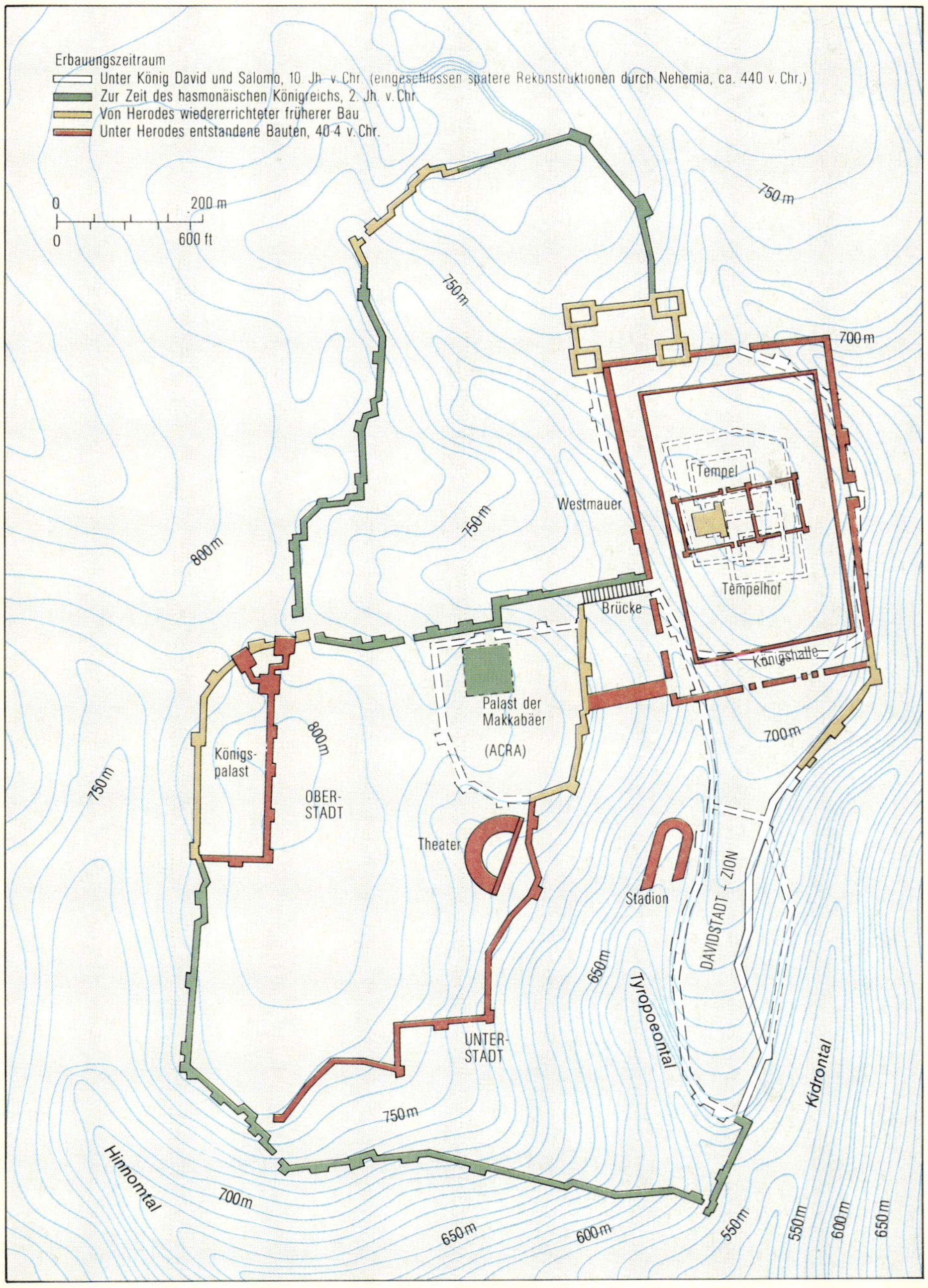

Die meisten der großartigen Bauwerke aus der Zeit des Herodes sind zwar nicht mehr erhalten, doch haben genug überdauert, um eine Vorstellung von seinem Engagement auf diesem Gebiet zu vermitteln.

*Ganz oben:* Die eindrucksvolle Festung Herodium, südlich von Jerusalem auf einem künstlich aufgeschütteten Hügel gelegen.

*Oben:* Die Festung Massada, die sich ca. 64 km südöstlich von Jerusalem auf einem massiven Felsvorsprung am Toten Meer erhebt. Das Felsplateau fällt nach drei Seiten steil ab und bildet damit ein natürliches Bollwerk. Es wurde durch die Anlage von Wällen um den Gipfel ergänzt, und für die Wasserversorgung wurden riesige Zisternen angelegt, um die seltenen, aber heftigen Regenfälle aufzufangen. Herodes errichtete hier einen prächtigen Palast auf der nördlichen Felsspitze (im Vordergrund des Bildes). Ausgrabungen haben die Reste von Säulen und reichbemalten Wänden ans Licht gebracht, und wie in Herodium gehörten zu dem Komplex auch eine Synagoge und beheizte Bäder. Die Festung wurde in der Revolte von 66 n. Chr. von Zeloten besetzt und noch drei volle Jahre nach dem Fall Jerusalems gehalten. Später beherbergte das Plateau ein christliches Kloster.

# DIE CHRISTLICHE ÄRA

Die Einführung des Christentums als Staatsreligion des römischen Kaiserreichs im vierten Jahrhundert markierte den Beginn einer langen Periode der Unterdrückung. Die jüdische Religion war, zusammen mit den heidnischen Kulten, der repressiven Verbindung aus religiöser Intoleranz und politischer Macht ausgesetzt. Polemik gegen das Judentum ist seit Beginn der christlichen Literatur bezeugt; im vierten Jahrhundert entfaltete sie besondere Schärfe und fand gelegentlich praktischen Ausdruck im Niederbrennen von Synagogen und körperlichen Angriffen auf Juden. Die kirchliche Gesetzgebung der Zeit versuchte, Christen und Juden zu isolieren, und die Rechtspolitik der Kaiser stellte einen wenig glücklichen Kompromiß dar (begründet im christlichen Herrschertum des Kaisers) zwischen der Aufrechterhaltung von Gesetz und Ordnung und Konzessionen an die Kirche. Die diffamierende Sprache der christlichen Predigten ging sehr früh in die Gesetze ein; sie wurden immer offener diskriminierend (in den Gesetzestexten des Konstantius, 337–361, beispielsweise werden die Juden als eine »verderbliche« oder »verachtenswerte Sekte« bezeichnet, die sich zu »frevlerischen Zusammenkünften« trifft) und härter in ihren Strafen. Juden, die ihre christlichen Ehefrauen oder Sklaven zu ihrem Glauben bekehrten, erwartete der Tod; die jüdische Geistlichkeit hatte die Bürde des Dekurionats zu tragen, von dem die christliche Priesterschaft ausgenommen war; Heiraten zwischen Juden und Christen wurden wie Ehebruch geahndet. Im frühen fünften Jahrhundert kam es zu einer weiteren Verschlechterung der Situation. Juden blieb der Verwaltungs- und Militärdienst verschlossen, das Patriarchat wurde abgeschafft und die jüdische Gerichtsbarkeit auf Privatfälle zwischen Juden beschränkt; neue Synagogen fielen der Beschlagnahme zum Opfer, alte durften nur mit besonderer Erlaubnis instandgehalten werden.

Doch war die Lage der Juden in vieler Hinsicht immer noch besser als die der Heiden und der nichtorthodoxen Christen: Die Kampagne gegen sie war kein Ausrottungskrieg, sondern eine Politik der Isolation und Zermürbung. Ihre rechtliche und ökonomische Basis wurde zuneh-

**Unten: Auswirkungen des Christentums ca. 300–600 n. Chr.**
Die Informationen auf dieser Karte stammen ausschließlich aus christlichen Quellen. Eine große Anzahl weiterer Synagogen fiel zweifellos der Konfiszierung oder Zerstörung anheim (was auch das Schicksal heidnischer Tempel war). Viele andere verfielen, da die Erlaubnis zur Instandhaltung nicht gewährt wurde. Die eingezogenen Synagogen wandelte man im allgemeinen in christliche Kirchen um (ein besonderes Gebet für diese Weihzeremonie ist überliefert). Zwangstaufen von Juden fanden zumeist keine offizielle Billigung, obgleich sie – einmal getauft – nicht zum Judaismus zurückkehren durften. Erst seit Anfang des siebten Jahrhunderts wurde die Taufe in einigen Königreichen offiziell angeordnet.

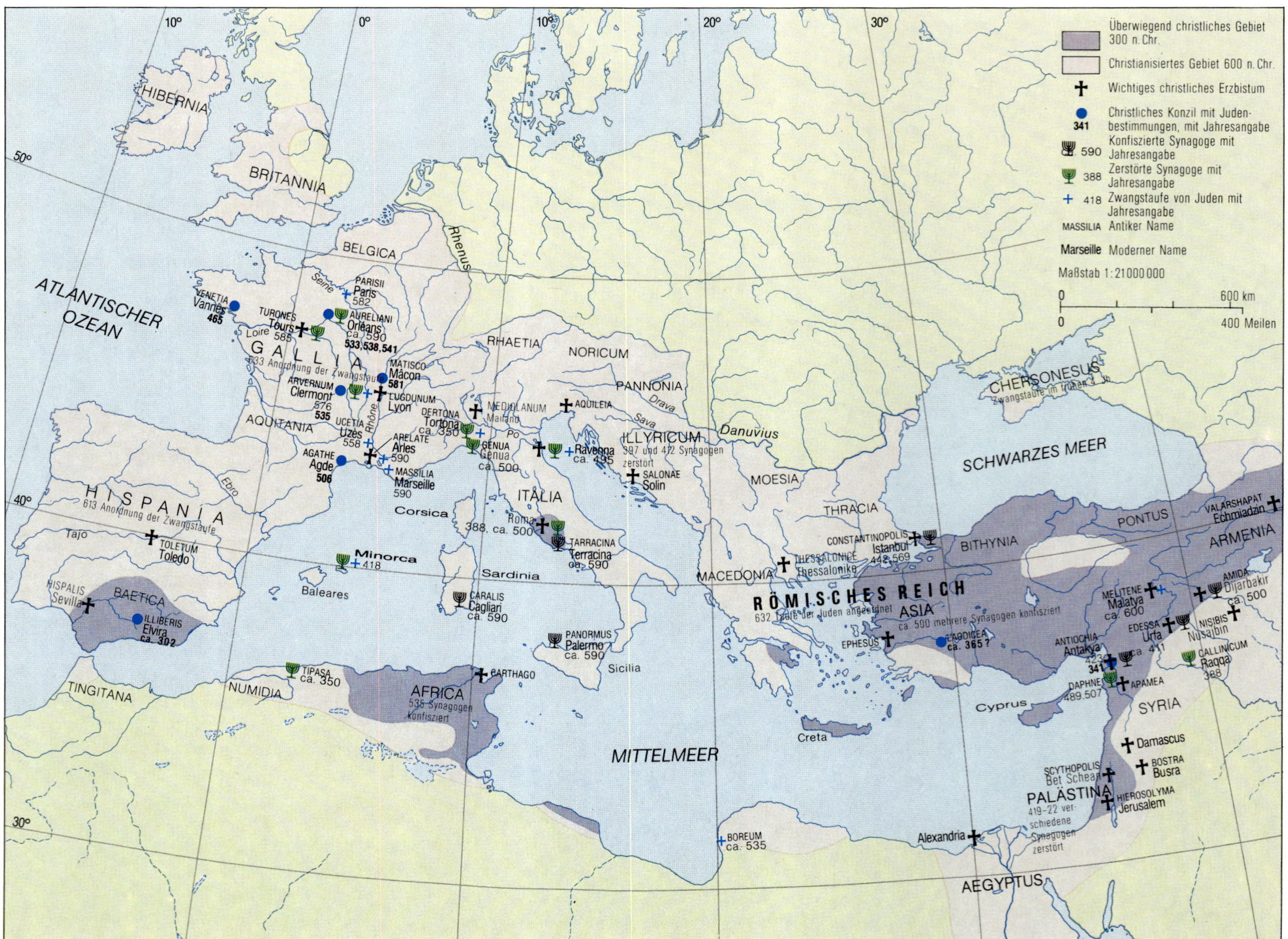

Die christliche Haltung gegenüber den Juden war ziemlich widersprüchlich. Einerseits waren Jesus, seine Familie und seine Jünger Juden, andererseits gab man ihnen die Schuld am Tod des Herrn. In diesen Szenen (13. Jahrhundert) aus dem Leben der heiligen Anna *(oben)* von der Kathedrale in Paris sind die Großeltern Christi als zeitgenössische Juden porträtiert. Der heilige Joachim trägt den charakteristischen Hut und der Priester die Rabbinertracht. Die Statue der personifizierten Synagoge aus demselben Jahrhundert vom Straßburger Münster *(unten)* zeigt eine andere Sichtweise, die an das römische Bildnis des besiegten Judäa erinnert *(siehe Seite 26)*. Die unterjochte Synagoge wird regelmäßig paarweise zusammen mit der triumphierenden Kirche dargestellt.

mend untergraben. Besonders ruinös für Gewerbe und Landwirtschaft wirkte sich die Einschränkung der Sklavenhaltung für Juden aus, da diese einen zentralen Bestandteil der antiken Wirtschaftsordnung darstellte, und das Dekurionat bildete für die Reichen eine schwere Belastung. Die Synagogen wurden dem Verfall ausgesetzt oder für christliche Zwecke umfunktioniert. Die Konversion suchte man durch vielfältige Anreize zu ermutigen, manchmal auch durch Drohungen und Gewalt.

Die Juden widerstanden dieser Politik, soweit sie konnten, besaßen aber keine ausreichend starke Position, um sich gegen christlichen Fanatismus zu verteidigen, der sich der (nicht immer ganzherzigen) Rückendeckung durch die Kaiser erfreute. Eine große Zahl beschritt den leichtesten Weg und konvertierte, andere verließen das Reich. Die verbliebenen versuchten sich den neuen Bedingungen anzupassen. Der allmähliche Zusammenbruch der Zentralgewalt und die schließliche Zerstückelung des Imperiums waren Faktoren, die ihr Überleben begünstigten, zumal einige der lokalen (vor allem die arianischen) Herrscher weniger feindlich gesinnt waren. Aber im siebten Jahrhundert wurde in verschiedenen Staaten (Byzanz, Frankreich, Spanien) die Zwangstaufe aller Juden angeordnet. Das Judentum Europas erreichte zu dieser Zeit seinen Tiefstpunkt. In den folgenden Jahrhunderten ist eine allmähliche Regeneration erkennbar, vielleicht infolge der nützlichen Rolle, die sie für die Wirtschaft spielten, wobei ihnen ihre weite Verbreitung gewisse Vorteile beim Handel verschaffte. Aber lange Zeit sollte vergehen, bevor sie ihre zahlenmäßige Stärke oder ihre Freiheit wiedererlangten.

Die ganze Epoche christlicher Vormachtstellung hindurch mußten die Juden häufig gegen engstirnigen Aberglauben ankämpfen, der durch fanatische Predigten geschürt wurde. Während der Kreuzzüge gab es Übergriffe auf die jüdischen Gemeinden im Rheinland, und obgleich mancherorts Lokalherrscher Schutz boten und die Juden sich nach besten Kräften und mit allen zur Verfügung stehenden Mitteln verteidigten, waren die Verluste an Leben und Eigentum immens. Solche Verfolgungen setzten sich in Intervallen über die Jahrhunderte fort, und die Gesamtopfer sind erschreckend. Die Juden, denen im allgemeinen der Waffenbesitz verboten war, waren wehrlos und gänzlich auf den Beistand durch Herrscher oder Nachbarn angewiesen. Doch diese Hilfe blieb in vielen Fällen aus. Verschiedentlich zogen sie es vor, sich und ihre Familien zu töten, als in die Hände des christlichen Pöbels zu fallen.

Kaum weniger grausam waren die Verordnungen zur Ausweisung. Es gab ihrer viele im Laufe des Mittelalters, einige örtlich begrenzt, andere betrafen ganze Königreiche. Obwohl teilweise nicht konsequent durchgeführt oder nach wenigen Jahren widerrufen, zerschlugen sie nicht nur das jüdische Leben, sondern oft auch die Wirtschaftstätigkeit der Städte und Staaten. Die Juden wurden 1290 aus England vertrieben, 1394 aus Frankreich (nach zahlreichen zeitweiligen Verbannungen) und 1492 aus Spanien. In den deutschen Ländern folgte auf die Massaker des 13. und 14. Jahrhunderts im 15. Jahrhundert eine endlose Serie von Vertreibungen. Die jüdische Bevölkerung zog von einem Bistum oder Fürstentum zum andern und von den Städten aufs Land, auch gab es eine allgemeine Emigration in östlicher Richtung nach Ungarn und Polen oder südwärts nach Italien.

In Italien erging es ihnen eigentlich besser als in den meisten anderen Teilen des christlichen Europa. Die politische Zersplitterung bot, wie in Deutschland, Zufluchtsmöglichkeiten vor Verfolgung, und an manchen Orten genossen sie behördlichen Schutz, selbst wenn ihr Status sehr niedrig war. In den päpstlichen Besitzungen beispielsweise wurden die Juden zwar isoliert und gedemütigt, doch bis zur Gegenreformation nicht niedergemetzelt oder vertrieben. Tatsächlich besitzt Rom die einzige größere europäische Judengemeinde, die ihre Geschichte ohne Unterbrechung von der Antike bis zur Moderne verfolgen kann.

Im allgemeinen war es christliche Politik, die Juden isoliert und abhängig zu halten, aber nicht, sie auszurotten oder gewaltsam zu assimilieren. Die Päpste behielten diese Linie ziemlich konsequent bei. Obgleich Diskriminierungen oder Zwangsmaßnahmen wie das Judenzeichen, das Ghetto, Bücherverbrennungen und Bekehrungspre-

digten in Synagogen auf päpstliche Dekrete hin erfolgten, mißbilligte der Stuhl Petri deutlich Zwangstaufen (obgleich den Opfern die Rückkehr zu ihrem alten Glauben nicht erlaubt war) und verurteilte abergläubische Anschuldigungen wie die Tötung christlicher Kinder zu rituellen Zwecken, die Entweihung der Hostien und die Brunnenvergiftung. Solche Greuelpropaganda ging oft von der lokalen Geistlichkeit aus und sollte den Judenhaß in der Bevölkerung schüren. Priester und Mönche ermutigten in ihren Predigten zur Gewalt und standen gelegentlich an der Spitze des plündernden Pöbels. Insbesondere die Predigerorden der Bettelmönche taten sich bei der Aufstachelung des Mobs hervor, sie ermutigten ausdrücklich zu antijüdischer Gesetzgebung und garantierten ihre Durchführung. Die weltlichen Mächte widersetzten sich im Ganzen solchen vernichtenden Maßnahmen, und physische Angriffe gegen Juden dokumentierten gewöhnlich die Schwäche eines Herrschers. Doch ging nicht alle Gewalt von der Geistlichkeit aus. Christliche Kaufleute und Handwerker behinderten beharrlich die konkurrierenden Juden in ihren Aktivitäten und verdrängten sie aus diesen Berufssparten in das Geldleihgeschäft. Dies hatte vorher in den Händen der Kirche oder reicher christlicher Laien gelegen, doch die Durchsetzung der päpstlichen Vorschriften, die auf theologischen Einwänden gegen die Zinserhebung basierten, machten es zunehmend zu einem jüdischen Monopol. Die Geldverleiher wurden einer ruinösen Besteuerung unterworfen, die zwangsläufig zu höheren Zinssätzen führte, und folglich zur Empörung der Schuldner, was wiederum oft Pogrome auslöste. Das Schlagwort von der Ausbeutung der Christen durch die Juden ging von nun an mit den theologischen Schlachtrufen einher.

Intoleranz und Zwang bewirkten manche halbherzigen oder nicht aufrichtig gemeinten Konversionen. Als die Taufe in großem Umfang oktroyiert wurde, wie 1391 und erneut 1492 in Spanien, bewahrten viele Konvertiten ein Gefühl der jüdischen Identität und hielten im Geheimen sogar an ihrem alten Glauben und ihren Bräuchen fest. Der Krieg gegen das Judentum erhielt jetzt eine innerkirchliche Dimension. Die Konvertiten und ihre Nachkommen trugen das Stigma ihrer Herkunft und sahen sich diskriminierenden Maßnahmen und den Verhören der Inquisition unterworfen. Dieser grausame Unterdrük-

**Oben: Verfolgung durch die Christen, ca. 1200–1500**
Zu einer untergeordneten Stellung verdammt und abhängig vom Wohlwollen christlicher Herrscher, waren die Juden willkürlichen Dekreten, religiösem Fanatismus, wirtschaftlicher Ausbeutung und Übergriffen des Pöbels ausgesetzt. Ernsthafte Anfeindungen begannen während des ersten Kreuzzuges (1096) und setzten sich im zwölften Jahrhundert verstärkt fort. Zuweilen waren sie begleitet von der Anklage des Ritualmords an christlichen Kindern oder der Hostienschändung, eine Beschuldigung, die 1215 von offizieller kirchlicher Seite sanktioniert wurde. Das früheste Vertreibungsedikt kam 1182 in Frankreich heraus, und um 1500 besaßen die meisten katholischen Königreiche und Fürstentümer keine Juden mehr. Nur Polen und Neapel boten günstige Lebensbedingungen. Trotz ähnlicher theologischer Vorwürfe gab es im Bereich der orthodoxen Kirche nur wenige Beispiele antijüdischer Gewalttaten.

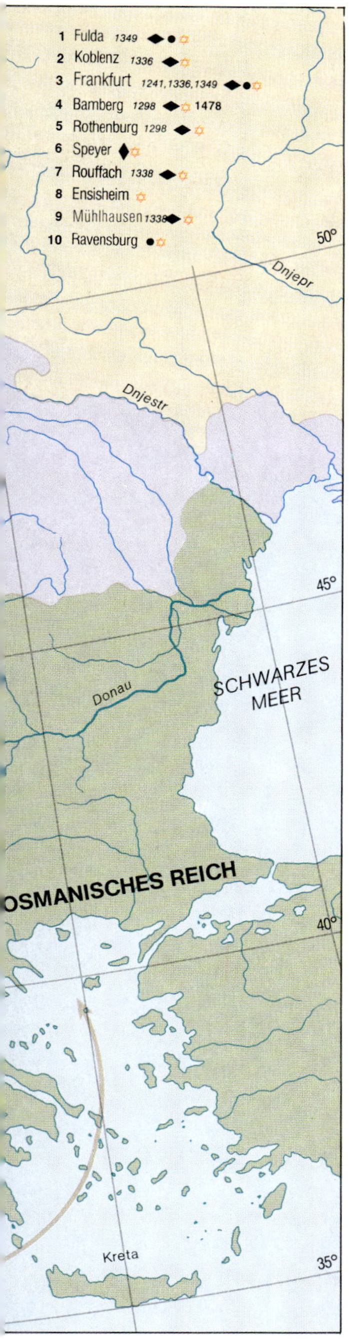


kungsapparat wurde 1478 in Spanien eingesetzt und später auf Portugal und die überseeischen Besitzungen ausgeweitet. Die des heimlichen Judentums verdächtigten unterlagen der Folter, damit sie ihr Vergehen eingestanden und andere schuldige Personen benannten. Waren sie erst einmal überführt, übergab man sie dem weltlichen Arm zur Bestrafung. Verstockte endeten bei lebendigem Leib auf dem Scheiterhaufen, andere wurden vor ihrer Verbrennung stranguliert oder mit geringeren Strafen belegt, wie lebenslänglicher Gefangenschaft oder Galeerenarbeit. Die Urteile wurden in einem sogenannten »Glaubensakt« vollzogen, eine Art öffentlicher Unterhaltungsdarbietung, die von bizarren Zeremonien umrahmt war. Die Prozesse gegen heimliche Juden setzten sich bis gegen Ende des 18. Jahrhunderts fort (die Inquisition in Spanien wurde erst 1834 endgültig abgeschafft). Mittlerweile wurden selbst aufrechte Christen jüdischer Herkunft verfolgt und von geistlichen Orden und öffentlichen Ämtern für mehrere Generationen ausgeschlossen. Die Isolierung war so wirksam, daß Gemeinden von »Neuen Christen« (Marranen) sich bis heute an manchen Orten Spaniens und Portugals gehalten haben.

Die Reformationsbewegung des 16. Jahrhunderts bot kurzfristig Hoffnung auf eine Verbesserung der Lage. Martin Luther bekundete im Anfang öffentlich seine Sympathie für die Juden, doch als er erkannte, daß seine versöhnliche Haltung nicht zu den erhofften Bekehrungen großen Ausmaßes führte, wandte er sich mit unbarmherziger Feindseligkeit gegen sie. Unter seinem Einfluß kam es zur Vertreibung aus den protestantischen Ländern und zur strikten Anwendung der mittelalterlichen Gesetze. Auch die Gegenreformation erneuerte und verstärkte die älteren Unterdrückungsmaßnahmen. Die Juden von Rom wurden durch Papst Paul IV. 1556 in einem Ghetto isoliert (erst mit dem Ende der zeitweiligen päpstlichen Herrschaft 1870 aufgehoben), und um 1630 bestanden in all den Gegenden Italiens Ghettos, aus denen sie nicht direkt vertrieben worden waren. Ähnliche Verhältnisse setzten sich in anderen Teilen Europas unter katholischer Herrschaft durch, bis zu einem gewissen Grad sogar in Polen, wo die Gunst der Monarchie und des Adels schlimmste Exzesse verhinderte. Hand in Hand mit der offiziellen Unterdrückung schürte die Geistlichkeit irrationalen Haß und Ressentiments, die die zwischenmenschlichen Beziehungen vergifteten und sogar in unmittelbare Gewalt umzuschlagen drohten.

Die aus vielfältigen Quellen gespeiste christliche Judenfeindlichkeit setzte sich auch fort, nachdem die Aufklärung eine positivere Haltung eingenommen hatte. Ein Edikt von Papst Pius VI. aus dem Jahr 1775 wiederholte nicht nur von neuem das mittelalterliche Diskriminierungsprogramm, sondern fügte neue Spitzfindigkeiten hinzu – Juden wurde beispielsweise verboten, in Kutschen zu fahren oder Grabsteine für ihre Toten zu errichten. Auch die Anschuldigungen des Ritualmordes gingen weiter: Noch in den 80er Jahren des 19. Jahrhunderts kam es zu einem solchen Auswuchs und selbst im 20. Jahrhundert sind derartige Fälle zu verzeichnen. So tief hatten sich die vergiftenden Lehren festgesetzt, daß sogar antiklerikale weltliche Personen oft deutliche Symptome der Krankheit zeigten. Im nationalsozialistischen Deutschland stellten einige einflußreiche antinazistische Christen das Nazitum mit dem Judentum gleich. Erst nach der Erfahrung des Holocaust unternahmen verschiedene Kirchen offizielle Anstrengungen, um der menschenverachtenden Doktrin entgegenzuwirken.

*Rechts:* Die *Kreuztragung* von Hieronymus Bosch (ca. 1450–1516) ist ein typisches Beispiel für die antijüdische Propaganda. Jesus erscheint hier als das Opfer eines entmenschten jüdischen Pöbels. Die Auffassung, daß die Juden selbst den Fluch für ihre Tat auf sich herabgerufen hätten, prägte durch die Jahrhunderte das christliche Denken. Boschs denunziatorische Karikatur nimmt in bedenklicher Weise die stereotype Judendarstellung im Dritten Reich vorweg.

# JUDENTUM UND ISLAM

Die Muslime haben die Juden stets wie die anderen tolerierten religiösen Minderheiten in ihren Staaten behandelt. Juden wie Christen (und Zoroastrier) besaßen als »Buchbesitzer«, d.h. als Besitzer heiliger Schriften, unter muslimischer Herrschaft den untergeordneten Status eines »geschützten Volkes« *(ahl al-dhimma* oder *dhimmis).* Sie genossen Schutz und Glaubensfreiheit, hatten das Recht, sich als gesonderte Gemeinschaften *(millets)* zu organisieren, unterlagen allerdings besonderen Steuern (Kopfsteuer, *jizia,* und Grundsteuer, *charaj*) und Restriktionen, darunter Kleidervorschriften (der »gelbe Fleck« war im Islam bereits jahrhundertelang in Gebrauch, bevor er in Europa von der christlichen Kirche eingeführt wurde) und das Verbot des Proselytentums. Man hat angenommen, daß einige dieser Maßnahmen durch die Judengesetzgebung im Römischen Reich angeregt waren. Die Verordnungen fanden nicht immer gleichförmige oder strikte Anwendung, und die Einzelheiten änderten sich im Lauf der Zeit, doch war der Status der *dhimmis,* unter den die Juden fielen, immer der einer tolerierten, jedoch nicht gleichberechtigten Minorität. Er wurde im sogenannten Omarvertrag festgelegt, der dem Kalifen Omar I. (634–644) zugeschrieben, wahrscheinlich aber erst unter Omar II. (717–720) kodifiziert wurde.

Zur Zeit Mohammeds (570–632) hatten sich die Juden schon lange in verschiedenen Teilen der arabischen Halb-

**Unten: Die jüdische Welt im Jahr 900**
Der Vormarsch des Islam verstärkt eine Siedlungsbewegung in westlicher Richtung nach Nordafrika und Spanien, während Süditalien eine Brücke zwischen Muslimen und Christenheit bildet. Das jüdische Kaiserreich der Chasaren spielt eine wichtige handelspolitische Rolle. Die Gesamtzahl der Juden wird auf 750000 bis 1500000 geschätzt und ist ziemlich gleichmäßig auf Länder muslimischer und christlicher Herrschaft verteilt.

*Rechts:* Mohammed befiehlt die Hinrichtung der Juden vom Stamm der Banu Quraiza. Die frühe Ausbreitung des Islam geschah zum Teil auf Kosten der jüdischen Stämme, wie der Koran belegt: »Er, Gott, jagte ihren Herzen Schrecken ein. Einen Teil habt ihr niedergemetzelt, einen Teil gefangengenommen. Und Er ließ euch ihr Land erben, ihre Heime, ihren Reichtum.« Nur eine Handvoll Juden retteten ihr Leben, indem sie konvertierten, der Rest wählte den Märtyrertod. Auf dieser osmanischen Miniatur aus einer Handschrift für Sultan Murad III. von 1594 sind die Juden durch ihre typischen hohen roten Hüte gekennzeichnet.

insel festgesetzt. In Medina (ein Name, der wahrscheinlich jüdischen Ursprungs ist), wo der Prophet 622 n. Chr. nach seiner Auswanderung aus Mekka den neuen islamischen Glauben predigte, bildeten sie den Löwenanteil der Einwohnerschaft. Da sie sich in der Mehrzahl weigerten, Mohammed als »Siegel der Propheten« anzuerkennen, führte er einen grausamen Krieg gegen sie. Zwei der dortigen jüdischen Hauptstämme durften nach dem muslimischen Sieg abziehen, aber der dritte (die Quraiza) erlitt ein härteres Schicksal. Seine 600 bis 900 Männer wurden hingerichtet, die Frauen und Kinder versklavt (627). Im folgenden Jahr wurden die Juden der reichen Oase Chaibar unterworfen und zur Tributleistung gezwungen, und dieser Erfolg bereitete der muslimischen Oberhoheit auf der Halbinsel den Weg.

Die anschließende rasche arabische Expansion brachte weite jüdische Bevölkerungskreise unter islamische Herrschaft, darunter auch die seit langem etablierten Gemeinden von Babylonien, dessen Hauptstadt Babylon als Bagdad schließlich Sitz des Abbasiden-Kalifats wurde (762). Obgleich viele Juden den Islam annahmen, blieb eine beträchtliche Zahl dem angestammten Glauben treu und fiel unter den Status der *dhimmis.* Die Institutionen der jüdischen Selbstregierung – Exilarchat, Rabbinat und Gerichtshof – blieben weiterhin bestehen. Der Tradition entsprechend erhielt der Exilarch von den arabischen Eroberern eine persische Prinzessin zur Gemahlin, eine Geste, die den Wunsch dokumentiert, die einflußreiche jüdische Volksgruppe für sich zu gewinnen.

Die arabischen Vorstöße hatten die breite Mehrheit der Juden (vielleicht 90 Prozent) unter einer einzigen politischen Autorität vereinigt, und die Festlegung von Bagdad als Metropole der Abbasiden bedeutete, daß die größten und reichsten ihrer Gemeinden nahe am Sitz der Macht lagen. In Irak nahmen die Juden allmählich eine überwiegend städtische Lebensform an; viele wurden von Bagdad angezogen, wo Benjamin von Tudela im späten zwölften Jahrhundert (nach einem ernsthaften Niedergang der Stadt) etwa 40 000 mit 28 Synagogen und zehn Akademien antraf. In Europa zählten zu dieser Zeit nur wenige israelitische Gemeinden mehr als einige 100 Seelen.

Inzwischen hatte es eine starke Fluktuation nach Westen gegeben, in die Städte Syriens und Nordafrikas, wo Damaskus, Aleppo, Kairo, Kairuan und Fes zu besonderer Berühmtheit in der jüdischen Ökumene aufstiegen. Es gab auch eine gewisse Ausbreitung in östlicher Richtung, nach Persien und darüber hinaus. Jüdische Kaufleute dehnten ihre Tätigkeit von Spanien und Marokko bis nach Indien und China aus, und an vielen Punkten der Handelsroute entstanden neue Niederlassungen.

In den letzten Jahren hat die eingehende Untersuchung der bemerkenswerten Manuskript-Sammlung der Kairoer Genisa neues Licht auf die nordafrikanischen Gemeinden geworfen, besonders auf die von Kairo selbst. Kairo ist nun die bei weitem am besten dokumentierte aller mittelalterlichen Judengemeinden. Ihr öffentliches wie privates Leben mit ihren Gerichtshöfen und wohltätigen Stiftungen, ihren kulturellen und religiösen Aktivitäten, ihren Beziehungen zur Regierung und zu ihren nichtjüdischen Nachbarn sowie ihre weitreichenden Verbindungen zu anderen Gegenden der Erde können bis in Einzelheiten rekonstruiert werden. Die Informationen haben bereits das überkommene Bild ausgefüllt oder revidiert, und noch liegt viel Material für weitere Forschungen vor *(siehe Seiten 18–19).*

Wie im fatimidischen und ajjubidischen Ägypten konnten auch die Juden im Spanien der Omajjaden und in vielen anderen Teilen der islamischen Welt an der allgemeinen Stabilität, dem Wohlstand und der kulturellen Blüte des zehnten bis zwölften Jahrhunderts partizipieren. Die diskriminierende Gesetzgebung wurde oft nur milde angewandt oder ignoriert, und abgesehen von spezifisch religiösen Bereichen durften Juden frei am gesellschaftlichen, intellektuellen und geschäftlichen Leben teilhaben – bis zu einem gewissen Grad sogar an der Verwaltung. Gewiß gab es Feindseligkeiten, teils durch religiöse Doktrinen motiviert, auch kam es gelegentlich zu Ausbrüchen von Gewalt, doch blieben sie sporadisch und lokal begrenzt. Das schwere Blutbad an den Juden von Granada 1066, bei dem die ganze Gemeinde umkam, war eine kurzfristige Ausnahme, ebenso die offizielle Verfolgung unter dem exzentrischen Fatimidenkalifen al-Hakim zu Beginn des elften Jahrhunderts. Ein ernsthafterer und länger anhaltender Bruch wurde durch den religiösen Fanatismus des al-Murabitun (Almoraviden-Dynastie) und al-Muwahhidun (Almohaden-Dynastie) verursacht, die im späten elften und zwölften Jahrhundert Marokko und Südspanien überrannten. Viele der dort ansässigen Juden flohen oder wählten – unter letzterem – statt des Schwerts den Islam.

Im Verlauf des 13. Jahrhunderts, als die muslimischen Länder im Westen dem Druck der Christen, im Osten dem der Mongolen ausgesetzt waren, änderte sich das ökonomische und soziale Klima dramatisch zum Nachteil der religiösen Minderheiten. Die *ghijar*-(Unterscheidungs-)Gesetze wurden schärfer gehandhabt und der Intoleranz die Zügel lockerer gelassen. In Ägypten war besondere Kleidung schon gegen Ende der Ajjubidenherrschaft vorgeschrieben worden; unter den Mameluken wurde die Unterwerfung der *dhimmis* härter und genauer durchgeführt. Im mongolischen Irak und Iran entstand eine ähnliche Situation, nachdem die regierende Dynastie der Ilchane den Islam angenommen hatte (1295). Besser erging es den Juden zeitweilig im westlichen Nordafrika, und einige der Meriniden-Sultane von Marokko beschäftigten jüdische Beamte. Die Ernennung eines jüdischen Wesirs 1464 war die Ursache für das Ende dieser Dynastie sowie für die Pogrome in Fes und überall im Land. Der Sturz eines jüdischen Höflings hatte in ähnlicher Weise 1066 zu dem Massaker in Granada und einem weiteren 1291 in Irak geführt. In Fes, wo die antiisraelitische Ein-

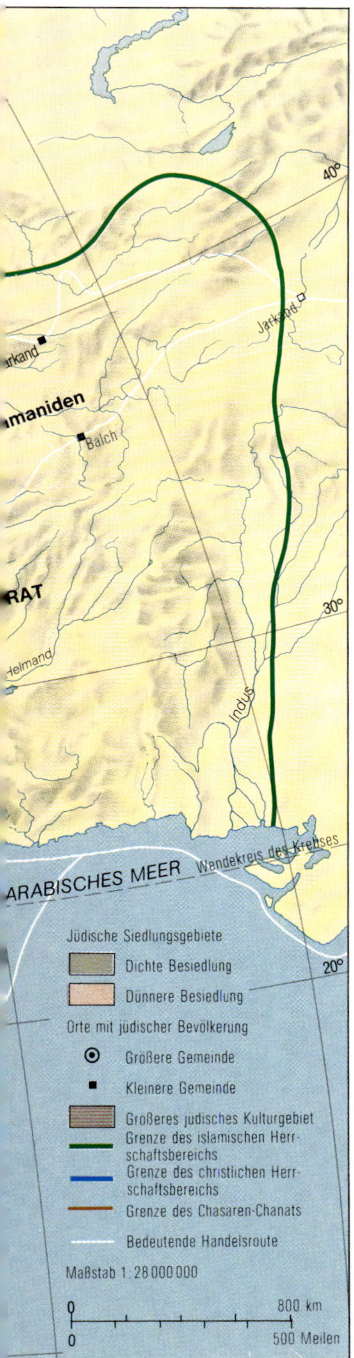

stellung eine lange Geschichte hatte, waren sie im Gefolge der Aufstände von 1438 auf ein besonderes Viertel beschränkt worden. Dies bildete den ersten Schritt hin zu einer Isolierung in *mellas,* die später ein Merkmal marokkanischer Städte wurden. Juden hatten schon zuvor in bestimmten Vierteln zusammengewohnt, doch war dies eine freiwillige Konzentration, deren Wurzeln bis in die Antike zurückgingen; auch waren diese nicht ausschließlich jüdisch, und viele zogen es vor, außerhalb zu leben. Die Schaffung der *mellas,* selbst wenn sie ursprünglich zum Schutz der Juden dienen sollten, wurde als demütigende Verbannung empfunden, und die späteren *mellas* wurden gewiß auch mit dieser Absicht eingerichtet, wie die christlichen Ghettos. Die ziemlich großen Gemeinden in Marokko blieben bis in jüngere Zeit hinein isoliert und unterdrückt.

Das Fehlen dokumentarischen Materials läßt genaue Schätzungen des jüdischen Bevölkerungsanteils in den verschiedenen Ländern und Zeiten nicht zu. Berichte von jüdischen Reisenden in der islamischen Welt sind selten, und ihre Zahlen erscheinen fragwürdig. Der bereits erwähnte Benjamin von Tudela, der in der zweiten Hälfte des zwölften Jahrhunderts ausgedehnte Reisen im Osten unternahm, macht Angaben für viele Gemeinden, aber es geht nicht immer klar hervor, ob er sich auf die Gesamtgemeinde oder nur auf die Haushaltsvorstände bezieht, und die Handschriftenüberlieferung von Zahlen ist allgemein als unzuverlässig bekannt. Ferner ist ungewiß, bis zu wel-

**Unten: Die jüdische Welt im Jahr 1200**
Noch sind die Gemeinden in Westeuropa bedeutend, doch ist eine fühlbare religiöse Verfolgung und eine beachtliche Abwanderung nach Osten entlang der Handelswege sowohl in Europa wie in Asien festzustellen. Die Mehrheit der jüdischen Bevölkerung (vermutlich ein bis zwei Millionen) lebt jetzt unter dem Banner des Islam. Wertvolle Informationen über diese Periode geben der Reisebericht des Benjamin von Tudela und die Dokumente der Kairoer Genisa *(siehe Seiten 18–19).*

chem Grad damals genaue Statistiken verfügbar waren. Sein Bericht läßt auch viele Orte aus, an denen bekanntermaßen Juden gelebt haben. Dennoch sind seine Aufzeichnungen wertvoll, weil sie zumindest die relative Verteilung dokumentieren. Die größten der von ihm erwähnten Bevölkerungsgruppen befanden sich in Iran und Irak, mit außerordentlich hohen Zahlen von 80 000 für Ghasna, 50 000 für Samarkand, 40 000 für Bagdad und 20 000 oder mehr in einigen anderen Orten. In Arabien registrierte er vergleichbare Größenordnungen, und er verzeichnete für diese Region auch völlig unabhängige jüdische Gemeinden. Andererseits waren die stärksten Konzentrationen in Syrien und Ägypten jene in Aleppo mit 5000 und in Kairo mit 7000 Juden, und in Europa hatten, abgesehen von Konstantinopel (2500), Theben (2000) und Palermo (1500), die blühendsten Gemeinden nur 600 oder weniger Mitglieder. Obwohl insbesondere einige seiner höheren Angaben in Frage gestellt worden sind, veranschaulichen sie doch das massive Übergewicht der Juden in der islamischen gegenüber der christlichen Welt. Das allgemeine Bild wird durch einen Bericht von Petachja von Regensburg (um 1175) bestätigt, der einige Jahre später entstand, wenn er auch in Einzelheiten einige widersprechende Angaben enthält. Für die nächsten 300 Jahre gibt es ähnliche Quellen nicht. Mühselige Versuche, Zahlen für Ägypten aus den Wohltätigkeitslisten der Genisa zu erschließen, haben nur unvollständige und lokal begrenzte Ergebnisse gebracht. Die Schätzungen über die jüdische Einwohnerschaft Spaniens differieren beträchtlich. Es scheint hier vom 13. Jahrhundert an zu einem allgemeinen Bevölkerungsrückgang gekommen zu sein, der den ökonomischen Verschlechterungen, Kriegen und Epidemien zugeschrieben wird. Verfolgungen waren nur ein unwesentlicher Faktor, und es fanden keine Vertreibungen statt, wie es zur gleichen Zeit in der Christenheit üblich war. Neben beträchtlichen Verschiebungen innerhalb der islamischen Länder – zuerst von Ost nach West, später in entgegengesetzter Richtung – gab es einen kontinuierlichen Zustrom von Juden aus dem christlichen Europa, der in Perioden scharfer Repression zu einer Flut anwuchs. Eine solche Massenbewegung spielte sich am Ende des 14. Jahrhunderts ab, der größte Exodus aber erfolgte mit den Vertreibungen aus Spanien 1492. Zwischen 50 000 und 150 000 verließen damals das Land, die meisten gingen nach Marokko und in das Osmanenreich, zu dem ab 1517 sowohl Ägypten als auch Syrien und Palästina gehörten. Die Flüchtlinge stießen auf freundliche Aufnahme, und man ermöglichte ihnen die Schaffung einer gesicherten Existenz. Die diskriminierenden Vorschriften wurden anfangs nicht angewandt, und wir finden bald Juden, die hohe Stellungen in der Verwaltung einnehmen oder einen wesentlichen Beitrag zum osmanischen Handel und Gewerbe leisten. Mit dem wirtschaftlichen und politischen Verfall des Reichs seit dem 17. Jahrhundert wurden dann allerdings Freiheit und Wohlstand der Juden beschnitten, doch blieben bedeutende jüdische Gemeinden bis in moderne Zeiten bestehen.

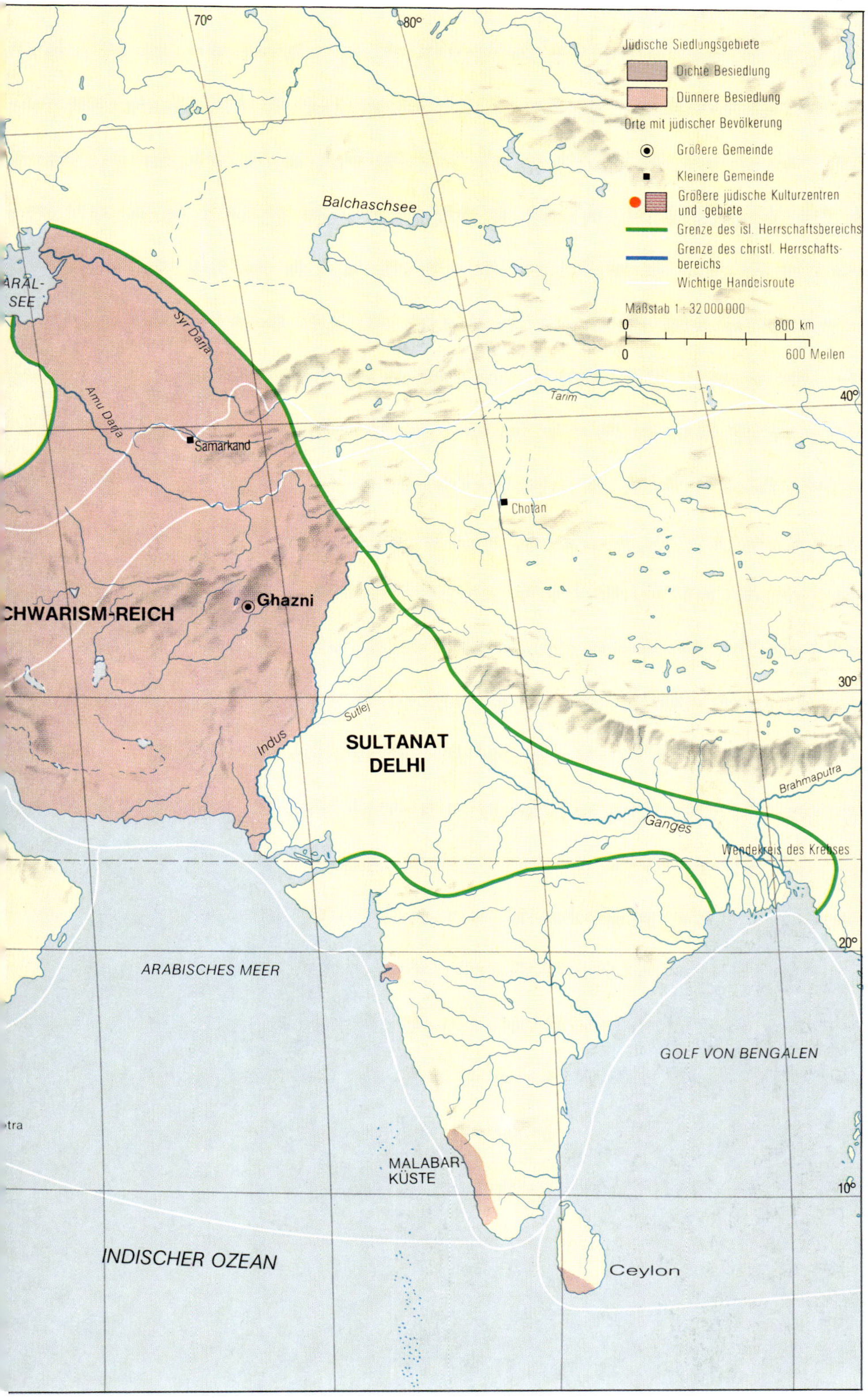

*Rechts unten:* »Dies ist das Tor des Herrn, nur Gerechte sollen durch es eintreten« (Ps. 117, 20). Der auf den ersten Blick typisch muslimische Gebetsteppich trägt überraschenderweise eine hebräische Inschrift. Zweifellos wurde er (von Juden oder Muslimen) für eine Synagoge angefertigt, aber die Darstellung erinnert eher an einen muslimischen *mihrab* und die Lampen sind charakteristische Moscheelampen – oder soll der Becher, der neun Lampen enthält, das Chanukka-Fest symbolisieren? Dieses Stück ist eine türkische höfische Arbeit des 18. Jahrhunderts.

# AN DER PERIPHERIE

Die überwältigende Mehrheit der Juden lebte im Mittelalter unter christlicher oder muslimischer Herrschaft, doch gibt es auch gelegentliche Nachrichten von jüdischen Stämmen oder Siedlungen in weit entfernten Regionen. Diese Berichte sind zumeist unbestimmt oder übertrieben und basieren häufig auf Gerüchten und Legenden. Das Fehlen eines regelmäßigen Kontakts mit den größeren jüdischen Zentren ist ein bezeichnender Aspekt dieser Gemeinden (obgleich auch in der islamischen Welt erstaunlich isolierte Gemeinschaften existierten). Wir wissen jetzt, daß einigen von ihnen das bloße Vorhandensein anderer Juden nicht bekannt war, und ihre Religion entwickelte sich oft in eigenständigen Bahnen, ohne den Hauptstrom zu beeinflussen oder von ihm beeinflußt zu werden. Ihre Geschichte bleibt im dunkeln: Dürftige Einblicke in ihr Leben vermitteln nur Reiseberichte oder Erwähnungen in den Schriften ihrer Nachbarvölker, Fragmente ihrer eigenen Literatur und ihrer Bauten. Einige dieser Gemeinden haben sich erhalten, sind aber nicht imstande, einen verläßlichen durchgehenden Bericht von ihrer Entwicklung zu liefern. Immerhin ist klar, daß es im Mittelalter eine Anzahl solcher »verlorener Stämme« gab (vielleicht mehr als wir wissen). Das wenige, was von ihrer Historie rekonstruiert werden kann, steht in lehrreichem Gegensatz zu den vertrauteren Gemeinden der jüdischen »Zetralländer«.

In China befanden sich in einigen Städten jüdische Siedlungen, sowohl an der Küste wie im Inland. Eine, in Kaifeng, bestand noch in neuerer Zeit, aber die übrigen verschwanden, nicht durch Verfolgung, sondern durch Assimilierung. Der Konfuzianismus verhielt sich anderen Glaubensformen gegenüber nicht feindlich, und die chinesischen Juden unterlagen keinen sozialen oder politischen Zwängen. Die Berichte über die Gemeinde von Kaifeng zeigen, daß sie im 16. Jahrhundert zahlreichen Berufszweigen nachgingen, einschließlich Handel, Landwirtschaft, Armee- und Verwaltungsdienst. Obgleich die Kaifenger Juden noch im letzten Jahrhundert einige spezifisch jüdische Bräuche aufrechterhielten, hatten sie auch typisch chinesische übernommen. Sie beherrschten nur wenig Hebräisch, und chinesische Inschriften in ihren Synagogen enthielten Zitate aus konfuzianischen Werken und setzten jüdische mit konfuzianischen Wertvorstellungen gleich. Sie liefern ein Beispiel, wie es dem Judentum unter Bedingungen äußerster Toleranz ergehen kann: Die mühelose Assimilation führte zu totaler Auslöschung.

In Indien war die religiöse Toleranz des Hinduismus mit sozialer Abtrennung verbunden, die vom Kastensystem herrührte. Die Niederlassungen an der Malabarküste und weiter nördlich in Konkan besaßen lange Zeit keine Kontakte mit der übrigen jüdischen Welt. Im 16. Jahrhundert schlossen sich der erstgenannten Gemeinde Juden aus Europa an. Die Kastenbarriere sicherte das Überleben, aber sie hinderte die dortigen Juden nicht, verschiedene hinduistische Überzeugungen und Glaubenspraktiken anzunehmen, und in der Tat entwickelten beide Gemeinden ihre eigenen Kastenunterschiede.

Die Mongolen, die die östlichen islamischen Länder im 13. Jahrhundert überrannten, waren anfangs gleichermaßen tolerant. »Für die Mongolen gibt es weder Sklaven noch Freie, weder Gläubige noch Heiden, weder Christen

Nach China kamen Juden höchstwahrscheinlich als Händler sowohl auf dem Landweg wie auch übers Meer. Der Bericht über ein Judenmassaker in Kanton im späten neunten Jahrhundert ist das früheste Zeugnis. Am längsten bestand die Gemeinde in Kaifeng, der Hauptstadt der Provinz Henan; sie wurde um 1000 begründet und hielt sich bis ins 19. Jahrhundert.

*Links:* Diese Schriftrolle (hier ein Ausschnitt) des Buches Esther ist in chinesischem Stil illustriert.

*Unten:* Eine Rekonstruktion der Synagoge in Kaifeng nach den Zeichnungen eines Jesuitenmissionars im 18. Jahrhundert. Die Synagoge war 1163 errichtet worden, wurde aber 1653 von einem jüdischen Mandarin, Chao Ying Ch'en, umgebaut. Zum Betraum gelangte man durch vier Höfe, die westwärts, in Richtung Jerusalem, ausgerichtet waren.

*Links:* Falascha in Äthiopien. Über ihre Geschichte ist wenig überliefert. Sie bezeichnen sich selbst als »Haus Israel«, aber ihre Religion ist nicht mit dem rabbinischen Judentum identisch. Bis vor kurzem waren sie von der jüdischen Welt völlig abgeschnitten, und sie wurden erst 1972 offiziell als Juden anerkannt.

*Unten:* Indische Juden *(Bene-Israel),* um 1830. Der Ursprung der Juden in Indien liegt im dunkeln, obgleich Legenden ihr Auftauchen bereits in der römischen Zeit oder sogar früher ansetzen. Möglicherweise gelangten die Seeleute König Salomos durch die Passatwinde nach Südindien.

noch Juden, sie betrachten alle Menschen als dem gleichen Stamm zugehörig.« So berichtet ein zeitgenössischer christlicher Chronist (Bar Hebraeus), und er schildert weiter, wie ein jüdischer Arzt, Saᶜ d al-Dawla, der allmächtige Wesir des Mongolenherrschers Arghun Chan (1284–1291) wurde: »Er behandelte die führenden Emire und die hohen Würdenträger mit Verachtung, und viele Juden, die sich an der Peripherie der Welt befanden, sammelten sich um ihn, und sie sagten: ›Wahrlich, durch diesen Mann hat der Herr das Horn der Erlösung erhoben und die Hoffnung auf Ruhm für die Söhne der Hebräer in ihren letzten Tagen.‹« Die Hoffnung war jedoch nur kurzlebig. Beim Tode Arghuns wurden Saᶜ d al-Dawla und seine Familie sowie seine Schützlinge hingerichtet und »seinetwegen ernteten die Juden allerorts Haß und schlechte Behandlung«. Die Mongolen nahmen bald den Islam an, womit die kurze Periode unumschränkter Toleranz zu Ende war.

Über die jüdische Ausbreitung in Afrika ist relativ wenig bekannt, doch wurden immer wieder Berichte in Umlauf gesetzt, die von »verlorenen Stämmen« im Inneren des Kontinents berichteten. Der einzige Stamm, der seine jüdische Identität bis in die Moderne bewahrt hat, sind die Falascha in Äthiopien. Sie behaupten, daß sie zur Zeit König Salomos oder sogar noch früher nach Afrika gekommen seien (während des Auszugs aus Ägypten), doch wird allgemein angenommen, daß sie afrikanischen Ursprungs sind und zu späterer Zeit, vielleicht durch Missionare aus Südarabien, bekehrt wurden. Auf jeden Fall haben die Falascha niemals den Talmud aufgenommen. Ihre Religion ist sehr biblisch, verbunden mit lokalen Eigenheiten, wie dem Beschneiden der Mädchen. Äthiopische Chroniken aus dem 14. bis 17. Jahrhundert berichten von Kriegen, die gegen sie von den christlichen Herrschern des Landes geführt wurden. Verschiedentlich hat man sie besiegt und gezwungen, das Christentum anzunehmen, aber wiederholt erlangten sie ihre Unabhängigkeit zurück, bis sie im 17. Jahrhundert endgültig unterworfen und über das Staatsgebiet verstreut wurden. Diejenigen, die sich der Taufe widersetzten, schlossen sich freiwillig ab, indem sie behaupteten, daß der Kontakt zu Außenstehenden eine Quelle der Befleckung sei. Ihre Nachbarn ihrerseits bekundeten wenig Interesse an ihnen und ließen sie weitgehend ungehindert ihrem speziellen Glauben und ihrer Lebensweise nachgehen.

Die vielleicht bemerkenswerteste jüdische Gruppe an der Peripherie waren die Chasaren, ein Turkvolk aus Zentralasien, das sich wahrscheinlich im sechsten Jahrhundert nördlich des Kaukasus angesiedelt hatte. Über mehrere Jahrhunderte blieben sie mächtig genug, um Byzantinern und Arabern zu trotzen. Sie kontrollierten einen bedeutenden Handel mit Pelzen, Sklaven und anderen Gütern, und ihre Kaufleute kamen bis nach Kiew, Konstantinopel, Alexandria und Samaria. Irgendwann im achten Jahrhundert nahmen sie die jüdische Religion an. Die Einzelheiten ihrer Bekehrung sind unbekannt, doch handelt es sich dabei zweifellos nicht um die Bekehrung eines ganzen Volkes, wie es bei den Falascha der Fall gewesen zu sein scheint, sondern nur der herrschenden Klasse, vielleicht analog zu den früheren Beispielen von Adiabene und Himjar.

Der chasarische Hoheitsbereich umfaßte viele verschiedene ethnische und religiöse Gruppen, und es gibt keinen Beleg für ein wesentliches jüdisches Element in der Bevölkerung. Die Religion der Herrenschicht war mit anderen Glaubensvorstellungen und Bräuchen vermischt, und das Hauptzentrum des Judentums in Irak hat allem Anschein nach niemals ernsthaftes Interesse für das »jüdische Reich« im Norden bekundet. Petachja von Regensburg, der um 1185 das Gebiet bereiste, erwähnt die jüdischen Chasaren mit keinem Wort; bei anderen jüdischen Autoren finden sich zwar Hinweise (wir besitzen sogar ein Dokument – vermutlich ein Bericht von der Konvertierung, das vom chasarischen König Mitte des zehnten Jahrhunderts an Chasdai Ibn Schaprut, einen jüdischen Höfling des spanischen Kalifen Abd Al-Rahman III., geschickt wurde), doch waren die Chasaren mit Sicherheit nicht in die jüdische Welt integriert. Über ihr endgültiges Schicksal ist nichts Genaues bekannt. Ihr Reich hatte vor der Ankunft der Mongolen im 13. Jahrhundert aufgehört zu bestehen; ob einige seiner ehemaligen Bewohner oder deren Nachkommen sich weiterhin zum Judaismus bekannt haben, ist eine offene Frage.

Das Leben der Juden in jenen christlichen Gebieten, wo ihre Anwesenheit weiterhin toleriert wurde, war durch eine endlose Kette von Einschränkungen und Demütigungen gekennzeichnet. Jobst Mellern aus Prag *(links)* trug den Spitznamen *Der gelb Geckl* wegen des gelben, radförmigen Judenflecks, den alle Juden der Stadt tragen mußten. Das gleiche Zeichen ist auf der Radierung vom Übergriff auf die Frankfurter Judenschaft 1614 zu sehen *(links außen).* Man beachte auch die auffälligen, an den jüdischen Häusern angebrachten Schilder. Dieses Pogrom in Frankfurt illustriert, wie unsicher die Existenz der Juden unter christlicher Herrschaft war; viele fanden dabei den Tod, die übrigen wurden verbannt.

*anz links:* Die Inquisition. Domini-
aner führen die Prozession an, einer
on ihnen hält ein Banner gen Him-
el, auf dem dargestellt ist, wie die
erechtigkeit durch die Gnade aufge-
ogen wird. Dann folgen Gefangene,
e dem Scheiterhaufen entgehen,
eil sie ihre Schuld bekannt haben.
inter dem zweiten Kreuzträger sieht
an aufgespießte Puppen der im
erker Verstorbenen sowie die Un-
ücklichen, die auf dem Scheiter-
aufen verbrannt werden sollen.

*Links:* Die Vertreibung aus Spanien 1492 kam nicht unerwartet; sie war der Höhepunkt jahrhundertelanger Bedrohung und Unterdrückung. Dieses Gemälde, auf dem der kastilische König von seinen Ratgebern gedrängt wird, die Juden aus seinem Reich zu verbannen, stammt aus dem frühen 15. Jahrhundert.

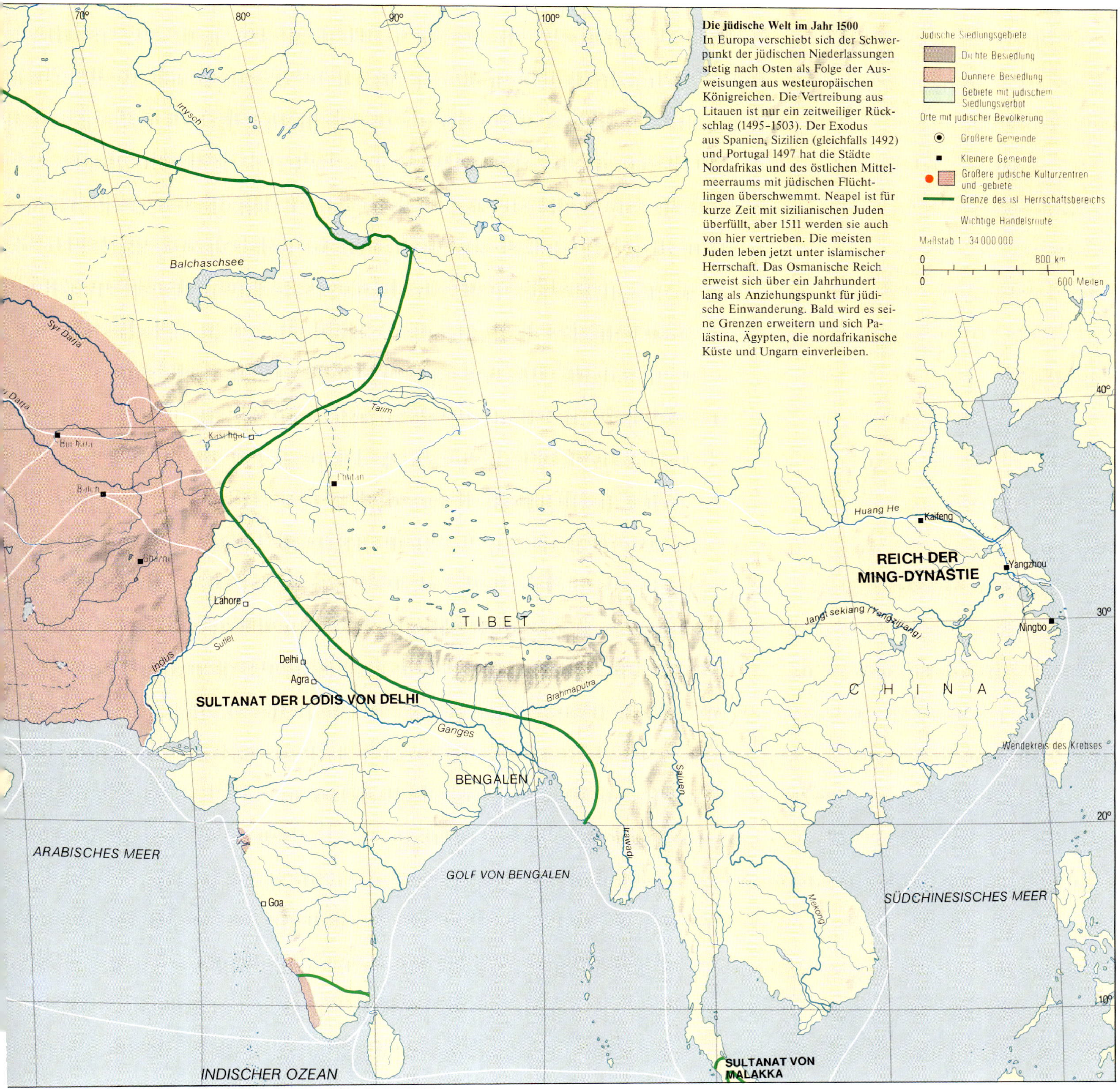


**Die jüdische Welt im Jahr 1500**
In Europa verschiebt sich der Schwerpunkt der jüdischen Niederlassungen stetig nach Osten als Folge der Ausweisungen aus westeuropäischen Königreichen. Die Vertreibung aus Litauen ist nur ein zeitweiliger Rückschlag (1495–1503). Der Exodus aus Spanien, Sizilien (gleichfalls 1492) und Portugal 1497 hat die Städte Nordafrikas und des östlichen Mittelmeerraums mit jüdischen Flüchtlingen überschwemmt. Neapel ist für kurze Zeit mit sizilianischen Juden überfüllt, aber 1511 werden sie auch von hier vertrieben. Die meisten Juden leben jetzt unter islamischer Herrschaft. Das Osmanische Reich erweist sich über ein Jahrhundert lang als Anziehungspunkt für jüdische Einwanderung. Bald wird es seine Grenzen erweitern und sich Palästina, Ägypten, die nordafrikanische Küste und Ungarn einverleiben.

# DIE SEPHARDISCHE DIASPORA

Die Vertreibung aus Spanien 1492 war eines der einschneidenden Ereignisse in der jüdischen Geschichte. Spanien war das letzte christliche Land, in dem noch Juden in beträchtlicher Zahl (vielleicht 200 000 oder mehr, *conversos* nicht eingerechnet) und zudem in einem gewissen Wohlstand lebten. Der Sturm für das iberische Judentum brach unmittelbar nach Beendigung der arabischen Herrschaft (1391) los; noch im gleichen Jahr fiel die 30 000 Menschen umfassende Gemeinde von Sevilla einem christlichen Pogrom zum Opfer. Die Vertreibung wurde dann in der zurückeroberten Alhambra in Granada am 30. März 1492 mit der offiziellen Begründung verfügt, daß die Juden weiter verbotenen Umgang mit ihren übergetretenen Glaubensbrüdern pflegten und diese drängten, die mosaischen Gesetze zu befolgen. Bis zum 31. Juli hatten alle entweder die Taufe zu empfangen oder das Exil zu wählen. Die stärkste Gruppe, schätzungweise über 100 000, nahm die leichteste Route und ging nach Portugal. Doch dies erwies sich als keine kluge Wahl. Fünf Jahre später wurden unter spanischem Druck alle portugiesischen Juden zwangsgetauft, wobei sich Szenen grausamer Gewalt abspielten. Andere zogen nach Italien, doch machten die politischen Verhältnisse es zu einem unerfreulichen Refugium. Teile des Landes (einschließlich Siziliens mit seiner großen und seit langem ansässigen jüdischen Bevölkerung) waren spanischer Besitz und dem Vertreibungsedikt unterworfen. Andere Gebiete wurden nicht lange danach spanisch, und im Norden verstärkte die Gegenreformation bald die Feindschaft.

Die vielversprechendsten Hoffnungen für die Flüchtlinge lagen außerhalb der christlichen Welt. Einige siedelten sich zeitweilig oder auf Dauer in Marokko oder anderen Gegenden Nordafrikas an, bereits seit einem Jahrhundert ein bevorzugtes Zufluchtsgebiet vor christlicher Verfolgung. Ihr dortiges Schicksal war allerdings kein sehr glückliches: Die muslimische Bevölkerung war unfreundlich, und die Separierungsverordnungen wurden streng durchgeführt. Nur im Osmanenreich stießen die Emigranten auf wirkliches Willkommen. Der kretische Rabbi Elia Kapsali, dessen Familie einigen der Ausgestoßenen Gastfreundschaft gewährte, als sie durch die Insel zogen, verfaßte eine lobpreisende Chronik der Osmanen, in der er beschreibt, wie die Türken über die Narrheit des spanischen Königs spotteten, der – indem er sein Reich beraubte – das ihre beschenkte. Die Osmanen hatten keine antijüdischen Vorurteile, und die Spaniolen (bekannt als *Sephardim* nach dem biblischen Namen *Sepharad* für Spanien) fanden freundliche Aufnahme, denn sie brachten Kenntnisse und Fähigkeiten mit, die gebraucht wurden: medizinisches und technisches Wissen, kaufmännisches und politisches Geschick. Sie ließen sich in allen größeren Städten nieder und bauten ihre traditionelle Kultur wieder auf. Saloniki wurde bald eine überwiegend jüdische Stadt, die ihre Entwicklung zum wichtigsten Handelsplatz des östlichen Mittelmeers größtenteils deren Unternehmungsgeist verdankte. Als Ägypten und Palästina 1517 unter osmanische Herrschaft fielen, zogen auch diese Regionen jüdische Einwanderer an. Obgleich die Sephardim mit ihrer spanischen Sprache und Kultur in den jüdischen Gemeinden des Reichs dominierten, kamen auch Vertriebene aus anderen Ländern. Einige der Flüchtlinge konnten die freundliche Aufnahme vergelten, indem sie dem osmanischen Staat außerordentliche Dienste leisteten. Joseph Nassi, Herzog von Naxos (um 1515–1579) und Salomo Abenaes, Herzog von Mytilene (um 1520–1603), beide aus Portugal, und der Italiener Salomon Aschkenasi (1520–1603) gehörten zu den herausragenden Diplomaten ihrer Zeit und übten in internationalen Angelegenheiten beträchtlichen Einfluß aus.

Die portugiesischen Emigranten waren Zwangskonvertiten, die sich bei der Ankunft in freieren Ländern wieder zu ihrem angestammten Glauben bekannten. Die allgemeine Taufe von 1497 hatte Tausende von Juden nominell zu Christen gemacht, ein Los, das sie nur widerwillig trugen. Sie nutzten jede sich bietende Gelegenheit zur Flucht, und zahlreiche bedeutende jüdische Zentren späterer Zeit verdanken ihren Ursprung Gruppen portugiesischer »Neuer Christen«. Die Liste dieser Gemeinden umfaßt London, Amsterdam, Hamburg und New York. Zu Beginn des 17. Jahrhunderts gab es kleine Siedlungen in jedem größeren Handelsplatz; sie spielten eine wichtige Rolle in der Entwicklung und Ausweitung des europäischen Handels- und Finanzwesens. Als (nominelle) Christen fanden sie dank ihres Reichtums und ihrer Fähigkeiten Aufnahme in die höchsten Ränge der Gesellschaft, und allmählich erlangten sie in vielen Orten die Freiheit der jüdischen Religionsausübung. Sie waren somit die Pioniere der jüdischen Integration in der westlichen Welt. Obgleich zahlenmäßig bald unterlegen, bewahrten die Portugiesen ihre besondere Identität zusammen mit ihren religiösen Traditionen.

**Rechts: Die sephardische Diaspora, ca. 1500–1700**
Nach dem Massaker in Spanien 1391 und erneut 1492 zogen viele Juden die Taufe dem Tod oder dem Exil vor. In Portugal wurden sie (einschließlich der Immigranten aus Spanien) 1497 zwangsgetauft. Doch die »Neuen Christen«, die verächtlich als *»marranos«* (Schweine) bezeichnet wurden, bewahrten oftmals ihre jüdische Identität im geheimen noch generationenlang. Wenn möglich, emigrierten sie in muslimische oder später in protestantische Staaten oder in katholische Gebiete, wo es keine Inquisition gab. Doch oft verfolgte die Inquisition sie bis in ihren neuen Wohnsitz. Einige Marranen-Gemeinden entstanden in Orten, wo bereits Juden ansässig waren; in Ländern, in denen das Judentum offiziell geächtet war, begründeten sie neue Siedlungen, die die Grundlage für einige der erfolgreichsten und dichtest besiedelten Gemeinden späterer Zeit bildeten. Die Karte verzeichnet auch die persönlichen Schicksale von vier Flüchtlingen aus Spanien und Portugal; alle vier waren berühmte Gelehrte.

»Wäre es nicht besser für Euch unter Muslimen zu leben als unter Christen? Hier kann jeder in Frieden unter seinem eigenen Weinstock und Feigenbaum wohnen.« So schrieb 1454 ein Jude aus Konstantinopel an seine Brüder im Rheinland. Nach der Vertreibung aus Spanien fand der größte Teil der *expulsos* in der Türkei eine neue Heimat. Sie wurden zum dominierenden Element innerhalb der dortigen jüdischen Bevölkerung und leisteten dem osmanischen Staat wertvolle Dienste. *Unten:* Die Jüdin Gracia Nasi war Mitglied der reichen Bankiersfamilie Mendes. Ihr Vetter und Schwager Joseph Nassi, Herzog von Naxos, zählte zu den mächtigsten Männern seiner Zeit. Der osmanische Kultureinfluß ist erkennbar in der Zeichnung (um 1840) einer Synagoge in Konstantinopel *(links oben)*: Es könnte beinah eine Moschee sein, wären nicht die Gesetzestafeln über dem Thoraschrein.

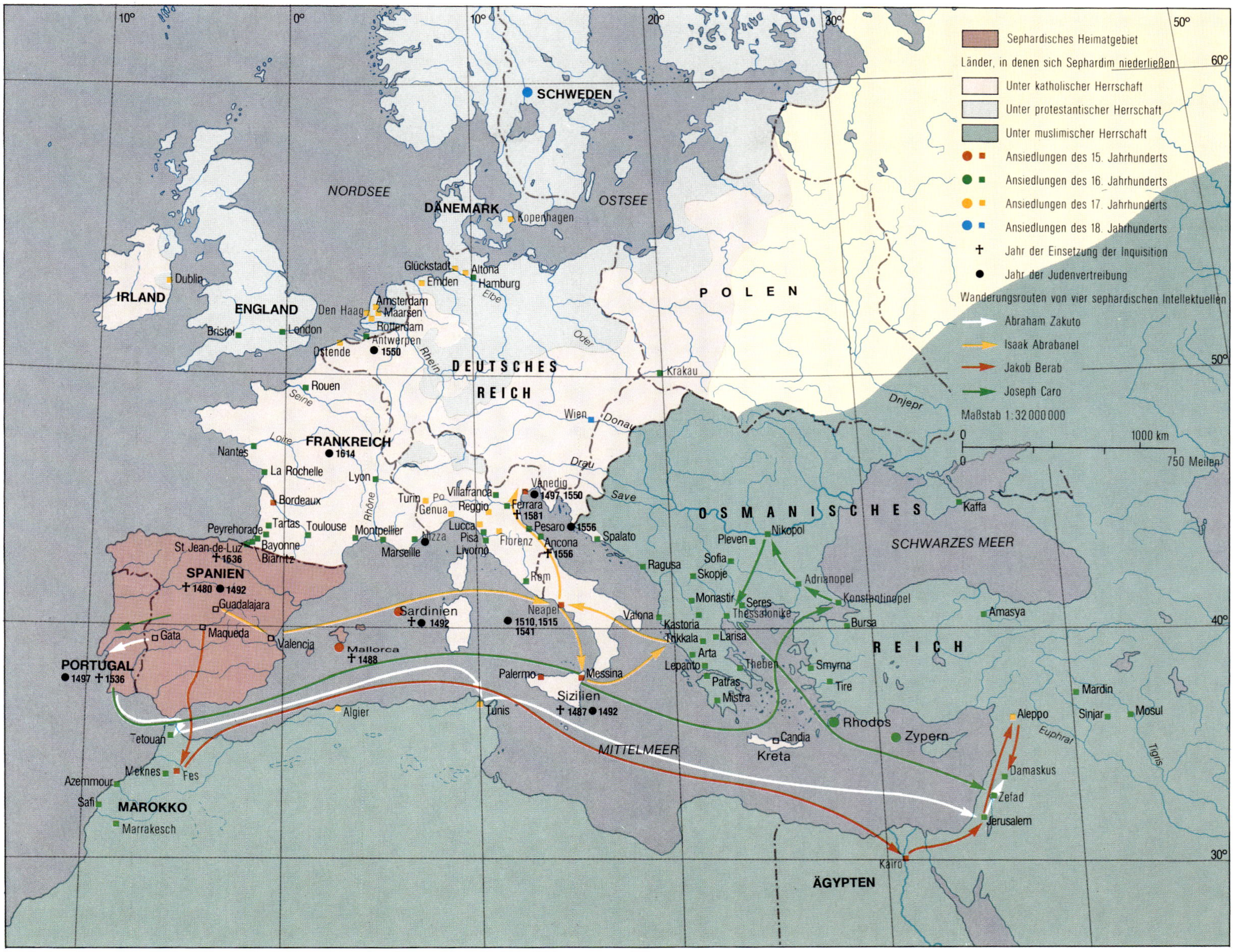

Sephardisches Heimatgebiet
Länder, in denen sich Sephardim niederließen
Unter katholischer Herrschaft
Unter protestantischer Herrschaft
Unter muslimischer Herrschaft
Ansiedlungen des 15. Jahrhunderts
Ansiedlungen des 16. Jahrhunderts
Ansiedlungen des 17. Jahrhunderts
Ansiedlungen des 18. Jahrhunderts
Jahr der Einsetzung der Inquisition
Jahr der Judenvertreibung
Wanderungsrouten von vier sephardischen Intellektuellen
Abraham Zakuto
Isaak Abrabanel
Jakob Berab
Joseph Caro
Maßstab 1:32 000 000
0
1000 km
0
750 Meilen
SCHWEDEN
NORDSEE
OSTSEE
DÄNEMARK
Kopenhagen
IRLAND
Dublin
ENGLAND
Bristol
London
Glückstadt
Altona
Emden
Hamburg
Elbe
Den Haag
Amsterdam
Maarsen
Rotterdam
Antwerpen
Ostende
1550
Rhein
Oder
POLEN
DEUTSCHES REICH
Krakau
Rouen
Seine
Wien
Donau
Dnjepr
FRANKREICH
1614
Nantes
Loire
La Rochelle
Lyon
Bordeaux
Rhône
Turin
Po
Genua
Villafranca
Reggio
Venedig
1497 1550
Ferrara
1581
Drau
Save
Tartas
Toulouse
Peyrehorade
Bayonne
Biarritz
St Jean-de-Luz
1636
Montpellier
Marseille
Nizza
Lucca
Pisa
Livorno
Florenz
Pesaro
1556
Ancona
1556
Spalato
Rom
OSMANISCHES REICH
Kaffa
Pleven
Nikopol
SCHWARZES MEER
Sofia
Skopje
Ragusa
Adrianopel
Konstantinopel
Monastir
Seres
Thessaloniki
Bursa
Amasya
Valona
Kastoria
Trikkala
Larisa
Arta
Lepanto
Theben
Patras
Mistra
Smyrna
Tire
SPANIEN
1480 1492
Guadalajara
Maqueda
Gata
Valencia
Sardinien
1492
Neapel
1510, 1515
1541
Mallorca
1488
PORTUGAL
1497 1536
Palermo
Messina
Sizilien
1487 1492
Algier
Tunis
Tetouan
Meknes
Fes
Azemmour
Safi
MAROKKO
Marrakesch
MITTELMEER
Rhodos
Zypern
Candia
Kreta
Aleppo
Euphrat
Mardin
Sinjar
Mosul
Tigris
Damaskus
Zefad
Jerusalem
Kairo
ÄGYPTEN
10°
0°
10°
20°
30°
50°
60°
50°
40°
30°


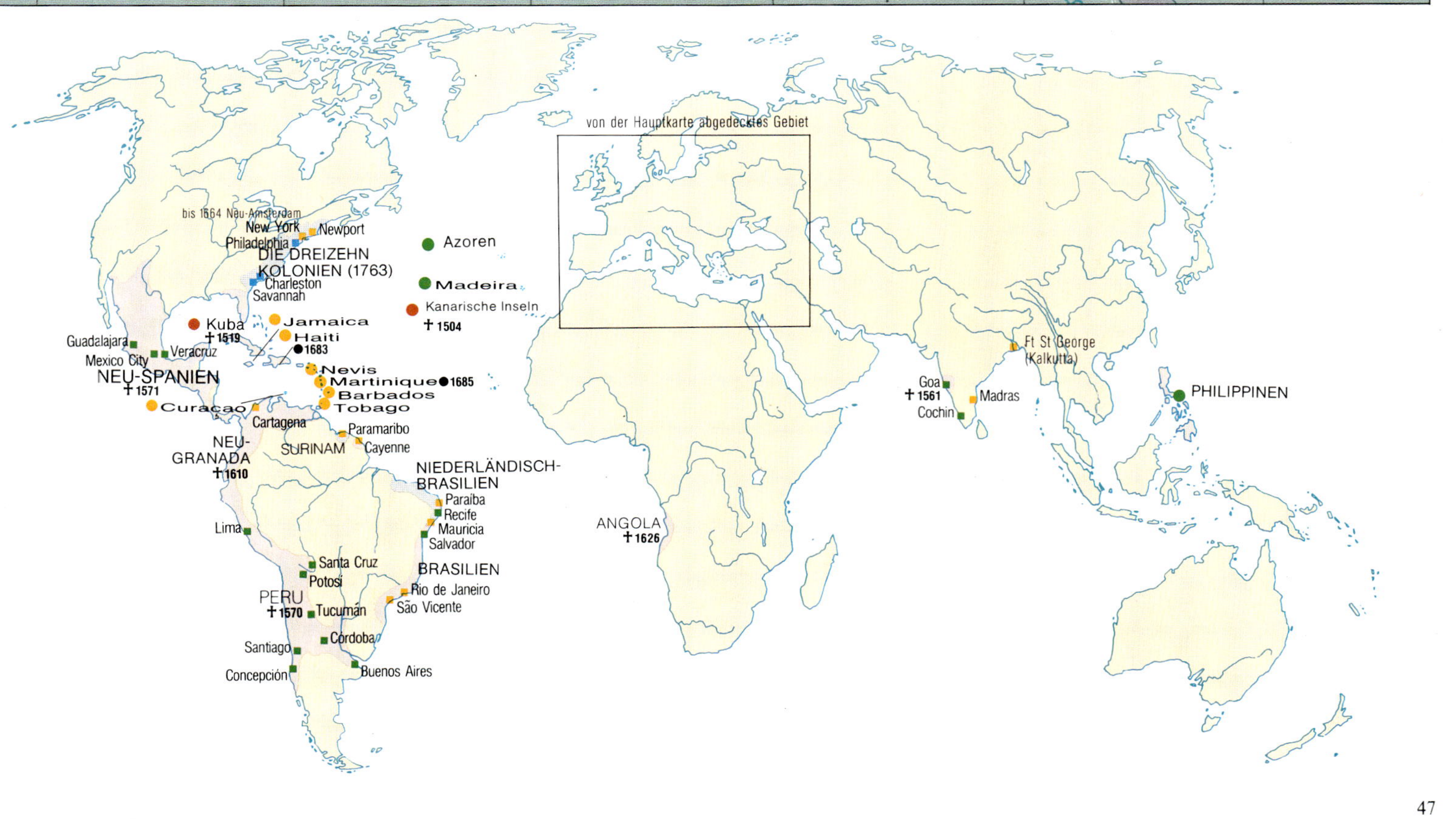

von der Hauptkarte abgedecktes Gebiet
bis 1664 Neu-Amsterdam
New York
Newport
Philadelphia
DIE DREIZEHN KOLONIEN (1763)
Charleston
Savannah
Azoren
Madeira
Kanarische Inseln
1504
Kuba
1519
Jamaica
Haiti
1683
Guadalajara
Mexico City
Veracruz
NEU-SPANIEN
1571
Nevis
Martinique
1685
Barbados
Tobago
Curaçao
Cartagena
Paramaribo
Cayenne
SURINAM
NEU-GRANADA
1610
NIEDERLÄNDISCH-BRASILIEN
Paraiba
Recife
Mauricia
Salvador
Lima
Santa Cruz
Potosí
BRASILIEN
Rio de Janeiro
São Vicente
PERU
1570
Tucumán
Córdoba
Santiago
Buenos Aires
Concepción
ANGOLA
1626
Ft St George (Kalkutta)
Goa
1561
Madras
Cochin
PHILIPPINEN

# Das Goldene Zeitalter von Amsterdam

Bernard Picart (1663–1733) war ein französischer Graveur, der sich 1710 in Amsterdam niederließ. 1723 begann er eine Serie von Studien über »Religiöse Zeremonien und Bräuche aller Völker der Welt« zu veröffentlichen. Hierbei kam ihm zugute, daß die Stadt damals eines der großen jüdischen Zentren war. Picart besuchte die Synagogen und nahm an religiösen Zeremonien teil. Seine Stiche und Kommentare verraten verständnisvolles Interesse an seinem Sujet und ein scharfes Auge für Einzelheiten. Sie vermitteln uns einen lebendigen Eindruck holländisch-jüdischen Lebens zur Zeit seiner Blüte.

**Rechts: Das Gesetz wird dem Volk gezeigt.**
»Wenn der Unterricht vorbei ist, ergreift der dafür Verantwortliche das Gesetzbuch, öffnet es, hebt es so hoch er kann und wendet es den vier Himmelsrichtungen zu, wobei die versammelte Gemeinde spricht: ›Siehe das Gesetz, das Moses den Kindern Israels gab.‹«

**Links: Simchath Thora (Gesetzesfreude)**
». . . nach einigen Gebeten werden alle Gesetzbücher aus der Lade genommen und in einer Prozession um das Pult getragen. An der Spitze der Prozession geht der Vorbeter . . . Sie lesen den Anfang und den Schluß des Gesetzes aus zwei verschiedenen Büchern. Die beiden Personen, die zu Vorlesern ernannt worden sind, werden als »Gatten des Gesetzes« bezeichnet.«

**Rechts: Jom Kippur, der Versöhnungstag, wie er von deutschen Juden gefeiert wird.**
»Wir sollten den Juden die ihnen gebührende Gerechtigkeit widerfahren lassen: Sie befolgen die Buße mit äußerster Strenge und Sorgfalt, und da ein solches Vorbild zu Nachahmung anregt, kann der Zuschauer nicht umhin, bei diesem Anblick scharfe Gewissensbisse über seine eigenen Sünden zu fühlen . . . Manche Büßer verbringen die Nacht stehend, manchmal noch den ganzen nächsten Tag, ohne ihren Platz zu wechseln, stetig in Gebet und Meditation.«

**Rechts: Das Blasen des Horns am Neujahrstag.**
»Das Horn wird am ersten Tag des Jahres geblasen, um den Juden zu sagen, daß sie aufmerksam und demütig dem Urteil lauschen sollen, das Gott über die Sünder verhängt, und auf daß sie ihm danken für seine Gunst und Unterstützung während des eben beendeten Jahres . . . Der Hornbläser steht dort, wo auch das Gesetz gelesen wird. Das Instrument ist aus dem Horn eines Widders gefertigt, um an den Widder Isaaks zu erinnern. Seine gebogene Form soll die Haltung eines demütigen Mannes symbolisieren.«

**Unten: Die Einweihung der Synagoge für die portugiesischen Juden Amsterdams**
»Diese Synagoge, die die schönste der Welt ist, wurde mit aller nur denkbaren Feierlichkeit am zehnten Tag des Monats Menachem im Jahr 5435 geweiht, was dem 2. August 1675 entspricht. Die angesehensten männlichen Juden trugen das Gesetz reich geschmückt in der Prozession und huldigten dem Einzug ihrer geheiligten Bücher in die Synagoge durch Gebete und außerordentliche Almosen . . . Die Festlichkeiten erstreckten sich über acht Tage, und der Einweihung wird alljährlich am 2. August feierlich gedacht.«

# DIE ASCHKENASISCHE DIASPORA

Deutschland hieß im mittelalterlichen Hebräisch *Aschkenas,* und seine Juden wurden entsprechend *Aschkenasim* genannt. Vertreibungen und Verfolgungen hatten das jüdische Leben im Deutschen Reich nicht zum Erliegen bringen können, doch waren die materiellen und kulturellen Umstände dürftig. Da aus den Zentren verbannt, lebten sie verstreut über die kleinen Städte und Dörfer. Es gab einen stetigen Strom von Auswanderern ostwärts nach Polen, das den Juden seit dem 13. Jahrhundert besondere Privilegien gewährte. Diese Bewegung nahm während der Umwälzungen durch die Gegenreformation noch stärkere Formen an.

Die aschkenasischen Zuzügler in Polen waren so zahlreich (ähnlich wie die Sephardim in der Türkei), daß sie den einheimischen Juden ihre Sprache und ihre religiöse Kultur aufprägten. Sie erfüllten eine wichtige wirtschaftliche Funktion als Mittelklasse zwischen der Feudalaristokratie und den Bauern; durch ihre Hände ging der größte Teil des in- wie ausländischen Handels. Weder Klassenhaß noch religiöse Intoleranz konnten ihre Sicherheit ernsthaft untergraben, und sie partizipierten am Wohlstand und der kulturellen Vielfalt der polnischen Renaissance des 16. und 17. Jahrhunderts. In Zusammenarbeit mit den Herrschern entwickelten sie eine starke interne Selbstverwaltung, die in der jüdischen Diaspora einmalig war, ihre »Vierländersynode« (Großpolen, Kleinpolen, Podolien und Wolynien; für Litauen gab es eine eigene Synode) verfügte über weitreichende, gleichsam parlamentarische Macht.

Dieses für das polnische Judentum Goldene Zeitalter nahm während des Kosakenaufstands von 1648 ein plötzliches und gewaltsames Ende. Zu den Zielen des Anfüh-

Unter den frühesten gegenständlichen Zeugnissen des polnischen Judentums befinden sich Münzen aus dem zwölften Jahrhundert mit hebräischen Inschriften wie dieser, die *Beracha* (Segen) besagt.

Jüdische Siedlungen in Polen vergrößerten sich vornehmlich durch Zuwanderungen aus dem Westen nach dem Mongoleneinfall im 13. Jahrhundert und im Zuge der Verfolgungen in Deutschland. *Links:* Juden werden aus einer deutschen Stadt vertrieben, um 1428.

*Seite 52/53:* Deckengewölbe der Synagoge von Chodorów in der Nähe von Lwow. Sie war die erste hölzerne Synagoge, erbaut 1651 in einer Periode des Aufschwungs. Die Deckendekoration besteht aus den Tierkreiszeichen, religiösen Inschriften, Tieren und Pflanzenornamenten.

**Links: Die aschkenasische Diaspora, ca. 1600–1800**
Die aschkenasischen Wanderungen in Europa verliefen in wechselseitiger Richtung: zuerst ostwärts nach Böhmen und schließlich nach Polen-Litauen, dann unter dem Eindruck der entsetzlichen Massaker unter Bogdan Chmielnicky (1648–1651) zurück in die westeuropäischen Länder. Doch blieb der Osten Schwerpunkt der aschkenasischen Siedlung, wo die Juden fest verwurzelt waren und eine reiche eigenständige Kultur entwikkelt hatten. Sie schufen sich auch ein eigenes Verwaltungsorgan, die »Vierländersynode«. Die Aschkenasim unterschieden sich von den Sephardim in kultureller Hinsicht, in ihrer Lebensart, der Umgangssprache (Jiddisch) und ihrer Aussprache des Hebräischen sowie in ihren liturgischen Traditionen. Direkte Rivalität zwischen diesen Gruppen gab es kaum, weil sie zumeist geographisch getrennt lebten. In Gebieten beiderseitiger Präsenz unterhielten sie im allgemeinen ihre eigenen Gemeinden und bewahrten ihre spezifischen Traditionen und Bräuche.

rers, Bogdan Chmielnicky, gehörte die Ausrottung der Juden in der Ukraine. Eine ungeheuer große Zahl von ihnen wurde getötet, zwangsgetauft oder zur Flucht gezwungen. Jüdischen Chronisten zufolge kamen über 100 000 Menschen um, 300 Gemeinden fielen der Zerstörung anheim. Die Massaker hinterließen im Bewußtsein der polnischen Juden eine tiefe Wunde, und das Bild der marodierenden Kosaken verfolgt manche Aschkenasim bis heute: Sie nehmen in der kollektiven Vergangenheitserfahrung den gleichen Stellenwert ein wie die Greuel der Kreuzzüge und die spanische Vertreibung. Doch die Verfolgungen unter Chmielnicky waren nur ein Vorgeschmack der Gewalttätigkeiten, von denen die polnischen Juden in regelmäßiger Folge heimgesucht wurden, und die im Nazi-Holocaust ihren Höhepunkt fanden. Ihr unmittelbares Ergebnis war der Beginn einer allmählichen aschkenasischen Wanderbewegung zurück in den Westen, zuerst nach Deutschland und letztlich in jene neuen Zentren *(siehe Seite 46),* die durch die portugiesischen Marranen erschlossen worden waren. Trotzdem wuchs die jüdische Bevölkerung Polens weiterhin dramatisch, so daß das Land im frühen 19. Jahrhundert über die Hälfte aller Juden der Welt beherbergte.

In Deutschland hatte sich die Lage in der Zwischenzeit etwas verbessert. Obgleich Juden noch von vielen Orten verbannt waren, hatten einige kleinere Staaten begonnen, sie wieder aufzunehmen. Während des Dreißigjährigen Kriegs (1618–1648) war ihnen der Aufenthalt in einigen der großen Städte erlaubt, und die vorangehende Politik ihrer Zerstreuung auf dem Land wurde nun umgekehrt. Die jüdische Konzentration in den Zentren war für die folgenden Jahrhunderte kennzeichnend. Der Krieg bot auch kleinen Kaufleuten, die Kontakte zum Militär hatten, die Möglichkeit zur Bereicherung; die Versorgung der Armeen wurde bis zum späten 18. Jahrhundert eine charakteristische jüdische Domäne in ganz Europa und sogar in Nordamerika. Die zahllosen deutschen Höfe mit ihren extravaganten Neigungen begünstigten Finanziers und Händler von Luxuswaren. Einige dieser »Hofjuden« im späten 17. und frühen 18. Jahrhundert waren erstaunlich reich und mächtig. Solche Männer, die sich zunehmend der herrschenden Kultur anpaßten, bildeten die Ausnahme, aber durch ihre fest verankerte Stellung in der Gesellschaft bereiteten sie einer stärkeren sozialen Akzeptanz des Judentums den Weg (wodurch vielleicht andererseits gewisse antijüdische Vorurteile bestärkt wurden). Mittlerweile hatten sich die jüdischen Gemeinden Deutschlands durch die Einwanderung aus dem Osten sehr vergrößert, und der aufwendige Lebensstil der »Hofjuden« stand in krassem Kontrast zur Armut und Überbevölkerung der Judengassen.

Die aschkenasische Diaspora breitete sich zu dieser Zeit allmählich weiter nach Westen aus. Gegen Ende des 18. Jahrhunderts gab es etwa 20 000 Juden im Elsaß (im Gegensatz zu Deutschland waren sie über zahlreiche kleine Städte verteilt), vielleicht nicht viel weniger in England (wiederum erstaunlich zerstreut, obgleich die Mehrzahl in London lebte) und bemerkenswert viele in Amsterdam, wo die jüdische Gemeinde ein Jahrhundert lang die größte in Westeuropa und wahrscheinlich die größte Stadtgemeinde der Welt war. Sehr wenige Aschkenasim gehörten zur Oberschicht der reichen Finanziers, Juweliere oder Importeure; die meisten schlugen sich kümmerlich als kleine Händler oder angelernte Arbeiter durch. Trotz eines langsam fortschreitenden Prozesses der kulturellen Assimilierung sprachen die Aschkenasim an einigen Orten bis weit ins 19. Jahrhundert weiterhin jiddisch (ursprünglich ein mittelhochdeutscher Dialekt, der viele Wörter und seine Schrift aus dem Hebräischen übernommen hatte).

Die gemeinsame Sprache half bei der Eingliederung neuer Einwanderungswellen und erleichterte die Kontakte mit anderen aschkenasischen Gemeinden. Das Jiddische war, neben anderen kulturellen Abweichungen, das Unterscheidungsmerkmal der Aschkenasim von den Sephardim. Während in den Mittelmeerländern die aschkenasischen Minderheiten im allgemeinen in den sephardischen Gemeinden assimiliert waren, gab es in den nördlichen europäischen Zentren, wie Amsterdam und London, wo die Aschkenasim die große Überzahl bildeten, kaum eine Verschmelzung der beiden Gruppen. Heiraten zwischen ihnen wurden nicht gern gesehen (besonders von den Sephardim mit ihrem Gefühl einer überlegenen Kultur). Getrennte Synagogen und kommunale Organisationen waren hier die Regel. Mit der Zeit wurden einige der Barrieren niedergerissen, und die Unterschiede verursachten nur selten wirkliche Feindseligkeiten, doch die Nachfahren beider Gruppen haben sich noch immer eine starke gefühlsmäßige Bindung an ihre spezifische Vergangenheit bewahrt.

נתחדשה
ונתפארה
בימי ר' משה
ב' ר' יאיר
בשנת עתר

# AM ÜBERGANG ZUR MODERNE

Die mittlere Epoche der israelitischen Geschichte (das sogenannte jüdische Mittelalter, siebtes bis 17. Jahrhundert) war durch verstärkte Abschließung gekennzeichnet. In ihrem extremsten Fall wurde diese Trennung durch die physische Barriere der Ghettomauern symbolisiert. Aber selbst dort, wo es keine solch greifbaren Barrieren gab, bestand eine unsichtbare Wand, die trennte, was in der Tat zwei verschiedene Welten waren. Juden unterschieden sich von Nichtjuden nicht nur durch ihre Religion, ihren politischen und rechtlichen Status, durch die soziale und ökonomische Struktur ihrer Gemeinschaften, sondern auch durch ihre Geisteskultur und nicht zuletzt durch den Rhythmus ihres Alltagslebens.

Die Leitung der jüdischen Gemeinden lag in den Händen der Rabbiner, dieser autoritativen Gruppe von Gesetzeslehrern, die die traditionelle religiöse Kultur pflegten. Sie hatten eine sehr unabhängige Stellung – auch im Verhältnis zueinander. Als Richter und religiöse Autoritäten übten sie reale Macht aus, in der Regel mit Billigung und Unterstützung der jeweiligen Landesherrscher, die den Juden ein hohes Maß an Rechtsautonomie und Selbstverwaltung einräumten. Es gab zwar Aufstände gegen das Rabbinertum, aber sie kamen nicht häufig vor und waren selten institutionalisiert: Sogar die karäische Bewegung, die die geschlossenste und erfolgreichste Herausforderung darstellte, entwickelte ihre eigene Form des Rabbinats. Die Rabbiner konnten die schwerwiegende Sanktion des *cherem* verfügen, eine Art Exkommunizierung, deren Opfer vom religiösen, sozialen und wirtschaftlichen Leben der Gemeinschaft ausgeschlossen wurden. Da es keine Existenzmöglichkeit außerhalb der Gemeinde gab, war dies eine sehr wirkungsvolle Waffe. Die bloße Androhung des *cherem* reichte in der Regel aus, um konformes Verhalten sicherzustellen.

Obgleich die Trennung von Nichtjuden eingeführt und aufrechterhalten wurde, nahmen die Juden sie allgemein hin. Das System besaß den großen Vorteil, daß es ihnen ein Leben unter ihren eigenen Gesetzen erlaubte, die als göttliche Offenbarung galten. Eine potentielle Ursache ernster Konflikte wurde auf diese Weise vermieden. Indem man sich auf Geschehnisse früherer Zeiten und auf die heiligen Schriften berief, entwickelte die jüdische Führungsschicht die Vorstellung von den Israeliten als einem heiligen Volk, das von »den Nationen« getrennt war, um dem *einen* Gott zu dienen. Solange die Juden nicht körperlich mißhandelt wurden, konnten sie die Abschließung in einem positiven Sinn als legitimen Ausdruck ihrer besonderen Sendung interpretieren.

Natürlich war die negative Seite des Systems für jeden offenkundig, der Augen hatte, sie zu sehen. Selbst wenn ausnahmsweise unter toleranten Herrschern einzelne zu angesehenen und einflußreichen Stellungen gelangten, bildeten die Juden als Gruppe Bürger zweiter Klasse (um einen modernen Ausdruck zu gebrauchen). Auch waren Übergriffen Tür und Tor geöffnet. Beweis sind all die Vertreibungen und Massaker, die in ihren grausamen Einzelheiten von den Historikern des 19. Jahrhunderts zusammengetragen wurden, wenn sie auch nicht das alltägliche Schicksal des mittelalterlichen Judentums waren. Aber selbst solche Verfolgungen wurden von den Opfern in einer Weltsicht hingenommen, die ihnen das Los verlorener Kinder zuwies – zur Strafe verurteilt für angestammte Sünden durch einen gerechten und liebenden Vater, dessen Schläge oft unerforschlich, aber nie unverdient waren. Die mittelalterlichen jüdischen Dichter protestierten gegen die Leiden ihres Volkes und geißelten die Grausamkeit der Völker, aber sie stellen selten die Gerechtigkeit der göttlichen Entscheidung in Frage. Sie hofften auf eine letztliche Befreiung in Form eines messianischen Versöhnungsaktes, wenn das heidnische Joch zerbrochen und die Israeliten in ihrem ureigensten Land versammelt sein würden.

Auch die Christen begründeten das System theologisch: Die Juden blieben unterworfen zum Beweis ihrer Versündigung an Christus und um auf diese Weise Zeugnis zu geben, daß sie ihn bei seinem zweiten Erscheinen aufnehmen würden. Sogar die Pogrome und Vertreibungen ließen sich durch die Doktrin von der sündigen Verstrickung des ganzen jüdischen Volkes rechtfertigen.

### Veränderte Einstellungen gegenüber den Juden

Es ist unmöglich, einen bestimmten Zeitpunkt auszumachen, an dem diese Haltung zuerst ernsthaft in Frage gestellt wurde. Mitte des 17. Jahrhunderts, da Baruch Spinoza die Grundlagen einer universalistischen Philosophie legte, die die Gültigkeit der göttlichen Gesetzgebung streng begrenzte, erhob sich unter Juden wie Christen eine große chiliastische Begeisterung, und sogar ein Mann wie Manasse Ben Israel, der tief in der westlichen humanistischen Tradition verwurzelt war, betonte mit Nachdruck die messianische Hoffnung seines Volks. So bediente er sich messianischer Argumente in seiner erfolgreichen Kampagne für die Wiederzulassung der Juden nach England (allgemeine Vertreibung 1290). Eine Folge davon war John Lockes richtungweisender *Letter Concerning Toleration* von 1689. 100 Jahre später traten viele aufgeklärte Denker für die Integration der Juden in die europäische Gesellschaft ein. 1781 verfaßte Christian Wilhelm Dohm sein einflußreiches Werk *Über die bürgerliche Verbesserung der Juden.* Ein Jahr darauf verknüpfte Moses Mendelssohn in seiner Einleitung zu Ben Israels *Rettung der Juden (Vindiciae Judaeorum)* die Verbesserung des jüdischen Status mit dem menschlichen Fortschritt schlechthin, und 1783 veröffentlichte er seine grundlegende Schrift *Jerusalem,* in der er für die Trennung von Kirche und Staat eintrat. 1785 wurde in Metz ein Essaywettbewerb ausgeschrieben, der aufzeigen sollte, auf welche Weise die französischen Juden zu nützlicheren und glücklicheren Bürgern gemacht werden könnten, und es gingen mehrere hervorragende Beiträge ein. Natürlich war das Judenproblem nur eines von vielen, das die Denker der Aufklärung beschäftigte, doch zeigt die vorrangige Bedeutung, die dieser Frage damals beigemessen wurde, eine wachsende Einsicht, daß die Separierung und Unterordnung der Juden eine Krankheit der Gesellschaft darstellte. Das soll nicht heißen, daß die Diagnose immer dieselbe war oder die verordnete Therapie. Für manche war es ein Unrecht, das im Namen der Menschenrechte wiedergutgemacht werden mußte: Den Juden sollte das gleiche elementare Bürgerrecht zugestanden werden oder zumindest Toleranz und Glaubensfreiheit. Andere verfochten weitergehende Ziele: volle Integration, wobei der Einfluß

Diese nach dem Sabbattgottesdienst vor ihrer Synagoge versammelten deutschen Juden scheinen zwei unterschiedliche Welten zu repräsentieren. Die Frauen und Kinder tragen zeitgenössische europäische Kleidung, während die Männer ihre traditionellen Gewänder angelegt haben, doch sind ihre Bärte modisch kurz geschnitten, und ihre Erscheinung hat nichts Fremdartiges. Wir schreiben etwa das Jahr 1800, und bedeutende Veränderungen liegen in der Luft. Die nächste Generation wird die Gründung von Bewegungen für eine »jüdische Kultur« und religiöse Reformen erleben, aber auch einen massiven Abfall vom Judaismus.

der »abergläubischen« Religionen (der christlichen wie der jüdischen) beendet oder, als Alternative, der Übertritt zum Christentum vorgenommen werden sollte. Solche Programme sahen bestimmte Zwangsmaßnahmen vor, und die jüdische Resonanz war natürlich sehr vorsichtig. Aber wenige Reformer befaßten sich mit den Vorstellungen der Juden selbst. Man setzte mit großer Selbstverständlichkeit voraus, daß sie für die gewährten Hilfen dankbar sein würden.

Bis zum Beginn des 19. Jahrhunderts waren in einer Reihe von Ländern Reformen tatsächlich durchgesetzt worden. Sie differierten stark in ihrem Umfang und in ihren Intentionen. Die Unterschiede illustrieren die vielfältigen Betrachtungsweisen des Problems wie auch die verschiedenen örtlichen Bedingungen.

In Amerika, wo die ersten jüdischen Einwanderer, 23 an der Zahl, 1654 eingetroffen waren, unterschied sich die Stellung der Juden als Flüchtlinge vor religiöser Unterdrückung kaum von der ihrer Mitbürger. Die liberalen politischen Grundsätze der Aufklärung waren fest gegründet, und die Juden konnten in Übereinstimmung mit den Prinzipien der amerikanischen Revolution nicht nur »Toleranz«, sondern volle Gleichheit verlangen und erhalten. Die Verfassung von 1787 verbot ausdrücklich religiöse Prüfungen für öffentliche Ämter (obwohl einige Staaten sie noch lange beibehielten), und die Bill of Rights von 1791 garantierte völlige Glaubensfreiheit. So brachte die amerikanische Revolution den Juden die lang erhoffte politische Emanzipation. Nur wenige Tausende kamen anfangs in ihren direkten Genuß, aber die Folgewirkungen waren letztlich außerordentlich: wegen der hohen Zahl jüdischer Einwanderer, aber auch wegen der Tatsache, daß Amerika allmählich eine beherrschende Position in der Welt einnahm. Und von Anfang an hatte die Verwirklichung einer solch radikalen Reform Einfluß auf die Entwicklungen in anderen Ländern.

Auch in Frankreich war es die Revolution, die die mittelalterliche Abschließung der Juden wie so viele andere Mißbräuche der Menschenrechte beendete. Die Emanzipation wurde bei verschiedenen Gelegenheiten auf den frühen Sitzungen der Nationalversammlung diskutiert, doch gab es starke Widerstände. Eine Abstimmung Ende 1789 ging mit 408 gegen 403 Stimmen verloren. Aber die Freiheitssehnsucht war zu groß, als daß man das Problem mit Gleichgültigkeit hätte abtun können, zumal die Juden selbst an den Konvent wegen der Anerkennung ihrer bürgerlichen Gleichheit appellierten. Nach der Festnahme des Königs verschob sich das politische Gleichgewicht in der Versammlung so weit, daß am 27. September 1791 ein Bürgerrechtserlaß verabschiedet werden konnte. Die spätere Modifizierung einiger seiner Bestimmungen und die bis in die neueste Zeit fortdauernden Unklarheiten in bezug auf die Stellung der französischen Juden haben einige Historiker veranlaßt, die Bedeutung des Erlasses zu relativieren oder ihn sogar als Rückschritt darzustellen. Doch war er für seine Zeit zweifellos ein bemerkenswert radikaler Einschnitt mit Modellcharakter für ganz Europa. Die Judenemanzipation wurde Bestandteil des revolutionären Programms, und überall dort, wo französischer Einfluß oder französische Macht hinreichten, wurde sie diskutiert oder praktisch verwirklicht.

In Holland erfolgte die Proklamation der Gleichberechtigung einschließlich der Religionsfreiheit mit der Errichtung der Batavischen Republik 1795, die erste Nationalversammlung verabschiedete eine jüdische Bürgerrechtsvorlage im folgenden Jahr. Zwei jüdische Abgeordnete aus Amsterdam erhielten 1797 Sitze in der zweiten Nationalversammlung, und seither besaßen die holländischen Juden bis zur nationalsozialistischen Besetzung volle Bürgerrechte. In Italien wurden die Ghettomauern von den republikanischen Armeen niedergerissen, Judenzeichen vernichtet und »Freiheitsbäume« neben den Synagogen gepflanzt. Auch im westlichen Teil Deutschlands schaffte man die Ghettos ab, und durch die preußischen Verfassungsreformen von 1812 erlangten die dort ansässigen Juden zeitweilig das Bürgerrecht (wenn ihnen auch weiterhin Staatsämter sowie de facto die Offizierslaufbahn verwehrt wurden).

In England hatte die Revolution viel früher stattgefunden, in der Mitte des 17. Jahrhunderts; sie hatte den Juden die religiöse Versammlungsfreiheit gebracht. Gegen Ende des 18. Jahrhunderts waren die wohlhabendsten Juden in den höheren Rängen der Gesellschaft fest integriert, aber abgesehen von der im Lande geborenen Minderheit verfügten sie nicht über den Bürgerstatus (einige Einwanderer hatten die begrenzteren Rechte von *denizens* erworben), und selbst die jüdischen Bürger waren bestimmten Einschränkungen unterworfen, die sie mit anderen Nichtanglikanern teilten. Die Kampagne für Emanzipation konzentrierte sich daher auf zwei verschiedene Punkte: das Bürgerrecht für Einwanderer (ein hauptsächlich jüdisches Ziel) und die Abschaffung religiöser Prüfungen für die Zulassung zu öffentlichen Ämtern und zu bestimmten anderen Berufssparten (was ein allgemeineres Anliegen war). Die Kampagne wurde in bedachter und pragmatischer Weise durch den Appell an die öffentliche Meinung und im Rahmen der bestehenden demokratischen Verfahren geführt. Die Naturalisierungsfrage konnte 1826 gelöst werden, und die meisten der reli-

Die Französische Revolution war ein Wendepunkt für die europäische Judenschaft, denn sie brachte ihnen die bürgerliche Gleichberechtigung vor dem Gesetz. Doch sollte es lange Zeit dauern, bis sich die praktischen Folgerungen dieses radikalen Einschnitts durchsetzten. Auch war es nicht leicht, die Juden selbst zur Aufgabe ihrer Sonderstellung zu bewegen. Napoleon berief in einer für ihn typisch dramatischen Geste 1807 einen *Grand Sanhedrin* ein, um den Verzicht auf die jüdischen Privilegien zu ratifizieren. Auf dieser Bronzemedaille *(links)* überreicht er mit gebieterischer Geste die neuen Gesetzestafeln einem unterwürfigen und dankbaren Moses.

*Oben:* Die Juden Amsterdams heißen ihren König, Louis Bonaparte, enthusiastisch willkommen (1808). Links befindet sich die portugiesische, rechts die aschkenasische Synagoge. In Wirklichkeit war die Gemeinde tief gespalten, und die Emanzipation, die die althergebrachte Autonomie der *kehilla* bedrohte, stieß auf entschiedenen Widerstand des konservativen Establishments.

**Oben: Die jüdische Welt um 1800**
Die Mehrheit der jüdischen Gesamtbevölkerung lebt nun in Europa. In Rußland, wo die Grenzen des Siedlungsgebiets 1791 festgelegt wurden, gibt es etwa 750000 Juden und weitere 450000 in den polnischen Territorien, die von Österreich und Preußen regiert werden. In vielen polnischen Städten ist ihre Zahl größer als die der Christen. Trotz einer ständigen Auswanderung nach Mittel- und Westeuropa stellen sie dort einen beträchtlich geringeren Anteil. Außerhalb des europäischen Kontinents bestehen einige große sephardische Zentren in Afrika und Asien, während Nordamerika bei einer Gesamteinwohnerschaft von vier Millionen nicht mehr als 3000 Juden aufweist. In Amerika und Europa hat die bürgerliche Gleichberechtigung Fortschritte gemacht, doch der Prozentsatz der davon Betroffenen ist klein, und noch immer gibt es einige Länder mit einem generellen jüdischen Einreiseverbot.

giösen Prüfungen wurden im Laufe des nächsten halben Jahrhunderts abgeschafft.

Ganz anders gelagert war der Fall unter den Habsburgern. Die Juden hatten nicht nur keinen Anteil am Staat, sondern sie waren auch gesellschaftlich geächtet und der ganzen Skala christlich-mittelalterlicher Vorschriften unterworfen, wozu auch das Tragen des gelben Abzeichens gehörte. Landwirtschaft, die meisten Zweige von Handel und Gewerbe sowie Schulen und Universitäten blieben ihnen verschlossen, hinzu kamen eine Vielzahl besonderer Steuern. Zwischen 1781 und 1789 hatte Kaiser Joseph II. eine Reihe von Judenpatenten für die verschiedenen Provinzen herausgegeben. Sie beseitigten viele Rechtsnachteile und brachten gleichzeitig neue Verpflichtungen. Die Juden sollten deutsche Namen annehmen und wurden aufgefordert, die deutsche Sprache zu verwenden. Die Grundschulpflicht wurde eingeführt (in jüdischen oder in christlichen Schulen), und die Gymnasien und Universitäten standen ihnen jetzt offen. Schließlich machte sie Joseph II. zum ersten Mal wehrpflichtig, wobei der Soldateneid um bestimmte christliche Bezüge abgeändert wurde.

### Emanzipation und Befreiung

Diese verschiedenen Reformen betrafen nur eine Minderheit der Juden in der Welt, und in Europa fiel ein Großteil der Verbesserungen der Restaurationszeit nach der Schlacht von Waterloo (1815) zum Opfer. Aber der Fortschritt konnte nicht ganz zunichte gemacht werden, selbst unter den reaktionärsten Regierungen setzten sich die Emanzipationsbestrebungen fort. Die Juden fanden sich immer weniger mit ihrer Diskriminierung ab, und viele spielten eine aktive Rolle in den Revolutionen von 1848, die in zahlreichen Ländern liberale Verfassungen erzwangen. Die jüdische Emanzipation gehörte in so hohem Maße zum liberalen Programm, daß sie im Laufe der 60er Jahre des 19. Jahrhunderts in den meisten Staaten West- und Mitteleuropas nach und nach verwirklicht wurde. Als 1871 die deutsche Reichsverfassung den Grundsatz der allgemeinen Religionsfreiheit und der rechtlichen Gleichberechtigung der Juden festschrieb, standen nur die Schweiz, Norwegen, Spanien und Portugal noch abseits. Osteuropa war ein ganz anderes Kapitel, aber selbst in Rußland, wo die Hälfte der jüdischen Weltbevölkerung unter äußerst schwierigen Bedingungen lebte und das von dem ökonomischen, technischen, kulturellen und gesellschaftlichen Fortschritt, der das Gesicht Westeuropas verändert hatte, kaum berührt worden war, hatten die Reformen Alexanders II. eine gewisse Erleichterung gebracht und versprachen eine günstigere Zukunft.

Die Integrationsbestrebungen führten zu vielschichtigen Reaktionen, auch unter den Juden selbst. Für viele kam die Emanzipation zu plötzlich, um verarbeitet werden zu können. Das Bild des Juden, der aus dem Dunkel des Ghettos geblendet und verwirrt in das Licht der Freiheit stolpert, beschreibt angemessen die Erfahrungen von vielen im Europa des 19. Jahrhunderts. Einige paßten sich schnell den neuen Gegebenheiten an, und in einer Reihe von Ländern fand man Juden bald im Heer, in der Regierung, in den freien Berufen und in Tätigkeitsfeldern höchst unterschiedlicher Art. Aber die Integration brachte einen Verlust an jüdischer Identität mit sich, den zu-

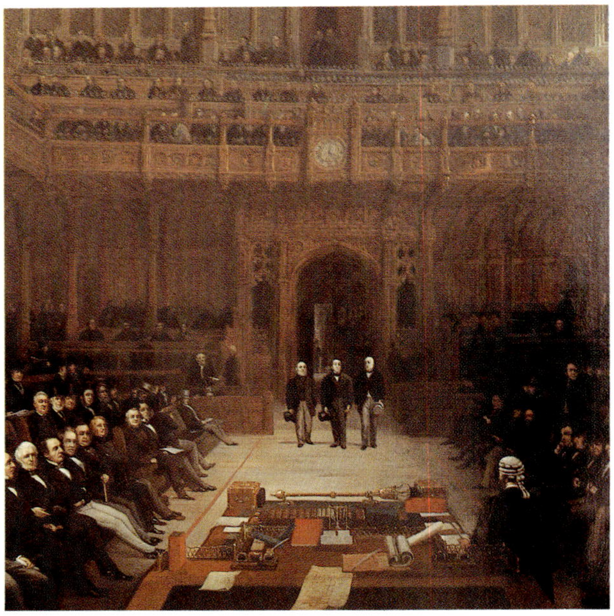

Das Bürgerrecht umschließt sowohl Privilegien wie Verantwortung. Die Zulassung von Baron Lionel de Rothschild 1858 *(oben links)* zum britischen Parlament, ohne daß er verpflichtet gewesen wäre, den christlichen Eid abzulegen, wurde als ein bedeutender Schritt im Kampf um die Judenemanzipation angesehen, auch wenn die Juden der Insel um diese Zeit nur unter sehr geringen Benachteiligungen zu leiden hatten. Aber jene, die die Grundsätze der Staatskirche nicht unterschreiben konnten oder wollten, durften an den arrivierten Universitäten Oxford und Cambridge nicht vor 1871 einen akademischen Grad erwerben. Die Fortschritte kamen natürlich nicht nur den Juden zugute: Sie sind Bestandteil des modernen Staates mit seiner Toleranz gegenüber Andersdenkenden. Eine wesentliche Bürde, die das Bürgerrecht mit sich brachte, war der Militärdienst, eine wichtige Stufe zur gesamtgesellschaftlichen Integration der Juden. Selbst in Rußland, wo sie keine bürgerlichen Rechte besaßen, wurden sie nach einem Gesetz von 1874 zur allgemeinen Militärdienstpflicht herangezogen, und Tausende dienten drei Jahre später im russisch-türkischen Krieg *(oben).*

mindest die jüdische Führungsschicht nicht akzeptieren wollte. Eine Versammlung jüdischer Notabeln, die Napoleon 1807 einberufen hatte, bekräftigte die brüderliche Verbundenheit von Juden und Franzosen, aber in einem Punkte, dem der Zulässigkeit von Mischheiraten, nahm man eine vorsichtige Haltung ein: Das jüdische Gesetz verbiete solche Ehen nicht, und der jüdische Partner werde noch als Jude betrachtet, aber die Rabbiner seien gegen Mischehen, weil sie nicht von ihnen selbst geschlossen werden könnten. Mischehen wurden im Laufe des 19. Jahrhunderts allgemein üblich; sie blieben ein Hauptpunkt der Sorge um das Überleben der jüdischen Identität und die Grenzen der Integrierung.

Eine häufige Reaktion auf die Unsicherheiten der neuen Zeit war der Übertritt zum Christentum. Zuerst kamen die Konvertiten von den Rändern der jüdischen Gemeinden, aber bald erfaßte diese Bewegung weite Kreise. In einigen deutschen Städten nahm im frühen 19. Jahrhundert vermutlich die Hälfte der jüdischen Bevölkerung das Christentum an. Die Taufe führte nicht zur unmittelbaren Assimilierung, da die Konvertiten ihre Bande mit der alten Gemeinschaft beibehielten – so verkehrten sie zwanglos mit ungetauften Juden, die dem mosaischen Bekenntnis und seinen Praktiken entsagt hatten. Andererseits trafen sie auf Vorbehalte in der christlichen Gesellschaft, die wegen der durch die Übertritte entstandenen Probleme immer empfindlicher reagierte. Einige Christen wie der einflußreiche protestantische Theologe Friedrich Schleiermacher warnten vor der seit alters her beschworenen Gefahr der »Judaisierung« der Kirche. Es war den Konvertiten nicht vergönnt, ihre Herkunft zu vergessen; viele von ihnen galten weiterhin als Juden und betrachteten sich auch selbst als solche.

Wer in der jüdischen Gemeinschaft blieb, hatte gewisse Schwierigkeiten, seine Identität als Jude und Bürger zu definieren. Eine besonders in westlichen Staaten weithin akzeptierte Formulierung sprach von Bürgern »mosaischen Glaubens«, womit man sagen wollte, daß die jüdische Identität auf den rein religiösen Bereich begrenzt werden konnte. In diesen Ländern sah das Gesellschaftsmodell die Existenz religiöser Minderheiten innerhalb des Staates vor. In Amerika erklärte eine Konferenz von Rabbinern in Pittsburgh 1885: »Wir betrachten uns nicht länger als eine Nation, sondern ausschließlich als eine religiöse Gemeinschaft.«

In gewisser Weise jedoch war die Zeit der Glaubensgemeinschaft als einer bedeutenden politischen Größe bereits vorüber, und sie wurde im Nationalstaat ein nebensächliches Element. Hier lag der eigentliche Kern des »jüdischen Problems« in der modernen Welt. Juden, die sich für den rein religiösen Status entschieden, suchten die gleiche Art von Kompromiß, welchen die christlichen Konfessionen machten. Es gibt wenig grundlegende Unterschiede zwischen den Vereinbarungen, die Napoleon mit den Juden und mit den katholischen und protestantischen Kirchen in Frankreich traf. Die religiösen Institutionen sollten offizielle Anerkennung und bestimmte begrenzte Privilegien dafür erhalten, daß sie ihre politischen Rechte aufgaben und die Einmischung des Staats in ihre Angelegenheiten akzeptierten. Dieses Modell wurde früher oder später in den meisten europäischen Ländern übernommen. Die Hauptalternativen waren die völlige Trennung von Kirche und Staat wie in den USA oder eine teilweise Trennung wie in Großbritannien. In jedem Falle waren die Ergebnisse für die Juden ähnlich. Die jüdische Gemeinschaft hörte effektiv auf, als eine autonome politische Größe zu bestehen, und die rabbinischen Gerichtshöfe verloren viel von ihrer Rechtshoheit. Die neue Gemeinschaft war eine private Körperschaft, die Zugehörigkeit zu ihr wurde für den einzelnen zu einer persönlichen Entscheidung. Wollte er nicht beitreten, so brauchte er keine unbilligen Härten erdulden. Die religiöse Führung ihrerseits mußte sich bemühen, die Zugehörigkeit des einzelnen zu gewinnen und sicherzustellen. Aber für den, der sich von der Gemeinde ausschloß, gab es keine Alternativform, seine jüdische Identität zum Ausdruck zu bringen.

In Osteuropa jedoch traten andere Tendenzen zutage. Die dortigen Juden lebten inmitten von Völkern, die sich im Kampf für nationale Selbstbestimmung engagierten, und auch die Religionen tendierten dazu, eine nationale Gestalt anzunehmen. Emanzipation und Eingliederung setzten sich hier langsamer durch, und die Säkularisierung ging ihnen voraus. Während die jüdische Aufklärungsbewegung die Machtstellung des traditionellen Glaubens bekämpfte, förderte sie die Entwicklung einer spezifisch jüdischen Säkularkultur. Wenn die Juden eine Rolle im modernen Staat spielen wollten (so wurde mehr und mehr argumentiert), sollten sie es als eine nationale, nicht als eine religiöse Minderheit tun. Diese Idee fand nicht schnell eine konkrete Umsetzung, aber schließlich sollte sie eine sehr bedeutsame Wirkung auf den weiteren Verlauf der jüdischen Geschichte sowohl in den osteuropäischen Staaten wie in der ganzen Welt haben.

# ANTISEMITISMUS, ZIONISMUS UND DER STAAT ISRAEL

Die letzten 100 Jahre der jüdischen Geschichte sind schmerzhaft und oft tragisch gewesen. In diese Periode fiel der Abschluß des Emanzipationsprozesses, der im 18. Jahrhundert begonnen hatte, aber auch seine Bewährungsprobe und brutale Umkehrung. Der Zeitraum sah das Entstehen zweier neuer Kräfte, Antisemitismus und jüdischer Nationalismus; beide haben Gräben zwischen Juden und Nichtjuden aufgerissen, aber auch die Juden untereinander entzweit. Sie haben ferner in schneller Folge zu zwei epochemachenden Ereignissen geführt: dem Holocaust und der Gründung des Staates Israel. Die Landkarte der jüdischen Welt ist bis zur Unkenntlichkeit verändert worden durch Zerstörungen und Wanderungen, und die optimistische Stimmung von 1860/70 ist in Ungewißheit und Selbstzweifel umgeschlagen.

Die 80er Jahre des 19. Jahrhunderts begannen für die Juden Europas unheilvoll. Am 13. März 1881 wurde der Reformzar Alexander II. ermordet, der wenigstens in Ansätzen eine liberalere Judenpolitik verfolgt hatte. Sechs Wochen später brach eine Welle von Pogromen aus, die bis Ende 82 anhielten. An mehr als 200 Orten wurden Juden vom fanatischen Mob angegriffen, der offensichtlich mit offizieller Ermutigung ungestraft tötete, vergewaltigte und plünderte. Im Mai 1882 stieß ein diskriminierendes Gesetzgebungsprogramm (die Mai-Gesetze) die letzten Reformen um und verhängte unerträgliche Restriktionen. Im gleichen Jahr wurde in Deutschland ein internationaler antisemitischer Kongreß einberufen, und 1893 errang eine antisemitische Partei Sitze im Parlament, während in Ungarn ein Wiederaufleben der Ritualmord-Beschuldigung zu verzeichnen war.

Es wirft ein trauriges Licht auf die europäische Gesellschaft, daß der Zeitabschnitt, der die lang ersehnte Freiheit gewährte, zugleich eine neue Art der Feindschaft hervorbrachte. Während die alte christliche antijüdische Haltung sich theologischer Argumente bediente, berief sich der neue »Antisemitismus« (ein pseudowissenschaftlicher Begriff, der 1879 erstmals durch den deutschen Journalisten Wilhelm Marr geprägt wurde) auf eine behauptete biologische Minderwertigkeit und stellte die Juden als einen artfremden und korrumpierenden Virus in der Gesellschaft dar. Der Antisemitismus nährte sich von älteren Vorurteilen, doch verdankte er einen wesentlichen Impuls dem raschen liberalen Kurswechsel (jüdische Emanzipation war eine seiner Komponenten), der eine – reale oder imaginäre – Bedrohung für viele tiefverwurzelte Interessen darstellte. Indem sie ihr reaktionäres Programm auf die »jüdische Gefahr« konzentrierten, legten die Antisemiten scheinbar eine allzu einfache und unglaubwürdige Diagnose der konstatierten gesellschaftlichen Krankheiten vor. Doch es zeigt, wie tief die Wurzeln der Judenfeindlichkeit reichten, daß diese Grundsätze sich mit dramatischem Erfolg von Deutschland über Frankreich, Österreich und sogar Rußland verbreiteten. In Deutschland gründete der protestantische Pfarrer Adolf Stoecker, der 1882 dem antisemitischen Kongreß in Dresden vorstand, die antisemitische Christlich-soziale Arbeiterpartei (1878), die 1893 mit 16 Abgeordneten in den Reichstag einzog. Ähnliche Parteien entstanden in verschiedenen anderen Ländern. Sie wiegelten zu primitivem Haß auf und drängten auf Widerruf des jüdischen Wahlrechts. Zwar blieben diese eindeutig antisemitisch ausgerichteten Parteien eine Randerscheinung, doch fand der Antisemitismus Eingang in große politische oder parapolitische Organisationen (in Deutschland beispielsweise in den »Bund der Landwirte« und den »Alldeutschen Verband«). Eine Flut von Hetzliteratur wurde gedruckt, die ihre Voreingenommenheit hinter der Maske wissenschaftlicher Argumente verbarg; schon bald kam es in einigen Ländern zu judenfeindlichen Ausschreitungen.

»Es ist seine Schuld!« – eine Karikatur von Abel Pann (1915). Für alle Schwierigkeiten in Europa wird der Jude, der generelle Sündenbock, verantwortlich gemacht.

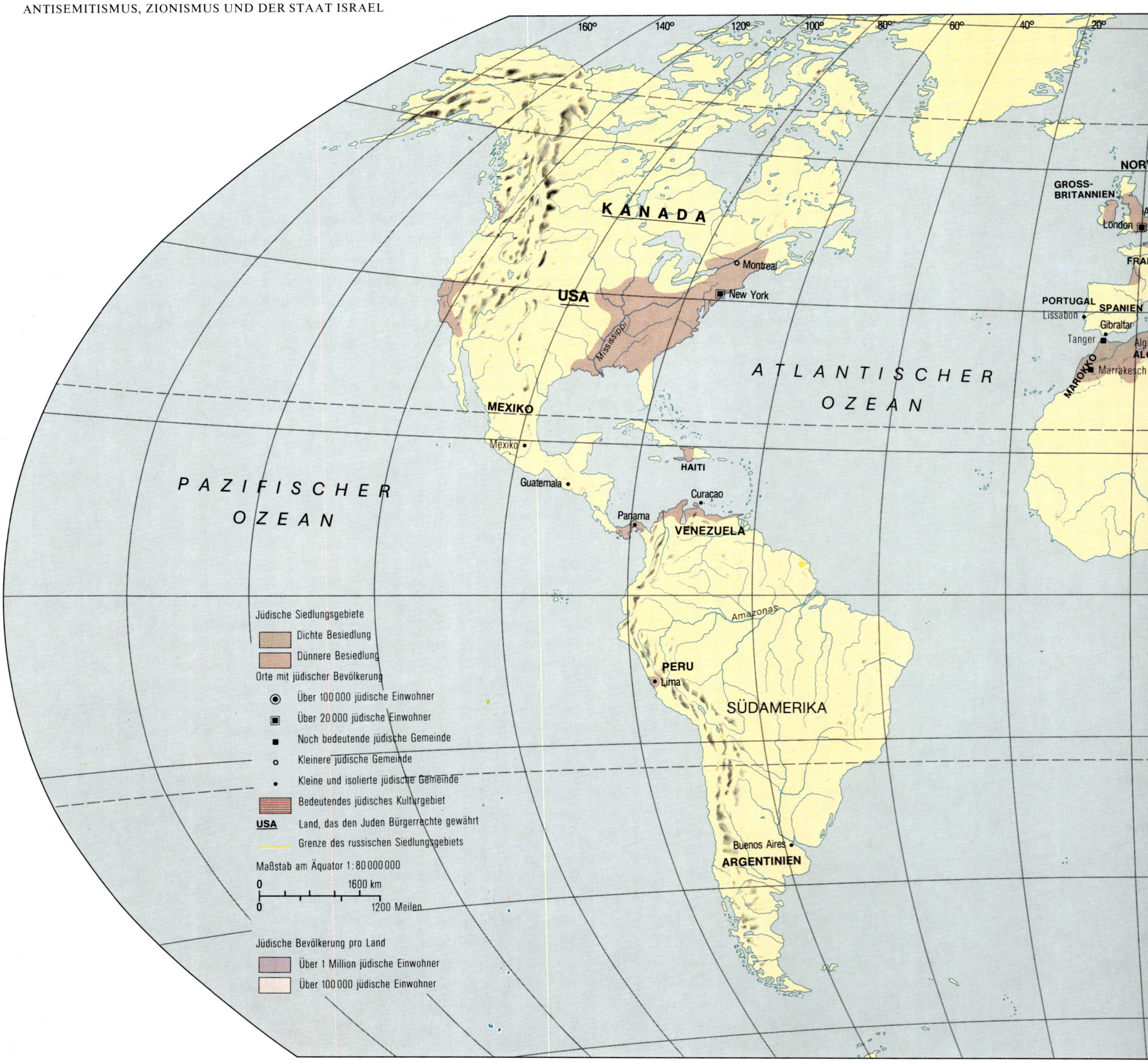

Im Zarenreich folgten auf die Pogrome von 1881 wiederholt offiziell geduldete Terroraktionen, und die Mai-Gesetze fanden strikte Anwendung. Die Anfänge einer Integration der russischen Juden, die ein Ergebnis der liberalen Gesetzgebung der 60er Jahre des 19. Jahrhunderts war, wurden durch die staatlich sanktionierte Aggression abrupt erstickt. Rußland war es auch, wo die antisemitischen Argumente 1905 eine neue Stoßrichtung erhielten, durch die Veröffentlichung eines gefälschten Dokuments, das einen jüdischen Plan zur Weltherrschaft zum Inhalt hatte: *Die Protokolle der Weisen von Zion.* Es wurde in viele Sprachen übersetzt und praktisch in jedem europäischen Land veröffentlicht, ebenso in Nord- und Südamerika. Noch heute spielen die Protokolle eine zentrale Rolle in der antisemitischen Propaganda, obgleich man sie längst als böswillige Fälschung entlarvt hat. Von nun an sahen sich die Juden auch dem Vorwurf der subversiven Unter-

**Die jüdische Welt um 1880**
Am Vorabend der großen Bevölkerungsverschiebungen gibt es ungefähr 7,7 Millionen Juden in der Welt; davon leben 90 Prozent in Europa, die breite Mehrzahl in der östlichen Hälfte des Kontinents. Allein in Warschau sind mehr Juden ansässig als in ganz Großbritannien oder Frankreich. Obwohl die Emanzipation sich zunehmend durchsetzt, betrifft sie nur eine Minderheit der Juden; die meisten leiden noch immer unter Rechtlosigkeit und feindseliger Diskriminierung, was auch für die außereuropäischen Länder zutrifft: Die Ballungsgebiete befinden sich in der muslimischen Welt, und die Gemeinden in Nord- und Südamerika, Südafrika und im australischen Raum sind klein und verstreut. New York bildet eine bemerkenswerte Ausnahme: Seine jüdische Gemeinde zählt 80 000 Mitglieder und nimmt rasch zu.

wanderung ausgesetzt, und man gab ihnen die Schuld an so verschiedenen Ereignissen wie dem Burenkrieg und der bolschewistischen Revolution.

Ein Resultat all dieser Entwicklungen war ein dramatischer Anstieg der Emigrationen, besonders aus Rußland. Das 19. Jahrhundert stellte für die Juden eine Zeit der Wanderung dar. Ungeheuer große Menschenmassen gerieten in Bewegung, sowohl innerhalb des europäischen Kontinents als auch nach den überseeischen Gebieten, nach Amerika, Südafrika, Australien und Neuseeland. Die Hauptursache waren ökonomische Gründe. Die rapid wachsende Geburtenrate bewirkte eine kontinuierliche Verschlechterung der Lebensbedingungen, und die Industrialisierung zog viele in die Städte, die Schwierigkeiten hatten, den Ansturm zu verkraften. Die jüdische Bevölkerungsexplosion war besonders dramatisch. Zwischen 1800 und 1900 verdoppelte sich die Gesamtweltbevölkerung annähernd; doch die Zahl der Juden stieg um das vierfache an: von etwa 2,5 auf 10,6 Millionen. Noch bemerkenswerter ist, daß diese Zunahme vor allem in Osteuropa stattfand, besonders in dem Rußland unterstehenden Teil, wo die jüdische Einwohnerschaft von 1,6 Millionen 1820 auf 4 Millionen 1880 und etwa 5,6 Millionen 1910 anwuchs – und das trotz ständiger Auswanderung. Das Gebiet bildete eine Art Reservoir, das beständig die Gemeinden in Mittel- und Westeuropa wieder auffüllte, die ihre Mitglieder durch Emigrationen in außereuropäische Länder, Assimilierung und demographischen Rückgang aufgrund der raschen Verstädterung verloren. Nach Einsetzen der Pogrome in Osteuropa wurde der Zuzug zu einer wahren Flut. Zwischen 1881 und 1914 verließ mehr als ein Drittel der dortigen Juden ihre Heimat (etwa 2,75 Millionen) – das war über ein Viertel der jüdischen Weltbevölkerung. Eine Emigration solchen Ausmaßes war bis dahin

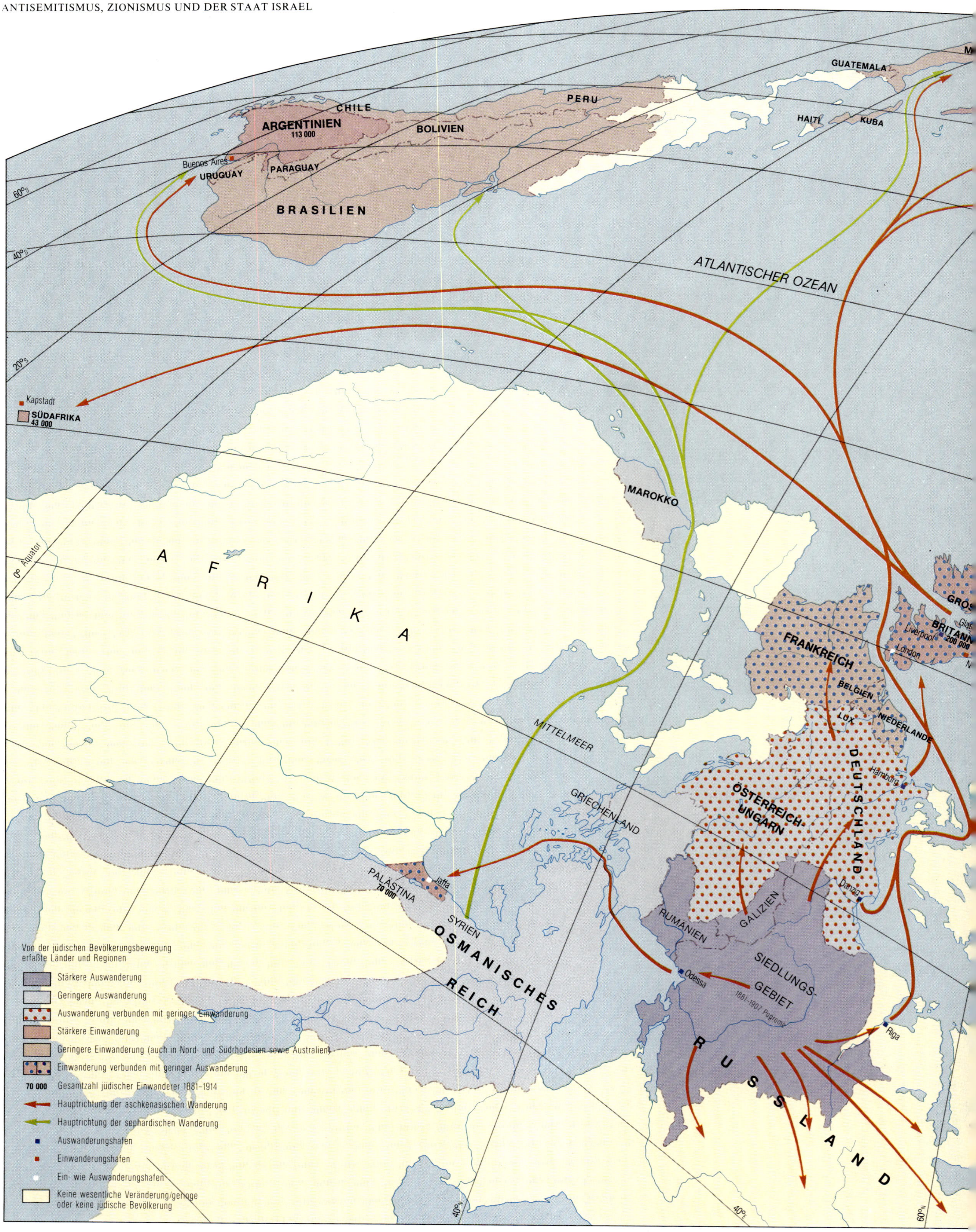
GUATEMALA
HAITI
KUBA
PERU
CHILE
ARGENTINIEN
113 000
BOLIVIEN
Buenos Aires
URUGUAY
PARAGUAY
BRASILIEN
ATLANTISCHER OZEAN
Kapstadt
SÜDAFRIKA
43 000
MAROKKO
AFRIKA
FRANKREICH
London
Liverpool
200 000
BELGIEN
LUX
NIEDERLANDE
Hamburg
DEUTSCHLAND
ÖSTERREICH-UNGARN
Danzig
MITTELMEER
GRIECHENLAND
Jaffa
PALÄSTINA
70 000
SYRIEN
OSMANISCHES REICH
RUMÄNIEN
GALIZIEN
Odessa
SIEDLUNGS-GEBIET
1881–1907 Pogrome
Riga
RUSSLAND
60°S
40°S
20°S
0° Äquator
40°N
40°E
60°E
Von der jüdischen Bevölkerungsbewegung erfaßte Länder und Regionen
Stärkere Auswanderung
Geringere Auswanderung
Auswanderung verbunden mit geringer Einwanderung
Stärkere Einwanderung
Geringere Einwanderung (auch in Nord- und Südrhodesien sowie Australien)
Einwanderung verbunden mit geringer Auswanderung
70 000 Gesamtzahl jüdischer Einwanderer 1881–1914
Hauptrichtung der aschkenasischen Wanderung
Hauptrichtung der sephardischen Wanderung
Auswanderungshafen
Einwanderungshafen
Ein- wie Auswanderungshafen
Keine wesentliche Veränderung/geringe oder keine jüdische Bevölkerung

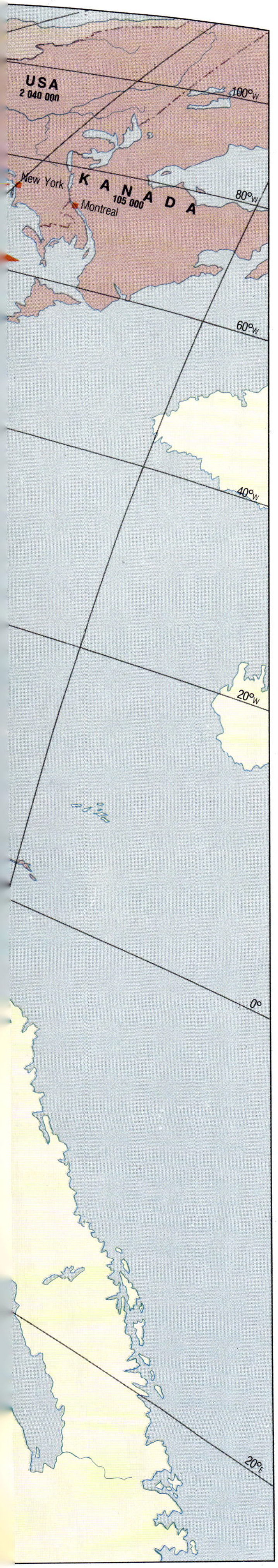


**Links: Die Wanderbewegung zwischen 1881 und 1914**
In vielen Teilen des agrarischen Europa verursachte die Bevölkerungsexplosion in einem noch nie dagewesenen Ausmaß Armut und soziale Spannungen. Millionen verließen ihre Heimat auf der Suche nach besseren Lebensbedingungen entweder in den expandierenden Großstädten oder in anderen Kontinenten. Diese Bevölkerungsexplosion war am dramatischsten in Osteuropa, wo ungünstige politische Verhältnisse zusätzlichen Grund zur Auswanderung gaben. Über zwei Millionen Juden verließen in dieser Zeit Europa (verglichen mit etwa 200000 in den vorangegangenen 40 Jahren). Davon siedelten 85 Prozent in den USA, wo sie eine der größten Immigrantengruppen bildeten. Weitere 760000 Juden kehrten Europa zwischen 1915 und 1931 den Rücken.

*Rechts:* Die Freiheitsstatue mit der berühmten Inschrift der jüdischen Dichterin Emma Lazarus symbolisierte für die europäischen Zuzügler die Hoffnung auf ein neues, freies Leben. Die religiösen Traditionen, die sie aus ihrer Heimat mitbrachten *(unten rechts* ein Jude im Gebet auf Deck der SS Pennland), wurden in der Neuen Welt in Frage gestellt und umgeformt.

einzigartig in der Geschichte des israelitischen Volks und hatte eine nachhaltige Wirkung auf das Gesamtbild seiner Verteilung auf der Erde.

Die kleinen und relativ gut integrierten jüdischen Gemeinden Westeuropas wurden von Aussiedlern überschwemmt, deren Armut eine schwere Bürde für die kommunalen Mittel darstellte und deren andersgeartete Kultur Anlaß zu internen Konflikten gab. In Großbritannien übertrafen die Zuzügler im Jahr 1914 die einheimischen Juden im Verhältnis 5 : 1. Sie waren in den größeren Städten konzentriert, wo ihre Arbeitskraft zumeist ausgebeutet wurde. In den Vereinigten Staaten, dem Land der Freiheit und der anscheinend unbegrenzten Möglichkeiten, die die breite Masse der Auswanderer anzogen, waren die frühen mitteleuropäischen Neuankömmlinge den Siedlertrecks nach Westen und Süden gefolgt, wo sie ein gutes Auskommen als Händler und Handwerker gefunden hatten. Der osteuropäische Ansturm der 80er Jahre des 19. Jahrhunderts fiel zusammen mit großem industriellen Wachstum, und die Immigranten konzentrierten sich in New York, dem Hauptankunftshafen, sowie in anderen großen Städten, wo viele in der Bekleidungsindustrie beschäftigt waren. Und so entwickelte sich auch hier ein jüdisches Stadtproletariat, mit all den dazugehörigen Problemen der Armut und der sozialen Spannung. Die schon länger Ansässigen standen den Einwanderern bei, sie unterstützten auch finanziell weitere Einwanderung aus Europa, die durch die verbesserten Transportmittel erleichtert wurde. Um 1900 hatte die jüdische Bevölkerung der USA eine Million erreicht, weitere 1,3 Millionen kamen bis zum Jahr 1914 an.

Inzwischen wurden auch andere Länder zum ersten Mal (oder in stärkerem Ausmaß) von der Immigration erfaßt. Das war zum Teil auf die Arbeit der Jewish Colonization Association (JCA) zurückzuführen, die 1891 in London durch den Finanzier Baron Maurice de Hirsch gegründet wurde. Hirsch gab ein immenses Vermögen zur Linderung des jüdischen Elends aus. Sein ursprünglicher Plan war, die russischen Juden zu unterrichten und in Landwirtschaft und Handwerk auszubilden, doch als seine Vorschläge von der zaristischen Regierung zurückgewiesen wurden, entschied er, daß Auswanderung die einzige Lösung sei. Die JCA wollte nicht nur die drängendsten Probleme der Armut und Verfolgung durch organisierte Emigration angehen, sondern suchte eine langfristige Verbesserung der jüdischen Existenzbedingungen durch Einrichtung wirtschaftlich autonomer Kolonien in ungenutzten, von der Vereinigung erworbenen Gebieten in freien Ländern anzubieten. Argentinien wurde besonders zur argrarischen Kolonisierung ausgesucht, doch gewährte man auch großzügige Hilfe für Projekte in Kanada, Brasilien, Palästina und anderswo.

Palästina bildete natürlich einen besonderen Fall. Die Aussichten hier waren weder in ökonomischer noch politischer Hinsicht überzeugend. Jüdische Ansiedlung (und es gab wenig, selbst im Vergleich mit dem bescheidenen Zufluß nach Kanada oder Argentinien) war durch entschiedenen Idealismus motiviert, der oft durch die widrigen Verhältnisse enttäuscht wurde. Aber mit Hilfe von Wohltätern und von Hilfsorganisationen wurde die Lage der Einwanderer nach und nach verbessert und eine Anzahl landwirtschaftlicher Kolonien ins Leben gerufen (im Jahr 1914 waren es 43).

## Nationalismus oder Sozialismus?

Während in anderen Ländern das Problem darin bestand, die Juden innerhalb nichtjüdischer Gesellschaften zu integrieren, wollten die Zionisten in Palästina eine jüdische Gemeinschaft aufbauen, die schließlich autonom werden sollte. Zionismus kann als radikale Ablehnung der Assimilierung angesehen werden oder auch als Übernahme des europäischen nationalistischen Modells für eigene Zwecke. Die Bewegung entstand als Antwort auf die Verweigerung einer Eingliederung, wie sie im gesamten Antisemitismus der 80er und 90er Jahre des 19. Jahrhunderts stillschweigend impliziert war. Obgleich der Zionismus frühere nationalistische Ideen aufnahm und weiterentwickelte, war es der Antisemitismus, der ihm seine Anziehungskraft gab. Leon Pinsker veröffentlichte seine *Autoemanzipation* unter dem Eindruck der russischen Verfolgungen von 1881, Theodor Herzl schrieb *Der Judenstaat* (1896) aufgrund der Erfahrung während der Dreyfus-Affäre in Frankreich. Ihre Vorschläge erhielten von den Juden im Westen anfangs wenig Unterstützung. Es war im von Pogromen heimgesuchten Rußland, wo sie zuerst auf fruchtbaren Boden fielen. In der Folge wurden sie unter der großen Zahl russischer Emigranten in den westlichen Ländern verbreitet. Ihre Anziehungskraft war besonders stark unter den russischen Sozialisten, die im jüdischen Staat eine Möglichkeit sahen, eine egalitäre Gesellschaft aufzubauen, die frei war von religiöser Vorherrschaft, ökonomischer Ausbeutung und dem Fluch des

**Der Erste Weltkrieg**
Die Kämpfe schlossen einige der am dichtesten von Juden besiedelten Gebiete ein, was – zusätzlich zu der großen Zahl getöteter oder verwundeter jüdischer Soldaten auf beiden Seiten – schwere Verluste unter der Zivilbevölkerung nach sich zog. Die russischen Juden erhielten schließlich nach der Revolution von 1917 die Gleichberechtigung, und die Versailler Friedensverträge garantierten ihre Minderheitenrechte in Mittel- und Osteuropa (siehe Nebenkarte). Nichtsdestotrotz gab es in verschiedenen Ländern auch weiterhin Diskriminierungen und antijüdische Ausschreitungen.

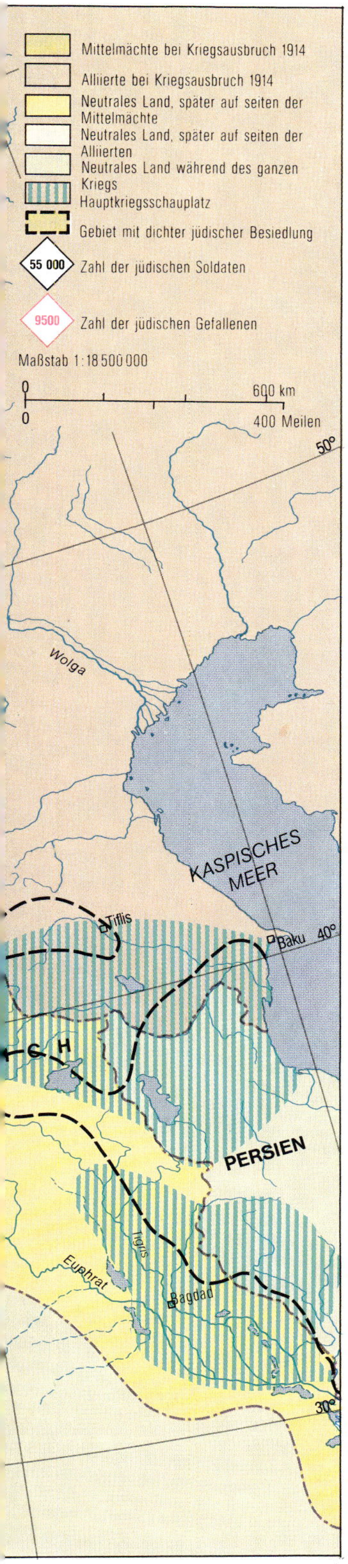

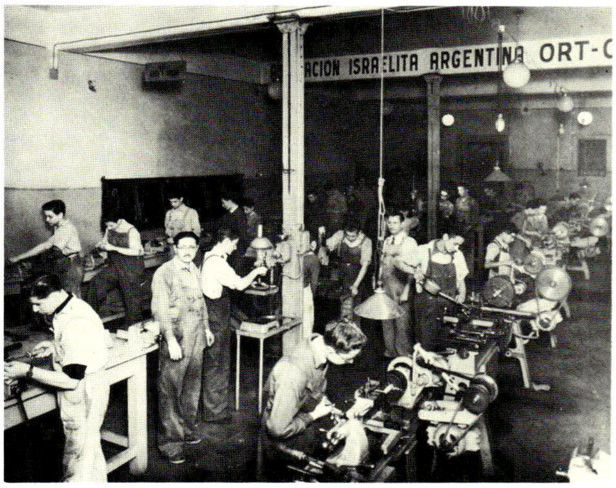

Der Fall des Hauptmanns Alfred Dreyfus *(unten* beim Verlassen des Militärgerichts in Rennes nach seinem zweiten Militärgerichtsverfahren 1899) brachte eine Welle antijüdischer Vorurteile ans Licht und beweist, wie weit die gesellschaftliche Akzeptanz der Juden selbst in einem Land wie Frankreich entfernt war, das sich seiner humanitären Prinzipien rühmte. Der Skandal aber kam der zionistischen Bewegung zugute, die dann einen Schritt vom Traum zur Realität machen konnte, als die Briten 1917 Jerusalem von den Türken eroberten *(ganz unten* sieht man die Verlesung der Proklamation General Allenbys in arabischer Sprache). Eine andere Herausforderung an das liberale Gewissen im Westen war das Pogrom von Kischinew in Rußland 1903, bei dem 47 Juden brutal den Tod fanden. Kinder, die durch die Ausschreitungen zu Waisen geworden waren, wurden in den USA durch HIAS betreut, die hebräische Einwanderer-Hilfsorganisation *(links).* Inzwischen hatte ORT (Organization for Rehabilitation through Training) Fabriken wie diese *(unten links)* für osteuropäische Auswanderer in Argentinien errichtet.

Antisemitismus. Der Erste Zionistenkongreß in Basel 1897 wählte eine Fahne und eine Nationalhymne und begründete eine internationale Organisation, die den Zweck verfolgen sollte, eine jüdische Heimstatt in Palästina zu errichten. Die zionistischen Führer waren in ihrem letztendlichen Ziel oder den Mitteln dazu nicht einig; aber sie stimmten alle darin überein, daß Emanzipation innerhalb der europäischen Länder, welche Möglichkeiten sie auch dem einzelnen eröffnen würde, die Probleme der Juden als Nation nicht lösen könnte. Leon Pinsker hatte diese Einsicht in seiner programmatischen Schrift folgendermaßen ausgedrückt: »Nicht die bürgerliche Gleichstellung der Juden in dem einen oder anderen Staate vermag diesen Umschwung herbeizuführen, sondern einzig und allein die Autoemanzipation des jüdischen Volkes als Nation, die Gründung eines eigenen jüdischen Kolonistengemeinwesens, welches dereinst unsere ureigene, unveräußerliche Heimat, unser Vaterland werden soll.«

Doch nicht alle jüdischen Sozialisten fühlten sich zum Zionismus hingezogen. Die jüdische Beziehung zum Sozialismus war lang, sie ging zurück auf die Zeit von Moses Hess (1812–1875) und Ferdinand Lassalle (1825–1864). Im allgemeinen erwartete man von der sozialistischen Revolution, daß sie die jüdische Unterdrückung beseitigen würde, welche als Produkt der bürgerlichen Gesellschaft und der kapitalistischen Wirtschaftsordnung aufgefaßt wurde. Nach den frühen Pogromen fanden die verschie-

denen radikalen Bewegungen in Rußland jüdische Anhänger, die oft von einer Weltveränderungsideologie zur anderen pendelten. Zuerst erschwerte die Sprachbarriere die Ausbreitung des Sozialismus unter der Masse der jiddisch-sprechenden Arbeiter, doch 1897 wurde eine besondere jüdische sozialistische Organisation in Wilna ins Leben gerufen. Der Bund (dessen offizieller Name »Allgemeiner jüdischer Arbeiterbund für Litauen, Rußland und Polen« war) wollte die Interessen der jüdischen Arbeiterschaft verteidigen und die Diskriminierung bekämpfen, »weil jüdische Arbeiter nicht nur als Arbeiter leiden, sondern auch als Juden.« Die Bewegung erhielt starke Unterstützung, und der spezifisch jüdische Aspekt gewann zunehmend an Bedeutung. Auf seiner vierten Tagung, im Mai 1901, übernahm der Bund jüdischen Nationalismus als politische Zielsetzung, und vier Jahre später vertrat er die Idee einer kulturellen Autonomie für das russische Judentum und forderte die Anerkennung des Jiddisch als rechtsgültige Sprache.

Zwischen Bundisten, Zionisten und Sozialisten mehr universalistischer Prägung ergab sich bald ein ideologischer Konflikt. Die Sozialisten lehnten die Zionisten als »bourgeoise Nationalisten« ab, und Lenin nannte die Bundisten »Zionisten, die Angst haben, seekrank zu werden«. Beide jüdischen Richtungen dagegen, die sich zudem äußerst feindlich gegenüberstanden, befürchteten Reste von Antisemitismus selbst innerhalb des sozialistischen Lagers. Mittlerweile wurden sowohl Sozialismus wie Nationalismus in der jüdischen Welt auf breiter Front bekämpft. Die Reihe der Gegner reichte von religiösen Traditionalisten, die noch der relativen Unabhängigkeit früherer Zeiten nachtrauerten, bis zu religiösen Modernisten (im Westen), die sich ihren treuen Glauben an Aufklärung und Fortschritt bewahrt hatten. Diese Uneinigkeit erinnerte an die sektiererischen Konflikte, die für die zweite Tempelperiode (hellenistisch-römische Ära bis zum ersten jüdisch-römischen Krieg) so charakteristisch gewesen war.

**Die jüdische Welt 1930**
Hinsichtlich ihrer Ausbreitung, absoluten Zahl und der allgemeinen Lebensbedingungen hat die Judenschaft jetzt einen Höhepunkt erreicht. Es gibt mehr als 15 Millionen Juden auf der Erde. Die Hälfte lebt noch in Ost- und Mitteleuropa, wo ihr Populationsanteil sechs Prozent beträgt. In Polen bilden sie mit drei Millionen jedoch zehn Prozent der Einwohnerschaft und stellen in einigen Orten noch die Mehrheit. Doch die Emigration hat einen bedeutenden Wandel bewirkt. Die USA sind nun das Land mit der größten Gemeinde der Welt mit gut über vier Millionen Mitgliedern (über dreieinhalb Prozent aller Amerikaner), während in dem von Großbritannien verwalteten Palästina die kopfmäßig geringen, aber zunehmenden jüdischen Siedler (160 000) fast 18 Prozent der Bewohner ausmachen. Viele Gemeinden erscheinen zum ersten Mal auf der jüdischen Landkarte. In nur wenigen Ländern sind sie

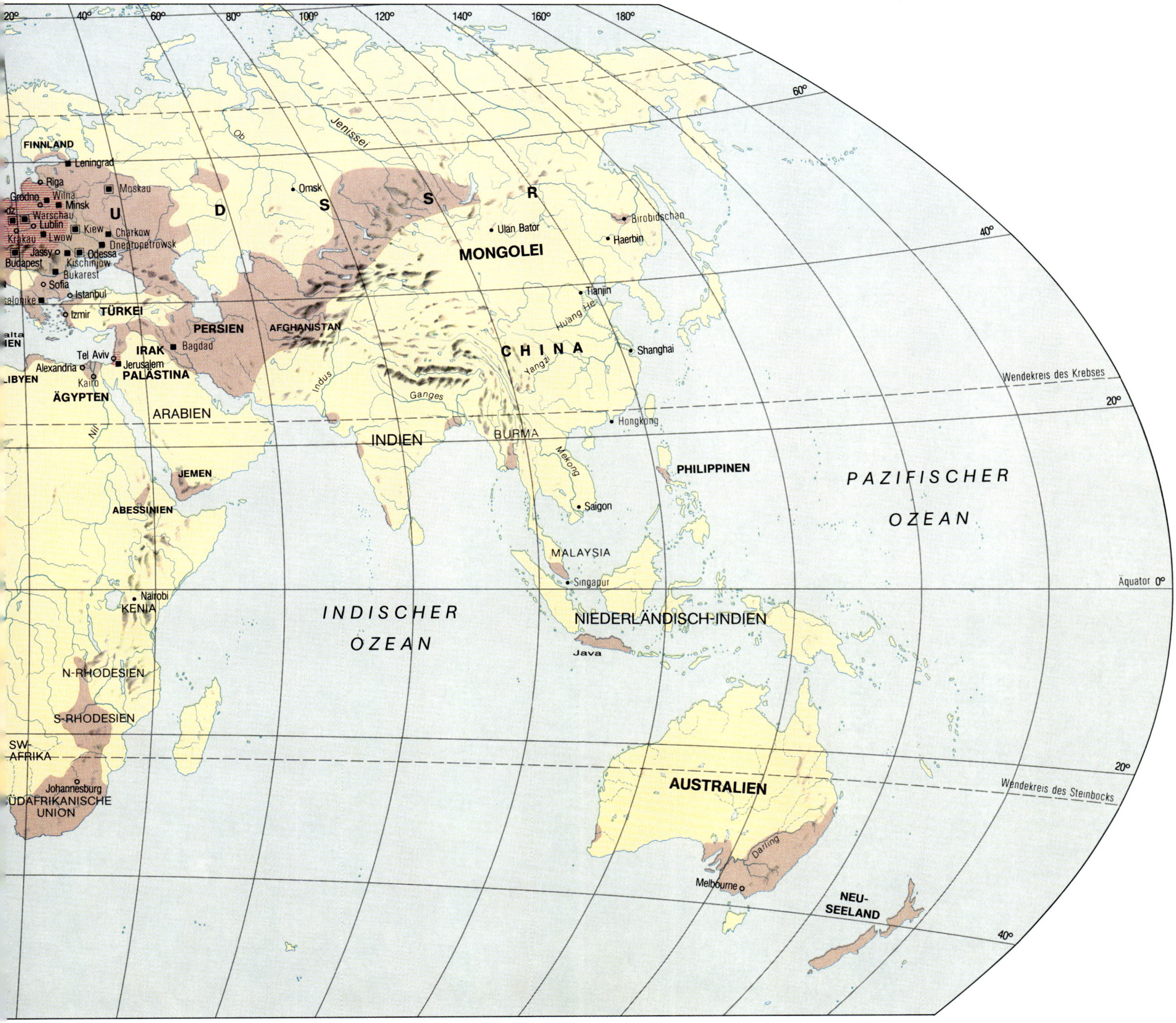


noch Beschränkungen unterworfen, vielerorts haben sie sich nun in allen Gesellschaftsschichten relativ gut integriert. Trotz wirtschaftlicher Unsicherheiten herrscht ein weitverbreitetes Gefühl von Fortschritt und Zufriedenheit. Doch ist dies nur die Ruhe vor dem Sturm: Schon ziehen die Wolken herauf, die die entsetzlichste Heimsuchung der jüdischen Geschichte mit sich bringen werden.

## Entwicklungen während des Ersten Weltkriegs

Der Erste Weltkrieg war eine Katastrophe für Europa als Ganzes, doch insbesondere den Juden brachte er beispiellose Verluste. Es starben nicht nur sehr viele als Soldaten auf beiden Seiten (die Gesamtzahl der gefallenen jüdischen Truppenangehörigen ist auf 140 000 geschätzt worden, die Mehrheit waren Russen), sondern erstmals erfaßte ein Krieg Gebiete mit dichter jüdischer Bevölkerung in Osteuropa. Außer den Zivilisten, die während der Kämpfe umkamen, flohen viele aus den heimgesuchten Landstrichen und erlagen Hungersnöten und Epidemien. Nach Friedensschluß brachen Pogrome in Ungarn, Polen und der Ukraine aus, die Zehntausenden von Juden das Leben oder die Heimat kosteten. Der Krieg stoppte auch die Auswanderung. Der Exodus wurde nach 1918 wieder aufgenommen, aber man versuchte nun, die Landflucht einzuschränken, und auch die Einwanderungsländer verhängten vermehrt Restriktionen auf den Zuzug.

Drei Entwicklungen dieser Zeit sollten bedeutsame Auswirkungen für die Geschichte des Volkes Israel haben: die russische Revolution, die britische Eroberung Palästinas und das Hervortreten Amerikas als Weltmacht. Die Revolution von 1917 fegte mit einem Schlag die gesamte antijüdische Gesetzgebung hinweg und wurde enthusiastisch begrüßt. Auch die bolschewistische Machtübernahme acht Monate später empfand man anfangs nicht als Bedrohung, da deren Führer den Juden als den exponiertesten Opfern der zaristischen Unterdrückung ihre Sympathie versichert hatten. Aber den Bolschewisten gelang es nicht, die judenfeindliche Tradition in Rußland auszurotten, ja, sie vergrößerten sie um ihre eigene, ideologisch motivierte Verfolgung der mosaischen Religion und der »konterrevolutionären« bundistischen und zionistischen Bewegungen. Einzelne Juden jedoch zogen ihren Vorteil aus der neuen Lage und stiegen zu hohen Stellungen in Partei und Regierung auf.

Der militärische Vormarsch der Briten nach Palästina fiel zusammen mit der offiziellen Anerkennung der zionistischen Wünsche durch die britische Regierung in der Balfour-Deklaration vom 2. November 1917. Das Ziel einer »Nationalen Heimstätte für das jüdische Volk« wurde später im Völkerbundsmandat für Palästina verankert, und zum ersten Mal schien es Realität werden zu können. Die Zionisten erhielten nun größere Unterstützung von den Juden im Westen, doch auch der Antizionismus nahm zu, und die jüdischen Gemeinden lagen in leidenschaftlichem Streit. Das Ende der türkischen Herrschaft verstärkte darüber hinaus den arabischen Nationalismus im Vorderen Orient. Ein ernster Konflikt bahnte sich an, wobei die Briten ungeschickt zwischen den rivalisierenden nationalistischen Bewegungen taktierten.

Der Eintritt der USA in den Ersten Weltkrieg wurde begleitet von einem Verantwortungsgefühl der amerikanischen Juden für ihre Brüder in Europa. Sorge um deren mißliche Lage im Osten hatte zu einem Hilfswerk und einige Jahre zuvor sogar zu politischer Intervention geführt. 1906 war das American Jewish Commitee (AJC) geschaffen worden (nach dem Modell westeuropäischer Organisationen wie der Anglo-Jewish Association und der Alliance Israélite Universelle), um jüdische Rechte überall in der Welt zu verteidigen und die Auswirkungen der Verfolgung zu mildern. 1914 brachte das AJC eine Vielzahl separater Gruppen zusammen, um die Beschaffung von Geldern und Hilfswerke durch das American Jewish Joint Distribution Commitee (JDC) zu koordinieren. Auf der politischen Ebene übernahmen die amerikanischen Zionisten die organisatorische Rolle der zionistischen Weltexekutive, die in Berlin lahmgelegt war, und ein American Jewish Congress wurde begründet, um die Rechte der europäischen Juden nach dem Krieg zu sichern. Juden aus den USA spielten eine wichtige Rolle im Commitee of Jewish Delegations bei der Versailler Friedenskonferenz, das Garantien für die Minderheitenrechte in den neuen osteuropäischen Staaten erreichte. Die Realität blieb unglücklicherweise hinter dem Ideal zurück. Nur wenige der neuen Staaten gewährten ihren jüdischen Minoritäten volle Gleichheit vor dem Gesetz, aber die internationalen Garantien bildeten eine wichtige Sicherheit. Sie trugen dazu bei, daß Mißbräuche öffentlich bekanntgemacht und, wo möglich, behoben wurden.

### Dunkle Wolken am Horizont

Während der ganzen 20er Jahre stellte der Antisemitismus weiterhin ein Problem in Europa dar, besonders in Rumänien, Polen und Ungarn, wo die offizielle Politik nicht günstig war. In der Weimarer Republik erfreuten sich die deutschen Juden erstmals der vollen politischen und bürgerlichen Gleichberechtigung, und die Regierung nahm im allgemeinen eine feste Haltung bei der Bestrafung antisemitischer Vergehen ein, doch rechte Parteien verbreiteten emsig infame Propaganda. So wurde die Kriegsniederlage einer »Verschwörung des internationalen Judentums« angelastet, das den siegreichen deutschen Soldaten den »Dolch in den Rücken gestoßen« habe. Selbst in Amerika gab es eine Welle der Ausländerfeindlichkeit, die ihren Ausdruck in antijüdischer Polemik, Diskriminierung und – höchst bezeichnend – in der Begrenzung der Einwanderungsquoten fand. Die ökonomische Krise der 20er Jahre verschlimmerte die Vorurteile, während sie gleichzeitig einen ernsten Rückgang der Geldmittel bewirkte, die für die Wohltätigkeitsarbeit der Hilfsorganisationen zur Verfügung standen.

Mittlerweile gab ein Mitgliederrückgang der jüdischen Gemeinden tiefen Grund zur Sorge. Die Bevölkerungsexplosion des 19. Jahrhunderts hatte sich ins scharfe Gegenteil verkehrt. Schon vor dem Ersten Weltkrieg hatte ein deutscher Soziologe gewarnt, daß eine sinkende Gebur-

tenrate und die Tendenz zu Mischehen mit der Zeit zum Verschwinden des deutschen Judentums führen würden, das sich nur durch Einwanderung regenerieren konnte. Nach dem Krieg wurde diese Tendenz sogar noch deutlicher. Die jüdische Geburtenrate war überall in Europa merklich niedriger als die der Gesamtbevölkerung, und in einigen Zentren übertraf die Sterberate die Geburten. Vielerorts waren ein Drittel, manchmal sogar über die Hälfte der Heiraten solche mit nichtjüdischen Partnern, und die Kinder dieser Ehen wurden allgemein als Nichtjuden erzogen. Viele verließen ihre Gemeinden, indem sie entweder zum Christentum konvertierten oder sich als »nicht religiös« erklärten. Sogar eine bescheidene natürliche Zunahme in den afroasiatischen Gemeinden – infolge verbesserten Gesundheitsschutzes – konnte die Verluste nicht ausgleichen. 1930 wurde der jüdische Anteil in der Welt auf 15 Millionen geschätzt und zeigte damit einen leichten Rückgang gegenüber früheren Jahren. Ost- und Mitteleuropa stellten davon noch die Hälfte, doch die Wolken zogen sich schon zusammen zu der Katastrophe, die die langgegründete Vorherrschaft dieser Regionen auf der Karte des Judentums beenden sollte.

Zu diesem Zeitpunkt vermochten jedoch wenige das Ausmaß des Unheils vorauszusehen, das Europa und seinen Juden bevorstand. Das Leben verlief noch eine Weile in fast normalen Bahnen, auch nachdem die Nationalsozialisten Anfang 1933 in Deutschland die Macht ergriffen. Die jüdische Reaktion war gespalten und in einigen Kreisen übertrieben optimistisch. Die Politik der Nazis, Isolation, Entzug des Wahlrechts und schließlich Vertreibung und Vernichtung, wurde allmählich durchgeführt und war von heuchlerischer Propaganda begleitet, die die Folgen verdeckte oder verharmloste. Im Rückblick scheint es unverständlich, daß es nicht mehr entschlossenen Widerstand gab. Eine Petition an den Völkerbund (Bernheim-Petition vom 17.5.1933) erreichte tatsächlich den Widerruf der Rassengesetze in Oberschlesien (bis 15.6.1937),

»Schwarze Milch der Frühe wir trinken sie abends / wir trinken sie mittags und morgens wir trinken sie nachts.« (Paul Celan). Die dunkelste Stunde des europäischen Judentums näherte sich rasch, ein Anzeichen war die neuerliche Beschleunigung der Emigration. Zwischen 1932 und 1939 verließen über eine halbe Million Juden den Kontinent. Und zum ersten Mal ging ein bedeutender Anteil – 46 Prozent – nach Palästina, wie diese russischen Auswanderer *(oben links)*. Wenn die Ursachen der Emigration 50 Jahre früher vorrangig wirtschaftlicher Natur waren, so sind nun politische Gründe ausschlaggebend. Der niemals ganz ausgestorbene Antisemitismus regte sich wieder überall in Europa und besonders in Deutschland *(links außen)*. In kurzen Abständen wurden den deutschen Juden das Bürgerrecht, ihr Lebensunterhalt und ihre Menschenwürde aberkannt. In der Nacht vom 9. zum 10. November 1938 fielen mehr als 100 Synagogen der Zerstörung anheim *(links)*, ebenso Tausende jüdischer Wohnungen und Läden. In den folgenden Tagen wurde eine große Zahl Juden in Konzentrationslager abtransportiert, noch weitaus mehr flohen ins Ausland. Aber es gab nur wenige Zufluchtsorte. Auf der Evian-Konferenz im Juli 1938 diskutierten die Vertreter von 32 Staaten das Problem der jüdischen Flüchtlinge: Alle bekundeten ihre prinzipielle Anteilnahme, aber es gab dann in der Praxis erschreckend wenig wirkliche Hilfsangebote.

doch solche entschiedenen Proteste blieben die Ausnahme. Die Naziführer waren selbst überrascht, wie reibungslos ihre Politik durchgesetzt werden konnte. Die »arische« Bevölkerung akzeptierte sie nach Jahren der Indoktrination ohne viel Gegenwehr, und Demonstrationen im Ausland waren wirkungslos. Nur zögernd fanden sich die Juden mit der Notwendigkeit der Auswanderung ab, selbst als die »Nürnberger Gesetze« vom September 1935 ihnen die Staatsbürgerschaft aberkannten und ihnen Eheschließungen und außerehelichen Verkehr mit Personen deutschen oder artverwandten Blutes verboten. 1938 schnellte der Anteil der Emigranten jedoch beträchtlich in die Höhe. In dieses Jahr fiel die Annexion Österreichs (im März) und des Sudetenlandes (im Oktober) und das Pogrom des 9./10. Novembers (Kristallnacht), als über 100 Synagogen niedergebrannt, fast 100 Juden in den Straßen ermordet und ca. 26000 in Konzentrationslagern interniert wurden. Zwischen 1933 und 1938 verließen etwa 150000 der halben Million deutscher Juden ihre Heimat, eine ähnliche Zahl floh in der Zeit bis zur Besetzung Polens im September 1939.

Anders verhielt sich die Lage in den meisten der übrigen Länder, die von den Nationalsozialisten besetzt wurden. Für viele Juden war unter den Kriegsbedingungen Flucht unmöglich, und jene, die hätten fliehen können, wußten oft nicht wohin. Die Briten schränkten die Einwanderung nach Palästina drastisch ein und verschlossen den Flüchtlingen ihre Kolonien. Nur wenige Staaten waren bereit, größere Massen aufzunehmen; Schiffe voller verzweifelter Flüchtlinge wurden von Hafen zu Hafen weitergeschickt. Die Nazis verfolgten ihre Ausrottungspolitik mit kalter Perfektion und nie erlahmendem Eifer.

**Vernichtung und Neubeginn**

Insgesamt fanden ungefähr sechs Millionen Juden durch die Nazis und ihre Kollaborateure zwischen 1941 und 1945 den Tod. Das Wissen, daß in derselben Zeit eine ähnliche Zahl nichtjüdischer Zivilisten umkam, relativiert nicht die Schrecken und die Ausweglosigkeit des jüdischen Schicksals. Es ist nicht nur eine Frage der reinen Zahlen. Die Juden wurden vorsätzlich ihrer Menschenwürde beraubt, zu Ausgestoßenen der Gesellschaft und zu Sündenböcken für alle Übel der Welt gemacht. Mit ihrem Hinschlachten konnte keinen wirklichen militärischen oder politischen Zielen gedient sein; es war purer irrationaler Haß, der sie jagte und vernichtete. Sie standen den Greueln machtlos gegenüber, ohne Freunde, ohne Hoffnung, oft von ihren eigenen Nachbarn verleugnet und denunziert. Selbst je-

**Der Holocaust**
Es ist unmöglich, der ganzen Ungeheuerlichkeit der nazistischen »Endlösung« gerecht zu werden, doch sprechen die Zahlen auf dieser Karte für sich. Insgesamt sechs Millionen Juden wurden zusammengetrieben und bestialisch umgebracht, mehr als eine weitere Million verloren ihre Heimat. Hinzu kamen noch die Verheerungen eines schrecklichen Krieges. Obgleich die Juden keineswegs das einzige Volk waren, das das Opfer der Nationalsozialisten wurde, jagte man sie mit einer derartigen Unbarmherzigkeit, daß es keine Übertreibung ist, von einem »Krieg gegen die Juden« zu sprechen.

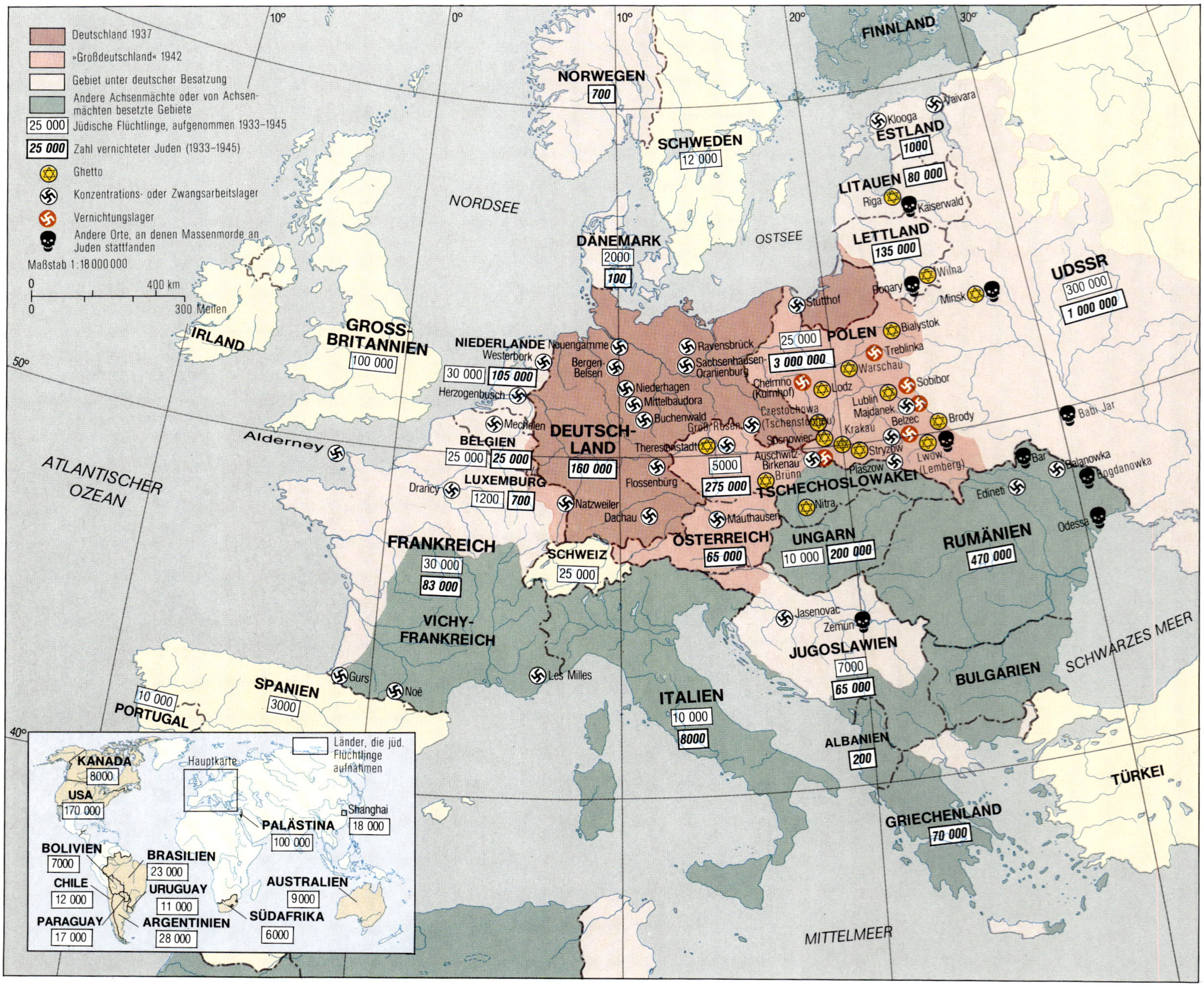

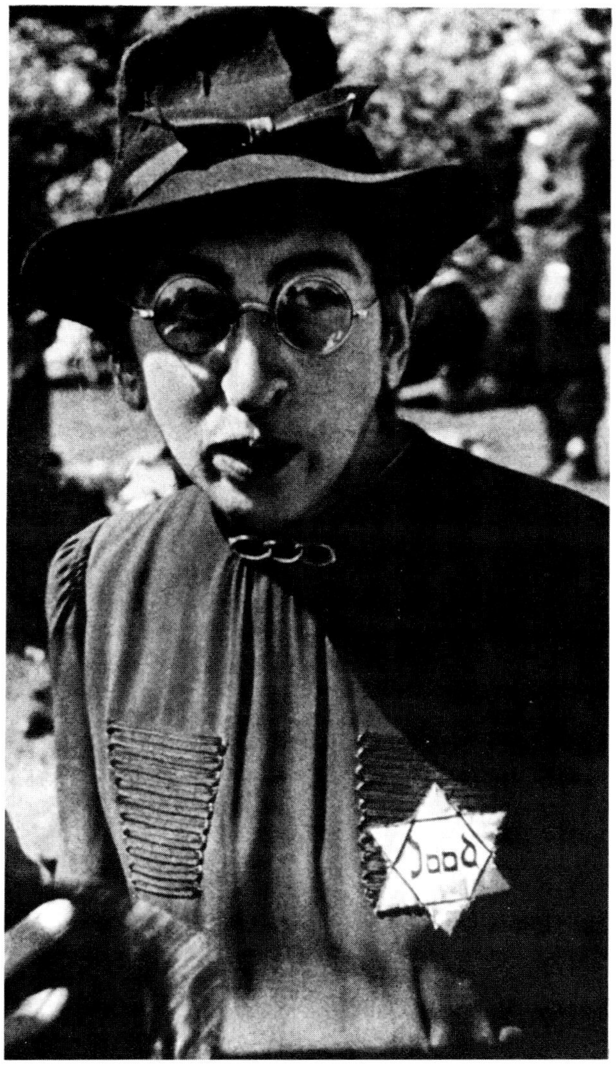

Wenn man die Schrecken des Holocaust auf Statistiken reduziert, verliert man nur allzuleicht hinter den bloßen Zahlen das individuelle Schicksal der Betroffenen aus dem Blick. Jedes einzelne Opfer war ein Gesicht, war ein einmaliges menschliches Wesen.

Wie schön ist meine Liebste
in ihren Alltagskleid und mit einem Kämmchen im Haar. Niemand hat je gewußt, daß sie so schön ist.

Ihr Mädchen von Auschwitz,
von Dachau, ihr Mädchen, habt ihr nicht meine Liebste
gesehen?

Wir sahen sie auf einer weiten Reise,
ihr Kleid trug sie nicht mehr und
auch kein Kämmchen im Haar.

Wie schön ist meine Liebste,
verwöhnt von der Mutter
und von den Küssen des Bruders.
Niemand hat je gewußt, daß sie so
schön ist.

Ihr Mädchen von Mauthausen,
ihr Mädchen von Belsen,
habt ihr nicht meine Liebste
gesehen?

Wir haben sie auf einem eiskalten
Platz gesehen
mit einer Nummer auf ihrem weißen
Arm
und einem gelben Stern auf dem
Herzen.

*Jakobos Kampanellis »Lied der Lieder«*

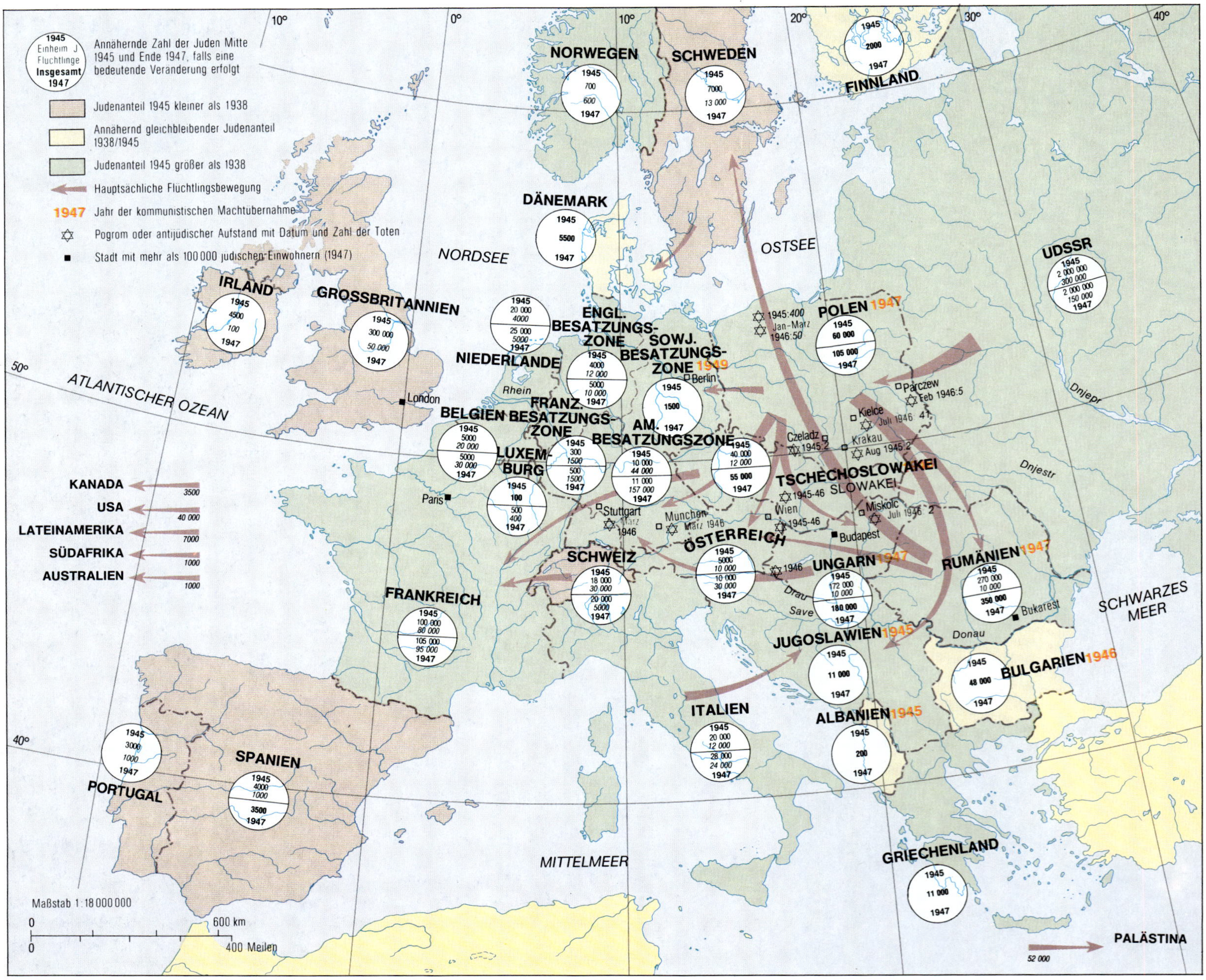


ne, die überlebten, waren gebrochen durch den Verlust ihrer Familien, ihrer Heimat, ihrer ganzen vertrauten Umwelt. Über die persönlichen Tragödien hinaus waren die Einbußen für die jüdische Nation als ganzes unermeßlich. Mehr als ein Drittel aller Juden hatte das Leben gelassen, und Europa, besonders Mittel- und Osteuropa, seine jüdische Kultur verloren. Die Grundlagen der jüdischen Existenz waren in den Ländern hinweggefegt worden, die seit Generationen auf der geschichtlichen Bühne des Volkes Israel im Mittelpunkt gestanden hatten. Für jene Juden, die inmitten der Ruinen zurückblieben, gab es keine unmittelbare Wiederaufnahme eines normalen Lebens. Die dem Holocaust Entkommenen waren in Aufnahmelagern zusammengepfercht oder wanderten von Land zu Land, auf der Suche nach einer ständigen Heimat. Die Rückgabe von früherem jüdischen Eigentum stieß auf Hindernisse, und in einigen Staaten gab es abermals antijüdische Pogrome, besonders in Polen, wo Hunderte ermordet wurden. Die Einführung des kommunistischen Regimes in den durch Rußland befreiten Gebieten setzte die Überlebenden neuen ökonomischen Umwälzungen aus und bewirkte weitere Emigrationen.

Amerikas Hineinwachsen in die Führungsrolle für jüdische Angelegenheiten in der ganzen Welt hatte während der Auswanderungen in den 80er Jahren des letzten Jahrhunderts begonnen, war während des Ersten Weltkriegs offenkundig geworden und hatte jetzt seinen Abschluß gefunden. Die fünf Millionen Juden der USA repräsentierten nun beinah die Hälfte aller Juden, und es war das einzige größere jüdische Bevölkerungszentrum, das von den Kämpfen unberührt geblieben war. Europäische jüdische Organisationen hatten ihre Zentralen in die Vereinigten Staaten verlegt oder zumindest Zweigbüros eröffnet. 1943 war eine amerikanisch-jüdische Konferenz einberufen worden, um einen Plan für die unverzügliche Rettung des kontinentalen Judentums zu entwerfen und sich mit den Problemen der Nachkriegszeit zu beschäftigen. Nach Kriegsende brachten amerikanische Juden beispiellose Summen zur Linderung der Not und für Neuansiedlungen auf. Zionisten aus den USA waren maßgeblich an der Förderung des Anliegens einer nationalen Heimstatt beteiligt. In der Tat bildete das Ziel jetzt ausdrücklich die Etablierung Palästinas als »jüdischen Staat«. Diese umstrittene Entscheidung war unter dem Einfluß von David Ben-Gurion auf einer außerordentlichen Konferenz gefaßt worden, die 1942 im Biltmore Hotel in New York stattgefunden hatte; sie stellte ein dramatisches Abrücken von der traditionellen zionistischen Politik dar,

**Die Juden in Europa 1945–1947**
Zu den vordringlichsten Aufgaben, die nach dem Krieg gelöst werden mußten, gehörte das Schicksal der Überlebenden des Holocaust. Zahlreiche Menschen befanden sich als staatenlose Flüchtlinge in einer verzweifelten Situation oder lebten in behelfsmäßigen Auffanglagern. Manche versuchten, wieder in den Besitz ihrer früheren Habe zu gelangen, doch der Rückerstattung widersetzten sich die neuen Eigentümer. An vielen Orten grassierte weiterhin ein Antisemitismus, der gelegentlich mit erneuter Heftigkeit aufflackerte. Andere Juden wollten sich in ihren jeweiligen Gastländern auf Dauer niederlassen oder gingen nach Übersee. Aber nur wenige Staaten zeigten sich bereit, Flüchtlinge in großer Zahl aufzunehmen. Die Wiederseßhaftwerdung war ein langer und schmerzlicher Prozeß; Ende 1947 gab es noch 200000 heimatlose Juden in Europa. Großbritannien sperrte sich mit Rücksichtnahme auf die Araber, die freie Einwanderung nach Palästina zu gestatten; erst mit der Unabhängigkeit Israels 1948 wurde dieser Weg frei.

Die schlimme Lage der europäischen Juden wurde erst weltweit deutlich durch den Zwischenfall der *Exodus* 1947. Als dieses Schiff, beladen mit etwa 4500 Flüchtlingen, Haifa erreichte, schickte man die Passagiere unter Bewachung nach Frankreich zurück. Da sie sich weigerten, dort an Land zu gehen, wurden sie gezwungenermaßen in die britische Besatzungszone in Deutschland gebracht. Das mußte als Akt herzloser Gleichgültigkeit erscheinen, und die zionistische Propaganda brandmarkte die Briten als Faschisten. Die Vereinten Nationen hatten ein Sonderkomittee für Palästina eingesetzt, das zu dieser Zeit Material sammelte. Als das Komitee die Teilung Palästinas zwischen Juden und Arabern empfahl, kam als britische Antwort die überraschende Bekanntgabe des Rückzugs.

die sich auf die praktische Aufgabe der Errichtung einer »Nationalheimstatt« konzentriert und eine Formulierung der letzten politischen Ziele der Bewegung vermieden hatte. Daß dieser folgenschwere Entschluß in New York und nicht in London oder Jerusalem zustande kam, war ein deutliches Zeichen dafür, daß die Vereinigten Staaten das Zentrum der zionistischen politischen Aktivitäten geworden waren.

Die Heimsuchungen in Europa bewirkten eine bisher unbekannte massive Unterstützung der zionistischen Organisation durch Juden, die vorher der Idee einer Nationalheimstatt gleichgültig gegenübergestanden hatten. An einer anderen Front war unter dem Eindruck des Holocaust und gegen die Opposition führender Zionisten ein Jüdischer Weltkongreß (WJC) eingesetzt worden. Er hat als erste und einzige internationale Organisation, die Juden aller religiösen und politischen Richtungen repräsentierte, eine wichtige Doppelrolle gespielt: einmal, indem er die gegenseitige Solidarität stärkte und allerorts jüdische Rechte und Interessen unterstützte; und zum anderen, indem er es ihnen ermöglichte, bei den Vereinten Nationen und anderen internationalen Gremien mit einer einzigen Stimme aufzutreten.

Das drängendste Problem in den Nachkriegsjahren war die traurige Lage der Überlebenden in Europa. Obgleich viele nach und nach wieder innerhalb dieses Kontinents oder in den wenigen aufnahmebereiten überseeischen Ländern angesiedelt wurden, sah eine beträchtliche Zahl in der Emigration nach Palästina die einzige Hoffnung. Die britische Regierung jedoch widersetzte sich entschlossen einer Ausweitung der jüdischen Ansiedlung. Während des Krieges, als die allgemeine Situation ohnehin die Einwanderung erschwert hatte, waren die Restriktionen mit der Notwendigkeit begründet worden, ein Bündnis der Araber mit dem Deutschen Reich zu verhindern. Doch trotz der nun veränderten Lage wurde es bald klar, daß die neue Labourregierung in London an der Politik ihrer Vorgängerin festhalten würde, die Freundschaft mit den Arabern zu pflegen und einen Balancekurs beizubehalten. Die Anstrengungen, Flüchtlinge aus Europa illegal ins Land zu schleusen, wurden verdoppelt, und die verschiedenen militärischen Gruppierungen der Zionisten koordinierten ihre Sabotagetätigkeit gegen britische Einrichtungen. Eine schwere Krise brach aus, als die britische Regierung sich weigerte, 1946 die einmütige Empfehlung einer vereinten englisch-amerikanischen Untersuchungskommission durchzuführen, wonach 100000 europäische Juden unverzüglich nach Palästina gebracht werden sollten. Sogar die Jewish Agency, die sich vorher terroristischen Aktionen widersetzt und versucht hatte, mit Großbritannien zusammenzuarbeiten, ging nun auf Konfrontationskurs. Die verzweifelten Umstände der Flüchtlinge gewannen dem zionistischen Anliegen nicht nur unter den Juden in aller Welt Sympathie, sondern ebenso unter nichtjüdischen Beobachtern. Im August 1947 regte eine Sonderkommission der Vereinten Nationen für Palästina an, daß das Mandat beendet und durch ein unabhängiges Palästina ersetzt werden sollte. Die Mehrheit der Kommission propagierte die Teilung des Landes in einen jüdischen und einen arabischen Staat, eine Empfehlung, die von der Vollversammlung der Vereinten Nationen am 29. November des Jahres bestätigt wurde. Die arabischen Staaten widersetzten sich jedoch der Teilung, und die Briten verweigerten die Durchführung. Es war deshalb der Initiative der Juden in Palästina überlassen, ihren eigenen unabhängigen Staat zu begründen. Am Nachmittag des 14. Mai 1948, dem Tag, für den die Briten ihren Rückzug angekündigt hatten, trat der Nationale Rat in Tel Aviv zusammen und erließ eine Unabhängigkeitserklärung.

### Der Staat Israel und die Juden in der modernen Welt

Es war tragisch und vielleicht unvermeidlich, daß diese lang gehegte Vision nicht in harmonischem und versöhnlichem Geist Realität wurde, sondern in einer Stimmung des Streits, der Verzweiflung und grimmiger Entschlos-

COSTA RICA
GUATEMALA
PANAMA
JAMAICA
KUBA
ECUADOR
PERU
KOLUMBIEN
VENEZUELA
CHILE
ARGENTINIEN
BOLIVIEN
PARAGUAY
URUGUAY
BRASILIEN
SURINAM
nach USA
60° S
40° S
20° S
von Lateinamerika
ATLANTISCHER OZEAN
A F R I K A
0° Äquator
MAROKKO
1948-64: 250 000
PORTUGAL
SPANIEN
von Indien, Aden
ALGERIEN
1962: 120 000
Algier
IRLAND
GROSS-BRITANNIEN
TUNESIEN
Tripolis
FRANKREICH
1958–64: 180 000
Paris
LIBYEN
1948-51: 30 000
LUXEMBURG
BELGIEN
SCHWEIZ
NIEDERLANDE
ITALIEN
MITTELMEER
ÄTHIOPIEN
ÄGYPTEN
1957: 20 000
BRD
1948-50: 100 000
JUGOSLAWIEN
ÖSTER-REICH
TSCHECHOSLOWAKEI
1948-50: 37 000
DDR
DÄNEMARK
Kairo
GRIECHENLAND
UNGARN
Aden
Sofia
Lodz
ISRAEL
1948–80: 1 700 000
Jerusalem
BULGARIEN
1948–49: 36 000
RUMÄNIEN
1948-80: 350 000
Bukarest
POLEN
1948-50: 25 000
1956: 40 000
JEMEN
1948-50: 44 000
ZYPERN
1948: 30 000
LIBANON
SYRIEN
TÜRKEI
1948-49: 30 000
IRAK
1950-51: 125 000
U D S S R
1970-80: 250 000
IRAN
1950-51: 20 000
PAKISTAN
nach Australien
40° N
60° N
Von der jüdischen Bevölkerungsbewegung erfaßte Länder
Stärkere Auswanderung
Geringere Auswanderung (auch nach Afghanistan, China, Indien)
Stärkere Einwanderung
Geringere Einwanderung (auch in Australien)
Kein bedeutsamer Zu- oder Weggang
125 000 Zahl jüdischer Auswanderer
180 000 Zahl jüdischer Einwanderer
Hauptrichtung der Wanderung
Ausgewählte Städte
Abnahme der jüdischen Bevölkerung
Anstieg der jüdischen Bevölkerung
Geringe oder keine jüdische Bevölkerung

**Jüdische Bevölkerungsfluktuation 1948–1980**
Die Bewegungen in diesem Zeitabschnitt sind in ihrem Ausmaß mit denen im Jahrzehnt vor dem Ersten Weltkrieg vergleichbar *(siehe Seiten 62–63)*, doch hinsichtlich ihrer Richtung gibt es beachtliche Unterschiede. Amerika übt weiterhin seine Anziehungskraft aus, doch ist jetzt Israel zum Schwerpunkt der Immigration geworden (obgleich hier in manchen Jahren die Auswanderung überwiegt). Wesentliche Folge dieser Bevölkerungsverschiebungen war, daß die jüdischen Zentren in Osteuropa und der muslimischen Welt endgültig verfielen, während neue Zentren in Israel und Übersee einen raschen Aufschwung nahmen.

Am 14. Mai 1948 um 9 Uhr morgens verließ der letzte britische Hochkommissar Palästina. Um 16 Uhr fand eine Sondersitzung des Nationalen Rates im Museum von Tel Aviv statt, und Ben-Gurion, der erste israelische Ministerpräsident, verkündete die Schaffung eines jüdischen Staates mit dem Namen Israel. Am 13. Dezember 1949 tagte unter seinem Vorsitz die erste *Knesset* in Jerusalem *(unten links)*. Theodor Herzl hatte 1897 in sein Tagebuch geschrieben: »In Basel habe ich den jüdischen Staat gegründet . . . Vielleicht in fünf Jahren, jedenfalls in 50 Jahren wird es jedermann einsehen.«

*Unten:* Ankunft jüdischer Emigranten aus der Sowjetunion im Jahr 1971.

senheit. Sie wurde zu spät verwirklicht, um das Leben der sechs Millionen Naziopfer zu retten, und die leidvollen Erfahrungen der Kriegsjahre hatten zu einem Gefühl der Isolation geführt, zu erbitterten Konflikten innerhalb der zionistischen Bewegung und zu physischer Gewalt, die sich gegen arabische, britische und sogar jüdische Ziele richtete. Der Kampf um die israelische Unabhängigkeit, der einen verzweifelten Krieg gegen die überlegenen Streitkräfte von sechs arabischen Staaten nach sich zog, half, die jüdischen Gruppierungen zu einen und die traumatischen Erinnerungen an den Holocaust bis zu einem gewissen Grad aus dem Vordergrund der kollektiven Psyche zu verdrängen. Der jüdische Antizionismus war beinah zum Schweigen gebracht, und von der Mehrheit der Juden in aller Welt erhielt Israel eine aus vollem Herzen kommende Unterstützung. Europäische Flüchtlinge begannen in das Land zu strömen, gefolgt von solchen aus arabischen Staaten, deren Lage durch den Nahostkonflikt unsicher geworden war. Israel wurde von den meisten Ländern anerkannt und im Mai 1949 als Mitglied der Vereinten Nationen aufgenommen. Doch die Araber hielten unversöhnlich an ihrer Weigerung fest, Israel das Existenzrecht einzuräumen. Die Folgen des Unabhängigkeitskrieges waren ein dauernder Belagerungszustand, gespannte internationale Beziehungen und die ständig drohende Gefahr einer neuen arabischen Invasion.

Inzwischen fielen die Juden der Sowjetunion einer hysterischen Kampagne gegen »Kosmopolitismus« und Zionismus zum Opfer. Tausende wurden in den sogenannten »Schwarzen Jahren« (1948–1953) in Straflager deportiert oder ermordet, darunter viele führende jüdische Persönlichkeiten. In Westdeutschland dagegen (wo einige Juden sich nach dem Krieg wieder niedergelassen hatten) machte man bewußte Anstrengungen zu Wiedergutmachung und Versöhnung. In einer bedeutsamen Rede vor dem Parlament in Bonn sprach Bundeskanzler Konrad Adenauer 1951 von der Verpflichtung, moralische und materielle Wiedergutmachung für die unsagbaren Verbrechen, die im Namen des deutschen Volkes begangen wurden, zu leisten und kündigte die Bereitschaft der Regierung an, eine Lösung des materiellen Wiedergutmachungsproblems herbeizuführen, um damit den Weg zur seelischen Bereinigung unendlichen Leids zu erleichtern. Im folgenden Jahr wurde eine Vereinbarung mit Israel getroffen, die beträchtliche Summen für die Unterstützung und Wiedergutmachung an den Überlebenden des Holocaust und für Kultur- und Bildungsprojekte vorsah. Auch die Kirchen legten eine neue Haltung gegenseitiger Verbundenheit an den Tag, und Gruppen junger Deutscher reisten nach Israel, um Seite an Seite mit Juden beim Aufbau des Landes zusammenzuarbeiten als eine Geste der Reue und der Versöhnung.

Israels Verwicklung in den englisch-französischen Suezkonflikt von 1956 leitete eine Periode der verstärkten Beziehungen zu den westlichen Ländern ein sowie zu den Staaten der Dritten Welt, die jetzt vermehrt in Erscheinung traten, verschärfte aber gleichzeitig die Spannung mit den arabischen Nachbarn. 1967 provozierte Ägypten mit sowjetischer Rückendeckung eine Konfrontation, die den Anstoß für den Sechs-Tage-Krieg gab.

Friede! Der ägyptische Präsident Anwar-al Sadat applaudiert, als der israelische Premierminister Begin und der amerikanische Präsident Carter sich umarmen. Der Friedensvertrag zwischen Israel und Ägypten 1979 war ein Erfolg der persönlichen Verhandlungen zwischen diesen drei Staatsmännern. Sadat und Begin wurden für ihre epochemachende Leistung gemeinsam mit dem Friedensnobelpreis ausgezeichnet. Sadat fiel 1981 einem Attentat muslimischer Extremisten zum Opfer, Begin legte 1983 aus gesundheitlichen Gründen sein Amt nieder.

Israel errang einen glänzenden Sieg, der ihm die Kontrolle über Alt-Jerusalem und besetzte Gebiete von der mehrfachen Größe des Landes einbrachte. Dieser Erfolg rief Erleichterung und Jubel im Innern und unter den Juden im Ausland hervor, aber Israel verlor viel von der internationalen Sympathie, die ihm vorher als dem vermeintlich Schwachen zugeflossen war. Folge der bewiesenen militärischen Stärke war auch eine neue Flut antizionistischer Propaganda sowohl in der Sowjetunion und ihren Satellitenstaaten wie auch unter Linksintellektuellen im Westen, mit starken Anklängen eines Antisemitismus alter Prägung. Wenn Israel die Verkörperung der jüdischen Nation darstellte, so konnten politische Angriffe gegen das Land antijüdische Vorurteile ausnützen, und andererseits konnte die »zionistische Gefahr« beschworen werden, um Judenfeindlichkeit zu schüren. In Polen trieb eine Kampagne die Juden aus allen amtlichen Stellungen und schließlich ins Exil. In der UdSSR war die Folge der antizionistischen Agitation, daß treue Sowjetbürger sich jetzt als Fremde in der eigenen Heimat fühlten und sich ihres Judentums bewußt wurden. 1970 versuchte eine Gruppe Leningrader Juden, ein Flugzeug zu entführen, das sie nach Israel bringen sollte. Sie erhielten strenge Strafen, doch die Forderung nach einem Recht auf Emigration verbreitete sich im ganzen Land und wurde unter dem Bibelspruch »Laß mein Volk gehen« von den Juden im Westen unterstützt. Erstaunlicherweise begegnete man dem Verlangen mit verstärkten Auswanderungsgenehmigungen, was zu weiteren Anträgen in großem Maßstab ermutigte. Die Bewerber wurden Schikanen unterworfen – etwa der Brandmarkung als Verräter und Parasiten –, aber ziemlich viele hatten Erfolg und verließen die UdSSR, bevor sich in den frühen 80er Jahren eine Politik erneuter Unterdrükkung durchsetzte.

1973 wehrte Israel eine abermalige arabische Invasion (Jom-Kippur-Krieg) ab, die das Selbstbewußtsein der Zeit nach 1967 zerstörte. Auch die Stimmung der Weltöffentlichkeit schlug allmählich um. 1975 erhielt der Führer der Palästinensischen Befreiungsorganisation, Jassir Arafat, die Einladung, vor der Generalversammlung der Vereinten Nationen zu sprechen. Im folgenden Jahr nahm die Versammlung mit 72 gegen 35 Stimmen (bei 32 Enthaltungen) eine Resolution an, die Zionismus mit Rassismus gleichsetzte. Diese demonstrative Verurteilung der israelischen Politik trug indessen nur dazu bei, die vorbehaltlose Unterstützung der Diasporajuden für das Land zu verstärken, und das zu einer Zeit, als sogar einige Zionisten anfingen, ein gewisses Verständnis für die Situation der Palästinenser zu zeigen. Seither haben sich beide jüdische politische Richtungen profiliert und sind zunehmend in Widerspruch geraten. Nach dem ersten wirklichen Regierungswechsel von 1977, als der Block der Arbeiterparteien einer Rechtskoalition (Likud) Platz machte, äußerten die überseeischen Förderer der Arbeiterparteien – nun von jeder Rücksichtnahme befreit – vermehrt Kritik an der israelischen Regierung.

Eine Flut von Gewaltakten durch Neofaschisten und arabische Terroristen in Europa und anderswo machte den westlichen Juden die Tatsache wieder bewußt (die ihren Brüdern in den arabischen und sowjetischen Blockstaaten längst vertraut war), daß ihr persönliches Schicksal wesentlich von der Haltung Israels abhing. Der Einmarsch in den Libanon 1982, der als antiterroristische Aktion begann und in der Eroberung Beiruts seinen Höhepunkt fand, rief sehr geteilte Reaktionen in der jüdischen Welt hervor sowie eine erste weitverbreitete und offene Kritik an der israelischen Politik durch erklärte Anhänger des Zionismus. Diese Reaktion war die natürliche Ernüchterung nach der jubelnden Identifikation nach dem Sechs-Tage-Krieg vor 15 Jahren und markiert vielleicht den Beginn eines ausgewogenen Verhältnisses zwischen Israel und den Diasporajuden.

ZWEITER TEIL

# ASPEKTE JÜDISCHEN LEBENS

# DIE JÜDISCHE IDENTITÄT

Es erfordert keine intensive Beschäftigung mit der heutigen jüdischen Welt – z. B. mit jüdischen Publikationen, Predigten, öffentlichen Reden –, um zu erkennen, daß zwei Themen vorrangig sind: Identität und Überleben. Die zentrale Bedeutung, die der Frage des Überlebens beigemessen wird, ist zweifellos dem Schock des Holocaust zuzuschreiben, aber sie hat ältere Wurzeln in der Abkehr vom Judaismus und im Bevölkerungsrückgang, der im 19. Jahrhundert begann. Das Problem der Identität leitet sich ebenfalls von den Umwälzungen dieser früheren Periode her. In der Tat spiegelt es die grundlegenden Veränderungen im Status der Juden wider, die durch den Emanzipationsprozeß und die endlose Reihe von Wanderungen verursacht wurden.

Die Auseinandersetzung um die Identität nimmt viele Formen an. Sie findet ihren Ausdruck in Diskussionen über Hilfe für Israel, über jüdische Tagesschulen oder Mischehen, in der Verunsicherung der Jugendlichen, die zwischen den Haltungen ihrer Eltern und Freunde hin- und hergerissen sind, oder in Aufsätzen über das »jüdische Element« bei Kafka, Freud oder Schönberg. Sie ist allgegenwärtig in der Arbeit der Rabbiner, Jugendführer, Verbändemitglieder, im Aufbau jüdischer Sportklubs, Studentenvereinigungen oder politischer Gruppen wie in den vielgestaltigen Aktivitäten der Synagogen. Und sie ist Gegenstand eindringlicher öffentlicher Debatten in Israel, wo die Frage der jüdischen Identität einen politischen Streitpunkt darstellt, der verschiedentlich schon Regierungen erschüttert hat.

*Links:* Das ewige Fragezeichen. Diese Postkarte von der Wende zum 20. Jahrhundert symbolisiert die Unsicherheiten der jüdischen Existenz. Was macht das Wesen der Juden aus? Welche Rolle sollten sie in der modernen Welt einnehmen? Sind sie eine Nation oder eine religiöse Gemeinschaft? Können sie ihre besondere Identität trotz des bestehenden Assimilationsdrucks behaupten? Braucht ein Volk notwendigerweise ein eigenes Land? All dies sind die Fragen, die noch immer auf eine klare Antwort warten.

*Unten:* Eine mittelalterliche Darstellung aus einem süddeutschen Gebetbuch für das jüdische Wochenfest *(Schavuot),* um 1320. Am Berg Sinai werden die Juden zu einer Nation zusammengefaßt: Volk und Religion sind untrennbar. Moses empfängt kniend die Gesetzestafeln, hinter ihm steht Aaron in der priesterlichen Mitra. Die männlichen Israeliten tragen die für das Mittelalter charakteristischen Judenhüte, die Frauen haben Tiermasken angelegt.

**Mittelalterlicher Zusammenhalt**

Dies war nicht immer so gewesen. Die Juden des Mittelalters suchten nicht nach einer »jüdischen Identität«: Sie war eindeutig bestimmt und hatte sich seit zahllosen Generationen nicht verändert. Daß man nicht über Fragen der Identität nachdachte, hieß daß es de facto ohnehin keine Alternativen gab. Als Jude gehörte man ganz selbstverständlich zu einer eng verbundenen und eindeutig definierten Gemeinschaft. Der einzige Weg, sich ihr zu entziehen, war der Anschluß an eine andere Gemeinschaft; und das bedeutete, nicht nur die Religion zu wechseln, sondern auch die Bindungen an Familie und Freunde zu zerreißen. Die Grenzen zu den anderen waren deutlich gezogen, manchmal durch die physische Barriere der Ghettomauern, immer aber durch eine Trennung von der nichtjüdischen Umgebung, was nicht nur den Glauben einschloß, sondern Recht, Sprache, Erziehung und Kultur, sogar die Eßgewohnheiten, den Kalender, und die Kleidung. In Mitteleuropa war bis etwa 1500 der »Judenhut« nebst langem Mantel vorherrschend, die Frauen hatten in der Regel lange Kleider und Schleier (mit zwei blauen Streifen) zu tragen. Auch wurden nach islamischem Vorbild regional unterschiedliche (meist gelbe) Judenzeichen eingeführt, in England in Form zweier Dekalogtafeln, in anderen Ländern als Ring, in Portugal als roter Stern. Heiraten mit Nichtjuden waren von staatlicher Seite untersagt, ebenso der Besuch christlicher (oder muslimischer) Schulen. Die Trennung war offen anerkannt und offiziell sanktioniert. All das sollte sich mit der Emanzipation grundlegend ändern, und es ist kaum überraschend, daß der Schock tief saß.

Die Befürworter und die Gegner der Emanzipation, ob Juden oder Nichtjuden, beschäftigten sich intensiv mit dem Wesen der jüdischen Gemeinschaft. War sie religiöser, nationaler, wirtschaftlicher, kultureller oder rassischer Natur? Der Widerhall der Debatte ist heute noch zu hören. Doch bezogen auf die mittelalterlichen Gemeinden ist dies ein größtenteils akademisches Problem. Alle diese Komponenten waren vorhanden, und sie bestimmten in ihrer Gesamtheit die jüdische Existenz. Es ist üblich, die Juden als eine religiöse Gemeinschaft zu betrachten, weil der Glaube sie am auffälligsten von den Christen oder Muslimen trennt. Doch das mittelalterliche Hebräisch hat kein spezielles Wort für »Religion« gekannt; man sah den wesentlichen Unterschied eher im Sinne der »Nation« oder des »Volkes« (in biblischer Bedeutung). Die Juden bezogen die Namen biblischer Stämme, Edom und Ismael, auf Christen und Muslime, während sie sich selbst (Volk) Israel nannten. Religiöse Gemeinde und Nation waren deckungsgleich, aber der Glaube konnte als eines von vielen Merkmalen angesehen werden, die die Nationen voneinander unterschieden.

Die ökonomische und kulturelle Sonderstellung, die die Reformer des 19. Jahrhunderts so stark beschäftigten, waren eindeutige Folgen der mittelalterlichen Separierung. Theodor Herzl hatte diese Tatsache klar erkannt, als er schrieb: »Wir sind, wozu man uns in den Ghetti gemacht hat«. Im Altertum besaßen die Juden keine festgelegte ökonomische Rolle. Sie nahmen in weitem Umfang am wirtschaftlichen und kulturellen Leben teil, und selbst im Mittelalter gibt es Beispiele solcher Beteiligung, besonders in der arabischen Welt, während sie im christlichen Europa mehr und mehr in das Finanz- und Pfandleihgeschäft gedrängt wurden. Die Frage der Rasse ist ein wenig komplizierter. Betrachtungen über Mischehen reichen in die ferne Antike zurück, aber das damalige Judentum akzeptierte Proselyten, ja suchte sie manchmal sogar. Eine heute noch einflußreiche Talmud-Definition besagt, daß ein Jude entweder Kind einer jüdischen Mutter oder ein zur hebräischen Religion Übergetretener ist, der ordnungsgemäß die Taufzeremonie und (im männlichen Fall) die Beschneidung durchlaufen hat. Seit sowohl christliche wie muslimische Gesetze die Todesstrafe für Abtrünnige vorgeschrieben haben, waren Konvertiten im Mittelalter selten, und die jüdische Gemeinschaft wurde notgedrungen eine des Blutes. Seinerzeit entstanden durch Inzucht einige genetische Besonderheiten, aber sie waren lokal begrenzt und bildeten niemals gemeinsame rassische Charakteristika aller Juden.

Obwohl die Gemeinschaft von ihren Mitgliedern im nationalen Sinn aufgefaßt wurde, muten ihre Institutionen eher religiös denn weltlich an. Die Rabbiner, die als Hüter der Glaubenstradition anerkannte Autoritäten waren, besaßen innerhalb der Gemeinde vergleichbare Machtbefugnisse wie die nichtjüdischen Herrscher: Die Thora war von Gott offenbart und drückte seinen Willen aus. Wenn die Verbindung von politischen, richterlichen und religiösen Funktionen in den Rabbinern auch ein Gegenstück im Altertum hat, so spiegelt sie doch andererseits die Praktiken in der christlichen und muslimischen Umwelt wider, wo religiöse Führer politische Macht ausübten und religiöses Recht erließen. Die Juden erkannten niemals ein einzelnes geistliches Oberhaupt an, das dem Papst oder dem Kalifen vergleichbar war. Der Zusammenhalt und die Einheitlichkeit der weitverstreuten jüdischen Niederlassungen war zurückzuführen auf das strikte Festhalten der Rabbiner an der von Gott gesandten Thora sowie auf das weitverzweigte Kommunikationsnetz, das sie untereinander verband.

Dieser Zusammenhalt war allerdings nicht unumschränkt. Die Gemeinde war mitunter durch Konflikte persönlicher oder ideologischer Art gespalten. Im Osten entstand eine Anzahl sektiererischer Gruppen, wahrscheinlich unter dem Einfluß ähnlicher Tendenzen im Islam. Eine von ihnen, das Karäertum, das nur die Bücher des Alten Testaments als Glaubensgrundlage anerkannte, stellte eine starke und anhaltende Herausforderung an die Autorität der Rabbiner dar. Die Bewegung breitete sich von Irak über den ganzen Vorderen Orient und schließlich auch nach Osteuropa aus. Die Karäer bewahrten ihre eigenen Gemeinden, oft Seite an Seite mit den rabbinischen. Sie betrachteten sich zweifellos – und wurden von anderen so gesehen – als Juden, aber sie waren immer eine Art Sonderfall. Nach 1795 unterlagen die Karäer in Rußland nicht den judenfeindlichen Restriktionen, und die Nationalsozialisten, die schließlich auf der Krim einen Ausrottungskrieg gegen sie führten, schwankten anfangs, ob man sie als Juden klassifizieren sollte oder nicht.

Die Karäer sind ein extremes Beispiel, doch gab es andere separate jüdische Gemeinden, die parallel in denselben Orten bestanden. Im fatimidischen Ägypten und Palästina (zehntes bis zwölftes Jahrhundert n. Chr.) treffen wir auf »palästinensische« und »babylonische« Synagogen, die verschiedenen religiösen Riten folgten und unterschiedliche Rechtsautoritäten anerkannten. Nachdem westliche Juden in das Osmanenreich eingeströmt waren (im späten 15. und frühen 16. Jahrhundert), begründeten die Neuankömmlinge ihre eigenen Synagogen, und in einigen Städten bestanden nach ihren Herkunftsländern oder Provinzen getrennte Gemeinden, die ihre eigene Sprache und ihre speziellen Bräuche beibehielten. In Nordwesteuropa und in Amerika lebten Sephardim und Aschkenasim separat nebeneinander, und nachfolgende Einwandererwellen verstärkten die Besonderheiten. Diese Beispiele zeigen, daß schon vor der Emanzipationsbewegung Fälle von Zersplitterung der gesamtjüdischen Identität – die Loyalität zu Untergruppen – vorkamen, ei-

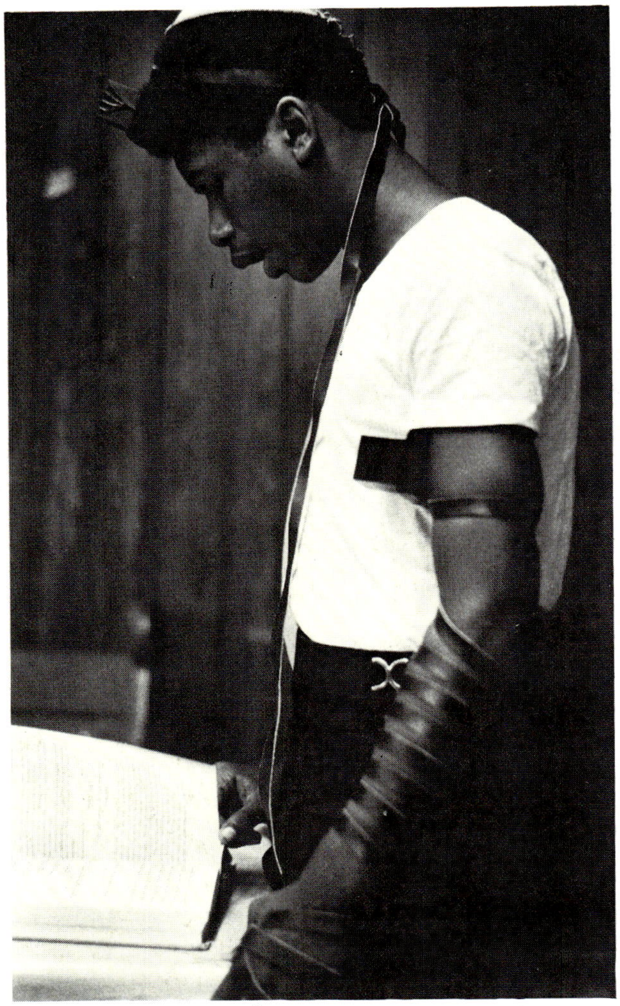

ne Zersplitterung, die in moderner Zeit dann so auffallend geworden ist.

**Die Herausforderung durch die Emanzipation**

Die Emanzipation untergrub die Grundlagen eines lang etablierten und relativ stabilen Systems, ohne einen konkreten Ersatz anbieten zu können. Darin lag ihr Problem. Ein neues Staatskonzept hatte die »nationale« Identität der Juden zum Anachronismus gemacht. Dieses veränderte Verständnis wurde exemplarisch von einem der Redner in der Debatte über die Erteilung des Bürgerrechts an die Juden in der französischen Nationalversammlung 1789 verdeutlicht: »Den Juden als Nation muß alles verweigert werden; als Individuen hat man ihnen alles zu gewähren. Sie müssen Bürger werden. Es ist darauf hingewiesen worden, daß sie gar nicht Bürger sein wollen. Sollen sie das äußern und verbannt werden. Es kann keine Nation innerhalb einer Nation geben.« Tatsächlich war in Frankreich und anderen europäischen Ländern die besondere Existenz der Juden in religiösen Gemeinschaften offiziell anerkannt. Hier übten die Rabbiner, des größten Teils ihrer Macht beraubt und unter staatlicher Kontrolle, weiterhin die Funktion der geistlichen Führerschaft aus, eine veränderte Rolle, die den christlichen Klerus zum Vorbild hatte. Allerdings blieb der Wandel des gesellschaftlichen und geistigen Umfelds nicht ohne Folgen für den jüdischen Glauben. Die orthodoxe Thorafrömmigkeit verlor ihre beherrschende Stellung und wurde mehr und mehr zurückgedrängt. Um 1800 hatte Westeuropa fast keine angesehenen Talmudschulen mehr, eine Entwicklung, die – wenn auch in stark verringertem Umfang – selbst vor Osteuropa nicht haltmachte. Die Gewährung des Bürgerrechts und die Abschaffung der aufgezwungenen Separierung stellten den einzelnen vor eine schwierige Wahl. Fortan hatte jeder für sich selbst zu entscheiden, bis zu welchem Ausmaß er an seiner jüdischen Identität festhalten und auf welche Art er das zum Ausdruck bringen wollte. Wenn einige es vorzogen, den

Wer ist als Jude anzusehen? Der alte Mann im Gebet *(links)* entspricht einer weitverbreiteten Vorstellung. Er trägt *tallit* (Gebetsmantel) und *tefillin* (Gebetsriemen), beides typische jüdische Symbole der Bindung an Gott. Doch auch andere beanspruchen die Bezeichnung Juden. Der New Yorker *jeschiva*-Student *(links außen)* ist demselben Herrn verpflichtet, er repräsentiert eine weniger bekannte Seite des Judentums. Die Samaritaner *(kleines Foto links außen)* halten sich für die wahren Kinder Israels und betrachten die Juden als Abweichler. Die Falascha in Äthiopien *(kleines Foto links)* nennen sich »Haus Israel«; sie mußten hart kämpfen, um überhaupt die nominale Anerkennung als Juden zu erhalten. Nicht weniger umstritten ist der Status der Karäer *(oben)*. Es gibt noch andere Gruppierungen, deren Ansprüche auf die Bezeichnung Juden in Frage gestellt werden: die Bene Israel in Indien, die verschiedenartigsten dem Judaismus zuzurechnenden Sekten in Lateinamerika oder die Anhänger der reformierten Richtung.

neuen Möglichkeiten den Rücken zu kehren und – wie geschehen – die niedergerissenen Ghettomauern wieder aufzubauen, stand ihnen dies frei innerhalb der Beschränkungen, die das Bürgerrecht ihnen auferlegte. Aber die breite Mehrheit hatte kein Verlangen, sich selbst von den nun eröffneten Perspektiven abzuschneiden.

Viele entschieden sich für die Taufe als *einen* Ausweg aus dem unerfreulichen Dilemma. Es mag seltsam anmuten, daß die Kirche im Zeitalter der Freiheit mehr jüdische Konvertiten anzog als jemals in der Ära ihrer Vorherrschaft. Doch sollte bedacht werden, daß der Glaubenswechsel jetzt leichter war, weil sich die Übertrittsregeln verändert hatten. Der Konvertit war nicht länger gezwungen, seine Verbindungen zur jüdischen Gemeinde zu zerreißen; in der Tat bildeten Christentum und Judaismus nicht länger unvereinbare Gegenpole. Das Entstehen einer weltlichen, sogar antireligiösen Kultur stellte beide Bekenntnisse auf dieselbe Seite einer wichtigen Barriere (der Ausdruck »jüdisch-christliche Tradition«, der heute allgemein gebraucht wird, wäre im Mittelalter grotesk erschienen). Es besteht kein Zweifel, daß für viele der Übertritt ein formaler Akt war, eine Bequemlichkeitsmaßnahme oder eine Flucht vor lästigen Bürden. Benjamin Disraelis Vater hatte seine Kinder taufen lassen nach einem Streit mit seiner Synagoge, als er sich weigerte, seine Abgaben zu entrichten. Karl Marx' Vater nahm lieber das Christentum an, als seine Arbeit zu verlieren. Diese gefeierten »Neuen Nichtjuden« des 19. Jahrhunderts sind Beispiele, daß die Taufe als ein Ausweg aus dem Dilemma des traditionellen Daseins angesehen wurde: Doch beide, Disraeli wie Marx, galten für ihre Zeitgenossen als Juden (und werden bis heute als solche bezeichnet), und beide, wenn auch in sehr spezifischer Art, bezeugen in ihren Schriften die starke Fixierung auf die jüdische Identität.

Das Christentum war allerdings nur eine der Alternativen. Der rationale Universalismus der Aufklärung sah ein Zeitalter heraufkommen, in dem die Religion keine Rolle mehr spielen würde. Einige Juden teilten diese Vision, die mit dem Universalismus der biblischen Propheten übereinzustimmen schien. Schon 1762 forderte der jüdische Philosoph und Ökonom Isaac de Pinto (1717–1787) in Frankreich von Voltaire, ihn als Europäer zu betrachten, und im 19. Jahrhundert beteiligten sich jüdische Intellektuelle eifrig an jeder Bewegung, die den Partikularismus ausrotten und durch neue universale Werte ersetzen wollte. Viele jedoch verließen einfach die Gemeinde. Ihre Erziehung und ihre sozialen Bindungen machten das hergebrachte Leben für sie bedeutungslos. Loyalität gegenüber dem Staat ersetzte Loyalität gegenüber der jüdischen Gemeinschaft. Hauptmann Alfred Dreyfus, bemitleidenswertes Symbol der Verfolgung durch weltliche Intoleranz, drängte nur zögernd auf die Verteidigung seiner Unschuld, weil das einen Schandfleck auf die Ehre der Armee und der französischen Justiz werfen würde.

Das Schicksal von Dreyfus illustriert auf tragische Weise die Unfähigkeit der Liberalen, die von ihnen propagierten Ziele in der Praxis durchzusetzen. Sie konnten an die Juden appellieren, das Schneckenhaus des Ghettos zu verlassen, aber sie konnten die Gesellschaft nicht zwingen, sie als ihresgleichen zu akzeptieren. Im Gegenteil, die Anpassung verstärkte die judenfeindlichen reaktionären Kräfte. Rassischer Antisemitismus, mit seinen tiefen Wurzeln in mittelalterlicher Voreingenommenheit und unter dem Deckmantel wissenschaftlicher Argumente, untergrub die Eingliederungsbemühungen, indem er die Juden als Fremdkörper einstufte. Auch Assimilationswillige wurden ihrer Herkunft wegen verhöhnt; änderten sie ihre Namen, so fügte man ihre früheren jüdischen Namen demonstrativ in Klammern hinzu, damit man ja nicht ihre Abstammung vergäße. Sie wurden wegen ihres Wankelmuts verspottet oder verdächtigt, den Staat zu unterwandern und umstürzen zu wollen.

Es überrascht kaum, daß jene, die vielleicht schon ein Schuldbewußtsein quälte, weil sie ihre Tradition aufgegeben oder in Frage gestellt hatten, tief enttäuscht waren, wenn gerade die Gesellschaft, die sie zur Anpassung drängte, ihnen mit Ablehnung begegnete. Die wohlbekannte Erscheinung des entfremdeten jüdischen Intellektuellen – entfremdet vom Judentum und der Gesellschaft – beleuchtet exakt die allgemeine mißliche Lage im Zeitalter des Antisemitismus. Sie spiegelt sich auch in den ideologischen Konflikten wider, die die Gemeinden entzweiten, und deren entscheidender Punkt die Frage war, wie man auf die doppelte Herausforderung von Emanzipation und Mißtrauen reagieren sollte. Liberale und orthodoxe Juden, deutsche wie jüdische Nationalisten, alle erhoben den Anspruch, *die* Antwort auf das Problem der jüdischen Stellung in der modernen Welt zu haben. In den 20er Jahren, als die jüdischen Kommunisten in der Sowjetunion sowohl den mosaischen Glauben wie Zionismus und Bundismus bekämpften, lehnte in Deutschland die jüdische Hauptorganisation, bezeichnenderweise Centralverein deutscher Staatsbürger jüdischen Glaubens genannt, sowohl die Assimilationsbestrebungen der Vereinigung der nationalen deutschen Juden wie die wachsende zionistische Strömung ab. Selbst in Amerika wurde das American Jewish Committee, das 1906 von der reichen Elite der American Jewish Society gegründet worden war, um die Interessen der Gemeinde als Ganzes zu schützen, von den Zionisten herausgefordert, die behaupteten, das jüdische Proletariat zu vertreten. Auch die religiöse Führerschaft war tief gespalten, obgleich seit 1926 das Synagogue Council of America bestand, um gewisse Aktivitäten zu koordinieren.

Der Holocaust demonstrierte auf schreckliche Art das Versagen der Eingliederung selbst in Ländern, die sie angebahnt hatten. Völlig assimilierte Juden, sogar Christen in der zweiten Generation, wurden als »Nichtarier« klassifiziert und zusammen mit religiösen Juden und Zionisten ihrer Bürgerrechte und oft ihres Lebens beraubt. Loyalität gegenüber dem Staat, soziale Anpassung mit ihren vielfältigen Formen der Tarnung, selbst der äußerste Schritt der Taufe, hatten im Augenblick der Heimsuchung keine Rettung gebracht. Viele der Entkommenen dieses Ausrottungskrieges sahen verständlicherweise das Überleben als zentrales Ziel: nicht unbedingt das des einzelnen, sondern das Überleben des Volkes als Ganzes. Daher die beispiellose Begeisterung für die zionistische Bewegung in Amerika und anderen westlichen Ländern in der Nachkriegszeit. Es war typisch, daß sie sich nicht nur im persönlichen Wunsch der Emigration nach Palästina ausdrückte, sondern in der Bindung an die Idee eines Staates, in dem man eine nationale Existenz wieder aufbauen konnte. Die Gründung Israels im Jahr 1948 verstärkte wesentlich das Gefühl nationaler Identität unter den Juden in aller Welt. Sie bot auch ein gänzlich neues Modell für die jüdische Identität im Kontext des modernen Staates, obwohl daraus gleichzeitig neue Probleme erwuchsen.

In Israel findet der Prozeß der Assimilierung – soziale Integration von Minderheiten, Anpassung an das herrschende Ethos und den Lebensstil, Schwächung der religiösen Bindungen und Stärkung der Loyalitäten gegenüber dem Staat – innerhalb einer jüdischen Gesellschaft statt. Das bedeutet, daß die Hauptfaktoren, die andernorts Spannungen bewirken – Zerbröckeln der Gemeinde, nichtjüdischer Einfluß auf das traditionelle Leben, Gefahr des Antisemitismus –, nicht vorhanden sind. Israel trifft

# Wer ist ein Jude?

Die Definition der jüdischen Identität bereitet beträchtliche Schwierigkeiten. Ist sie abhängig von den Eltern, von der Religion, von beidem oder von etwas ganz anderem? Kann man jemals aufhören, Jude zu sein? Auf diesen Seiten stellen wir Persönlichkeiten vor, bei denen nicht unbedingt klar ist, daß sie Juden sind.

Abraham, der biblische Patriarch, wird oft als Begründer des Judaismus bezeichnet. Aber war er wirklich Jude? Einer späteren jüdischen Überlieferung zufolge hielt er die Gebote der Thora, obwohl sie zu seiner Zeit noch nicht offenbart worden waren. Die christliche Tradition sah in ihm einen geistlichen Ahnherren aller Christen, während die Muslime ihn als Propheten und als einen Stammvater der Araber verehren.

Moses ist in allen drei monotheistischen Religionen eine beherrschende Gestalt. Die jüdische Lehre feiert ihn als den größten aller Propheten, als Vermittler der göttlichen Offenbarung an die Israeliten, als Idealtyp des Führers, Mittlers und Lehrers.

Jesus von Nazareth, der sich sein Leben lang als Jude betrachtete, gilt auch bei den Muslimen als Prophet, während er für die Christen der Sohn Gottes mit einer Heilsbotschaft für die ganze Menschheit ist. Die historische Persönlichkeit Jesus hat in der jüdischen Tradition so gut wie keine Spuren hinterlassen. Der Christenheit diente sein Kreuzestod als Rechtfertigung für die Verfolgung jenes Volkes, dessen Sohn er war.

Im Spanien der Inquisition hatte man ein feines Gespür für den jüdischen Ursprung von »Neuen Christen«. Dennoch gibt es keine klaren Beweise dafür, daß Christoph Kolumbus wirklich jüdischer Herkunft war.

Baruch de Spinoza, der bedeutendste Philosoph, den das Volk Israel je hervorgebracht hat, war Mitglied der sephardischen Gemeinde Amsterdams, bis er wegen seiner häretischen Ansichten ausgeschlossen wurde. Da er die Konversion zum Christentum ablehnte, gehörte er bis zu seinem Tod keiner Glaubensgemeinschaft mehr an.

Zu Beginn des 19. Jahrhunderts ließen sich viele deutsche Juden taufen, auch wenn sie nicht immer aufrechte Christen abgaben. Manche, wie Karl Marx, erhielten die Taufe schon als Kind. Sein Pamphlet *Zur Judenfrage* von 1920 verrät ein Übermaß an Judenfeindlichkeit.

Im Laufe des 19. Jahrhunderts gab es eine immer größer werdende Anzahl von Juden, die aus ihrer Gemeinde ausschieden, ohne das Christentum anzunehmen; für viele stellte der Bruch mit dem Judentum allerdings eine dauernde Belastung dar. In den Schriften so verschiedener Autoren wie Sigmund Freud, Marcel Proust (1871-1922) und Franz Kafka können wir eine gewisse Sorge um die jüdische Identität und deren Bedeutung in der modernen Welt ausmachen. Auf der anderen Seite würde es schwerfallen, in den Gemälden Pissarros oder Modiglianis (1884–1920) oder in der Musik von Gustav Mahler jüdische Anklänge zu entdecken.

Für Teile der jüdischen Intelligenz bot der universalistische Anspruch des Sozialismus einen Ausweg aus dem Teufelskreis von Unterdrückung und selbstgewählter Isolation. Zu den engsten Mitarbeitern Lenins gehörten verschiedene Kommunisten jüdischer Herkunft, darunter Leo Kamenjew, Jakow Swerdlow (nach dem die Stadt Swerdlowsk benannt ist) und natürlich Leo Trotzki.

Abraham

Moses (13. Jahrhundert v. Chr.)

Jesus von Nazareth

Im revolutionären Rußland (wie in ganz Europa) standen die jüdischen Künstler und Intellektuellen vor der schwierigen Wahl zwischen herkömmlichem Partikularismus und einem eher universellen Standpunkt. Der Schriftsteller Ilja Ehrenburg ist typisch für die assimilierten Intellektuellen, denen es nicht vergönnt war, ihren jüdischen Hintergrund zu vergessen. Der Filmregisseur Sergej Eisenstein gilt als Jude: In Wirklichkeit entstammte er einer Mischehe, und da seine Mutter keine Jüdin war, hätte ihn das Rabbinat nicht anerkannt.

In neuerer Zeit hat es nicht an Prominenten gefehlt, die ihre Herkunft zwar nicht verleugnen, aber kein Interesse an einer besonderen jüdischen Identität, sei sie religiöser oder nationaler Natur, bekundet haben. Ein Beispiel wäre Dr. Bruno Kreisky, der sozialistische Bundeskanzler Österreichs von 1970 bis 1983. Zu nennen wäre auch der bedeutende amerikanische Diplomat und politische Theoretiker Henry Kissinger. Sich in dieser eindeutigen Weise vom Judentum loszusagen, verlangt von einer Persönlichkeit des öffentlichen Lebens ein gerüttelt Maß an Mut; weniger schwierig ist dieser Weg für Privatpersonen, die ihn denn auch in großer Zahl gegangen sind.

Kann man Jude und gleichzeitig Christ sein? Der britische Bischof Dr. Hugh Montefiore hat diese Frage für sich selbst bejaht. Mgr. Lustiger, der Erzbischof von Paris, hat ebenfalls eine positive Einstellung zu seiner jüdischen Abkunft erkennen lassen. Der Karmeliterpater Daniel Rufeisen ging sogar so weit, die israelische Staatsbürgerschaft nach dem Rückwanderungsgesetz zu beantragen, was von den israelischen Behörden allerdings abgelehnt wurde.

In den letzten Jahren war auch eine gewisse Zahl von Übertritten zum Judaismus zu verzeichnen, meistens mit Rücksicht auf den Ehepartner. So nahm Marilyn Monroe den mosaischen Glauben an, um den Dramatiker Arthur Miller heiraten zu können.

Christoph Kolumbus (1451–1506)

Baruch de Spinoza (1632–1677)

Franz Kafka (1883–1924)

Karl Marx (1818–1883)

Sigmund Freud (1856–1939)

Camille Pissarro (1831–1903)

Gustav Mahler (1860–1911)

Leo Trotzki (1879–1940)

Ilja Ehrenburg (1891–1967)

Henry Kissinger (geb. 1923)

Hugh Montefiore (geb. 1920)

Marilyn Monroe (1926–1962) und Arthur Miller (geb. 1915)

keine Vorkehrungen gegen Mischheiraten, und es ist sichergestellt, daß Kinder jüdischer Eltern eine jüdische Erziehung erhalten. Gleichzeitig ist eine volle Identifikation mit dem Staat möglich und die uneingeschränkte Beteiligung an allen gesellschaftlichen Bereichen. Als Ergebnis neigen die Bewohner (besonders wenn sie nicht religiös sind) dazu, sich eher als Israelis denn als Juden zu fühlen. Nichtreligiöse israelische Auswanderer schließen sich selten der jüdischen Gemeinde ihrer neuen Heimat an, zum Teil aufgrund von Schwierigkeiten, die zentrale Stellung der Synagoge in der Diaspora zu akzeptieren. Mittlerweile zeigt die orthodoxe Bevölkerung Israels viele Symptome eines Minderheitenkomplexes, bis zu dem Ausmaß, daß sie politische Parteien bildet, um ihre Rechte und Privilegien zu sichern. Sie hält auch an ihren eigenen Erziehungs-, Sozial- und Wohlfahrtseinrichtungen fest. Am extremsten wird dieses Phänomen bei der kleinen Sekte »Hüter der Stadt« (gemeint ist Jerusalem) sichtbar, die den Staat nicht anerkennt und zum Ausdruck gebracht hat, daß sie einer nichtjüdischen Regierung den Vorzug geben würde. So sind in Israel zwei Tendenzen anzutreffen: völlige Assimilierung und strikte Verweigerung, ähnlich wie unter den Juden in der Diaspora. Bemerkenswert daran ist, daß der Staat selbst ein jüdisches Identitätsgefühl fördert und in seinen Institutionen ein offizielles Bekenntnis dazu abgibt.

Israelischen Bürgern wird ein nationaler und ein religiöser Status erteilt, die in ihren amtlichen Papieren vermerkt sind (bei der Mehrheit fallen beide zusammen). Die Registrierung als Jude hat wichtige Konsequenzen für den einzelnen im Hinblick auf Privilegien und Einschränkungen (beispielsweise darf eine als jüdisch klassifizierte Person nur mit Zustimmung des Rabbinatsgerichts heiraten). Die Vorschriften sind das Ergebnis einer langen Folge von Konflikten und Kompromissen zwischen weltlich ausgerichteten und religiösen Zionisten und lösen weiterhin scharfe Debatten aus, die sich vor allem um die offizielle Definition der jüdischen Identität drehen. 1958 haben sich die Mitglieder der *Misrachi* (religiöse Zionisten) von der Regierungskoalition aus Protest gegen eine Kabinettsentscheidung zurückgezogen, derzufolge sich jeder als Jude registrieren lassen konnte, vorausgesetzt, er gehörte keiner anderen Religion an. In dem darauf folgenden politischen Sturm richtete der Premierminister David Ben-Gurion einen Brief an prominente Juden in Israel und im Ausland, in dem er um ihre Meinung ersuchte, besonders zu dem Problem der Registrierung von Kindern eines jüdischen Vaters und einer nichtjüdischen Mutter. Die 43 Antworten stützten hauptsächlich die bereits erwähnte Talmud-Definition, aber das Problem ist noch weit von einer Lösung entfernt. Eine Fülle von schwierigen Gerichtsfällen wirft ein Licht auf die bestehenden Ungereimtheiten, und es gibt wachsenden Druck von seiten der Säkularisten für die Trennung der Religion und der religiösen Parteien vom Staat.

In einem anderen größeren jüdischen Bevölkerungszentrum, der Sowjetunion, ist die jüdische Identität ebenfalls offiziell anerkannt. Diese Anerkennung resultiert mehr aus historischen denn aus ideologischen Gründen, doch gibt es in der Praxis ernsthafte Schwierigkeiten bei der Aufrechterhaltung des traditionellen Lebens. Es existieren keine kommunalen oder sozialen Organisationen auf örtlicher oder staatlicher Ebene, und keine eigenen Schulen. Religiöse Versammlungen sind zwar erlaubt, leiden aber unter dem Mangel an Rabbinern und an Ausbildungsmöglichkeiten für den Rabbinernachwuchs sowie unter dem Verbot religiöser Erziehung für Kinder und anderen Nachteilen. Zionismus ist illegal und Antisemitismus weit verbreitet. In den letzten Jahren hat es Klagen gegeben wegen der Diskriminierung in bezug auf höhere Schulbildung und den Zugang zu akademischen Karrieren. Juden sind im Prinzip von den oberen Rängen in Partei, Verwaltung und Armee ausgeschlossen worden. Unter diesen Umständen kann das Ausmaß der Assimilierung kaum überraschen. Mischehen sind alltäglich, und die Kinder nehmen normalerweise die russische oder die lokal vorherrschende Nationalität an. Doch das Gefühl der gemeinsamen Identität ist nach wie vor stark. In einer geheimen Erhebung des Jahres 1976 sagten 87 Prozent der Befragten, daß sie jüdische Cafés und Restaurants besuchen würden, falls sie die Möglichkeit dazu hätten. Seit 1970 haben sie sich vielen Unannehmlichkeiten ausgesetzt, weil sie private Hebräischklassen und Seminare über jüdische Themen besuchten. Dieses plötzliche Interesse, das auf die Emigrationsbewegung und bis zu einem gewissen Grad auf abweichende politische Meinungen zurückgeht, ist nicht in erster Linie religiös, sondern sozial und kulturell bestimmt. Laut regierungsamtlicher Lesart sind Zionismus und jüdischer Nationalismus in der Sowjetunion heute verstummt. Tatsächlich haben in den letzten Jahren die meisten Auswanderer es vorgezogen, nicht nach Israel zu gehen, trotz intensiver Einflußnahme der zionistischen Organisationen.

In den meisten anderen Ländern nimmt man nicht offiziell von der besonderen Identität der jüdischen Bürger Kenntnis, auch wenn in einigen wenigen Fällen die religiösen Institutionen bis zu einem gewissen Grad in das Staatssystem eingebunden sind. In Amerika wird Religion streng vom Staat getrennt. Der mosaische Glaube ist in hohem Maße als eine der Hauptreligionen anerkannt und wird durchgehend geachtet. Es gibt sogar einen gewissen sozialen Druck auf Juden wie auf Amerikaner im allgemeinen, sich einer religiösen Gemeinschaft anzuschließen. Gleichzeitig dürfte die Existenz zahlreicher ethnischer Minderheiten eine unterschiedliche Vorstellung von jüdischer Identität ermutigen, in der die Religion hinter sozialen und kulturellen Aspekten an die zweite Stelle tritt. Die Synagoge, die in Israel und der Sowjetunion die alleinige Aufgabe hat, den Religionsdienst durchzuführen, dient hier als Gemeindezentrum und bietet einen weiten Bereich an Aktivitäten, einschließlich solcher rein weltlicher Natur. Andernorts ist die Situation ähnlich, mögen auch die lokalen Verhältnisse zu einer leicht unterschiedlichen Sicht der jüdischen Stellung in der Gesamtgesellschaft beitragen. Als Minorität reagieren die Juden in bezug auf ihren Status empfindlich und ihre historischen Erfahrungen haben sie wachsam gemacht. Repräsentative jüdische Organisationen verfolgen aufmerksam Gesetzgebungsvorhaben und politische Entwicklungen, die die Interessen der Gemeinde bedrohen könnten. Oft ergreifen sie die Initiative, um Beziehungen zu anderen religiösen oder ethnischen Gruppen zu pflegen. Israel bildet einen wichtigen Brennpunkt für die jüdische Identität, was in zionistischen Organisationen zum Ausdruck kommt und zunehmend in den Aktivitäten der Synagogen, doch die meisten identifizieren sich in erster Linie mit dem Land, in dem sie leben, und weisen jedwede Bezichtigung einer doppelten Loyalität entschieden zurück.

### Zeitgenössische Dilemmas

So vielfältig die Reaktionen auf die Emanzipation auch waren und sind, das grundlegende Problem bleibt stets dasselbe: wie soll man seine Identität als Jude definieren und zum Ausdruck bringen, ohne in Konflikte und Widersprüche zu geraten. Die Begriffsbestimmungen von früher sind überholt, aber von den vorgeschlagenen neuen Lösungen hat gleichfalls keine völlig befriedigen können. Die Emanzipation bildete hauptsächlich eine politische Frage, die politische Antworten forderte. Am dauerhaftesten war in dieser Hinsicht der Zionismus, doch hat die Mehrheit kein Verlangen, ihre Identität in politischen Begriffen auszudrücken. Auch die Religion, die in den Gemeinden des Mittelalters eine solch bindende Kraft war, hat sich weder als notwendige noch als hinreichende Grundlage für die jüdische Identität in der Moderne erwiesen. Zionismus und Judaismus erheben beide den Anspruch, einen Weg aufzuzeigen, der zu einem sinnvollen und erfüllten Leben führt, aber keine der beiden Richtungen behauptet, daß nur ihre eigenen Anhänger Juden seien. Viele gehören Synagogen oder zionistischen Organisationen an, doch nur für eine Minderheit nehmen Religion oder Zionismus eine zentrale Stellung ein; die Majorität hat trotz eines starken jüdischen Identitätsgefühls keine formale Bindung an irgendeine jüdische Organisation gleich welcher Richtung.

Natürlich betrifft das Problem der Identität nicht die Juden allein. Griechen, Basken, Armenier, Waliser und viele andere sind mit den Schwierigkeiten einer Minorität vertraut wie militanter Nationalismus, Mischheiraten und das Festhalten an einem besonderen religiösen und kulturellen Erbe. In so verschiedenen Ländern wie Kanada, Argentinien und der Sowjetunion stellen die Juden nur eine unter einer Vielfalt von Minderheiten, die versuchen, ihre Kultur und ihre Identität unter den Bedingungen der bürgerlichen Gleichberechtigung zu bewahren. Jede dieser Gemeinden weiß um Spannungen auf persönlicher und kollektiver Ebene und übt auf die Jüngeren Druck aus, sich nach den traditionellen Werten zu richten. Denn es ist immer die Jugend, die den Zwiespalt am schärfsten fühlt, muß sie sich doch mit den Ängsten ihrer Eltern als auch mit den Ungewißheiten ihrer eigenen Situation auseinandersetzen. Unter den offenkundigen Vorurteilen der älteren Generation und der Gemeindeführer nimmt die Ablehnung der Assimilation eine herausragende Stellung ein. Für die meisten Juden ist ein gewisses Maß an Anpassung allerdings unvermeidlich und auch ausdrücklich erstrebenswert: das Problem ist die Grenzziehung. In der zeitgenössischen jüdischen Sprache hat das Wort »Assimilation« jedoch immer einen abwertenden Klang. Es bedeutet Abfall vom Ideal des herkömmlichen Lebens und wird der Entfremdung von der Gemeinde, manchmal sogar dem Übertritt zu einer anderen Religion gleichgesetzt. In der Praxis findet das Wort oft Verwendung als Euphemismus für Mischehen, die mittlerweile als die Hauptbedrohung für das Fortbestehen der Juden als Gruppe angesehen werden. Auf diesem Gebiet ist die Herausforderung durch die neue Zeit am auffälligsten, sind die Reaktionen der jüdischen Führungsschicht am wenigsten angemessen. Mischehen haben seit Generationen stetig zugenommen, als unausweichliche Konsequenz der Emanzipation und sozialen Eingliederung. Die Folge ist eine ständig wachsende Zahl von Personen mit jüdischen Vorfahren, deren Identität jedoch fraglich und deren Bindung an die organisierte Gemeinde problematisch ist. Nimmt man noch die Kinder jüdischer Eltern hinzu, die wenig oder fast keine traditionelle Erziehung erhalten haben, ist klar, daß die Zweifel und Fragen hinsichtlich der Identität weit mehr Menschen bedrängen als nur die eigentlichen Juden. Deren Situation in der Moderne zwingt sie, das Wesen und die Stärke ihrer Festlegung auf das Judentum kritisch zu hinterfragen und den Platz, den der Judaismus in ihrem Leben einnimmt, einer ernsthaften Prüfung zu unterziehen.

Es ist schwer vorauszusehen, wohin die gegenwärtigen Unsicherheiten führen werden. Die jüdische Geschichte kennt einige eindrucksvolle Beispiele für Krisenzeiten

Für junge amerikanische Juden bildet der Glaube einen natürlichen Ausdruck ihrer besonderen Identität *(oben).* In Rußland *(rechts)* stellt die Synagoge den Brennpunkt für eine Identifikation dar, die eher »nationaler« als religiöser Natur ist.

und Veränderungen. Die Begegnung mit der griechischen Welt war eine solche Periode: Viele der damaligen Vorurteile werden in der zeitgenössischen Literatur lebhaft beschworen. Es war eine Zeit des Umbruchs und der schmerzhaften Anpassungen, sie brachte aber auch eine große Bereicherung der jüdischen Kultur und eröffnete den Juden außergewöhnliche kulturelle Einflußmöglichkeiten auf andere Völker. Dasselbe kann für die Zeit unter dem Islam und auch für die europäische Renaissance gesagt werden. Jede dieser Umbruchsphasen gab Anlaß zu besorgten, bis in unsere Tage nachklingenden Debatten, in welchem Ausmaß eine Assimilierung zulässig sei. Die Auseinandersetzungen waren oft scharf und bewirkten zum Teil eine freiwillige Verengung des Horizonts, einen Rückzug auf die jüdische Tradition (wenn diese auch durch Fremdeinflüsse bereichert worden war), doch brachte die Konfrontation mit anderen Zivilisationen auch Männer wie Philon, Maimonides und Spinoza hervor (um nur die jeweils hervorragendsten Vertreter der drei Zeitabschnitte zu nennen), die über den speziell jüdischen Bereich hinaus dauerhafte Beiträge zur Geistesgeschichte leisteten.

Die historischen Lehren aus diesen Erfahrungen werden allerdings durch die Folgen der politischen Emanzipation kompliziert. Die neu gewonnene Freiheit, zweifellos ein Gewinn für den einzelnen, hat weitverbreitete Besorgnis um den Fortbestand der Juden als Nation hervorgerufen. Ginge es um die direkte Wahl zwischen Überleben unter bedrückenden Umständen oder Freiheit, die zur Auflösung der Gemeinschaft führen würde, gäbe es einen unerträglichen Interessenkonflikt zwischen Individuum und Gruppe. Aber die Alternativen sind in der Praxis nicht so eindeutig. Zweifellos sind einige jüdische Gemeinden weitgehend oder völlig als Folge der Assimilierung verschwunden, doch wurden andere durch Massaker oder Zwangsbekehrung ausgelöscht. Unterordnung als solche ist keine Existenzgarantie. Juden wie andere Minderheiten brauchen und fordern persönlichen Schutz, freie religiöse und kulturelle Entfaltung sowie die Gewähr, ihr besonderes Erbe nicht im Interesse der Konformität opfern zu müssen. Der Anpassungsdruck hat der jüdischen Identität und Kultur unter den Bedingungen scheinbarer Freiheit den größten Schaden zugefügt. Wo Minoritätenrechte toleriert werden, ist das Fortbestehen der jüdischen Gemeinschaft möglich, gleich ob unter freien oder restriktiven Verhältnissen.

Eine andere geschichtliche Erfahrung dürfte helfen, zukünftige Entwicklungen vorauszusehen: Identitätsprobleme stellen sich verstärkt in kleineren Gemeinden. In den Großstädten, wo sich die Hauptzentren der jüdischen Bevölkerung befinden, sind es die zahlenmäßig schwächeren und isolierteren Gruppen, die dem Zwang zur Angleichung am stärksten ausgesetzt sind. Die Tendenz geht dahin, daß kleinere Gemeinden (sei es auf nationaler oder lokaler Ebene) noch schrumpfen werden, während größere ihre Stärke behaupten oder durch Einwanderung sogar noch wachsen. Die Juden werden sich zunehmend an immer weniger Plätzen konzentrieren. Diese Ballung löst zwar nicht die Probleme der Assimilation, doch kann sie ihre bedrohlichsten Auswirkungen mildern.

Die Wiedergeburt Israels als bedeutendes jüdisches Zentrum hat wichtige Konsequenzen für die Juden in aller Welt. Selbst wenn die israelische Politik in einigen Ländern deren Situation erschwert hat, spielt der Staat Israel eine Schlüsselrolle für das jüdische Selbstverständnis. Eine nationale Heimstatt ist ein machtvoller Aktivposten für ein über die Erde verstreutes Volk; sie bietet die Möglichkeit kulturellen Fortschritts und stärkt das kollektive Selbstvertrauen.

# Die Lebensabschnitte

Die wichtigsten Ereignisse im Leben eines Juden werden durch entsprechende Feiern gewürdigt, die die Tatsache unterstreichen, daß der einzelne nicht allein steht, sondern einer größeren Gemeinde angehört.

Auf die Geburt folgt für die Jungen sehr bald die Beschneidung *(brit mila)*, die traditionsgemäß am achten Tag stattfindet. Die Operation wird durch einen Spezialisten, den *mohel*, ausgeführt; es gilt als besondere Ehre, den Säugling dabei halten zu dürfen. Dies ist auch der Augenblick, da der männliche Nachwuchs seinen Namen erhält.

Kinder werden nach jüdischem Gesetz mit der Pubertät mündig und sind dann verpflichtet, die Glaubensvorschriften einzuhalten. Für Knaben gilt dies spätestens vom Tag nach ihrem 13. Geburtstag; von da an sind sie voll in das religiöse Leben der Synagoge integriert. Infolgedessen steht im Mittelpunkt der Familienfeierlichkeiten unbedingt ein Besuch in der Synagoge, wo sie ihr Recht zum ersten Mal wahrnehmen, meist indem sie aus der Thora und den Prophetenkapiteln lesen. Mädchen erlangen die Mündigkeit mit zwölf Jahren; modernistische Synagogen heben nunmehr auch dieses Ereignis besonders hervor. Sie waren ferner bestrebt, eine »Konfirmationsfeier« für Jungen und Mädchen im Alter von 16 Jahren einzuführen.

Die Eheschließung hatte vermögensrechtliche Ursprünge, und zum Ritual gehört noch immer die Überreichung eines Rings durch den Bräutigam an die Braut, zusammen mit einem Dokument *(ketuba)*, das ihn verpflichtet, sie zu achten und für ihren Lebensunterhalt zu sorgen, und das die finanziellen Vereinbarungen in Einzelheiten festhält. Die Scheidung kennt hingegen keine besondere Zeremonie: Auch sie wird vermittels eines Dokuments *(get)* vollzogen, das die Frau freigibt, so daß sie sich wieder verheiraten kann.

Es gibt viele andere Anlässe, die durch spezielle religiöse Bräuche hervorgehoben werden; zum Beispiel Genesung von einer schweren Krankheit, die glückliche Beendigung einer gefahrvollen Reise oder der Umzug in ein neues Heim. All dies sind Momente, die eine Dankesfeier verdienen. Auch eine Konversion zum Judentum ist von Ritualen begleitet: Hierzu gehören das Eintauchen in Wasser *(tevila)* sowie für Männer die Beschneidung.

Bestattungen erfolgen in schlichter Form. Die Anwesenheit eines Rabbiners ist nicht notwendig (auch nicht für die anderen hier erwähnten Zeremonien). Die sterbliche Hülle wird in ein Leichentuch gewickelt und heutzutage gewöhnlich in einen einfachen Sarg gelegt. Während der ersten Woche herrscht strenge Trauer, die im Laufe des anschließenden Jahres nach und nach gelockert wird. Danach kehrt der Trauernde zum normalen Leben zurück, gedenkt aber am alljährlichen Todestag seines verstorbenen Angehörigen.

»Ihr sollt aber die Vorhaut an eurem Fleisch beschneiden. Das soll ein Zeichen sein des Bundes zwischen mir und euch.« (1. Mos. 17.11) Die Forderung nach der Beschneidung geht direkt auf die Thora zurück, auf Abraham, der seinen Sohn Isaak eine Woche nach dessen Geburt beschnitt, ein Zeitpunkt, der noch immer beibehalten wird *(unten)*. Die Beschneidung ist ein gesellschaftliches Ereignis: Familie und Freunde teilen die Freude der Eltern. Bestimmte Instrumente finden dabei Verwendung, die früher oft aus Silber und anderen wertvollen Materialien gearbeitet waren *(unten rechts)*.

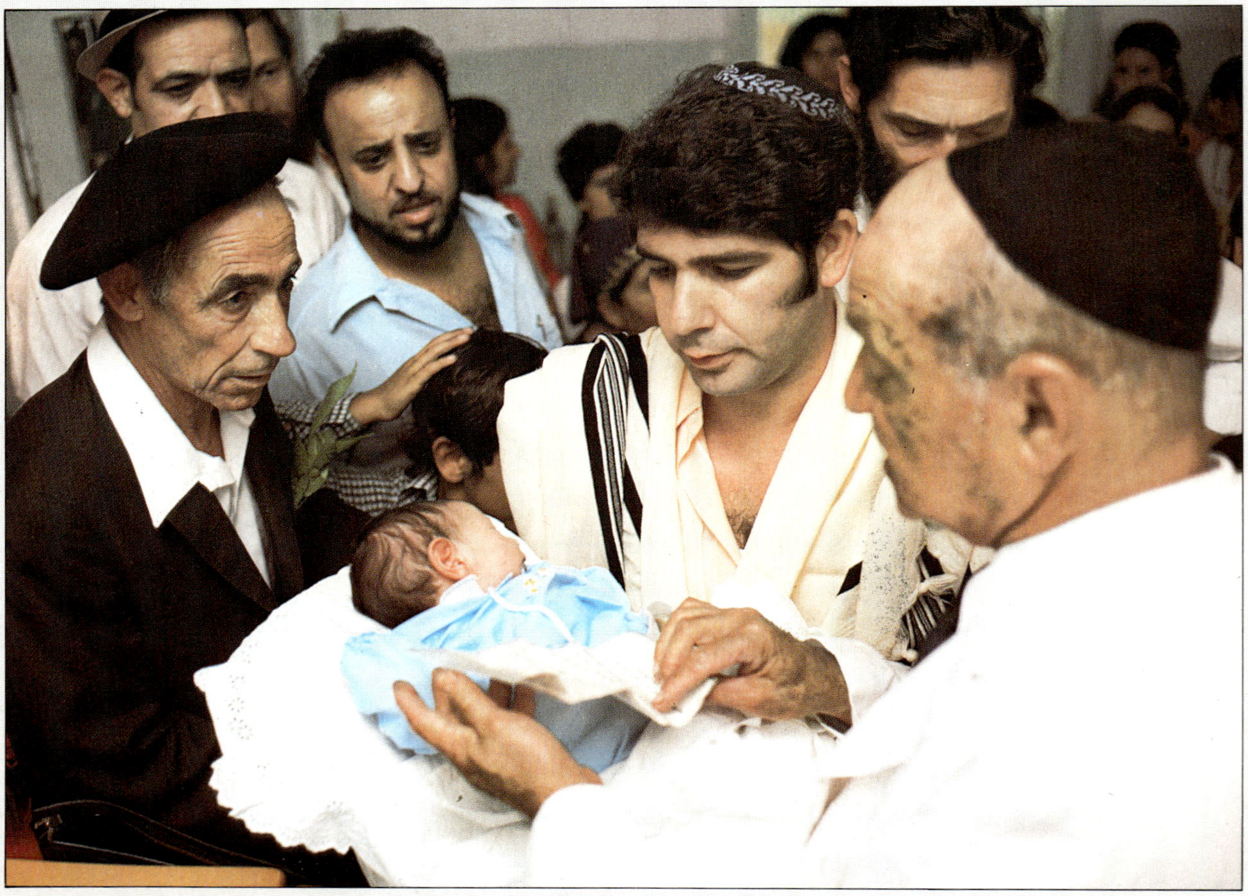

*Rechts:* Der *bar mizwa* (der Ausdruck bezieht sich eigentlich auf die Person, nicht auf die Zeremonie) wird in die Gemeinde der Erwachsenen aufgenommen, indem er den *tallit* (Gebetsmantel) umlegt und aufgefordert wird, in der Synagoge aus Thora und Haftara (Prophetenkapitel) zu lesen, gewöhnlich während eines Sabbat-Gottesdienstes. Hier liest ein *bar mizwa* aus der Thora-Rolle: Man beachte den Zeigestab *(jad)*, den der Rabbiner benutzt, um nicht die Pergamentrolle mit der Hand zu berühren.

*Links:* »Die Stimme von Fröhlichkeit und Freude, die Stimme von Bräutigam und Braut.« (Jeremias 7, 34) Trauungen finden heutzutage gewöhnlich in Synagogen statt, obgleich Traditionalisten dagegen protestieren, da dies auf christlichen Einfluß zurückzuführen sei. Sie bestehen darauf, daß die Zeremonie zu Hause – oder noch besser – im Freien vollzogen werden sollte. Unerläßlicher Bestandteil ist in jedem Fall ein Baldachin *(chuppa)*. Der Heiratsvertrag *(ketuba)* wird verlesen, und der Bräutigam steckt seiner Auserwählten einen Ring an den rechten Zeigefinger. In der Vergangenheit waren die Eheringe meist sehr kunstvoll *(unten)*; Ringe wie diese können ohne Schwierigkeit als jüdisch identifiziert werden.

*Unten:* »Der Herr gibt und der Herr nimmt, geheiligt sei der Name des Herrn«. (Hiob 1, 21) Der Tod wird mit Ergebung hingenommen, die Gemeinde spielt eine wichtige Rolle bei der Tröstung und Unterstützung der Trauernden. Die Vorbereitungen der Leiche für das Begräbnis sind durch genaue Vorschriften geregelt. Diese Aufgabe übernahm einst eine Beerdigungsbruderschaft *(chevra kadischa,* »Heilige Genossenschaft«), und es galt als Privileg, ihr anzugehören. Jedes Jahr am siebten Adar traf sich die Bruderschaft zu einem Festmahl (der Tradition nach der Todestag von Moses), wobei sie aus Gläsern mit emaillierten Begräbnismotiven tranken *(rechts)*.

# Der jüdische Kalender

Der jüdische Kalender bestimmt den Lebensrhythmus gläubiger Juden überall in der Welt. Es handelt sich um einen Mondkalender: Die Monate fallen mit dem Mondzyklus zusammen, und die Feste treffen immer auf die gleiche Mondphase. Die Monate haben entweder 29 oder 30 Tage; der erste Tag eines jeden Monats (und der 30., falls es ihn gibt) gelten als geringere Feiertage. Um das Mondjahr von 354 Tagen mit dem Sonnenjahr von 365 Tagen in Einklang zu bringen, wird jeweils in einem Zyklus von 19 Jahren siebenmal ein zusätzlicher Monat eingeschoben. Diese Korrektur garantiert, daß die Feste immer in die gleiche Jahreszeit fallen, allerdings mit gewissen Verschiebungen im Datum, während sie bei den Muslimen zu irgendeinem Zeitpunkt des Sonnenkalenders stattfinden können.

Die kleineren Kalendereinheiten sind der Tag, der mit Einbruch der Nacht (d. h. Sonnenuntergang) beginnt und endet, und die Woche, deren Höhepunkt der Sabbat ist, der an jedem Samstag geheiligt wird. Der Sabbat beherrscht für jeden frommen Juden die Woche als stetige Mahnung an seine Religion. Die Sabbat-Ruhe erinnert an die Schöpfung der Welt – da nach der Bibel Gott am siebten Tag von seiner Arbeit ausruhte –, und sie gibt auch einen Ausblick auf die schließliche Erlösung, weshalb sie oft als »Vorgeschmack der Ewigkeit« bezeichnet worden ist.

Auch das Jahr wird durch Feierlichkeiten gegliedert, mit dem Schwerpunkt im Herbst und Frühling, also zur Erntezeit. Die größeren Feste sind biblischen Ursprungs und hingen im Altertum mit der dreimal jährlichen Pilgerfahrt nach Jerusalem zusammen. Das Erntemotiv hat zwar seit langem aufgehört, die Riten dieser Feierlichkeiten zu bestimmen (obgleich das bis zu einem gewissen Grad im modernen Israel wiederbelebt wurde), aber der biblische Einfluß ist noch immer deutlich spürbar. *Sukkot* (Laubhüttenfest) trägt seinen Namen von den Erntehütten, die mit Früchten und Laub geschmückt waren, eine Anspielung auf die Zelte, in denen die Israeliten während ihrer Wanderungen in der Wüste nach dem Exodus aus Ägypten wohnten. Im Altertum bildete *Sukkot* den Höhepunkt des Jahres: Die frühen Rabbiner nannten es schlicht »das Fest«. Heute ist es etwas in den Schatten der Neujahrszeremonien *(Rosch ha-Schana)* und des Versöhnungstages *(Jom Kippur)* gedrängt worden, die ihm unmittelbar vorangehen. Der Exodus selbst wird alljährlich zu *Pessach (Passah)* ins Gedächtnis gerufen, und sieben Wochen später gedenkt *Schavuot* (Wochenfest oder Pfingsten) der Verkündigung der Gesetze am Berg Sinai. Doch vermitteln sie alle auch eine geistige Botschaft: *Sukkot* die Vergänglichkeit des menschlichen Lebens, *Pessach* die Befreiung von Unterdrückung, *Schavuot* die göttliche Offenbarung. Und jedes von ihnen gibt etwas von der Atmosphäre der Saison wieder, in die es fällt – die Reife des Herbstes, die im Mittleren Osten eine Zeit des erfrischenden Regens und neuen Lebens ist, die Verheißung des Frühlings und die üppige Fülle des Sommers. *Rosch ha-Schana* legt eine besondere Betonung auf Besinnung und Reue, in der die Freude an der Erneuerung sich mit kritischer Selbstbefragung mischt.

Viele andere religiöse Bräuche haben sich über Jahrhunderte hin entwickelt, so daß der Kalender mit Fastentagen und kleineren Festlichkeiten geradezu übersät ist.

| Tischri | Cheschwan | Kislew | Tevet | Schevat | Adar |
|---|---|---|---|---|---|
| ROSCH HA-SCHANA | | | | | |
| (Neujahr) | | | | | |
| Fastentag | | | | | |
| | | | | | |
| | | | | | |
| | | | | | |
| | | | | | |
| | | | | | |
| | | | | | |
| JOM KIPPUR (Versöhnungstag) | | | Fastentag | | |
| | | | | | |
| | | | | | |
| | | | | | Taanit Ester (Fastentag) |
| | | | | | PURIM |
| SUKKOT (Laubhüttenfest) | | | | Neujahr der Bäume | |
| | | | | | |
| | | | | | |
| | | | | | |
| | | | | | |
| | | | | | |
| | | | | | |
| SCHEMINI ATSERET | | | | | |
| SIMCHAT THORA * | | | | | |
| | | | | | |
| | | CHANUKKA | | | |
| | | | | | |
| | | | | | |
| | | | | | |
| | | | | | |
| | | | | | |

| san | Ijjar | Siwan | Tammus | Av | Elul |
|---|---|---|---|---|---|
| | | | | | |
| | | | | | |
| | | | | | |
| | | | | | |
| | Israelischer Unabhängigkeitstag | | | | |
| | | SCHAVUOT (Pfingsten) | | | |
| | | * | | | |
| | | | | | |
| | | | | Fastentag | |
| | | | | | |
| | | | | | |
| | | | | | |
| | | | | | |
| stentag | | | | | |
| SSAH ssach) | | | | | |
| | | | | | |
| | | | Fastentag | | |
| | Lag ba-Omer | | | | |
| | | | | | |
| | | | | | |
| zter Tag PASSAH | | | | | |
| * | | | | | |
| | | | | | |
| | | | | | |
| | | | | | |
| | | | | | |
| enktag an den caust | | | | | |
| | | | | | |
| | | | | | |
| | | | | | |

Hohe Feiertage

Pilgerfeste

Andere Festtage

Kleinere Fastentage und Feierperioden

* In Israel und in reformierten Gemeinden werden diese Tage nicht begangen, und Simchat Thora wird am vorhergehenden Tag gefeiert.

Zwei dieser Anlässe erfreuen sich selbst bei weniger frommen Juden großer Beliebtheit, vielleicht weil sie eine spezielle Anziehungskraft für Kinder haben. *Chanukka* im Dezember gedenkt der erneuten Weihe des Tempels durch die Hasmonäer, während *Purim* (Errettung von der Verfolgung durch die Perser, Buch Esther) mit Maskeraden und lärmender Ausgelassenheit begangen wird. Der neunte Av ist ein Fastentag am traditionellen Datum der Zerstörung sowohl des Ersten wie des Zweiten Tempels sowie anderer tragischer Ereignisse. In den letzten Jahren sind Versuche unternommen worden, zwei neue Anlässe im Kalender zu verankern: Die Erklärung der israelischen Unabhängigkeit am fünften Ijjar und ein Gedenktag für die Opfer des Nazi-Holocaust eine Woche vorher. Beide Gedenktage werden in Israel genau eingehalten, doch in der Diaspora ist die Befolgung nicht so einheitlich. Dasselbe gilt für andere, länger bestehende Bräuche wie das »Neujahr der Bäume« am 15. Schevat oder für *Lag ba-Omer* am 18. Ijjar, ein Anlaß für Freudenfeuer und Picknicks. Zwei Feste haben für die meisten Juden Vorrang vor allen anderen: Die Bußtage (Neujahr und Versöhnungstag), wenn die Synagogen mit Gläubigen überfüllt sind, und das *Passah*-Fest, wenn die Familien zusammenkommen, um den Auszug des Volkes Israel aus Ägypten zu begehen.

Eine andere Einzelheit des religiösen Kalenders bedarf noch der Erklärung: In der Diaspora ist der Brauch entstanden, an jedem der Pilgerfeste noch einen zusätzlichen Tag zu feiern (einschließlich des jeweils ersten und letzten Tages von *Sukkot* und *Passah*). Dieses Herkommen, das seinen Ursprung in der Antike hat, ist von den Reformjuden und einem Teil der orthodoxen Richtung aufgegeben worden, die, wie die Israelis, den in der Bibel festgelegten Bestimmungen folgen.

Die Jahre werden vom traditionellen Datum der Erschaffung der Welt 3761 v. Chr. gezählt. So ist das Jahr, das im Herbst 1984 beginnt AM *(Anno Mundi)* 5745.

Jedes Fest des Jahres hat seine eigene Atmosphäre. *Links außen: Simchat Thora* (Gesetzesfreude) kennzeichnet den Abschluß der besinnlichen Periode der Neujahrsfeierlichkeiten, die für die ganz Strenggläubigen annähernd zwei Monate gedauert hat; es markiert auch das Ende des jährlichen Zyklus der Thora-Lesungen. Thema von *Simchat Thora* ist Freude, die leicht die Grenzen der Zügellosigkeit streifen kann, wie auf diesem Holzschnitt für ein Fähnchen zu sehen ist, der etwa 1920 in Rußland entstand. An diesem Freudentag schwenkten die Kinder traditionsgemäß besondere Fähnchen.

*Links:* Obgleich der Anlaß nicht weniger freudig ist, gibt man sich bei *Passah* besinnlicher. Die Gedenktage werden zu Hause mit einem Abendessen eingeleitet, das teils Festmahl, teils Gottesdienst, teils historische Lektion ist. Auch hier wird die Teilnahme der Kinder gern gesehen. Die Illustration stammt aus einer spanischen *Haggada* des 14. Jahrhunderts.

*Rechts:* Der Tierkreis und die vier Jahreszeiten, Ausschnitt von einem byzantinischen Fußbodenmosaik des sechsten Jahrhunderts in einer galiläischen Synagoge (Bet Alpha). Die Inschriften sind in Hebräisch.

# Religiöse Festtage

*Ganz unten links:* »Blast das Schofarhorn am Neumond!« Neujahr an der Westmauer Jerusalems: Das Schofarhorn ruft zur Reue auf.

*Ganz unten rechts:* »Nehmt die Früchte von Zitrusbäumen, Palmwedel, belaubte Myrtenzweige und Weiden vom Bach und gebt der Freude Ausdruck vor dem Herrn, Eurem Gott!« *Sukkot*-Feier in Jerusalem.

*Unten:* »Wir zünden diese Lichter an im Gedenken an die Wunder, die heldenhaften Taten, die Siege und die wunderbaren und trostreichen Handlungen, die Du vollbracht hast für unsere Väter in jenen Tagen zu dieser Zeit des Jahres.« An jedem der acht Tage von *Chanukka* wird eine weitere Kerze der achtarmigen *chanukija* angezündet.

## Tage der Buße

Im Deutschen werden sie oft als »Zehn Bußtage« oder »Hohe Tage«, im Hebräischen als *Jamim Nora'im* bezeichnet: Zehn ernste Tage, die mit *Rosch ha-Schana* (Neujahr) beginnen und mit *Jom Kippur* ihren Höhepunkt finden. Dies ist die Stunde des Gerichts: Das Lebensbuch liegt offen, und jedes Menschen Geschick wird in ihm vermerkt, wobei die guten Taten den Ausschlag geben. »Zu *Rosch ha-Schana* ist es geschrieben und am Fastentag *Kippur* ist es besiegelt: wie viele vergehen und wie viele erstehen, wer leben und wer sterben wird, wer zum festgelegten Zeitpunkt und wer vorher...« Die Worte der Liturgie sind furchterregend, doch bringen sie auch eine beruhigende Botschaft des Trostes und der Versöhnung.

## Chanukka

Acht Tage des Lichts zur Wintersonnenwende: *Chanukka* gedenkt des Sieges der Hasmonäer über die Armeen des Antiochus (164 v. Chr.). »Danach betraten Deine Kinder das Heiligste Deines Hauses, reinigten Deinen Tempel und zündeten die Lampen in Deinen heiligen Höfen an. Dann bestimmten sie acht Tage als *Chanukka*, um Dir zu danken und Deinen großen Namen zu preisen.« *Chanukka* heißt Weihung, doch für die Kinder bedeutet es Kerzen und Geschenke. Die *menora*, der siebenarmige Leuchter, der im Jerusalemer Tempel aufgestellt war, ist zur achtarmigen *chanukija* umgeformt worden: ein Licht für jeden Tag des Festes und ein neuntes *(schamasch)*, um die anderen anzuzünden.

## Sukkot

Dicht auf *Jom Kippur* folgt *Sukkot*, so genannt nach den Hütten *(sukkot)*, die mit Früchten und Blumen geschmückt wurden und Laubdächer hatten. Gemäß einem frommen Brauch wird mit dem Bau der *sukka* nach der Rückkehr vom *Kippur*-Gottesdienst begonnen. Wo es das Klima erlaubt, ißt und schläft die Familie für die Dauer des Festes in der *sukka*. Eine andere Tradition ist der Feststrauß, zu dem obligatorisch die »vier Symbole« gehören (3. Mos. 40): ein Palmzweig, drei Myrtenzweige, zwei Reiser der Bachweide, gebunden zum *lulav*, sowie eine aromatische Zitrusfrucht *(etrog)*. Die Sträuße werden in Prozessionen getragen, geschwungen und in die vier Himmelsrichtungen geschüttelt, dazu werden *hosannas* (Bittgebete) angestimmt. *Sukkot* dauert sieben oder acht Tage, unmittelbar daran schließt sich *Simchat Thora* an, wo ähnliche, jedoch ausgelassenere Prozessionen, diesmal mit der Thora-Rolle, stattfinden.

*Links:* »Den Juden aber war Licht und Freude und Wonne und Ehre gekommen.« Juden aus Buchara feiern *Purim.* Erinnern sie sich ihres eigenen persischen Ursprungs, wenn sie die Esther-Rolle lesen?
*Links Mitte:* »Sieben Tage lang soll nichts Gesäuertes in Euren Wohnungen gefunden werden.« Verbrennung des *chamez* in Jerusalem.

*Links unten:* »An diesem Tag sollst Du Deinem Sohn sagen: › Dies geschieht im Gedenken daran, was der Herr für mich tat, als ich aus Ägypten geführt wurde.‹ « Ein Passah-*Seder* in England mit dem traditionellen ungesäuerten Brot *(maze)* auf dem Teller.

## Purim

Etwa auf die Jahresmitte fällt *Purim*, womit man der mißlungenen Verschwörung gedenkt, die der gottlose Haman plante, um alle Juden des Perserreichs zu vernichten (fünftes Jahrhundert v. Chr.). Wie bei *Chanukka* handelt es sich um einen normalen Arbeitstag, der allerdings durch besondere Riten und eine freudige Stimmung gekennzeichnet ist. Aus Schriftrollen wird das Buch Esther verlesen, das die Geschichte des ursprünglichen *Purim* erzählt. Mit alkoholischen Getränken hält man sich an diesem Tag zurück, und ähnlich wie *Chanukka* ist er ein freudiges Ereignis für Kinder. Sie verkleiden sich als Königin Esther oder König Ahasverus oder wählen andere, mehr zeitgenössische Kostüme.

## Vorbereitungen für Passah

Nur ein Monat trennt *Purim* von *Passah*, und für jene, die mit den praktischen Arbeiten beschäftigt sind, kommt sein Beginn nur zu schnell. Die Thora verlangt, daß sich nichts Gesäuertes in der Wohnung befindet, was gewöhnlich als Anlaß für einen allgemeinen Frühjahrsputz genommen wird. Vor dem Fest herrscht in jedem jüdischen Heim emsige Geschäftigkeit: Die Wohnungen werden geputzt, Mobiliar und Kleidung gereinigt oder ersetzt, und die Küche wird total auf den Kopf gestellt. In traditionalistischen Kreisen schafft man häufig neue Bestecke und Küchengeräte an, auch sind Vorräte für das Festessen und die Einladungen während der Woche anzulegen. Ungesäuertes Brot *(maze)* muß gebacken oder – was üblicher ist – gekauft werden, und es gibt eine Fülle althergebrachter Rezepte, die aus der kargen Speise durch den verschwenderischen Gebrauch von gemahlenen Mandeln, Zimt und anderen wohlschmeckenden Zutaten eine wahre Köstlichkeit machen.

## Passah (Pessach)

Die Feierlichkeiten beginnen am Vorabend mit einem der populärsten jüdischen Bräuche: dem *Seder*-Mahl. Die Familie ist vereint, und alleinstehende Bekannte werden zu Gast geladen. Alle formellen Mahlzeiten beginnen mit Segenssprüchen für Wein und Brot und den Tag als solchen, doch das *Seder*-Ritual ist besonders genau festgelegt: Die Rezitation der biblischen Geschichte vom Auszug aus Ägypten wird verbunden mit Meditationen über die Themen Freiheit und Rettung sowie mit Gesängen zur Lobpreisung Gottes. Eine führende Rolle spielen die Kinder: Der jüngste Anwesende leitet traditionsgemäß die Zeremonie ein, indem er die Hauptfrage stellt: »Was zeichnet diese Nacht vor allen anderen Nächten aus?« Die darauf folgende Erzählung des Exodus ist die Antwort auf diese Frage. Es gibt »Lehrhilfen« in Form symbolischer Speisen: ein gerösteter Lammknochen und ein Ei als Symbol des Passah-Opfers, *maze* zur Erinnerung an den hastigen Aufbruch der Israeliten aus Ägypten sowie Meerrettich oder andere bittere Kräuter zum Gedenken an ihre Leiden. Das *Seder*-Ritual bewahrt Merkmale des griechisch-römischen Festmahls, und es weist auch auf die Erlösung in der Zukunft. Der Abend wird mit volkstümlichen Liedern beschlossen, wodurch das Interesse der Kinder bis zum Schluß wachgehalten wird.

# DIE GEMEINDESTRUKTUR

Ein oft wiederholter Aphorismus besagt, daß Judentum »nicht so sehr eine Religion sondern mehr eine Lebenshaltung« sei. Tatsächlich beruht die jüdische Identität sehr häufig auf einer sozialen Bindung, bei der der Glaube nur eine Komponente unter vielen ist. Auch die jüdische religiöse Literatur hat immer stärkere Betonung auf das reale Leben als auf abstrakte Gedanken oder Lehren gelegt. Doch die jüdische Existenz in ihren konkreten Erscheinungsformen weicht wesentlich von den Idealentwürfen der Predigten und Handbücher ab. Sie variiert sehr von Ort zu Ort, von Zeit zu Zeit und selbst zwischen Gruppen oder Einzelpersonen innerhalb derselben Gemeinde.

Diese Vielfalt ist heute sehr ausgeprägt, wahrscheinlich mehr als zu jeder früheren Periode, doch wäre es eine ganz unangebrachte romantische Vorstellung, dies für ein rein modernes Phänomen zu halten. Die Ursache der Veränderung ist im Zusammenbruch des sozialen Zusammenhalts sowie der Einheitlichkeit der mittelalterlichen Gemeinde unter den neuen Bedingungen einer offenen Gesellschaft zu suchen, was Anlaß zu den vielfältigsten Bemühungen gegeben hat, die jüdische Identität ohne aufgezwungene Abschließung und mächtige interne Führungsschicht zu bewahren und auszudrücken. Wie so oft, hat ein solch tiefgreifender politischer Umbruch auch zu wirtschaftlichen und sozialen Veränderungen geführt, die ihrerseits eine Neubewertung der theoretischen Grundlagen der althergebrachten Institutionen und Bräuche notwendig machen.

Der Auflösungsprozeß der mittelalterlichen Gemeinde vollzog sich allmählich im Laufe der letzten zwei- oder dreihundert Jahre und ist noch nicht abgeschlossen. Mittelalterliche Bedingungen herrschen noch immer an einigen wenigen kleinen Orten, deren Zahl jedoch stetig abnimmt. Die große Mehrheit der Juden lebt heute in Ländern, wo die formalrechtlichen Grundlagen eines solchen Daseins nicht mehr bestehen und wo sie als einzelne oder Gruppe ihre Lebensumstände frei bestimmen können. Unter den neuen Verhältnissen hat sich eine kleine Minderheit wieder der traditionellen Existenzform angenähert, doch da dies auf einer freiwilligen Entscheidung beruhte, unterscheidet sie sich grundsätzlich von ihrem älteren Vorbild und wird daher eher als ein Aspekt der vielfältigen modernen Möglichkeiten, denn als authentisch überliefertes Modell angesehen.

Die Tradition übt heute weiterhin eine starke Anziehungskraft auf die Juden aus, besonders auf jene, die erst in jüngster Zeit in den Genuß der Emanzipation kamen. Doch im Verlauf von zwei oder drei Generationen wird sich dieser Einfluß abschwächen und oft nur als sentimentales Gefühl zurückbleiben. Mittlerweile sind bewußt oder unbewußt neue soziale Formen entwickelt worden, alte Institutionen und Werte wurden revidiert oder durch neue ersetzt. Die Entwicklung verläuft nicht gleichmäßig und ist auch nirgendwo beendet. Für viele (insbesondere osteuropäische) Juden, deren mittelalterliche Gemeinden erst in den 40er Jahren unseres Jahrhunderts oder später zerschlagen wurden, hat sie kaum begonnen. Wir stehen vor einem kaleidoskopartigen Bild, dessen endgültiges Aussehen, falls es so etwas geben sollte, unmöglich vorauszusehen ist.

**Die mittelalterliche Gemeinde**

Im Mittelalter wurde die jüdische Identität offiziell anerkannt, Proselytentum und Mischheiraten waren verboten, es gab spezielle Kleidervorschriften und die Beschränkung auf bestimmte Stadtviertel. Aus der sozialen Abtrennung resultierte eine kulturelle. Obgleich ein gewisser Einfluß unvermeidlich blieb, waren die Juden von der Kultur der Mehrheit der Bevölkerung abgeschnitten und entwickelten in relativer Isolation ihren eigenen Lebensstil. An vielen Orten unterschieden sie sich sogar durch die Sprache von ihren Nachbarn. Oft bestand ein bemerkenswertes kulturelles Gefälle zwischen Juden und Nichtjuden (besonders dort, wo unter der nichtjüdischen Einwohnerschaft Analphabetismus weit verbreitet war). Der Glaube bildete natürlich einen eindeutigen Trennfaktor, obgleich es häufig eine gewisse religiöse Wechselwirkung sowohl auf intellektueller wie volkstümlicher Ebene gab.

Die mittelalterliche Gemeinde war in hohem Maße durchorganisiert und beschäftigte bezahlte Angestellte für die Durchführung ihrer verschiedenen Aktivitäten und die Verwaltung der Institutionen, einschließlich religiöser und pädagogischer Einrichtungen, des Steuerwesens und öffentlicher Wohlfahrtsorganisationen. Es handelte sich um eine sehr geschlossene Gesellschaft, die nach außen hin sowohl durch identische Interessen wie durch ein ideologisch gefärbtes Zusammengehörigkeitsgefühl verbunden war. Man hatte einen ausgeprägten Sinn für soziale Verantwortung – die wohlhabenderen Mitglieder standen den weniger Glücklichen über Stiftungen und durch persönliche Spenden bei. Obwohl jede Gemeinde autonom war, arbeiteten sie auch untereinander zusammen. Die Rabbiner suchten gegenseitig Rat und Hilfe (nur gelegentlich trafen sie sich auf regionalen Synoden), Gerichtshöfe tauschten Informationen über Fälle aus, die über die lokale Gerichtsbarkeit hinausgingen, und karitative Einrichtungen sorgten für notleidende Reisende und für freigekaufte Gefangene.

Die Zwänge, die den Juden auferlegt waren, bewirkten eine beträchtliche wirtschaftliche und berufliche Spezialisierung. Beschränkungen bei der Sklavenhaltung hatten sie sehr früh aus Landwirtschaft und Gewerbe verdrängt, bald wurde ihnen auch Landbesitz überhaupt verwehrt. Das Verbot, den Zünften anzugehören, schloß sie von weiten Sparten des Handwerks aus. Ausdrücklich oder stillschweigend wurde ihnen allgemein der Zugang zum Armee- und Verwaltungsdienst und zu den »freien Berufen« (mit Ausnahme der Medizin) verwehrt. Im mittelalterlichen Europa verdrängte man sie zunehmend in den Geldverleih sowie in einen kleineren Bereich kaufmännischer Tätigkeiten. (Im Deutschen Reich des 15. Jahrhunderts beispielsweise trieben Juden Handel mit Agrarprodukten, betätigten sich als Hausierer, auch scheint es einige jüdische Gastwirte gegeben zu haben.) Diese Spezialisierung vertiefte die Trennung und trug zur Unpopularität der Juden beim Volk bei, besonders bei Geschäftskonkurrenten und Schuldnern. Nicht selten kam es zu Plünderung und Mord, um sich der verhaßten Gläubiger zu entledigen. Die Juden konzentrierten sich meist in besonderen Vierteln der Großstädte Osteuropas; wo es nur wenige solcher Zentren gab, waren sie über Kleinstädte und

Aspekte des jüdischen Alltagslebens im Mittelalter.
*Oben:* Miniatur aus einer *Haggada* (Passsah-Erzählung), verfaßt und illustriert in Hamburg 1740 von Joseph bar David Leipnick. Obgleich das Gemälde einen Text über jüdische Arbeiter im alten Ägypten illustriert, zeigt es zeitgenössische Juden vor dem Hintergrund einer deutschen Stadt.

*Rechts:* Miniatur aus einer spanischen Handschrift des frühen 14. Jahrhunderts. Der Kessel mit siedendem Wasser dient zur Reinigung von Töpfen und Pfannen.

Dörfer verstreut, aber selbst hier machten wirtschaftliche und soziale Diskriminierung sie zu einer besonderen Klasse.

Die grundlegende Einheit des jüdischen Lebens bildete die Familie; vielleicht machte dies die wirkliche Stärke des Zusammenhalts aus. Die Familien waren groß und gegenüber ihren Mitgliedern loyal. In einer Gemeinschaft, die dazu tendierte, die Gruppe höher als den Einzelnen zu bewerten, und die niemals Zölibat und Mönchtum verherrlicht hatte, war es die Familie, die für Stabilität und Kontinuität sorgte und den unmittelbaren sozialen, wirtschaftlichen und religiösen Rahmen für das Individuum stellte. Bedeutsame Ereignisse des religiösen Jahres wurden im familiären Kreis begangen, ebenso religiöse Feiern anläßlich der persönlichen Lebensabschnitte. Die Religion bestimmte auch den strengen sexuellen Verhaltenskodex, dessen Ziel die Erhaltung und Heiligung der Familie war. Heiraten wurden oft innerhalb der weiteren Verwandtschaft arrangiert, oder zwischen Familien, die schon untereinander verschwägert waren, was das Verbundenheitsgefühl vertiefte. Der gute Ruf eines Verwandten oder Vorfahren war eine Quelle des gemeinsamen Stolzes, während unehrenhaftes Verhalten eines Angehörigen Schande über alle brachte. Die Alten wurden respektiert und umsorgt, die Jungen wurden verwöhnt, weil sie Garanten dafür waren, daß sich die Kontinuität der Familie in der Zukunft fortsetzte. Erziehung und Berufsausbildung fielen, zumindest theoretisch, unter die familiäre Verantwortlichkeit.

Das System begünstigte die Männer gegenüber den Frauen. Macht und Autorität waren männliche Monopole, und während Söhne vom frühen Alter an eine Ausbildung erhielten, wurden Mädchen so gut wie gar nicht unterrichtet. Den Frauen blieb auch weitgehend die Beteiligung am aktiven religiösen Leben der Synagoge verwehrt: Wenn sie daran teilnahmen, hatten sie sich auf der Galerie oder hinter einem Wandschirm zu verstecken. Die Regeln der Bescheidenheit und der rituellen Reinheit galten für Männer gleichfalls weniger streng als für Frauen; diese besaßen einen Rechtsstatus ähnlich dem von Sklaven oder Minderjährigen (nur daß er von Dauer war). Sie konnten vor Gericht nicht als Zeugen auftreten und waren vom öffentlichen Leben ausgeschlossen wie von den meisten Erwerbsberufen (die oft zitierten Ausnahmen bestätigen lediglich die allgemeine Regel). Nur innerhalb des Hauses erfreuten sich die Frauen einer gewissen Freiheit und Achtung, und selbst hier gab es eine klare Trennung der Aufgaben, wobei der angesehenere Teil ganz selbstverständlich dem männlichen Geschlecht vorbehalten blieb.

Die mittelalterliche Gemeinde bildete eine abgeschlossene Gesellschaft, in die nur wenige eintraten oder sie verließen. Das Schicksal des einzelnen war weitgehend von Faktoren bestimmt, die außerhalb seiner Kontrolle lagen. Individualismus und abweichende Haltungen wurden nicht gern gesehen, vielmehr erwartete man von den Mitgliedern, daß sie ihre persönlichen Wünsche dem Wohlergehen der Gruppe unterordneten. In vieler Hinsicht spiegelte das Leben in der Gemeinde das Ethos der christlichen (oder muslimischen) Umwelt wider, die für viele der jüdischen Verhaltensweisen direkt verantwortlich war.

### Veränderungen in der Moderne

Die Geschlossenheit während des Mittelalters begann sich im 17. und 18. Jahrhundert langsam aufzulösen, als reiche Kaufleute und Bankiers mit der nichtjüdischen Gesellschaft verkehrten und zunehmend deren Lebensart übernahmen. Aber populäre religiöse Bewegungen wie der messianische Sabbatianismus und der Chassidismus stellten eine zwar weniger offenkundige, doch gewiß viel weiter verbreitete Herausforderung an die überkommenen Werte dar. Die europäische Aufklärung, die die traditionelle Beziehung zwischen Staat und Kirche in Frage stellte und schließlich zur politischen Emanzipation der Juden führte, hatte auch eine tiefgreifende Wirkung auf den jüdischen Lebensstil, als die soziale Integration allmählich weithin akzeptabler wurde.

Da im größten Teil des 19. Jahrhunderts die Masse der jüdischen Bevölkerung in den Ländern konzentriert war, die radikalen Neuerungen den geringsten Spielraum boten, gingen die Veränderungen nur langsam vor sich. Als in den 1880er Jahren die massive Wanderung von Rußland und dem Nahen Osten in Richtung Westen einsetzte, gab es auffallende Unterschiede zwischen den östlichen und westlichen Juden. Neuankömmlinge aus den orthodoxen Gemeinden des Ostens nahmen Anstoß am Anblick ihrer assimilierten westlichen Brüder, die sich in Kleidung, Sprache und Gewohnheiten nicht von ihrer Umwelt unterschieden und sich offensichtlich völliger Freiheit und Sicherheit erfreuten. Um 1880 waren in Westeuropa und Nordamerika geborene Juden in den Glaubenspraktiken nahezu völlig unorthodox; Bräuche wie Sabbatruhe, Speisevorschriften, tägliche Gebete und rituelle Waschungen wurden nachlässiger gehandhabt oder waren ganz aufgegeben worden. Im Osten dagegen hielt man streng an den angestammten Regeln fest, und religiöse Reformen waren hier im wesentlichen unbekannt. Sogar der Chassidismus, der eine Verinnerlichung des religiösen Lebens anstrebte, hatte sich den Mustern des traditionellen Judaismus angepaßt. Mit dem Zuzug in großem Maßstab wurden in den westlichen Ländern die älteren Strukturen jüdischen Lebens zeitweilig wiederhergestellt, was zu einem erneuten kulturellen Anpassungsprozeß führte, der jetzt allerdings viele neue Formen

Aspekte heutigen jüdischen Lebens.
*Links:* Jüdische Teilnehmer an einer Homosexuellen-Demonstration in New York.
*Links Mitte:* Eine Großschlächterei für koscheres Geflügel in London.
*Links unten:* Informelle Hochzeitsfeier in Los Angeles.
*Unten:* Einträchtiges Zusammensein von Mitgliedern einer New Yorker *chavura* während der Sabbat-Ruhe.
*Rechts:* Fischhändler mit kritischem Kunden in New Yorks Lower East Side.

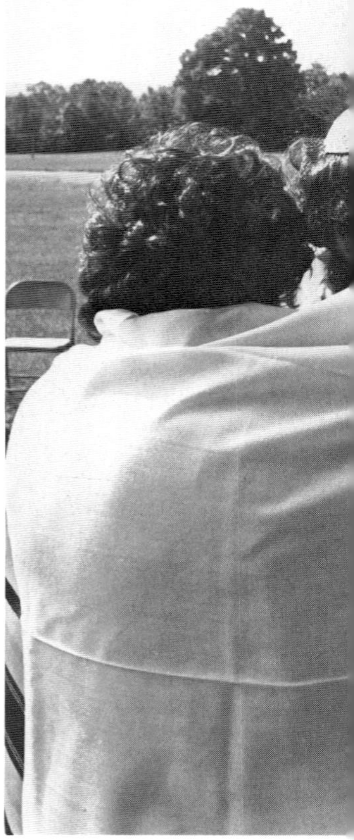

der Koexistenz und der jüdischen Einflußnahme einschloß. Nachfolgende Immigrationswellen in die jüdischen Zentren, besonders aus Mitteleuropa während der nationalsozialistischen Ära und seit 1948 aus dem arabischen Raum, haben das Bild noch komplexer gemacht.

Mit der Aufhebung der Niederlassungsbeschränkungen sind die Juden vielerorts dazu übergegangen, sich den vorherrschenden Siedlungsstrukturen anzupassen. Es gibt eine gewisse Tendenz, inoffizielle jüdische Viertel weiterhin beizubehalten, und da der Trend in Richtung der großstädtischen Vororte geht, sind neue Gebiete mit relativ dichter jüdischer Bevölkerung entstanden, die ihre eigenen Läden und religiösen Einrichtungen haben. In den meisten Staaten konzentrieren sich die Juden in mehreren großen Städten, auch wenn kleinere Gemeinden und sogar einzelne Familien weit verstreut leben. Israel bildet davon eine Ausnahme, da sie hier seit der Masseneinwanderung überall im Land in Städten und Dörfern angesiedelt wurden, von denen die meisten eine rein jüdische Einwohnerschaft haben.

Die wirtschaftliche Spezialisierung des Ghettos hat einer großen Vielfalt Platz gemacht. Obgleich sie an einigen Orten durch Tradition oder lokale Umstände nach wie vor im Bankwesen, Handel und Gewerbe dominieren, findet man Juden heute in jedem Berufszweig. Umfragen in Großbritannien, Nordamerika und anderswo haben deutlich bewiesen, daß die Tendenz weg von den manuellen Beschäftigungen hin zur Kopf-Arbeit führt. Diese Ausrichtung ist bei den nachfolgenden im Lande geborenen Generationen noch auffälliger. Da ihnen der Wehrdienst nicht länger verschlossen ist, dienen Juden auch in den Armeen, sowohl als Wehrpflichtige wie als Berufssoldaten. Es hat gleichfalls eine Rückkehr zur Landwirtschaft gegeben, zuerst in Versuchskolonien im Rußland des 19. Jahrhunderts, später in Südamerika und Palästina. Ein großer Teil der jüdischen Bevölkerung Israels ist im Agrarbereich beschäftigt, entweder in kollektiven oder kooperativen Siedlungen oder in traditionelleren landwirtschaftlichen Gemeinden. Juden sind auch in den verschiedenen Staaten in einem weiten Spektrum politischer Parteien vertreten, obgleich wenige die höchsten Regierungsämter erreicht haben (Israel ist natürlich wiederum ein Sonderfall). All diese Bemerkungen treffen natürlich nur dort zu, wo sich die Integration in hohem Maße durchgesetzt hat. Noch gibt es einige Staaten, besonders in der arabischen Welt, wo die Möglichkeiten für Juden eingeschränkt und wo sie zum Teil von einigen Bereichen völlig ausgeschlossen sind.

Die spezifisch jüdische Kultur, die so kennzeichnend für die mittelalterliche Periode war, ist durch die Integration stark zum Erliegen gekommen, obgleich es vereinzelte Versuche gegeben hat, die jiddische Sprache und Literatur lebendig zu erhalten. Auf diesem Gebiet sind die Veränderungen am gravierendsten. In den meisten Ländern gibt es keine merkbaren kulturellen Unterschiede zwischen Juden und Nichtjuden, und das gilt besonders dort, wo sie die gleichen Schulen besuchen und die gleichen Wertvorstellungen aufnehmen. Ihr Beitrag zum kulturellen Leben trägt keine eindeutig jüdischen Züge, auch wenn einige Schriftsteller und Künstler sich auf jüdische Themen konzentrieren.

Was die Religion betrifft, so hat die Anpassung viele Formen angenommen, und es ist schwierig, stimmige Verallgemeinerungen zu treffen. Die Zugehörigkeit zur Synagoge beispielsweise ist von Land zu Land sehr verschieden und ebenso die Rolle, die sie für den Einzelnen spielt. In den Vereinigten Staaten gehört ein großer Prozentsatz aller Juden einer Synagoge an, aber nur relativ wenige nehmen am Gottesdienst häufig oder gar regelmäßig teil. Die Zugehörigkeit zur Synagoge sollte hier daher nicht ausschließlich als Beweis der Frömmigkeit angesehen werden, da sie ebensosehr einem gesellschaftlichen Kontaktbedürfnis begegnet. In Israel, dem anderen Extrem, hat die Synagoge ausschließlich religiöse Funktionen, obgleich viele orthodoxe Juden ihr nicht beigetreten sind. Der Besuch der Synagogen unterliegt in den verschiedenen Staaten großen Schwankungen: von Rußland, wo nur noch wenige Synagogen ihre Aufgaben erfüllen, über Argentinien, wo sie zahlreich sind, aber nur schwach frequentiert werden, bis Israel, wo laut einer Umfrage von 1969 fünf Prozent täglich die Synagoge aufsuchen und weitere 13 Prozent jeden Sabbat. Gemäß dieser Erhebung nehmen aber 27 Prozent überhaupt nicht am religiösen Leben teil. Die entsprechende Zahl in den USA bewegt sich von ungefähr zehn Prozent in kleinen Gemeinden bis zu 30 Prozent in Großstädten. Die meisten der großen nationalen Gemeinden zeigen ein ähnliches Bild für die Befolgung der Glaubensregeln im allgemeinen wie für den Synagogenbesuch. Eine kleine Minderheit hält die Vorschriften streng ein, eine vergleichbare Gruppe befolgt sie kaum oder gar nicht, aber die Mehrheit richtet sich nach bestimmten Regeln, selbst wenn sie sich nicht als besonders »gläubig« bezeichnet. Die am häufigsten aufrechterhaltenen Zeremonien sind die Beschneidung, die Bar-Mizwa-Feier und das Passah-Mahl *(Seder)*, und am Neujahrsfest und am Versöhnungstag *(Jom Kippur)* sind die Synagogen stets gut besucht. Viele Juden heiligen den Sabbat in irgendeiner Form (oft indem sie zum freitäglichen Abendessen Kerzen entzünden) und halten bestimmte Speisevorschriften ein, aber nur sehr wenige in der vollen herkömmlichen Strenge. Die Regeln werden natürlich in traditionelleren Gemeinden stärker befolgt, aber Untersuchungen haben überraschend ähnliche Abweichungen in der Praxis bei nominell orthodoxen, reformierten und nichtreligiösen Juden ergeben. Dieses komplexe Bild beruht nur zum Teil auf spezifisch jüdischen Überzeugungen, sondern ist wesentlich das Ergebnis einer Angleichung an den vorherrschenden lokalen Lebensstil.

Die althergebrachte Stärke der jüdischen Familie ist in den letzten Jahren erheblich untergraben worden, was vor allem auf den Assimilierungsprozeß zurückzuführen ist, der alle typisch jüdischen Traditionen zurückgedrängt hat. Im allgemeinen sind die Besonderheiten in der Familienstruktur heute verschwunden, wenn man von einer sentimentalen Sehnsucht nach der alten Lebensform und einem Druck auf die Jugend absieht, sich zu verheiraten, und möglichst mit Juden. In den meisten Ländern hat der Staat die erzieherischen und fürsorgerischen Aufgaben übernommen, die früher Familie und Gemeinde erfüllten, und auch die Kluft zwischen den Einwanderern und der im Lande geborenen Folgegeneration trägt zur Aushöhlung der kulturellen Kontinuität bei; ebenso haben geographische und gesellschaftliche Mobilität die familiären Bindungen geschwächt. Mischehen sind überall da verbreitet, wo die Integration fortgeschritten ist; in vielen westlichen Staaten beträgt der Anteil der Mischehen ein Drittel oder mehr. Die jüdische Führungsschicht, gleich ob religiös oder weltlich, hat diese Tendenz zwar beklagt, aber zu wenig beachtet. Immerhin ermutigen und erleichtern einige Rabbiner (besonders solche des liberalen Spektrums) den Übertritt nichtjüdischer Ehepartner. Die Kinder von Mischehen gehen oft, wenn auch keineswegs immer, der Gemeinde verloren. Der Schwächung der Familienstruktur und der zunehmenden Unabhängigkeit der Jugendlichen ist nicht dadurch begegnet worden, daß man die Einrichtungen der Synagoge an die Bedürfnisse der einzelnen angepaßt hat. Dagegen wurde die seelsorgerische Arbeit unter Studenten verstärkt, und die zionistische Jugendbewegung hat eine verlockende Alternative zur religiösen Gemeinde geboten. In den USA indessen wächst ständig die Zahl der weniger traditionsgebundenen religiösen Vereinigungen, die den spezifischen Wünschen der Jugend entgegenkommen. Auch einige Synagogen für Homosexuelle sind gegründet worden, was zeigt, daß sich diese von den allzusehr das Familienideal betonenden Kongregationen nicht mehr vertreten fühlen. Die Unzufriedenheit über die Vormachtstellung des Mannes im Leben der orthodoxen und traditionellen Synagogen hat ferner zur Bildung von Frauengruppen geführt, aber in den meisten Gemeinden versuchen die Frauen ihren Status zu verbessern, indem sie innerhalb des etablierten Systems tätig sind. In jedem Falle haben die nichtorthodoxen Richtungen schon viel für die Gleichberechtigung geleistet. In der amerikanischen Reformbewegung sind die Geschlechter theroretisch gleichgestellt, und auch in den konservativen Synagogen werden weibliche Benachteiligungen schrittweise aufgehoben. Ähnlich ist die Lage in Großbritannien, wo in der liberalen und in der Reformbewegung die Vorurteile allmählich abgebaut werden, aber anders als in den Vereinigten Staaten sind hier die nichtorthodoxen Gruppen klein, und es gibt noch sehr wenige Frauen, die als Rabbiner wirken oder ein Gemeindeamt bekleiden. Anderswo haben die Frauen im religiösen Bereich weiterhin eine sehr untergeordnete Stellung, und selbst die weltlichen Organisationen werden meist von Männern geleitet.

Wenn der gegenwärtige Trend anhält, wird die soziale Integration und kulturelle Anpassung unter den Neueinwanderern im Westen und in jenen Staaten, wo Juden erst kürzlich oder noch nicht ihre volle bürgerliche Gleichstellung erlangt haben, noch verstärkt spürbar werden. Doch lassen sich die Erfahrungen keines Landes unmittelbar auf andere übertragen, da erfahrungsgemäß örtliche Bedingungen die Entwicklungen in den jüdischen Gemeinden wesentlich mitbestimmt haben. So wird beispielsweise der Judaismus dort, wo die Religion ganz allgemein im Niedergang ist, schwerlich unversehrt überdauern. Indessen wird das amerikanische Judentum wohl zunehmend an Einfluß gewinnen – einfach aufgrund seiner zahlenmäßigen Stärke und Vitalität und wegen der Rolle der Vereinigten Staaten in der Welt –, und einige Wesenszüge des amerikanischen jüdischen Lebens mögen durchaus anderswo übernommen werden. Auch Israel übt offensichtlich großen Einfluß aus, indem es die jüdische Identität der jüngeren Generation stärkt, aber es hat bisher keine nennenswerten neuen Entwicklungen hervorgebracht, die auf die Diaspora übertragbar wären, und die dortigen Bedingungen sind zu außergewöhnlich, als daß man israelische Erfahrungen unmittelbar auf Gemeinden in anderen Ländern anwenden könnte. In der Tat ist es wahrscheinlicher, daß einige charakteristische Probleme in Israel mit Mitteln gelöst werden, die den größeren Gemeinden der Diaspora bereits vertraut sind.

# DER JUDAISMUS

Der Judaismus gehört zur Gruppe der monotheistischen Glaubensrichtungen, deren mitgliederstärkste Vertreter das Christentum und der Islam sind. Alle drei Bekenntnisse haben neben der Verehrung *eines* Gottes bestimmte gemeinsame Charakteristika. Zunächst einmal blicken sie alle auf einen gemeinsamen Ursprung im Nahen Osten zurück, wo sich Gott Abraham und Moses offenbart hat, obwohl diese Väter bei den Christen im Schatten Jesu und bei den Muslimen im Schatten Mohammeds stehen. Gott wird in allen drei Überlieferungen in ähnlichen Begriffen erfaßt: Er ist der Schöpfer und Herr der Welt, er liebt die Menschen und greift unmittelbar in ihre Angelegenheiten ein; er ist unendlich und absolut, allwissend und allmächtig, immateriell und unveränderlich. Alle drei Religionen verurteilen selbstsüchtigen Materialismus, Bilderverehrung und Vielgötterei. Sie sind jeweils eine Mischung aus semitischen und griechischen Elementen, sowie aus spekulativen und praktischen Lehren, die metaphysische, juristische und politische Bereiche einschließen.

Alle drei glauben an die Macht des Wortes und des Wissens und besitzen eine reiche Bildungstradition. Sie weisen auch ähnliche Formen der Gottesverehrung mit Rezitationen, Gebeten und Gesängen auf und jeweils beachtliche mystische Richtungen, die die Hauptströmungen beeinflußt haben.

Andererseits haben alle drei Bekenntnisse ihre unterschiedlichen Züge trotz langwährender gegenseitiger Beeinflussung bewahrt. Der Judaismus steht zwischen Christentum und Islam und teilt einige Merkmale mit beiden. Wie der Islam befaßt er sich traditionell mehr mit diesseitigen Angelegenheiten, mit sozialer Gerechtigkeit und Moral als mit Metaphysik und abstrakter Spekulation. Glaubensdogmen sind weniger wichtig gewesen als Verhaltensregeln und Vorschriften. Judaismus und Islam fehlen natürlich spezifisch christliche Lehren wie die Fleischwerdung, auch hegen sie größeres Mißtrauen gegen alles, was in Richtung Polytheismus oder Bilderverehrung weist. Gleichzeitig sind sie eher weniger »monopolistisch« als das Christentum und tolerieren verschiedene Wege zu Gott, solange bestimmte Grundprinzipien eingehalten werden. Der Judaismus hat mit dem Christentum die heiligen Schriften gemeinsam (obgleich die christliche Bibel etwas länger ist), ein gemeinsames Erbe, das vielfache Ähnlichkeiten in Wortschatz und Symbolik bewirkt. Sie sind auch beide, zumindest in den letzten Jahrhunderten, von ihren westlichen Traditionen geprägt worden, und ihre Wechselwirkung in Europa hat zu Anglei-

*Der große Versöhnungstag.* Ölgemälde (1919) von Jacob Kramer. Am Tag der Versöhnung (Jom Kippur) stehen die Juden nackt und wehrlos vor ihrem Gott. Alle ihre Sünden werden offenbar, die einzige Hoffnung ist, sich mit Gebeten und ernsthafter Reue der Gnade des Herrn auszuliefern. Nur an Jom Kippur knien die Juden bei der Andacht und werfen sich in der Synagoge zu Boden. Die Liturgie ruft das Bußritual im antiken Tempel ins Gedächtnis zurück, als der Hohepriester an diesem Tag das Allerheiligste betrat und den geheiligten Namen Gottes im Munde führte. So heilig war dieser Name, daß das Geheimnis seiner Aussprache nach der Tempelzerstörung verlorenging.

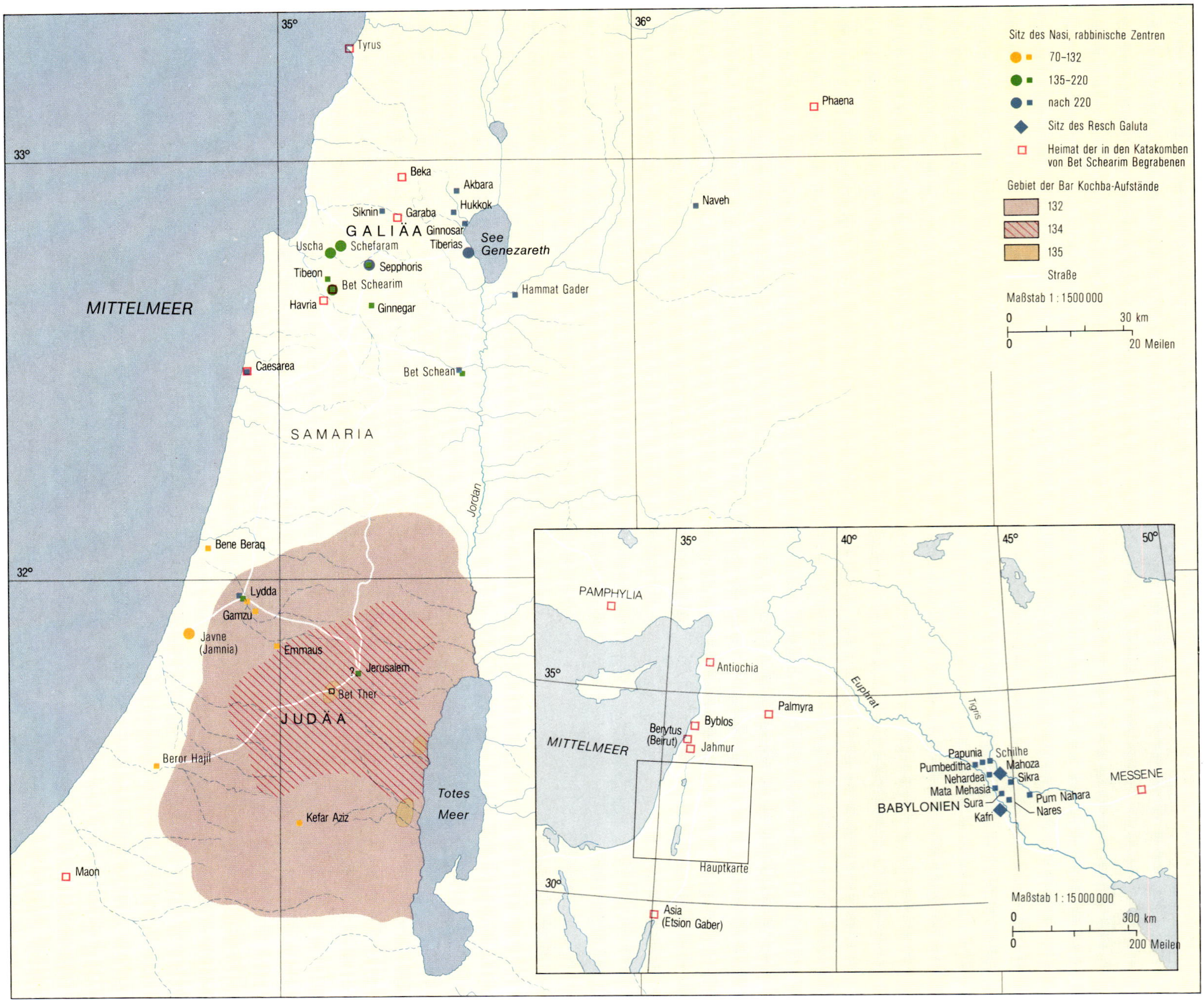


**Oben: Die Ursprünge des Rabbinismus** Das früheste Wirken der Rabbiner ist an das Zentrum von Javne geknüpft, das während des ersten jüdisch-römischen Krieges (66–74 n. Chr.) begründet wurde. Der Zusammenbruch der Bar-Kosiba-Revolte (135 n. Chr.) trieb die Rabbiner nordwärts nach Galiläa, wo sie ihren Einfluß auf die jüdische Bevölkerung festigten. Die Ausgrabungen an der Nekropolis von Bet Schearim haben deutlich gezeigt, wie weitreichend dieser Einfluß war. Mittlerweile hatte man Rabbinerschulen in den großen Gemeinden Babyloniens eingerichtet. Hier blühte der Rabbinismus weiter, nachdem Palästina unter christliche Herrschaft gefallen war. Der babylonische Talmud, eine Kompilation der religiösen Erörterungen und Festlegungen der westlichen und östlichen Zentren aus einem Zeitraum von mehreren Jahrhunderten, blieb der maßgebende Leitfaden für jüdisches Leben und Denken bis an die Schwelle zur Moderne.

chungen in den Kultformen, der religiösen Philosophie, der Bibelexegese und den allgemeinen sittlichen Grundsätzen geführt.

Zu den spezifischen Merkmalen des Judaismus gehören die Beibehaltung des Hebräischen als Sprache der Bibel und des Kultes, ein eigener religiöser Kalender sowie verschiedene Praktiken und Glaubensregeln. Vorrangig dabei sind die Beschneidung der Knaben und Speisevorschriften. Während die Muslime sich nur des Schweinefleisches und des Alkohols enthalten müssen, umfassen die jüdischen Richtlinien eine Vielzahl von Tieren sowie die Art der Speisenzubereitung. Der Kalender stellt einen komplizierten Kompromiß zwischen dem Mond- und dem Sonnenjahr dar. Der Sabbat wird am Samstag durch Arbeitsruhe und besondere Kulthandlungen geheiligt. Es gibt auch verschiedene religiöse Feste mit jeweils eigenen Begehungsregeln. Alle diese Bräuche und Vorschriften gründen auf der Bibel, aber viele Einzelheiten sind erst im Lauf der Zeit erarbeitet worden. Sie werden im Talmud und in den rabbinischen *responsa* diskutiert und in verschiedenen Handbüchern und Kompendien festgelegt. Obgleich ähnliche Erörterungen und Regelsammlungen auch im Christentum und im Islam zu finden sind, ist der Judaismus beispiellos in seiner Aufmerksamkeit, die er den Details der religiösen Vorschriften schenkt.

### Historische Formen des Judaismus

Unter den vielfältigen Spielarten des Judaismus ist der Rabbinismus (wie man ihn aus Mangel an einem besseren Begriff nennen kann) am einflußreichsten und dauerhaftesten gewesen. Seine beiden charakteristischen Merkmale sind die Institution des Rabbiners, der als eine Mischung aus Gelehrter, Richter und religiöser Führer verstanden wird, sowie die Verwurzelung im Talmud. Der Talmud ist ein Korpus esoterischer Literatur, das in Palästina und Babylonien in der Entstehungszeit des Rabbinismus (in etwa die ersten fünf christlichen Jahrhunderte) verfaßt worden ist. Seine Ursprünge liegen im dunkeln: Er setzt sich aus verschiedenen priesterlichen, literarischen und pietistischen Elementen zusammen, doch stellte er im alten Israel einen religiösen Neuaufbruch dar. Nach der Zerstörung des Zweiten Tempels (70 n. Chr.) breitete er sich in einem weiten Gebiet aus, teils weil die Rabbiner politische Privilegien erwarben, teils durch ihren Missionseifer in den jüdischen Gemeinden. Sein Einfluß war so stark, daß sich selbst rivalisierende oder alternative Bewe-

**Oben: Der Siegeszug des Rabbinismus, ca. 650–1500**
Die rabbinische Strömung breitete sich westwärts von Palästina nach Italien und schließlich nach Nordeuropa sowie von Babylonien nach Nordafrika und Spanien aus. Ihre Einflußrichtung ist an den verschiedenen liturgischen Riten klar zu erkennen. Rabbinische Kultur wurde durch die *jeschivot* (Talmud-Schulen) gefördert; die führenden *jeschivot* zogen Schüler von weit her an. Die stärkste Opposition gegen den Rabbinismus kam vom Karäismus, einer Bewegung, die in Persien und Irak ihren Ausgang nahm und bald starke Positionen im östlichen Mittelmeer und zeitweise sogar in Spanien aufbauen konnte.

gungen wie Karäertum und Kabbalismus nicht völlig davon freimachen konnten.

Der Karäismus, der zuerst im achten Jahrhundert in Irak und Persien in Opposition zum talmudischen Rabbinismus aufkam, behielt das Amt des Rabbiners und die Synagoge bei und wies auch sonst große Ähnlichkeiten auf; die einzigen äußeren Unterschiede bestanden im Kalender und in einigen religiösen Gesetzen und Bräuchen. Der Kabbalismus, eine mit Asketentum und zuweilen mit Magie vermischte Form des Gnostizismus, verblieb institutionell innerhalb des Rabbinismus. Einer seiner prominentesten Vertreter im 16. Jahrhundert, Joseph Caro, war zugleich Verfasser von zwei der maßgeblichsten Kompendien des rabbinischen Rechts. Spätere Bewegungen wie der Chassidismus und die reformjüdische Richtung haben sich stets an die rabbinischen Hauptinstitutionen gehalten, selbst wenn sie viele seiner Überzeugungen und Praktiken verwarfen.

Der Rabbinismus gründete sich auf Tradition und Konsens; die Rabbiner besaßen lokale Rechtsautonomie und waren theoretisch gleichgestellt, obwohl hervorragende Gelehrte und Heilige darüber hinaus eine besondere Autorität besaßen. Der Talmud galt als Schatz aller Weisheit, seine intensive Kenntnis zeichnete den Rabbiner aus. Praktischer Verstand hatte Vorrang vor spekulativer Wissenschaft, wenn es auch einige bedeutende rabbinische Philosophen gegeben hat. Meinungsverschiedenheiten wurden mit Verweis auf den Talmud beigelegt oder durch Argumente, die auf talmudischer Beweisführung beruhten. Die Bibel, besonders die ersten fünf Bücher (die Thora), wurde als heilige Wahrheit verehrt und war im öffentlichen Kult und in der Predigt von zentraler Bedeutung, doch wurde sie von den Rabbinern im Lichte des talmudischen Exegesekanons ausgelegt. Mehr noch als die Bibel bildete der Talmud den Hauptstudierstoff in den rabbinischen Akademien.

Über einen langen Zeitraum prägten die Rabbiner die Hauptströmungen des Judaismus, der früh in Konflikt mit dem Christentum geriet. Die Einzelheiten sind nicht dokumentiert, doch ist es wahrscheinlich, daß der Anstoß zur Trennung eher von der christlichen als von der jüdischen Seite ausging. Jedenfalls erwähnt der Talmud kaum das Christentum, und es gibt in der jüdischen Literatur wenig oder keine antichristliche Polemik, nimmt man den großen Anteil des judenfeindlichen Schrifttums in der Kirche zum Vergleich. Auffälliger in der frühen Periode ist die Kampagne gegen Dualismus und Gnostizismus (eine ähnliche Kampagne ist im frühen Christentum bezeugt). Im zehnten Jahrhundert erhebt sich eine Polemik gegen den Karäismus, im 13. Jahrhundert kommt es zu einer Diskussion über die Zulässigkeit der aristotelischen Philosophie, aber hierbei handelte es sich um einen internen Rabbinerdisput, der durch das Werk des bedeutenden aristotelischen Rabbiners Moses Maimonides (zwölftes Jahrhundert) entstanden war.

Andererseits wurde der Kabbalismus nie völlig verdammt, obwohl man jede Anstrengung unternahm, um zu verhindern, daß er die breite Öffentlichkeit ansprechen konnte. Die Klugheit dieser Politik beweist die große Popularität zweier Bewegungen, die von Sabbatai Zvi (1626–1676) und Baal Schem Tov (1700–1760) angeführt wurden. Die erste war ihrem Wesen nach apokalyptisch, die zweite (der Chassidismus) pietistisch, aber beide wurzelten in der Kabbala und waren auf verschiedene Weise dem Rabbinismus diametral entgegengesetzt. Sabbatai Zvi rief sich selbst zum Messias aus und erklärte die Herrschaft der Thora für beendet. Die Chassidim verdammten das ihrer Ansicht nach trockene Gelehrtentum der rabbinischen Schulen und Akademien und betrachteten das Talmudstudium als eine Barriere zwischen Mensch und Gott. Sie suchten die Vereinigung mit Gott durch Fasten, Tanzen und ekstatisches Gebet, durch Naturerfahrung und mitmenschliches Zusammengehörigkeitsgefühl.

Die Rabbiner führten einen erbitterten Feldzug gegen die Chassidim, besonders in Litauen, wo die Staatsmacht gegen sie angerufen wurde und wo 1772 eine rabbinische Synode sie ausdrücklich geächtet hatte. Trotz dieser Angriffe gewann der Chassidismus viele Anhänger unter der armen Bevölkerung Polens. Mit dem Entstehen der jüdischen Aufklärung (Haskala), die gleichermaßen Rabbinismus wie Chassidismus bedrohte, fand dann bisweilen eine Annäherung zwischen den beiden Richtungen statt. Obwohl der Chassidismus einige hervorragende Persönlichkeiten aufzuweisen hatte, waren die meisten chassidischen *zaddikim* (Leiter der Gemeinde) eher schlichte Dorfheilige, und die Bewegung wies im 19. Jahrhundert deutliche Verfallserscheinungen auf.

### Neue Ideen und ihre Auswirkungen auf das Rabbinertum

Die führende Stellung des Rabbinismus in Europa wurde durch eine von außen kommende Entwicklung beendet: durch die Aufklärung mit ihrem Antiklerikalismus und Rationalismus und ihrem Eintreten für jüdische Emanzipation und weltliche Erziehung. Der Rabbinismus war im wesentlichen ein mittelalterliches Phänomen, dessen Stärke auf mittelalterlichen Institutionen gründete. Die Machtstellung der Rabbiner wurde durch ihre Autorität in den jüdischen Gemeinden untermauert, durch die Abkapselung der Gemeinden und durch die Unterstützung seitens der Regierung. Von Abweichlern bedroht, konnten sie sich auf die Staatsgewalt und auf den Bann *(cherem)* verlassen, wie es die litauischen Rabbiner gegen die Chassidim taten. Mit Feuereifer wurden in Westeuropa im 18. Jahrhundert Bannsprüche ausgesprochen – mit immer geringerer Wirkung. Ein unter dem Bann stehender Jude war nicht mehr ein Ausgestoßener der Gesellschaft (der Fall Spinoza hatte das bereits im 17. Jahrhundert bewiesen), und die traditionelle Unabhängigkeit des Rabbinats wirkte diesmal gegen das System. Neue Ideen hielten Einzug in die Gemeinde – oftmals durch die Rabbiner, die ihre Autorität benutzten, um sie zu verbreiten. Napoleon fand eine ganze Reihe aufgeklärter Rabbiner, die sich seinem Sanhedrin anschlossen. Im Osteuropa des 19. Jahrhunderts kam indessen der Hauptangriff auf den Rabbinismus von weltlichen »Aufklärern« *(maskilim)* wie Jehuda Löb Gordon (1830–1892), einem Hebräisch schreibenden Dichter, der eine Reihe bissiger Gedichte verfaßte, welche die Arroganz und Korruption der Rabbiner und die durch das rabbinische Gesetz verursachten Ungerechtigkeiten aufdeckten.

**Links: Religiöse Umwälzungen im 16. und 17. Jahrhundert**
Die dramatischen Entwicklungen dieser Periode waren hauptsächlich durch politische Faktoren veranlaßt. Die Vertreibung aus Spanien 1492 führte dazu, daß sich das sephardische Judentum über das ganze östliche Mittelmeergebiet verteilte und daß die vielfältigen lokalen Traditionen untergingen. In Norditalien, Böhmen, Polen und Litauen festigten hingegen die Aschkenasim ihre Stellung, was an der Gründung bedeutender *jeschivot* in diesen Ländern abzulesen ist. Mittlerweile verlagerten sich die führenden Zentren des Karäismus nach Norden auf die Krim und nach Litauen. Verbesserte Kontakte zwischen den verschiedenen Gruppen förderten das Aufkommen neuer Einsichten, so wie auch die Bekanntschaft mit christlicher Gelehrsamkeit im Italien der Renaissance Bereicherungen brachte. Politische Umwälzungen bewirkten auch ein Wiederaufleben des Mystizismus, besonders in Zefat, das ein kabbalistisches Zentrum war. Mit Inbrunst wurden auch messianische Erwartungen geschürt, insbesondere durch die von Sabbatai Zvi geleitete Bewegung.

**Rechts: Die Ausbreitung des Chassidismus**
Der Chassidismus, eine Bewegung, die Elemente der Kabbala, des Messianismus und der Volksfrömmigkeit verbindet, entstand in einer Zeit politischen Umbruchs und tiefer religiöser Zweifel. Der Gründer, Israel ben Elesier, der Baal Schem Tov (1700–1760), lehrte hauptsächlich in Międzyboz, doch reichte sein Einfluß viel weiter. Nach seinem Tod breitete sich die Lehre beträchtlich nach Norden aus und faßte sogar in Wilna Fuß, dem Hauptzentrum der antichassidischen Opposition unter dem berühmten Talmudisten Elia ben Salomon. Um 1830 war die Zeit der stürmischen Ausbreitung vorbei, der Chassidismus hatte sich nun als herrschende Form des Judaismus in einem weiten Gebiet etabliert, das von Warschau bis Kiew reichte, und hatte fast überall in Mitteleuropa eine beachtliche Anhängerschaft gefunden.

Die Reformideen faßten anfangs eher in liturgischen als in theologischen oder juristischen Bereichen Fuß. Zu den strittigen Punkten im frühen 19. Jahrhundert gehörten das Gebet in der Landessprache, die Einführung von Predigten und sakraler Musik, die Verkürzung des Gottesdienstes und das angemessene Verhalten der Andächtigen. Erst später suchte man mit Hilfe von Theologen und Historikern nach einer theoretischen Grundlage für eine Reform. Die theologische Erörterung war den Rabbinern seit dem Niedergang der aristotelischen Philosophie im 14. Jahrhundert fremd geworden. Jetzt wurde sie wiederbelebt, und die Auseinandersetzung konzentrierte sich auf das Wesen der Offenbarung und den Stellenwert der Tradition. Sie war gleichzeitigen Debatten im westlichen Christentum nicht unähnlich und brachte eine Vielzahl von Gesichtspunkten in die Diskussion ein. Sehr wenige Juden im Westen hielten an der traditionalistischen Auffassung fest, die jede Veränderung beklagte und sogar die Emanzipation als einen fragwürdigen Wert ansah, wenn sie zum Niedergang der hergebrachten Sitten führte. Die alten Verhaltensmuster fanden wenig Anklang bei den Vertretern einer Generation, die sich in die moderne europäische Gesellschaft integrieren wollte.

Die Diskussionen schlugen sich in einem weiten Spektrum von Denkansätzen nieder: vom extremen theologischen Konservativismus eines Samson Raphael Hirsch (1808–1888) bis zum extremen Liberalismus eines Samuel Holdheim (1806–1860) und eines Abraham Geiger (1810–1874). Bezeichnenderweise hatten diese drei deutschen Rabbiner sowohl eine talmudische wie eine weltliche Universitätsausbildung genossen, und Hirsch verwendete einen großen Teil seiner Schriften darauf, die Verbindung der zwei Traditionen zu rechtfertigen, die er in den Lehrplan der von ihm in Frankfurt errichteten Schulen aufnahm. Holdheim sprach die wichtige Ansicht aus, daß die sich wandelnden Zeiten auch Änderungen im Recht verlangen, selbst wenn man darin übereinstimmt, daß dieses göttlichen Ursprungs ist. Er ging jedoch so weit, daß er die Sabbatfeiern in seinem Berliner Tempel auf Sonntag verlegte, mehrere Feste abschaffte und bei Mischehen die Trauzeremonie abhielt. Hierin konnten ihm die meisten seiner Kollegen nicht folgen. Holdheim stützte sich auf die Unterscheidung von religiösen und nationalen Elementen im Judentum, wobei er die letzteren (indem er Spinoza wiedergab) seit dem Verlust des Tempels in Jerusalem für veraltet erklärte. Wichtig seien allein der Glaube und die Ethik des Judaismus.

Geigers Religionsphilosophie war dem in vieler Weise ähnlich. Er legte die Betonung auf den Fortschrittsgedanken: Bibel und Talmud stellten für ihn lediglich ein frühes, unvollendetes Stadium in einer Offenbarung dar, die noch nicht abgeschlossen sei. Viele herkömmliche Zeremonien (wie die Beschneidung) galten ihm als mit der modernen Empfindung unvereinbar. Auf jeden Fall sei Gottes Ge-

Sabbatai Zvi, der Messias von Smyrna (hier zu Pferde), hatte in ganz Europa enormen Zulauf. Als er schließlich vor der Wahl stand, entweder zum Islam überzutreten oder den Tod zu erleiden, zog er das Leben vor. Viele seiner Gefolgsleute konvertierten gleichfalls zum Islam und bildeten die Sekte der Dönme.

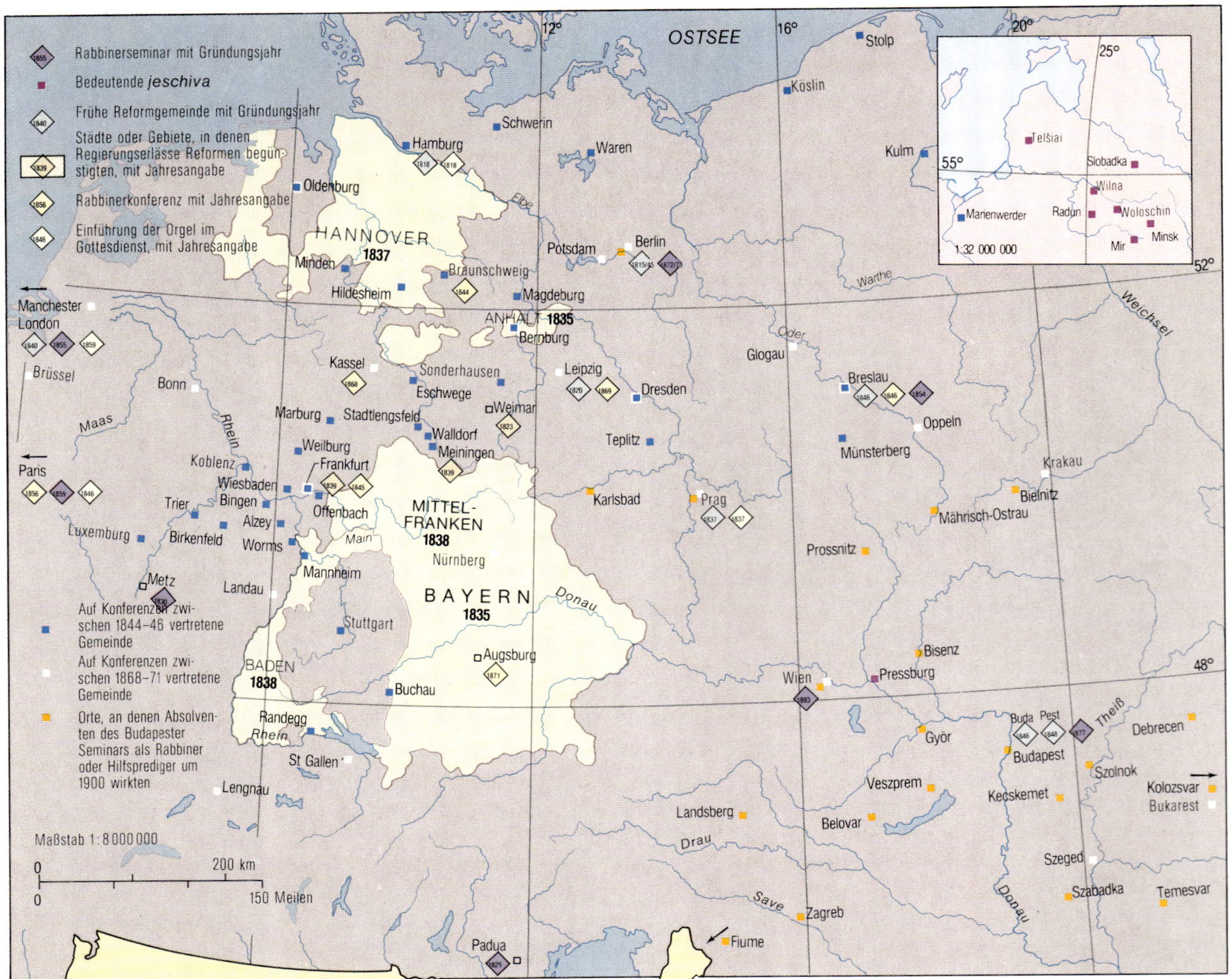


**Links: Die Entwicklung des religiösen Modernismus in Europa, um 1820–1900**
Eine jüdische Antwort auf die Emanzipationsbewegung war die Suche nach Glaubensformeln, die dem neuen Zeitalter mit seiner Betonung der Aufklärung, der weltlichen Erziehung und der Wiederannäherung zwischen Juden und Christen entsprächen. Die ersten Schritte zu einer solchen Neuorientierung wurden innerhalb der Gemeinden unternommen, dann auf Rabbinerkonferenzen und durch Rabbiner-Seminare modernistischer Prägung. Nach einer anfänglichen Periode der Unsicherheit und der inneren Konflikte bildeten sich drei unterschiedliche Richtungen heraus: Liberalismus (radikale Reformer), »Historischer Judaismus« (gemäßigte Reformer) und Orthodoxie.

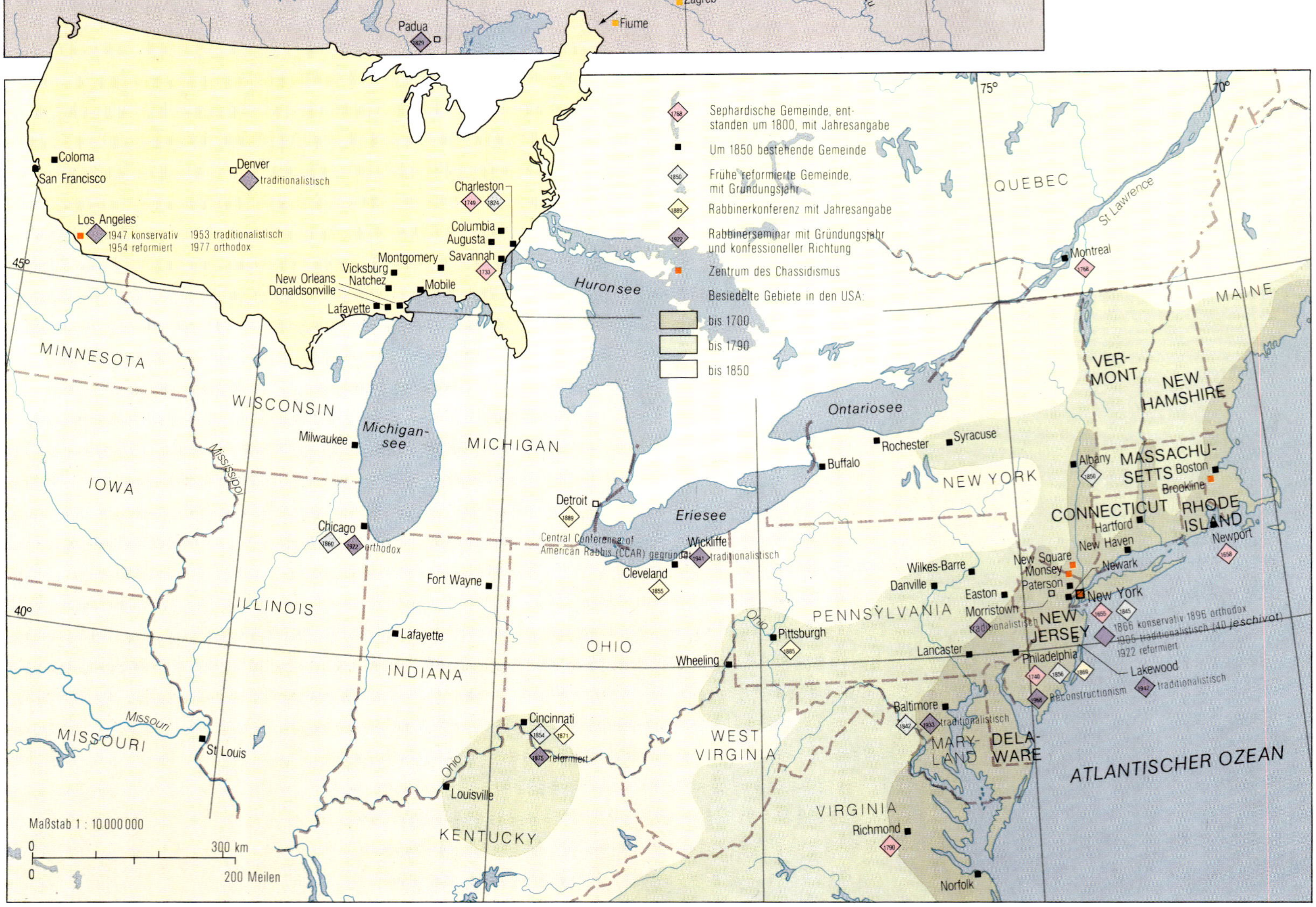

*Rechts:* Gebet an der Westmauer (Klagemauer) in Jerusalem.

setz im wesentlichen ethisch, nicht rituell. Überdies zeige das historische Studium, daß sich auch die Rituale verändert und entwickelt hätten und es gäbe Beweise für diesen Wandel in der Bibel und im Talmud selbst. Geiger wurde sich immer mehr der Notwendigkeit bewußt, »den Talmud zu entthronen«. Er förderte das kritische Studium der Bibel und wollte die kritische Methode auf die Talmudliteratur ausdehnen.

Hirschs Ansatz war völlig anders; er verwarf jeden Versuch, den Talmud aus seiner traditionellen Rolle zu verdrängen. Er verurteilte Bibelkritik und beklagte die allzu häufige Verwendung des Schlagworts »Fortschritt.« Die Juden, nicht der Judaismus, brauchten seiner Meinung nach eine Reform, und er hoffte, daß durch verstärkte Bildung ein besseres Verständnis des Judaismus entstünde, das radikale Neuerungen unnötig machen würde. Die Meinungsverschiedenheiten zwischen Hirsch und Geiger (die 1829 Freunde und Kommilitonen an der Universität Bonn gewesen waren) und zwischen ihren jeweiligen Anhängern fanden in Polemiken ihren Niederschlag, die so bitter waren wie die zwischen Modernisten und Traditionalisten. Aus der Literatur wird deutlich, daß der Debatte über Bräuche und Zeremonien ein echter theologischer Gegensatz zugrunde lang. Für Hirsch wurde das Festhalten an der göttlichen Inspiration, Wahrheit und Autorität der Bibel, des Talmuds und des ganzen Korpus rabbinischen Rechts zum Glaubensartikel. Von ihm auch nur einen Zoll abzugehen, hieße die Tür für ungezügelte Reform zu öffnen. Hieraus erklärt sich vielleicht seine besonders entschiedene Opposition gegen Zacharias Frankel (1801–1875), einen sehr konservativen Modernisten. Frankel war ein geschworener Feind dessen, was er als »negative Reform« bezeichnete, die zu völliger Auflösung führe. Er kann als ein Begründer des heute sogenannten konservativen Judaismus angesehen werden. Die Reformer, die Glaubensartikel mit dem Geist des authentischen Judaismus für unvereinbar erklärten, nannten den Traditionalismus neuen Stils »Orthodoxie«, um seinen dogmatischen Charakter herauszustellen, ein Begriff, der haften geblieben ist.

### Religiöse Gruppierungen im 20. Jahrhundert

Die Kontroversen in Mitteleuropa im 19. Jahrhundert führten zur Bildung formal getrennter Gruppierungen, die heute noch bestehen. Die Unterschiede betreffen Liturgie und Erziehung, bis zu einem gewissen Maß auch Theologie und Ritual, aber es ist schwierig, sie genau zu definieren, und es gibt zwischen ihnen beträchtliche Überschneidungen. Diese Faktionen können nicht als besondere Sekten angesehen werden. Trotz gegenseitiger Polemik würden die Mitglieder einer Gruppe ohne jede Formalität von einer anderen aufgenommen (mit dem Vorbehalt, daß wegen Verfahrensunterschieden einige nichtorthodoxe Proselyten nicht automatisch von den orthodoxen Autoritäten akzeptiert würden). Es bestehen einige lokale, nationale und internationale Vereinigungen von Kongregationen und von Rabbinern, doch ist eine beträchtliche Zahl von Gemeinden unabhängig, und selbst die Mitglieder dieser Vereinigungen genießen ein hohes Maß an Selbständigkeit.

In den Vereinigten Staaten existieren drei Hauptgruppierungen: Reformjuden, Konservative und Orthodoxe. Die Union of American Hebrew Congregations wurde 1873 als eine Organisation der Mitte geschaffen, aber wegen des Vorherrschens reformjüdischer Elemente wurde sie bald zur nationalen Vertretung der Reformrichtung. Sie umfaßt jetzt etwa 700 Gemeinden, die etwa eine Million Menschen repräsentieren. Die Central Conference of American Rabbis (gegründet 1889) ist die Versammlung der reformjüdischen Rabbiner; das Rabbinerseminar der Bewegung ist das Hebrew Union College Jewish Institute of Religion mit vier Schulen in Cincinnati (gegründet 1875), New York (1922), Los Angeles (1954) und Jerusalem (1963). Die entsprechenden Institutionen der konservativen Bewegung sind die United Synagogue of America (mit weniger als 30 Gemeinden 1913 gegründet), der heute über 850 Kongregationen mit gut einer Million Mitglieder angehören, die Rabbinical Assembly (1919) und das Jewish Theological Seminary in New York (1886), Los Angeles (1947) und Jerusalem (1962). Die bedeutendsten orthodoxen Organisationen sind die Union of Orthodox Jewish Congregations (1898) mit etwa 700 Gemeinden und annähernd 750 000 Mitgliedern sowie das Rabbinical Council of America (1923), und ihre beiden wichtigen Rabbinerkollegs sind die Yeshivah University in New York (1886) und das Hebrew Theological College in Chicago (1922). Die sechs Einrichtungen der Kongregationen und der Rabbiner arbeiten über das Synagogue Council of America zusammen. Die Ursachen für die Gründung einer Gemeinde oder für den Anschluß an die eine oder andere Bewegung sind oft recht willkürlich. Herkömmliche Klassenunterschiede zwischen den verschiedenen

**Links: Der Judaismus in den Vereinigten Staaten**
Die in Europa eingeleiteten Reformen fielen in den USA auf fruchtbaren Boden, weil hier keine der Zwänge bestanden, die auf dem Kontinent Erneuerungen behinderten. Um 1880 war Reform die herrschende Losung. Die nachfolgenden Einwandererwellen brachten traditionalistische Formen der Religion mit, was auch zur Herausbildung des »Konservatismus« führte, ein für Amerika charakteristischer Kompromiß, der seine Wurzeln in der Schule des »Historischen Judaismus« in Europa hat. »Reconstructionism« ist eine andere, nur in den USA vorkommende Entwicklung. Die religiös bestimmte jüdische Kultur erlebt heute in den Vereinigten Staaten eine sonst unbekannte Blüte. Es gibt keine Strömung, die einen dominierenden Einfluß ausübt, doch viel konstruktive Zusammenarbeit und gegenseitige Befruchtung.

Gruppen treten hinter den Besonderheiten in der religiösen Praxis zurück, doch sprechen sich inzwischen einige Synagogen für eine Mischung aus orthodoxem, konservativem und reformjüdischem Zeremoniell aus. Eine vierte, viel kleinere und neuere Bewegung ist der von Mordecai Kaplan begründete »Reconstructionism«, der die Theologie ablehnt und den Judaismus als eine im jüdischen Volk wurzelnde Kulturtradition versteht.

Während in den USA die drei Hauptgruppierungen in Größe und Aufbau etwa gleich sind, ist die Lage anderswo ganz unterschiedlich. Die modernistischen Richtungen (ob sie sich liberal, reformjüdisch oder progressiv nennen) sind ein westliches Phänomen, das die großen Gemeinden in Osteuropa und den muslimischen Ländern kaum berührt hat. Dort bestand der Gegensatz eher zwischen Tradition und Säkularismus. Selbst in Staaten wie Großbritannien und Frankreich, wo Reformdenken seit langem verbreitet ist, haben aufeinanderfolgende Einwanderungswellen die zahlenmäßige Überlegenheit des traditionstreuen Judentums erhalten, auch wenn die Intelligenz und die kommunale Führung modernistischen Strömungen anhängt. Der radikale Modernismus behauptet sich unter verschiedenen Namen als eine Minderheitsrichtung in Westeuropa wie in Südafrika, Australien und anderen Gebieten westlicher Einwanderung, und er wurde kürzlich gegen starken Widerstand in Israel eingeführt. In all diesen Ländern trifft er auf die unnachgiebige Feindschaft des traditionalistischen Rabbinats. Die Anhänger der weniger reformfeindlichen orthodoxen Richtung, die eine Mittelstellung einnehmen, sind durch diese Spaltung in eine unangenehme Lage gebracht worden und neigen verstärkt dazu, es mit der traditionalistischen Seite zu halten. Doch auch innerhalb des modernistischen Lagers herrscht hinter der Fassade von Etikettierungen und Organisationen beträchtliche Verwirrung, und Forderungen nach Reformen unter den orthodoxen Juden werden durch die Sehnsucht nach Tradition auf dem radikaleren Flügel wettgemacht.

### Heutige Probleme der jüdischen Religion

Der Judaismus sieht sich gegenwärtig mannigfachen Herausforderungen gegenüber, deren stärkste der Glaubensverlust aufgrund des Holocaust und die durch die neuen Auswanderungen verursachte Entfremdung vom traditionsbewußten Leben sind. Diese Vorgänge haben, zusammen mit einem wachsenden Säkularismus in der Gesellschaft überhaupt, nicht wenige dazu veranlaßt, den Wert der Religion in Frage zu stellen. Selbst unter frommen Juden bestehen Zweifel über den herkömmlichen Gottesbegriff und über die Gültigkeit alter Verhaltensregeln. Die letzte definitive Formulierung des Programms für das ideale Judentum *(halacha)* datiert im 16. Jahrhundert, nach der Vertreibung aus Spanien. Viele spüren, daß es wegen der Erfahrungen in moderner Zeit revidiert werden müßte, während andere den Eindruck haben, daß die ganze Vorstellung von einem Dasein, das durch minutiöse, als göttlich offenbart verstandene Vorschriften gesteuert wird, ein Anachronismus ist. Diese Unsicherheit führt zu extremen und irrationalen Reaktionen. Der nie ganz verschwundene Fundamentalismus hat in den letzten Jahren eine Wiedergeburt erfahren und wurde in Israel wie auch einigen muslimischen Nachbarländern zuweilen mit extremem Nationalismus verknüpft. Auf der anderen Seite hatte der strenge Rationalismus der Theologie im 19. Jahrhundert einem existentialistischen Ansatz den Weg geebnet. Seine maßgeblichen Vertreter waren Martin Buber (1887–1965) und Franz Rosenzweig (1886–1929). In dieser neuen Theologie sind die vier Hauptelemente des klassischen Judaismus – Rationalismus, Scholastizismus, Mystizismus und Messianismus – zu einer ausgewogeneren Mischung verschmolzen, und sie hat eine Reihe überzeugender Lösungsvorschläge für alte Probleme hervorgebracht.

Der moderne Judaismus wirkt uneinheitlich, wenn man ihn mit der Geschlossenheit des talmudischen Rabbinismus vergleicht. Es mag hier eine Parallele zu einer viel früheren Periode vorliegen, zu der des späten Zweiten Tempels mit ihren zahlreichen rivalisierenden Sekten. Viele Fragen jener Zeit sind erneut gestellt worden, wie etwa nach dem relativen Wert von Frömmigkeit und Gelehrsamkeit, dem erlaubten Spielraum für Neuerungen, nach dem Verhältnis zwischen Religion und Politik und der Anpassung an äußere Einflüsse (einschließlich der Verwendung der jeweiligen Landessprache im Kult). Es gibt jedoch auch gravierende Unterschiede. Das Volk Israel ist weiter verstreut und entbehrt eines Glaubensbrennpunktes, wie ihn vormals der Tempel in Jerusalem bot. Hoffnungen, daß Jerusalem wieder »ein Ursprungsquell der Thora« werden könnte, haben sich bisher nicht erfüllt. Amerika übt heute einen beträchtlichen Einfluß aus, zumindest in der intellektuellen Führung, aber es stellt keinen wirklichen religiösen Brennpunkt dar. Inzwi-

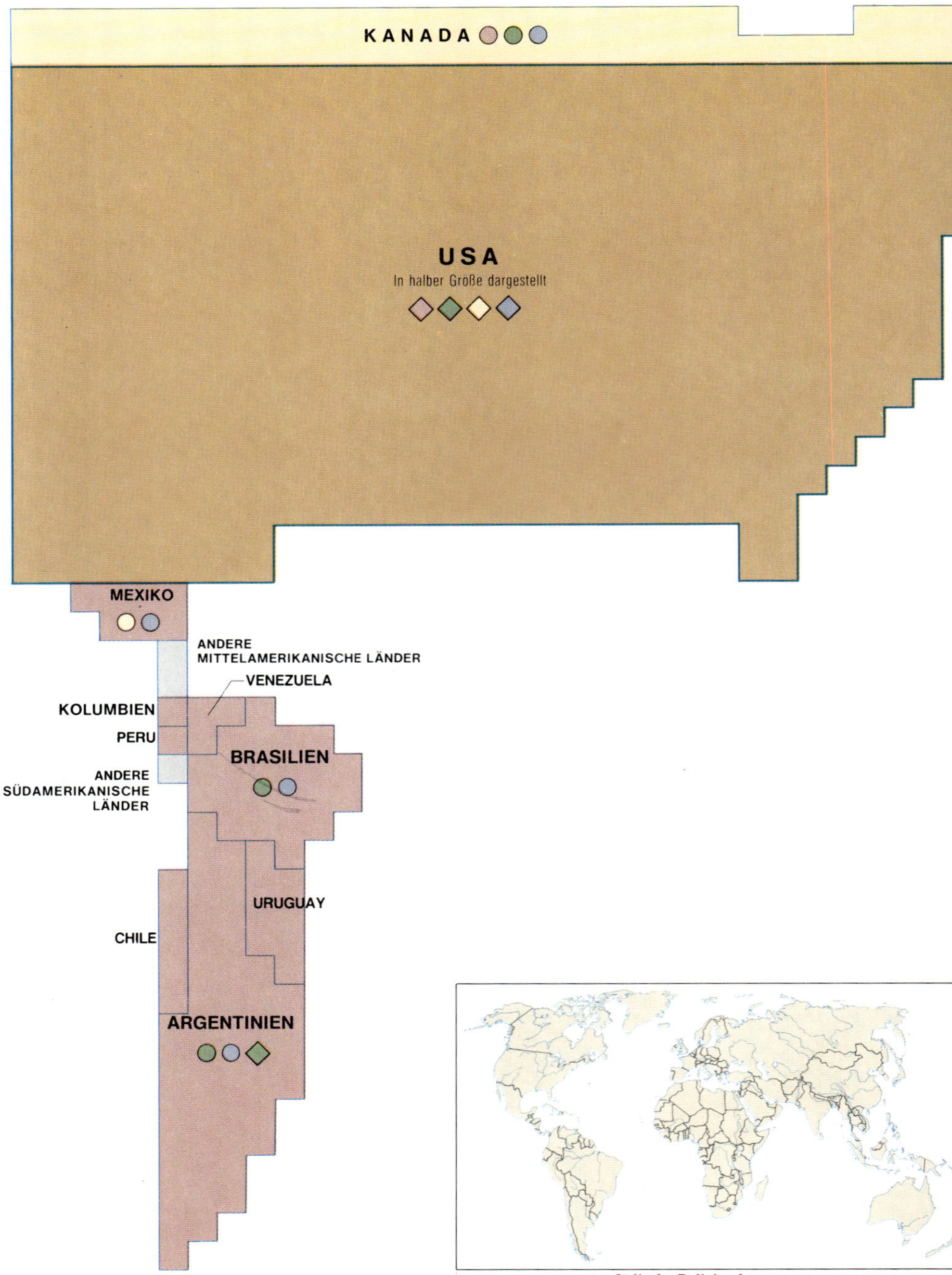


**Jüdische Religion heute**
Dieses Kartogramm unternimmt den Versuch, die Verbreitung der vorhandenen religiösen Richtungen darzustellen, wobei eine gewisse Vereinfachung des Bildes unvermeidlich ist. Es handelt sich dabei nicht um ausgeprägte Sekten, und die Bezeichnungen haben in den einzelnen Ländern unterschiedliche Bedeutungen. »Traditionalismus« bezeichnet auf der Karte sowohl das mehr gewohnheitsmäßige Fortbestehen alter Formen wie ihre bewußte Bewahrung im »Neuen Ghetto«, während »Konservatismus« von linker Orthodoxie bis zu konservativem Reformismus reicht. Trotz dieses Mangels an klaren Definitionen ist das Gesamtbild eindeutig. Zahlreiche Formen der traditionellen Religion sind noch in einem großen Teil der jüdischen Welt vorherrschend, vor allem in den alten Kerngebieten in Osteuropa und dem ehemaligen Osmanischen Reich bis zu den Gemeinden in Frankreich, Spanien und Lateinamerika. Moderne Orthodoxie hat eine bedeutende Anhängerschaft in Westeuropa und den Staaten des früheren britischen Empire, während die Reformjuden eine ansehnliche Minderheit im englischsprachigen Raum bilden.

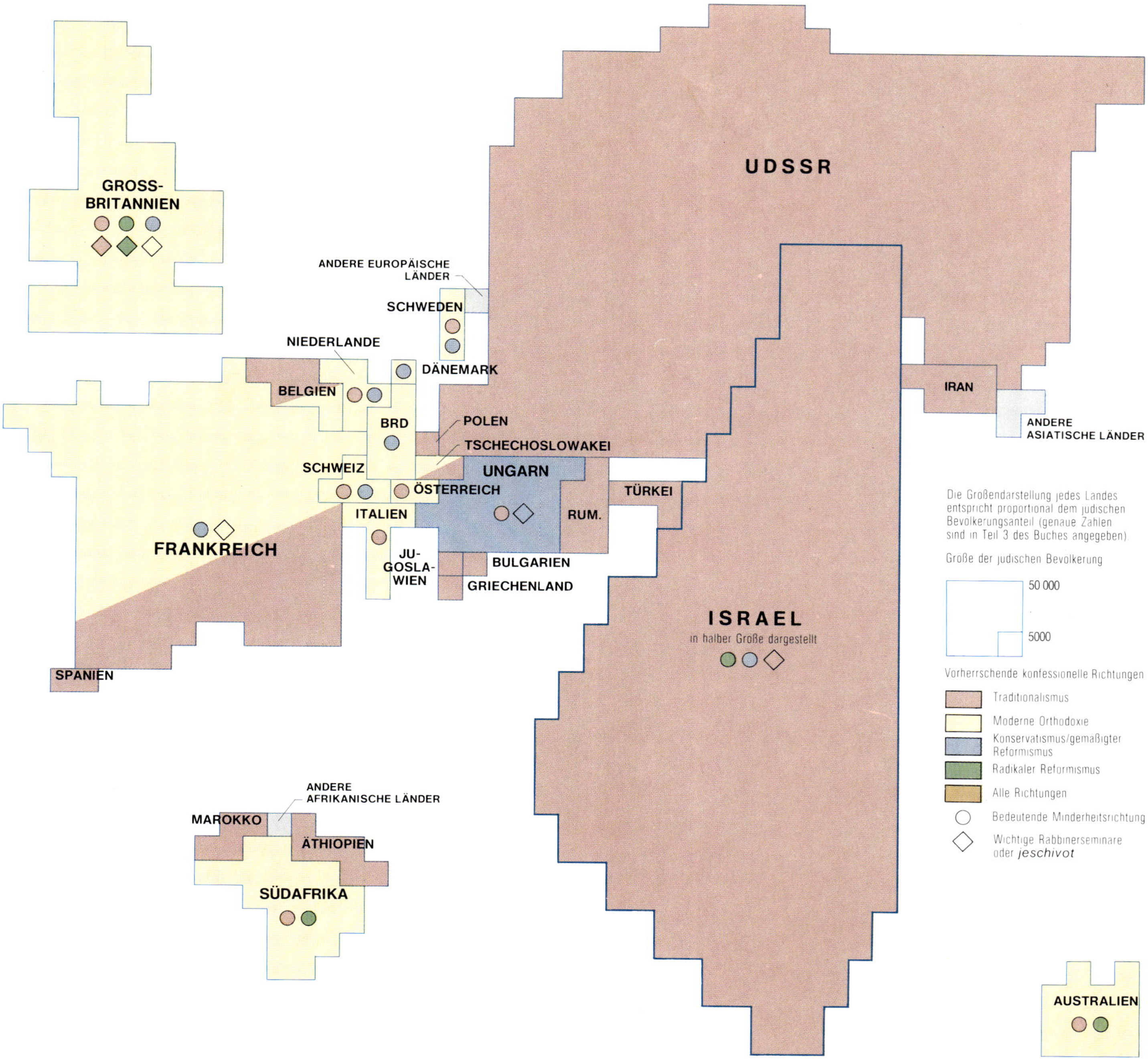


schen nehmen Juden in verschiedenen Ländern ihre eigenen charakteristischen Anschauungen und Bräuche an. Während die Entwicklung von »Nationalkirchen« im christlichen Sinn unwahrscheinlich ist, sind nationale Besonderheiten bereits so hervorstechend wie beispielsweise in der römisch-katholischen Kirche, aber ohne den Vorteil einer religiösen Zentralgewalt, die die Einheit sicherstellt. Diese wird gegenwärtig durch einen ausgeprägten Sinn für ethnische Identität gewährleistet, aber bloßes Zusammengehörigkeitsgefühl ist eine brüchige Basis, so daß weitere Zersplitterung auf Dauer nicht ausgeschlossen werden kann.

Unsicherheit herrscht auch in bezug auf die Stellung des Glaubens in der Gemeinschaft. Es ist jetzt zum ersten Mal deutlich geworden, daß das Nationalgefühl stark genug sein kann, um ohne die Religion oder sogar in Konflikt mit ihr fortzubestehen. Es ist (zumindest theoretisch) möglich, sich vorzustellen, daß das jüdische Volk die Religion ganz verwirft und trotzdem als Nation weiterexistiert. Eine solche, wenn auch noch so unwahrscheinliche, Gefahr löst starke Beunruhigung aus, nicht zuletzt unter der theologischen Führungsschicht. Alle wichtigen geistlichen Organisationen versuchen mehr oder weniger offen, die Abtrünnigen zum Glauben zurückzuführen, obgleich bislang die dynamischen Kampagnen der Lubavitch-Chassidim in Amerika oder die Bemühungen der Talmudschulen *(jeschiwot)* in Jerusalem isolierte Erscheinungen darstellen. Noch seltener sind Anstrengungen zur Gewinnung von Konvertiten, obwohl man immer mehr erkennt, daß die jüdische Bevölkerung abnimmt. Jedoch wird der Übertritt nichtjüdischer Ehepartner in zunehmendem Maße begrüßt, namentlich vom radikaleren theologischen Flügel. Inzwischen ist ein Säkularisierungsprozeß innerhalb der religiösen Einrichtungen erkennbar, insofern Synagogen soziale und kulturelle Zentren werden und man von den Rabbinern erwartet, daß sie als Sozialarbeiter und in der Verwaltung tätig sind. In gewisser Weise hat der Judaismus allerdings von einer solchen Verweltlichung weniger zu befürchten als das Christentum: Die jüdischen Institutionen waren nie so »spiritualisiert« wie die entsprechenden christlichen, und der Judaismus ist seinem Wesen nach auch weniger ausschließlich »religiös« ausgerichtet. Aber gemessen an der starken Integration des Judaismus in die moderne Gesellschaft und Kultur, wäre es ein Fehler, anzunehmen, daß er immun gegen die allgemeinen Säkularisierungstendenzen sei.

# Die Synagoge

*Unten:* Die hölzernen Synagogen in Polen sind seltene Beispiele eines ausgeprägten lokalen Architekturstils. Im 17. und 18. Jahrhundert entstanden Hunderte solcher Synagogen, die aber Witterungseinflüssen oder absichtlicher Zerstörung relativ ungeschützt ausgesetzt waren, so daß nur noch wenige erhalten sind. Sie hatten oft pagodenähnliche Dächer. Innen besaßen sie kunstvolle Schnitzereien und reichen Bilderschmuck. Diese Synagogenarchitektur machte sich den Holzreichtum des Landes zunutze und legt Zeugnis ab von einer blühenden einheimischen Handwerkertradition.

Die Architektur der Synagogen ist außerordentlich vielfältig, wobei lokale Einflüsse bedeutsamer sind als irgendeine spezifische Tradition. Es gibt keine Regeln für Größe, Grundriß oder Form, obgleich die Ausrichtung nach Jerusalem manchmal gewisse Zwänge auferlegt. Oft sprechen soziale Faktoren mit: die Notwendigkeit bescheidener Darstellung, auch das Bedürfnis nach einem Zufluchtsort für die Gemeinde oder, im Gegenteil, der Wunsch nach einer ausdrücklichen öffentlichen Repräsentation. Moderne westliche Synagogen entsprechen gewöhnlich dem jeweils vorherrschenden Architekturstil, zeichnen sich vielleicht (nicht notwendigerweise) durch einen gewissen orientalischen Einfluß oder durch eine hebräische Inschrift aus und können durchaus prunkvoll sein. Frühere Synagogen waren gewöhnlich unauffälliger, lagen versteckt in einem Hof oder am Ende einer Gasse, doch in Gebieten mit großer jüdischer Bevölkerung gab es auch Spielraum für ehrgeizigere Pläne. Die Synagoge kann als Gemeindezentrum dienen mit angeschlossenen Versammlungs- und Studierräumen, zuweilen auch mit Bädern, Küchen, einer Bibliothek oder sogar (heutzutage) mit Sporteinrichtungen.

*Links:* Die mittelalterlichen Synagogen in Europa waren meist schlicht und wiesen den zeitgenössischen romanischen oder gotischen Stil auf. Die Alt-Neu-Synagoge (Altneuschul) in Prag (hier die Südwestansicht) aus dem späten 13. oder frühen 14. Jahrhundert ist in ihrer Dominanz ganz untypisch, vielleicht weil sie inmitten des Judenviertels stand. Die eindrucksvollen Ziegelgiebel wurden im 15. Jahrhundert hinzugefügt.

*Unten:* Die Synagoge von 1959 in Bonn befindet sich an der Stelle eines früheren Baus, der in der Kristallnacht 1938 zerstört wurde. Der Architekt Helmut Goldschmidt errichtete nach dem Krieg mehrere Synagogen in Deutschland, die durch ihre ruhige Einfachheit bestechen.

*Rechts:* Holländische und orientalische Einflüsse verbinden sich in der Paradesi-Synagoge der »Weißen Juden« in Cochin, Südindien. Der Originalbau stammt von 1568 und wurde 1761 durch einen Glockenturm erweitert.

*Links:* Seit dem Zweiten Weltkrieg gingen die meisten Impulse für die Synagogenarchitektur von den USA aus. Moderne Trends wurden für die Bedürfnisse reicher Gemeinden eingespannt und eine Reihe aufregender Bauwerke geschaffen, zumeist abseits der städtischen Zentren in reizvollen Gegenden. Diese eindrucksvolle Synagoge (1959) entwarf der bedeutende nichtjüdische Architekt Frank Lloyd Wright für die Bet-Schalom-Gemeinde von Elkins Park bei Philadelphia. Das Zeltdach symbolisiert Pyramide und Stiftshütte.

*Links oben:* In Israel unternimmt man Anstrengungen, eine eigenständige Synagogenarchitektur zu entwickeln. Hier ist die Synagoge (1957) der Hebräischen Universität auf dem Givat-Ram-Campus in West-Jerusalem zu sehen (Architekt Heinz Rau).

*Oben:* Viele Synagogen in den Großstädten Europas und Nordamerikas entstanden in einer Periode, in der ein Formeneklektizismus (Klassizismus, Neuromantik, Neugotik) weitgehend die westliche Architektur bestimmte. In der zweiten Hälfte des 19. Jahrhunderts herrschte eine auffällige Vorliebe für den maurischen Stil, der die Erinnerung an das jüdische Goldene Zeitalter in Spanien heraufbeschwor, als Abgrenzung gegen die (vermeintlich christliche) Gotik. Eines der faszinierendsten Beispiele maurischen Stils ist die neue Synagoge von Florenz (1874–1882): Sie erinnert an die Alhambra, und ihr Grundriß ist offensichtlich von der Hagia Sophia in Konstantinopel inspiriert.

Die Lesung der Thora steht im Mittelpunkt des Gottesdienstes in der Synagoge und bestimmt auch deren räumliche Gliederung. Die Schriftrollen werden in einem Schrein aufbewahrt, der sich an der nach Jerusalem ausgerichteten Wand befindet. In traditionellen Synagogen erfolgt die Schriftlesung durch den Vorleser von dem inmitten der Halle (oder an der dem Schrein gegenüberliegenden Seite) aufgestellten Schrägpult aus. Dies schafft einen räumlichen Gegenpol zum Schrein, woraus sich allerdings Probleme für die Anordnung der Sitzplätze und den Standort des Predigers und des Vorsängers ergeben, der das Gebet der Gemeinde leitet. In vielen modernen Synagogen ist das Pult unmittelbar vor dem Thoraschrein postiert, so daß Vorleser, Vorsänger und Prediger der Gemeinde gegenüberstehen. Außer dem Lesepult und dem Schrein gibt es keine wesentlichen Einrichtungsgegenstände, doch weisen die meisten größeren Synagogen reiche architektonische Dekorelemente und andere Verzierungen wie hebräische Inschriften und Symbole auf.

*Unten:* Der Thoraschrein bildet das beherrschende Element im Innern der Synagoge. Stufen führen zu ihm hinauf, und er ist gewöhnlich kunstvoll mit Schnitzereien und hebräischen Inschriften versehen. Sein hebräischer Name *(aron ha-kodesch* oder *heichal)* sowie die hebräischen Namen des »Ewigen Lichts« *(ner tamid)* und des Vorhangs *(parochet)* wecken Erinnerungen an das altisraelitische Heiligtum, die Bundeslade, welche angeblich die hölzernen Gesetzestafeln enthielt.

*Rechts:* Das Lesepult steht auf einem Podium, das bei den Sephardim *teba* (Kasten, eine alte hebräische Bezeichnung für den Schrein) heißt, bei den Aschkenasim *almemor* oder *bima* (abgeleitet von arabischen und griechischen Wörtern mit der Bedeutung Plattform). In manchen Synagogen liest man zwar auch die Gebete vom Pult aus, vorrangig dient es aber als Ablage für die großen und unhandlichen Thora-Rollen. In den traditionellen Synagogen werden Predigten selten gehalten, und wenn, dann vom *almemor* aus oder vor dem Schrein. Das Reformjudentum legt stärkeren Akzent auf die Predigt, und viele Synagogen haben heute neben dem Schrein eine Kanzel, oft als architektonische Einheit mit dem Pult. Diese Gliederung, die in zahlreichen westlichen orthodoxen wie reformierten Synagogen anzutreffen ist, geht zweifellos auf christlichen Einfluß zurück.

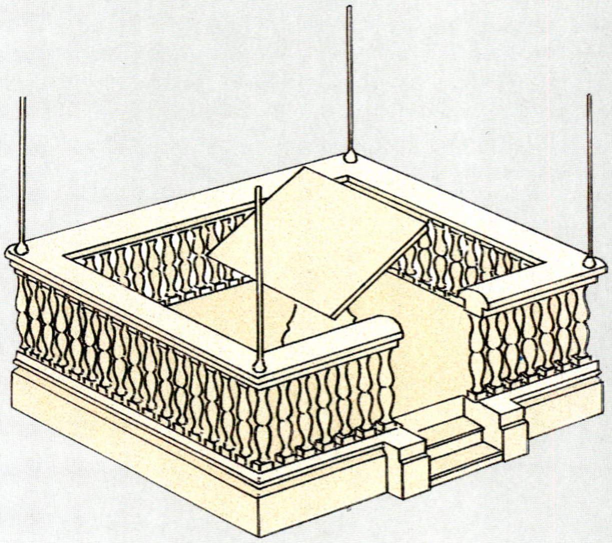

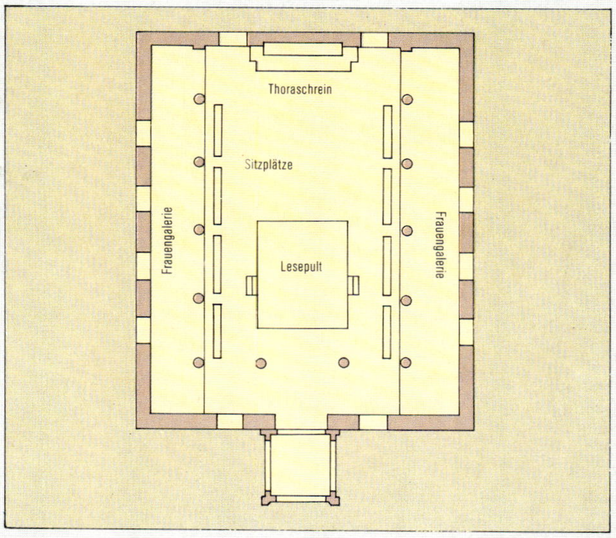


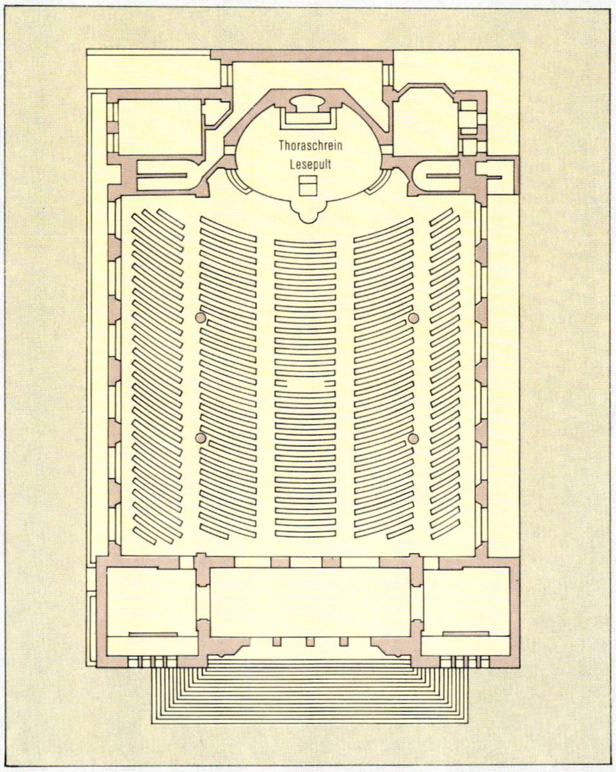


*Rechts:* Es ist nicht bekannt, ab wann die Absonderung der Frauen von den Männern erfolgte, doch schon einige mittelalterliche Synagogen haben separate Räumlichkeiten, entweder in Form eines Anbaus (Frauenschul) oder einer Galerie. Manchmal versteckte man die Frauen hinter einem Gitter oder einem Vorhang, und eine Vorbeterin leitete ihr Gebet, das in der Landessprache gesprochen wurde. In den orthodoxen Synagogen ist die Trennung nach Geschlechtern beibehalten worden, doch in den übrigen hat man sie wieder abgeschafft.

*Oben links:* Eine traditionelle Synagoge (Nefusot Jehuda in Gibraltar). Der am Pult stehende Vorleser blickt auf den Schrein, der in diesem Falle zu beiden Seiten von den Sitzen für die Gemeindeältesten eingerahmt ist. Das Pult ist herkömmlicherweise mit einem Tuch bedeckt. Viele ältere Synagogen haben die Kerzen und Öllampen beibehalten, die manchmal sowohl zeremoniellen wie praktischen Zwecken dienen. Hier ist der Schrein geöffnet, um die Schriftrollen mit ihren silberbestickten Mänteln zu zeigen, normalerweise wird er geschlossen gehalten.

*Oben:* Diese beiden Pläne zeigen die Wirkung, die entsteht, wenn das Lesepult in die Nähe des Thoraschreins plaziert wird. In der traditionellen Synagoge *(ganz oben)* wird der Mittelraum größtenteils von der *teba* eingenommen, die Sitzplätze befinden sich hauptsächlich entlang der Wände. Die Säulen tragen die Frauengalerie. In der großen Reformsynagoge *(darunter)* finden alle liturgischen Handlungen an der Stirnwand statt, die übrige Halle bleibt für die Sitzplätze frei. Das ergibt eine bühnenmäßige Wirkung, und die Gemeinde ist deutlicher von den Geistlichen getrennt.

# Volksreligion

*Rechts: Purim*-Maskeraden gehören zu den beliebtesten Bräuchen. Sie sind Ausdruck reiner Freude, ohne eigentliche religiöse Bedeutung, aber dennoch untrennbar mit dem Fest verbunden. Die Personen aus der *Purim*-Geschichte dienen zumeist als Vorbild für die Verkleidungen. Diese jungen Leute haben sich für eine *Purim*-Feier in Jerusalem maskiert.

Neben den obligatorischen Feierlichkeiten und Zeremonien, die aus der Thora und den rabbinischen Gesetzbüchern hergeleitet werden, existiert eine reiche Vielfalt volkstümlicher religiöser Bräuche. Die Mehrzahl davon beruhen nur auf lokaler Tradition, andere jedoch sind weit verbreitet und erfreuen sich großer Beliebtheit. Für viele Juden verkörpern sie die lebendige Seite des Glaubens gegenüber den eher »trockenen« offiziellen Vorschriften und theologischen Doktrinen.

*Purim* ist ein eindrucksvolles Beispiel eines solchen volkstümlichen Herkommens. Offiziell wird der Festtag begangen, indem die Esther-Rolle vorgelesen und für wohltätige Zwecke gespendet wird. Doch für zahllose Juden in aller Welt und besonders für die Kinder ist *Purim* eine karnevalistische Maskerade, ein Bestandteil, der vom eigentlichen Festcharakter nicht mehr zu trennen ist.

Auch andere religiöse Riten mit eindeutig volkstümlichem Ursprung haben in die offiziellen Glaubenshandbücher Eingang gefunden. So beispielsweise die *Taschlich*-Zeremonie, bei der zu Neujahr die Sünden symbolisch in fließendes Wasser geworfen werden, oder *Kapparot* am Vorabend von *Jom Kippur,* wobei ein »Sühnehuhn« in Kopfhöhe geschwungen wird. Heutzutage sind diese Zeremonien nur noch vereinzelt anzutreffen, doch geht die Einführung einiger fester Bräuche – wie die *Bar Mizwa*-Feierlichkeiten oder das Fest *Simchat Thora* – letztlich auf allgemeinen Wunsch zurück.

Charakteristisch für bestimmte Gegenden ist die Verehrung von Heiligen und heiligen Stätten. Obwohl die offizielle jüdische Glaubenslehre keine gesicherte Grundlage dafür bietet, »heiligen« Männern und Frauen, gleich ob Toten oder noch Lebenden, übermenschliche Kräfte zuzuschreiben, spielen solche Kulte im religiösen Leben einiger Gemeinden eine bedeutende Rolle. Diese vor allem auf der Kabbala gründenden Tendenzen sind am ausgeprägtesten in Nordafrika und dem Mittleren Osten, aber ebenso auch im Chassidismus wirksam. Das angebliche Grab von Rabbi Simeon Ben Jochai in Galiläa, der Autor des mystischen Buches *Sohar* (zweites Jahrhundert), ist eine Stätte des Gebets und der Wallfahrten, besonders an *Lag ba-Omer,* dem vermutlichen Jahrestag seines Todes oder an *Hillula,* als seine Seele mit Gott vermählt wurde. Es existieren noch weitere Gräber in Galiläa, wo Lampen angezündet und Gebete gesprochen werden. Doch am stärksten sind diese Volkskulte zweifellos in Marokko vertreten, und dort gibt es auch Gemeinsamkeiten mit den Muslimen: Ein Forscher fand hier in den 40er Jahren 13 muslimische Heilige, die von Juden verehrt wurden und nicht weniger als 50 jüdische, auch von Muslimen verehrte Heilige.

Die Heiligenverehrung bildet ein bemerkenswertes Element der jüdischen Volksreligion: in einigen Ländern sehr stark, gänzlich unbekannt in vielen anderen, hat sie in der offiziellen jüdischen Lehre keine Entsprechung.
*Rechts oben:* Marokko ist für die große Zahl seiner Schreine bekannt. Diese Juden von Asni im Atlas-Gebirge wurden 1955 auf ihrer Pilgerfahrt zum Grab eines Heiligen fotografiert.
*Rechts:* Galiläa weist besonders viele Kultstätten heiliger Männer auf. Die Chassidim versammeln sich einmal im Jahr, um an dem Grab von Rabbi Meir Baal Haness in Tiberias zu beten.
*Rechts außen:* Am Grab von König David auf dem Berg Zion in Jerusalem findet sich ständig ein Strom von andächtigen Besuchern ein.

*Oben: Kapparot* am Vorabend des Versöhnungstages: Ein Huhn wird über dem Kopf geschwenkt. Diese Zeremonie dürfte ihren Ursprung in den Bußopfern der Antike haben.

*Links:* Galiläa ist auch Schauplatz der jährlichen Wallfahrt zum Grab des Simeon Ben Jochai in Meron: Man tanzt ekstatisch um Freudenfeuer, und Kinder erhalten ihren ersten Haarschnitt.

# Das Bilderverbot

*Unten:* Die sparsame Ausschmückung des Thora-Schreins in der Synagoge von Dura Europus (ca. 245 n. Chr.) steht im Gegensatz zur Üppigkeit der übrigen Dekoration. Die Personen in dieser Szene von der Opferung Isaaks werden in Rückenansicht gezeigt, oben befindet sich die frühestbekannte Darstellung der Hand Gottes.

»Du sollst dir kein Bildnis noch irgendein Gleichnis machen . . .« (2. Mos., 20.4). Das biblische Verbot ist auf verschiedene Weise befolgt worden, doch hat man es in der Regel sehr ernst genommen: Verzicht auf Statuen und Menschenabbildungen überhaupt (besonders in religiösem Zusammenhang), vor allem aber keine Darstellung Gottes und keine Bilderverehrung.

Es ist unwahrscheinlich, daß die Wandmalereien der Synagoge von Dura Europus eine einmalige Erscheinung im Altertum gewesen sind (nur wenige antike Synagogenmauern haben überdauert), aber in mittelalterlichen und modernen Synagogen hat man diese Art der Ausschmückung stark eingeschränkt oder – noch üblicher – ganz vermieden. Bibel- und Gebetbuchillustrationen sind heutzutage ebenfalls selten (außer zur Passah-Haggada), doch gibt es aus dem Mittelalter und der Renaissance viele schön illuminierte Handschriften. Aber selbst wo figürliche Kunst in religiösem Kontext toleriert wurde, ist eine gewisse Zurückhaltung zu spüren, vor allem in Hinblick auf menschliche Gestalten und Antlitze. Die Gegenwart Gottes in einer biblischen Szene kann durch eine Hand, die vom Himmel herabreicht, angedeutet werden – ein durchgängiges Motiv seit alters her.

*Oben:* »Die Übergabe der Thora«: Moses steht auf dem Berg Sinai und erhält die beiden steinernen Gesetzestafeln aus Gottes Hand, ein Lieblingsthema der Handschriftenilluminationen. In dieser deutschen Haggada von ca. 1300 haben alle Personen Vogelköpfe.

*Links:* Das »Kommende Zeitalter« als Bankett der Gerechten dargestellt: Schlußillustration der dreibändigen Ambrosianischen Bibel (Deutschland, 1236–1238). Der Verzicht auf die Abbildung menschlicher Antlitze ist ein typisches Merkmal der deutschen jüdischen Kunst des 13. Jahrhunderts. Es gibt zwar Parallelen in Islam und Christentum, doch mag hierbei der Einfluß der jüdischen mystischen Richtung in Deutschland ebenfalls eine Rolle gespielt haben.

*Rechts:* Eines aus einer Reihe von Fenstern mit Glasmalerei, entworfen von David Hillman (1895–1974), in der Londoner Central Synagogue. Das Chanukka-Thema ist sowohl durch hebräische Texte wie durch Bilder dargestellt. Die Aussparung von Gesichtern (die Gestalt ganz oben ist gänzlich in den *tallit* eingehüllt) belebt die mittelalterliche Praxis neu.

# Kultgegenstände

In der Vergangenheit verwandte man viel Sorgfalt auf die Herstellung der verschiedenen Gegenstände, die mit den religiösen Riten zu Hause und in der Synagoge in Verbindung standen. Im allgemeinen wurden sie aus den edelsten Materialien und von den besten verfügbaren Handwerkern gefertigt, wobei man sowohl auf Stiltradition wie auf künstlerische Kreativität achtete. Selbst heute im Zeitalter der Massenproduktion werden noch hervorragende und originale Stücke geschaffen, wenn auch die allerorts erhältlichen billigen Imitationen unvermeidlicherweise negative Auswirkungen gehabt haben.

Die Gegenstände zeigen eine beträchtliche Stilvielfalt und spiegeln den Geschmack der jeweiligen Länder und Stilperioden wider. Sie stammten oft, aber nicht immer, von jüdischen Handwerkern, und gewisse Symbole wurden Allgemeingut. Häufig findet man Löwen und Kronen in den Dekormustern, besonders wenn es sich um Synagogenkunst handelt; biblische Szenen oder Texte erfreuen sich gleichfalls großer Beliebtheit. Ein populäres Motiv ist ferner die *colonna santa* vom St. Petersdom zu Rom, eine spiralenförmig kannelierte Bronzesäule, die sich einst im Jerusalemer Tempel befunden haben soll.

Für den rituellen Gebrauch im privaten Haushalt gibt es feste Einrichtungsbestandteile wie die *mesusa* und Gegenstände für besondere Gelegenheiten wie den *kiddusch*-Becher oder die Leuchter für Sabbat und Chanukka. Künstlerische Gestaltung und Symbolik sind hier etwas unterschiedlicher, doch verraten alle Stücke den Wunsch, etwas besonders Schönes und Wertvolles in den Dienst Gottes zu stellen.

*Unten:* In den meisten jüdischen Wohnungen findet sich der *kiddusch*, ein Weinbecher, der zur Heiligung des Sabbat und anderer Feste verwendet wird. Er besteht im allgemeinen aus Silber und zeigt gelegentlich eine biblische Szene, in diesem Fall die Erscheinung der drei Engel vor Abraham.

*Unten:* Sabbat-Lampen bestehen oft aus einem Leuchter-Paar, doch eine bevorzugte ältere Form war der »Judenstern«, eine hängende Öllampe mit sechs oder mehr Tüllen. Dieses schöne Exemplar aus dem Jahr 1734 mit Krone, Kugel und Tropfpfanne entstand in der Werkstatt des sephardischen Londoner Silberschmieds Abraham d'Oliveira.

*Unten links:* Ein Thorazeiger, *jad*. Er hat für gewöhnlich die Form einer Hand.

*Unten:* Ein Thoraschild *(tass)*. Dieses Beispiel weist ungewöhnlich reiche Verzierungen auf, paßt sich aber im wesentlichen einem stereotypen Muster an, das in Mitteleuropa üblich wurde: mit den zwei Säulen (Darstellungen der *colonna santa*), die das Mittelornament umrahmen. Charakteristisch für die synagogale Kunst sind auch die Löwen und die Krone. Dieser Thoraschild wurde um 1820 in Berlin gefertigt.

*Oben:* Das sichtbare Kennzeichen eines jüdischen Heims ist die *mesusa*, eine kleine Kapsel aus Holz, Metall oder Glas, die einen Pergamentstreifen enthält, der auf der Vorderseite in 22 Zeilen hebräisch mit 5. Mos. 6, 4–9; 11, 13–21 beschriftet ist. Hier ein Exemplar aus Rußland von 1873.

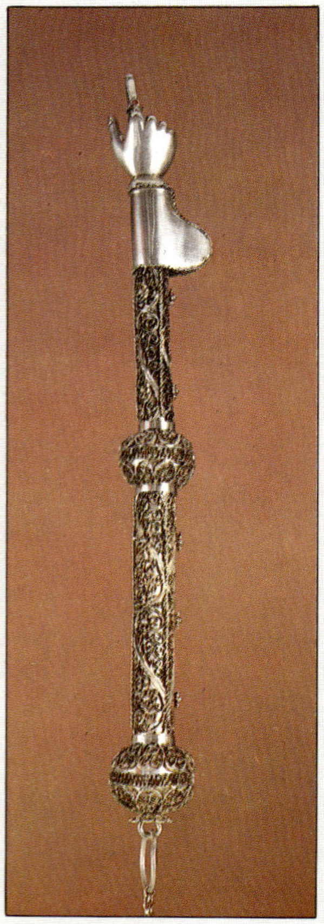

*Links:* Eine vergoldete Chanukka-Lampe (Deutschland, um 1770). Man beachte die Darstellung des Schreins mit der *colonna santa* auf jeder Seite und die Chanukka-Szene unten.

*Oben:* In den westlichen Ländern wird die Thora-Rolle in einen gestickten Mantel gehüllt (im Osten befindet sie sich in einem hölzernen Kasten). Aschkenasische Thoramäntel sind in der Regel kunstvoll verziert, dieses italienische Beispiel aus dem 18. Jahrhundert besticht durch seine schlichte Eleganz. Die silbernen *rimmonim* stammen aus dem 17. Jahrhundert.

*Links: Rimmonim* gibt es in vielfältigen Formen, doch weisen sie regelmäßig die Glöckchen auf, die vom Gewand der Priester im Jerusalemer Tempel entlehnt sind.

# SPRACHE UND LITERATUR

Der Ehrenplatz unter den Sprachen der Juden gebührt dem Hebräischen, das bei ihnen am längsten in Gebrauch war. Einem phantasievollen Mythos nach war es die Sprache, in der Gott die Welt schuf. Hebräisch zählt zusammen mit dem Moabitischen, Punischen und Phönikischen zur kanaanäischen Sprachengruppe und rechnet mit dem Aramäischen und Ugaritischen zum nordwestlichen Zweig der semitischen Sprachen. Das Althebräisch bildete sich vermutlich im 14. und 13. vorchristlichen Jahrhundert bei der Einwanderung der israelitischen Stämme in Palästina heraus. Sie übernahmen dem Anschein nach die Sprache der dort ansässigen Kanaaniter bzw. vermischten diese mit ihrer bisherigen. Abgesehen von einigen wenigen Inschriften und den erst in jüngster Zeit entdeckten Schriftrollen von Qumran am Toten Meer, sind die Bücher des Alten Testaments die einzige authentische Quelle dieses biblischen oder Althebräisch. Es wurde seit Mitte des fünften Jahrhunderts v. Chr. (nach der Rückkehr aus der Babylonischen Gefangenschaft) zunehmend als Verkehrssprache verdrängt und durch das Aramäische ersetzt. Um Christi Geburt fand es beim Volk kaum noch Verwendung, doch erhielt es sich als Kultus- und Literatursprache. Jahrhundertelang fußte die traditionelle jüdische Erziehung auf der Bibel, und die Kinder begannen ihre Schulzeit mit dem Erlernen des *aleph beth* (des hebräischen Alphabets). Wegen seiner ungebrochenen Vorrangigkeit in Kult und Schrifttum blieb das Hebräische Gelehrten wie Ungebildeten gleichermaßen vertraut, auch als es keine Umgangssprache mehr war. So ist es niemals wirklich »tot« gewesen, sondern wurde im religiösen Kontext beständig weiterverwendet, wobei es sich von der Antike bis zum heutigen Tag stetig veränderte. Viele der alten rabbinischen Abhandlungen, der religiösen und weltlichen Gedichte, der mittelalterlichen Gesetzbücher und Kommentare sind in Hebräisch verfaßt, und oft war es auch das Verständigungsmittel zwischen Juden in verschiedenen Ländern. In moderner Zeit hat das Hebräisch in Israel eine Wiedergeburt erfahren und ist durch eine Vielzahl genuiner Wortneubildungen angereichert worden. Obgleich Nichtjuden (besonders christliche Gelehrte mit Interesse an der Bibel) Hebräisch studiert haben, muß es in einem einmaligen Sinn als eine spezifisch jüdische Sprache angesehen werden.

Eine weitere Sonderstellung hat das Aramäische inne, das einst in einem riesigen Gebiet verbreitet war, das sich von Ägypten bis Indien erstreckte. Es gibt aramäische Abschnitte in der Bibel (Teile der Bücher David und Esra), und jüdisch-aramäische Manuskripte sind schon aus dem fünften Jahrhundert v. Chr. überliefert. Im Altertum wurde es von vielen Juden benutzt, besonders in Israel und Babylonien; zu ihrer aramäischen Literatur gehörten der Talmud wie die Targume (Übersetzung der Bibel). Wegen dieser Vorgeschichte blieb es in Gebrauch, selbst als es keine gesprochene Sprache mehr war. Der klassische Text der Kabbala, das Buch Sohar, wurde im Spanien des 13. Jahrhunderts in Aramäisch verfaßt, und sogar heute noch findet es sich in Gesetzesdokumenten und in Gebeten und Hymnen. Nur sehr wenige Juden sprechen es gegenwärtig noch, aber in Kurdistan ist es mit einer umfangreichen mündlichen und schriftlichen Literatur erhalten geblieben.

Hebräisch und Aramäisch sind die einzigen Sprachen, die im Judentum eine so lange und ununterbrochene Geschichte haben. Juden in allen Teilen der Welt, unabhängig von ihrer Herkunft und Sektenzugehörigkeit, gebrauchen sie als »offizielle« Sprachen für religiöse Zwecke. Im Altertum hatten sie einen machtvollen Rivalen im Griechischen, das nach den Eroberungen Alexanders des Großen im dritten Jahrhundert v. Chr. im Land Israel eingeführt und allmählich im ganzen östlichen Mittelmeerraum und darüber hinaus zur *lingua franca* wurde. Die Einzelheiten seiner Verwendung sind Gegenstand heftiger gelehrter Auseinandersetzungen, aber es gibt genügend Beweise aus Inschriften und literarischen Quellen, daß die Juden während der römischen und byzantinischen Periode griechisch lasen, schrieben und sogar beteten, obschon das Hebräische und Aramäische nicht an Bedeutung verloren (tatsächlich bedienten sich einige aller drei Sprachen). In anderen Mittelmeerländern besaß das Griechische eine unangefochtene Vorrangigkeit; zur überlieferten griechisch-jüdischen Literatur zählen Übersetzungen der Bibel und die umfangreichen Schriften des Historikers Josephus und des Philosophen Philon (15/10 v. Chr.–ca. 45/50 n. Chr.). Beide Autoren stehen in einem interessanten Gegensatz. Josephus wurde in Jerusalem geboren und beendete seine Tage in Rom: Er schrieb anfangs aramäisch und wandte sich erst später dem Griechischen zu. Philon lebte in Alexandria, und es gibt keinen Hinweis darauf, daß er eine andere Sprache als Griechisch beherrschte. Beide richteten ihre Werke sowohl an eine jüdische wie an eine nichtjüdische Leserschaft. Unter anderen Umständen hätte das Griechische die gleiche wichtige Rolle für die Juden behalten können wie für die Christen. Seine Zurückdrängung ist mehreren Faktoren zuzurechnen, darunter dem Erfolg des Christentums in Ländern griechischer Sprache, dem Beharren der Rabbiner auf Hebräisch und Aramäisch und in späterer Zeit der Volkstümlichkeit des Arabischen. Griechisch blieb unter Juden das ganze Mittelalter hindurch und bis in die Moderne in Gebrauch, aber in einem sehr begrenzten geographischen Raum und ohne eine bemerkenswerte Literatur hervorzubringen.

Die linguistische Karte des Judentums in der frühen Zeit ist demnach relativ einfach: Wie bestimmte andere Völker auch, verwendeten die Juden die offiziellen Sprachen großer Reiche (im Westen Latein und zeitweilig Griechisch) und für religiöse und literarische Zwecke weiterhin Hebräisch. Aufgrund verschiedener historischer Prozesse wurde dieses einfache Bild allmählich außerordentlich kompliziert. Im Westen beispielsweise entstanden unterschiedliche romanische Sprachen und Dialekte aus dem Latein, eine Entwicklung, die auch die jüdische Bevölkerung einschloß. Ein in Italienisch abgefaßtes jüdisches Gedicht, das aus dem zwölften Jahrhundert stammt, ist eines der frühesten überlieferten italienischen Gedichte überhaupt, und es bildeten sich verschiedene jüdische Dialekte des Italienischen heraus, von denen einige gegenwärtig noch anzutreffen sind. Das jetzt verschwundene Judeo-Provençal *(Schuadit)* hat eine Tradition, die vom zwölften bis zum Beginn dieses Jahrhunderts dokumentiert werden kann. Französisch, Katalanisch und andere romanische Sprachen waren bei den

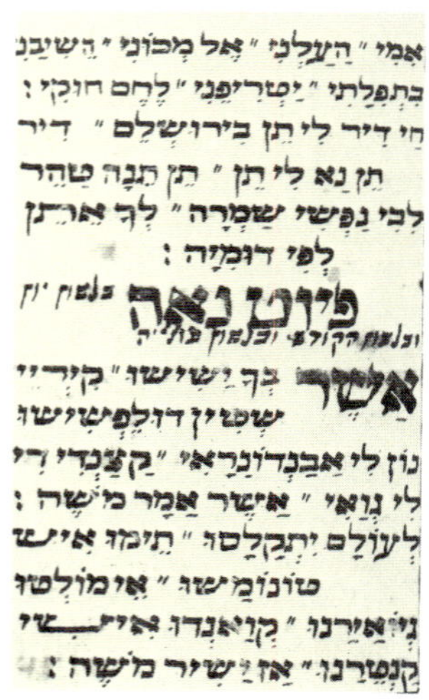

*Oben:* Ein Kopist beim Ausbessern einer Thora-Rolle. Pergament, Schreibfeder und Tinte sind von Hand hergestellt, die Ausführung eines jeden Buchstabens ist durch die Tradition aufs genaueste festgelegt. Ist nur ein einziges Wort unleserlich oder falsch geschrieben, wird die ganze Schriftrolle für rituelle Zwecke unbrauchbar.

*Links:* Zweisprachigkeit war im Judentum allgemein verbreitet, ja in besonderen Fällen beherrschten Juden sogar drei oder mehr Sprachen. Diese Hymne aus einem Gesangbuch des 18. Jahrhunderts von Korfu ist in drei Sprachen geschrieben, doch immer mit hebräischen Zeichen: die Zeilen folgen in Hebräisch, Griechisch und Italienisch aufeinander, wobei sich die Zeilenpaare in den verschiedenen Sprachen jeweils reimen.

mittelalterlichen Juden ebenfalls vertreten. Die verbreitetste und am längsten bestehende aus der »judeo-romanischen« Sprachengruppe ist das Judeo-Espagnol *(Judezmo* oder *Ladino*). Im Mittelalter gab es bei den Juden auf der Iberischen Halbinsel eine große sprachliche Vielfalt, und sie trugen nicht zuletzt als Übersetzer zur Lokalliteratur bei. Nach der Vertreibung aus Spanien 1492 behielten sie ihre Sprachen in den Exilländern bei, wo sie sich in einigen Orten bis auf den heutigen Tag erhalten haben.

Dieser kurze Abriß zeigt die verwickelte Geschichte der jüdischen Sprache, ohne daß die komplizierteren Faktoren berührt werden. Es ist schwer zu entscheiden, ob die frühen Schriften in der jeweiligen lokalen Umgangssprache jener Zeit verfaßt sind oder ob es sich dabei um besondere jüdische Dialekte handelt. Hinzu kommt das Problem der Vielsprachigkeit. Es gibt nicht nur Literatur iberischer Juden in Kastilianisch, Katalanisch, Arabisch und Hebräisch, sondern sogar gemischtsprachige Gedichte. (Vielsprachigkeit ist übrigens ein besonderes Merkmal des mittelalterlichen Spanien, das keineswegs auf Juden beschränkt ist.) In Frankreich schrieb Raschi (Salomo Jizchak, 1040–1105) Kommentare zur Bibel und zum Talmud auf Hebräisch, aber häufig benutzte er französische Übersetzungen von Wörtern und Ausdrücken, eine Mischform, die in zahlreichen hebräischen Texten des Mittelalters anzutreffen ist. Bemerkenswert ist generell der Einfluß des Hebräischen auf die verschiedenen jüdischen Sprachen, sei es im Vokabular (da man Wörter für Gegenstände und Begriffe brauchte, die Nichtjuden unbekannt waren, oder weil man Ausdrücke vermeiden wollte, die zu starke christliche Bezüge aufwiesen) oder in Syntax und Morphologie (entweder unbewußt oder absichtlich, um die hebräischen Gedanken- und Ausdrucksmuster zu erhalten). Einige der Übersetzungen der Bibel und von Gebeten in Judeo-Espagnol sind so stark vom Hebräischen geprägt, daß sie für jemanden, der zwar Spanisch, aber nicht Hebräisch versteht, eine sehr anstrengende Lektüre sind. Bei den sephardischen Juden, die ins Osmanische Reich oder nach Marokko emigriert waren, zeigten sich Anleihen beim Arabischen, Griechischen und Türkischen, während in Holland und anderen Staaten, deren jüdische Gemeinden in enger Verbindung mit der Iberischen Halbinsel blieben, sich das Spanisch und Portugiesisch reiner erhielt.

Dieses komplizierte Entwicklungsschema hat Parallelen in vielen anderen Teilen der Erde. Im nördlichen Europa breitete sich das Jiddische, eine germanische Sprache mit hebräischen, slawischen und anderen Elementen,

**Jüdische Sprachen**
Diese Karten veranschaulichen zwei grundlegende Fakten. Zum einen haben die Juden seit dem fernen Altertum niemals mehr eine einzige gemeinsame Sprache gesprochen. Zweitens haben sie sich in sprachlicher Hinsicht an die jeweilige nichtjüdische Bevölkerung angepaßt. Wie alle Verallgemeinerungen bedürfen diese Feststellungen jedoch einiger Einschränkungen. So hat in den Gebieten rabbinischen Einflusses das Hebräische immer als Kommunikationsmittel zwischen Juden verschiedener Herkunft gedient. Ferner entstanden eigene jüdische Dialekte der verschiedenen Landessprachen. Drittens behielten die Juden als Folge der Wanderungen oft ihre spezifische Sprache bei, und obwohl dies im allgemeinen nur ein zeitweiliges Phänomen war, gibt es einige auffällige Ausnahmen, besonders das Fortbestehen des Jiddischen in den slawischen Ländern und des Ladino im Osmanischen Reich.

**Unten: Jüdische Sprachen im Altertum**
Das Bild ist relativ einfach. Die meisten Juden sprechen griechisch oder aramäisch, und zwischen beiden Gruppen besteht eine wirkliche kulturelle Kluft.

**Ganz unten: Jüdische Sprachen im Mittelalter**
Hier wird das Bild komplexer und lückenhafter. Griechisch und Aramäisch weichen anderen Sprachen und werden allmählich nur noch in einem kleinen Gebiet verwendet. Am weitesten verbreitet sind Arabisch, Jiddisch und schließlich Ladino.

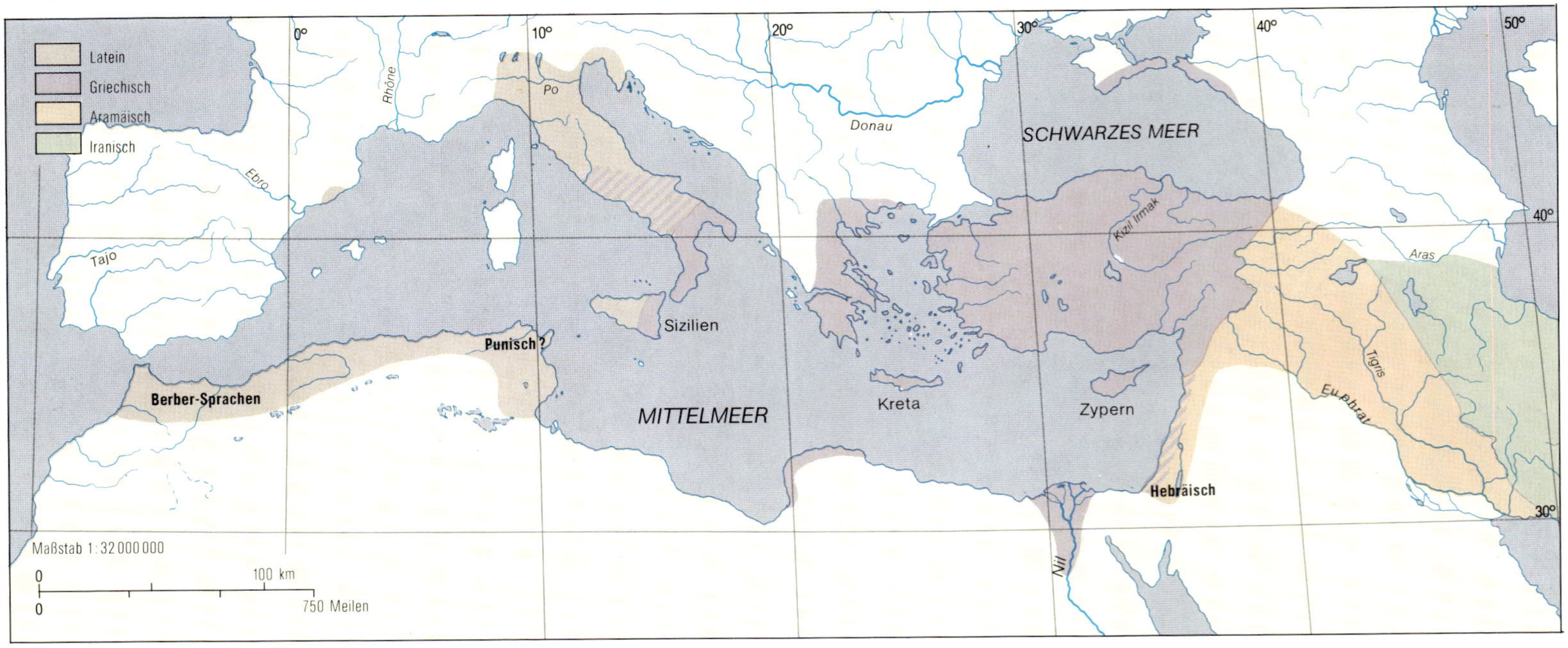


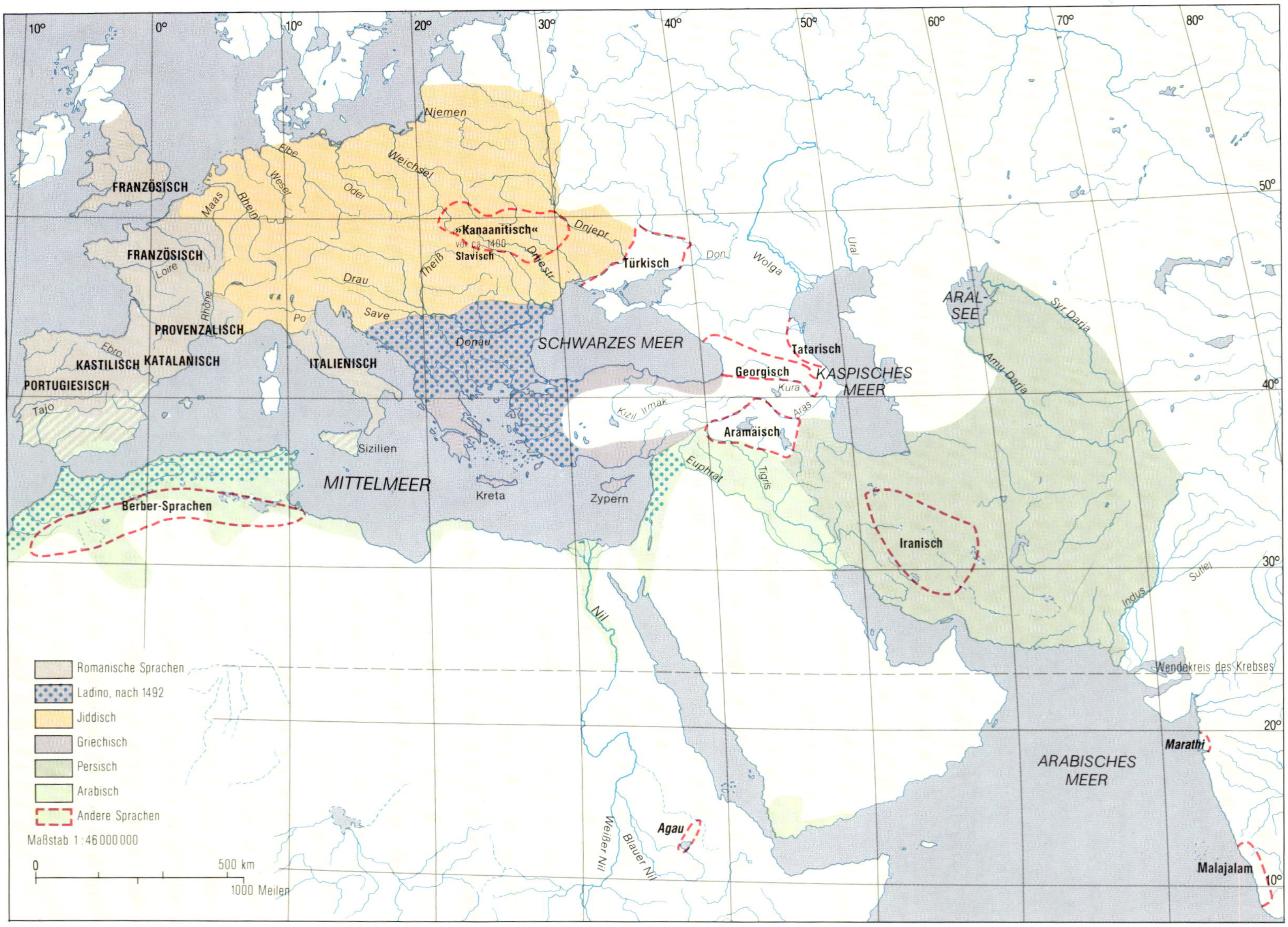

**Unten: Jüdische Sprachen heute**
Abgesehen von einigen lokalen Besonderheiten und Ausnahmen infolge der Wanderungen benutzen die Juden gegenwärtig praktisch überall die Nationalsprache. In Israel herrscht das Hebräische hauptsächlich bei den Juden vor, während die dortigen Nichtjuden in der Regel arabisch sprechen.

*Rechts:* Moderne jüdische Schriftsteller

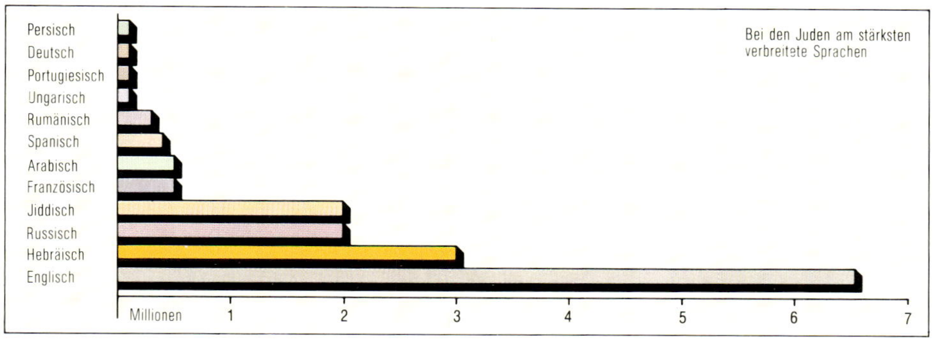


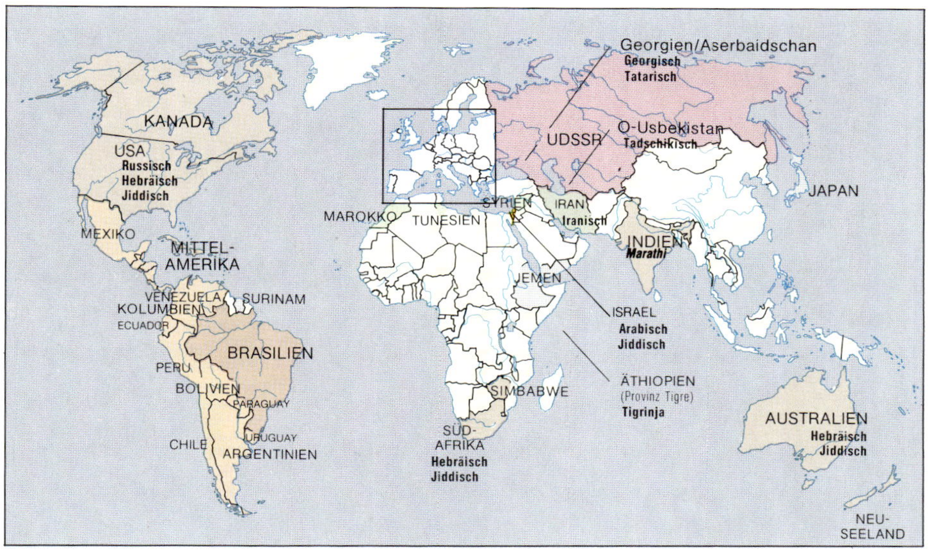

Hauptsächliche Sprachen der Juden

- Englisch
- Hebräisch
- Russisch
- Französisch
- Arabisch
- Spanisch
- Rumänisch
- Ungarisch
- Portugiesisch
- Deutsch
- Persisch
- Andere Länder, in denen die Juden größtenteils die Landessprache sprechen

**Arabisch** Minoritätensprache

Lillian Hellmann (geb. 1905), Amerikanerin

Saul Bellow (geb. 1915), Amerikaner

Primo Levi (geb. 1919), Italiener

Alberto Moravia (geb. 1907), Italiener

im späten Mittelalter von Deutschland ostwärts aus und wurde von weiten jüdischen Bevölkerungskreisen übernommen. Zu verschiedenen Zeiten reichte sein Einfluß von Holland und dem Rheinland bis nach Lettland und Westrußland, und neuere Ableger gibt es nicht nur in Nord- und Südamerika, sondern überall in der Welt. Der Vormarsch des Islam seit dem siebten Jahrhundert wiederum hatte große Auswirkungen auf viele Gemeinden, in denen bisher das Aramäische oder Griechische vorherrschend war. Das Arabische setzte sich schnell bei den Juden in den muslimischen Ländern durch - von Spanien und Marokko im Westen bis nach Babylonien (Irak) im Osten - und blieb das ganze Mittelalter hindurch eine der jüdischen Hauptsprachen in Wort und Schrift. Zu den Veröffentlichungen in Arabisch zählen die Hauptwerke jüdischer Philosophie wie Maimonides' *Führer der Unschlüssigen.* Verschiedene Formen des Arabischen sind auch heute noch bei zahlreichen Juden verbreitet, und in israelischen Schulen ist es ein gängiges Lehrfach.

Weiter im Osten spielte das Persische im Mittelalter eine wichtige Rolle. Die frühesten erhaltenen neupersischen Texte wurden in hebräischer Schrift von Juden verfaßt: Es handelt sich dabei um eine Inschrift in einem entlegenen Winkel Afghanistans und um einen Brief, der in Sinkiang (China) gefunden wurde. Beide Zeugnisse datieren wahrscheinlich aus dem achten Jahrhundert. Es existiert eine umfangreiche jüdische Literatur in Neupersisch, mit der man sich im Westen erst neuerdings ernsthaft beschäftigt hat, und verschiedene Formen des Persischen und verwandter iranischer Sprachen werden noch in der Gegenwart von Tausenden Juden in Iran, Zentralasien und im Kaukasus verwendet.

In den letzten 200 Jahren ist der Prozeß der sprachlichen Assimilierung noch einmal deutlich spürbar geworden. Ausgang des 18. Jahrhunderts beherrschten die meisten aschkenasischen Juden ausschließlich das Jiddische, doch setzten sich in den stärker integrierten Kreisen schon zunehmend die jeweiligen Landessprachen durch, die am Ende des 19. Jahrhunderts das Jiddische in weiten Teilen Europas zurückgedrängt hatten. In Westeuropa wurde es nur noch von Einwanderern gesprochen, während in Rußland bei einer Volkszählung des Jahres 1897 97 Prozent der Juden es als ihre Muttersprache bezeichneten. Unter den Sephardim war die Tendenz zur Assimilierung sogar noch deutlicher, obgleich das Spanische sich in den Gebieten, die unter osmanischer Regierung standen (oder gestanden hatten), behauptete (1925 war es bei 90 Prozent der bulgarischen Juden, 1927 bei 84 Prozent der türki-

**Unten: Die Verbreitung des Jiddischen**
Das Jiddische ist eng mit dem aschkenasischen Judentum verknüpft. Die deutschen Juden, die nach Osten auswanderten, behielten ihre Sprache bei und entwickelten sie in relativer Isolation weiter, bis ein besonderer deutscher Dialekt entstand, angereichert durch slawische und andere Einflüsse, mit wiederum eigenen Unterdialekten und einer einzigartigen Klangfülle. Nachfolgende Bevölkerungsbewegungen verbreiteten die Sprache weit über ihre historische Heimat hinaus, und 1939 wurde geschätzt, daß mehr als zehn Millionen jiddischsprechende Juden über den ganzen Globus verteilt waren. Der Holocaust und eine ziemlich rasche sprachliche Assimilation haben diese Zahl drastisch reduziert, doch wird das Jiddische weiterhin gepflegt und hat neuerdings eine bescheidene Wiederbelebung erfahren. Die Verleihung des Literatur-Nobelpreises an Isaac Baschevis Singer (geb. 1904, *siehe Innenbild*) 1978 machte deutlich, daß durchaus noch eine fruchtbare jiddische Literatur existiert.

Isaac Baschevis Singer

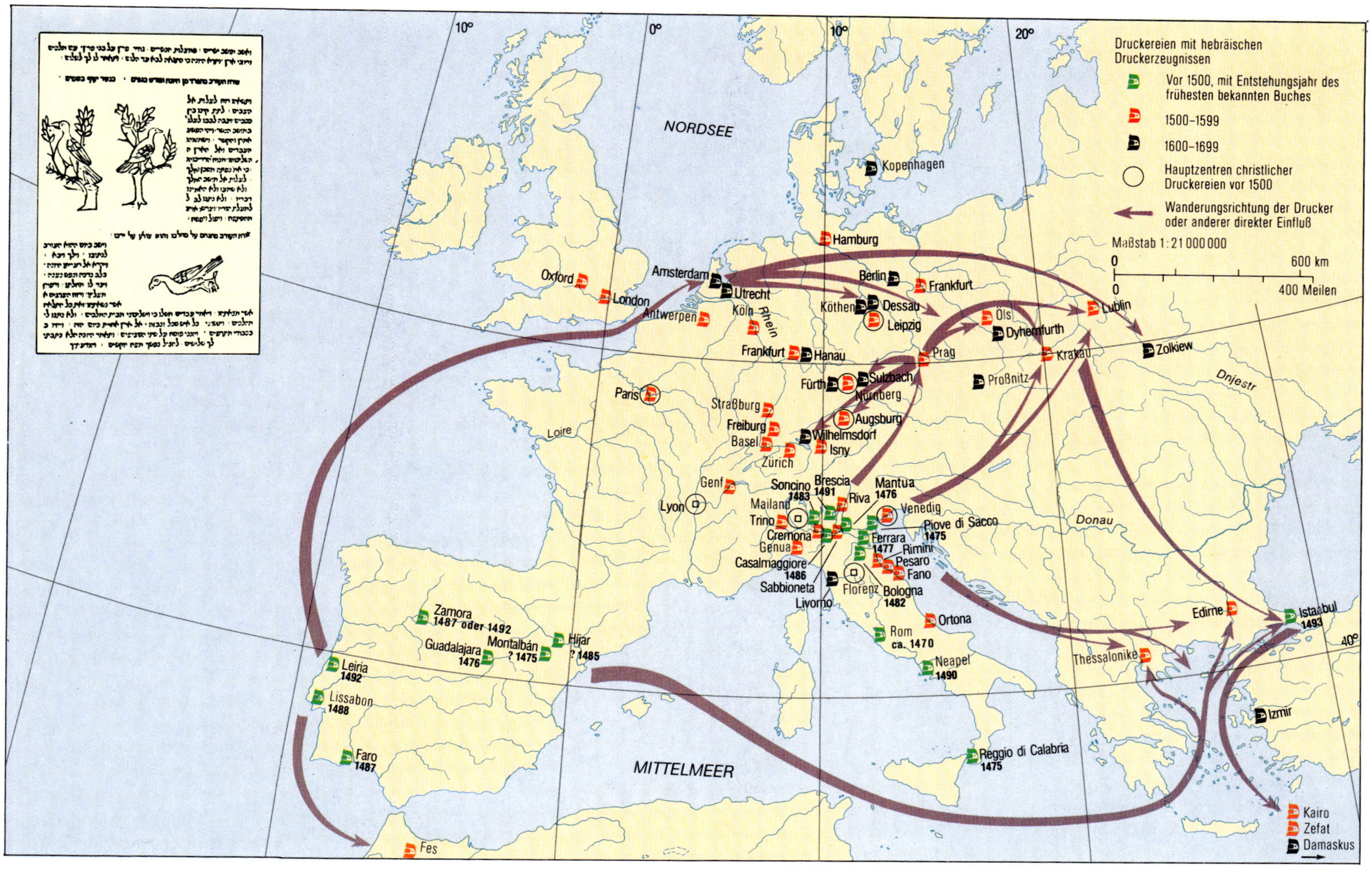


**Hebräischer Buchdruck**
Die Juden machten sich schnell die Möglichkeiten zunutze, die die Erfindung des Drucks mit beweglichen Metallettern (ca. 1445) bot. Nahezu 200 hebräische Bücher waren bis 1500 entstanden, vielfach durch christliche Drucker. Einer von ihnen, Daniel Blomberg, stellte etwa 200 hebräische Werke in der ersten Hälfte des 16. Jahrhunderts in Venedig her; darunter waren das erste gedruckte Exemplar der Bibel mit rabbinischen Kommentaren und zwei Talmudausgaben. Der Druck hatte nicht nur entscheidenden Anteil an der Verbreitung der jüdischen Kultur, sondern beeinflußte auch das Wesen jüdischer Gelehrsamkeit und trug zur Vereinheitlichung der Liturgie bei.

*Innenbild:* Drucken war vielfach ein Familiengewerbe, und einige Drucker wechselten erstaunlich oft die Wirkungsstätte. Gerschom (Jerome, auch Hieronymus) Soncino war Mitglied einer der berühmtesten Druckerfamilien und gehörte zu den produktivsten Handwerkern seiner Zeit. Er druckte in Hebräisch, Latein, Griechisch, Italienisch und möglicherweise auch in Jiddisch und arbeitete zwischen 1489 und 1527 in etwa zehn verschiedenen italienischen Städten, bevor er nach Saloniki und schließlich nach Konstantinopel ging. Die hier gezeigte Seite aus einer Sammlung aphoristischer Morallehren und Tierfabeln von Isaac Ibn Sahala, wurde wahrscheinlich 1491 von ihm in Brescia hergestellt. Es war das erste mit Illustrationen gedruckte jüdische Buch.

schen Juden in Gebrauch). Mit zunehmender sozialer Eingliederung und weltlicher Erziehung paßten sich die Juden in sprachlicher Hinsicht allmählich überall der jeweiligen Bevölkerungsmehrheit – oder der gesellschaftlich dominierenden Minderheit – an, wobei ihre bisherige Sprache zuweilen noch eine Zeitlang als Zweitsprache fortlebte. Deutsch breitete sich seit dem frühen 19. Jahrhundert stetig in Deutschland und Österreich-Ungarn aus, um 1900 wurde es bereits von mehr als einer Million Juden benutzt. Große Bedeutung erlangte auch das Englische, das 1900 gleichfalls von über einer Million verwendet wurde und heute die Hauptsprache für die Hälfte aller Juden der Welt ist. Hingegen hatte sich in Nordafrika und dem Vorderen Orient durch die Schulen der Alliance Israélite Universelle das Französische durchgesetzt.

Die sprachliche Assimiliation betrifft Wort wie Schrift. Jüdische Autoren bedienen sich des Englischen, Französischen, Deutschen, Italienischen, Spanischen, Russischen und einer ganzen Reihe anderer Sprachen, und sie haben auch die literarischen Formen der vorherrschenden Kulturen übernommen. Vielerorts haben sie einen anerkannten Beitrag zu den Nationalliteraturen geleistet; obwohl sie in ihren Werken manchmal jüdische Themen behandeln, weisen diese weit öfter keine spezifisch jüdischen Merkmale auf.

Die einzige beachtenswerte Ausnahme von dieser Angleichungstendenz bildete die Beibehaltung des Hebräischen. Wie wir gesehen haben, war es im ganzen Mittelalter weithin in Schrifttum und Liturgie dominierend, und so blieb es weiterhin. Selbst mit der Übernahme der Landessprache für den religiösen Kult in einigen westlichen Staaten ist das Hebräische nirgendwo auf Dauer in der Liturgie abgelöst worden, und bei den meisten Juden steht es nach wie vor im Mittelpunkt des Gottesdienstes.

Im 19. Jahrhundert bildete sich unter dem Einfluß der europäischen Aufklärung eine starke Bewegung heraus, die den Gebrauch des Hebräischen auch auf rein weltliche Bereiche ausweiten wollte, obgleich es schon eine lange Tradition weltlicher hebräischer Dichtung gab, besonders in Italien. Ziel war es, eine besondere jüdische Sprachkultur zu schaffen, doch nicht durch das Jiddische, das als degenerierter deutscher Dialekt angesehen wurde. Die Romantik begünstigte das Entstehen einer reichen hebräischen Literatur in Vers und Prosa sowie einer Vielzahl hebräischer Übersetzungen.

Gegen Ende des 19. Jahrhunderts kam es zu Versuchen, vor allem in Rußland, das Hebräische als gesprochene Sprache wiederzubeleben, um die Assimilierung zu bekämpfen und die nationale Identität zu verteidigen. Man argumentierte, daß eine Nation schließlich eine eigene gemeinsame Sprache haben müsse. Das Hebräische wurde anfangs in kleinen kulturellen Zirkeln gefördert und schließlich für den Unterricht in den jüdischen Schulen in Palästina, Polen und anderen Ländern eingeführt. Da seine Erneuerung von den Zionisten ausging, ist es nicht überraschend, daß der größte Erfolg in Israel zu verzeichnen war, wo es nun die offizielle Hauptsprache des Staates ist. Seine Verbreitung wird von der »Akademie der hebräischen Sprache« unterstützt, sowie von einem weiten Netz pädagogischer Einrichtungen und besonders durch das bemerkenswerte *Ulpan*-Unterrichtssystem, das Einwanderern Intensivkurse *(Ulpanim)* der Sprache anbietet. Sie ist erfolgreich modernen Bedürfnissen angepaßt worden, und es gibt auch bereits eine umfängliche israelische hebräische Literatur. Inzwischen hat die Neubelebung des Hebräischen in Israel Juden in aller Welt dazu veranlaßt, es zu erlernen und auch in der alltäglichen Praxis Gebrauch davon zu machen.

# Das Hebräische

Hebräisch scheint eine wirklich zeitenüberdauernde Sprache zu sein. Es wurde zwar in der römischen Ära als Umgangssprache verdrängt, blieb aber für Liturgie und religiöses Schrifttum weiterhin in Gebrauch. In dieser Form verbreitete es sich über die ganze Welt und wurde somit kontinuierlich über die Jahrhunderte verwendet. Zu dem Zeitpunkt, da es unter dem Druck der Sprachassimilation scheinbar zum Tode verurteilt war, brachte die hebräische Aufklärung eine Neubelebung auf vielen Gebieten, von der Lyrik bis hin zu wissenschaftlichen Abhandlungen. In jüngerer Zeit hat das Hebräische eine Wiedergeburt als gesprochene Sprache erfahren und ist jetzt eine der offiziellen Sprachen in Israel.

Obwohl das Hebräische einer stetigen Entwicklung und Veränderung unterworfen war, kann ein israelisches Schulkind ohne besondere Ausbildung vieles in der Bibel lesen und verstehen. Wer das moderne Hebräisch spricht, benutzt ständig, bewußt oder unbewußt, Wörter und Wendungen, die bereits in der frühestaufgezeichneten Sprachschicht, vor etwa 3000 Jahren, vorhanden waren. Doch auch moderne Gegenstände und Begriffe können auf Hebräisch benannt werden, und das reiche und vielfältige zeitgenössische hebräische Schrifttum spiegelt viele der gegenwärtigen literarischen Trends wider.

Hebräisch hat für die Juden heute einen recht unterschiedlichen Stellenwert. In Israel ist es ein ganz selbstverständliches Kommunikationsmittel: Es findet Verwendung in Rundfunk, Schulwesen und Militär, ja selbst in Comic strips. In der Sowjetunion stellt es ein kostbares Erbe dar, für dessen Bewahrung einige ihre Freiheit aufs Spiel setzen – wie Josif Begun, dessen Bemühen, als Hebräischlehrer registriert zu werden, damit endete, daß er 1983 zu sieben Jahren Gefängnis und anschließender fünfjähriger Verbannung verurteilt wurde.

| Name | Zahlenwert | Lautwert | Althebräisch | Endform | Grundform |
|---|---|---|---|---|---|
| Aleph | 1 | – | 𐤀 | | א |
| Bet | 2 | b.v | 𐤁 | | ב |
| Gimel | 3 | g | 𐤂 | | ג |
| Dalet | 4 | d | 𐤃 | | ד |
| He | 5 | h | 𐤄 | | ה |
| Waw | 6 | v, w, ū | 𐤅 | | ו |
| Sajin | 7 | z | 𐤆 | | ז |
| Chet | 8 | x | 𐤇 | | ח |
| Tet | 9 | t | 𐤈 | | ט |
| Jod | 10 | j, y, ī | 𐤉 | | י |
| Kaph | 20 | k, ch | 𐤊 | ך | כ |
| Lamed | 30 | l | 𐤋 | | ל |
| Mem | 40 | m | 𐤌 | ם | מ |
| Nun | 50 | n | 𐤍 | ן | נ |
| Samech | 60 | s | 𐤎 | | ס |
| 'Ajin | 70 | – | 𐤏 | | ע |
| Pe | 80 | p.f | 𐤐 | ף | פ |
| Zade | 90 | s | 𐤑 | ץ | צ |
| Koph | 100 | k | 𐤒 | | ק |
| Resch | 200 | r | 𐤓 | | ר |
| Schin, Sin | 300 | sch, s | 𐤔 | | ש |
| Taw | 400 | t (th, s) | 𐤕 | | ת |

*Unten:* Zierschrift auf einem *wimpel*, einem Band für die Thora-Rolle, datiert (5) 596 (1836). In Deutschland war es Brauch, das bei der Beschneidung verwendete Leinentuch zu einem Band für die Thorarolle umzuarbeiten. Es wurde bestickt oder bemalt: mit dem Namen des Knaben, seinem Geburtstag und einer frommen Botschaft: »Möge Gott ihn heranwachsen lassen für die Thora, für seine Heirat und für gute Taten.«

*Rechts:* Das hebräische Alphabet besteht aus 22 Buchstaben, die nur Konsonanten bezeichnen. Die Vokale können in Form von Punkten und Strichen hinzugefügt werden, im allgemeinen läßt man sie aber weg. Die Buchstaben gibt es in vielen verschiedenen Formen, von denen hier nur die hauptsächlichsten dargestellt sind. Sie haben auch einen Zahlenwert und können zu Summen zusammengesetzt werden.

*Links:* Die Unterweisung der Kinder in der Thora gehörte zu den religiösen Grundpflichten der Eltern (obgleich diese Aufgabe oft von einem bezahlten Lehrer, dem *melammed,* übernommen wurde). Da die jüdische Bildung auf dem Hebräischen basierte, fand das hebräische Alphabet auch zum Schreiben anderer Sprachen Verwendung.

*Unten:* Eine elegante hebräische Inschrift an der Synagoge in Cordoba, datiert 1315. Man beachte, wie gut die quadratisch geformten Buchstaben dem monumentalen Verwendungszweck entsprechen und wie sie gemäß dem verfügbaren Platz zusammengedrängt oder auseinandergezogen sind.

*Unten Mitte:* Der »Moabiter Stein«, eine wichtige historische Inschrift von Mescha, König von Moab (ca. 850 v. Chr.). Die moabitische Sprache steht dem Althebräischen sehr nahe, und auch ihre Schreibweise hat viel Ähnlichkeit mit frühen hebräischen Texten. Die moabitische Schrift war noch zur Zeit des Bar-Kosiba-Aufstands in Gebrauch.

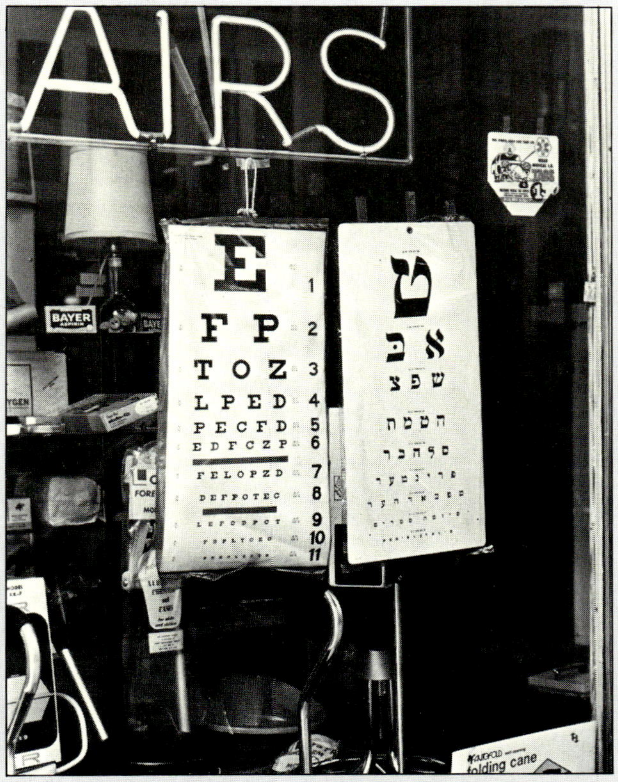

*Links:* Die Quadratschrift, die der jüdischen Überlieferung nach von Esra aus dem babylonischen Exil mitgebrachte wurde, wird mit gewissen Veränderungen bis auf den heutigen Tag benutzt, wie diese Tafel zum Testen der Sehschärfe in einem New Yorker Schaufenster zeigt.

# Die Bibel

*Links unten:* Die frühesten überkommenen Bibeltexte wurden in den Höhlen von Wadi Qumran gefunden. Dieser stammt von der berühmtem Jesaja-Rolle. Solche schmucklosen Schriftbilder heben das Wort fast übertrieben plastisch hervor.

*Links ganz unten:* Jonas wird von einem Wal verschluckt: aus einer der schönsten illustrierten hebräischen Bibeln, die in Nordspanien etwa zehn Jahre vor der Vertreibung entstand. Von dem Künstler, Joseph Ibn Chaijm, ist nichts weiter als sein Name bekannt.

Die Bibel bildet die Grundlage des jüdischen Lebens, Denkens und Gottesdienstes seit antiken Zeiten bis zur Gegenwart. Sie wird in der Synagoge gelesen und in der Schule studiert; bei Bedarf aus ihr zu zitieren, gehört zur guten Lebensart eines jeden gebildeten Juden. Die Bibel ist mit solcher Sorgfalt von Generation zu Generation kopiert worden, daß der Text – besonders jener der Thora, die den heiligsten und maßgeblichsten Teil der Schrift bildet – über die Jahrtausende erstaunlich wenig Veränderungen aufweist, selbst im Vergleich mit dem jüngeren christlichen Evangelium. Die frühesten erhaltenen biblischen Texte sind weit über 2000 Jahre alt. Bis heute wird die Thora von Hand kopiert, da in den Synagogen noch immer aus Schriftrollen gelesen wird. Die Illumination von Bibelhandschriften dürfte bis in die Antike zurückreichen, obgleich aus dieser Zeit keine Beispiele überliefert sind, doch besitzen wir einige wundervolle Miniaturen aus dem Mittelalter.

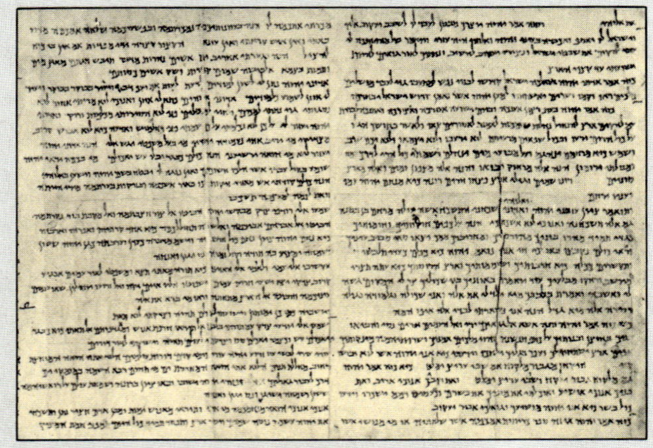

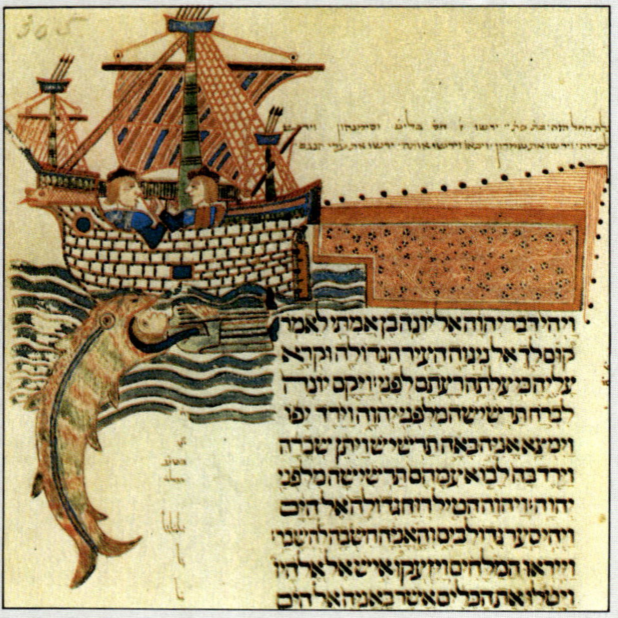

*Unten:* Auch bei dieser Textseite steht das Wort im Mittelpunkt. Sie weist keine bildliche Darstellung auf, nur ein dekoratives Muster, um das Auge zu fesseln, wobei das Ornament selbst größtenteils aus hebräischem Text in winzigen Schriftzeichen besteht. Solche an Teppiche erinnernde Seiten mit ihrem kalligraphischen Einschlag und dem Verzicht auf Menschenabbildungen sind typisch für frühe Bibel-Illuminationen in muslimischen Ländern.

*Unten:* Als Folge muslimischen Einflusses und des Bilderverbots der Thora stellt figürliche Malerei in Bibeltexten die Ausnahme dar. Sie findet sich weit häufiger in weniger heiligen Schriften wie in der *Haggada* zum Passahfest, deren reiche Illustrationstradition mindestens bis ins 14. Jahrhundert zurückgeht. Hier als modernes Beispiel die Darstellung der zehn Plagen aus der berühmten *Haggada* von Ben Schan (1898–1969).

# DIE FOLGEN DES HOLOCAUST

Gleich einem Grenzstein, der Ende und Neubeginn markiert, steht Auschwitz in der Geschichte: schauerliches Mahnmal für die Heimsuchungen in der Vergangenheit und – vielleicht – Vorbote einer besseren Zukunft. Zu nahe sind uns noch die Ereignisse des Holocaust, als daß wir sie leidenschaftslos beurteilen könnten. Noch sind zahlreiche Personen am Leben, die aktiv oder passiv an ihnen beteiligt waren, und nicht wenige seiner Opfer (eineinhalb Millionen von ihnen waren Säuglinge und Kleinkinder) stünden gegenwärtig in der Blüte ihres Lebens. Zu viele Menschen werden noch von Ressentiments, Schuldgefühlen und Alpträumen geplagt. Schon heute ist klar erkennbar, daß der Holocaust niemals als »überwundene« Episode einer toten Vergangenheit abgetan werden kann oder zu einem von vielen Kapiteln im Schreckensbuch jüdischer Leiden und europäischer Kriege verblaßt. Niemals zuvor hat es dergleichen in der Geschichte Europas oder des Volkes Israel gegeben.

Schon der Begriff »Holocaust« als Bezeichnung für die systematische Ausrottung des europäischen Judentums durch die Nationalsozialisten zeugt von der Erkenntnis, daß dies etwas Einzigartiges war, das einen neuen Namen verdiente. Im allgemeinen Sprachgebrauch taucht der Begriff erstmals Ende der 50er Jahre auf. Bis dahin hatte man neutralere und indifferentere Ausdrücke bevorzugt wie »Katastrophe« oder »Unglück«. Doch mit solchen Verharmlosungen war die ganze Ungeheuerlichkeit des Geschehenen nicht zu erfassen. Das Wort »Holocaust«, in dem die Vorstellung einer massiven Vernichtung mitschwingt und das als *terminus technicus* theologische Anklänge hat (»Brandopfer«), setzte sich nicht zuletzt deshalb durch, weil es historisch noch nicht mit Beschlag belegt war.

Das am Holocaust wesentlich Neue entzieht sich einer exakten Definition. Es ging nicht allein um die Größenordnung der Katastrophe, obgleich in der Historie der Juden und wohl jeder anderen Nation eine Vernichtung solchen Umfangs ohne Beispiel dasteht. Es handelte sich auch nicht allein um die eiskalte Effizienz der »Durchführung«, bei der moderne Technik zugunsten einer Ausrottungsideologie eingespannt wurde, auch wenn dies zweifellos zum Entsetzen beigetragen hat. Schon früher waren die europäischen Juden Prüfungen und Verfolgungen ausgesetzt gewesen – Übergriffe und Pogrome, Diskriminierung und Vertreibung –, aber noch niemals hatten sie es mit einer so konsequenten Politik zu tun gehabt, wie die Nazis sie bei ihrer »Endlösung der Judenfrage in Europa« verfolgten. Die angestrebte Endgültigkeit dieses Programms, auch wenn es letztlich vereitelt wurde, mußte ein Volk mit Grauen erfüllen, das gewohnt war, sich »das ewige« zu nennen, das stolz auf seine Überlebensfähigkeit war und das sogar glaubte, daß Gott selbst sein Schicksal bestimme. Daher die quälenden theologischen Fragen, die weit über die individuelle Erfahrung wie Desillusionierung und Glaubensverlust hinausgingen. Aber auch für nichtreligiöse Juden warf die »Endlösung« Fragen auf, die im Mittelalter unbekannt waren, und vielleicht liegt hierin der eigentliche Kern des ganzen Problems.

Hatte die Emanzipation die jüdische Existenz auf eine neue Grundlage gestellt, so bedeutete die Entwürdigung durch die Nazis eine neue Form des Angriffs gegen sie. Die Juden des Mittelalters bildeten ein Volk für sich: Sie erwarteten gar nicht, genauso behandelt zu werden wie andere Menschen. Die Opfer der nationalsozialistischen Rassengesetze hingegen waren zum größten Teil gleichberechtigte Bürger moderner europäischer Staaten. Viele von ihnen hatten im »Großen Krieg« (d.h. im Ersten Weltkrieg) für ihr Vaterland gekämpft, und manche hatten hervorragende Beiträge zum öffentlichen und kulturellen Leben geleistet. Sie waren mit Erwartungen und Überzeugungen groß geworden, die es ihnen schwermachten, an die Bedrohung zu glauben, welche noch dazu von dem sogenannten Volk »der Dichter und Denker« ausging, das als eine der führenden Kulturnationen Europas galt. Gewiß stellten die Juden nicht die einzigen dar, die dem nationalsozialistischen Kreuzzug anheimfielen, doch war für sie eine »Sonderbehandlung« vorgesehen: Sie wurden zum Gegenstand einer abgefeimten Verteufelung gemacht und mit so fanatischer Brutalität beseitigt, daß das gesamte nazistische Programm als ein »Krieg gegen die Juden« erscheinen konnte. Für die Juden bedeutete der Nazismus die völlige Negierung und Umkehrung all jener Fortschritte, die das Fundament des jüdischen Daseins in der Moderne gelegt hatten.

Dies galt jedoch mehr für Westeuropa als für den Osten, wo die physischen Verluste am schwersten wogen. Hier hatte sich die gesellschaftliche Integration weit weniger durchgesetzt; auch war die Erinnerung an die Pogrome der Vergangenheit hier frischer, und der neue Angriff konnte leichter mit dem althergebrachten jüdischen Weltverständnis in Einklang gebracht werden. Doch wegen seines totalen Ausmaßes hatte der Feuersturm des Holocaust nicht mehr den Charakter früherer Ausschreitungen und stellte die jüdische Existenz von Grund auf in Frage.

Aus all diesen Gründen war es den Juden unmöglich, die Vernichtung als einfache historische Tatsache hinzunehmen. Die Generation der Überlebenden hat mit dieser furchtbaren Erfahrung ringen müssen. Zusätzlich zum Kampf um Wiedergutmachung und Wiederaufbau oblag ihnen die Verpflichtung, nicht nur die schrecklichen Verluste zu bewältigen, sondern aus der Katastrophe Lehren für die Zukunft zu ziehen. Auf *einer* Ebene hieß das die Erhellung der tatsächlichen Ereignisse: die Erforschung ihrer Ursprünge, die Untersuchung ihres Verlaufs, die Aufdeckung dessen, was an tausend verschiedenen Orten konkret vor sich gegangen war; man suchte festzustellen, wer die Schuld trug, was man hätte vermeiden können, wer umgekommen war und wann und wo und warum. Dabei ging es nicht allein um die Beschäftigung mit der Katastrophe selbst; auch die frühere Geschichte mußte in ihrem Licht grundlegend neu überdacht werden, so insbesondere jene des christlich-jüdischen Verhältnisses, des Antisemitismus und der gesamten jüdischen Emanzipationsbewegung.

Auf einer anderen, aber eng zusammenhängenden Ebene hatten sich die Theologen damit auseinanderzusetzen, was der Holocaust für das traditionelle Verständnis von Gott und dem Volke Israel sowie die Beziehung zwischen beiden bedeutete, für die jüdische Auffassung vom Leiden, von der Religion und von der Natur des Menschen überhaupt. Das sind keine bloßen abstrakten, aka-

Die historische Pilgerreise Papst Johannes Pauls II. an die Stätte des Vernichtungslagers Auschwitz (Oświęcim) war eine bewegende Mahnung an die Leiden der Nazizeit. Der Name Ausschwitz ist zum Symbol des Schreckens und der Vernichtung in jener Zeit geworden, die eine grauenhafte Herausforderung für die europäische Zivilisation und die Möglichkeit einer Normalisierung des jüdischen Daseins darstellte. Wenn der Asche von Auschwitz überhaupt eine positive Botschaft zu entnehmen ist, so ist sie sicher in dem Versuch einer Aussöhnung zwischen Christen und Juden zu sehen, um die Feindseligkeiten der Vergangenheit zu überwinden und zu verhindern, daß sich eine solche Katastrophe jemals wiederholen kann.

demischen Fragestellungen. Die Überlebenden bedurften dringend des geistlichen Geleits und Zuspruchs. Viele hatten ihren Glauben an Gott oder an den Menschen verloren; sie wurden umgetrieben von Angst und Verzweiflung. Wie sollte man auf ein so verheerendes Unglück reagieren: Sollte man es dumpf hinnehmen, oder sollte man sich gegen den göttlichen Ratschluß auflehnen? Sollte man Schuld zuweisen und Vergeltung oder Wiedergutmachung verlangen, oder sollte man versuchen, Vergebung zu üben? Vor diesem Dilemma standen nicht nur Theologen, sondern auch Pädagogen, Psychologen und Politiker. Der Prozeß gegen Adolf Eichmann, der 1961 in Jerusalem stattfand, rückte es in dramatischer Weise in den Blickpunkt und löste eine erbitterte Diskussion in der Öffentlichkeit aus, ähnlich wie zehn Jahre zuvor der Komplex der deutschen Wiedergutmachungsleistungen. Es gab auch das Problem, was man den Kindern sagen sollte: Ob man sie vor dem Trauma zu bewahren oder aber sie auf das vorzubereiten hatte, was sie später doch erfahren würden. Auf keine dieser Fragen gab es eine bequeme Antwort, und doch mußten sogleich praktische Entscheidungen gefällt werden. So wurden Reparationszahlungen, wenn auch widerwillig, ausgehandelt und akzeptiert. Ein Teil der Mittel floß in Dokumentationsprojekte und in Gedenkstätten für die Opfer des Nationalsozialismus. Aufklärungskurse wurden konzipiert, ebenso praktische Programme für eine Aussöhnung zwischen Juden und Nichtjuden. Aber die grundsätzlichen Zweifel bleiben bestehen und quälen das jüdische Bewußtsein nach wie vor.

Einige Historiker haben gegen das Stellung bezogen, was sie die »Mythologie« des Holocaust nennen. Er sei ein historisches Faktum gewesen wie andere auch, wenngleich ein außergewöhnlich traumatisches, und müsse wie jedes andere historische Ereignis auch beschrieben und analysiert werden. Dieses Argument richtet sich gegen die Neigung mancher Theologen zu Verallgemeinerungen und Abstraktionen, die mit dem realen Leiden von Millionen einzelner Menschen scheinbar oft wenig zu tun haben. Andererseits hat man sich in theologischen Kreisen an der Tendenz der akademischen Geschichtswissenschaft gestoßen, die eigentlichen Probleme unter einem Wust von Fußnoten und Statistiken aus dem Blick zu verlieren. Die eine wie die andere Kritik ist berechtigt. Um den Holocaust zu begreifen und zu bewältigen, bedarf es der gemeinsamen Anstrengung von Historikern *und* Theologen. Eine Vernichtung dieser Größenordnung verführt zu vorschnellen Verallgemeinerungen. Die Einzelheiten des Geschehens sind schwer zu ermitteln (zumal zahlreiche Beweisstücke vorsätzlich vernichtet wurden); sie zu sammeln und zu sichten ist ein schier aussichtsloses und quälendes Unterfangen. Trotzdem muß jede Generalisierung durch geschichtliche Fakten untermauert sein, wenn sie aussagekräftig oder nicht schlichtweg falsch sein soll. Und die Versuche revisionistischer Elemente, die Nazis von ihren Sünden reinzuwaschen (und womöglich zu bestreiten, daß es je einen Holocaust gegeben hat), bedürfen, um widerlegt zu werden, sorgfältigster Detailarbeit. Gleichwohl darf man das »mystische« Element nicht übersehen. Die nationalsozialistische Ideologie baute auf einem Mythos auf, und der apokalyptische Charakter der Endlösung hat deutlich theologische Untertöne. Auch die konkrete Reaktion der Opfer war häufig von religiösen Überlegungen bestimmt. Historiker mögen zwar die traditionelle Neigung der Juden beklagen, den gesamten Lauf der Welt unter theologischen Aspekten zu beurteilen; sie müssen aber zugeben, daß der Holocaust auch ideologische Elemente enthält, die *historische* Erforschung erfordern. Die Betrachtungsweise der Theologen wiederum wurzelt nicht in dem wissenschaftlichen Streben nach Aufdeckung der Ereignisse, sondern in dem psychologischen Bedürfnis der Überlebenden, ihren Leiden einen Sinn zu geben. Sie müssen sich der schockartigen Desillusionierung, dem Orientierungs- und Glaubensverlust einer betrogenen Generation stellen. Gerade weil Juden stets das Wirken Gottes in der Geschichte gesehen haben, lautet die zentrale Frage: »Wo war Gott in Auschwitz?«

**Konstruktive Bewältigungsversuche**

Diese Frage wirft zwangsläufig viele weitere auf: Wo liegt letztlich die Verantwortung für das Geschehene und welche positiven Lehren sind möglicherweise aus ihm zu ziehen? Eine einfache Antwort besagt, daß die Vernichtung ein Problem der Verfolger, nicht ihrer Opfer ist. Mit anderen Worten, die Nichtjuden und insbesondere die Christen sind mit dem Phänomen Auschwitz konfrontiert und müssen den zerstörerischen Auswirkungen ihres eigenen Glaubens ins Auge sehen. Christliche Theologen haben denn auch ernsthafte Anstrengungen unternommen, sich mit der Bedeutung von Auschwitz für die christliche Leh-

Gedenkstätten für die Opfer des Holocaust sind in unterschiedlichster Form in vielen Ländern errichtet worden. Zu den ergreifendsten gehört die Pinkas-Synagoge im alten Prager Judenviertel *(ganz oben)*. Das Bauwerk selbst geht auf das 16. Jahrhundert zurück und zeugt von der einstigen Vitalität dieser heute fast verschwundenen jüdischen Gemeinde. Auf den Mauern stehen die Namen der Juden Böhmens und Mährens, die unter den Nazis zugrundegegangen sind, zusammen mit ihrem Geburts- und Todes-bzw. Verschleppungsdatum. Andere Gedenkstätten sind weit vom Schauplatz des Holocaust entfernt errichtet worden, und zwar in Ländern, in denen die Überlebenden einen Neuanfang versuchen konnten. Das Mahnmal im Westpark-Friedhof von Johannesburg *(oben)* wurde von dem Bildhauer Herman Wald (1906–1970) entworfen, der zwar gebürtiger Ungar war, sich aber während der Naziära in Südafrika niederließ. Auf dem Gelände von *Jad Vaschem,* der offiziellen israelischen Gedenkstätte für die Märtyrer, stehen Skulpturen, die von den Todesqualen der Opfer und vom Heldenmut jener künden, die Widerstand leisteten. Hier ist *Der Stumme Schrei* von Leah Michelson zu sehen *(rechts)*.

Die Gedenkstätte des Konzentrationslagers Dachau *(links Mitte)* ist, wie einige andere auch, auf dem Gelände des betreffenden Lagers selbst errichtet worden. Und in allen Ländern Europas, in denen Juden ermordet oder in Todeslager verschleppt wurden, erinnern Mahnmale auf den jüdischen Friedhöfen an die Umgekommenen. Dieses auf dem Osloer Friedhof *(links)* trägt die Namen von 620 Juden der norwegischen Hauptstadt, die ihr Leben ließen, darunter allein 18 Angehörige einer einzigen Familie. Eine Gruppe von Statuen im Gedenkpark *Jad Vaschem (rechts)* legt stummes Zeugnis ab von den unermeßlichen Leiden. Auch die Opfer des Holocaust aus der schwedischen Stadt Malmö werden niemals in Vergessenheit geraten *(rechts außen)*.

*Links:* Am 13. Jahrestag der Befreiung der Überlebenden von Auschwitz wurde diese Gedenkfeier in der Pariser Hauptsynagoge abgehalten.

re und insbesondere für deren traditionelle Judenfeindlichkeit auseinanderzusetzen, auf der der moderne Antisemitismus aufbaute. Doch damit ist jenen verzweifelten Juden nicht geholfen, die begreifen wollen, wie der Herr eine so furchtbare Katastrophe über ihr Volk hat hereinbrechen lassen können. Auschwitz ist nicht allein ein Problem für die Verfolger, sondern für jeden, der an einen liebenden und treuen Gott glaubt, für jeden, der auf menschliche Vervollkommnung und menschlichen Fortschritt vertraut. Nur die wenigsten Juden würden so weit gehen wie der radikale Theologe Richard Rubenstein, für den die einzige ehrliche Konsequenz auf die nationalsozialistischen Greuel in der Schlußfolgerung besteht, daß Gott tot ist; hingegen würden ihm die meisten darin zustimmen, daß der Komplex »Gott und die Todeslager« das zentrale Problem der jüdischen Theologie im 20. Jahrhundert darstellt.

Theologen, die mit dieser Frage ringen, betreiben eine ähnliche Sinnsuche wie die Propheten bei der Zerstörung des Ersten Tempels und der Babylonischen Gefangenschaft, oder auch wie die Rabbiner nach der abermaligen Vernichtung des Tempels und der Vertreibung aus Jerusalem. Aus deren Überlegungen entstand die traditionelle jüdische Haltung, die das Leiden als gerechte himmlische Strafe für begangene Sünden betrachtete. Dieser Glaube, der sich mit der Lehre von der unerschütterlichen Liebe Gottes zu seinem Volk verband, filterte aus der Erfahrung immer neuer Katastrophen eine Botschaft der Hoffnung heraus und half den Juden, auch weitere Schicksalsschläge zu überstehen. Einige zeitgenössische Theologen bekennen sich noch heute zu dieser abgenutzten Formel, die freilich, wie man es auch dreht und wendet, angesichts des Massenmords an anderthalb Millionen Kindern nicht mehr zu überzeugen vermag. Daher die extreme Reaktion Rubensteins, der sie als Affront gegen die Umgekommenen und als eine unhaltbar widersprüchliche Gottesvorstellung ansah: Wie hätte der Allmächtige gutheißen können, daß ein Drittel seines auserwählten Volkes abgeschlachtet würde?

Auf der anderen Seite haben wir den ungebrochenen

Glauben Ignaz Maybaums, der die Behauptung vertritt, daß Gott eben doch die Vernichtung gewollt und daß Hitler als sein Werkzeug gehandelt habe, genauso wie Nebukadnezar und Titus bei der ersten bzw. zweiten Zerstörung des Tempels. Die sechs Millionen Naziopfer wurden seiner Ansicht nach jedoch nicht für ihre eigenen Sünden getötet; sie waren die unschuldigen Betroffenen eines Strafgerichts, das über eine schuldige Welt verhängt wurde. Der Holocaust war, nicht anders als die beiden früheren Katastrophen, ein epochemachender Einschnitt, mit dem ein Weltzeitalter zu Ende geht und ein neues beginnt. Das sei der Fortschritt in der Geschichte und ein sichtbares Zeichen dafür, daß Gott in ihr wirkt.

Zwischen diesen beiden extremen Standpunkten gibt es ein breites Spektrum von theologischen Reflexionen. Der Zweck all dieser Erklärungsversuche liegt jedoch nicht nur darin, dem Geschehenen Sinn zu verleihen, sondern sie sollen auch Orientierungshilfen für die Gegenwart anbieten. In den Augen des Existentialisten Rubenstein hat die Entdeckung der Nichtvorbestimmtheit der Geschichte zur Folge, daß der Mensch selbst seinem Leben Sinn geben muß. Was immer die »Endlösung« sonst bewirkt haben mag, sie verhalf dem Gedanken der Einheit des ganzen Volkes Israel zu verstärkter Geltung. »Wenn wir selbst alles sind, was wir haben, dann allerdings brauchen wir einander mehr denn je zuvor.« So kann Rubenstein sogar in der Beachtung der alten jüdischen Gebräuche einen Wert sehen, auch wenn es nicht jener ist, den die Tradition ihnen zuschreibt. Für Maybaum hingegen erwächst dem Menschen aus dem Holocaust die dringende Verpflichtung, den Weltenplan Gottes zu respektieren. Für einen anderen einflußreichen Theologen, Emil Fackenheim, hat der Holocaust den Juden ein neues Gebot offenbart – das Gebot, zu überleben: »Es ist den Juden untersagt, Hitler zu postumen Siegen zu verhelfen.« Das Überleben, sogar als Selbstzweck verstanden, ist für ihn ein göttlicher Imperativ.

Die zeitgenössische jüdische Theologie bringt in ihrer Gesamtheit die Ereignisse des Dritten Reiches in Zusammenhang mit der Wiedergeburt Israels. (In diesem Punkt reichen Theologen und Historiker einander frohen Herzens die Hände.) Israel dient als Inbegriff des Trostes, der Hoffnung, der Erneuerung – oder einfach (wie bei Fakkenheim) des Überlebens. Ohne den Schlußpunkt Israel würde sich der Holocaust anders und noch viel düsterer ausnehmen. Selbst ein Theologe wie Maybaum, der es äußerst kritisch beurteilt, daß sich die Juden auf jene Politik der Nationalstaatlichkeit eingelassen haben, der er die Schuld an den historischen Tragödien der Menschheit gibt, ist bereit, in der Rückkehr nach Zion die Stimme Gottes zu vernehmen, der sein Volk heimführt.

In Israel ist das Gedenken an den Holocaust ein Bestandteil der staatstragenden Ideologie geworden. Schon 1951 proklamierte das dortige Parlament einen jährlichen offiziellen Feiertag zugunsten der Opfer des Nationalsozialismus. Zwei Jahre später schuf es ein Amt zur Pflege des Andenkens der Märtyrer und Helden *(Jad Vaschem)* und verlieh den sechs Millionen ermordeten Juden postum die israelische Staatsbürgerschaft. Das Amt hat die Aufgabe, alle Zeugnisse der Vernichtung und des jüdischen Widerstands gegen den Nazismus zu sammeln und zu publizieren sowie Erinnerungsstätten zu errichten und die Einhaltung des offiziellen Gedenktages in Israel selbst und bei den Juden in der ganzen Welt zu fördern. Das imposante Mahnmal für die Umgekommenen des Dritten Reiches in Jerusalem ist zu einem nationalen Heiligtum geworden, vergleichbar dem Grab des Unbekannten Soldaten in anderen Ländern. Ein ihm angeschlossenes Forschungsinstitut ist mit der Dokumentierung der Naziverbrechen befaßt. Der ganze Komplex hat den Sinn, die Erinnerung an die Greuel wachzuhalten und gleichzeitig das Bewußtsein für die aus ihnen zu ziehenden Konsequenzen zu stärken.

Worin diese Lehren im einzelnen zu sehen sind, ist freilich nicht immer ganz klar. Zwar werden die Schulkinder in Israel über den Holocaust in all seinen gräßlichen Einzelheiten aufgeklärt, aber häufig gelingt es ihnen nicht, die Brücke von den Beteiligten zu sich selbst zu schlagen. Die besondere Hervorhebung des jüdischen Widerstands soll wohl teilweise die Kluft überbrücken helfen, die sich für die jungen Israelis auftut: die Kluft zwischen der für sie völlig unglaublichen Hilflosigkeit der Opfer und ihrer eigenen, für selbstverständlich genommenen Wehrhaftigkeit. Es besteht die ernste Gefahr, daß man die Naziopfer ob ihrer Passivität verachtet; während des Eichmann-Prozesses wurde diese Einstellung deutlich erkennbar. Der Holocaust stellt in Israel ein Reizthema dar, das widersprüchliche Gefühle weckt. Er liefert der politischen Rhetorik emotionsgeladene Schlagworte und ist schon in verschiedenen Fällen in den Dienst extremistischer Haltungen gestellt worden.

Eine positivere Folge des vergangenen Unheils sind die ernsthaften Bemühungen um eine Aussöhnung von Christen und Juden gewesen. Schon bald nach dem Krieg wurde in Seèlisberg in der Schweiz eine christlich-jüdische Konferenz abgehalten, die das Phänomen des Antisemitismus untersuchen und Möglichkeiten zu seiner Bekämpfung durch erzieherische und religiöse Aktivitäten vorschlagen sollte. Dieser richtungweisenden Initiative sind zahlreiche weitere gefolgt. Die erste Vollversammlung des Ökumenischen Rates der Kirchen, die 1948 in Amsterdam stattfand, rief die Mitgliedskirchen dazu auf, den Antisemitismus als »unvereinbar mit der Ausübung des christlichen Glaubens und als Sünde wider Gott und den Menschen« zu verurteilen. Das Zweite Vatikanische Konzil gab am 28. Oktober 1965 eine »Erklärung über das Verhältnis der Kirche zu den nichtchristlichen Religionen« heraus, in der zwar jeder direkte Bezug auf den Holocaust vermieden wird, die aber die bedeutsame Feststellung enthält: »Im Bewußtsein des Erbes, das sie mit den Juden gemeinsam hat, beklagt die Kirche, die alle Verfolgungen gegen irgendwelche Menschen verwirft, nicht aus politischen Gründen, sondern auf Antrieb des Evangeliums, mit Entschiedenheit alle Haßausbrüche und Verfolgungen, alle Manifestationen des Antisemitismus, die sich zu irgendeiner Zeit und von irgend jemandem gegen die Juden gerichtet haben.« Diese öffentlichen Proklamationen haben zusammen mit der bahnbrechenden Arbeit christlicher Theologen ein neues Zeitalter in den gegenseitigen Beziehungen eingeleitet. Die Christen haben begonnen, sich von den verderblichen Lehren und Taten der Vergangenheit zu distanzieren, und die Juden sind allmählich dazu übergegangen, die Aufrichtigkeit dieser schmerzlichen Bemühungen anzuerkennen und die ihnen freundschaftlich gebotene Hand zu ergreifen. Allerdings ist man sich realistischerweise auf beiden Seiten bewußt, daß Jahrhunderte währende Vorurteile nicht über Nacht beseitigt werden können. Viele Juden waren schokkiert und enttäuscht, daß Papst Johannes Paul II. während seines historischen Besuchs in Auschwitz die Juden nicht namentlich erwähnte, und die Weigerung des Heiligen Stuhls, den Staat Israel anzuerkennen, gibt Anlaß zu Ressentiments. Doch werden die Barrieren schrittweise abgebaut, und vielerorts, vor allem in Nordamerika und Westeuropa, besteht die Bereitschaft zu positiver Zusammenarbeit zwischen Kirchen und Synagogen. Traurig ist nur, daß es eines Auschwitz bedurfte, um diese Versöhnung herbeizuführen.

# DIE ZIONISTISCHE BEWEGUNG

Im Zionismus sind verschiedene miteinander verknüpfte und manchmal gegensätzliche Richtungen wirksam. Theodor Herzl war ein westlicher Intellektueller, hier fotografiert *(unten, sitzend im Bildhintergrund Mitte)* in einem Wiener Kaffeehaus. Wir schreiben den Frühsommer 1897: Die Gruppe beschließt, eine jüdische Wochenzeitung, *Die Welt*, herauszugeben. Wenige Wochen später, Ende August, wird der Erste Zionistische Kongreß im Casino von Basel stattfinden: eine Art internationales jüdisches Parlament.
Wenn sich das geistige Zentrum des Zionismus auch im Westen befand, sein Herz lag im Osten. Die Masse der russischen Zionisten trat mit leidenschaftlichem Eifer für die Idee ein, sich in der alten Heimat wieder anzusiedeln. Für viele war dieser Gedanke verbunden mit einem sozialistischen Glauben an die Würde der Arbeit und die Brüderschaft der werktätigen Massen. Das obere Foto *(unten rechts)* zeigt den jungen Ben-Gurion (vordere Reihe Mitte, mit dem weißen Hemd) zusammen mit seiner Familie und Mitgliedern der *Poalei Zion* (Zionistische Arbeiter-Partei) in Plonsk, kurz vor seiner Abreise nach Palästina 1906.
Eine dritte Richtung des Zionismus bildete der militante Nationalismus. Wladimir Jabotinski, hier im Zuchthaus von Acre 1920 *(unteres Foto unten rechts)*, hatte die Jewish Legion gegründet, die im Ersten Weltkrieg in der britischen Armee kämpfte. 1935 schuf er die New Zionist Organization (Vorläuferin der Cherut-Partei) sowie die Nationale Militärische Organisation *(Irgun)*.

In seinem letzten Roman *Altneuland* zeichnete der Wiener Schriftsteller Theodor Herzl (1860–1904) ein verklärendes Bild von einem künftigen jüdischen Gemeinwesen. Der Name *Altneuland* impliziert die Vision eines uralten Volkes, das in seine angestammte Heimat zurückkehrt und sie zu seiner neuen macht, wobei es auch sich selbst erneuert.

»Zionismus« ist ein nebulöser und gefühlsbeladener Begriff, der für einzelne sehr unterschiedliche Bedeutungen hatte, im Kern aber einen radikalen Lösungsversuch für die zentralen Fragen nach der jüdischen Identität und nach dem Ort der Juden in der Welt darstellt. Für Zionisten sind die Juden weder eine Religionsgemeinschaft noch ein lockerer Verband von ethnischen Minderheiten in verschiedenen Staaten, sondern eine einzige Nation mit einem eigenen Heimatland, nicht mehr ein Sonderfall, sondern ein normales Volk, das auf gleichem Fuß mit den anderen Völkern steht. Der Zionismus ist einer der extremen Ansätze, eine ganz einfache Formel für die Lösung des komplexen »jüdischen Problems« zu finden. In der Praxis hat sich freilich gezeigt, daß dies auf beträchtliche Schwierigkeiten stieß. Selbst ein knappes Jahrhundert nach Entstehen des Zionismus gibt es noch immer keine klare und allgemein anerkannte Definition der letztendlichen Ziele der Bewegung.

Das Fehlen einer eindeutigen programmatischen Ausrichtung ist teilweise darauf zurückzuführen, daß der Zionismus nicht an *einem* Ort, bei *einer* Gruppe oder im Gehirn *eines* Menschen entstanden ist. Vielmehr bildete er sich im Verlauf einer längeren Zeit an unterschiedlichen Orten als Reaktion auf mannigfache Schwierigkeiten und unter dem Einfluß von verschiedenen anderen Ideologien heraus. Herzl selbst war ein assimilierter Westjude. Er wurde in Budapest geboren, lebte im Wien eines Sigmund Freud, Otto Weininger und Karl Kraus und erlitt seine persönliche Krise zur Zeit der Dreyfus-Affäre in Paris. Die Konfrontation mit dem westeuropäischen Antisemitismus brachte ihn zu der Einsicht, daß Assimilation für die Juden eine Chimäre sei, und veranlaßte ihn, ein Programm für die Schaffung des »Judenstaates« zu formulieren. *Der Judenstaat* war denn auch der Titel seiner Schrift von 1896, mit der der Zionismus als politische Bewegung seinen Anfang nahm. Von den führenden jüdischen Philanthropen, Baron Maurice de Hirsch und den Rothschilds, wurde Herzls Vorhaben kategorisch abgelehnt; dafür stieß er bei Teilen der osteuropäischen Juden auf begeisterte Zustimmung, die bereits dabei waren, selber eine nationale Lösung des jüdischen Problems zu erarbeiten. In Osteuropa war um 1890 die Lage für die Juden völlig anders als im Westen. Sie bildeten dort eine große, in sich geschlossene Bevölkerungsgruppe, die weder Assimilation noch Emanzipation kannte, Opfer von Armut und Verfolgung war und keinen sehnlicheren Wunsch hatte, als ihrem unerträglichen Schicksal, auf welche Weise auch immer, zu entfliehen.

Unter diesen Umständen ist es kaum verwunderlich, daß dort manche die Idee eines jüdischen Nationalismus aufgriffen oder in Gebieten, wo die Auswanderung massive Formen annahm, an Palästina als an eine mögliche Heimat zu denken begannen. Zwei Augenzeugen des Judenpogroms in Odessa 1881, die später beide einen Ehrenplatz im Zionismus einnehmen sollten, sahen schon vor

Herzl die Rettung in der nationalen Selbstbestimmung. Moses Lilienblum (1843–1910), der sich zeitweilig vom traditionellen Judentum ab- und dem russischen Positivismus zugewandt hatte, trat für eine jüdische Kolonisierung Palästinas in großem Stil ein. Leon Pinsker (1821–1891), ein angesehener Arzt, sah in Palästina anfangs nicht die Lösung, sondern forderte ein Ende der »Fremdheit« der Juden und die Normalisierung durch territoriale Unabhängigkeit. Seine Broschüre *Autoemanzipation* erschien 1882 anonym in Berlin, und Herzl schrieb später: »Schade, daß ich die Schrift nicht vor dem Imprimatur der meinigen gelesen habe. Und doch wieder gut, daß ich sie nicht kannte - ich hätte mein Werk [den *Judenstaat*] vielleicht unterlassen.« Im selben Jahr entstand in Charkow die BILU, *(Haus Jakob, auf laß uns gehen)*-Genossenschaft, und gründete die Siedlung Rischon le-Zion, ein erster Schritt auf dem Weg zu einer ernsthaften jüdischen Kolonisierung Palästinas.

**Die Wurzeln des Zionismus**

Die Idee einer Rückkehr nach Erez Israel war an sich nicht neu. Napoleon Bonaparte hatte 1799 die Juden Afrikas und Asiens aufgerufen, das alte Jerusalem unter französischem Banner wieder zu errichten, und Lord Shaftesbury hatte 1840 einen »Plan für die Besiedlung Palästinas« vorgelegt. Auch Schriftsteller wie Benjamin Disraeli, George Eliot und Alexandre Dumas der Jüngere waren mit der romantischen Vorstellung einer Heimkehr ins Heilige Land an die Öffentlichkeit getreten. Unter den Juden gab es ebenfalls einige, die die europäischen nationalistischen Tendenzen für jüdische Zwecke übernahmen. Zu ihnen gehörten der deutsche Kommunist Moses Hess (1812–1875) sowie die Rabbiner Jehuda Alkalai (1798–1878) aus Sarajevo und Zvi Hirsch Kalischer (1795–1874) aus Posen. Diese Männer waren Anreger und Vorläufer des Zionismus, ebenso wie die Intellektuellen der hebräischen Aufklärung, die rastlos an der Schaffung einer eigenständigen jüdischen Kultur gearbeitet hatten. Der hebräische Essayist Achad Haam (wörtlich »Einer aus dem Volk«; Pseudonym für Ascher Ginzberg, 1856–1927) lebt in der Erinnerung als Begründer des »Kulturzionismus« fort, für den die Neubesiedlung Palästinas nur eines der Elemente in einer umfassenden, weltweiten Wiederbelebung jüdischer Kultur und jüdischen Nationalbewußtseins darstellte.

Romantischer Nationalismus bildete jedoch nur einen Strang im komplexen Gewebe des Frühzionismus. Ebenso stark war der Einfluß der verschiedenen radikalen Bewegungen, die um die Jahrhundertwende in Rußland in Blüte standen, insbesondere der Sozialismus. Führer wie Anhänger des Zionismus unterhielten Verbindungen zu vielen radikalen Strömungen, was sich in vielfältigen Mischungen aus revolutionären und jüdischen Erneuerungsideen niederschlug. Einer der einflußreichsten, wenn auch als Schriftsteller ungenießbarsten dieser Leute war Ber Borochow (1881–1917), der ein ausgeklügeltes Programm marxistischer und zionistischer Gedanken propagierte und zu den führenden Ideologen der Partei *Poalei Zion* (»Zionistische Arbeiter«) zählte, die 1906 aus einem bunten Mosaik russisch-jüdischer »Proletarier«-Gruppen hervorging. Die *Poalei Zion* weitete ihre Arbeit auf Palästina aus, wo noch im selben Jahr in der »Ramle-Plattform« ihre Kombination aus jüdischem Nationalismus und Weltsozialismus formuliert wurde. Zu den Teilnehmern gehörte auch David Ben-Gurion, der spätere erste Ministerpräsident Israels. Mit diesem Schritt und dem Auftreten der Partei *Hapoel Hazair* (»Der junge Arbeiter«) in Palästina trug man die Parteipolitik auch in die Reihen des *Neuen Jischuv* (wie man die zionistischen Sied-

*Links:* Eine vierte Strömung innerhalb der zionistischen Bewegung war der religiöse Zionismus, der die jahrhundertealte Sehnsucht nach Erlösung und Rückkehr ins Gelobte Land in politische Ziele kleidete. Die religiösen Zionisten stellten lange eine kleine Minderheit dar, sowohl innerhalb der Zionisten wie auch des religiösen Judentums. Trotz weitgehender Bereitschaft zu Kompromissen und Aussöhnung gibt es auch heute noch religiöse Juden, die den Zionismus nicht akzeptieren können, wie diese Parole an einer Mauer in Jerusalem klar zeigt.

Der Prototyp eines zionistischen Siedlers der ersten Generation war der *chaluz* (Pionier), der Wegbereiter der landwirtschaftlichen Siedlungen. Die frühen *chaluzim* machten das Land mit ihren eigenen Händen urbar, oft bedroht durch Angriffe seitens der Araber. Der gepanzerte Traktor *(links)* symbolisiert die schwierige Lage in den 30er Jahren.
Ein anderes Problem war die Einwanderung. Die Integration von Zehntausenden, nicht selten mittellosen Menschen nach dem Abzug der Briten stellte den jungen Staat vor enorme praktische Probleme. Die Neuankömmlinge mußten anfangs in primitiven, überfüllten Lagern *(oben)* untergebracht werden.
Die Aufnahme und Eingliederung der Zuzügler lag vornehmlich in den Händen der Jewish Agency, einem Zweig der Zionistischen Organisation, die jetzt einer der größten und mächtigsten Verbände in Israel ist. Die Jewish Agency leitet jährlich Hunderte Millionen Dollar in die neugeschaffenen Siedlungen, ins Bildungswesen und andere Bereiche. Das Foto *(links)* zeigt die Jahreshauptversammlung 1983 der Agency, an der Wand sieht man Fotos von Theodor Herzl und Chaijm Weizmann.

*Oben:* Rabbi Zvi Hirsch Kalischer (1795–1874) dürfte die Bezeichnung »erster Zionist« verdienen. Er verfaßte Schriften, die zur Rückkehr nach Erez Israel aufriefen, und überredete Sir Moses Montefiore, den britischen Finanzier, 1841 dort einen Orangenhain zu kaufen – der erste, der einem Juden gehörte.
*Ganz oben:* Diese Postkarte zeichnet ein idyllisches Bild vom Leben eines *chaluz*. Die Wirklichkeit war weit weniger beschaulich, als hier suggeriert wird. Doch waren in der Tat viele *chaluzim* Studenten und Intellektuelle, die ihre Freizeit lesend oder mit hitzigen Diskussionen über literarische oder ideologische Streitfragen verbrachten.

ler im Unterschied zu den seit jeher hier ansässigen jüdischen Einwohnern, den *Alten Jischuv*) bald nannte. Die *Hapoel Hazair* beschäftigte sich weniger mit sozialistischen Theorien als mit den praktischen Aufgaben einer landwirtschaftlichen Pioniertätigkeit. Ihr geistiger Mentor war Aaron David Gordon (1856–1922), ein origineller Kopf, der leidenschaftlich daran glaubte, daß körperliche Arbeit der einzige Weg zu spiritueller Erlösung sei. Die Pioniere schufen mit ihrem Idealismus und ihrer harten Arbeit die Grundlage für viele Einrichtungen des späteren Israel, aber auch für sein staatstragendes Ethos.

Seine eigentliche Zugkraft verdankte der Zionismus freilich nicht den Theorien der Ideologen und auch nicht den entsagungsvollen Mühen der Neueinwanderer in Palästina, sondern der sehr realen und weitverbreiteten Gefahr des Antisemitismus. Nachträglich gesehen ist bemerkenswert, in welchem Umfang die zionistische Bewegung die geistigen Grundlagen und teilweise sogar die Sprache der Antisemiten übernahm. Wenn der Zionismus eine Reaktion auf den Antisemitismus darstellte, so war er in einem gewissen Sinn doch auch ein Zugeständnis an dessen Hauptprämisse, daß nämlich die Juden ein fremdartiges und nicht eingliederbares Element in der nichtjüdischen Gesellschaft seien. Die von den Zionisten vertretene Lösung des Problems durch Massenemigration war dem Geiste der Antisemiten nicht völlig fremd.

Zu den führenden Gegnern des Zionismus gehörten die Verfechter der Assimilation in allen ihren Schattierungen: Juden, die nichts weiter wollten als gleichberechtigte Staatsbürger in ihren Heimatländern zu sein, Liberale und Sozialisten, die die historischen Barrieren abbauen wollten, welche in der Vergangenheit soviel Haß und Ausbeutung erzeugt hatten. Liberale Juden lehnten alles ab, was nach jüdischem Partikularismus aussah, und die Bolschewisten führten einen regelrechten Vernichtungskrieg gegen den Zionismus und rotteten ihn gewaltsam aus. Doch kam Opposition auch aus anderen Motiven. Der 1897 in Wilna gegründete »Allgemeine jüdische Arbeiterbund für Litauen, Rußland und Polen« hielt es für eine Pflicht der Juden, in ihren jeweiligen Staaten zu bleiben und auf eine Verbesserung der Gesellschaft als ganzes hinzuwirken. Die Mehrzahl der jüdischen Traditionalisten sah im Zionismus eine gefährliche Häresie, welche die irdische Erlösung an die Stelle der jenseitigen setzte und praktisch versuchte, Gott zu nötigen. Und es gab jene, für die das zionistische Programm eine echte Gefahr bedeutete – der Alte Jischuv und die Araber in Palästina.

Die Naivität der frühen Zionisten hinsichtlich der Araber wirkt aus heutiger Sicht geradezu unglaublich. Einigen von ihnen scheint tatsächlich nicht bekannt gewesen zu sein, daß in Palästina Araber ansässig waren, und es dauerte sehr lange, bis man das Anwachsen des arabischen Nationalismus wirklich zur Kenntnis nahm. Herzl wußte zwar von der Existenz der Araber, glaubte aber, sie würden dankbar sein für die Vorteile, die ihnen aus dem mit der Kolonisierung verbundenen wirtschaftlichen Fortschritt erwachsen würden. Romantische Gemüter erblickten in ihnen lang getrennte semitische Brüder, die den Zuzüglern bereitwillig die Hand reichen würden. (Einige Araber scheinen diesen rosigen Optimismus sogar geteilt zu haben.) Der Interessengegensatz wurde von manchen Siedlern erst erkannt, nachdem auf beiden Seiten schon längst das erste Blut geflossen war. Die Verschärfung des Konflikts in den 20er und 30er Jahren machte klar, daß der Judenstaat aus Blut und Feuer geboren werden würde und nicht im Geist semitischer Freundschaft oder der Bruderschaft der werktätigen Massen. Es entstand eine Situation, in der sogar einige israelische Zionisten die palästinensischen Araber die »neuen Juden« genannt haben.

Unterdessen hat die Kulmination des europäischen Antisemitismus im Holocaust die Lage grundlegend verändert. Der Nationalsozialismus mit seiner bedingungslosen Verweigerung jeder jüdischen Assimilation schien den unwiderleglichen Beweis für die Richtigkeit der zionistischen Forderungen zu liefern. Viele Juden wandten sich in den 30er und 40er Jahren dem Zionismus zu, selbst in Gegenden, wo man ihn bis dahin strikt abgelehnt hatte. Tragischerweise kam diese jüdische Heimstätte zu spät, um die Mehrzahl der Opfer retten zu können, und so waren die Zionisten zu ohnmächtigen Zuschauern bei der Vernichtung ihrer Brüder verdammt – Propheten des Unheils, deren Warnungen in Erfüllung gegangen waren. Der Holocaust schuf eine Stimmung, die der Verwirklichung von zionistischen Zielen günstig war, und so erlebte Palästina eine massive Welle geistig und körperlich gebrochener Einwanderer, deren Wunden nur langsam verheilten. Der Triumph des Zionismus wurde somit aus einer demütigenden Niederlage geboren. Das Land Israel war bevölkert mit Flüchtlingen, und der Konflikt mit den Arabern brachte darüber hinaus einen Zustrom von Menschen, die weder den zionistischen Kampf noch die traumatische Erfahrung des Holocaust miterlebt hatten und deren Kultur und Erwartungen mit denen der russischen Gründungsväter kaum etwas gemein hatten. Die Vision dieser Gründungsväter überlebte zwar im neuen Staat Israel, ebenso die von ihnen geschaffenen Institutionen, doch der Traum der sozialistischen Zionisten zerrann in der brutalen Wirklichkeit eines langwierigen Krieges, des wirtschaftlichen Chaos und des sozialen Unfriedens, was bei den Wahlen des Jahres 1977 zur Niederlage der Arbeiterpartei führte. Ungeachtet der Vornehmheit ihrer Ziele und ihrer selbstlosen Anstrengungen sind die Zionisten der ersten Stunde ihrer eigenen kolonialistischen Politik zum Opfer gefallen.

### Zionismus und Diaspora

Während die Anstrengungen der Zionisten scheiterten, die Diaspora aufzulösen, erkannten die Diasporajuden spätestens 1942 oder 1948, wie sehr sie die Zionisten brauchten. Der Holocaust zwang das jüdische Volk in die Knie; der Staat Israel ermöglichte es ihm, das Haupt wieder frei zu erheben. Der Antizionismus war praktisch zum Schweigen gebracht, und überall auf der Welt blickten Juden stolz auf die Errungenschaften Israels, halfen dem Land mit Rat und Tat und setzten – in Augenblicken der Not – auch ihr Leben ein. Menschen, denen ihre jüdische Identität gleichgültig geworden war, begannen sie neu zu entdecken; Hebräisch ersetzte das Jiddische allgemein als Zweitsprache. Die progressive judaistische Richtung billigte den Zionismus und verlegte sogar den Sitz ihrer Weltorganisation nach Jerusalem. Auch die orthodoxe Seite ließ sich von der Begeisterung anstecken, wenngleich mit stärkeren theologischen Vorbehalten. Die Diaspora bekundete bei allem, was die Regierung in Jerusalem tat und äußerte, ihre Zustimmung noch lautstärker als die israelische Öffentlichkeit selbst – eine abweichende Meinung zu haben, galt als Verrat.

Dieser blinde Enthusiasmus wurde durch den fortdauernden israelisch-arabischen Konflikt noch verstärkt. Er erreichte seinen fieberhaften Höhepunkt zur Zeit des Sechs-Tage-Kriegs 1967. Damals sah es wirklich so aus, als sei der zionistische Traum Wirklichkeit geworden, als sei Israel das pochende Herz eines ungeteilten jüdischen Volkes. Doch sogleich zeigten sich die Risse in der Fassade. Die Neuauflage der antizionistischen Kampagne in der UdSSR wurde von jüdischen Anhängern der Neuen Linken im Westen aufgegriffen. Die Not der palästinensischen Flüchtlinge begann nicht nur ein paar entfremdete jüdische Intellektuelle zu beschäftigen, sondern sogar manche religiösen Führer. Zweifel wurden laut an den Folgen des Zionismus für die Diasporagemeinden, die finanziell ausgeblutet wurden. Es gab Meinungsverschiedenheiten über das Recht sowjetrussischer jüdischer Emigranten, sich in der Diaspora niederzulassen, sowie zunehmende Kritik an der Siedlungspolitik in den besetzten Gebieten. Der Regierungswechsel von 1977 führte dann ein neues Element ein: Die sozialistischen Zionisten Amerikas vertraten nun den Standpunkt, daß Kritik an der israelischen Politik legitim sei und keine Illoyalität gegenüber dem Staat als solchem darstelle. Religiöse Konflikte in Israel brachten andererseits jüdische Traditionalisten in London und New York auf die Straße, wo sie Transparente mit der Losung »Zionismus gleich Nationalsozialismus« umhertrugen. Der israelische Einmarsch im Libanon im Jahre 1982 löste eine echte Krise aus. Jüdische Kommunalpolitker, auch überzeugte Zionisten, waren fassungslos. Aufgefordert, sich für das Unternehmen auszusprechen, gebrauchten sie Ausflüchte oder äußerten offen ihre Mißbilligung. Rabbiner predigten (spät genug) über den korrumpierenden Einfluß der Macht und über die Notwendigkeit, eine gerechte Lösung für die palästinensischen Araber zu finden. Der Stimmungsumschwung führte zu Ungewißheit und Besorgnis im Land. Kritikern wurde vorgeworfen, gemeinsame Sache mit den Feinden des jüdischen Volkes zu machen, und Antizionismus wurde in grob vereinfachender Weise mit Antisemitismus gleichgesetzt. Einige Juden verwiesen auf die großen Meinungsunterschiede in Israel selbst und fragten, warum von der Diaspora eine Einigkeit erwartet würde, die nicht einmal dort vorhanden sei.

Einst hatte man das Auftauchen der ersten jüdischen Zuhälter und Einbrecher in Palästina als gesundes Zeichen der »Normalisierung« begrüßt, und vielleicht sollte man das Verschwinden des mit Scheuklappen behafteten israelischen Hurrapatriotismus in ähnlichem Licht sehen. Der Zionismus war ein wertvoller Sammelruf für Juden, die der Holocaust entmutigt und orientierungslos gemacht hatte, und er ist noch immer die Zuflucht für jene, die sich, aus welchem Grunde auch immer, der Gesellschaft, in der sie leben, entfremdet fühlen.

In zunehmendem Maße ist nicht mehr der Zionismus das Problem, sondern der Staat Israel. Überall auf der Welt verspüren Juden eine Gemeinsamkeit mit dem Land, sie ahnen, daß ihr Geschick irgendwie mit ihm zusammenhängt. Sie empfinden Anteilnahme für seine Probleme und verfolgen seine Fortschritte mit wachem Interesse. Aber sie blicken nicht mehr dorthin, wenn es um die Belange der Diaspora geht, und sie lehnen mehr und mehr die zionistische Vorstellung ab, daß Israel das Recht habe, für das Weltjudentum zu sprechen und sich in die inneren Angelegenheiten der Diasporagemeinden einzumischen, vor allem, wenn umgekehrt mit großer Entschiedenheit der Diaspora das Recht bestritten wird, Ratschläge zu geben und Kritik zu äußern. Das ideale gegenseitige Verhältnis muß erst noch gefunden werden; indes zeichnet sich schon jetzt eine gesunde und fruchtbare Symbiose ab, bei der Israel der Diaspora viel zu geben vermag und nicht, wie in der Vergangenheit geschehen, immer nur nimmt.

# DRITTER TEIL

# DIE HEUTIGE JÜDISCHE WELT

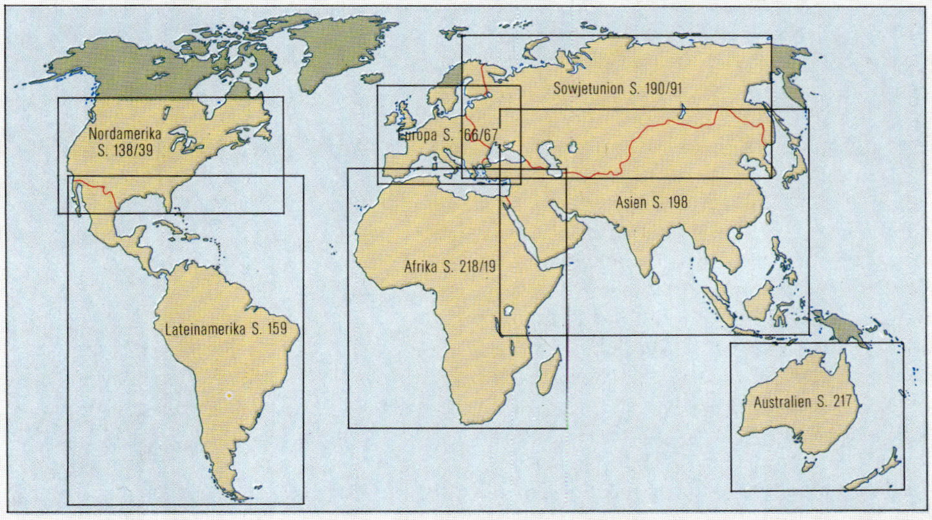

# DIE GEOGRAPHISCHE VERTEILUNG DER JUDEN

Jeder Versuch, die Zahl der Juden auf der Erde oder in einem einzelnen Land zu bestimmen, ist zwangsläufig auf Vermutungen angewiesen. Nur wenige Staaten stellen bei ihren Volkszählungen eigene Erhebungen über die Juden an, und selbst wenn sie es tun, ist die jüdische Identität eine so subjektive Angelegenheit, daß die Resultate immer anzweifelbar bleiben. Die meisten veröffentlichten Statistiken stützen sich auf Angaben der örtlichen jüdischen Gemeinden, wodurch das Problem der Subjektivität noch akuter wird. Denn was sollen die Statistiker zählen? Leute, die sich selbst als Juden betrachten, oder solche, die der »talmudischen Definition« genügen? Mitglieder der Synagogen? Über diese definitorischen Grundfragen herrscht erhebliche Uneinigkeit, ganz abgesehen von den ungeheuren praktischen Schwierigkeiten, die sich beim Zusammentragen der Informationen ergeben. Infolgedessen müssen alle Angaben in dem folgenden Teil des Buches *cum grano salis* genommen werden – als brauchbare Annäherungswerte, aber kaum mehr.

Doch von welcher Berechnungsmethode man auch ausgeht, das sich abzeichnende Bild ist eindeutig genug. Der Hauptteil der Juden konzentriert sich auf wenige Länder. 80 Prozent von ihnen leben in den USA, in Israel und der Sowjetunion, und die neun größten Gemeinden (mit schätzungsweise jeweils über 100000 Mitgliedern) machen zusammen wahrscheinlich 95 Prozent des Weltjudentums aus. Betrachtet man das Verhältnis zur jeweiligen Gesamtbevölkerung, so bildet im internationalen Vergleich Israel eine einzigartige Ausnahme, mit einem jüdischen Anteil von nahezu 85 Prozent (die besetzten Gebiete nicht gerechnet). Nur in fünf anderen Staaten (USA, Gibraltar, Uruguay, Kanada und Frankreich) gibt es zehn oder mehr Juden auf 1000 Einwohner. Überall sonst sind sie zahlenmäßig unbedeutend.

Die verläßlichsten Schätzungen sprechen heute von insgesamt 13 Millionen Juden, wobei die Hälfte auf Nord- und Südamerika, jeweils ein Viertel auf Europa und Asien (hauptsächlich Israel) verteilt ist. Die Migration scheint gegenwärtig, nach den massiven Erschütterungen der letzten 100 Jahre, relativ stabil zu sein. In letzter Zeit fand eine gewisse Auswanderung aus Ländern mit ungünstigen politischen Verhältnissen wie Afghanistan, Iran und Simbabwe statt; auch war in Israel eine kontinuierliche Ein- und Auswanderung zu verzeichnen. Ein eindeutiges Übergewicht der Emigranten bestand nur in der Sowjetunion, aus der in den 70er Jahren rund eine Viertelmillion ausgereist sind. Diese Bewegung ist zwar mittlerweile von staatlicher Seite praktisch unterbunden worden, aber man weiß, daß eine beträchtliche Zahl Ausreisegenehmigungen beantragt hat oder sie unter günstigeren Umständen beantragen würde.

Die Juden sind überall vorwiegend in den Ballungsräumen konzentriert; fast generell ist ihr Anteil an der städtischen Bevölkerung höher als an der Gesamtbevölkerung. Vielerorts findet man mehr als die Hälfte von ihnen in der Hauptstadt oder der größten Stadt des jeweiligen Landes; dagegen hat sich vielleicht nur ein Viertel oder weniger des Weltjudentums in Kleinstädten und ländlichen Gebieten niedergelassen. Die Verstädterung ist zwar keineswegs ein rein jüdisches Phänomen, aber ihre Folgen sind bei ihnen besonders markant, zumal durch den Holocaust die meisten ihrer agrarischen Siedlungen in Osteuropa vernichtet wurden.

Das jüdische Bevölkerungswachstum ist langsamer als das generelle, und zwar sowohl im Weltmaßstab als auch in einzelnen Ländern. Das hat eine Reihe von Gründen, von denen der gewichtigste die verhältnismäßig niedrige Geburtenrate sein dürfte. Dieser Umstand hat, verbunden mit Emigration und Austritt aus der Gemeinde, in vielen Fällen dazu geführt, daß die jüdische Einwohnerschaft überaltert ist und kaum Aussicht hat, ihre Zahl zu behaupten, geschweige denn mit dem allgemeinen Populationsanstieg Schritt zu halten. Andererseits haben die größten Zentren (mit Ausnahme der Sowjetunion) eine steigende Anziehungskraft für jüngere jüdische Einwanderer. Der Trend zu einer Ballung in einigen wenigen Staaten wird daher wohl auch in der Zukunft anhalten, während die jüdische Gesamtbevölkerung vermutlich nur sehr langsam wachsen wird und vielleicht bald gar nicht mehr weiter zunimmt.

**Unten: Die jüdische Weltbevölkerung 1800–1980**
Die Zahl der Juden in den verschiedenen Zeiträumen kann nur annähernd geschätzt werden, doch verdeutlicht die Graphik die Hauptentwicklungen in moderner Zeit und die tiefgreifenden Folgen des Holocaust. Vor 1940 lebte in Osteuropa mehr als die Hälfte des Weltjudentums; nach dem Holocaust sind die Vereinigten Staaten das bei weitem größte jüdische Zentrum geworden.

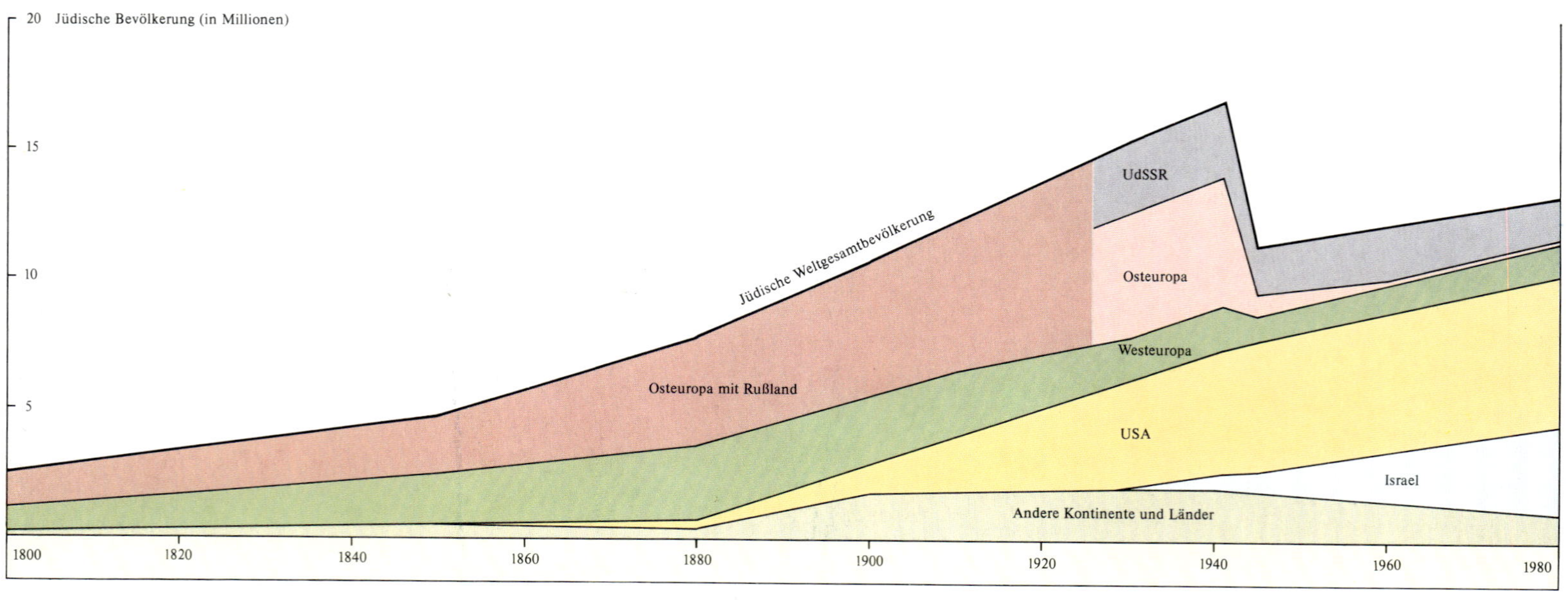

**Die heutige jüdische Welt**
Die beiden Karten zeigen die gegenwärtige Verteilung der Juden. Sie sind über den ganzen Erdball verbreitet, doch gleichzeitig bemerkenswert konzentriert. Wie die obere Karte verdeutlicht, leben 80 Prozent aller Juden in nur drei Staaten, und eine einzige Stadt, New York, beherbergt etwa 15 Prozent der jüdischen Weltbevölkerung. Die untere Karte veranschaulicht, daß die Juden (mit der Ausnahme Israels) nur einen winzigen Faktor in der Einwohnerschaft eines jeden Landes ausmachen und verstärkt dazu tendieren, sich in jeweils ein oder zwei Großstädten zu ballen.

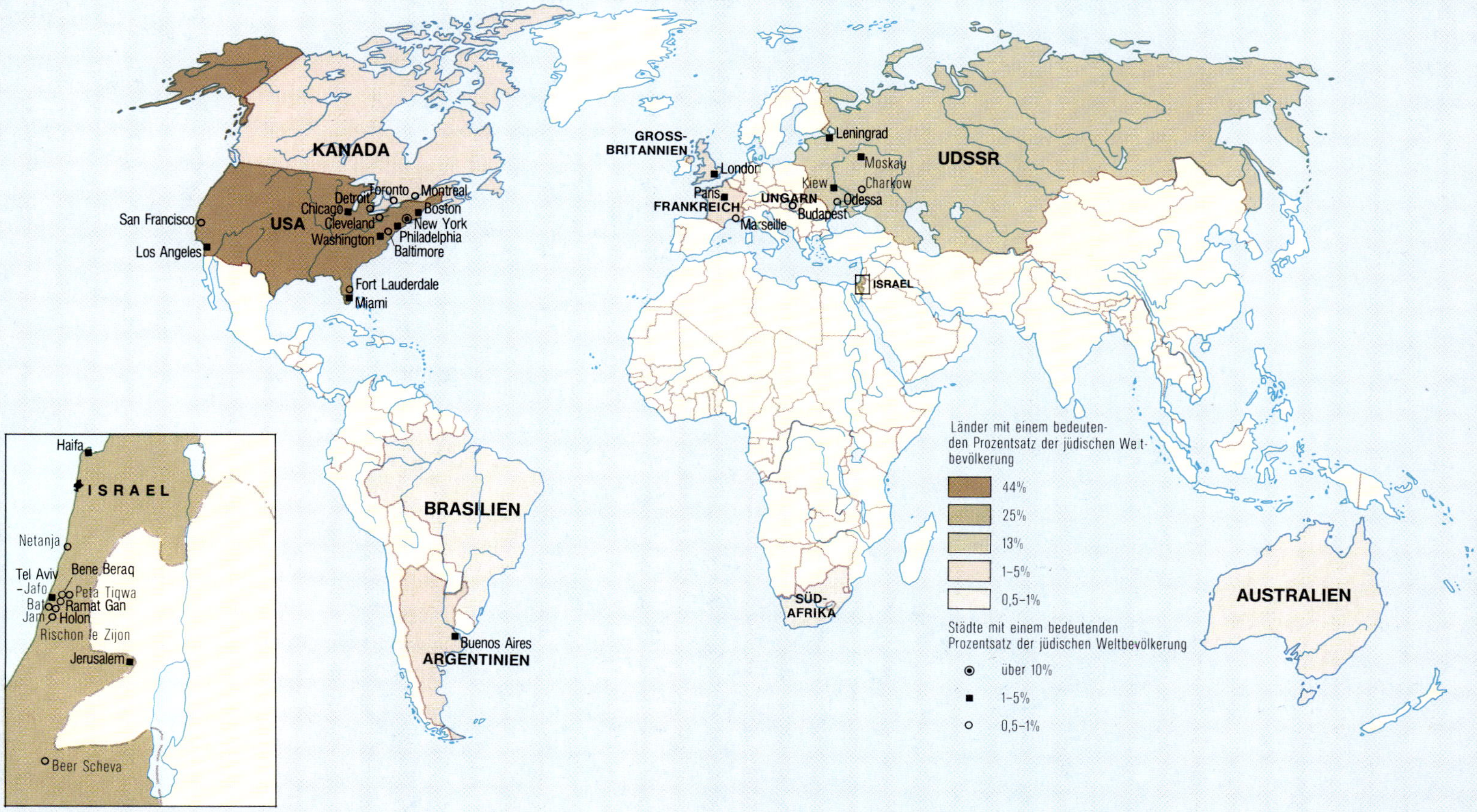


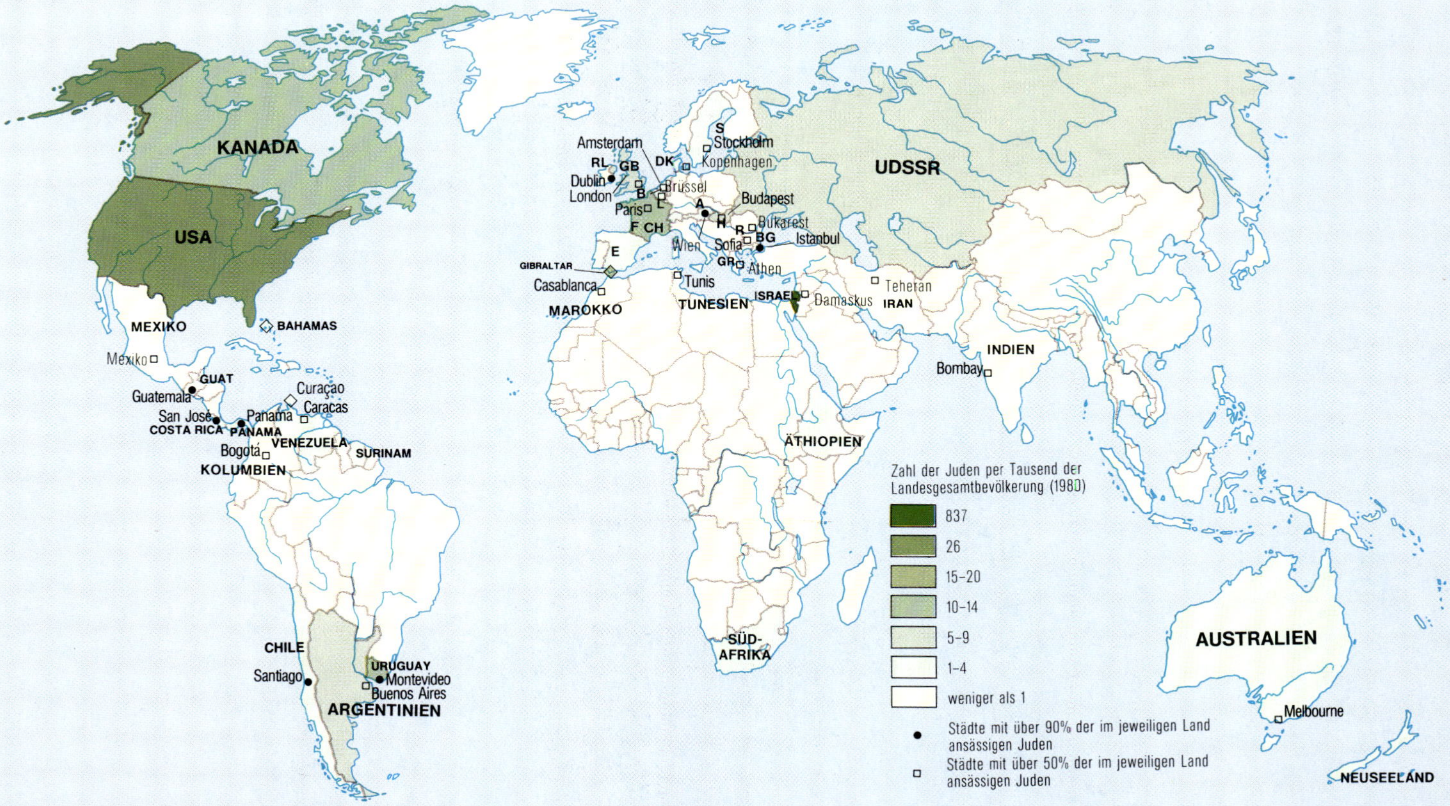

BRITISH COLUMBIA
Vancouver Island
Vancouver
Victoria
Bellingham
Fraser
Seattle
Tacoma
WASHINGTON
Spokane
Portland
Columbia
Salem
Corvallis
Eugene
OREGON
ALASKA
Fairbanks
Anchorage
scale 1:40 000 000
ALBERTA
Edmonton
Calgary
Lethbridge
Medicine Hat
SASKATCHEWAN
Prince Albert
Saskatoon
N Saskatchewan
S Saskatchewan
Moose Jaw
Regina
Melville
Yorkton
Kamsack
MANITOBA
Winnipegsee
Selkirk
Winnipeg
Brandon
MONTANA
Missouri
Billings
Yellowstone
IDAHO
Boise
Snake
NORTH DAKOTA
Grand Forks
Fargo
Hibbing
MINNESOTA
Minneapolis
SOUTH DAKOTA
Sioux Falls
WYOMING
Großer Salzsee
Ogden
Salt Lake City
Eureka
Sacramento
Santa Rosa
Petaluma
Vallejo
San Francisco
San Jose
Santa Cruz
Monterey
Salinas
Stockton
Modesto
Merced
Fresno
Reno
ALAMEDA UND CONTRA COSTA COUNTIES
NEVADA
CALIFORNIA
UTAH
Green
Cheyenne
N Platte
S Platte
NEBRASKA
Sioux City
Omaha
Council Bluffs
Lincoln
Platte
IOWA
Des Moines
Mason City
Fort Dodge
Rochester
Denver
COLORADO
Colorado Springs
Pueblo
St Joseph
Missouri
Kansas City
Topeka
KANSAS
Arkansas
Wichita
VEREINIGTE STAATEN VON
San Luis Obispo
Santa Maria
Santa Barbara
KERN COUNTY
VENTURA COUNTY
Santa Monica
Los Angeles
San Pedro
Long Beach
ORANGE COUNTY
San Diego
POMONA VALLEY
Fontana
San Bernardino
Riverside
Palm Springs
Sun City
Elsinore
El Centro
Las Vegas
Colorado
ARIZONA
Gila
Phoenix
Tucson
Santa Fe
Albuquerque
NEW MEXICO
Las Cruces
El Paso
Rio Grande
Pecos
Amarillo
Lubbock
Odessa
Joplin
Tulsa
Muskogee
Fayetteville
Fort Smith
OKLAHOMA
Oklahoma City
Little Rock
Wichita Falls
Red
Texarkana
Fort Worth
Dallas
Longview
Tyler
Shreveport
TEXAS
Waco
Brazos
Alexandria
Austin
San Antonio
Houston
Beaumont
Lake Charles
Baytown
Port Arthur
Wharton
Galveston
Laredo
Corpus Christi
McAllen
Brownsville
Oahu
Honolulu
MAUI
Hawaii
Hilo

# NORDAMERIKA

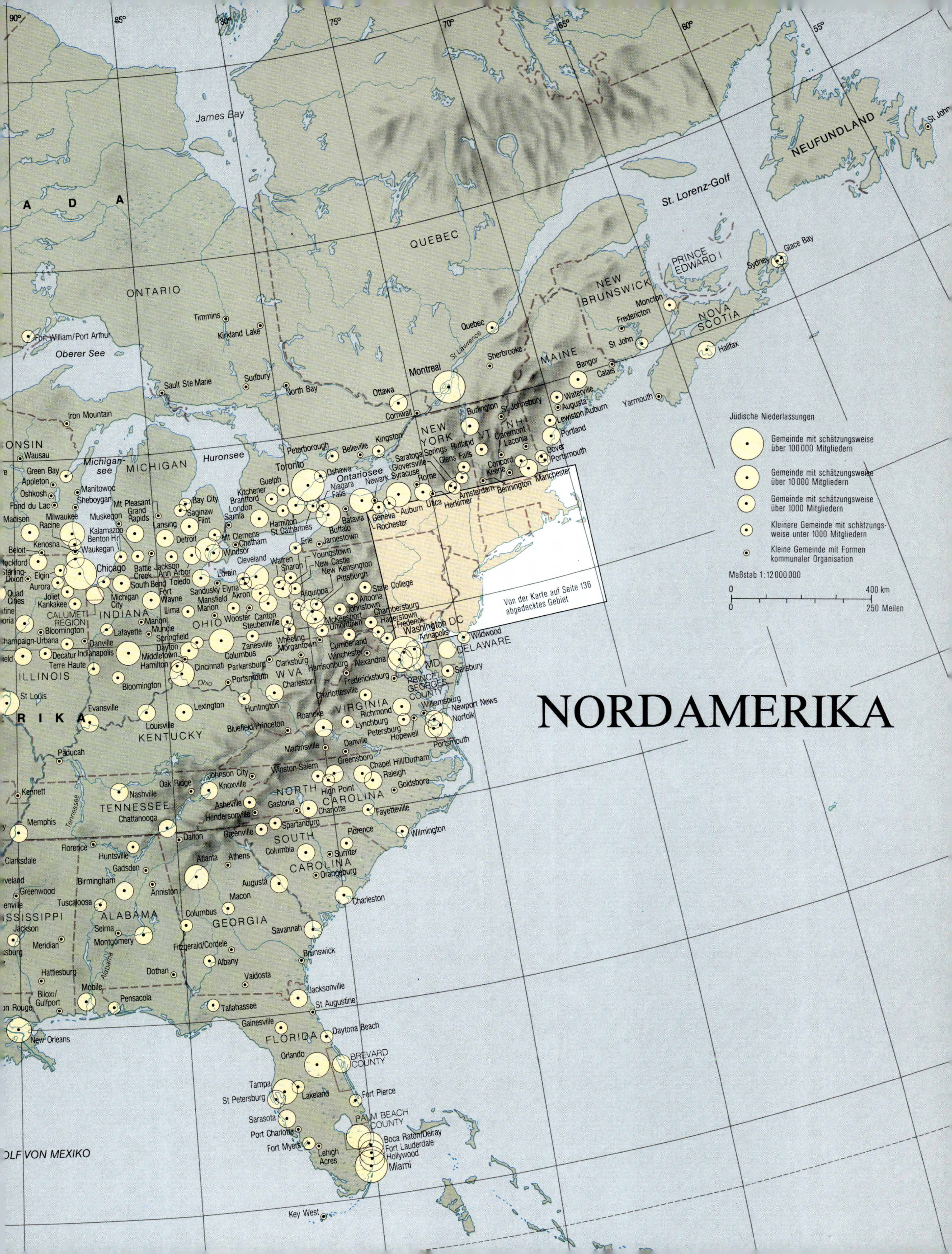

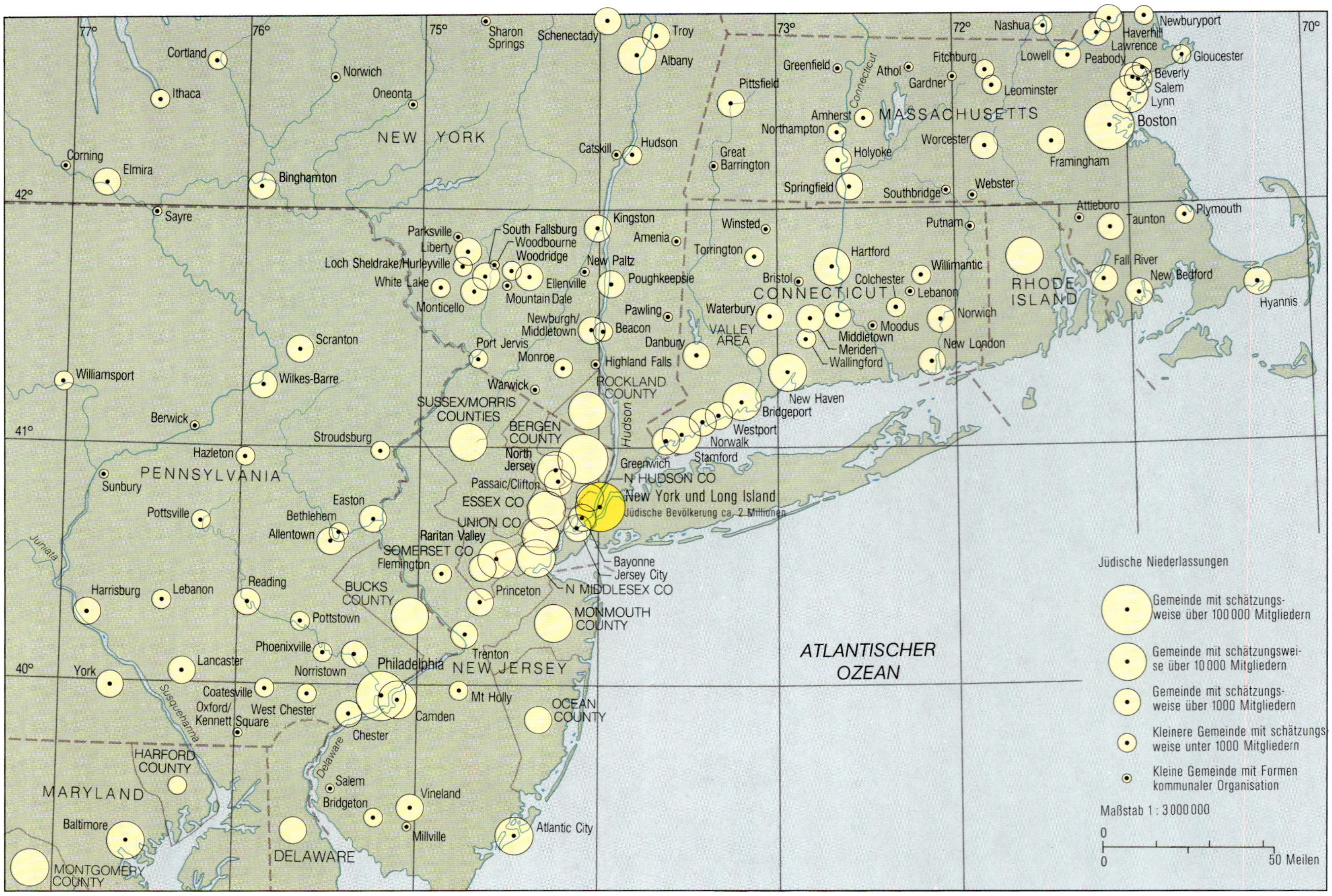


**Oben: Jüdische Gemeinden im Nordosten der Vereinigten Staaten.**

Leonard Bernstein (geb. 1918), Komponist und Dirigent

George Gershwin (1898–1937), Komponist

Die Marx Brothers, Filmkomiker

Überall dort, wo sie sich heimisch fühlen konnten, haben Juden in bemerkenswerter Weise am öffentlichen wie kulturellen Leben teilgenommen. Auf den folgenden Seiten stellen wir einige dieser jüdischen Persönlichkeiten in den jeweiligen Ländern vor. Obwohl es sich dabei zwangsläufig nur um eine begrenzte Auswahl handeln kann, wird doch der reiche und vielfältige gesellschaftliche Beitrag der Juden dokumentiert.

| | *1930* Annähernde jüd. Bev. | *1930* Juden auf 1000 Einw. | *1980* Annähernde jüd. Bev. | *1980* Juden auf 1000 Einw. |
|---|---|---|---|---|
| **Kanada** | **156 000** | **15** | **308 000** | **13** |
| **USA** | **4 228 000** | **36** | **5 750 000** | **26** |
| Alabama | 13 000 | 5 | 9000 | 2 |
| Alaska | 700 | 12 | 1000 | 2 |
| Arizona | 1500 | 3 | 45 000 | 17 |
| Arkansas | 9000 | 5 | 3500 | 1 |
| California | 123 000 | 28 | 754 000 | 32 |
| Colorado | 20 000 | 19 | 32 000 | 11 |
| Connecticut | 92 000 | 56 | 102 000 | 33 |
| Delaware | 5500 | 22 | 9500 | 16 |
| District of Columbia | 16 000 | 30 | 40 000 | 63 |
| Florida | 13 000 | 10 | 467 000 | 48 |
| Georgia | 23 000 | 8 | 36 000 | 7 |
| Hawaii | 80 | 1 | 5500 | 6 |
| Idaho | 1000 | 2 | 500 | 1 |
| Illinois | 346 000 | 47 | 266 000 | 23 |
| Indiana | 27 000 | 9 | 23 000 | 4 |
| Iowa | 16 000 | 7 | 8000 | 3 |
| Kansas | 8000 | 6 | 11 000 | 5 |
| Kentucky | 20 000 | 8 | 12 000 | 3 |
| Louisiana | 16 000 | 9 | 16 000 | 4 |
| Maine | 8500 | 11 | 7000 | 6 |
| Maryland | 71 000 | 44 | 186 000 | 44 |
| Massachusetts | 226 000 | 53 | 241 000 | 42 |
| Michigan | 89 000 | 20 | 90 000 | 10 |
| Minnesota | 43 000 | 16 | 35 000 | 9 |
| Mississippi | 6500 | 4 | 3000 | 1 |
| Missouri | 81 000 | 23 | 72 000 | 15 |
| Montana | 1500 | 2 | 650 | 1 |
| Nebraska | 14 000 | 10 | 8000 | 5 |
| Nevada | 250 | 3 | 15 000 | 18 |
| New Hampshire | 3000 | 6 | 4500 | 5 |
| New Jersey | 225 000 | 60 | 437 000 | 59 |
| New Mexico | 1000 | 3 | 7000 | 6 |
| New York | 1 904 000 | 167 | 2 139 000 | 122 |
| North Carolina | 8500 | 3 | 15 000 | 2 |
| North Dakota | 2500 | 4 | 1000 | 2 |
| Ohio | 174 000 | 26 | 144 000 | 13 |
| Oklahoma | 8000 | 3 | 6500 | 2 |
| Oregon | 13 000 | 15 | 11 000 | 4 |
| Pennsylvania | 405 000 | 42 | 414 000 | 35 |
| Rhode Island | 25 000 | 36 | 22 000 | 23 |
| South Carolina | 7000 | 4 | 8500 | 3 |
| South Dakota | 1500 | 2 | 600 | 1 |
| Tennessee | 23 000 | 9 | 17 000 | 4 |
| Texas | 47 000 | 9 | 73 000 | 5 |
| Utah | 3000 | 6 | 2300 | 2 |
| Vermont | 2000 | 6 | 2500 | 5 |
| Virginia | 26 000 | 10 | 59 000 | 11 |
| Washington | 15 000 | 9 | 22 000 | 5 |
| West Virginia | 7500 | 4 | 7500 | 4 |
| Wisconsin | 36 000 | 12 | 30 000 | 6 |
| Wyoming | 1300 | 6 | 300 | 1 |

Gerhard Herzberg (geb. 1904), Physiker

Leonard Cohen (geb. 1934), Schriftsteller und Liedermacher

Norman Mailer (geb. 1923), Schriftsteller

Albert Einstein (1879–1955), Physiker

Bob Dylan (geb. 1941), Folksänger

Sammy Davis jr. (geb. 1925), Entertainer

Henry Morgenthau (1856–1946), Diplomat

Samuel Goldwyn (1882–1974), Filmproduzent

Woody Allen (geb. 1935), Regisseur, Schauspieler, Schriftsteller

Aaron Copland (geb. 1900), Komponist

Bernard Baruch (1870–1965), Finanzier

Louis Brandeis (1856–1941) Jurist

# New York: Der jüdische Einwanderungshafen

Wo stünde das Judentum heute ohne die zwei Millionen Menschen, die zwischen 1880 und 1915 über den Hafen von New York in die USA kamen, um hier Zuflucht vor Not und Verfolgung zu finden? Das ist eine rhetorische Frage, aber gewiß wäre die allgemeine Lage ohne diese Juden ganz anders und wahrscheinlich sehr düster. Gerade ein Volk ohne Land braucht eine gesicherte Basis, eine Art Hauptquartier, das Führung und Unterstützung bieten kann, ohne selbst bedroht zu sein. Jahrhundertelang war Europa eine solche Basis gewesen, doch ab 1880 wurden die Bedingungen hier zunehmend ungünstiger, und wir wissen jetzt, daß am Ende dieses Wegs eine Vernichtung größten Ausmaßes stehen sollte. Amerika bot Freiheit und wirtschaftliche Möglichkeiten, verbunden mit einem starken geistigen und religiösen Impuls. Die Folge der Masseneinwanderung war, wie man ohne Übertreibung sagen kann, die Rettung des jüdischen Volks und des jüdischen Glaubens.

Der Straßenplan *(rechts)* stammt aus einem 1891 veröffentlichten Stadtführer, auf dem Höhepunkt der osteuropäischen Immigration.

Dieser aus Rußland kommende Immigrant *(unten)* hat bereits eine lange und beschwerliche Eisenbahn- und Schiffsreise hinter sich. Jetzt wird er durch die Mühle der Einwanderungsbehörden gedreht: ein Trommelfeuer von Fragen, ärztliche Untersuchungen, Sprachschwierigkeiten. Schauplatz dieser Prozeduren wird Ellis Island sein. Dann, wenn alles überstanden ist, geht es zur East Side. Vielleicht findet sich mit etwas Glück eine Arbeit, ein mit vielen anderen geteiltes Zimmer, möglicherweise kommt es zur Begegnung mit einem längst verloren geglaubten Verwandten aus der alten Heimat. Es gab eine Zeit, in der die Lower East Side einen festen jüdischen Bevölkerungsanteil von anderthalb Millionen hatte.

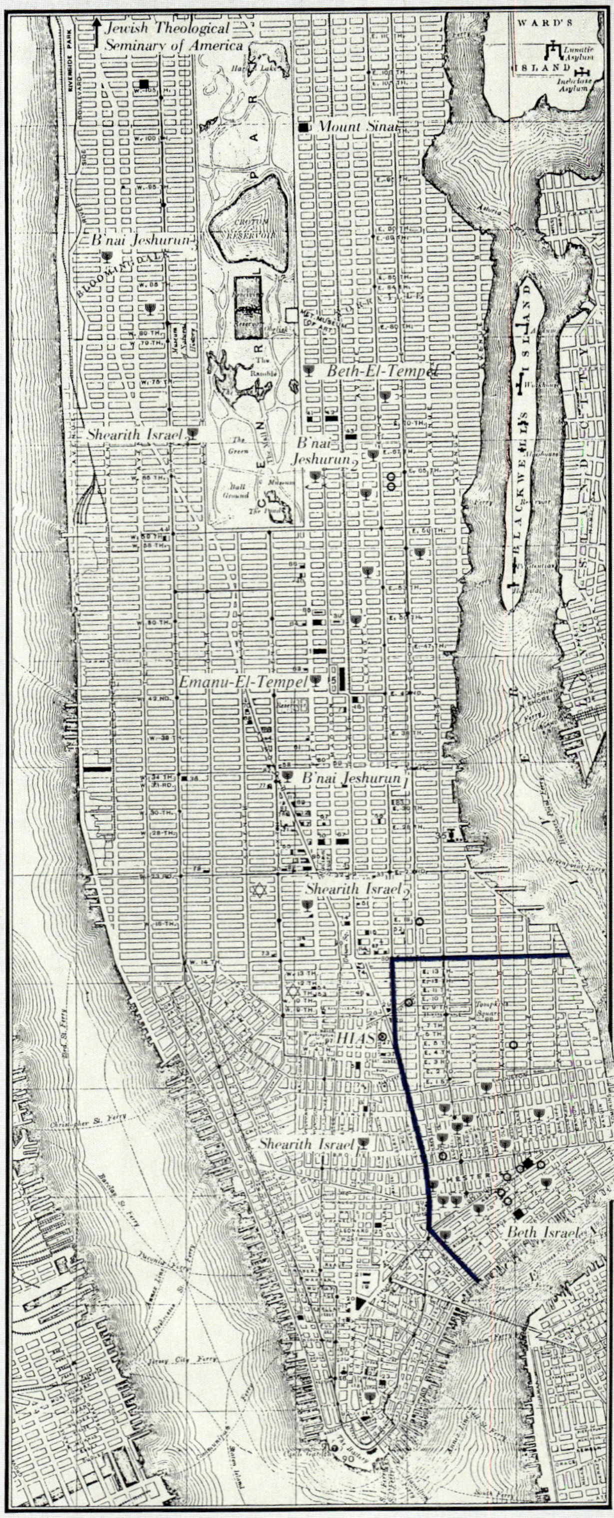

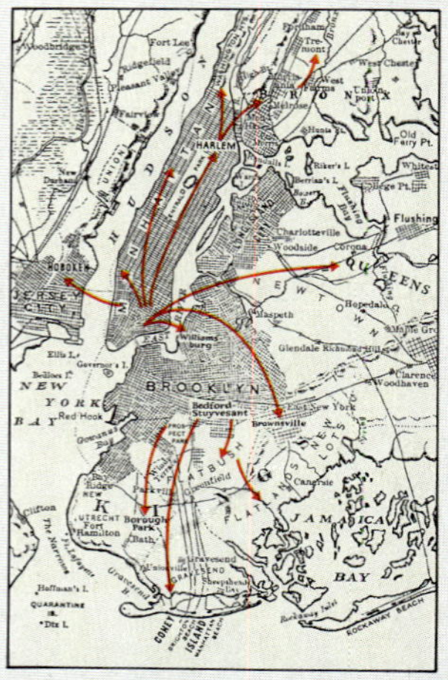

Friedhof

Jüd. Krankenhaus oder Heim

Jüd. Bildungs- oder Wohlfahrtseinrichtung

Synagoge

Lower East Side: Hauptansiedlungsgebiet jüd. Einwanderer aus Osteuropa zwischen 1870–1920

Richtung der jüd. Ausbreitung

*Unten:* Ein »fliegender Händler« von der Lower East Side. Die Traumkarriere »vom Tellerwäscher zum Millionär« wurde zwar für einige wenige Wirklichkeit, aber die breite Masse der Neuankömmlinge litt Armut und Not. Viele von ihnen wurden in der Bekleidungsindustrie ausgebeutet. Die Bedingungen waren oft katastrophal, doch die Arbeiter zögerten, sich zur Wehr zu setzen, bis 1909 die Beschäftigten in der Hemdblusenherstellung einen Generalstreik ausriefen. Von da an schufen sich die Arbeiter eine stärkere Organisation und erreichten schrittweise beträchtliche Verbesserungen. Samuel Gompers *(links)*, der Führer der *Workers Union*, war selbst jüdischer Immigrant.

*Oben:* Eine Talmudschule in Hester Street. Es entstanden bald mehrere Schulen für die jüdische Gemeinde; der Standard wurde verbessert, und auch weltliche Fächer fanden Eingang in den Lehrplan.

*Oben Mitte:* Das Büro der Einwandererhilfsorganisation HIAS, eine der ersten Organisationen, die von russischen Juden gegründet wurden.

*Rechts:* Hester Street, im Herzen der Lower East Side, im Jahr 1899. Damals war dies das dichtestbesiedelte Gebiet ganz New Yorks.

# Vereinigte Staaten

Im dritten Jahrhundert n. Chr. beklagten die jüdischen Führer im römisch besetzten Palästina, daß ihre Brüder im sassanidischen Babylonien auf ihre Pflicht vergessen hätten, im Land Israel zu siedeln. Die Babylonier erwiderten, Gott habe sie mit Absicht in die Fremde geführt, auf daß sie »Datteln essen und die Thora studieren« könnten. Was Gelehrsamkeit und Kreativität betrifft, so spielt das amerikanische Judentum heute eine vergleichbare Rolle wie das des alten Babylonien, mit dem bedeutsamen Unterschied, daß sie über weit mehr Wohlstand und Selbstbewußtsein verfügen.

Die Vereinigten Staaten bildeten ein starkes Gegengewicht zum Strudel der Assimilation und Entfremdung, in dem die Juden Europas lange Zeit unterzugehen drohten. Fast von Anfang an frei und gleichberechtigt, haben sie sich in den USA trotzdem ein intensives Gefühl jüdischer Eigenart und Zusammengehörigkeit bewahrt, während sie zugleich ein nicht wegzudenkender Bestandteil des Landes sind, das sie mit Fug und Recht das ihre nennen dürfen. Es gibt kaum einen Aspekt dortigen Lebens, zu dem sie nicht einen Beitrag geleistet hätten, und sie sind andererseits maßgeblich von Amerika geprägt worden.

»Die Mehrheit unseres Volkes setzt sich zusammen aus Minderheitsgruppen – religiösen Minderheiten oder rassischen Minderheiten. Diese Mannigfaltigkeit ist die Stärke und der Reichtum der Nation. Amerika ist nicht so sehr ein Schmelztiegel als vielmehr ein Orchester.« Diese rosige Einschätzung, von einem bedeutenden jüdischen Politiker bei einer Bürgerrechtsversammlung 1954 vorgetragen, birgt den Schlüssel zum Erfolg der Juden in den USA. Minoritäten besitzen hier das Recht und die Freiheit, sie selbst zu sein, ohne des Separatismus oder der Subversion verdächtigt zu werden; so ist es nicht verwunderlich, daß die Vereinigten Staaten schon seit langem das am meisten bevorzugte Einwanderungsland sind und daß sich hier die bei weitem größte jüdische Gemeinde der Welt befindet.

Über den genauen Bevölkerungsanteil liegen keine verläßlichen Zahlen vor. Im Jahre 1980 schwankten die Schätzungen zwischen fünfeinhalb und sechs Millionen. Im einzelnen stützen sie sich weitgehend auf Vermutungen und bedürfen möglicherweise erheblicher Korrekturen, doch lebt augenscheinlich ein Drittel davon (rund zwei Millionen) im Großraum New York und eine weitere halbe Million im Großraum Los Angeles. Insgesamt ist weit über die Hälfte in den Nordoststaaten ansässig, die kaum mehr als 20 Prozent der amerikanischen Gesamteinwohnerschaft aufweisen; doch geht der jüdische Anteil in dieser Region zurück, während er im Süden und Westen ansteigt. Die Juden machen in den gesamten USA ungefähr 2,6 Prozent aus, doch ist die Quote in einzelnen Bundesstaaten sehr viel höher – sie beträgt rund sechs Prozent in New Jersey und dem District Columbia und über zwölf Prozent im Staat New York. In New York City wird sie auf 16 Prozent veranschlagt, in Manhattan sogar auf 20. Die USA sind bis heute ein wichtiges Einwanderungsgebiet der Juden geblieben: In den letzten Jahren kam die Mehrheit von ihnen aus Israel, der Sowjetunion und dem Iran. Doch sind die meisten gegenwärtig im Land selbst geboren. Der Zuzug gleicht bis zu einem gewissen Grad die niedrige Geburtenrate aus, die gerade oder kaum hinreicht, die statistischen Verluste wettzuma-

chen. Inzwischen versucht man dem deutlichen Trend zu Mischehen dadurch zu begegnen, daß man nichtjüdische Ehepartner zum Judaismus bekehrt und die Kinder solcher Verbindungen jüdisch erzieht.

Das erste feste Synagogengebäude Amerikas wurde 1730 in New York errichtet, doch gehen die Anfänge der Siedlung auf die »Jüdische Mayflower« zurück, ein Schiff namens *Saint Charles,* das 1654 mit 23 Juden an Bord, die vor der Rückeroberung Brasiliens durch die Portugiesen geflohen waren, im Hafen von Neu-Amsterdam anlegte. Zur Zeit der amerikanischen Revolution (1725–1783) gab es im ganzen Land zwischen 1500 und 3000 Juden meist sephardischer Abkunft; sie waren sozial gut integriert und erfreuten sich eines bescheidenen Wohlstands. Sie besaßen bereits die Bürgerrechte, und die Trennung von Kirche und Staat in der revolutionären Verfassung beseitigte die Testakten, die Nichtchristen den Zugang zu öffentlichen Ämtern verwehrten. Im Laufe des 19. Jahrhunderts fanden sich verschiedentlich Juden im Kongreß, im Justizwesen und im diplomatischen Dienst.

Zwischen 1840 und 1880 nahm die jüdische Bevölkerung beträchtlich zu und wuchs von schätzungsweise 15000 auf über 250000. Die Neuankömmlinge wurden »Germans« (Deutsche) genannt, obwohl sie aus verschiedenen Teilen Mitteleuropas stammten. Sie profitierten von der schnell expandierenden Wirtschaft, und so wurden aus bescheidenen Anfängen viele große Vermögen geschaffen. Es war auch eine Zeit der geographischen Ausdehnung: Während frühere Siedlungen sich an der Ostküste konzentriert hatten, entstanden nun auch jüdische Gemeinden in Chicago und Cincinnati, Saint Louis und San Francisco.

Die eigentliche jüdische Masseneinwanderung begann in den 80er Jahren des 19. Jahrhunderts. Um 1900 hatte sich ihre Zahl auf eine Million vervierfacht, 1910 wurde sie auf über zwei Millionen geschätzt, 1914 auf fast drei Millionen, Mitte der 20er Jahre auf vier Millionen. Die Zuzügler kamen jetzt hauptsächlich aus Osteuropa. Sie waren in der Regel sehr arm und trafen zu einer Zeit ein, da die einstigen guten Möglichkeiten für Handel und Kleingewerbe in den aufstrebenden Regionen erschöpft waren und der Nachfrage nach industriellen Arbeitskräften in den rasch wachsenden Städten Platz machten. Sie ließen sich vorzugsweise in New York und einigen anderen Zentren wie Philadelphia, Chicago und Boston nieder und fanden vor allem in der Bekleidungs- und der Tabakindustrie Beschäftigung, in einem gewissen Umfang auch im Baugewerbe und im Einzelhandel. Trotz niedriger Löhne, häufiger Erwerbslosigkeit und Krankheit strampelten sie sich allmählich durch harte Arbeit und Selbsthilfe nach oben. Sie verließen die übervölkerten Ghettos und zogen in gesündere Wohnviertel, machten eifrig Gebrauch von den Fortbildungsmöglichkeiten und schafften nach und nach den Aufstieg in die Angestelltenverhältnisse und die freien Berufe. Von allen Immigrantengruppen hatten sie die spektakulärsten Erfolge.

Eine Welle des Fremdenhasses und des Rassismus, die in Amerika nach dem Ersten Weltkrieg hochkam, brachte antisemitische Propaganda, Einwanderungsbeschränkungen und den *numerus clausus* für Juden an den renommierteren Universitäten. Die Auswirkungen dieser Tendenzen waren allerdings nicht entfernt so schwerwiegend wie zur gleichen Zeit in Europa; die einzige wirklich schlimme Folge war, daß eine große Zahl von Juden, die verzweifelt versuchten, dem europäischen Antisemitismus zu entkommen, nicht einreisen durften. Unterdessen hatten sich die »Germans« etabliert; man fand sie im Kongreß, in den Parlamenten einzelner Bundesstaaten und in den Stadtverwaltungen, und während der Präsidentschaft von Franklin Delano Roosevelt (1933–1945) hatten einige von ihnen sogar einflußreiche Posten in der Bundesregierung inne. Gleichzeitig paßten sich die osteuropäischen Einwanderer und ihre Nachkommen vermehrt der herrschenden Kultur an und verbesserten weiter ihre wirtschaftliche und soziale Lage.

Heute sind die Juden gut in die amerikanische Gesellschaft integriert, sind sich aber zugleich in hohem Maße ihrer Identität bewußt und pflegen ein blühendes jüdisches Gemeindeleben. Sie sehen hierin keinen Widerspruch, da andere Minderheiten die gleiche doppelsträngige Politik verfolgen. Begünstigt wird dies durch die Trennung von Kirche und Staat sowie die völlige Glaubensfreiheit. 1980 wurde erstmals Besorgnis darüber laut, daß zunehmend religiöse Fragen in die Politik hineingetragen würden und sich vor allem eine »Christliche Neue Rechte« in Szene setzte. Auch verzeichnete man eine beunruhigende Zunahme antisemitischer Zwischenfälle, und zwar in einem Umfang, wie man ihn seit Jahrzehnten nicht mehr erlebt hatte (mehr als 500 Gewaltakte gegen Personen und Sachen wurden gemeldet). Zwar wäre es unangemessen, diese Übergriffe einer extremistischen Randgruppe zu dramatisieren (bei einer Umfrage des Meinungsforschungsinstitutes Gallup bekannten sich 1981 40 Prozent der Befragten zu einer »besonders günstigen« Meinung von den Juden und nur zwei Prozent zu einer »besonders ungünstigen«), doch deuten sie immerhin auf anhaltende und möglicherweise zunehmende Intoleranz. Das Verhältnis von Staat und Religion bleibt ein heikles Thema, betrifft es doch Fragen wie die öffentliche Unterstützung für konfessionelle Schulen oder den Religionsunterricht und das Beten in staatlichen Schulen. 1983 entschied der New York State Court of Appeal mit knapper Mehrheit, daß die Einhaltung jüdischer Ehekontrakte von staatlichen Gerichten erzwungen werden könne; einer der Richter gab aber im Minderheitsvotum zu bedenken, daß diese Entscheidung einen verfassungswidrigen Eingriff in jüdische Glaubensangelegenheiten darstelle, was verrät, wie vielschichtig diese ganze Materie ist.

*Seite 144/45:* Sukkot-Feier in einer chassidischen Synagoge in New York. Die Chassidim sind ein gutes Beispiel für den verbissenen Überlebenskampf einer Einwanderergruppe über etliche Generationen hinweg.

Die ersten jüdischen Siedler in den Vereinigten Staaten waren zahlenmäßig gering und konzentrierten sich, wie die Bevölkerung allgemein, an der Atlantikküste. Ein massiver Zuzug, vor allem aus Mitteleuropa, in der Zeit zwischen 1820 und 1880, traf mit einer raschen Expansion nach Westen und den Anfängen der Industrialisierung zusammen. Jetzt verbreiteten sich die Juden über den ganzen amerikanischen Kontinent, meistens als kleine Gewerbetreibende oder Handwerker.
Es steckt ein Körnchen Wahrheit in dieser Karikatur eines »koscheren Präriewagens« *(ganz oben links)*: Es gab jüdische Pioniere, jüdische Cowboys, ja sogar ein paar zum Judaismus übergetretene Indianer.
*Oben:* Otto Mears (1841–1931) war Stallknecht und Soldat, bevor er sich in Colorado niederließ und ein berühmter Eisenbahnbauer wurde.
In der Pionierzeit wählten nur wenige Juden das flache Land; nach Beginn der großen Migration aus Osteuropa entstanden jedoch einige jüdische Farmkolonien, wie diese in New Jersey *(oben links).*

*Rechts:* Die meisten Juden hielten es während der amerikanischen Revolution mit der patriotischen Seite. Chaijm Salomon, ein polnischer Einwanderer, betätigte sich mit Erfolg als Spendenbeschaffer für die Revolutionsregierung. Dieses Denkmal in Chigaco zeigt ihn zusammen mit Robert Morris, dem Gründer der Bank of North America.

*Unten:* Dieses zweisprachige Namensschild (auf Englisch und Jiddisch) des United Jewish Council in der New Yorker East Side ist eine nostalgische Erinnerung an die Immigrationsbewegung aus Osteuropa.

*Ganz unten:* Jüdische Armeeangehörige feiern während des Vietnamkriegs *Jom Kippur.*

*Ganz unten rechts:* In den Vereinigten Staaten ist der Antisemitismus niemals weit verbreitet gewesen oder offiziell sanktioniert worden, wie in Europa und in manchen lateinamerikanischen Ländern, doch ist er auch hier vorhanden. Diese Mitglieder der American Nazi Party stehen vor ihrem Hauptquartier Wache, nachdem es von der Jewish Defense League überfallen worden war. Der Vorfall ereignete sich 1972.

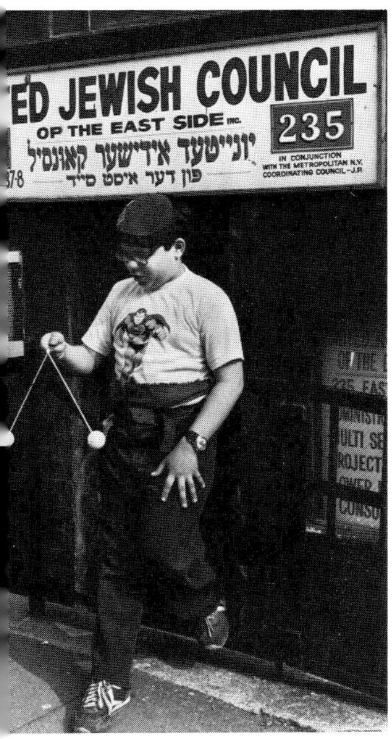

**Gemeindeorganisationen**

Kennzeichnend für das amerikanische Judentum ist seine aus der unterschiedlichen Herkunft der Einwanderergruppen entspringende Mannigfaltigkeit. Sie hat immer wieder die Bildung einheitlicher Gemeindeinstitutionen auf lokaler und nationaler Ebene verhindert. 1859 wurde, nach dem Vorbild des British Board of Deputies, ein Board of Delegates of American Israelites eingerichtet. Dieses Gremium bestand 20 Jahre, bevor es in der Union of American Hebrew Congregations aufging, die allerdings ebenfalls ihr Ziel verfehlte, für die gesamte amerikanische Judenschaft zu sprechen. 1909 schuf man ein Repräsentativorgan der New Yorker Juden, die New York Kehilla, nachdem der Polizeipräsident der Stadt die schokkierende Mitteilung gemacht hatte, daß die Hälfte der New Yorker Kriminellen Juden seien. Die Kehilla faßte mehr als 200 verschiedene Organisationen zusammen und bewirkte in kurzer Zeit manches Gute, schlief aber nach 13 Jahren wieder ein.

Von den Organisationen, die in breiteren Kreisen Unterstützung fanden, ist das American Jewish Committee (AJC) lange die wirksamste gewesen. Es wurde 1906 von der Elite der amerikanischen Juden (in der Regel »Germans«) ins Leben gerufen, von Persönlichkeiten wie dem Bankier Jacob Schiff, Oscar Straus (einer der Gründer des Kaufhauses Macy's und späterer amerikanischer Botschafter in der Türkei), dem Juristen Louis Marshall und dem Gelehrten Cyrus Adler. Dies waren Männer mit einer festverankerten Stellung in der amerikanischen Gesellschaft, denen das Wohl der Juden daheim und im Ausland besonders am Herzen lag. Dabei dachten sie nicht nur an soziale und politische, sondern auch an kulturelle und religiöse Belange. Auf ihre Initiative war bereits die Schaffung der Jewish Publication Society of America (1888) und der American Jewish Historical Society (1892) zurückgegangen sowie die Wiedergeburt des Jewish Theological Seminary of America im Jahre 1902; wiederholt waren sie auch bei Theodore Roosevelt, Präsident von 1901 bis 1909, im Zusammenhang mit den Judenverfolgungen in Osteuropa vorstellig geworden und hatten ungeheure Anstrengungen unternommen, Gelder für die Opfer dieser Pogrome zu beschaffen. Das AJC war eher elitär als demokratisch aufgebaut; es setzte auf maßvolles Vorgehen und »Geheimdiplomatie«. In seiner verdienstvollen Geschichte wirkte es oft an Kampagnen gegen Diskriminierung und Rassenvorurteil mit und bekam dabei den Widerstand anderer jüdischer Gruppen zu spüren, besonders solcher ausgesprochen sozialistischer oder zionistischer Couleur.

Mit größerer Lautstärke und Parteilichkeit agierte der American Jewish Congress, eine Organisation mit entschieden zionistischer Ausrichtung. Doch haben die Zionisten auch spezielle eigene Organisationen, namentlich die Zionist Organization of America (gegründet 1897) und die Zionistenorganisation der Frauen, Hadassa (gegründet 1912). Es gibt noch eine Fülle weiterer Verbände, die unterschiedliche Interessen und Ziele vertreten. Die einzige jüdische Organisation, die in den USA über eine Massenmitgliedschaft verfügt und sich in einem wirklich internationalen Rahmen engagiert hat, ist die B'nei B'rith (»Söhne des Bundes«). Die Gesellschaft entstand 1843 als Bruderschaft nach Art der Freimaurer, steht heute aber auf einer breiteren Basis und beschäftigt sich insbesondere mit dem Kampf gegen den Antisemitismus, Fragen der Jugendarbeit und der Studentenberatung.

Die organisatorische Vielfalt hat sich in der Praxis gut

Mannigfaltigkeit und Vitalität des amerikanischen Judentums suchen ihresgleichen. Es bestehen drei Hauptrichtungen: die orthodoxe, die konservative und die reformierte. Jede von ihnen hat ihre eigene Theologie, ihr eigenes Ethos und ihre eigene Organisationsstruktur. Es gibt jedoch auch viele unterschiedliche Minderheitsströmungen, die verschiedenen Bedürfnissen entgegenkommen, sei es dem Bedürfnis einer Einwanderergruppe, die eigenen Traditionen hochzuhalten, oder dem Wunsch der nachgeborenen Generation, sich von den überkommenen Werten zu lösen. Ein Beispiel für letztere Tendenz ist der *Reconstructionism,* der die Religion zwar als ein wesentliches, nicht aber als das allein maßgebende Element für die »jüdische Zivilisation« ansieht. Weiter sind die wie Pilze aus dem Boden schießenden *chavuot* zu nennen, kleine Gruppen, die in der Spontaneität enger persönlicher Beziehungen eine authentische religiöse Erfahrung suchen. Spontaneität spricht auch aus der Andacht dieser schwarzen Juden *(oben).* Ihre Jom-Kippur-Feier verrät eine hingerissene Begeisterung, die an die frühen Chassidim erinnert und in krassem Gegensatz steht zu der kühlen und etwas theatralischen Aura des Reform-Tempels in Seattle *(rechts).*

*Unten:* Die Touro-Synagoge in Newport (Rhode Island), heute eine nationale historische Stätte, erinnert an die sephardischen Siedler der Kolonialzeit. Sie wurde 1763 von Isaac Touro gestiftet, einem Einwanderer von den Westindischen Inseln. Formell war sie ein Ableger der ältesten Gemeinde Nordamerikas, der New Yorker Shearith Israel.

*Ganz unten:* Die Yeshivah University ist ein markantes Beispiel für die Entwicklung der amerikanischen Orthodoxie. 1886 als *jeschiva* nach osteuropäischem Vorbild gegründet, hat sie ihr Lehrangebot ständig erweitert und bietet heute ein Studienprogramm, das von der Rabbinerausbildung bis zur Medizin reicht.

bewährt. Trotz gewisser programmatischer Unterschiede besteht bei entscheidenden Fragen die Bereitschaft, die vorhandenen Kräfte zusammenzuschließen. Ein sichtbares Zeichen dieser Zusammenarbeit ist der United Jewish Appeal (gegründet 1939), der die beträchtlichen Summen, die bei den jährlichen Sammlungen anfallen, unterstützenswerten Projekten zuleitet. Nutznießer ist in erster Linie Israel, das schon enorme Geldmittel erhalten hat, die vor allem der Integration von Einwanderern zugute kommen sollten; doch werden auch humanitäre Projekte in einer großen Zahl anderer Länder gefördert. Zwei weitere wichtige Organisationen seien noch erwähnt, welche die Tradition amerikanischer Juden fortführen, den vom Glück weniger Begünstigten praktische Hilfe zu leisten: die Hebrew Immigration Aid Society (HIAS, gegründet 1880) und das American Jewish Joint Distribution Committee (JDC), das 1914 eingerichtet worden war. HIAS ist ein Ein- und Auswanderungsbüro mit Zweigstellen in aller Welt, das unschätzbare praktische Arbeit bei der Umsiedlung und gesellschaftlichen Wiedereingliederung von Flüchtlingen leistet, wobei seine Aktivitäten nicht auf Juden beschränkt sind.

1981 unterstützte HIAS mit rund zwölf Millionen Dollar (eingerechnet die staatlichen Zuschüsse der amerikanischen Regierung) nahezu 13000 Flüchtlinge; von ihnen

Diese erst kürzlich angekommenen Juden aus dem sowjetischen Zentralasien *(unten* und *rechts)* haben ihre eigene Gemeinde aufgebaut, in der sie an ihren unverwechselbaren Bräuchen festhalten. Nach Erfahrungen aus der Vergangenheit zu urteilen, können solche Gemeinschaften sehr dauerhaft sein, selbst im Schmelztiegel Amerika.

*Kleines Bild unten:* »Sie brauchen kein Jude zu sein, um . . .«: Nirgendwo anders als in New York hätte eine solche Werbekampagne gestartet werden können.

waren über die Hälfte sowjetische Juden, aber 4000 waren nichtjüdische Emigranten, vor allem aus Indochina. Das JDC widmet sich vorrangig der Linderung jüdischer Not im Ausland – in Israel, Nordafrika, Osteuropa und anderswo –, doch ist es auch in anderen humanitären Bereichen tätig; 1982 organisierte es beispielsweise Hilfsleistungen für die Opfer der Kämpfe im Libanon.

### Religiöse Strömungen

Der Judaismus in Amerika ist ebenso dynamisch und vielfältig wie die dortige Judenschaft selbst. Er hat eine eigene Entwicklung genommen, die mit der jüdischen Erfahrung im Land zusammenhing, d. h. mit den zahlreichen Wellen von Einwanderern mit sehr unterschiedlichem soziokulturellen Hintergrund, die sich an eine freie und offene Gesellschaft zu akklimatisieren suchten.

Die wenigen Gemeinden der Kolonialzeit waren sephardisch und traditionalistisch und blickten für ihre religiöse Leitung nach London. Mit den »deutschen« Einwanderungen des 19. Jahrhunderts trafen aschkenasische Führer ein, die in der modernistischen Richtung bewandert waren: Orthodoxe wie Isaac Leeser aus Philadelphia, der maßgeblichen Anteil am Aufbau des ersten amerikanischen Rabbinerseminars, des Maimonides College, hatte, oder Reformjuden wie Isaac Mayer Wise, der Gründer des Hebrew Union College in Cincinnati, das länger bestand. Die große Masse der Neuankömmlinge war unbelastet von dogmatischen Streitigkeiten; von unternehmungslustiger, aber kompromißbereiter Geistesart, führten sie schnell die religiösen Reformen ein, um die in Deutschland so erbittert gerungen wurde. Um 1880 gab es über 200 Gemeinden, und bis auf eine Handvoll waren alle reformiert.

Der ungeheure Zustrom, der dann folgte, kam in der Hauptsache aus den traditionalistischen Gemeinden Rußlands. Obwohl ein nicht geringer Prozentsatz dieser Menschen eine erklärte Abneigung gegen jedes Glaubensbekenntnis hatte, waren die meisten von ihnen an die überkommenen religiösen Einrichtungen des Ghettos gewöhnt. Unfähig, sich mit dem für sie fremdartigen Flair selbst der vorhandenen orthodoxen Synagogen anzufreunden, gründeten sie ihre eigenen, und zwar in unerhörtem Tempo. Die Zahl der Synagogen stieg zwischen 1880 und 1890 auf mehr als 500 an. Als sich die osteuropäischen Juden etablierten und ihre selbstgewählten Ghettos verließen, traten sie den amerikanischen Synagogen bei, bewahrten jedoch ihre Glaubensgrundsätze in Form einer neuartigen Orthodoxie, die in der Praxis manche Ähnlickeit mit dem konservativeren Flügel des älteren amerikanischen Judaismus aufwies. Unterdessen führten Einwanderer aus den ehemaligen osmanischen Ländern einen sephardischen Traditionalismus ein, der vom Ethos der bereits bestehenden sephardischen Synagogen in den USA wesentlich verschieden war, und so schufen auch sie sich in ihren Siedlungen ihre eigenen Synagogen. Später sorgten die Flüchtlinge vor dem Nationalsozialismus für

*Rechts:* Die Lubavitch-Chassidim haben ihr Hauptquartier in New York. Sie sind vor allem auf dem Bildungssektor tätig und unterhalten Schulen in der ganzen Welt.

Es gibt heute wenige Städte außer New York, die das Spektakel eines Straßenmarktes bieten, auf dem die »vier Arten« für das Laubhüttenfest *(Sukkot)* verkauft werden *(rechts außen)*. Ein anschaulicher Beweis für die Vitalität des jüdischen Lebens im »Neuen Babylon«.

*Unten:* Eine Weinkellerei, die Millionen Gallonen koscheren Weins für das Passahfest herstellt.

*Rechts:* Das Oberhaupt einer der in New York ansässigen chassidischen Gruppen, der Bobover Rebbe, mit seiner Schwiegertochter.

*Unten:* Die erste weibliche Rabbinerin, die am reformierten Hebrew Union College ordiniert wurde. Obwohl die Zulassung von Frauen zum Rabbinat von den Chassidim schon lange vorweggenommen worden ist, setzte sie sich nur zögernd durch. Doch stehen nach der positiven Entscheidung des konservativen Rabbinerseminars nun im Prinzip mehr als die Hälfte der amerikanischen Synagogen für Rabbiner beiderlei Geschlechts offen.

*Oben:* Diese chassidischen Kinder leben in Williamsburg. Die Stadt ist das Hauptzentrum der Chassidim in den USA, wenn nicht auf der ganzen Welt.

*Rechts:* Buchläden mit hebräischer Literatur und Geschäfte für religiöse Gegenstände in New York.

weitere Vielfalt. Zu ihnen zählten Anhänger der fortschrittlicheren Spielart des europäischen Liberalismus, aber auch chassidische Gemeinden mit tief verwurzelten Volkstraditionen, die gegen äußere Kultureinflüsse unerhört resistent waren. Nur die jüngsten Immigrantenwellen aus der Sowjetunion und Israel haben keine Bereicherung gebracht, da sie aus Gesellschaften stammten, in denen die Religion keine lebendige Kraft mehr ist.

Die Richtungen innerhalb des amerikanischen Judentums entziehen sich einer säuberlichen Klassifizierung, auch wenn ihre separaten Organisationen (Gemeindeverbände, Rabbinerversammlungen und Rabbinerseminare) oberflächlich den Eindruck von klaren Trennlinien vermitteln. Man unterscheidet zwar üblicherweise drei Hauptströmungen – die reformierte, die konservative und die orthodoxe –, aber jede dieser drei hat ihre eigenen Unterströmungen, und außerdem gibt es in puncto religiöses Brauchtum und Ideologie starke Überschneidungen. Sie alle nehmen auch Einflüsse von außen auf, beispielsweise vom Zionismus oder von Entwicklungen in der christlichen Theologie und im christlichen Kult.

Isaac Wise, der Hauptgründer des amerikanisch-jüdischen Reformismus, war ein experimentierfreudiger, pragmatischer Kopf, der jede extreme Veränderung ablehnte und harmonisch mit Vertretern der Orthodoxie zusammenarbeitete. Er sah seine Aufgabe nicht so sehr im Bruch mit der Tradition, um den Glauben an ein neues Zeitalter anzupassen, sondern wollte vielmehr einen Judaismus schaffen, der den Bedürfnissen aller amerikanischer Juden gerecht werden könnte. Wise gab ein revidiertes Gebetbuch heraus, das er bezeichnenderweise *Minhag America* (»Amerikanischer Ritus«) nannte, und er sah im Hebrew Union College und der Union of American Hebrew Congregations universelle Einrichtungen zum Nutzen der ganzen jüdischen Gemeinde. Mit den radikalen und doktrinären Reformern vom Schlage eines David Einhorn und anderer, deutschsprachiger Rabbiner der Ostküste hatte er nichts im Sinn.

Die Spaltung in der Reformbewegung wurde schließlich 1885 auf der Konferenz von Pittsburgh beigelegt, die eine klare Formulierung der reformierten Lehre brachte und zur Bildung der Central Conference of American Rabbis führte, der Wise bis zu seinem Tode im Jahr 1900 vorstand. Die Pittsburgher Konferenz förderte freilich zugleich die Zersplitterung in unterschiedliche religiöse Gruppierungen. Die orthodoxen Führer wie etwa Sabato

Morais, die zunächst das Hebrew Union College unterstützt hatten, riefen 1886 eine konservativere Lehranstalt für Rabbiner ins Leben, das Jewish Theological Seminary (Leesers Maimonides College hatte bereits 1873 seine Pforten geschlossen). Aber auch jetzt bedauerten noch manche Anhänger der Orthodoxie die Errichtung des neuen Seminars und meinten, man müsse den reformerischen Einfluß des Hebrew Union College von innen her bekämpfen.

Das Jewish Theological Seminary konnte sich als orthodoxe Lehranstalt nicht lange halten. 1902 wurde es mit neuer Aufgabenstellung umorganisiert: Künftig sollten hier englischsprachige Rabbiner konservativer Prägung für die Betreuung osteuropäischer Zuzügler ausgebildet werden. Diese Aufgabe wurde allerdings in erster Linie von Reformjuden wahrgenommen. Ihr Ziel war nicht die Verbreitung der reformierten Richtung unter den Einwanderern, bei denen sie eingestandermaßen auf wenig Gegenliebe stieß, sondern Hilfen bei der Eingliederung zu geben. Doch erwarteten sie, daß der amerikanische Traditionalismus des Seminars sich bei den Neuankömmlingen durchsetzen würde, während die schon länger im Land Ansässigen die reformierte Lehre beibehalten würden. Unter der Ägide seines charismatischen Präsidenten Solomon Schechter entwickelte sich das Seminar schon bald zu einem Zentrum des konservativen Judentums. 1913 richteten die Leiter und Absolventen des Seminars die United Synagogue of America ein, ein Name, der von den weitgespannten Zielen des Unternehmens zeugt und an den fehlgeschlagenen Versuch von Wise erinnert, eine zentrale »Hebrew Union« zu bilden. Der Vorschlag, das neue Gremium »Union of Conservative Congregations« zu nennen, wurde als zu sektiererisch abgelehnt.

Unterdessen hatte eine andere Initiative zur Lösung des Immigrantenproblems 1898 die Schaffung der Union of Orthodox Jewish Congregations bewirkt. Die meisten ihrer Gründer kamen aus dem Umkreis des Seminars, doch wurde die Union bald von den Einwanderern selbst übernommen, die mit ihrer konservativen Ausrichtung unzufrieden waren. Sie initiierten auch die *jeschivot,* aus denen später die amerikanischen orthodoxen Seminare erwachsen sollten, die New York Yeshivah (heute Yeshivah University) und das Hebrew Theological College in Chicago. Die dort ausgebildeten Rabbiner gehören hauptsächlich dem 1923 entstandenen Rabbinical Council of America an, der nicht zu verwechseln ist mit der eher traditionalistischen Union of Orthodox Rabbis of America and Canada *(Aggudas ho-Rabbonim)* von 1902, die auf die Initiative eingewanderter jiddischsprachiger Rabbiner zurückgeht. Das traditionelle osteuropäische Judentum in Amerika wurde durch die neuen Siedler der 30er und 40er Jahre erheblich gestärkt. Einer von ihnen, Rabbi Aaron Kotler, errichtete eine bemerkenswerte *jeschiva* alten Stils in Lakewood (New Jersey). Viele seiner Schüler haben ihre eigenen *jeschivot* geschaffen, während nur wenige Gemeinderabbiner geworden sind: Sie ziehen es vor, die talmudische Gelehrsamkeit um ihrer selbst willen zu pflegen. Dem allgemeinen Trend zum Zusammenschluß von Gemeinden folgend, wurde 1929 auch die Union of Sephardic Congregations ins Leben gerufen.

Die offenkundigen Verschiedenheiten im orthodox-traditionalistischen Spektrum sind nur *ein* Ausdruck der internen Gegensätze, die in allen Lagern zu beobachten sind. Hier dreht es sich in der Hauptsache um den noch erlaubten Grad der Amerikanisierung und Kooperation mit anderen religiösen Juden. (Die Union of Orthodox Jewish Congregations und der Rabbinical Council gehören, samt den entsprechenden konservativen und reformierten Gremien, dem Synagogue Council of America an; die *Aggudas ho-Rabbonim* arbeitet nur selten mit einer anderen Gruppe zusammen.) Der Stein des Anstoßes für die Reformer war nach dem Einigungskongreß von Pittsburgh lange Zeit der Zionismus. Die klassische reformistische Richtung war grundsätzlich antizionistisch, auch wenn sie viele Zionisten in ihren Reihen hatte. 1922 gründete Stephen Wise, eine der hervorragendsten und umstrittensten Persönlichkeiten in der Geschichte des amerikanischen Judentums und eine führende Gestalt im American Jewish Congress, das Jewish Institute of Religion, an dem reformierte (und auch konservative und orthodoxe) Rabbiner in einer zionistischen Atmosphäre ausgebildet werden sollten. Die meisten Absolventen dieses Instituts schlossen sich der Central Conference of American Rabbis an, die dem Zionismus allmählich geneigter wurde und 1942 eine Resolution verabschiedete, in der die Aufstellung einer jüdischen Armee in Palästina gebilligt wurde. Daraufhin sagten sich einige Dutzend Rabbiner los, welche »die zunehmende Betonung des rassischen und nationalistischen Aspekts« beklagten, und bildeten den antizionistischen American Council for Judaism. Nachdem der Staat Israel Wirklichkeit geworden war, erschien ein solcher Antizionismus jedoch in steigendem Maße als Anachronismus und Sturheit. Die Reformbewegung hat noch immer ihren radikalen und ihren konservativen Flügel, und in puncto der Trauung von Mischehen durch die Rabbiner oder der aktiven Werbung von Konvertiten außerhalb der Gemeinde wird der Konflikt offenkundig. Hinsichtlich des Rituals hat sich das Reformjudentum erkennbar einer traditionelleren Haltung zugewandt, und auch dieser Wandel ist nicht unumstritten geblieben.

Die Juden spielen heute im politischen Leben Amerikas eine ganz selbstverständliche Rolle, doch geben sie auch einem gewissen Eigeninteresse Ausdruck.
*Unten:* Ein Rabbiner und seine Frau als Delegierte zum Demokratischen Konvent von 1980.
*Rechts:* Solidarität mit Israel: eine Parade zum israelischen Unabhängigkeitstag in New York.

*Rechts:* Solidarität mit dem sowjetischen Judentum: eine nächtliche Mahnwache in Los Angeles.

Das konservative Lager war von Anfang an ein Bündnis zwischen liberalen Traditionalisten und traditionalistischen Liberalen, eine Zusammensetzung, die noch heute für Spannungen sorgt; besonders deutlich wurde dies in den 60er und 70er Jahren, als es um die Ordination von Frauen ging. Die konservative Richtung vertritt einen eminent praktischen Kompromiß in Fragen des Rituals und des religiösen Gesetzes, was auch der Grund für ihre Stärke und Popularität ist; doch in theologischer Hinsicht steht sie auf schwachen Füßen. Immerhin hat sie einer wesentlichen Neuerung den Weg bereitet, nämlich dem *Reconstructionism* Mordecai Kaplans, der vehement alle vorhandenen Ausdrucksformen des Judaismus verwirft und sich für einen Ansatz ausspricht, der die Vorstellung von einem persönlichen Gott und der göttlichen Auserwähltheit des Volkes Israel als Eckpfeiler des Glaubens aufgibt und das Judentum als eine Kulturform ansieht, in der die

organisierte Religion nur eines von vielen charakteristischen Elementen ist.

Kaplans Betonung der »organischen Gemeinschaft« anstelle der religiösen Gemeinde ist besser als jeder andere Ansatz geeignet, der Realität jüdischen Daseins in Amerika eine theoretische Grundlage zu verschaffen; in der Tat entsprechen die dortigen Gruppierungen aller Couleur tendenziell immer mehr dieser Beschreibung. Die Synagoge ist zum Gemeindezentrum geworden, zum Mittelpunkt von Aktivitäten unterschiedlichster Art, die keineswegs alle eindeutig religiöser Natur sind. Die Beachtung religiöser Bräuche als regelmäßiger Bestandteil des täglichen Lebens ist außerhalb des Rabbinats und der kleinen traditionalistischen Gemeinden selten, doch besteht eine verbreitete und starke Bindung an bestimmte Zeremonien (Beschneidung, *brit mila*, und *bar mizwa*, religiöse Eheschließung und religiöses Begräbnis) sowie an gewisse Feste (hohe Feiertage, Pessach, Chanukka), bei denen die jüdische Identität im Mittelpunkt steht. Es gibt Anzeichen dafür, daß gerade jüngere Menschen nach einem erfüllteren Umgang mit den althergebrachten Ritualen und nach neuen Arten der religiösen Selbstverwirklichung suchen, aber auch dieses Interesse scheint von dem Gefühl einer besonderen Identität herzurühren, verbunden mit dem weit verbreiteten Wunsch, verlorene Wurzeln wiederzuentdecken.

# Kanada

Es ist verlockend, Kanada mit den Vereinigten Staaten von Amerika zu vergleichen. Es bestehen gewisse oberflächliche Ähnlichkeiten in der jüdischen Erfahrung, besonders im Hinblick auf Einwanderungs- und Siedlungsmuster, und es gibt auch enge persönliche und institutionelle Kontakte zwischen der Judenschaft in beiden Ländern. Trotzdem dürfte ein solcher Vergleich irreführend sein. Die politische Geschichte Kanadas unterscheidet sich deutlich von derjenigen der USA, und das Verhältnis zwischen den vielen verschiedenen ethnischen Gruppen ist ein völlig anderes. Während amerikanische Juden sich in erster Linie als Amerikaner sehen, neigen ihre kanadischen Brüder dazu, sich vorrangig als Juden zu betrachten. Der Zionismus ist in Kanada viel stärker gewesen, Antizionismus war praktisch nicht vorhanden. Doch haben Juden auch hier auf allen Ebenen ihren Beitrag geleistet, namentlich aber auf dem Gebiet der Literatur.

Als sich 1867 die vier Provinzen Ontario, Quebec, Neubraunschweig und Neuschottland zum Dominion Kanada zusammenschlossen, zählte die jüdische Bevölkerung rund 1000 Köpfe. Die größte ihrer Gemeinden befand sich in Montreal; ihre früheste Synagoge konnte damals schon die Feier ihres 100jährigen Bestehens ins Auge fassen, ihre Anfänge gingen auf die Zeit der Eroberung durch die Engländer 1759 zurück. Viele der Juden in der Provinz Quebec waren britischer Herkunft, und trotz familiärer Verbindungen zu den 13 amerikanischen Kolonien hatten sie in der Krise der amerikanischen Revolution, des amerikanischen Einmarsches 1812 und des Aufstands von 1837 überwiegend loyal zu England gehalten. Man hatte ihnen schon 1832, lange vor entsprechenden Entwicklungen in Großbritannien, die uneingeschränkten Bürgerrechte gewährt. In Ontario verteilten sie sich auf eine ganze Reihe von Städten und waren zum größten Teil neuere Ankömmlinge vom europäischen Kontinent. Im fernen Westen lebten 100 Juden in der Kolonie Britisch-Kolumbien, die während des Goldrausches von 1858 aus Kalifornien, England und Australien eingetroffen waren. Ihre Synagoge in Victoria, errichtet 1863, ist heute die älteste im ganzen Land.

Wie in den USA, war es jedoch die osteuropäische Emigration seit 1881, die die Grundlage für die heutige große Gemeinde legte. Zwischen 1881 und 1891 stieg die jüdische Einwohnerschaft von 2400 auf 6400; 1921 waren es bereits über 126000 bei einer Gesamtpopulation von nahezu neun Millionen. Die meisten Einwanderer ließen sich in Montreal und Toronto nieder, wo sie sich mit Vorliebe in dichtbesiedelten freiwilligen Ghettos konzentrierten, doch zogen auch viele über die Prärien in die jungen Städte des Westens. Winnipeg wurde bald die drittgrößte ihrer Gemeinden in Kanada; 1921 hatte sie bereits 14500 Mitglieder. Unterdessen waren mit tatkräftiger Unterstützung der Jewish Colonization Association auch einige ländliche Niederlassungen in Manitoba, Saskatchewan und Alberta entstanden.

Die Volkszählung von 1931 ergab die Zahl von 156726 Juden, was einem Bevölkerungsanteil von eineinhalb Prozent entsprach (eine Quote, die seither praktisch konstant geblieben ist). Offenkundige Besonderheiten traten bei der Siedlungsweise auf. Die Juden wohnten, in krassem Gegensatz zur allgemeinen Tendenz, fast ausschließlich in Städten, und mehr als die Hälfte von ihnen ballte sich in Montreal und Toronto. In den Provinzen Ontario und Quebec lebten zusammen fast 80 Prozent der Juden, aber nur 60 Prozent aller Kanadier; in Manitoba betrug dieses

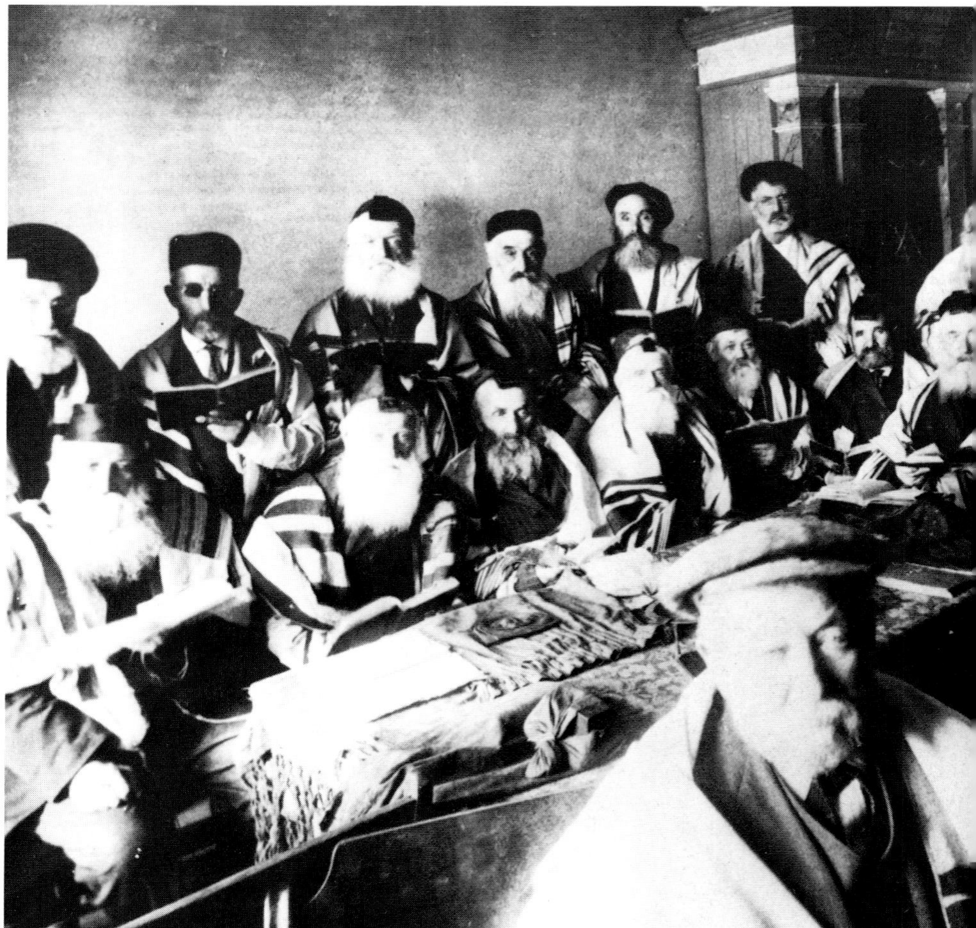

*Links:* Die Ansiedlung von Juden in landwirtschaftlichen Projekten begann in den frühen 90er Jahren des 19. Jahrhunderts und ging auf die Initiative des Baron de Hirsch Fund und der Jewish Colonization Association zurück. Um 1930 hatten jüdische Farmer in Westkanada ca. 100000 Morgen in Bearbeitung.

Der Holy Blossom Temple in Toronto *(unten)* entstand in den 1840er Jahren. Damals gab es hier nur eine Handvoll Juden, während die Stadt heute eine blühende Gemeinde von über 100 000 Mitgliedern mit zehn jüdischen Schulen aufweist, darunter die Associated Hebrew Schools, in deren Räumen diese *Chanukka*-Feier abgehalten wird *(links)*.

In Winnipeg ließen sich die ersten Juden 1882 während der großen Einwanderung aus Osteuropa nieder. 1900 hatte die dortige Gemeinde ihre Position als drittstärkste ganz Kanadas gefestigt.
*Ganz oben:* Ein Spruchband in jiddischer und englischer Sprache bei der Parade zum 1. Mai 1932.
*Oben:* Ein Gottesdienst im jüdischen Altersheim von Winnipeg, um 1922.

Verhältnis zwölf zu sieben Prozent. Der Immigrantencharakter der jüdischen Einwohnerschaft war ebenfalls unverkennbar. Obgleich mittlerweile 44 Prozent von ihnen in Kanada geboren waren, stammten noch 47 Prozent aus Osteuropa, und 95 Prozent (vielerorts sogar über 99 Prozent) gaben Jiddisch als Muttersprache an, wenn auch nur drei Prozent behaupteten, kein Englisch zu verstehen. Bis 1941 hatte sich das Bild erheblich gewandelt. Jetzt machte der Anteil der im Land Geborenen 51 Prozent aus, und nur 77 Prozent bezeichneten Jiddisch noch als ihre Muttersprache, wobei der Satz an manchen Orten sogar auf lediglich 55 Prozent oder weniger gesunken war.

Die 30er Jahre waren eine Zeit der Einwanderungsbeschränkungen (per annum durften weniger als 1000 Juden einreisen, in manchen Jahren überwogen sogar die Auswanderer), und zum ersten Male erhob sich auch ein lautstarker Antisemitismus. Beide Tendenzen wurden vom Repräsentativorgan der Juden, dem Canadian Jewish Congress, aktiv bekämpft. Doch abgesehen von rund 2000 internierten »feindlichen Ausländern« aus Deutschland und Österreich, die zu Beginn des Krieges aufgenommen und später freigelassen wurden (zu ihnen gehörten einige ausgezeichnete Gelehrte, Rabbiner und Künstler), blieb der jüdische Zuzug bis 1947 streng begrenzt. Dann erklärte sich Kanada zur Aufnahme einer gewissen Zahl von »displaced persons« bereit, darunter über tausend Kriegswaisen, und eine Gruppe von Schneidern und Kürschnern, letztere nach besonderen Vereinbarungen mit der Bekleidungsindustrie. In den 50ern setzte sich die Immigrationsbewegung in größerem Umfang fort. Unter den ungarischen Flüchtlingen, die 1956 eintrafen, waren auch mehrere tausend Juden, ferner kamen französischsprachige Juden aus Nordafrika ins Land. In jüngster Zeit hat Kanada, wie auch die USA (wenngleich in geringerem Maße), Aussiedlern aus der Sowjetunion und aus Israel eine zweite Heimat gegeben. Alle Neuankömmlinge haben sich gut eingelebt und die vorhandenen Möglichkeiten wahrgenommen. Die einzige ernsthafte Quelle der Besorgnis ist die frankophile Separatistenbewegung in Quebec gewesen. Man hört von einem bemerkenswerten Weggang junger Juden aus der Provinz, und auch die Absage an den Separatismus bei dem Referendum von 1980 hat nicht alle Befürchtungen zerstreuen können.

Die jüdische Religion in Kanada entspricht insofern mehr dem britischen als dem amerikanischen Modell, als die überwiegende Mehrheit der Synagogen orthodox und nur sehr wenige konservativ oder reformiert sind (darunter die meisten der vor den osteuropäischen Einwanderern geschaffenen). Aber während früher die kanadischen Synagogen in bezug auf geistliche Führung eher nach England blickten, bestehen die engsten Kontakte heute zu den USA. Die Synagogenverbände und Organe der Rabbiner folgen dem amerikanischen Muster und sind in der Regel ihrem dortigen Pendant angegliedert.

Wie in England, aber anders als in den Vereinigten Staaten, gibt es ein einziges Repräsentativorgan, den Canadian Jewish Congress (gegründet 1919). Er kümmert sich um das Wohlergehen der Gemeinde und sorgt dafür, daß die Judenschaft mit einer Stimme spricht. Die verschiedenen zionistischen Organisationen arbeiten harmonisch zusammen und sind in der Canadian Zionist Federation zusammengeschlossen. Wie in den USA, wird die Sammlung von Geldmitteln durch einen United Jewish Appeal organisiert, dessen Bemühungen vor allem Israel zugute kommen, der aber auch lokale Hilfswerke unterstützt.

Eine besondere Eigentümlichkeit der kanadischen Juden ist der große Wert, den sie auf ihr eigenes Bildungswesen legen. Sämtliche Gemeinden von nennenswerter Größe haben zumindest eine jüdische Tagesschule, die bei der Anwerbung von Schülern sehr erfolgreich sind. Die Associated Hebrew Schools in Toronto (deren Ursprünge auf den Anfang unseres Jahrhunderts zurückgehen) sind eine der größten jüdischen Ausbildungseinrichtungen auf der ganzen Welt mit nahezu 3000 Schülern im Jahr 1982.

# LATEINAMERIKA

Jeder Staat Lateinamerikas hat seine eigene Geschichte und seinen eigenen Charakter, doch alle tragen die Spuren der langen europäischen Kolonialzeit, von der Ankunft der Spanier und Portugiesen Anfang des 16. bis zu den Unabhängigkeitskriegen zu Beginn des 19. Jahrhunderts. Nach der Unabhängigkeit öffneten sich diese Länder für Einwanderung und erlebten einen wirtschaftlichen Aufstieg, der wesentliche Veränderungen der Gesellschaftsstruktur nach sich zog, namentlich das Wachstum der Städte sowie das Entstehen einer neuen einflußreichen Schicht aus Kaufleuten und Industriellen. Diese modernen Entwicklungen waren es, die das Bild der jüdischen Gemeinden in der lateinamerikanischen Region geprägt haben.

Die ersten Juden aus Europa kamen 1492, dem Jahr ihrer Vertreibung aus Spanien, mit Christoph Kolumbus nach Westindien. In der Periode der spanischen und portugiesischen Herrschaft war der Judaismus in den amerikanischen Kolonien offiziell verboten, und die meiste Zeit war es sogar Nachfahren von Juden untersagt, diese zu betreten. Immerhin wanderten einige Marranen ein, die ihren Glauben geheimhielten. Sie leisteten einen beträchtlichen Beitrag zum wirtschaftlichen Aufbau, auch haben sie möglicherweise ihre religiösen Überzeugungen bei den Eingeborenen verbreitet, von denen einige sich heute als Juden bekennen. Doch hatte die katholische Inquisition ein wachsames Auge auf solche Versuche, und zahlreiche angebliche Konvertitenmacher wurden festgenommen und vor Gericht gestellt.

So konnte nur in den kleinen englischen, holländischen und französischen Besitzungen die jüdische Religion offen praktiziert werden. Zwischen 1631 und 1654 gab es eine blühende Gemeinde in Recife, der Hauptstadt von Niederländisch-Brasilien; sie bestand aus Marranen, die zum Judaismus zurückgekehrt waren, sowie aus Neusiedlern aus Holland. Nach der portugiesischen Wiedereroberung des Gebiets verteilten sich diese Sephardim auf verschiedene Orte und legten damit die Grundlage für die jüdischen Gemeinden von Surinam, Curaçao, Barbados, Jamaica und sogar New York.

Nach Erlangung der Unabhängigkeit wurde in den lateinamerikanischen Ländern die Inquisition abgeschafft und die Glaubensfreiheit schrittweise eingeführt, doch hat der römische Katholizismus bis heute seine führende Stellung behauptet. Eine spezielle Judenemanzipation fand nicht statt (dazu war ihre Zahl zu gering), doch profitierten sie von den Gesetzen, die im Hinblick auf protestantische Minderheiten erlassen worden waren.

Die Juden reagierten nur langsam auf die Möglichkeiten, die ihnen die unabhängigen lateinamerikanischen Republiken boten, und so dauerte es bis Ende des 19. Jahrhunderts, bevor große Einwandererwellen eintrafen; immerhin hatte Mexiko schon unter Kaiser Maximilian (1864–1867) einige österreichische und andere westeuropäische Siedler aufgenommen. Zwischen 1880 und 1914 kamen 130000 Juden an, von denen sich der Löwenanteil in Argentinien niederließ. Ungefähr 20 Prozent waren Sephardim aus Nordafrika, dem Balkan und dem Osmanischen Reich; die übrigen waren Aschkenasim aus Mittel- und Osteuropa. Die meisten von ihnen zog es in die größeren Städte, doch gab es auch eine gewisse Verteilung auf ländliche Gebiete, besonders in Argentinien (und in einem geringeren Umfang in Brasilien), wo agrarische Kolonien mit Hilfe der Jewish Colonization Association entstanden. Diese unerschlossenen Regionen boten Personen mit Erfahrungen im Handel und Gewerbe ausgezeichnete Chancen, und die allmähliche Industrialisierung eröffnete weitere günstige Aussichten, so daß viele, die als kleine Hausierer oder Tagelöhner angefangen hatten, bald ihren sozialen und wirtschaftlichen Status verbessern konnten.

Nach dem Ersten Weltkrieg ging die Immigration mit durchschnittlich rund 10000 Neuankömmlingen pro Jahr weiter, bis 1940 der jüdische Zuzug streng begrenzt wurde. Die Mehrheit bevorzugte weiterhin Argentinien und Brasilien, doch nahm nun auch Uruguay eine große Zahl von ihnen auf: Es gehört heute zu den wenigen Staaten der Erde, in denen sie mehr als ein Prozent der Gesamteinwohnerschaft ausmachen. Die für Juden besonders attraktiven Länder waren in der Regel jene, die eine große europäische und städtische Bevölkerung und eine entwickeltere Wirtschaft besaßen. Seit dem Zweiten Weltkrieg ist die Immigration stark rückläufig; dafür hat die Binnenwanderung von einem Land ins andere sowie der Weggang in die USA und nach Israel wesentlich zugenommen. Die Juden gehören heute in der Regel zur relativ kleinen Mittelschicht. Sie sind vor allem im Handel und im verarbeitenden Gewerbe zu finden, viele haben sich auch den freien Berufen zugewandt; hingegen konnten sich nur sehr wenige einen Namen in der Politik machen. In mehreren lateinamerikanischen Staaten haben nationalistische Tendenzen, verbunden mit wirtschaftlichen Mißständen und religiösen Vorurteilen, Feindschaft gegen die jüdische Minderheit erzeugt, und auch der Antisemitismus, geschürt durch geflüchtete Nazis aus Europa und neuerdings durch Araber, hat sich in Veröffentlichungen, gelegentlich auch in der Gesetzgebung oder in Gewaltakten bemerkbar gemacht. Insgesamt werden jedoch die jüdischen Gemeinden gut toleriert, auch in Zeiten nationalen Aufruhrs.

Jede der verschiedenen einheimischen und zugezogenen Gruppen in Lateinamerika hat dazu tendiert, ein starkes Gefühl für die eigene Identität zu bewahren, und die Juden bilden hierin keine Ausnahme. In der Tat haben die unterschiedlichen jüdischen Einwanderergruppen jeweils ihre eigenen Einrichtungen entwickelt, die sich den Versuchen zur Bildung von Gesamtverbänden zu widersetzen pflegten. Die frühen Zusammenschlüsse waren in erster Linie religiöser Art und um die jeweiligen Synagogen zentriert, die einen gesellschaftlichen Mittelpunkt darstellten. Die religiösen Organisationen spiegeln noch heute Unterschiede nicht nur zwischen Aschkenasim und Sephardim wider, sondern auch zwischen spanisch- und arabischsprachigen Sephardim oder zwischen jiddisch- und deutschsprachigen Aschkenasim. Das gleiche gilt für Siedler aus bestimmten Gegenden oder Städten Europas und des Mittleren Ostens. Seit den 50er Jahren hat die amerikanische konservative Bewegung in vielen Ländern Synagogen geschaffen, und neuerdings ist auch ein gewisser Anstieg des Reformjudentums zu verzeichnen. Neben religiösen Verbänden sind verschiedene weltliche Organisationen entstanden, angefangen mit solchen ideologischer Art (vorwiegend bundistischer, zionistischer oder kommunistischer Prägung), die von osteuropäischen

David Elnecavé (geb. 1882), arg. Verleger

Jacobo Timerman (geb. 1923), arg. Zeitungsherausgeber

León Dujovne (geb. 1899), arg. Philosoph

| | 1930 Annähernde jüd. Bev. | 1930 Juden auf 1000 Einw. | 1980 Annähernde jüd. Bev. | 1980 Juden auf 1000 Einw. |
|---|---|---|---|---|
| Argentinien | 206000 | 18,7 | 242000 | 9,1 |
| Bahamas | 40 | 0,7 | 500 | 2,2 |
| Bolivien | 100 | 0,0 | 1000 | 0,2 |
| Brasilien | 35000 | 0,9 | 110000 | 0,9 |
| Chile | 2200 | 0,5 | 25000 | 2,3 |
| Costa Rica | 400 | 0,8 | 2500 | 1,1 |
| Dominik. Republik | 90 | 0,0 | 200 | 0,0 |
| Ecuador | 40 | 0,0 | 1000 | 0,1 |
| El Salvador | 80 | 0,0 | 350 | 0,1 |
| Guatemala | 300 | 0,2 | 1100 | 0,2 |
| Jamaika | 1250 | 1,3 | 250 | 0,1 |
| Kolumbien | 1800 | 0,2 | 7000 | 0,3 |
| Kuba | 9500 | 2,6 | 1000 | 0,1 |
| Mexiko | 16000 | 1,0 | 35000 | 0,5 |
| Niederl. Antillen | 800 | 12,2 | 700 | 2,7 |
| Panama | 750 | 1,6 | 2000 | 1,1 |
| Paraguay | 400 | 0,5 | 700 | 0,2 |
| Peru | 300 | 0,0 | 5000 | 0,3 |
| Puerto Rico | 300 | 0,2 | 1800 | 0,5 |
| Surinam | 628 | 4,1 | 500 | 1,3 |
| Trinidad | 100 | 0,3 | 300 | 0,3 |
| Uruguay | 5000 | 2,8 | 40000 | 13,9 |
| Venezuela | 1000 | 0,3 | 17000 | 1,3 |
| Virgin Islands (USA) | 100 | 4,5 | 500 | 5,5 |

Aschkenasim gegründet wurden. Diese Vereinigungen waren im gesellschaftlichen und kulturellen Bereich tätig und unterhielten auch Schulen und jiddische Zeitungen. Mit dem Heranwachsen der im Land geborenen Generation sind neue, sportlich und kulturell ausgerichtete Vereine ins Leben gerufen worden, die sich als Ausdruck jüdischer Identität großer Beliebtheit erfreuen. Der wachsende Antisemitismus hat die Bildung regionaler und nationaler Organisationen begünstigt, in denen gemeinsame Aktivitäten koordiniert werden und die jüdische Belange gegenüber der Regierung vertreten; sie sind dem World Jewish Congress angeschlossen. Doch hat die Neigung zur Zentralisierung die bunte Vielfalt der Gemeindeorganisationen in Lateinamerika bisher kaum wesentlich beeinträchtigen können.

In dem Maße, in dem die Generation der Einwanderer ihren Kindern und Enkeln weicht, wird die Behauptung einer besonderen jüdischen Identität zunehmend problematisch. Zwar wirkt die starke Betonung jüdischer Kultur und Bildung, verbunden mit dem elterlichen Widerstand gegen Mischehen ihrer Kinder, als Absicherung gegen Assimilierung, ebenso wie die anhaltende antisemitische Stimmung und in einigen Ländern das Vorhandensein anderer ethnischer Gruppen das Zusammengehörigkeitsgefühl stärkt. Aber wie auch in anderen Teilen der Welt, macht die steigende gesellschaftliche Eingliederung in Lateinamerika die Aufrechterhaltung einer eigenen Identität schwierig, trotz der vereinten Bemühungen der zionistischen Stellen. Die allerersten Siedler sind längst durch Mischehen und Konversionen assimiliert worden, und ein ähnliches Schicksal droht nun vielen der kleineren zeitgenössischen Gemeinden. Politische und wirtschaftliche Schwierigkeiten haben in einigen Staaten sogar schon zum Weggang von Juden geführt. Doch hat es, trotz des Fehlens konkreter Statistiken, den Anschein, daß die meisten der größeren Gemeinden (mit Ausnahme Argentiniens) gegenwärtig zahlenmäßig stabil sind oder sogar einen bescheidenen Zuwachs verzeichnen, der in der Hauptsache auf Neuankömmlinge zurückgeht.

# Argentinien

Man könnte sagen, das moderne Argentinien sei durch die europäische Bevölkerungsexplosion des 19. Jahrhunderts entstanden, die durch den Bedarf an billigen Nahrungsmitteln die landwirtschaftliche Erschließung der Pampas begünstigte und gleichzeitig die hierzu erforderlichen Arbeitskräfte bereitstellte. Anfang der 1850er Jahre gab es in Argentinien lediglich etwas mehr als eine Million Weiße, und Buenos Aires hatte nur 90000 Einwohner. Zwischen 1857, als die erste Eisenbahn gebaut wurde, und 1930 kamen über sechs Millionen Menschen ins Land, vornehmlich aus Europa. Nach der wirtschaftlichen und politischen Krise der 30er Jahre und nach dem Zweiten Weltkrieg lebte die Einwanderungsbewegung für einige Zeit in weitem Umfang wieder auf. Die Bevölkerung beträgt heute 28 Millionen, und Buenos Aires mit seinen annähernd 10 Millionen Bürgern gehört jetzt zu den größten Städten der Welt.

Nach zögernden Anfängen begann der starke jüdische Zuzug Ende der 80er Jahre des 19. Jahrhunderts. Zwischen 1881 und 1900 trafen rund 26000 von ihnen ein, weitere 88000 folgten bis 1914. In den 20ern und 30ern ging die Einreise unter zunehmend erschwerten Bedingungen weiter. Die Volkszählung von 1947 ergab 250000 Juden bei einer Gesamtpopulation von annähernd 16 Millionen, während die Erhebung von 1960 ein Verhältnis von

276000 zu 20 Millionen auswies. (Die Zuverlässigkeit der Angaben für Juden ist umstritten, und einige jüdische Führer gehen von 400000–500000 aus.)

Die früheste jüdische Agrarkolonie in Argentinien, Moisesville *(oben)*, wurde von der Alliance Israélite Universelle im Jahr 1889 gegründet. Danach übernahmen Baron de Hirsch und seine Jewish Colonization Association die Initiative, mit dem Ziel, eine autonome jüdische Region zu schaffen. Die Karte *(unten)* zeigt die geographische Lage dieser Kolonien.

Viele der Einwanderer zog es in die Pampas, vor allem, nachdem Baron Maurice de Hirsch mit der zaristischen und der argentinischen Regierung 1892 eine Vereinbarung ausgehandelt hatte, die die Ansiedlung russischer Juden in eigenen Landwirtschaftsprojekten vorsah. Derartige Kolonien wurden in großer Zahl errichtet: 1925 lebten in ihnen bereits über 30000 Menschen, die auf einer Fläche von über 6000 $km^2$ Landwirtschaft betrieben. Doch hatten die Projekte mit Schwierigkeiten zu kämpfen, und gegenwärtig wohnen nur noch wenige Juden auf dem Land; zwei Drittel von allen sind in der Hauptstadt konzentriert und auch in den meisten der großen Zentren gibt es nennenswerte Gemeinden.

Obgleich die Armut nicht völlig ausgerottet ist, haben die Juden rapide wirtschaftliche Fortschritte gemacht. Sie trugen erheblich zur Industrialisierung bei und betätigen sich aktiv im Handel und im Finanzwesen. Sie gehören zumeist der Mittel- und Oberschicht an, doch obwohl es einige von ihnen zu Provinzgouverneuren und sogar zu Kabinettsmitgliedern gebracht haben, spielen sie in der Regierungspolitik kaum eine wirkliche Rolle.

Die Verfassung von 1853 garantierte zwar allen Bürgern Argentiniens die Glaubensfreiheit, doch bleibt der römische Katholizismus die offizielle Staatsreligion. Der Antisemitismus war praktisch unbekannt, bis ab 1917 die russischen Einwanderer dem Antibolschewismus der herrschenden Kreise zum Opfer fielen. Im Januar 1919 wurden, im Anschluß an einen Generalstreik, Juden vor den Augen der Polizei zusammengeschlagen und ausgeraubt, wobei sich Szenen abspielten, die an die russischen Pogrome erinnerten. In den 30er Jahren entwickelte sich der durch deutsche Nationalsozialisten angefachte Antisemitismus zu einem ernsthaften Problem, was zur Einrichtung der DAIA (Delegación de Asociaciones Israelitas Argentinas) führte, eines politischen Vertretungsorgans, in dem Aschkenasim und Sephardim zusammengeschlossen waren. Die antisemitische Agitation nahm nach dem Krieg mit dem Zustrom von geflüchteten Nazis zu, und zwar trotz der hilfreichen Einstellung von Präsident Perón und des Zusatzartikels in der Verfassung von 1949, der Rassendiskriminierung ausdrücklich verbot. Die Entführung des Nazi-Kriegsverbrechers Adolf Eichmann aus Argentinien und seine Hinrichtung in Israel im Jahr 1962 provozierten judenfeindliche Umtriebe, zu deren Ein-

*Rechts:* Die von der JCA unterstützten Bauernkooperativen leisteten einen nicht unbedeutenden Beitrag zur landwirtschaftlichen Entwicklung Argentiniens.

Die jüdischen Gauchos *(oben)* waren das Thema des ersten Buches, das von einem eingewanderten Juden, Alberto Gerchunoff, auf Spanisch geschrieben wurde. Zwar sind die ehrgeizigen Ziele des JCA-Projekts nicht verwirklicht worden, aber die Niederlassungen spielten eine wichtige Rolle bei der Eingliederung neuer Immigranten und für die Entwicklung der Genossenschaftsbewegung.
*Rechts:* Eine alte Photographie von einem Ausflug jüdischer Schulkinder. Die Schule ist nach I. L. Perez benannt, dem berühmten jiddischen Schriftsteller.

dämmung die folgenden Regierungen praktisch nichts unternahmen, obwohl sie wiederholt ihre Besorgnis bekundeten. Nach dem Militärputsch im März 1976 gab es viele Übergriffe auf Juden und ihre Einrichtungen, und auch ihr Anteil an den 20000 »Verschwundenen« war unverhältnismäßig hoch (obwohl man darüber streiten kann, inwieweit dies einen offiziellen Antisemitismus widerspiegelt). 1981 versicherte der Präsident, General Viola, daß seine Regierung die antisemitischen Zwischenfälle beenden werde, und im folgenden Jahr äußerte sein Nachfolger, General Galtieri, ähnliche Absichten, doch sind bisher konkrete Aktionen ausgeblieben.

Obwohl es zahlreiche Synagogen von jeder nur erdenklichen Ausrichtung gibt, hat das geringe Maß an religiöser Betätigung in Argentinien immer wieder Befremden ausgelöst. Entgegen der Tendenz in den meisten anderen Staaten locken selbst die Gottesdienste an den hohen Feiertagen nicht viele Gläubige an, und es gibt nur wenige Rabbiner. Eine bemerkenswerte Entwicklung war 1962 die Eröffnung des Lateinamerikanischen Rabbinerseminars, das mit dem Jewish Theological Seminary of America zusammenhängt. Absolventen dieses Seminars sind heute in Gemeinden verschiedener südamerikanischer Länder tätig. Die meisten Juden scheinen jedoch ihre Identität mehr in sozialen denn in religiösen oder kulturellen Kriterien zu sehen. Die einst blühende jiddische Presse ist praktisch eingeschlafen, und jüdische Bildungsstätten finden heute schwer Schüler und nur wenig finanzielle Unterstützung. Wenn der gegenwärtige Trend anhält, wird die argentinische Judenschaft schon in der nächsten Generation durch Mischehen und Assimilation sehr stark reduziert sein.

# Brasilien

Nach Argentinien hatte Brasilien die größte jüdische Einwanderung, und auch hier wurden von der Jewish Colonization Association landwirtschaftliche Kolonien geschaffen, die allerdings noch schneller und gründlicher zusammenbrachen als in Argentinien. Die breite Mehrheit der jüdischen Bevölkerung Brasiliens lebt in den beiden größten Zentren, Rio de Janeiro und São Paulo. Die kleinere Gemeinde in Pôrto Alegre geht auf frühere bäuerliche Siedler aus den nahegelegenen Kolonien Philippson und Quatro Irmãos zurück. Die erste Synagoge des Landes wurde allerdings weiter nördlich gegründet, und zwar 1824 von marokkanischen Zuzüglern in Belém; andere kleine marokkanische Gemeinden entstanden im Laufe des 19. Jahrhunderts in den nördlichen Provinzen, doch die meisten brasilianischen Juden sind von aschkenasischer Herkunft. Die neue Hauptstadt Brasilia zieht allmählich eine kleine jüdische Gemeinde an; den Anfang machten Angehörige der israelischen Botschaft. In Brasilien herrschte seit jeher ein entspanntes und tolerantes Verhältnis zu ethnischen Minderheiten, was den Juden die Eingliederung wesentlich erleichterte. Sie haben am politischen Leben auf allen Ebenen uneingeschränkt mitgewirkt, und sie sind an Kunst und Wissenschaft ebenso aktiv beteiligt wie an bahnbrechenden industriellen Entwicklungen. Antisemitismus ist hier fast unbekannt, auch unterhält das Land gute Beziehungen zu Israel. Wie in Argentinien existiert eine beträchtliche Bandbreite von Synagogen (die größten sind konservativ ausgerichtet), und man findet zahlreiche jüdische Sportclubs und sonstige Vereine geselligen Charakters.

# Uruguay

In den übrigen Staaten Südamerikas sind die jüdischen Gemeinden viel kleiner. Die verhältnismäßig größte befindet sich in Uruguay, das auf diesem Kontinent wegen seiner liberalen Traditionen, dem geringen Analphabetismus und seiner fast ausschließlich weißen Bevölkerung eine Sonderstellung einnimmt. Es besteht völlige Religionsfreiheit, eine Staatskirche gibt es nicht. Die älteren Immigrantengruppen sind weithin assimiliert, und die Juden bilden hiervon keine Ausnahme; doch gehört ein beträchtlicher Teil von ihnen der ersten Generation von Einwanderern an, die sich ein starkes Gefühl ihrer Identität bewahrt haben. Es kommt zu gelegentlichen antisemitischen Umtrieben, häufig im Zusammenhang mit nazistischen Zellen, die Kontakte zu Argentinien unterhalten, im großen und ganzen allerdings ist die Integration gut. Einige landwirtschaftliche Projekte haben sich nicht bewährt, und die große Mehrheit der jüdischen Einwohnerschaft ist heute in der Hauptstadt Montevideo konzentriert, die eine Reihe von jüdischen Schulen unterschiedlicher Provenienz sowie vier verschiedene religiöse Gemeinden aufweist, jeweils eine aschkenasische, sephardische, deutschsprachige und ungarische.

*Rechts:* São Paulo weist eine starke jüdische Gemeinde von rund 50 000 Mitgliedern auf und besitzt 20 Synagogen unterschiedlichster religiöser Ausrichtung.

*Unten:* Brasilien unterhält traditionell freundschaftliche Beziehungen zu Israel. Ein Brasilianer, Oswaldo Aranha, war Präsident der UNO-Vollversammlung, die 1947 für die Teilung Palästinas und damit für einen jüdischen Staat stimmte. In Tel Aviv ist eine Straße nach ihm benannt, während in Rio de Janeiro ein Platz den Namen des ersten israelischen Staatspräsidenten Chaijm Weizmann trägt.

Die zionistische Bewegung genießt beim südamerikanischen Judentum seit jeher große Sympathien. Die Gemeinde Uruguays hat Israel tatkräftig finanziell unterstützt. Sie bereitete dem israelischen Präsidenten Schazar bei seinem Besuch 1966 einen enthusiastischen Empfang (*rechts oben*). Auch zur Zeit des Sechs-Tage-Kriegs von 1967 fand in Uruguay eine Sympathiekundgebung statt (*rechts*).

*Links:* Brasilien war von der JCA ebenfalls für eine landwirtschaftliche Besiedlung ausgewählt worden, doch fielen die Resultate hier weniger zufriedenstellend aus als in Argentinien. Die Kolonie in Quatro Irmãos wurde 1909 ins Leben gerufen und hielt sich trotz ständiger Rückschläge 50 Jahre lang, bis man ihre Auflösung beschloß.

*Oben:* Die aschkenasische Große Synagoge in Caracas. Die Stadt hat seit dem Zweiten Weltkrieg ein dramatisches Bevölkerungswachstum erlebt, und auch die jüdische Gemeinde hat beträchtlich zugenommen. Sie zählt heute rund 10000 Seelen. Sephardim und Aschkenasim verfügen zwar über eigene Synagogen, arbeiten aber in kommunalen und zionistischen Organisationen zusammen und unterhalten gemeinsam die große jüdische Tagesschule.

# Chile

Die stürmische Geschichte Chiles bot für eine ungefährdete jüdische Existenz keine günstigen Voraussetzungen. Die konservative Verfassung von 1833 führte den römichen Katholizismus als Staatsreligion ein, und erst 1925 wurde Nichtkatholiken die volle Freiheit der Glaubensausübung gewährt. Die ersten jüdischen Siedler pflegten entweder die herrschende Religion zu übernehmen oder sich durch unverfängliche Namen zu tarnen. Zu ihnen gehörten Aschkenasim aus Argentinien und Sephardim aus Makedonien. 1919 kamen auf dem ersten Kongreß chilenischer Juden Vertreter beider Gruppierungen sowie der »Hijos de Sión« zusammen. Bei letzteren handelte es sich um Indianer jüdischen Glaubens, die behaupteten, daß ihre Vorfahren von Neuen Christen in der Kolonialzeit bekehrt worden waren. In den 30er Jahren fand ein bedeutender Zustrom deutscher Flüchtlinge statt; daneben ist auch ein ungarisches Element vorhanden. Der Antisemitismus hat in dem von inneren Konflikten zerrissenen Chile fruchtbaren Boden gefunden und die Einwanderung von Nazis und Arabern begünstigt. Unter der marxistischen Regierung von Salvador Allende (1970–1973) mit ihrem (von den USA gesteuerten) gesellschaftlichen und wirtschaftlichen Chaos verließen viele Juden das Land, doch kehrten manche unter dem stabileren Militärregime General Pinochets wieder zurück. Dessen strenge Zensur hat immerhin den Erfolg gehabt, daß die früher erlaubten antisemitischen Zeitschriften zum Schweigen gebracht wurden. Trotz der fortgeschrittenen Assimilation – der Anteil der Mischehen wird auf rund 30 Prozent geschätzt – gibt es eine große Zahl von jüdischen Organisationen, besonders in Santiago de Chile, wo mehr als 90 Prozent der Judenschaft leben.

# Venezuela

In Venezuela sahen die ersten Verfassungen von 1819 und 1821, die während des Unabhängigkeitskampfes verkündet wurden, religiöse Toleranz vor, was eine gewisse jüdische Einwanderung aus Curaçao begünstigte (dort hatte Simón Bolívar, der Befreier, während des Krieges bei Juden Zuflucht gefunden). Organisierte Gemeinden entwickelten sich nur langsam, und die Siedler gaben schließlich ihren angestammten Glauben ganz auf, doch hinterließen sie eine Reihe von alten Friedhöfen, von denen einer inzwischen als nationales Monument wiederhergestellt worden ist. Bis 1958 ist eine lange Reihe liberaler Regierungen immer wieder von brutalen Diktaturen abgelöst worden, die der jüdischen Einreise verschiedentlich Beschränkung auferlegten. Doch zieht Venezuela nach wie vor Juden an.

# Kleine Gemeinden

Kolumbien, Ecuador, Peru, Bolivien und Paraguay haben in bezug auf die jüdische Besiedlung eine ähnliche Geschichte, nur in einem viel geringeren Maßstab. Es gab zwar einen nennenswerten Zustrom von Flüchtlingen vor den Nationalsozialisten, doch blieben viele nur kurze Zeit, bevor sie nach Argentinien oder andernorts weiterzogen. Die jüdische Bevölkerung der genannten Länder ist heute unbeträchtlich, auch wenn eine gewisse Zahl von Synagogen und Gemeindeorganisationen besteht. Guyana und Französisch-Guayana waren nie besonders attraktiv, doch lassen sich einige Niederlassungen im 17. Jahrhundert nachweisen. Surinam behauptet sogar, die älteste dauerhafte jüdische Siedlung der westlichen Hemisphäre zu haben (sie geht zurück auf das Jahr 1639); daneben existiert noch eine kleine Gemeinde in der Hauptstadt Paramaribo, und die Synagoge in Jodensavanne (»Judensavanne«) ist als Touristenattraktion restauriert worden.

# Mexiko

Die Volkszählung von 1960 verzeichnete 110750 *Israelitas,* doch sind in dieser Summe auch Anhänger einiger protestantischer Sekten enthalten, die sich als Juden bezeichnen, allgemein aber nicht als solche betrachtet werden. In Ermangelung anderer zuverlässiger Statistiken schätzt man, daß es rund 35000 wirkliche Juden gibt, von denen etwa 20000 aus Osteuropa stammen, während der Rest sephardischer, syrischer, deutscher, ungarischer und amerikanischer Herkunft ist.

Jede dieser ethnischen Gruppen unterhält ihre eigenen Gemeindeeinrichtungen, doch gibt es auch einige größere Organisationen, von denen die erfolgreichsten jene sind, die sich an die jüngere Generation wenden – ein Sportverein mit über 25000 Mitglieder und ein umfassendes Netz von Schulen. Das religiöse Spektrum reicht von der stark traditionalistischen Aleppogemeinde bis zu den Konservativen, doch ist die Religionsausübung im allgemeinen recht nachlässig. Die Juden, die in der Mehrheit zwischen den beiden Weltkriegen ins Land kamen, profitierten zwar vom wirtschaftlichen Aufschwung der 40er und 50er Jahre, haben aber unter einem latenten Antisemitismus zu leiden, obwohl die Regierung seit jeher gute Beziehungen zur jüdischen Gemeinde und zu Israel unterhält. Doch wurden 1982 Besorgnisse laut über die wirtschaftlichen Probleme des Landes und eine nach dem israelischen Einmarsch im Libanon aufkommende feindselige Stimmung.

Eine der Besonderheiten Mexikos ist das Vorhandensein verschiedener Gruppen von Indianern und Mestizen, die sich selbst *Israelitas* nennen und einige jüdische religiöse Bräuche praktizieren. Die *Israelitas* von Venta Prieta *(unten* und *ganz unten)* behaupten, von der Familie Carvajal abzustammen, deren Angehörige teilweise 1596 von der Inquisition verbrannt worden waren.

Die Gemeinde Mikwe Israel in Curaçao entstand 1651, doch die gegenwärtige Synagoge *(links)* wurde erst 1732 vollendet. Sie ist die älteste ununterbrochen benutzte Synagoge der Neuen Welt. Aus Anlaß ihres 250jährigen Bestehens wurde 1982 ein offizieller Gedenkgottesdienst abgehalten *(links außen)*, bei dem auch offizielle Vertreter der holländischen Regierung zugegen waren.

*Oben:* Die Emanuel-Synagoge in Curaçao, erbaut 1864.

*Links:* Von der 10 000 Menschen zählenden jüdischen Bevölkerung Kubas vor der Revolution von 1959 sind heute nur rund 1000 übriggeblieben.

# Mittelamerikanische Republiken

Die Gemeinden der sechs mittelamerikanischen Republiken, zusammen nur wenige 1000 Seelen zählend, sind seit 1964 in der Föderation jüdischer Gemeinden Mittelamerikas zusammengeschlossen. Entsprechend dem allgemeinen Siedlungsmuster in der Region findet sich die größte Konzentration in Costa Rica mit seinem hohen Lebensstandard und seiner hauptsächlich weißen Bevölkerung, während auf der anderen Seite Honduras, Nicaragua und El Salvador – unterentwickelt und größtenteils von Mestizen bewohnt – nur sehr wenige Juden angelockt haben. Politische und militärische Konflikte haben einer Niederlassung in diesen Ländern ebenfalls entgegengewirkt; die kleine Gemeinde von Nicaragua ist nach der Machtübernahme der Sandinisten 1979 ausgewandert. Besonders Costa Rica und Guatemala pflegen freundschaftliche Kontakte zu Israel; die dortigen jüdischen Gemeinden sind trotz eines gewissen Antisemitismus relativ stabil. Die vorwiegend sephardische Gemeinde in Panama ist gut integriert und hat Beträchtliches zum kulturellen und politischen Leben beigetragen. Eine kleine Zahl Juden ist auch in der Panama-Kanalzone vertreten.

# Karibische Inseln

Westindien verfügt über eine sehr abwechslungsreiche und interessante jüdische Besiedlung, die bis ins 17. Jahrhundert zurückreicht, als Juden, die vor der portugiesischen Wiedereroberung Niederländisch-Brasiliens flohen, auf einer Reihe von Inseln unter niederländischer, englischer oder französischer Herrschaft und sogar auf dem spanischen Kuba ansässig wurden. Sie spielten eine bedeutsame Rolle im Handel dieser Region; Überreste ihrer Siedlungen sind noch heute in Curaçao, Barbados und an anderen Orten zu sehen. Die Gemeinde von Curaçao kann ihre Geschichte ohne Unterbrechungen bis auf das Jahr 1651 zurückverfolgen; die meisten Niederlassungen

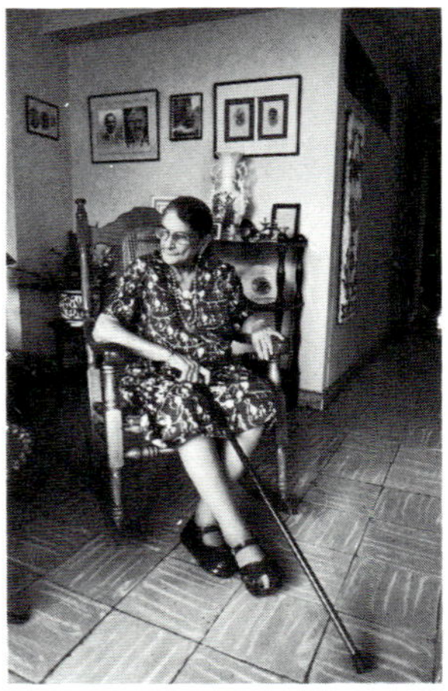

*Oben:* Dieser Brunnen zum Händewaschen schmückte früher den Hof der Synagoge in Bridgetown auf Barbados. 1680 waren von den 405 Haushaltsvorständen in Bridgetown 54 Juden. Doch die ursprüngliche sephardische Gemeinde ging im 19. Jahrhundert drastisch zurück, und ihr letztes Mitglied starb 1934. In den Jahren danach schufen einige europäische Flüchtlinge vor dem Nationalsozialismus eine kleine aschkenasische Gemeinde, die noch heute besteht.

*Links:* Eine jüdische Dame aus Panama in ihrem Haus. Die mittlere Fotografie an der Wand hinter ihr zeigt ihren Schwager, einen von mehreren jüdischen Gouverneuren der Virgin Islands.

waren freilich weniger dauerhaft. Die Franzosen verjagten 1683 die Juden aus ihren Kolonien, und auch später hatten sie unter politischen Umwälzungen zu leiden. Jedenfalls schrumpften ihre Gemeinden angesichts der unruhigen Zeiten auf den Karibischen Inseln zusammen, und die heutigen Gemeinden sind im allgemeinen das Ergebnis jüngerer Immigrationen der letzten 100 Jahre aus Europa, neuerdings auch aus den USA: Ziel sind Puerto Rico und die Jungferninseln sowie die Bahamas. Kuba, das zu Beginn unseres Jahrhunderts eine amerikanische Gemeinde mit einer Reformsynagoge hatte, nahm bald einige Zuzügler aus dem Nahen Osten auf und entwickelte sich in der Folge zu einem Durchgangshafen für zahlreiche Juden, die auf dem Wege von Osteuropa in die Vereinigten Staaten waren. Dortige Einwanderungsbeschränkungen bewirkten im Laufe der 20er Jahre das Entstehen einer beträchtlichen aschkenasischen Gemeinde auf Kuba, die zwischen 1933 und 1944 durch Tausende von Flüchtlingen vor den Nationalsozialisten noch anwuchs. Nach dem Krieg gab es hier weit über 10000 Juden. Aus dürftigen Anfängen entwickelten sich sehr gute wirtschaftliche Fortschritte, doch die meisten wählten nach der Revolution von 1959 das Exil, vorwiegend in den USA. Der kleinere Anteil, der vor dem Nationalsozialismus in Haiti und in der Dominikanischen Republik Zuflucht gefunden hatte, hat die Insel heute größtenteils wieder verlassen, und auch die einst große und blühende Gemeinde in Jamaika ist infolge der unsicheren politischen Lage in letzter Zeit auf eine Handvoll Menschen zurückgegangen.

# EUROPA

Das Geschick des Volkes Israel im modernen Europa wird völlig vom Nazi-Holocaust beherrscht. 1930 lebten hier (ausgenommen die Türkei, die unter Asien abgehandelt wird, und ohne die heutigen Territorien der Sowjetunion) über sechseinhalb Millionen Juden: drei Millionen davon in Polen, annähernd eine Million in Rumänien und jeweils mehrere 100000 in Ungarn, der Tschechoslowakei, in Deutschland, Frankreich und Großbritannien. Gegenwärtig beträgt ihre Gesamtzahl eineinviertel Millionen, und nur zwei Länder, Frankreich und England, haben mehr als 100000 jüdische Einwohner (von denen viele aus nichteuropäischen Staaten stammen). Die übrigen sind entweder in den Todeslagern umgekommen oder in andere Teile der Erde ausgewandert.

In Osteuropa trafen die Verwüstungen des Zweiten Weltkriegs die Juden besonders hart. Von einer Vorkriegsbevölkerung von fünf Millionen überstanden nur 20 Prozent die Deportationen und Bombenangriffe. Ihre Opfer waren ganz unverhältnismäßig schwer, was auf das nazistische Ausrottungsprogramm, aber zu oft auch auf die Feindseligkeit oder Gleichgültigkeit der örtlichen nichtjüdischen Einwohnerschaft zurückzuführen war. Der Krieg brachte die Wirtschaft Osteuropas zum Erliegen, und in den meisten Ländern waren die Juden auch in den Jahren danach besonders benachteiligt, vor allem dort, wo die Kommunisten die letzten Reste der bürgerlichen Mittelschicht enteigneten. Ökonomische Bedrängnis, politische Unruhen und der fortdauernde Antisemitismus zogen eine große Auswanderungsbewegung nach sich, so daß jetzt nur noch Ungarn und Rumänen eine nennenswerte jüdische Population besitzen. Die Gemeinden innerhalb des Warschauer Pakts hatten außerdem unter Versuchen einer erzwungenen Integration, der staatlichen Kontrolle der Religion und der Isolierung von den Hauptzentren im Ausland zu leiden.

Der Verlust ist um so tragischer, da die osteuropäische Region vor dem Krieg nicht nur einen sehr großen Judenanteil hatte, sondern auch einige ihrer bedeutendsten Kulturzentren beherbergte, deren pulsierendes religiöses und geistiges Leben weit über die Landesgrenzen hinaus nachhaltigen Einfluß ausübte. Die *jeschiwot* und Rabbinerseminare, die jüdischen Druckereien und Zeitschriften, die chassidischen Gemeinden und zionistischen Gruppen, denen das Judentum vor seiner Vernichtung so viel verdankte, sind fast alle ausgelöscht worden. Zwar sind einzelne Überreste der jüdischen Kultur Ost- und Mitteleuropas erhalten geblieben oder andernorts wieder zum Leben erweckt worden, aber ein entwurzelter Baum kann nur schwer neue Früchte tragen.

Lediglich in einigen Ländern, die das Glück hatten, der Besetzung durch die Nazis zu entgehen, wurde der jüdischen Bevölkerung kein Haar gekrümmt, ja ihre Zahl nahm sogar durch Flüchtlinge noch zu. In letzter Zeit gab es eine Auffrischung durch Ankömmlinge aus Nordafrika und dem Mittleren Osten, aus Südafrika und Südamerika. Diese jüngste Einwanderung hat die jüdische Gemeinde Frankreichs verändert und in Spanien neues jüdisches Leben geschaffen. Auch Großbritannien hat einen mannigfaltigen Zustrom erlebt. Doch in den meisten europäischen Staaten ist der Judenanteil klein und nimmt durch Auswanderung, Assimilation und demographischen Rückgang immer mehr ab.

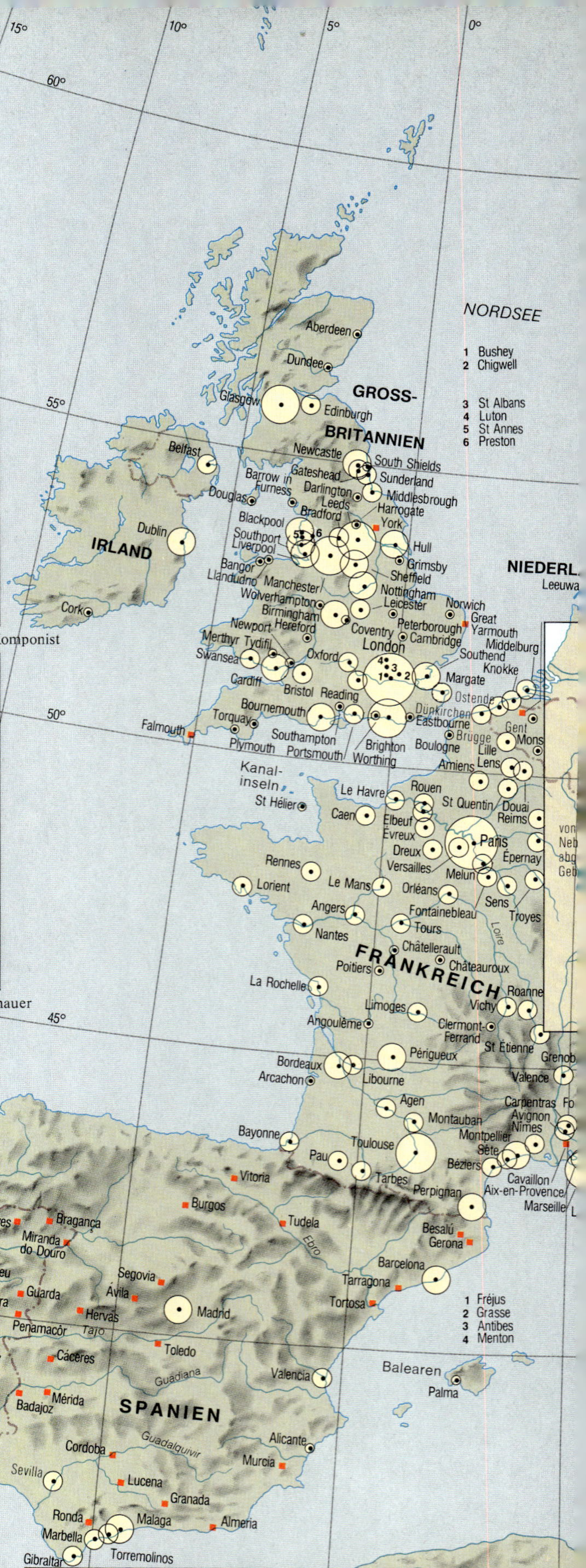

Jacques Offenbach (1819–80), franz. Komponist

Jacob Epstein (1880–1959), engl. Bildhauer

Joschua Hassan (geb. 1915), gibralt. Politiker

Bruno Kreisky (geb. 1911), österr. Politiker

Sarah Bernhardt (1844–1923), franz. Schauspielerin

| | 1930 | | 1980 | |
|---|---|---|---|---|
| | *Annähernde jüd. Bev.* | *Juden auf 1000 Einw.* | *Annähernde jüd. Bev.* | *Juden auf 1000 Einw.* |
| Albanien | 200 | 0,2 | 200 | 0,1 |
| Belgien | 45000 | 5,6 | 33000 | 3,4 |
| Bulgarien | 46000 | 7,9 | 5000 | 0,6 |
| Dänemark | 6000 | 1,7 | 7000 | 1,4 |
| Deutschland (BRD u. DDR) | 565000 | 9,1 | 34500 | 0,7 |
| Finnland | 1800 | 0,5 | 1200 | 0,3 |
| Frankreich | 230000 | 5,4 | 600000 | 11,2 |
| Gibraltar | 1100 | 50 | 550 | 18,3 |
| Griechenland | 73000 | 11,7 | 5000 | 0,5 |
| Großbritannien u. Nordirland | 300000 | 6,6 | 350000 | 6,3 |
| Irland | 3700 | 1,2 | 2000 | 0,6 |
| Italien | 47000 | 1,2 | 32000 | 0,6 |
| Jugoslawien | 68000 | 4,9 | 5000 | 0,2 |
| Luxemburg | 2250 | 7,5 | 750 | 2,1 |
| Niederlande | 157000 | 19,8 | 27000 | 1,9 |
| Norwegen | 1500 | 0,5 | 900 | 0,2 |
| Österreich | 250000 | 40,0 | 8000 | 1,1 |
| Polen | 3000000 | 90,0 | 5000 | 0,1 |
| Portugal | 1000 | 0,1 | 600 | 0,1 |
| Rumänien | 900000 | 50,0 | 33000 | 1,4 |
| Schweden | 6500 | 1,0 | 15000 | 1,8 |
| Schweiz | 18000 | 4,5 | 21000 | 3,3 |
| Spanien | 4000 | 0,2 | 12000 | 0,3 |
| Tschechoslowakei | 357000 | 24,2 | 8000 | 0,5 |
| Ungarn | 445000 | 51,1 | 100000 | 9,3 |

# Großbritannien

Durch seine geographische Lage und seine Geschichte nimmt Großbritannien eine gewisse Sonderstellung gegenüber dem europäischen Festland ein, und auch die jüdische Erfahrung war hier außergewöhnlich. Die Einwanderung der Juden wurde zwar erst spät erlaubt, doch erfreuen sie sich seither viel länger als in jedem anderen Staat Europas bürgerlicher Grundfreiheiten, auch hatten sie niemals unter schwerwiegenden Ausschreitungen oder dem Haß der Allgemeinheit zu leiden. Einer der Gründe hierfür mag die heterogene Zusammensetzung der englischen Gesellschaft in ethnischer wie in religiöser Hinsicht sein; Vorurteile gegenüber Juden wurden zwar öffentlich geäußert, aber kaum in diskriminierenden Gesetzen festgeschrieben oder in Akte blutiger Gewalt umgesetzt. Gewiß, das Bestehen von Staatskirchen hat zwangsläufig zu Beschränkungen der Rechte anderer religiöser Gemeinschaften geführt, aber die meisten dieser Restriktionen sind seit Beginn des 19. Jahrhunderts nach und nach abgebaut worden, und die wenigen noch vorhandenen haben nur geringe oder gar keine praktische Bedeutung.

England scheint seiner jüdischen Minderheit annähernd ideale Bedingungen zu bieten. Viele Juden können ihren Stammbaum bis zu den ersten Siedlern des 17. und 18. Jahrhunderts zurückverfolgen – ein schlagender Beweis für die Großzügigkeit des Staats und seine Tolerierung religiöser Vielfalt. Mischehen haben einen gewissen Abfall von der jüdischen Gemeinde bewirkt, besonders bei der gesellschaftlichen Oberschicht, doch gibt es auch eine steigende Tendenz, daß nichtjüdische Ehepartner den mosaischen Glauben annehmen. Als eine der kleinsten und unauffälligsten Gruppen im Land haben die Juden selten die negative Aufmerksamkeit der Öffentlichkeit erregt, und einzelne haben in Politik und Handel, Kunst und Wissenschaft, eigentlich in jedem Bereich des nationalen Lebens, Berühmtheit erlangt.

Englands einstige politische Weltgeltung verlieh auch den dortigen jüdischen Führern eine wichtige internationale Rolle, beispielsweise beim Schutz jüdischer Rechte im 19. Jahrhundert oder in der frühen zionistischen Bewegung. Selbst heute hat die Stimme der britischen Juden in den Angelegenheiten des Weltjudentums ein Gewicht, das in keinem Verhältnis zu ihrer zahlenmäßigen Stärke steht.

Es existieren keine amtlichen Statistiken über die jüdische Bevölkerung (die Gemeinde hat Fragen über Religions- oder Volkszugehörigkeit in den alle zehn Jahre stattfindenden Volkszählungen des Vereinigten Königreichs stets abgelehnt). Seriösen jüngeren Schätzungen zufolge betrug 1979 der Judenanteil 354000, was einem Rückgang um 56000 seit 1965 entspricht. Diese Abnahme schrieb man einer niedrigen Geburtenrate und der Auswanderung zu. Die Mehrheit, etwas über zwei Drittel, lebte 1979 im Raum London, während der Rest auf nahezu 100 Provinzstädte verteilt war.

Die Grundlagen der gegenwärtigen Gemeinde wurden in der zweiten Hälfte des 17. Jahrhunderts von sephardischen und aschkenasischen Ansiedlern vor allem aus Holland und Deutschland gelegt. Mitte des 19. Jahrhunderts gab es rund 30000 Juden. Ein massiver Zuzug aus Rußland erhöhte die Gesamtzahl bis 1914 auf weit über 250000. In den 30er Jahren strömten dann die Flüchtlinge vor dem Nationalsozialismus zahlreich ins Land, und auch seit Kriegsende kommen weiterhin Einwanderer aus Osteuropa, dem Mittleren Osten und anderen Gebieten.

80 Prozent der gegenwärtigen britischen Judenschaft entstammen dem gewaltigen Immigrantenstrom aus Rußland, der nach 1880 begann. Den Zuzüglern stand ein hartes Schicksal in den Slums und den ausbeuterischen Industriebetrieben bevor. Da ihr Versuch, in bestehenden Gewerkschaften jüdische Zweige einzurichten, auf Widerstand stieß, gründeten sie ihre eigenen Gewerkschaften, wie etwa die Jewish Master Bakers (*links* ihr erster Vorsitzender). Die meisten Neuankömmlinge verdienten ihr Brot in der Bekleidungsindustrie. 1912 wurde der ganze Industriezweig durch einen Streik der jüdischen Beschäftigten lahmgelegt. Diese Aktion beseitigte die ausbeuterischen Praktiken und führte auch zu einer Verbesserung der Beziehungen zur britischen Gewerkschaftsbewegung, in der Juden künftig eine bedeutende Rolle spielen sollten.

*Unten:* Das Londoner East End im Jahr 1900. Hier, nicht weit vom mittelalterlichen Judenviertel, wurden die Einwanderer zuerst seßhaft. Um die Jahrhundertwende waren viele Straßen rein jüdisch – in der Tat eine Art freiwilliges Ghetto. Doch schon begannen die reicheren Juden in das elegante West End und die Vororte umzuziehen, und das bunte jüdische Leben des East Ends ist heute nicht viel mehr als eine nostalgische Erinnerung.

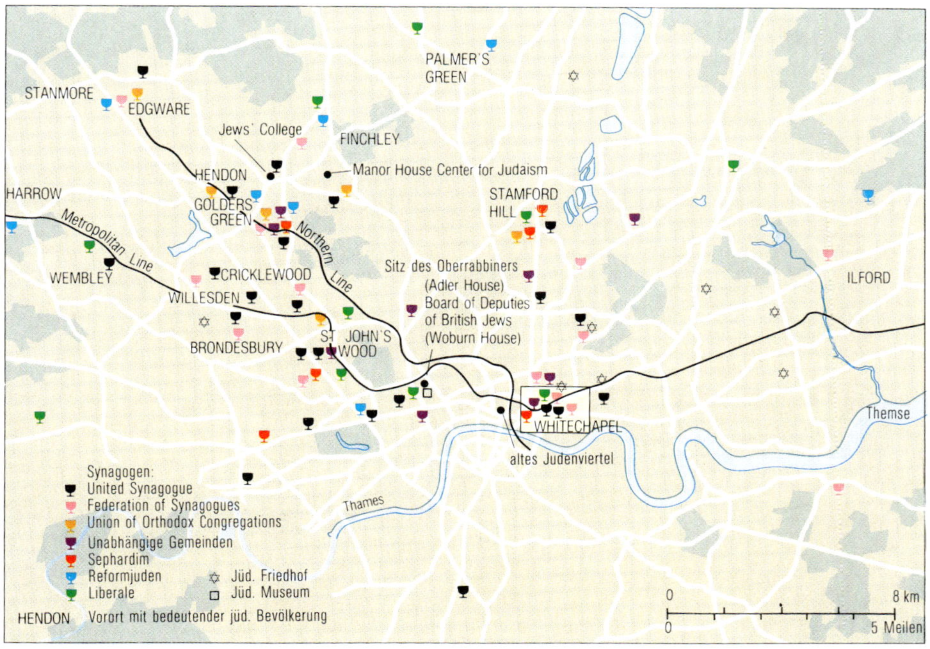


*Ganz oben:* Dieser jüdische Polizist ist einer der wenigen Konvertiten zum Judaismus in England.

*Oben:* Der Trend in die Vororte läßt sich an der Ausbreitung der Synagogen ablesen. Gegen 1900 gab es schon ein Dutzend Synagogen außerhalb des East Ends, hauptsächlich im Westen und Norden, obwohl einige Juden auch weiter östlich oder südlich der Themse seßhaft wurden. Später tendierten sie ganz auffallend dazu, sich im nördlichen oder nordwestlichen London niederzulassen, besonders in bestimmten Bezirken wie Stamford Hill, Golders Green oder (später) Edgeware, die noch heute eine stark jüdisch geprägte Atmosphäre aufweisen. Diese Bewegung kann mit dem Bau der Nordlinie der Londoner Untergrundbahn in Verbindung gebracht werden. Edgeware, die Endstation der Linie, blieb lange Zeit die Grenze der jüdischen Siedlungen in dieser Richtung.

*Links:* Vor einem Jahrhundert war London das Herz eines großen Weltreichs, und es war auch der Mittelpunkt für die Juden des Empire: die Gemeinden in Kanada, Südafrika, Australien wie auch in Jamaika oder Hongkong blickten nach London, wenn es um religiöse Orientierung und um Unterstützung ging. Dieses Verhältnis hat sich, wenn auch in abgeschwächter Form, im Commonwealth erhalten. Hier sieht man Vertreter von 13 Commonwealth-Gemeinden zusammen mit der britischen Premierministerin Thatcher bei einer Konferenz in London 1982.

Die gesetzliche Regelung des jüdischen Status erfolgte über einen langen Zeitraum in größtenteils unauffälliger Weise. Die Erlaubnis, sich zum Gottesdienst zu versammeln, wurde einer kleinen Gruppe von Sephardim 1656 von Oliver Cromwell erteilt und nach Wiederherstellung der Monarchie 1660 bestätigt. Religiöse Prüfungen schaffte man im 19. Jahrhundert nach und nach ab, und zwar oft – entsprechend dem typisch britischen Pragmatismus – als Reaktion auf bestimmte Einzelfälle. 1833 erhielt erstmals ein Jude die Zulassung als Rechtsanwalt (Barrister), ein anderer erlangte 1835 das Sheriffamt in London und 1855 das des Oberbürgermeisters (Lord Mayor) der Stadt. 1847 gewann der erste Jude einen Sitz im Parlament, durfte ihn aber nicht einnehmen, solange er nicht den christlichen Eid abgelegt hatte. Jahr für Jahr wurde er von seinen treuen Wählern neu nominiert, bis endlich 1858 ein Kompromiß zustande kam und er ins Parlament einzog, ohne den Eid gesprochen zu haben. Sein Sohn wurde 1886 in den Rang eines Peer erhoben (er war der erste Lord Rothschild), und 1909 rückte ein Jude ins Kabinett auf. Heutzutage sind ihren Möglichkeiten kaum Grenzen gesetzt; gewisse Zweifel bestehen lediglich, ob ein Jude Lord Chancellor werden kann, d.h. Sprecher des Oberhauses, und der englische Monarch hat immer Anglikaner zu sein. Das 1983 gewählte Unterhaus besaß 28 jüdische Mitglieder, und zum gleichen Zeitpunkt gab es mehr als 40 jüdische Peers. Verschiedene Gesetze tragen den religiösen Besonderheiten und Traditionen der Juden Rechnung; so genießen sie etwa das einzigartige Privileg, in einer Privatwohnung heiraten zu dürfen.

Das Vertretungsorgan der englischen Judenschaft, der Board of Deputies of British Jews, geht bis auf das Jahr 1760 zurück, als die Sephardim eine Delegation zusammenstellten, die dem neuen König eine Ergebenheitsadresse übermitteln sollte. Das eigentliche Entstehungsjahr des Gremiums war 1836, als es seine erste Satzung erhielt. Es bestand damals aus 22 Abgeordneten aus den vier Londoner Hauptsynagogen. Heute zählt es über 500 Mitglieder, die nicht nur Synagogen in London und in den Provinzen repräsentieren, sondern auch einige nichtreligiöse Organisationen sowie jüdische Gemeinden im Commonwealth. Lange Zeit arbeitete der Board hauptsächlich auf den Schutz und die Erweiterung der politischen und bürgerlichen Rechte der Juden hin, und noch heute prüft er neue Gesetze und wird, wo dies notwendig erscheint, offiziell vorstellig. In den 30er Jahren, als der Antisemitismus in Großbritannien mit dem Anwachsen der British Union of Fascists für kurze Zeit akute Formen annahm, koordinierte der Board auch den antifaschistischen Kampf. Auch gegenwärtig gehört der Schutz der jüdischen Gemeinde zu seinen Hauptanliegen. Er setzte sich energisch für ein Gesetz ein, das Anstiftung zum Rassenhaß unter Strafe stellte (verabschiedet 1965), und verfolgt mit wachsamem Auge alle gewalttätigen Übergriffe auf Juden oder jüdische Einrichtungen. 1943 bemächtigten sich die Zionisten der Kontrolle über den Board, seither zeigt er aktives Interesse an allen israelischen Belangen. Seine eigentliche Bedeutung liegt jedoch in seiner satzungsgemäßen Eigenschaft als Repräsentativorgan. Er ist das einzige Forum der englischen Judenschaft, das Delegierte jeglicher religiöser und politischer Couleur vereinigt, und namentlich in den letzten Jahren versteht er sich mehr und mehr als eine Art »Verwaltungsrat«. Er wird auch von der Regierung ernst genommen, weil durch ihn die im Land ansässigen Juden mit *einer* Stimme sprechen. 1982 berief der Board eine Konferenz jüdischer Führer aus 13 Staaten des britischen Commonwealth ein. Dies führte zur Etablierung eines in London ansässigen ständigen Rates, der die Beziehungen zwischen den Commonwealthländern stärken und die kleineren Gemeinden, von denen einige rasch dahinschwinden, unterstützen soll.

Die enge Verbundenheit der Gemeinden innerhalb des Commonwealth hat alte Wurzeln. Der Oberrabbiner von London trägt die offizielle Bezeichnung Chief Rabbi of the Commonwealth, vor 1953 war er Chief Rabbi of the British Empire. Nach dem Ersten Weltkrieg unternahm der damalige Oberrabbiner eine große Pastoralreise durch seinen Zuständigkeitsbereich, die ihn durch 42 verschiedene Judengemeinden führte. Seither ist Südafrika aus dem Commonwealth ausgeschieden, Kanada erkennt die Autorität des Londoner Oberrabbiners nicht mehr an, und Australien hat gedroht, es Kanada gleichzutun. In Großbritannien selbst bringt man jedoch dem Oberrabbiner nach wie vor Respekt entgegen, im wesentlichen deshalb, weil er von Nichtjuden gern als Wortführer der religiösen Judenschaft angesehen wird.

In Wirklichkeit ist die Gemeinde tief gespalten, und sehr viele fromme Juden betrachten den Oberrabbiner nicht als ihren Sprecher. Er wird im wesentlichen von der United Synagogue (einem Zusammenschluß von orthodoxen Synagogen in London) und gleichgesinnten Gruppierungen in den Provinzen unterstützt. Die United Synagogue, der größte Synagogenverband in England, dem über 35 000 Familien angehören, wurde 1870 per Gesetz geschaffen. Die abweichenden Gruppen, die die Autorität des Oberrabbiners nicht anerkennen, befinden sich auf dem rechten und linken Spektrum von der United Synagogue: rechts davon die Union of Orthodox Hebrew Congregations (gegründet 1926 von streng orthodoxen

Alljährlich im November trauert Großbritannien um die Toten zweier Weltkriege; das britische Judentum hat an den Verlusten teilgehabt, zieht es jedoch vor, eine eigene Gedenkfeier an derselben Stelle, aber eine Woche später abzuhalten *(links)*. Diese gemahnt nachdrücklich an die jüdischen Truppenangehörigen, die für ihr Vaterland gekämpft haben und gefallen sind, während zugleich die eigene Sonderstellung unterstrichen wird. Es gibt im englischen Judentum viele Unterschiede ethnischer, sozialer und religiöser Art. Eine einzigartige Gemeinde ist die von Gateshead im Nordosten der Insel: Sie ist klein, aber von unerschütterlicher traditioneller Glaubenstreue, und ging aus einer Gruppe von litauischen Einwanderern hervor.

*Unten Mitte:* Der koschere Laden bildet einen Mittelpunkt des sozialen Lebens. Sogar die Milch ist koscher *(unten)*.

Im Mittelalter waren die englischen Juden rechtliches Eigentum des Königs, und man betraute sie mit dem für die Wirtschaft äußerst wichtigen Bankwesen. Eine Erinnerung an diese Funktion sind die mittelalterlichen Bankhäuser, die aus Sicherheitsgründen aus Stein errichtet wurden, wie dieses in Lincoln *(rechts)*. Auch in jüngerer Zeit haben die Juden hervorragende Finanziers gestellt, unter denen die berühmtesten die Rothschilds sind. 1875 liehen sie der britischen Regierung vier Millionen Pfund, damit sie die Kapitalmehrheit am Suezkanal erwerben konnte. Waddesdon Manor *(unten)* ist nur einer der vielen prachtvollen Landsitze der Rothschilds.

*Oben:* Die meisten Juden waren alles andere als wohlhabend, und viele besaßen nicht einmal das Existenzminimum. Aber die tätige Nächstenliebe war zu allen Zeiten ein kennzeichnendes Merkmal der jüdischen Gemeinde, und es kam selten vor, daß eines ihrer Mitglieder verhungerte. Hier stehen Juden des Londoner East End vor einem Laden Schlange, in dem kostenlos Lebensmittel verteilt werden.

*Rechts:* Ein zionistisches Jugendlager in Irland. Auch das jüdische Establishment sieht im Zionismus heute eine gute Möglichkeit, das Bewußtsein nationaler Identität zu fördern und die Kenntnis des Hebräischen zu verbreiten.

*Unten:* Im 18. Jahrhundert begannen die Juden, London zu verlassen und in Provinzzentren zu ziehen. Die Synagoge in Exeter aus dem Jahre 1763 entstand zu jener Zeit.

*Unten Mitte:* Die schottischen Juden sind stolz auf ihre Heimat: Hier sieht man die Jewish Lads' Brigade in Glasgow bei einer typisch schottischen Dudelsacknummer.

Einwanderern aus Mitteleuropa, heute von späteren chassidischen Zuzüglern beherrscht) und die 1887 entstandene Federation of Synagogues (ursprünglich ein Zusammenschluß von Gebetshäusern der russischen Neusiedler); auf der linken Seite gibt es die Reform Synagogues of Great Britain (deren Ursprünge auf das Jahr 1840 zurückgehen) und die Union of Liberal and Progressive Synagogues aus dem Jahr 1902, die eine etwas radikalere Reformrichtung vertritt.

Die Unterschiede zwischen diesen Strömungen sind kaum dogmatischer Art, es handelt sich mehr um eine Frage der Herkunft und des Ethos. Die traditionelle Verbundenheit mit den einzelnen Gruppen ist stark, auch wenn es schwerfällt, in der Praxis wirkliche Gegensätze zwischen der Federation of Synagogues und der United Synagogue oder zwischen den reformierten und den liberalen Synagogen zu erkennen. Zusammenschlüsse waren bereits im Gespräch, und es besteht auch ein hohes Maß an konkreter Zusammenarbeit zwischen den verschiedenen Organisationen; aber Institutionen, einmal gegründet, sind langlebig.

Der einzige dogmatische Streitpunkt von wirklichem Gewicht ist jener über die göttliche Autorität der Thora, eine Frage, die schon im 19. Jahrhundert zur Spaltung zwischen Reformern und Orthodoxen führte. Die Trennung wurde 1842 vom Oberrabbiner heraufbeschworen, als er die früheste Reformsynagoge mit einem Bann belegte. Dies war die erste und nachhaltigste Spaltung im englischen Judentum (die bereits vorher bestehende zwischen Sephardim und Aschkenasim war mittlerweile weitgehend aufgehoben worden). Der Gegensatz ist im Laufe der Jahre sogar noch stärker geworden, auch wenn im 19. Jahrhundert gemäßigte Reformen von der United Synagogue akzeptiert wurden. In unserem Jahrhundert haben verschiedene Oberrabbiner die Gefahren der »reformistischen Häresie« betont, was mit dem Zustrom von Traditionalisten aus Rußland zusammenhängen dürfte, für die selbst die United Synagogue reformistische Tendenzen zeigte. Anfang der 1960er Jahre hätte ein viel beachteter Riß in der United Synagogue bezüglich dogmatischer Fragen fast zur Bildung einer konservativen Bewegung nach amerikanischem Muster geführt. Im letzten Jahrzehnt ist die reformfeindliche Agitation erneut von orthodoxen Führern geschürt worden, allerdings mit äußerst geringem Erfolg: Die englische Judenschaft ist augenscheinlich an theologischen Auseinandersetzungen nicht sonderlich interessiert.

Die Spaltung der 60er Jahre bewirkte lediglich, daß das Schicksal des Jew's College endgültig besiegelt wurde, eines 1855 nach gemäßigt orthodoxen Gesichtspunkten gegründeten Rabbinerseminars mit einer bedeutenden Tradition jüdischer Gelehrsamkeit. Seither zu einer unbeirrbar orthodoxen Haltung verdammt, hat das Institut seine Anziehungskraft verloren und existiert heute nur noch auf dem Papier.

Die Nachfrage nach traditionalistischen Rabbinern wird gegenwärtig von der *jeschiva* in Gateshead befriedigt, eine der besten Anstalten herkömmlicher Talmudgelehrsamkeit der Welt. Die Reformbewegung, durch geflohene Rabbiner vom europäischen Kontinent in den 30er Jahren erheblich verstärkt, eröffnete 1956 ihr eigenes Seminar, das man, nach dem geistigen Führer der deutschen Judenschaft in der Nazizeit, Leo Baeck College nannte. Das College gewann schließlich auch die Unterstützung des liberalen Flügels. Es hat eine ganze Generation junger englischer Rabbiner modernistischer Prägung hervorgebracht. Interessanterweise zog das Leo Baeck College auch zahlreiche Studenten vom europäischen Festland an, von denen viele nach absolviertem Studium in ihre Heimatgemeinden zurückkehrten. Das ist eines der augenfälligen Zeichen dafür, daß sich die britischen Juden zunehmend ihrer neuen Rolle in Europa bewußt werden, die aus den Zerstörungen des Holocaust und in einem gewissen Umfang auch aus dem Eintritt Englands in die Europäische Gemeinschaft erwächst. Ein anderes Indiz ist die Conference of European Rabbis, ein in London ansässiges orthodoxes Forum, dessen Vorsitz der britische Oberrabbiner innehat.

# Republik Irland

Die dortige Gemeinde wird auf unter 2000 Mitglieder geschätzt und ist fast ausschließlich in der Hauptstadt Dublin konzentriert. Trotz ihrer geringen Größe und verschiedener Anzeichen eines rapiden zahlenmäßigen Rückgangs unterhält sie eine jüdische Schule, verschiedene Gemeindeorganisationen und eigene traditionalistische, orthodoxe und liberale Organisationen.

# Frankreich

Die neuere Geschichte der französischen Juden spiegelt exakt die widerstreitenden Kräfte, die das moderne Frankreich insgesamt beherrscht haben – Revolution und Tradition, Gastfreiheit und Fremdenhaß, Nationalismus und Rücksichtnahme auf Minderheiten. Am Anfang des 19. Jahrhunderts stand ein ernsthafter Versuch, den Status der Juden zu normalisieren, an seinem Ende mit der Dreyfus-Affäre ein empörender antisemitischer Skandal: Ereignisse, die von Höhenflügen des Idealismus und von Abgründen der Bigotterie kündeten. In den 1930ern nahm Frankreich mehr Flüchtlinge aus dem Dritten Reich auf als irgendein anderes Land der Erde, und es war auch der einzige Staat, der sie aus öffentlichen Mitteln unterstützte; doch binnen weniger Jahre wurden diese Menschen erneut den Nationalsozialisten ausgeliefert – mit scheinbarem Gleichmut und größerer Beflissenheit, als unbedingt notwendig gewesen wäre. Dieselben gegensätzlichen Einstellungen zeigten sich bei den Reaktionen auf die antisemitischen Ausschreitungen Anfang der 80er Jahre – Bekundungen der Solidarität gingen einher mit Gleichgültigkeit oder regelrechter Feindschaft. (Als bei einem Bombenanschlag auf Gläubige in einer Synagoge vier Passanten getötet wurden, von denen einer ein Tourist aus Israel war, sprach ein prominenter französischer Politiker von »vier Opfern, darunter drei unschuldige französische Bürger«.)

Einer der Gründe für diese widersprüchliche Haltung ist in der unterschiedlichen Zusammensetzung der jüdischen Bevölkerung Frankreichs selbst zu suchen. Die alten sephardischen und aschkenasischen Gemeinden lebten geographisch getrennt, bewahrten ihre spezifische Kultur und erkannten lange Zeit kaum eine gemeinsame Identität an. (Noch Anfang der 50er Jahre verstieg sich eine antisemitische Zeitschrift dazu, die Feindschaft zwischen den Politikern René Mayer und Pierre Mendès-France auf den traditionellen Gegensatz zwischen Aschkenasim und Sephardim zurückzuführen!) Ende der 30er Jahre bestand die Hälfte der Juden aus nichtassimilierten Einwanderern, und der Antisemitismus jener Zeit war im wesentlichen nichts anderes als Fremdenhaß: Sowohl im besetzten Landesteil als auch im Vichy-Frankreich waren Anfang der 1940er die Einwanderer die ersten, die man den Wölfen vorwarf, während zur Rettung der alteingesessenen »französischen« Juden wirkliche Anstrengungen unternommen wurden. Heute beträgt der Immigrantenanteil erneut 50 Prozent, diesmal durch Zuzügler aus Nordafrika, die es mit Vorurteilen sowohl gegen Fremde im allgemeinen als auch gegen Araber im besonderen zu tun haben. Doch ist die Fortdauer eines gewissen authentischen französischen Antisemitismus nicht auszuschließen, auch wenn sich verschiedene Regierungen und einige führende Kirchenleute darum bemüht haben, ihm entgegenzuwirken. Frankreich war einer der wichtigsten Nährböden des klassischen Antisemitismus, ein Erbe, das nur langsam abgebaut wird.

Die – offiziell gutgeheißene – Assimilation drückte sich seit jeher in einem starken staatsbürgerlichen Bewußtsein der Juden aus. Sie waren stolz auf ihre Staatszugehörigkeit und auf ihre Treue zum Vaterland sowie auf ihren Beitrag zur französischen Kultur und Politik. Sie fühlten sich vor allem als Franzosen, erst in zweiter Linie als Juden. Sie hatten wenig Sinn für eine rein jüdische Kultur, noch viel weniger für den Zionismus, und ihre bedeutenden philanthropischen Projekte waren humanitär und sogar patriotisch, aber nicht partikularistisch. Die Schulen, welche die Alliance Israélite Universelle in Nordafrika und dem Mittleren Osten unterhielt, zielten darauf ab, jüdischen Kindern eine französische Erziehung zu geben. In den letzten Jahren hat sich das Ethos gewandelt. Besonders bei jüngeren Leuten findet sich ein starkes Interesse an jüdischer Geschichte und Kultur, eine Sensibilität für jüdische Angelegenheiten auf dem ganzen Erdball und ein starkes Gefühl der Solidarität mit Israel und der Zusammengehörigkeit aller Juden; die alten Spaltungen werden mehr und mehr überwunden.

Die französische Judengemeinde ist zu einer der größten in der modernen Welt und zur einzigen auf dem europäischen Kontinent mit einem wirklich starken und tragfähigen jüdischen Leben geworden. Zwar war ihr Einfluß im europäischen oder im Weltmaßstab bisher unerheblich, doch ihr Potential ist zweifellos groß. Der gegenwärtige Judenanteil Frankreichs wird auf 500 000 bis 700 000 geschätzt, von denen mehr als die Hälfte im Raum Paris leben. Allerdings besteht große Unsicherheit sowohl hinsichtlich der Statistik als auch, wegen der stark fortgeschrittenen Assimilation, über die Definition der jüdischen Identität.

Zur Zeit der Revolution von 1789 gab es mehrere Tausend Juden in Frankreich, doch nur einige Hundert hatten sich in Paris niedergelassen. Die übrigen waren auf drei Randgebiete konzentriert, und jede Gruppe besaß ihre eigene Geschichte und Kultur. Die zahlenmäßig größte Gruppe bildeten die jiddischsprachigen Aschkenasim in Elsaß-Lothringen mit ihren starken Beziehungen zu Deutschland. Im Süden hatten die Juden des Comtat Venaissin um Avignon in Ghettos unter päpstlicher Herr-

*Unten:* 80 000 Juden wurden zwischen 1942 und 1944 in das Internierungslager Drancy bei Paris gebracht, von wo aus sie in die Todeslager deportiert wurden. Nach der Befreiung unternahmen die Überlebenden diesen Schweigemarsch zu dem einstigen Lager, auf dessen Gelände alljährlich eine Gedenkfeier stattfindet.

*Ganz unten:* Selbst die Leiden der Juden während der Nazi-Ära reichen offenbar nicht aus, um das Gespenst des Antisemitismus zu vertreiben. Neonazistische Schmierereien auf einem Mahnmal für die Opfer des Holocaust in einem Pariser Vorort, 1981.

Gewalttätige Übergriffe machen den Juden Frankreichs bis heute zu schaffen. Unter Hunderten von Vorfällen aus jüngerer Zeit sind zwei hervorzuheben. Am 3. Oktober 1980, am Vorabend des Sabbat, explodierte eine Bombe vor einer überfüllten Pariser Synagoge. Bei dem Anschlag, der offensichtlich den Gläubigen galt, wurden vier Passanten getötet. Zu den Reaktionen auf dieses Verbrechen zählte auch eine Massendemonstration – angeblich die größte, die Paris seit 1945 gesehen hatte *(ganz oben)*. Das Spruchband »Renouveau Juif« gehört Anhängern der jüdischen Erneuerungsbewegung, die 1979 als deutlicher Ausdruck jüdischer Identität und der Unterstützung für Israel gegründet wurde. Der andere Vorfall war der bewaffnete Überfall auf ein bekanntes jüdisches Restaurant im Pariser »Ghetto«, der Rue des Rosiers, am 9. August 1982. Sechs Personen kamen um, viele wurden schwer verletzt. Am ersten Jahrestag dieses empörenden Verbrechens bekundete auch der französische Präsident François Mitterrand sein Beileid *(oben)*. Neben ihm der Minister für öffentliche Sicherheit, ein Posten, der als unmittelbare Reaktion auf den Anschlag geschaffen wurde.

Die jüdische Bevölkerung Frankreichs ist gegenwärtig größtenteils in Paris und einigen anderen Zentren ansässig, doch gibt es zahlreiche Provinzstädte, in denen alte Synagogen von einstigen Gemeinden künden. Die Synagoge in Carpentras *(oben rechts)* geht auf das 14. Jahrhundert zurück, wurde im 18. Jahrhundert restauriert und steht heute unter Denkmalschutz. Sie erinnert an die Juden des päpstlichen Comtat Venaissin, die hier in den langen Jahrhunderten lebten, als in den Territorien der französischen Krone ein Ansiedlungsverbot bestand. In jüngster Zeit hat die Einwanderung aus Nordafrika vielen der dahinsiechenden jüdischen Gemeinden Südfrankreichs zu neuem Aufschwung verholfen.

schaft mit einer südeuropäisch-mittelalterlichen Kulturtradition überlebt. Die Sephardim des Südwestens waren alteingesessene Kaufleute portugiesischer Herkunft, die nach und nach das Joch des Christentums abgeschüttelt hatten. Mit der Revolution erhielten sie alle die gleichen staatsbürgerlichen Rechte und Pflichten, und unter Napoleon I. wurden sie in Konsistorien organisiert, offiziell anerkannte Gemeinden unter staatlicher Kontrolle, in denen die Rabbiner die Aufgabe hatten, ihre Herde zu loyalen französischen Staatsbürgern zu machen. Nach und nach zeitigten diese Bemühungen Erfolg, und die Juden wurden Franzosen »israelitischer Religion« (oder konvertierten zum Christentum), auch wenn einige Spuren ihrer unterschiedlichen Herkunft erhalten blieben. Das Zentralkonsistorium hatte seinen Sitz in Paris, einer Stadt, die zwangsläufig eine beherrschende demographische Stellung für die Judenschaft und ganz Frankreich erhielt. Mit der Trennung von Kirche und Staat im Jahr 1905 wurden die Konsistorien ( mit Ausnahme von Elsaß-Lothringen, das sich damals unter deutscher Herrschaft befand) zu rein religiösen Organisationen.

Durch einen unablässigen Zustrom aus Mittel- und Osteuropa wuchs die jüdische Einwohnerschaft bis 1939 auf rund 350000, von denen 200000 nichtfranzösischer Nationalität waren. Die Verbundenheit zwischen französischen Juden und Nichtjuden war durch den gemeinsamen Heeresdienst im Ersten Weltkrieg gestärkt worden, in dem 6500 Juden ihr Leben gelassen hatten. Ein Jude (Léon Blum) war Ministerpräsident gewesen, andere hatten Kabinettsposten innegehabt. Aber auch ausländische Juden hatten sich zum Wehrdienst gemeldet und waren für ihre neue Heimat gefallen, und als im September 1939 erneut der Krieg ausbrach, gingen viele von ihnen freiwillig zum Militär.

Die Niederlage vom Juni 1940 war eine Katastrophe für Frankreich insgesamt, besonders aber für die Juden, für die schon bald das Leben auf dem Spiel stand. Unmittelbar nach dem Waffenstillstand wurde im ganzen Land eine offizielle antisemitische Kampagne gestartet, und im September wurden die ersten antijüdischen Maßnahmen in der von Deutschland besetzten Zone ergriffen. Viele Juden flohen nach Süden in das Gebiet der Vichy-Regierung, deren judenfeindliche Gesetzgebung in mancher Hinsicht allerdings noch schlimmer war als die der Nazis. Auf jeden Fall okkupierten die Deutschen bald das ganze Land, einschließlich des Südostens, wo die früheren italienischen Besatzer zahlreichen jüdischen Flüchtlingen Schutz geboten hatten. Trotz Protesten und verzweifelten Versuchen, der Vernichtung zu entkommen, wurden Zehntausende deportiert, viele andere fanden schon in Frankreich den Tod. Die Überlebenden verloren ihre Angehörigen und ihren Besitz. Nach Kriegsende mußten enorme Anstrengungen zur Normalisierung und Wiedereingliederung der Juden unternommen werden, nicht zuletzt aufgrund der vergiftenden Nachwirkungen der Nazipropaganda und der Belastung der persönlichen Beziehungen, die das Verhalten der Franzosen im Krieg und die Aneignung jüdischen Eigentums hervorgerufen hatten.

Diese Normalisierung machte erstaunlich schnelle Fortschritte. Die Nachkriegsregierungen ergriffen Maßnahmen zur Ausrottung des Antisemitismus und zur Aufnahme einer Anzahl von osteuropäischen Flüchtlingen. Die schwerwiegenden wirtschaftlichen Probleme bei der Rehabilitation der Juden wurden zum großen Teil vom Joint Distribution Commitee in Angriff genommen. Die Rückerstattung jüdischen Eigentums warf allerdings eine solche Fülle von Schwierigkeiten auf, daß viele Ansprüche einfach fallengelassen wurden, vor allem angesichts des Widerstands von Nazi-Kollaborateuren, die Verbände zum Schutz ihrer »Rechte« bildeten. Dieser Problemkreis

# Die Pariser Gemeinde

Im Jahr 1807, als Napoleon den »Großen Sanhedrin« einberief, der Paris zum jüdischen Verwaltungsmittelpunkt machte, hatten hier weniger als 3000 Juden ihren ständigen Wohnsitz. Im Lauf des 19. Jahrhunderts erfolgte dann ein beträchtlicher Zuzug, vornehmlich aus Elsaß-Lothringen. Es war dies eine Zeit der Assimilation für die Pariser Judenschaft, von denen viele im Bürgertum Fuß faßten. In religiöser Hinsicht entwickelte sich eine herkömmliche Orthodoxie. Zur Einweihung der Hauptsynagoge in der Rue de la Victoire erschienen 1874 drei Barone de Rothschild und ein prominentes jüdisches Regierungsmitglied, Adolphe Crémieux. Der Baumeister der Synagoge, Aldrophe, war Chefarchitekt der Stadt Paris, und die Kommune teilte sich mit dem jüdischen Konsistorium in die Entstehungskosten.

Zu Beginn des 20. Jahrhunderts trafen zahlreiche Immigranten aus Osteuropa ein. Besondere Anziehungskraft übte die Seine-Metropole auf jüdische Intellektuelle und natürlich auf Künstler wie Chaim Soutine, Marc Chagall und viele andere aus.

Nach den Deportationen während der deutschen Besatzung fand nur eine langsame Wiederbelebung statt. Es schien, als hätte Paris seine Rolle ausgespielt, ähnlich wie andere einst glanzvolle jüdische Zentren in West- und Mitteleuropa. Dann kam es jedoch zu einer massiven Neueinwanderung aus Nordafrika, die auch eine kulturelle Bereicherung brachte. Heute beherbergt die Stadt wieder die größte und vitalste Judengemeinde ganz Europas.

*Unten:* Paris nahm seinen Ausgang von der Île de la Cité, wo sich auch die erste jüdische Gemeinde befand (die dortige Hauptstraße hieß bis zur Revolution »Judenstraße«). Später, nach einer kurzen Zeit der Ausweisung, wurden sie auf beiden Seiten der Seine angesiedelt. Der Bezirk rund um die Rue Pavée war im 13. Jahrhundert von Juden bewohnt;

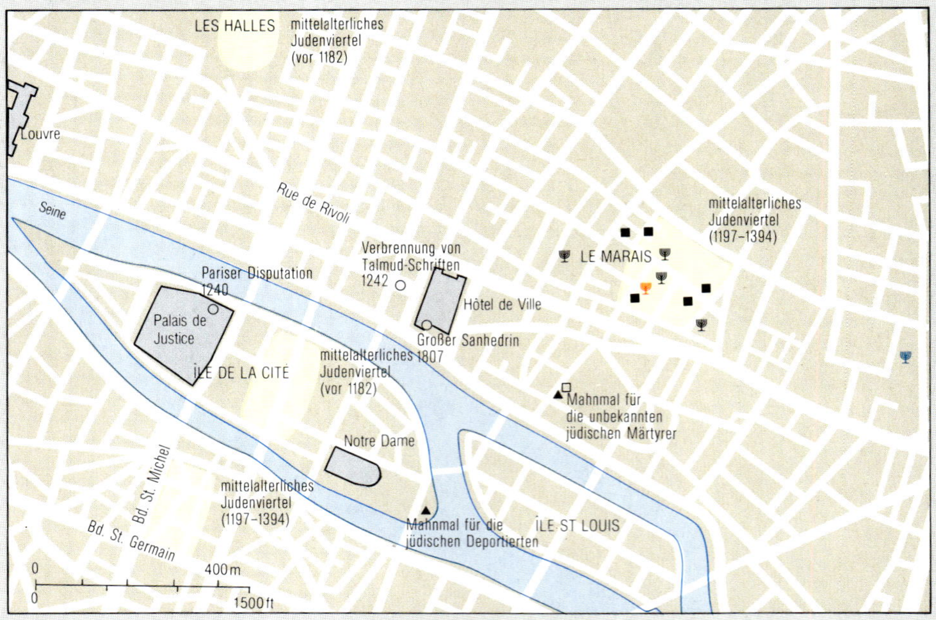

*Oben:* Die Synagoge in der Rue de la Victoire, die größte in Paris und Sitz des Oberrabbiners von Frankreich, ist ein Monument des vornehmen Judentums des späten 19. Jahrhunderts. Der massive romanische Bau hat leicht maurische Anklänge, doch deutet von außen wenig auf seine Bestimmung hin.

*Links außen:* Belleville war nach dem Ersten Weltkrieg für kurze Zeit von polnischen Juden besiedelt; heute ist es überwiegend von Arabern mosaischen und muslimischen Glaubens bevölkert, die hier in offenkundiger Harmonie zusammenwohnen. Die Geschäfte und Restaurants dieses Viertels bieten tunesische und marokkanische Köstlichkeiten feil.

*Links:* Ein *Bet ha-Midrasch* in der Rue des Rosiers, dem pochenden Herzen des *Pletzel*, wo das traditionelle Leben seinen gewohnten Gang geht.

*Rechts:* Die Ankunft nordafrikanischer Juden hat viele Bereiche neu belebt. 1950 gab es in ganz Paris nur fünf koschere Metzger, während es jetzt über 70 sind.

exakt hier ließen sie sich nach langer Abwesenheit im 18. und 19. Jahrhundert erneut nieder. Das Areal wurde das *Pletzel* (»kleiner Platz«) genannt und ist bis heute ein Mittelpunkt jüdischen Lebens, auch wenn das Arabische das Jiddische als Umgangssprache fast verdrängt hat.

*Unten:* Die Juden verteilen sich gegenwärtig über ganz Paris, auch über die Vorstädte. Doch zeigt die Karte deutliche Konzentrationen, vor allem am rechten Seine-Ufer bis hin zum Montmartre und nach Belleville, und in geringerem Umfang in den mondänen Bezirken des Westens.

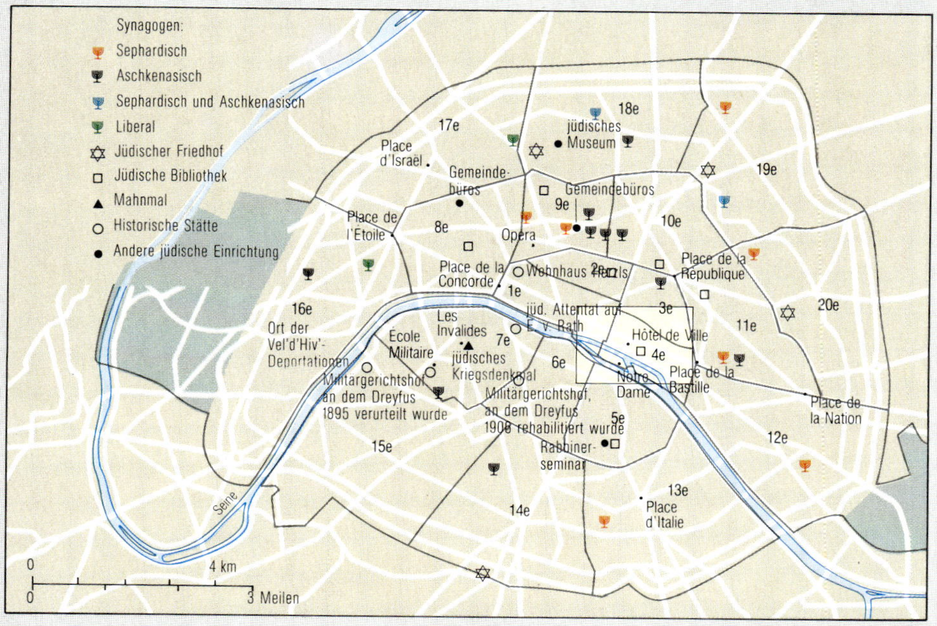

schürte eine gewisse antisemitische Stimmung, ebenso die katholische Propaganda hinsichtlich der israelischen Souveränität über die heiligen Stätten in Palästina. Die jüdische Gemeinde war zersplittert und verunsichert, auch gab es lange Zeit kein zentrales Gremium, das sich gegen solche feindseligen Tendenzen zur Wehr setzte. Unter dem Druck der deutschen Besatzung hatten die großen Gemeindeorganisationen schließlich ein Repräsentativkomitee der Juden Frankreichs *(Crif)* gebildet: Ihm gehörten das Zentralkonsistorium, die zionistische Organisation, die jüdischen Kommunisten, der Bund und eine Vielzahl von Wohlfahrts- und Aktionsgruppen an. Nach der Befreiung hatten sich die zentrifugalen Kräfte wieder durchgesetzt, und der Konflikt zwischen den verschiedenen Gruppierungen drohte die gemeinsamen Anstrengungen zu untergraben. Besonders unverhohlen war der Konflikt zwischen Zionisten und Kommunisten, obgleich keine der beiden Bewegungen besonders viele Anhänger unter den einheimischen französischen Juden hatte. Schließlich wurde *Crif* wieder zum Leben erweckt, desgleichen das Zentralkonsistorium, ferner eine neue Wohlfahrtsorganisation, der Vereinigte Jüdische Sozialfonds, geschaffen. Diese drei Organisationen sind noch heute die hauptsächlichen Gemeindeeinrichtungen.

Mitte der 50er Jahre brachten ein großer Zustrom von Einwanderern aus Algerien, Tunesien und Marokko sowie die herzlicher werdenden Beziehungen zwischen der französischen Regierung und Israel eine merkliche Vitalisierung. Die Judenschaft wurde zahlreicher und aktiver und gewann an Selbstvertrauen. Die Unterstützung Israels wurde nun auch vom konservativeren Flügel klarer zum Ausdruck gebracht; sie vertrug sich inzwischen mit der Loyalität zu Frankreich.

Die neugefundene Zuversicht überlebte selbst die Angriffe Präsident de Gaulles gegen den Zionismus im Jahre 1968. Junge Juden bekannten sich offen zu ihrer Identität und ihrer Verbundenheit mit Israel, eine Stimmung, die sich allmählich auch auf die Älteren übertrug. Eine Welle von Terroranschlägen gegen jüdisches Eigentum und Gemeindeeinrichtungen in Paris seit 1979, bei denen auch mehrere Todesopfer zu beklagen waren, hat nur dazu beigetragen, die Solidarität und das Engagement des einheimischen Judentums zu festigen. Die Presse schenkt heute jüdischen Problemen breiten Raum, und alle politischen Parteien werben offen um die jüdischen Wähler. Der Regierung des Präsidenten François Mitterrand, die im Juni 1981 gebildet wurde, gehörten auch eine Reihe jüdischer Mitglieder an.

Das französische Judentum neigt traditionell der gemäßigten Orthodoxie zu, und das Konsistorialsystem hat allmählich die Spaltung zwischen Sephardim und Aschkenasim ausgeräumt, auch wenn es nie zu einer formellen Vereinigung gekommen ist. Viele Zusammenschlüsse sind außerhalb des Konsistoriums entstanden; ihr Spektrum reicht von den Liberalen bis zu den extremen Traditionalisten. Die Synagogen erfüllen im großen und ganzen eine rein religiöse Funktion, und das Niveau jüdischer Kultur und Bildung ist außerhalb der neueren Einwanderergruppen nie sehr hoch gewesen. In den letzten Jahren hat sich diese Situation geändert. Mit dem stärkeren Bekenntnis zur jüdischen Identität ist eine größere Nachfrage nach jüdischer Literatur, Bildung und kultureller Aktivität einhergegangen. In begrenztem Umfang wird dieser Bedarf von den Synagogen gedeckt, aber auch durch eine Vielzahl von schulischen Lehrgängen, Universitätskursen und unabhängigen Studienkreisen. Es gibt ein Rabbinerseminar in Paris, eines von jener Handvoll, die auf dem europäischen Kontinent noch bestehen, doch herrscht trotzdem ein gewisser Mangel an Rabbinern.

# Niederlande

In den Niederlanden verfolgten die Nazis eine brutale Ausrottungspolitik, die trotz denkwürdigen Widerstands im großen und ganzen erfolgreich war. Von einer ursprünglichen Zahl von über 150 000 überstanden nur rund 25 000 Juden die Deportationen. Ein rapider wirtschaftlicher Aufschwung nach Kriegsende und der moralische und materielle Beistand der Regierung, der Kirchen und der Bevölkerung insgesamt waren kein Ausgleich für das Gefühl der Entwurzelung, und so verließen viele Juden das Land. Den Zurückgebliebenen gelang es, wenn auch in stark vermindertem Maßstab, wieder ein erstaunlich vitales jüdisches Leben aufzubauen, wobei sie von offizieller und von privater nichtjüdischer Seite unterstützt wurden. Auch das reiche Kulturerbe der holländischen Judenschaft suchte man zu bewahren: Mehrere alte Synagogen sind aus öffentlichen Mitteln restauriert worden, einige davon sind jetzt wieder in Gebrauch. Die Hälfte der jüdischen Einwohnerschaft lebt in Amsterdam, wo es eine Reihe von Synagogen (sephardische und aschkenasische, traditionalistische und liberale) gibt, doch existieren auch kleine Gemeinden in verschiedenen anderen Städten. Die liberale Richtung, die ursprünglich von deutschen Flüchtlingen in den 30er Jahren eingeführt wurde, erfreut sich eines gewissen Erfolgs unter der Führung von in London ausgebildeten Rabbinern, aber Orthodoxie siecht dahin, und die sephardische Gemeinde wurde durch den Holocaust so gut wie ausgelöscht.

# Belgien

Hier sind die Juden stets weniger willkommen gewesen als in den Niederlanden, zu denen Belgien bis 1830 gehörte. Obgleich ihnen die Verfassung von 1831 freie Religionsausübung garantierte, war die öffentliche Stimmung nicht günstig, und viele hatten Schwierigkeiten, die belgische Staatsbürgerschaft zu erwerben. Vor dem letzten Krieg gab es 80 000 Juden, heute nur noch weniger als die Hälfte, die fast ausschließlich in den beiden Zentren Brüssel und Antwerpen ansässig sind. Der Gegensatz zwischen diesen beiden Gemeinden könnte nicht größer sein. Die Antwerpener Gemeinde ist osteuropäischer Herkunft, jiddischsprachig und in religiöser Hinsicht traditionalistisch; sie lebt in einem eigenen Stadtviertel zusammen, und ihre Mitglieder arbeiten hauptsächlich in der Diamantenindustrie. Die Gemeinde von Brüssel ist zahlreicher und nach ihrer Herkunft heterogener, im wesentlichen assimiliert und hat geringes Interesse an Religion und traditioneller jüdischer Kultur. Beide Gemeinden hatten in den letzten Jahren unter Terroranschlägen zu leiden. Im Juli 1980 wurde eine Gruppe von Schulkindern in Antwerpen überfallen; ein Kind fand den Tod, 17 weitere wurden verletzt. Im Oktober 1981 explodierte vor der sephardischen Synagoge eine Bombe, die drei Menschen tötete und 90 verletzte, viele von ihnen schwer. Auch in Brüssel wurden während des Neujahrsgottesdienstes in der Großen Synagoge im September 1982 Schüsse abgegeben.

# Luxemburg

Die luxemburgischen Juden erhielten nach der Französischen Revolution (1789) gleiche staatsbürgerliche Rechte, und 1808 bildete sich eine kleine Gemeinde. 1890 gab es 1000, um 1930 nahezu 2000 Juden, die auf alle Städte des Großherzogtums verteilt waren. Seit Kriegsende sind es nur noch einige Hundert, von denen die meisten in der Hauptstadt leben.

Der Schatten des Holocaust liegt noch immer über den europäischen Staaten. Das Denkmal in Amsterdams Weesperplein *(ganz oben)* wurde 1947 von der jüdischen Gemeinde als Zeichen der Dankbarkeit gegenüber all jenen errichtet, die den Juden während der entsetzlichen Jahre der Nazi-Ära Beistand geleistet haben. Ossip Zadkines Skulptur *Die zerstörte Stadt (oben)* beschwört den Terror und die Todesqualen während des deutschen Bombardements Rotterdams 1940 herauf. Die Synagoge in Luxemburg (Briefmarke *links*) entstand 1953 und ersetzte ein früheres Gebäude, das von den Nationalsozialisten zerstört worden war.

*Oben:* Der deutsche Wirtschaftsminister (und spätere Bundeskanzler) Ludwig Erhard bei einer Ansprache anläßlich der Wiedereinweihung der Raschi-Synagoge in Worms im Jahr 1961. Bis zu ihrer Zerstörung während der »Reichskristallnacht« (9. November 1938) war dies die älteste noch benutzte Synagoge Europas; sie ging teilweise auf das Jahr 1034 zurück.

*Unten:* Die Synagoge in Lengnau, einer der nur zwei Orte in der Schweiz, wo Juden vom frühen 17. bis zur Mitte des 19. Jahrhunderts leben durften.

# Deutschland

Zur Zeit der Invasion der Alliierten in Nordfrankreich im Juni 1944 lebten noch etwa 10000–15000 Juden auf dem Gebiet des Deutschen Reiches. Es handelte sich bei ihnen um sogenannte »Illegale« sowie um Personen, die als Gatten nichtjüdischer Ehepartner eine Vorzugsbehandlung als »privilegierte« Juden erfahren und auf diese Weise der Deportation und Vernichtung entgangen waren. Nach Kriegsende kehrten zwar einige in ihre angestammte Heimat zurück, doch beträgt der Judenanteil beider deutscher Staaten heute nicht mehr als 6% gegenüber einer Vorkriegsbevölkerung von etwa 600000; auch spielen sie im politischen, wirtschaftlichen und kulturellen Bereich gegenwärtig so gut wie keine Rolle mehr. Nach 1945 schufen die jüdischen Gemeinden neue Landesverbände, aus denen der *Zentralrat der Juden in Deutschland* mit Sitz in Düsseldorf hervorging, der sich anfangs rechtlichen und politischen Fragen wie der Wiedergutmachung, später aber auch religiösen und kulturellen Aufgaben widmete.

Ungeachtet ihrer zahlenmäßigen Bedeutungslosigkeit hat die jüdische Präsenz in Deutschland Gewicht in Zusammenhang mit den Bemühungen, die Erfahrungen der Nazizeit aufzuarbeiten. Nach einer Periode tiefsitzender Verbitterung und Unsicherheit überwiegt heute eine Stimmung der Versöhnung und der offenen Diskussion über die Wunden der Vergangenheit. Die Regierungen beider deutscher Republiken haben die Behandlung der Juden durch die Nazis wiederholt verurteilt und Maßnahmen zur Bekämpfung des Antisemitismus ergriffen. Sie haben daneben zur Wiedergutmachung und zum Gedenken an die Ermordeten des Holocaust beigetragen. Während die Regierung der BRD eine gewisse Verantwortlichkeit gegenüber den Opfern anerkannt hat und große Geldsummen als Entschädigung bereitstellte, weigert sich die DDR (die sich nicht als Nachfolgestaat des Dritten Reichs begreift), die Verantwortung als gesamtdeutsches Problem zu betrachten. Die dortige Führung argumentiert, daß deutsche Sozialisten und Kommunisten zusammen mit den Juden von den Nationalsozialisten verfolgt wurden. In beiden deutschen Staaten stehen Kirchenmänner in der Versöhnungsbewegung an vorderster Front.

Die Volkszählung von 1970 ergab für die BRD 31684 Juden (demgegenüber wurden 27 Millionen römische Katholiken und nahezu 30 Millionen Protestanten verzeichnet). Anfang 1981 hatten die 66 jüdischen Gemeinden 28173 registrierte Mitglieder, was einem Zuwachs von 405 gegenüber dem Vorjahr entsprach. Diese Zunahme war im wesentlichen auf Einwanderung zurückzuführen, da das Verhältnis von Geburten (95) zu Todesfällen (456) sehr negativ ausfiel. Die größte jüdische Gemeinde war jene in Berlin (6530 Mitglieder), gefolgt von Frankfurt a.M. (4897) und München (3920). Der *Zentralrat der Juden in Deutschland* hat sich außerordentlich besorgt über die Zunahme des antijüdischen Extremismus geäußert, insbesondere von seiten der politischen Rechten. Neonazistische Gruppen sind in den letzten Jahren für Hunderte von Zwischenfällen verantwortlich gewesen, vor allem für die Schändung jüdischer Friedhöfe und die Verbreitung antisemitischer Propaganda.

In der DDR bestehen nur acht Gemeinden mit einer registrierten Mitgliederzahl von rund 650, von denen die Hälfte in Berlin leben. Sie gehören alle dem *Verband der Jüdischen Gemeinden in der Deutschen Demokratischen Republik* an. Das Durchschnittsalter ist hoch, es gibt keine Rabbiner, und die Zukunftsaussichten der Judenschaft sind hier außerordentlich düster.

*Links:* Bombenschäden in Belgien 1981. Zwischen 1979 und 1982 kam es in ganz Westeuropa zu Hunderten von Übergriffen gegen Juden und deren Eigentum. Manche dieser Anschläge gingen vermutlich auf das Konto arabischer Terroristen, doch die meisten wurden von einheimischen Rechtsradikalen verübt.

*Rechts:* Die Gedenkstätte im Konzentrationslager Dachau bei München erinnert ebenfalls an die grauenhafte Vergangenheit. Aber auch in der BRD besteht in einigen Kreisen die Tendenz, die Nazigreuel zu verdrängen oder zu beschönigen.

*Ganz unten:* Erst im Jahr 1775 erhielt der erste Jude die Erlaubnis zur Ansiedlung in Schweden und die Emanzipation ließ bis 1870 auf sich warten. Doch hatten die schwedischen Juden unter keinen nennenswerten Diskriminierungen zu leiden. Hier sieht man König Carl XVI. Gustaf mit Königin Silvia beim Besuch einer Synagoge.

*Rechts:* Der jüdische Dissident Boris Katz bei seiner Ankunft auf dem Flughafen von Wien-Schwechat 1978. Viele Emigranten aus der Sowjetunion machen in Wien Station, und einige haben sich hier auch ständig niedergelassen.

# Schweiz

Die Schweiz ist die Heimat von mehr als 20 000 Juden, während die Gesamtzahl der im Schweizerischen Bund jüdischer Gemeinden organisierten nur 6000 beträgt, die sich auf 22 Städte verteilen. Diese Zahlen spiegeln die Ausrichtung der jüdischen Bevölkerung, die gut integriert ist und ein hohes Maß an Mischehen aufweist. Die größten Gemeinden befinden sich in Zürich, Basel und Genf.

# Österreich

Wien, früher eines der geistigen Zentren der jüdischen Welt, ist in dieser Hinsicht zu einem öden Provinznest geworden. 1934 lebten hier 178 000 Juden bei einer Gesamteinwohnerzahl der Stadt von weit unter zwei Millionen. Heute sind es nur noch ein paar tausend, viele davon Einwanderer aus Osteuropa und Zentralasien. Einige kleine Gemeinden bestehen auch in den anderen größeren Städten Österreichs. Ein tiefsitzender Antisemitismus macht den Juden im Land das Leben schwer und äußert sich gelegentlich in feindseliger Propaganda.

# Skandinavien

Ganz Skandinavien weist lediglich einige tausend Juden auf. Dänemark und Schweden, wo deren Geschichte länger als 200 Jahre zurückreicht, gehören zu den sehr wenigen europäischen Judengemeinden, die in diesem Jahrhundert durch Einwanderung gewachsen sind. Beide Staaten boten 1968 jüdischen Emigranten aus Polen eine neue Heimat. Heute leben in Schweden rund 5000 Juden, die Hälfte davon in der Hauptstadt. In Dänemark haben sich die meisten in Kopenhagen niedergelassen. Die viel kleineren Gemeinden Norwegens und Finnlands gehen erst auf die Mitte des vorigen Jahrhunderts zurück.

*Links:* Das ursprüngliche Grab Theodor Herzls in Wien. 1949 wurden seine sterblichen Überreste exhumiert und in eine nationale Gedenkstätte in Israel umgebettet.

*Unten:* Überall in Spanien findet man Spuren des mittelalterlichen Judentums, und in den letzten Jahren sind viele dieser Baudenkmäler restauriert worden. Diese prachtvolle Synagoge in Toledo aus dem zwölften Jahrhundert, seit ihrer Umwandlung in eine Kirche als Santa Maria la Blanca bekannt, erinnert mit ihren Säulenreihen und hufeisenförmigen Bögen an die Große Moschee in Córdoba.

Die Regeneration jüdischen Lebens in Spanien mutet fast wie ein Wunder an. Dieser Neuanfang geht eigentlich erst auf die 60er Jahre unseres Jahrhunderts zurück. Zuvor litten die Juden unter Anfeindungen, eine Situation, die durch das negative Bild von ihnen in der offiziellen spanischen Geschichtsschreibung noch verschärft wurde.

*Links:* Die spanische Königin Sofia trägt sich bei einem Besuch der Synagoge von Madrid 1976 in das Gästebuch ein.
*Links, darunter:* Die jüdische Gemeinde auf Mallorca wurde offiziell 1971 gegründet. Ihre Mitglieder profitieren von der großen Beliebtheit der Insel als Ferienort und Alterssitz für ausländische Senioren.

# Iberische Halbinsel

In Spanien nimmt ihre Zahl ebenfalls zu. Vor Ausrufung der Republik 1931 gab es wenig Juden im Land, auch waren ihre Freiheiten eng begrenzt. Die provisorische republikanische Regierung erklärte sich zur Aufnahme jüdischer Einwanderer bereit, und die Stadtverwaltung von Madrid gewährte der dortigen Gemeinde ein Stück Land für einen Friedhof. Schon bald trafen die ersten Zuzügler ein, sowohl Sephardim aus Marokko und dem Nahen Osten als auch Aschkenasim aus Mittel- und Osteuropa. Mit dem nationalistischen Umsturz, der 1936 eingeleitet wurde, kamen antisemitische Tendenzen auf, doch bot General Franco vielen Flüchtlingen aus Nazideutschland eine neue Heimat. 1967 erhielten die jüdischen Gemeinden dann endlich auch die volle Anerkennung als Religionsgemeinschaften. Man schätzt die heutige Zahl der Juden in Spanien auf 12 000, davon leben jeweils mehr als 3000 in Madrid und Barcelona. Weitere kleinere Gruppen sind in Málaga und einer Reihe anderer Orte ansässig. Die Einwanderung geht weiter, insbesondere aus Marokko und Südamerika, und das Interesse der breiten Öffentlichkeit am kulturellen Erbe der spanischen Judenschaft hat sich merklich belebt.

*Links:* »Córdoba an Maimonides« steht als Widmung auf dieser Statue, die 1964 zur Erinnerung an einen der berühmtesten Söhne der Stadt errichtet wurde.

*Unten und unten rechts:* In Portugal wurden die Juden 1497 zwangsgetauft, doch viele hielten unter äußerster Geheimhaltung an ihrem Glauben fest. Sie heirateten nur untereinander und gaben die Gebete und Rituale mündlich von einer Generation zur nächsten weiter. Oft waren es die Frauen, die die Gebete vorsprachen und die Traditionen lebendig hielten. Einige entlegene Marranen-Gemeinden behaupteten sich bis in neuere Zeit.

Die Juden Portugals erlangten zwar die Freiheit der Religionsausübung nach dem Sturz der Monarchie 1910, aber die Gemeinde ist klein geblieben. Tatsächlich ist ihr Anteil kaum größer als in Gibraltar, das überraschenderweise eine bedeutende jüdische Geschichte hat, die bis ins 18. Jahrhundert reicht. Im Abstand von wenigen hundert Metern findet man hier vier ehrwürdige Synagogen, die alle noch in Gebrauch sind. Die Juden begannen sich bald nach der Eroberung durch die Briten 1704 in Gibraltar niederzulassen, und 1749, als ihre Ansiedlungsrechte offiziell anerkannt wurden, bildeten sie ein Drittel der Gesamtbevölkerung. Sie sind noch heute ausgesprochen stolz auf ihr jüdisches Erbe, halten an ihren religiösen Traditionen fest und sind gut am Leben der Stadt beteiligt.

# Italien

Die jüdische Präsenz in Italien hat eine ununterbrochene Geschichte von mehr als 2000 Jahren, und in moderner Zeit sind sie in allen gesellschaftlichen Bereichen aktiv gewesen (mehrere der bekanntesten italienischen Schriftsteller sind jüdischer Abstammung). Obwohl die faschistische Regierung auf Druck der Nationalsozialisten Rassengesetze einführte und viele Juden während des Kriegs deportiert wurden, war der Antisemitismus in Italien nie besonders ausgeprägt, so daß ein großer Teil der jüdischen Bevölkerung den Holocaust überlebte. Nach dem Krieg wurde Italien vorübergehend zur Heimat für Tausende von entwurzelten Menschen (zeitweilig war ihre Zahl fast höher als die der einheimischen Juden); die meisten von ihnen übersiedelten später nach Israel. Neuerdings hat es einen Zustrom aus Libyen gegeben, auch machten viele sowjetische Emigranten in Italien halt, bevor sie in andere Länder weiterreisten. Der gegenwärtige Judenanteil Italiens wird auf knapp über 30 000 geschätzt, von denen etwa die Hälfte in Rom lebt, während eine zweite bedeutende Gemeinde in Mailand ansässig ist. Die Koordination von Gemeindeaktivitäten obliegt einer zentralen Organisation, der Union jüdischer Gemeinden Italiens. Die Judenschaft im Land ist seit jeher gut integriert und assimiliert, allerdings haben sich durch die Einwanderungen auch traditionelle Formen der Religion am Leben erhalten. Die Zunahme neofaschistischer Umtriebe hat in letzter Zeit Anlaß zu Besorgnis gegeben; 1982 gab es mehrere blutige Zwischenfälle, von denen sich einige anscheinend speziell gegen jüdische Immigranten aus Libyen richteten.

*Rechts:* Die Deportationen von Juden aus Rom und Norditalien gehörten zu dem Trauma der Niederlage und deutschen Besetzung im Herbst 1943. Innerhalb von sechs Wochen wurden fast 10 000 Juden nach Auschwitz gebracht, von denen nur wenige überlebten. Am 20. Jahrestag der Deportation aus Rom, im Oktober 1963, fand diese Gedenkfeier statt, an der der gesamte römische Stadtrat teilnahm. Sie wurde am Portico Octavia abgehalten, in der Hauptdurchgangsstraße des einstigen Ghettos.

*Unten:* Die mittelalterliche Synagoge von Sermoneta, südlich von Rom. Sie wurde von den Juden aufgegeben, als sie auf päpstliches Dekret hin 1555 die Stadt verlassen mußten.

*Unten rechts:* Die Registrierung einer Eheschließung in der Synagoge von Rom.

*Rechts:* Garibaldis Einzug in Rom 1870 gab den dortigen Juden frischen Lebensmut. Das überfüllte Ghetto am Tiberufer wurde im Rahmen eines Stadtentwicklungsplans abgerissen, und anstelle der bisherigen fünf Synagogen entschied sich die jüdische Gemeinde für ein einziges, monumentales Bauwerk, das die neugewonnene Freiheit symbolisieren sollte. Es wurde 1904 eingeweiht und nimmt eine exponierte Stellung über dem Fluß ein. Die Architekten verzichteten auf den vorherrschenden neomaurischen Stil zugunsten eines italienischen Neoklassizismus mit orientalischen Einschlägen.

Wenige Städte in der Welt können sich, was die Fülle jüdischer Monumente betrifft, mit Venedig messen, wo es zwei ehemalige Ghettos *(unten)* und fünf bemerkenswerte Synagogen gibt, die dicht beieinanderstehen. Das Wort »Ghetto« ist möglicherweise venezianischen Ursprungs; auf jeden Fall wurden die hier ansässigen Juden erstmals 1516 in ein eigenes Viertel eingewiesen, dessen Tore man nachts verschloß.
Die Große Deutsche Synagoge *(ganz unten)* im Neuen Ghetto wurde 1528 geweiht, doch geht ihr heutiges Gesicht im wesentlichen auf eine Renovierung im späten 17. Jahrhundert zurück.

# Ungarn

Ungarn bildet insofern eine Ausnahme, als es noch heute über relativ zahlreiche Juden und ein pulsierendes jüdisches Leben, zumindest in der Hauptstadt, verfügt. Budapest kann sich sogar als eine der wenigen Städte in Europa einer Vielzahl von benutzten Synagogen, mehrerer Rabbiner, Kantoren und jüdischer Schächter sowie eines eigenen Rabbinerseminars rühmen.

Die Volkszählung von 1930 ergab 444 567 Juden, das entsprach 5,11 Prozent der Gesamtbevölkerung von nahezu 8,7 Millionen. Doch in Budapest war ihr Anteil sehr viel höher: hier betrug ihre Zahl 204 371 bei einer Gesamteinwohnerschaft von etwas über einer Million. Ungefähr die Hälfte der ungarischen Judenschaft wurde durch den Holocaust ausgerottet, im wesentlichen in den Monaten nach der deutschen Besetzung im März 1944. Bis zum 5. Mai dieses Jahres waren bereits 200 000 Juden verhaftet worden, die man kurz darauf in das Vernichtungslager Auschwitz deportierte. Nach dem Krieg lebten noch rund 110 000 in Budapest und lediglich etwa 30 000 im Rest des Landes. Schätzungsweise mehr als 20 000 junge Juden sind geflohen, als die Grenzen während des fehlgeschlagenen Aufstands von 1956 für kurze Zeit geöffnet wurden, aber ansonsten war eine Emigration kaum möglich. 1975 schätzte man den jüdischen Anteil auf 100 000 bei einer Gesamtbevölkerung von 10,5 Millionen, von denen vier Fünftel in der Hauptstadt ansässig waren.

Das ungarische Judentum nimmt eine gewisse Sonderstellung ein, da seine religiöse Führung nach wie vor an den Grundsätzen des europäischen Modernismus festhält. Die neologe Richtung, die Ende des 18. Jahrhunderts entstand, übt heute wieder eine beträchtliche Anziehungskraft auf junge ungarische Juden aus.

*Rechts:* Ein Begräbnis in Budapest. Der Sarg wird von Rabbinern in typisch neologen Gewändern getragen.

*Unten:* Die Orthodoxie fristet ein recht kümmerliches Dasein. Dieser Hof hinter der arg heruntergekommenen Synagoge in der Kazinczy utca dient für die Anhänger dieser Richtung als Versammlungsort.

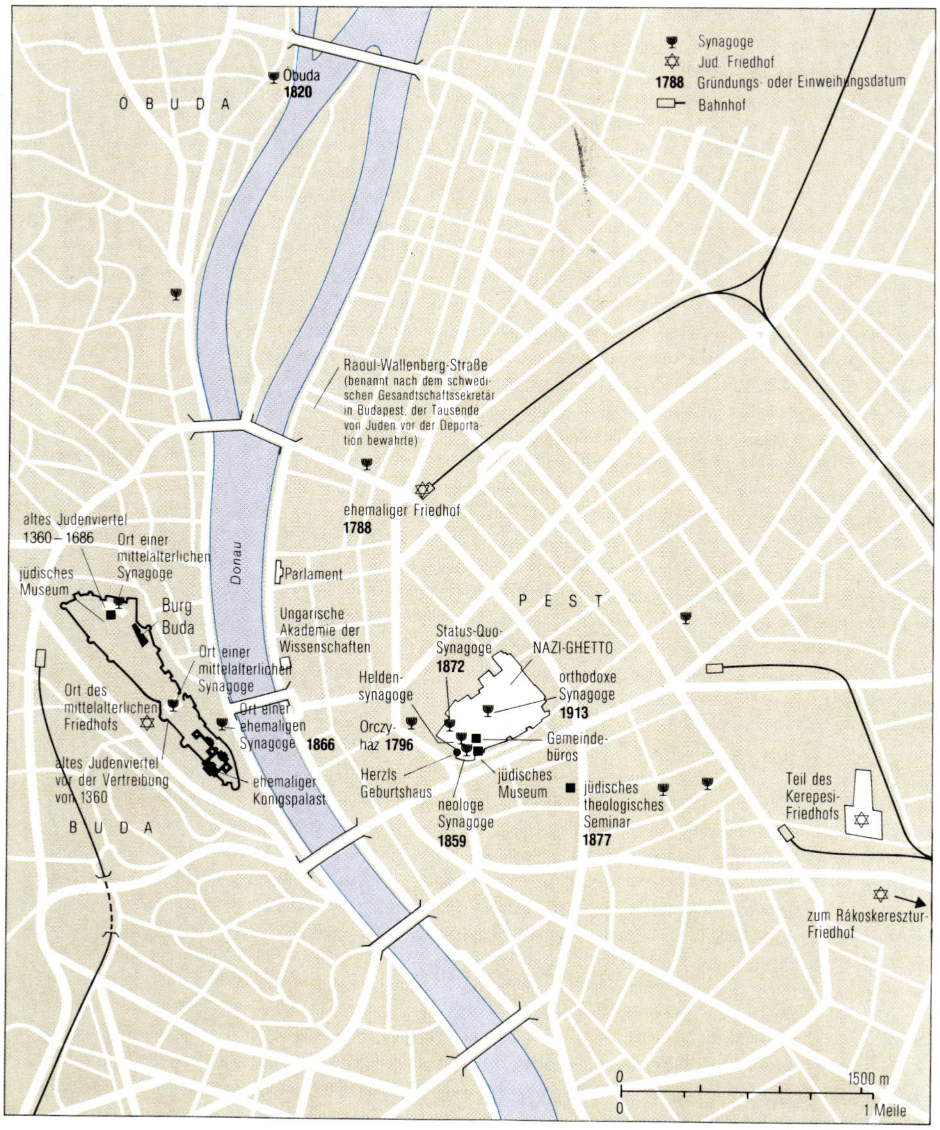

*Oben:* Der jüdische Hauptfriedhof von Pest. Im Hintergrund ist die Gedenkstätte für die von den Nazis Deportierten zu sehen. Hier sind die Namen aller Juden vermerkt, die dabei ihr Leben ließen.

*Links:* Das jüdische Budapest. Die mittelalterliche Judengemeinde konzentrierte sich in der Burg Buda. Durch ein kaiserliches Edikt von 1783 wurde ihnen dann erlaubt, sich auch in Pest anzusiedeln.

Spuren jüdischer Ansiedlung lassen sich bis in die römische Zeit zurückverfolgen, doch die Grundlagen für eine stärkere Niederlassung wurden erst im 13. Jahrhundert geschaffen, als König Béla IV. Juden mit kaufmännischen Erfahrungen ins Land holte, um die ungarische Wirtschaft nach den schweren Verwüstungen durch den Mongoleneinfall wiederaufzubauen. Auch in moderner Zeit trugen sie in unverhältnismäßig hohem Maße zur wirtschaftlichen Entwicklung bei.

1868, dem Jahr nach der Judenemanzipation, berief die Regierung einen allgemeinen jüdischen Kongreß ein, um die Organisation der Gemeinde zu regeln. Damals gab es eine tiefe Spaltung zwischen der orthodoxen und der neologen (gemäßigt reformerischen) Bewegung. 1895 wurde der Judaismus offiziell als Minderheitenreligion anerkannt. Die Orthodoxen, die im Kongreß eine deutliche Minderheit darstellten, gründeten ihre eigene Organisation, während eine kleine Zahl von Gemeinden es ablehnte, sich einer der beiden Gruppierungen anzuschließen. Diese drei getrennten religiösen Richtungen behaupteten sich bis 1950, als sie auf staatlichen Druck hin zu einer einzigen Organisation zusammengefaßt wurden, um sie besser kontrollieren zu können. Die Regierung hatte schon Ende 1948 ein Abkommen mit dem Zentralverband ungarischer Juden getroffen, in dem sie, wie für die anderen Glaubensgemeinschaften, offizielle Anerkennung, Freiheit der Religionsausübung und finanzielle Unterstützung garantierte; dieses Abkommen wurde dann im Jahr 1968 erneuert.

Es bestehen heute etwa 30 Synagogen und jüdische Gebetshäuser in Budapest und weitere 70 außerhalb der Hauptstadt. Sie sind zwar alle dem Zentralverband angeschlossen, doch existiert auch ein eigenes neologes und orthodoxes Rabbinat. Die orthodoxe Minderheit besitzt nur wenige Rabbiner. Das Jüdische Theologische Seminar, gegründet 1877, bildet Rabbiner für Ungarn und andere osteuropäische Länder aus.

*Ganz oben rechts:* Die Synagoge in der Dohány utca ist eines der herausragenden Bauwerke Budapests und die größte Synagoge ganz Europas. 1859 in maurischem Stil errichtet, faßt sie weit mehr als 3000 Gläubige. Die Kuppel im Hintergrund gehört zur Heldensynagoge, einer Gedenkstätte für die Toten des Ersten Weltkriegs. Der Innenhof der Dohány-utca-Synagoge ist als Gedenkstätte für die Opfer des Naziterrors angelegt.

*Oben rechts:* Das Innere der Dohány-utca-Synagoge an einem hohen Festtag. Bei dem bärtigen Kleriker handelt es sich um Dr. László Salgó, neologer Oberrabbiner und Mitglied des ungarischen Parlaments.

*Links:* Eine Ordinationsfeier im 1877 gegründeten Jüdischen Theologischen Seminar in Budapest. Die Bedeutung dieses Seminars für die Ausbildung von Rabbinern und Wissenschaftlern hat in den letzten Jahrzehnten noch zugenommen. Hier spricht der gelehrte Prinzipal, Professor Alexander Scheiber, zu dem Ordinanden.

*Links:* Menachem Begin bei einer Ansprache in der Synagoge von Bukarest, bald nachdem er 1977 israelischer Ministerpräsident geworden war. Rumänien unterhält als einziges Land des Warschauer Paktes diplomatische Beziehungen zu Israel; auch hat es sich geweigert, Zionismus mit Rassismus gleichzusetzen.

*Unten links außen:* Dr. Moses Rosen, Oberrabbiner von Rumänien, bei einer Gedenkfeier für die über 150 000 Nazi-Opfer aus dem nördlichen Siebenbürgen. Rosen, der auch dem rumänischen Parlament angehört, hat schwierige Verhandlungen mit der Regierung im Interesse der jüdischen Gemeinde geführt. Er hat die Massenauswanderung von rumänischen Juden überwacht, aber auch Verbesserungen der Lebensbedingungen für die im Land Gebliebenen erreicht.

*Oben:* Der Holocaust ist in Prag unvergessen. Hier werden Gebete für die in Auschwitz Umgekommenen gesprochen.

*Rechts:* Die gotische Altneuschul ist das wichtigste Gebäude, das vom alten Prager Judentum erhalten ist. Sie gehört heute der jüdischen Religionsgemeinde Prags und wird regelmäßig für Gottesdienste benutzt.

*Seite 185 ganz oben:* Das jüdische Totenhaus in romanischem Stil entstand zu Beginn dieses Jahrhunderts. Es wurde vor dem Zweiten Weltkrieg in ein Museum umgewandelt und beherbergt gegenwärtig eine eindrucksvolle Sammlung von Kinderzeichnungen und Gedichten aus dem Konzentrationslager Terezín.

# Rumänien

Schätzungen sprechen noch von rund 30 000 Juden in Rumänien, von denen die Hälfte in Bukarest und der Rest verstreut in rund 70 kleineren Gemeinden lebt. Mehr als die Hälfte soll über 60 Jahre alt, nur ein kleiner Prozentsatz unter 20 sein.

Vor dem Krieg gab es mehr als 800 000 Juden in Großrumänien, einschließlich der Territorien, die nach dem Ersten Weltkrieg hinzugekommen waren. Gerade in diesen Landesteilen – insbesondere in Bessarabien, Bukowina und Siebenbürgen – waren die Deportationen am verheerendsten. Die Judenschaft Altrumäniens überstand die Heimsuchung zwar nicht unbeschadet (die Pogrome in Bukarest und Jassy im Jahr 1941, bei denen Tausende brutal ermordet wurden, sind noch in grauenhafter Erinnerung), jedoch zumindest einigermaßen intakt. 1948 wies Rumänien – trotz einer hektischen Auswanderungsbewegung bei Überlebenden und Zurückgekehrten –, noch schätzungsweise an die 350 000 Juden auf – die drittgrößte Zahl in einem europäischen Land nach der Sowjetunion und Großbritannien.

In der stalinistischen Ära war die Auswanderung blokkiert; die kommunalen und politischen jüdischen Organisationen wurden entweder aufgelöst oder unter kommunistische Kontrolle gebracht. Religiöse Angelegenheiten wurden streng geregelt, auch unternahm die Führung der kommunistischen Juden heftige Angriffe gegen Judaismus und Zionismus. Unter der Regierung Ceausescu schaffte man die staatliche Lenkung der Gemeinden ab, und es kam zu einer gewissen Wiederbelebung von religiösen, sozialen und Bildungseinrichtungen, verbunden mit der geordneten Übersiedlung des größten Teils der jüdischen Bevölkerung Rumäniens nach Israel.

Die rumänische Judenschaft ist hauptsächlich aschkenasisch und orthodox, doch gibt es auch eine kleine sephardische Gruppe sowie einige neologe Synagogen im ungarischsprachigen Siebenbürgen. 1949 wurden die verschiedenen Gemeinden in jeder Stadt durch Regierungsdekret zu einer einzigen Gemeinde zusammengeschlossen. Der Antisemitismus, der bis zum Ende der Monarchie grassierte, ist unter kommunistischer Herrschaft mehr und mehr ausgerottet worden.

# Tschechoslowakei

Die Zahl der bekennenden Juden wird hier allgemein auf ungefähr 8000 veranschlagt, von denen ungefähr die Hälfte in der Tschechischen Sozialistischen Republik (Böhmen und Mähren) und die andere Hälfte in der Slowakei ansässig ist.

Die Volkszählung von 1930 registrierte 356 000 Menschen mosaischen Glaubens, von denen sich 191 000 zur jüdischen Nationalität bekannten. (Dieser nationale Status, in der Verfassung von 1920 bestätigt, wurde nach dem Krieg wieder abgeschafft.) Nach der Befreiung betrug der Anteil 45 000 (nicht gerechnet das 1945 von der Sowjetunion annektierte ukrainische Gebiet, das vor 1939 über 100 000 Juden aufwies). Bis 1950 waren rund zwei Drittel der Gesamtzahl emigriert, und nach dem sowjetischen Einmarsch von 1968 fand eine weitere, kleinere Auswanderungsbewegung statt.

Die erste sozialistische Verfassung von 1948 proklamierte die Glaubensfreiheit und verbot die Anstiftung zum Rassen- oder Religionshaß. Die gesetzliche Reglementierung von religiösen Einrichtungen (1949) wurde von der katholischen Kirche entschieden bekämpft, von den Juden jedoch begrüßt, da sie Gleichstellung und finanzielle Sicherheit garantierte. Im Lauf der Zeit fielen dann jedoch einige Synagogen der Beschlagnahme zum Opfer, und auch die staatlichen Geldmittel zur Unterstützung jüdischer Gemeinden nahmen stark ab. Prominente Juden in Partei und Regierung wurden 1951 ausgeschaltet, als »Agenten des westlichen Imperialismus« gebrandmarkt und ins Gefängnis geworfen. Bei dem spektakulären Schauprozeß von 1952 waren elf der vierzehn Angeklagten Juden, darunter Rudolf Slánský, ein stellvertretender Regierungschef und ehemaliger Parteigeneralsekretär. Auch einige der führenden »liberalen Kommunisten« von 1968 waren jüdischer Abstammung. Die sowjetische Propaganda hob diesen Umstand immer wieder hervor, um antisemitische Vorurteile auszubeuten, und jene Männer wurden schließlich durch andere ersetzt.

Jüdische Gottesdienste werden heute regelmäßig in den beiden Synagogen in Prag und in einer Reihe weiterer Städte abgehalten. Es bestehen zwar einige traditionalistische Gemeinden in der Slowakei, aber das tschechische Judentum ist seit jeher mehr der Reformbewegung zugeneigt. Die ältere Generation von Rabbinern ist gestorben, und mehrere Jahre lang gab es keine religiöse Führung in der Tschechoslowakei, doch hat die Prager Gemeinde jetzt wieder einen jungen Rabbiner, der in Budapest ausgebildet worden ist.

Vor dem Holocaust gab es in Polen 17000 verschiedene jüdische Gemeinden, ansässig in großen Zentren bis hin zu winzigen Dörfern. Nur wenige konnten sich, was ihre Geschichte oder ihre Baumonumente betraf, mit der Krakauer Gemeinde vergleichen, oder besser gesagt – da die Juden lange Zeit aus der Stadt selbst verbannt waren – mit der Gemeinde von Kazimierz, der jüdischen Vorstadt Krakaus. *Links* sieht man den Eingang zum dortigen Ghetto im Jahr 1937. Heute leben hier nur noch wenige Juden, doch wird regelmäßig Gottesdienst in der prachtvollen, sorgfältig restaurierten Rema-Synagoge abgehalten. Die Alte Synagoge, eine der ältesten Europas, ist ebenfalls restauriert worden und dient jetzt als jüdisches Museum.

*Unten:* Überwucherte Steine auf einem Feld – das ist alles, was von einer einst blühenden ländlichen Judengemeinde übriggeblieben ist.

*Ganz unten:* Zum Segnen erhobene Hände: ein Grabstein in Sientawa.

# Polen

In Polen wird die Gemeinde auf weniger als 6000 Mitglieder geschätzt, von denen die meisten ältere Staatspensionäre sind. Die Union Religiöser Kongregationen zählt 19 Mitgliedsgemeinden, deren größte sich in Warschau und Breslau befinden.

Vor dem Krieg hatte das Land mehr als drei Millionen jüdische Bürger, bei der Befreiung waren von ihnen kaum noch 50 000 übrig; mehrere Hundert wurden bei späteren Ausschreitungen getötet. In den Folgejahren kehrten rund 200 000 zurück, die meisten aus der Sowjetunion, doch bald wanderte die Mehrheit von ihnen wieder aus. 1950 wurde die jüdische Population auf 60 000 bis 70 000 veranschlagt. Als 1956 Wladyslaw Gomulka an die Macht kam, durften zwischen 40 000 und 50 000 emigrieren, und die meisten übrigen verließen ihre polnische Heimat im Jahr 1968 während einer heftigen, staatlich gesteuerten antisemitischen Kampagne.

*Unten:* »Einer aus dem Volk des Buches«, fotografiert von Roman Vischniac 1938 in Warschau. Vor seiner Zerstörung war Warschau eines der jüdischen Kulturzentren Europas. Heute erinnert nur noch wenig an die glanzvolle Vergangenheit.

*Rechts oben:* Lwow ist untrennbar mit der Geschichte Polens verknüpft, auch wenn es jetzt zur sowjetischen Ukraine gehört. Die jüdische Bevölkerung der Stadt erlebte ihre Blüte zur Zeit der habsburgisch-österreichischen Herrschaft.

*Rechts Mitte:* *Chanukka*-Feier in einem polnischen *stibl* (kleines Gebetshaus). Die Lichter verheißen nur wenig Hoffnung für die überalterte, schrumpfende Gemeinde.

*Oben:* Der letzte koschere Metzger Polens, fotografiert 1978 in Krakau. Sein Laden hatte nur einmal in der Woche geöffnet. Das letzte koschere Restaurant war bereits ein Jahrzehnt zuvor geschlossen worden.

*Unten:* 1950 wurden auf dem Gelände des früheren Warschauer Ghettos zwei versiegelte Milchkannen mit Dokumenten über das Ghetto zutage gefördert. Sie waren vor dem Aufstand von 1943 vergraben worden.

Wie in anderen kommunistischen Ländern auch, löste man hier die jüdischen Organisationen Ende der 40er Jahre auf oder unterstellte sie kommunistischer Kontrolle. Die verschiedenen zionistischen Verbände wurden unterdrückt, und der Bund verschmolz mit der Vereinigten Arbeiterpartei. Eine Verordnung von 1949, später in der Verfassung von 1952 übernommen, garantierte die Religionsfreiheit, gleichzeitig entstand die Religiöse Union (mit 63 Mitgliedsgemeinden), die offizielle Anerkennung fand. Parallel dazu wurde eine kommunistisch gelenkte Union gegründet, mit dem Ziel, eine jüdische Kultur zu fördern, die »national in der Form und sozialistisch im Inhalt« sein sollte. Die kommunistische Regierung unternimmt generelle Anstrengungen, den Antisemitismus zu unterdrücken, der in Polen eine lange Tradition hat, doch ist es immer wieder zu ernsthaften Feindseligkeiten gekommen, namentlich 1968 und dann erneut seit 1980. Das polnische Judentum ist traditionalistisch ausgerichtet, aber es gibt keine Rabbiner und keine religiösen Bildungseinrichtungen.

*Oben:* Eine jüdische Familie in Salonike. Im 19. Jahrhundert war Salonike praktisch eine jüdische Stadt. Die hier ansässigen Griechen, Türken und Albanier schlossen an jüdischen Feiertagen ihre Geschäfte, und viele von ihnen sprachen sogar Judeo-Espagnol. 1930 gab es 60 Synagogen, von denen gegenwärtig noch zwei in Gebrauch sind.

*Oben rechts:* Eingang zum alten Judenviertel auf Rhodos. Nachdem die Insel im 16. Jahrhundert von den Türken erobert worden war, entwickelte sich auf Rhodos eine bedeutende Gemeinde. Noch heute besteht hier eine Synagoge, in der weiter Gottesdienst abgehalten wird.

*Unten:* Ein Blick auf die Altstadt von Dubrovnik. Nur wenige Touristen machen sich die Mühe, die reizvolle kleine Synagoge zu besuchen; sie ist in einer Seitenstraße versteckt, wo sich einst das Judenviertel befand.

*Rechts unten:* Die Synagoge in Sophia, erbaut in dem byzantinisch-maurischen Stil, der im vorigen Jahrhundert in Mode war. Die Ursprünge des Judentums von Sophia liegen im römischen Altertum, doch erst nach der Vertreibung aus Spanien wurde die Stadt zu einem bedeutenden jüdischen Zentrum.

*Rechts ganz unten:* Diese restaurierte Synagoge in Zenica in Bosnien ist jetzt ein Museum.

# Andere Balkangemeinden

Im südlichen Balkan siedelten Juden bereits in der Antike, doch wurde die dortige Gemeinde erst unter osmanischer Herrschaft durch Flüchtlinge aus Spanien und in einem geringeren Umfang aus Osteuropa wesentlich vergrößert. Trotz jahrhundertelanger judenfeindlicher Indoktrination durch die Kirche, erhielten die Juden zur Nazizeit starke Unterstützung seitens der Bevölkerung, und in Bulgarien nahm ihre Zahl während des Kriegs sogar leicht zu. Gleichwohl gab es andernorts schwere Verluste, von denen der verhängnisvollste die Auslöschung der 60 000 Seelen zählenden jüdischen Gemeinde von Salonike war. Bei Kriegsende lebten in Bulgarien 49 000 Juden, in Jugoslawien 11 000 und in Griechenland etwa genausoviel, ferner ein paar hundert in Albanien. Zwischen Oktober 1948 und Mai 1949 wanderten rund 40 000 Juden aus Bulgarien aus, weitere 4000 folgten im Sommer 1950. Im selben Zeitraum emigrierten mehrere tausend Juden aus Jugoslawien und Griechenland, so daß diese drei Gemeinden heute nur noch jeweils wenige tausend Mitglieder zählen.

# SOWJETUNION

D. Oistrach (1809–74) und I. Oistrach (geb. 1931), Geiger

B. Pasternak (1890–1960), Schriftsteller

S. Eisenstein (1898–1948), Regisseur

B. Volynow (geb. 1934), Kosmonaut

M. M. Litwinow (1876–1951), Politiker

Y. L. Levin, Oberrabbiner von Moskau

| | *1930* Annähernde jüd. Bev. | *1930* Juden auf 1000 Einw. | *1980* Annähernde jüd. Bev. | *1980* Juden auf 1000 Einw. |
|---|---|---|---|---|
| **UdSSR** | **2672000** | **18** | **1811000** | **7** |
| Aserbaidsch. SSR | 31000 | 14 | 35000 | 6 |
| Estnische SSR* | 4500 | 4 | 5000 | 3 |
| Grusinische SSR | 31000 | 12 | 28000 | 6 |
| Lettische SSR* | 96000 | 52 | 28000 | 11 |
| Litauische SSR* | 155000 | 56 | 15000 | 4 |
| Moldauische SSR* | | | 80000 | 20 |
| RSFSR | 589000 | 6 | 700000 | 5 |
| Tadschikische SSR | | | 15000 | 4 |
| Ukrainische SSR | 1574000 | 54 | 634000 | 13 |
| Usbekische SSR | 38000 | 7 | 100000 | 6 |
| Weißrussische SSR | 407000 | 82 | 135000 | 14 |
| Armenisch SSR, Kasachische SSR, Kirgisische SSR, Turkmen. SSR | — | — | 35000 | 4 |

*Nicht Teil der UdSSR 1930: Die Zahlenangaben in der ersten Kolumne stammen jeweils von der frühesten Volkszählung nach 1930. Zu beachten ist auch, daß sich die Grenzen einiger SSR seit 1930 geändert haben.

**Jüdische Auswanderung aus der UdSSR**

| | | | |
|---|---|---|---|
| 1948 | 24000 | 1976 | 14000 |
| 1971 | 14000 | 1977 | 17000 |
| 1972 | 31000 | 1978 | 29000 |
| 1973 | 34000 | 1979 | 50000 |
| 1974 | 20000 | 1980 | 21000 |
| 1975 | 13000 | | |

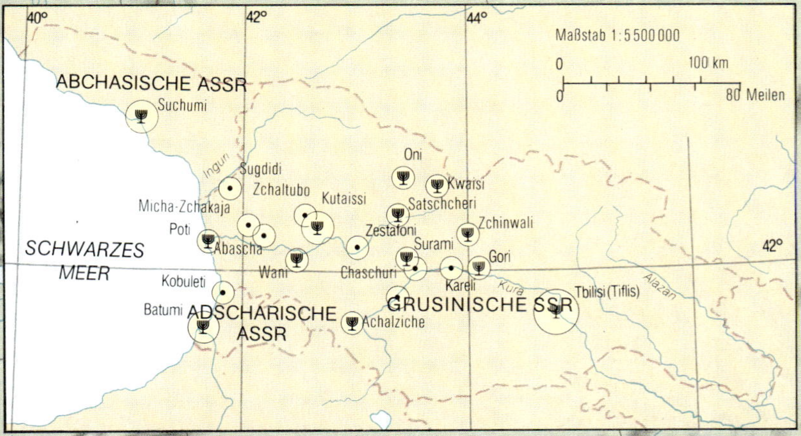

*Rechts:* Die Juden der UdSSR gehören mehreren verschiedenen ethnischen Gruppen an. Die Vorfahren dieses Juden aus Buchara waren persischer Abstammung; seine Muttersprache ist ein jüdischer Dialekt des Tadschikischen, einer persischen Sprache. In den 20er und 30er Jahren unseres Jahrhunderts begann sich eine Literatur in Jüdisch-Tadschikisch zu entwickeln, doch wurde sie im Zuge der großen Säuberung seit 1938 völlig unterdrückt.

Trotz enormer Verluste im Zweiten Weltkrieg und einer beträchtlichen Emigration während der 70er Jahre besitzt die Sowjetunion noch immer die drittgrößte jüdische Bevölkerung aller Länder der Erde, doch haben die russischen Juden unter ernsten Benachteiligungen zu leiden. Wie andere Religionen in der UdSSR auch, ist der Judaismus starken Beschränkungen von staatlicher Seite unterworfen. Es gibt, abgesehen von einigen Synagogen, keine jüdischen Gemeindeeinrichtungen und nur sehr wenig Freiraum für kulturelle Entwicklung und Selbstentfaltung. Ferner fehlen die Möglichkeiten zu jener fruchtbaren Horizonterweiterung, wie sie Auslandsreisen, Neueinwanderung oder die Teilnahme an internationalen Zusammenkünften mit sich bringen. Der Zionismus ist verboten, und es bestehen keinerlei Kontakte zu Israel. Es sind auch nicht die geringsten Anzeichen für einen konstruktiven Dialog zwischen Judentum und Sozialismus oder Christentum zu erkennen. Die Juden sind künstlich als Nation klassifiziert, besitzen aber im Gegensatz zu anderen sowjetischen Nationen kein eigenes Territorium. Bis 1917 gehörte die Judenschaft des Landes zu den rückständigsten und unterdrücktesten jüdischen Gemeinden der Welt. Nach der Revolution unternahm man ernsthafte Anstrengungen, ihre Situation zu »normalisieren« und sie in die Gesellschaft einzugliedern, aber die Maßnahmen waren häufig ungeschickt und wurden zudem durch offene oder versteckte Diskriminierung und sogar durch einen offiziell geförderten Antisemitismus behindert. Ab 1970 scheint es eine Zunahme der judenfeindlichen Diskriminierung gegeben zu haben, verbunden mit einem deutlichen Anstieg der Auswanderungen; seit 1980 hat sich die Lage weiter verschlechtert, während gleichzeitig die Emigration praktisch zum Stillstand gekommen ist. Die Situation ihrer sowjetischen Brüder gehört heute zu den brennendsten Sorgen der Juden Israels und des Westens: einerseits, weil es um sehr viele Menschen geht, und andererseits wegen der gefühlsmäßigen Bindung zahlreicher Aschkenasim osteuropäischer Herkunft an das Land ihrer Väter.

Laut der Volkszählung von 1979 gab es in der UdSSR 1,81 Millionen Juden, was 0,8 Prozent der Gesamtbevölkerung entspricht. In der Liste der sowjetischen Nationen rangierten die Juden an 16. Stelle, zwischen den Kirgisen und den Tschuwaschen. Bei früheren Erhebungen wurden beispielsweise 1897 mehr als 5 Millionen Juden registriert, 3 Millionen 1939 und 2,15 Millionen 1970 (wobei die Landesgrenzen von Fall zu Fall verschieden waren).

Diese Angaben sind oft angezweifelt worden; sowohl sowjetische Behörden als auch westliche Fachleute haben für die Gegenwart Gesamtzahlen zwischen 2,5 und 3 Millionen genannt. Die Erhebungsdaten basieren auf einer nationalen Definition der jüdischen Identität sowie auf eigenen Angaben der Befragten. Angesichts der definitorischen Schwierigkeiten (insbesondere im Hinblick auf den hohen Anteil an Mischehen) und der Möglichkeit, daß mancher Befragte zögert, sich zur jüdischen Nationalität zu bekennen, kann eine höhere Gesamtzahl nicht ausgeschlossen werden, doch sind die Ergebnisse der Volkszählung die einzigen, die Anspruch auf Genauigkeit erheben können. Sie sind von besonderem Interesse, weil detaillierte staatliche Statistiken aus anderen großen jüdischen Bevölkerungszentren mit Ausnahme Israels nicht verfügbar sind.

*Oben:* Gläubige in der sephardischen Synagoge in Tiflis, der Hauptstadt der Georgischen SSR. Das georgische Judentum hat seine Identität und seine sehr starke religiöse Tradition bewahrt. In den 30er Jahren wurde in Tiflis für kurze Zeit ein jüdisches Museum eröffnet, dessen reiche Bestände von der tiefen Verwurzelung der Juden in der Erde Georgiens zeugten.

*Links:* Die Synagoge in Leningrad, vollendet 1893. Das damalige St. Petersburg war die Hauptstadt des zaristischen Rußlands. Die Juden, zunächst auf ein bestimmtes Siedlungsgebiet beschränkt, ließen sich nur zögernd in der Metropole nieder. Doch gegen Ende des Jahrhunderts besaßen sie dort eine tragfähige, gut organisierte Gemeinde. Leningrad besitzt nach wie vor eine sehr ansehnliche jüdische Bevölkerung.

*Oben:* Die Frauengalerie in der grandiosen Zentralsynagoge von Moskau, einer der beiden noch geöffneten Synagogen in der sowjetischen Hauptstadt und natürlicher Mittelpunkt des jüdischen Gemeindelebens. Die Gläubigen gehören zwar überwiegend den älteren Jahrgängen an, doch haben in den letzten Jahren zunehmend auch jüngere Menschen die Synagoge aufgesucht.

*Seite 194/95:* Gottesdienst in der Synagoge von Minsk, der Hauptstadt der Weißrussischen SSR. Die jüdische Niederlassung geht hier auf das 15. Jahrhundert zurück, als Minsk der wichtigste Handelsmittelpunkt Weißrußlands war; Ende des 19. Jahrhunderts wies es eine der größten Judengemeinden im ganzen Zarenreich auf. Die Große Synagoge wurde 1959 geschlossen, die letzte noch verbliebene kleine Synagoge 1964 abgetragen. Dieses schlichte Gebetshaus aus Holz wurde später in den Außenbezirken der Stadt neuerrichtet.

Die sowjetischen Juden gehören mehreren verschiedenen ethnischen Gemeinden mit unterschiedlichen religiösen und sprachlichen Traditionen an. Die große Mehrheit, fast 90 Prozent, sind Aschkenasim europäischer Herkunft, deren Umgangssprache seit jeher das Jiddische ist. Sie stammen aus Polen, von dem große Teile Ende des 18. und Anfang des 19. Jahrhunderts durch Rußland annektiert wurden. Unter den Zaren war es den Juden verboten, das ihnen zugewiesene Siedlungsgebiet zu verlassen; seit den 1920er Jahren gab es jedoch eine beachtliche Bewegung in die großen Städte und eine Ausbreitung über das ganze Land. Weitere Regionen Osteuropas (die baltischen Republiken, das westliche Weißrußland, Moldau und die Karpaten-Ukraine einschließlich der nördlichen Bukowina) wurden von der UdSSR während oder nach dem Zweiten Weltkrieg annektiert, und die dortigen Juden zeigen noch heute deutliche kulturelle Unterschiede gegenüber jenen Gruppen, die den Sowjetstaat bereits seit dessen Gründung bewohnen. Während letztere an die russische Kultur und Gesellschaft assimiliert sind, haben sich die »westlichen« Juden eine stärkere Bindung an die jiddische Sprache und die religiösen Bräuche bewahrt.

Die anderen jüdischen Gruppen haben ihren Ursprung weiter im Osten. Seit dem Altertum sind Juden in Georgien nachgewiesen. Ihre Muttersprache ist das Georgische, und sie pflegen einen engen sozialen Zusammenhalt. Die Volkszählung von 1897 registrierte fast 19 000 Juden in Georgien; 1970 waren es über 55 000, von denen 32 000 Georgisch als Muttersprache angaben. Seither hat es eine erhebliche Auswanderung nach Israel gegeben. Etwas weiter im Osten, in Dagestan und Aserbaidschan, leben die »Bergjuden«, die traditionell eine Turksprache namens Tat sprechen. Sie wohnten ursprünglich in Bergdörfern, sind aber in den letzten Jahrzehnten auch in die Städte der Region hinabgezogen.

Die zahlenmäßig stärksten unter den ostrussischen Juden sind die Bucharaner, die ihren Namen von dem alten Chanat Buchara herleiten. Ihre Ursprünge lassen sich bis in das altpersische Reich zurückverfolgen. Ihre Muttersprache ist das Tadschikische (eine Form des Persischen), ihre Hauptzentren sind in Samarkand, Taschkent, Duschanbe und in anderen Städten Usbekistans und Tadschikistans. Seit dem letzten Jahrhundert haben sich bucharanische Juden auch in Jerusalem niedergelassen, wo sie eine eigene ethnische Gemeinde bilden. Eine vierte Gruppe, die tatarischsprachigen Krimschaken auf der Krim, wurde von den Nazis praktisch ausgerottet.

Die Juden leben verteilt über alle 15 Sowjetrepubliken, doch ist die beträchtliche Mehrheit von ihnen in den beiden größten Republiken ansässig: der Russischen Sozialistischen Föderativen Sowjetrepublik (RSFSR) und der Ukraine. Wichtige Schwerpunkte finden sich auch in der Weißrussischen, Usbekischen und Moldauischen SSR. 98 Prozent der Juden sind Stadtbewohner (gegenüber rund 60 Prozent der Gesamtbevölkerung), und etwa ein Viertel ist in den drei größten Zentren Moskau, Leningrad und Kiew konzentriert. Die Volkszählung von 1970 zeigte, daß in der RSFSR nur 15,1 Prozent der Juden unter 20, hingegen 26,4 Prozent über 60 Jahre alt waren (die entsprechenden Zahlen für die Einwohnerschaft russischer Nationalität lauteten 35,5 Prozent bzw. 12 Prozent). Die Geburtenrate ist sehr niedrig – zu niedrig, um den gegenwärtigen Stand zu halten, selbst wenn man die Verluste durch Mischehen und Auswanderung unberücksichtigt läßt. Die verschiedenen Erhebungen verdeutlichen denn auch einen stetigen Rückgang der sowjetischen Judenschaft.

### Die jüdische Situation unter zaristischer und kommunistischer Herrschaft

Es gab im Russischen Reich vor der ersten Teilung Polens 1772 so gut wie keine Juden. In den folgenden Jahrzehnten kamen Hunderttausende unter das zaristische Regime, doch wurden sie systematisch auf das ihnen zugewiesene Siedlungsgebiet beschränkt. Untergeordneter Status, Anfeindungen, Armut und Übervölkerung des Siedlungsraums sowie das Fehlen jeder Möglichkeit zur Verbesserung der eigenen Lage schufen ein Gefühl der Enttäuschung und Verzweiflung. Die Situation verschlimmerte sich noch in der Zeit nach dem Attentat auf Zar Alexander II. im Jahr 1881. Die Regierung verfolgte eine offen judenfeindliche Politik, die sich in wütenden Pogromen niederschlug. Zahlreiche Juden wanderten aus oder wurden zwangsläufig in die Arme der revolutionären Bewegung getrieben.

Die Revolution vom Februar 1917 rief große Begeisterung hervor. Zu den ersten Maßnahmen der provisorischen Regierung gehörte die Abschaffung aller antijüdischen Gesetze, woraufhin die Juden in einen beispiellosen politischen und kulturellen Aktivismus verfielen. Zionistische, sozialistische und religiöse Parteien zogen Massengefolgschaften an. Zum ersten Mal schien es keine Beschränkungen und eine wirkliche Hoffnung auf völlige Freiheit zu geben. Doch gleichzeitig hatten die Juden furchtbar unter dem Bürgerkrieg, den fortdauernden Ausschreitungen und dem wirtschaftlichen Umbruch zu leiden. Über 200 000 von ihnen wurden allein in der Ukraine massakriert, weitere Hunderttausende verloren Heimat und Besitz. In großer Zahl schlossen sie sich der Kommunistischen Partei an – 1927 bildeten sie die drittstärkste nationale Gruppe unter den Parteimitgliedern.

Die offizielle sowjetische Haltung gegenüber den Juden ist unklar und widersprüchlich. Die sozialistische Theorie hält an ihrem negativen Religionsverständnis fest, läßt aber einen gewissen Spielraum für eigenständige nationale Kulturen – als vorübergehende Maßnahme, die streng im Dienste der sozialistischen Ziele steht. Aber sind die Juden eine Nation? Stalin hat diese Frage in seinem maßgebenden Aufsatz *Marxismus und die nationale Frage* (1913) negativ beantwortet. Eine Nation sei eine historisch gewachsene, stabile sprachliche, territoriale und wirtschaftliche Gemeinschaft. Die Juden hätten demgegenüber nichts Verbindendes außer ihrer Religion, ihrer gemeinsamen Herkunft und gewissen Überbleibseln eines Nationalcharakters. Sie steuerten unvermeidlich auf die Assimilation zu, und Forderungen nach einer jüdischen nationalen Autonomie seien lediglich eine Gegen-

reaktion auf diesen Prozeß. In der Praxis erkannte man die Juden jedoch stillschweigend als Nation an. Schon 1918 wurde ein Kommissariat für jüdische Nationalangelegenheiten *(Jevkom)* eingerichtet; es löste die vorhandenen autonomen jüdischen Einrichtungen auf und eignete sich deren Mittel an. Gleichzeitig entstanden innerhalb der Kommunistischen Partei jüdische Sektionen *(Jevsektsii)* mit dem Ziel, den Kommunismus unter der jüdischen Arbeiterschaft zu propagieren. Das *Jevkom* wurde 1924 abgeschafft, die *Jevsektsii* 1930, doch die Juden galten in allen offiziellen Publikationen weiterhin als Nation. Seit 1933 auch innerhalb der Sowjetunion der Paßzwang eingeführt wurde, können Kinder jüdischer Eltern auf Wunsch als Nationalität »jüdisch« eintragen lassen.

Eine der offenkundigen Ungereimtheiten bei der Einordnung der Juden als Nation bildete das Fehlen eines nationalen Territoriums. Die Kommunisten waren entschiedene Gegner des Zionismus, der seit den 20er Jahren brutal unterdrückt wurde. Unterdessen war man dabei, einen Plan auszuarbeiten, um die Juden in einem Gebiet anzusiedeln, das vielleicht später einmal ihr eigenes werden konnte. Michail Kalinin, sowjetisches Staatsoberhaupt und Mitglied der *Geserd* (oder *Ozet:* »Gesellschaft zur Ansiedlung werktätiger Juden auf dem Gebiet der UdSSR«) erklärte 1926 vor der Gesellschaft: »Das jüdische Volk steht heute vor der großen Aufgabe, seine Nationalität zu bewahren. Zu diesem Zweck muß aus einem wesentlichen Teil der jüdischen Einwohnerschaft ein kompaktes Bauernvolk werden, das mindestens einige 100 000 Seelen zählt.« Für dieses Projekt fiel die Wahl auf Birobidschan, einen riesigen, dünn besiedelten Landstrich im fernen Osten Rußlands an den Ufern des Amur, der die Sowjetunion von der Mandschurei trennt. Die Absicht war, eine verwundbare Grenzregion zu bevölkern, die Aufmerksamkeit vom Zionismus abzulenken und gleichzeitig die wirtschaftliche Not verarmter Juden (mit finanzieller Hilfe von Auslandsjuden) zu lindern. Das Projekt wurde gut aufgenommen, aber die praktischen Ergebnisse waren enttäuschend. Es gab wenig Freiwillige, die sich in dieser unwirtlichen Gegend niederlassen und bei Wintertemperaturen von -14°Celsius schwere Arbeit leisten wollten, und nach einigen Jahren war die Zahl derer, die wieder abreisten, größer als die Zahl der Neuankömmlinge. 1934, als die Region offiziell zum »Autonomen Gebiet der Juden« erklärt wurde, kündigte Kalinin an, wenn nur 100 000 Juden in Birobidschan seßhaft würden, werde die Regierung die Schaffung einer jüdischen Sowjetrepublik in Erwägung ziehen. Doch am Ende des folgenden Jahres lebten in Birobidschan nur 14 000 Juden, das waren 23 Prozent der Gesamtbevölkerung. Größer ist dieser Anteil auch später nie geworden. Während des Kriegs war die Region für jüdische Flüchtlinge gesperrt, und ab 1948 wurden die dortigen jüdischen Einrichtungen in ihrer Arbeit behindert. Die Volkszählung von 1970 registrierte hier 11 452 Juden, das entsprach 6,64 Prozent der Gesamtpopulation von 172 449.

Die Nationalitätenfrage wird durch widersprüchliche Tendenzen in der sowjetischen Staatstheorie kompliziert. Die Sowjetunion ist ein Vielvölkerstaat, der die Existenz von über 100 verschiedenen Nationalitäten anerkennt, ihnen Gleichberechtigung zusichert und die Entwicklung nationaler Kulturen billigt, ja, sogar ermutigt. Gleichzeitig führen der Zentralismus, die Forderungen der sozialistischen Ideologie und die beherrschende Stellung der ethnischen Russen zu Spannungen auf politischem, wirtschaftlichem und kulturellem Gebiet. Die »Deklaration über die Rechte der Völker Rußlands«, die kurz nach der bolschewistischen Machtergreifung im November 1917 verkündet wurde, schrieb die »ungehinderte Entfaltung von nationalen Minderheiten und Volksgruppen« fest; in den 20er Jahren wurden in Gegenden mit größerem Judenanteil jüdische Verwaltungs- und Justizeinrichtungen geschaffen. Bei der Volkszählung von 1926 bezeichneten über 70 Prozent aller russischen Juden das Jiddische als ihre Muttersprache, und man unternahm von offizieller Seite Anstrengungen, jiddische Schulen, Theater, Zeitungen und Verlage zu gründen, die als Werkzeug bei der Sowjetisierung der jüdischen »Volksmassen« dienen sollten. Die meisten dieser Projekte wurden während des Zweiten Weltkrieges wieder eingestellt, die wenigen erhalten gebliebenen wurden 1948 zu Beginn der stalinistischen Unterdrückung jüdischer Kultur geschlossen.

Seit 1959 hat sich die Lage ein wenig entspannt: Ein paar jiddische Bücher sind herausgegeben worden, ein gewisser jiddischer Theaterbetrieb ist erlaubt, und es gibt zwei regelmäßig erscheinende jiddische Publikationen, die literarische Monatszeitschrift *Soviethish Heymland* (gegründet 1961) und eine in Birobidschan erscheinende Zeitung. Jiddische Schulen oder Schulklassen bestehen jedoch nicht. Inzwischen ist der Gebrauch des Jiddischen stark zurückgegangen: Bei der Volkszählung von 1979 gaben nur noch 14 Prozent aller Juden das Jiddische als Muttersprache an. Keine andere Nationalität in der Sowjetunion verzeichnete einen so geringen Prozentsatz von Menschen, die ihre nationale Sprache als Muttersprache ansehen. Der Anteil der Jiddischsprachigen war bei den älteren Altersgruppen deutlich größer, ferner lag er auf dem Land etwas höher als in den Städten. Bezeichnenderweise wurde ein sehr viel höherer Prozentsatz von Jiddischsprachigen in den westlichen Regionen registriert, die erst im Gefolge des Zweiten Weltkriegs unter sowjetische Herrschaft kamen (in Litauen beispielsweise waren es 43 Prozent).

Die Sprachstatistik ist ein Gradmesser der Anpassung, besonders bei Juden, deren Familien von Anfang an in der Sowjetunion gelebt haben. Die Assimilation ist denn auch ein langfristiges Ziel der sowjetischen Politik gewesen, das schon Stalin in einer berühmten Rede von 1925 ansprach. Er sagte, die nationalen Kulturen müßten Gelegenheit erhalten, die in ihnen ruhenden Möglichkeiten zu entwickeln, zu erweitern und zu entfalten, um so die Voraussetzungen für ihre Verschmelzung zu einer einzigen gemeinsamen Kultur mit einer einzigen gemeinsamen Sprache zu schaffen. Freilich erlaubte Stalins eigener Antisemitismus, der in den »Schwarzen Jahren« 1948–1953 bei den Kampagnen gegen jüdischen Nationalismus und »Kosmopolitismus« offen zum Vorschein trat, den Juden wenig kulturellen Spielraum. Auch nach seinem Tod hat sich der Anpassungsdruck nicht gelockert. Chruschtschow erklärte 1956 vor einer Abordnung sozialistischer Parlamentarier aus Frankreich, das Fehlen jüdischer Schulen in der UdSSR sei auf den fortgeschrittenen Stand der Assimilation zurückzuführen. Selbst wenn es solche Schulen gäbe, würden nur sehr wenige sie freiwillig besuchen. Der Parteikongreß von 1961 rief zur Beseitigung nationaler einschließlich sprachlicher Verschiedenheiten auf, was in der Praxis nichts anderes bedeutet als eine verstärkte Russifizierung. Bei einer Erhebung des Jahres 1970 bezeichneten fast 80 Prozent der Juden das Russische als ihre Muttersprache, und weitere 16 Prozent nannten es als ihre Zweitsprache. Die Zahlen für 1979 lauteten 83 bzw. 14 Prozent.

Das sowjetische System, den Zugang zu höheren Bildungseinrichtungen nach dem jeweiligen prozentualen Anteil der verschiedenen Bevölkerungsgruppen festzulegen, hat sich sehr zum Nachteil der Juden ausgewirkt, da sie seit jeher einen hohen Bildungsgrad angestrebt und auch erlangt haben; 1970 besaßen 46,8 Prozent der be-

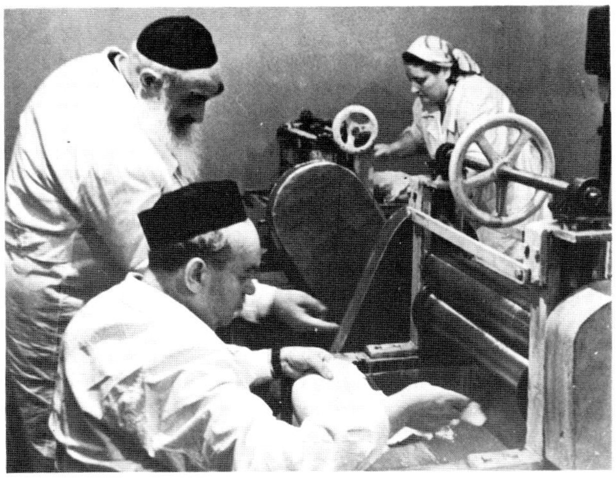

*Links:* Backen von *mazot* für das Passahfest. Die Beschränkungen, denen das Backen des *mazot* unterlag, wurden 1965 gelockert, doch sind an vielen Orten die Zutaten noch immer nicht ohne weiteres erhältlich.

*Rechts:* Protestierende Juden vor dem Moskauer Innenministerium im Jahr 1973. Auf den Pappschildern steht »Ich will nach Israel« und »Visa nach Israel oder zusammen ins Gefängnis«. In jener Zeit gab es eine wachsende Bereitschaft, in aller Öffentlichkeit jüdische Forderungen zu erheben. Und der Mut zeitigte schließlich Erfolg, trotz der Schikanen, denen die Ausreisewilligen ausgesetzt waren. 1973 erhielten 34000 Juden die Genehmigung, das Land zu verlassen, weit mehr als im gesamten Zeitraum zwischen 1948 und 1970.

*Oben:* Die Frage des Antisemitismus in der UdSSR kam aufs Tapet, als 1966 die beiden Schriftsteller Juri Daniel (links) und Andrej Sinjawski in Moskau vor Gericht gestellt wurden. Man warf ihnen vor, in aus dem Land geschmuggelten und im Westen veröffentlichten Büchern die Sowjetunion verächtlich gemacht zu haben; angeblich hatten sie die sowjetische Gesellschaft verleumdet, indem sie behaupteten, sie sei nicht frei von Antisemitismus. Daniel erhielt fünf, Sinjawski sieben Jahre Haft. Beide hatten sich als nicht schuldig bekannt.

*Oben links:* Junge Musiker bei einem Konzert (1973) in Birobidschan, der Hauptstadt der Jüdischen Autonomen Provinz *(Oblast)* gleichen Namens. Hinter ihnen an der Wand hängt eine Landkarte Birobidschans. Diese in den 20er Jahren geschaffene Autonome Provinz hat niemals eine große Zahl jüdischer Siedler anziehen können, und ihre Jiddisch-Schulen und anderen Einrichtungen sind inzwischen geschlossen worden. Heute leben dort weit weniger als ein Prozent der sowjetischen Juden.

*Links:* Dieser alte jüdische Friedhof in der Ukraine erinnert an die tiefe ländliche Verwurzelung der Juden in Osteuropa. Hier befand sich einst eine bäuerliche Siedlung.

schäftigten jüdischen Bevölkerung in der RSFSR eine höhere Schulbildung, gegenüber nur 6,5 Prozent der beschäftigten Russen. Seitdem sind strenge prozentuale Beschränkungen eingeführt worden. Nur wenige Juden fanden Aufnahme in die höheren Bildungsinstitute, insbesondere nicht in die besseren in den großen Städten. Manche jüdischen Studenten haben sich erfolgreich bei Instituten in Sibirien und den asiatischen Republiken beworben, wo die Zulassung großzügiger gehandhabt wird; aber der generelle Rückgang der Studentenzahlen ist dramatisch und wird schon bald eine merkliche Auswirkung auf den Charakter der jüdischen Einwohnerschaft insgesamt haben. Die Juden sind zwar nicht das einzige Volk in der Sowjetunion, das unter solchen diskriminierenden Praktiken leidet, aber sie sind stärker davon betroffen. In manchen Gegenden ist ihr Anteil an höherer Schulbildung sogar weit unter den ohnehin geringen Prozentsatz gesunken, der ihnen aufgrund ihrer Zahl zusteht. Es gibt kaum Juden im Zentralkomitee der KPdSU, in den Obersten Sowjets der UdSSR oder der Einzelrepubliken, in der militärischen Hierarchie oder im diplomatischen Dienst. Man kann sich kaum des Eindrucks erwehren, daß dahinter eine generelle staatliche Diskriminierung der Juden an sich steht.

### Antisemitismus und jüdische Religion in der UdSSR

Der Antisemitismus hat eine lange Geschichte im Land. Seine Hochblüte erlebte er im vorrevolutionären Rußland, doch reichen seine Wurzeln möglicherweise bis zum Kampf gegen sogenannte »judaisierende« Ideen im späten 15. Jahrhundert zurück. Es gab ihn in allen Schichten der Gesellschaft, und er wurde von der Kirche und der Regierung aktiv unterstützt. Der Siegeszug des Bolschewismus trug zum Antisemitismus der Volksmassen sogar noch bei, da die auffällig starke Beteiligung von Juden an der Bewegung die Angst vor einer jüdischen »Unterwanderung« Rußlands schürte. Die Bolschewisten selbst reagierten auf das Problem außerordentlich sensibel. Die Aufhetzung zum Rassen- oder Völkerhaß wurde in mehreren aufeinanderfolgenden Strafgesetzbüchern und Verfassungen unter Strafe gestellt, so auch in der Verfassung von 1977, die es (im Rückgriff auf frühere Formulierungen) verbietet, für Rassen- und Völkerfeindschaft oder für die Verunglimpfung von Rassen und Völkern einzutreten. Trotzdem ist der Antisemitismus auch auf regierungsamtlicher Ebene keineswegs ausgerottet, und rohe Karikaturen über das Judentum (entnommen aus dem klassischen Repertoire des Antisemitismus) finden sich bis zum heutigen Tag immer wieder sogar in offiziell gebilligten Publikationen.

Zunehmend deutlicher wurde die antisemitische Propaganda nebst praktischer Diskriminierung seit der neuerlichen antizionistischen Kampagne im Anschluß an den Sechs-Tage-Krieg von 1967. Inzwischen hat sich eine starke jüdische Protestbewegung gebildet, die der Menschenrechtsbewegung und anderen Gruppierungen von Minderheiten nahesteht. Die offizielle Reaktion darauf bestand in einer merklichen Zunahme polizeilichen Vorgehens gegen jüdische Aktivitäten und einzelne Wortführer, von denen viele zu harten Haftstrafen oder Verbannung verurteilt wurden. Gleichzeitig kam es zeitweilig zu einem unerwarteten Anstieg der Ausreisebewilligungen. Trotz der großen Gefahren, die mit politischem Dissens, der Beantragung eines Ausreisevisums oder unerlaubter kultureller Betätigung verbunden sind, entdeckt eine beträchtliche Zahl von Juden wieder ihre spezifische Identität oder bekennt sich offen zu ihr. Auch das Interesse an der hebräischen Sprache und der jüdischen Geschichte hat in den letzten Jahren einen außerordentlichen Aufschwung genommen.

Der Judaismus in Rußland ist von westlichen Einflüssen kaum berührt worden. Unter den Zaren erfreuten sich die Juden beachtlicher Glaubensfreiheit, doch gab es gleichzeitig heftige interne Polemik gegen die angeblich schädlichen Folgen der traditionellen Religion und der Rabbinerherrschaft. Nach der Revolution wurde die antireligiöse Propaganda durch die *Jevsektsii* in die Gemeinden getragen. Die althergebrachten jüdischen Organisationen wurden 1919 aufgelöst, und seither ist nichts an ihre Stelle getreten. In den 20er Jahren fanden publizistisch hochgespielte »Gemeindeprozesse« statt, die sich gegen jüdische Bräuche und Institutionen und gegen die Religion überhaupt richteten. Jüdische Volks- und Sekundarschulen sowie Synagogen wurden nach und nach geschlossen, Rabbiner und andere religiöse Würdenträger verhaftet und deportiert, religiöse Bücher und Kultgegenstände eingezogen. Die hebräische Sprache brandmarkte man als reaktionär und verbot sie Ende der 20er Jahre schließlich ganz. Trotz dieser mannigfachen repressiven Maßnahmen übten einzelne Gruppen (besonders Angehörige der chassidischen Sekten) ihre angestammte Religion weiter im geheimen aus, und der Zweite Weltkrieg brachte dann eine beträchtliche Anzahl von Juden, die noch dem traditionellen Judaismus anhingen, unter sowjetische Herrschaft.

Die Unterdrückung jüdischer Kultur während der »Schwarzen Jahre« richtete sich nicht speziell gegen den mosaischen Glauben, doch kam es 1957 erneut zu einer heftigen antireligiösen Kampagne, in deren Verlauf viele der bis dahin noch bestehenden Synagogen beschlagnahmt wurden. Es gibt heute nur noch rund 60 Synagogen in der gesamten Sowjetunion, von denen sich die Hälfte im Kaukasus und in den asiatischen Republiken befindet, wo die glaubensfeindlichen Aktionen niemals so brutale Ausmaße wie im Westen erreichten. Eine zentrale religiöse Organisation oder ein Vertretungsorgan der russischen Juden existiert nicht. Es sind auch keine Einrichtungen für die Ausbildung von Rabbinern oder Kantoren vorhanden, jedoch wurde eine Handvoll ausgewählter Studenten nach Ungarn geschickt. Die jüngste Wiedergeburt jüdischen Bewußtseins hat die Synagoge als Treffpunkt erneut in den Vordergrund gerückt, und am Sabbat oder an Festtagen pflegen sich große Menschenmassen bei den Synagogen zu versammeln; allerdings ist dies weniger ein Ausdruck verstärkter Religiosität, sondern resultiert vielmehr aus dem Fehlen anderer Versammlungsorte. Bei manchen Juden läßt sich sogar die Tendenz beobachten, daß sie sich auf der Suche nach religiöser Erfüllung dem Christentum zuwenden. So scheinen die Zukunftsaussichten des Judaismus in der Sowjetunion außerordentlich düster zu sein.

# ASIEN

Es gibt nur ein einziges Land auf dem asiatischen Kontinent, das für die Juden wirkliche Bedeutung besitzt, und das ist Israel. Aber trotz seiner geographischen Lage gehört es nicht zu Asien, da es vom Osten durch die Wüste und die feindseligen arabischen Staaten abgeschnitten ist. Die westlichen Küstenländer Asiens sind zweifellos Teil der Mittelmeerwelt: Sie haben sich immer schon mehr nach Westen als nach Osten orientiert, und das gilt auch für die dort ansässigen Juden – die griechischen Juden unter römischer Herrschaft, die von der Iberischen Halbinsel vertriebenen Sephardim, die Zuflucht im Osmanenreich fanden, oder die modernen Israelis.

Dennoch bestanden bereits im Altertum beachtliche jüdische Gemeinden in Mesopotamien und Iran. Sie pflegten Kontakte mit dem Westen, vor allem in der Blüteperiode des Islam, als der babylonische Talmud in die nördlichen Küstenregionen Afrikas und bis nach Europa gelangte, aber sie hatten auch tiefe Wurzeln in Asien, und ihre Handelsverbindungen reichten bis nach Indien und über die Seidenstraße nach China. Noch in moderner Zeit unterhielt die bedeutende jüdische Kaufmannsdynastie der Sassoons in Bagdad ein Handelsimperium mit Niederlassungen in Bombay, Kalkutta, Kanton, Hongkong, Shanghai und Jokohama.

Doch der Gang der Geschichte kehrte sich gegen die Juden. Wirtschaftliche und politische Veränderungen vertrieben die jüdischen Händler aus Fernost und führten zu einer massiven Abwanderung aus den pulsierenden Zentren des Nahen Ostens. Um dem Zugriff der Nazis in Europa zu entkommen, zogen zwar Tausende auf dem Landweg nach Shanghai und in andere östliche Zufluchtsorte, aber sie hinterließen dort kaum bleibende Spuren und begaben sich, sobald es die Verhältnisse erlaubten, wieder in vertrautere Gegenden. Am schlimmsten wirkten sich der muslimische Fanatismus und der arabische Nationalismus nach der Gründung Israels aus. Der Judenanteil in den arabischen Staaten ist drastisch zurückgegangen, und die letzte noch verbliebene größere Gemeinde, jene im Iran, wurde kürzlich gesprengt.

Kein einziges Land Asiens kann gegenwärtig eine bedeutsame jüdische Einwanderung aufweisen, mit der alleinigen Ausnahme Israels, das in der kurzen Zeit seines Bestehens Hunderttausende von asiatischen Flüchtlingen aufgenommen hat.

Bei den meisten asiatischen Gemeinden ist der Schrumpfungsprozeß deutlich sichtbar; einige haben sich in den letzten Jahren bereits aufgelöst. Östlich des Indus leben nur noch in Indien mehr als tausend Juden.

| | 1930 | | 1980 | |
|---|---|---|---|---|
| | *Annähernde jüd. Bev.* | *Juden auf 1000 Einw.* | *Annähernde jüd. Bev.* | *Juden auf 1000 Einw.* |
| Aden | 4000 | – | – | 0,0 |
| Afghanistan | 5000 | 0,6 | 100 | 0,0 |
| Burma | 2000 | – | 20 | 0,0 |
| China/VR | 20000 | 0,0 | 50 | 0,0 |
| Hongkong | 250 | 0,0 | 250 | 0,0 |
| Indien | 24000 | 0,1 | 4500 | 0,0 |
| Indochina | 1000 | 0,0 | – | – |
| Indonesien | 900 | 0,0 | 100 | 0,0 |
| Irak | 73000 | 25,5 | 200 | 0,0 |
| Iran | 90000 | 7,0 | 37000 | 1,0 |
| Israel | 175000 | 169,1 | 3283000 | 837,1 |
| Japan | 2000 | 0,0 | 800 | 0,0 |
| Jemen | 58000 | – | 1200 | 0,1 |
| Libanon | 5000 | – | 200 | 0,1 |
| Pakistan | – | – | 250 | 0,0 |
| Philippinen | 500 | 0,0 | 200 | 0,0 |
| Singapur | 500 | – | 450 | 0,2 |
| Syrien | 21000 | – | 4500 | 0,5 |
| Taiwan | – | – | 70 | 0,0 |
| Thailand | – | – | 250 | 0,0 |
| Türkei | 80000 | 6,0 | 22000 | 0,5 |
| Zypern | 75 | – | 30 | – |

Chajim Weizmann (1874–1952), erster israelischer Staatspräsident

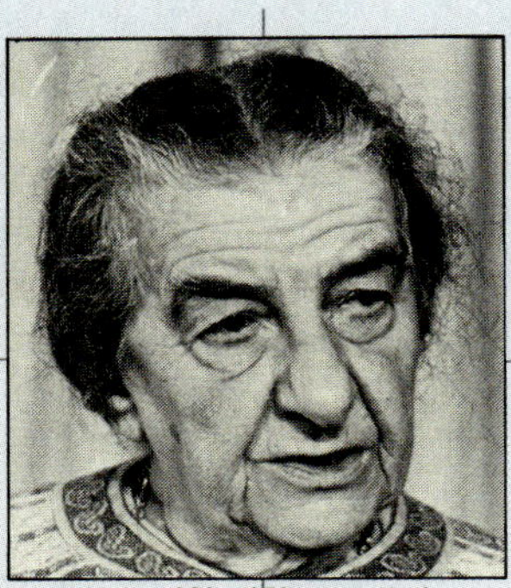

Golda Meïr (1898–1978), israelische Ministerpräsidentin 1969–74

Samuel Josef Agnon (1888–1970), israelischer Schriftsteller

Ruth Prawer Jhabvala (geb. 1927), indische Schriftstellerin

Topol (geb. 1935), israelischer Schauspieler

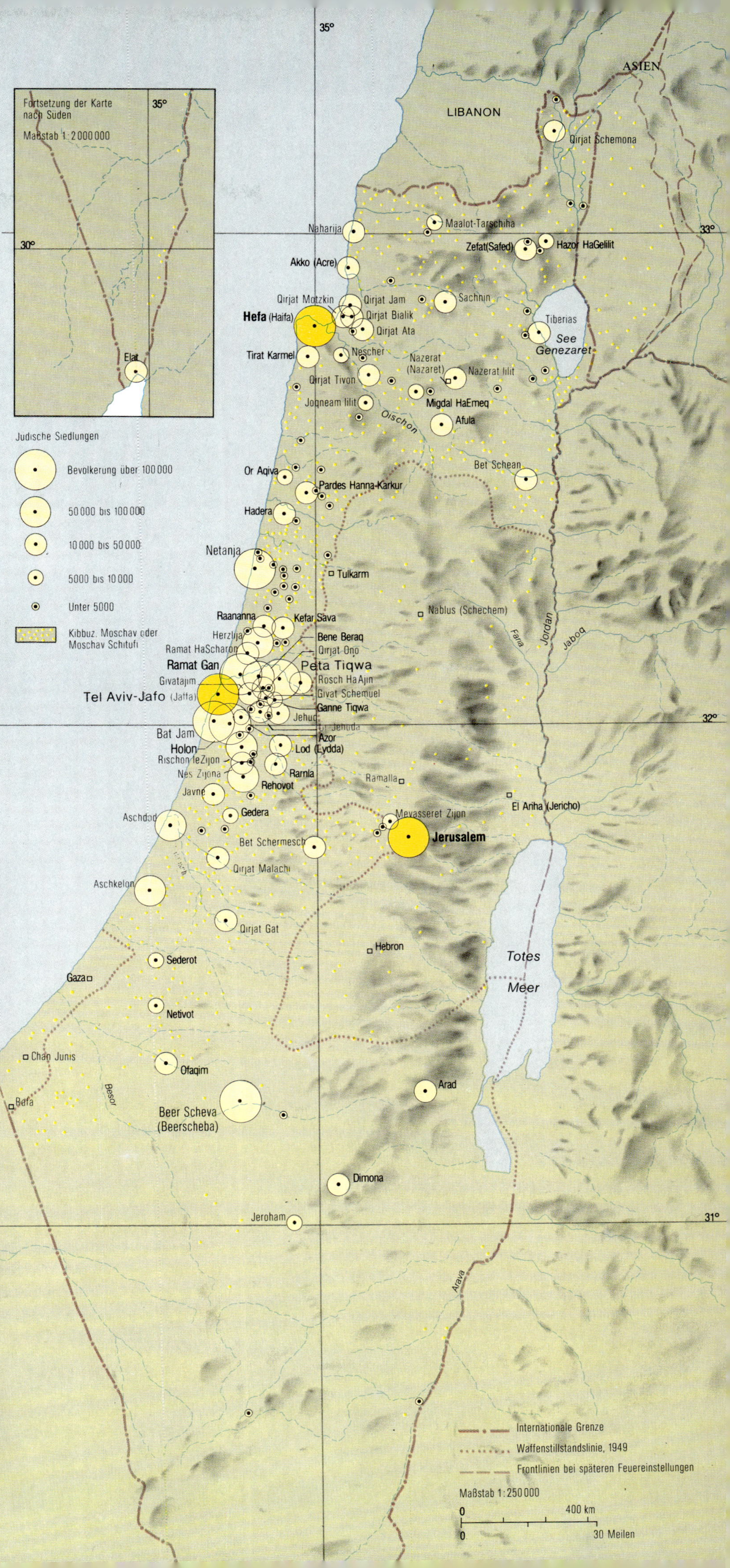

# Israel

Israel ist einzigartig in der jüdischen Ökumene, nicht nur, weil seine Bevölkerung hauptsächlich aus Juden besteht, sondern weil es sich selbst als »Jüdischen Staat« bezeichnet. Dieses Konzept ist neu und weitgehend ein Experiment. Die daraus resultierenden Folgen für die innere Verfassung des Staats und seine Beziehungen zur Diaspora sind, da mit aktuellen und potentiellen Konflikten befrachtet, sehr kompliziert. Die Gründung Israels im Jahr 1948 erfüllte den alten zionistischen Traum und wurde von Juden auf der ganzen Welt als epochemachendes, ja, messianisches Ereignis begrüßt. Man sah in dem jungen Staat die Erneuerung des alten Königreichs Israel und die Beendigung eines fast zweitausendjährigen Exils: Der Zustrom aus allen Ländern der Erde wurde in typisch religiöser Sicht als »Heimführung der Verbannten« bezeichnet. Israel gab der Masse jüdischer Vertriebener Hoffnung sowie neuen Lebenswillen und schmiedete sie zu einer starken Gemeinschaft zusammen. Zum ersten Mal besaßen Juden ein eigenes Territorium, in dem sie sich ungehindert ansiedeln und selber ihre Angelegenheiten regeln konnten. Selbst die Mehrheit jener, die nicht den Wunsch hatten, sich dort niederzulassen, verfolgten mit Stolz, wie sich dieser Staat etablierte und trotz der unversöhnlichen Feindschaft der angrenzenden arabischen Mächte seine Existenz behauptete. Israel rückte in den Mittelpunkt jüdischer Aufmerksamkeit; es bot einer Generation, die durch äußerste Finsternis geschritten war, die heißersehnte Ermutigung und fesselte die Phantasie einer jüngeren Generation auf der Suche nach einer ausdrücklich jüdischen Identität. Doch die Probleme dieses neuen politischen Gefüges sind nicht gering: innerer Unfriede, ständige Grenzstreitigkeiten und das ungeklärte Verhältnis zur Diaspora (von den chronischen Wirtschaftskrisen, die das Land seit seinem Entstehen erschüttert haben, ganz zu schweigen). Das tragische Schicksal der palästinensisch-arabischen Flüchtlinge hat einen zusätzlichen Wermutstropfen in die Freude über den verwirklichten Traum geschüttet.

Israel hat eine neue Art jüdischer Identität geschaffen – den nationalistischen, selbstbewußten und überwiegend weltlichen Juden. Der junge Israeli (nach der saftigen, aber stacheligen Frucht einer verbreiteten Kaktusart oft scherzhaft *sabra* genannt) scheint heute ein Image zu pflegen, das dem Stereotyp des Diasporajuden ganz und gar widerspricht: sonnengebräunt, selbstsicher bis zur Arroganz, nicht gebeugt von der Bürde des Glaubens oder der Erfahrung des Antisemitismus. Dieses einfache Bild täuscht jedoch über die komplexe gesellschaftliche Wirklichkeit hinweg. Der soziokulturelle Hintergrund der Einwohner ist sehr unterschiedlich, auch entsprechen bei weitem nicht alle der Idealvorstellung des Pioniers. Psychologische Untersuchungen haben ergeben, daß unter dem forschen Auftreten des *sabra* tiefsitzende Ängste verborgen sind, und der Typus des siegreichen israelischen Soldaten ist neuerdings gerade bei jungen Menschen auf verstärkte Ablehnung gestoßen.

Die Israelis sind mit Recht stolz auf ihre Leistungen auf dem Gebiet der Demokratie und der Menschenrechte, der Wohlfahrt, des landwirtschaftlichen Aufbaus, des Bildungswesens, der Technologie, der Verteidigung und einer Fülle weiterer Bereiche. Gescheitert ist Israel hingegen paradoxerweise auf dem Feld der Religion, auf dem es nach wie vor abhängig ist vom Erbe der Vergangenheit und von Entwicklungen, die ihren Ursprung im Ausland haben. Das moderne Israel hat weder eine bedeutsame judaistische Bewegung hervorgebracht noch nennenswert zur mosaischen Theologie beigetragen. Die Prophezeiung: »Aus Zion wird hervorgehen die Thora« bleibt unerfüllt, ja Israel ist sogar die einzige Gemeinde der ganzen jüdischen Welt, in der das öffentliche Bild der Religion fast ausschließlich negativ ist.

Die erste, 1922 in Palästina abgehaltene Volkszählung registrierte 84000 Juden, das waren elf Prozent einer Gesamtbevölkerung von 752000; im Jahr 1931 waren es 175000 oder 17 Prozent von 1036000. 1946 betrug ihre Zahl mehr als 600000 gegenüber rund 1900000. Im Jahr 1982 lebten nach offiziellen Schätzungen in Israel 3354000 Juden bei einer Einwohnerschaft von insgesamt 4038000.

Die Israelis sind im wesentlichen ein Einwanderervolk, auch wenn gegenwärtig die Mehrheit von ihnen im Land selbst geboren ist. Sie stammen aus allen Teilen der Erde, und es herrscht ein babylonisches Sprachengewirr. Der Staat hat bewußt versucht, sie zu einer geschlossenen, hebräischsprachigen Gemeinschaft zusammenzuschweißen, ein Prozeß, in dem Schulen und besonders die Armee eine wichtige Rolle spielen; doch die ethnischen Gegensätze überdauern Generationen, und noch heute ist ein starkes Bewußtsein für nationale und sprachliche Unterschiede anzutreffen. Die westlichen Juden, die hier stets politisch und sozial dominiert haben, neigen dazu, auf ihre Mitbürger afrikanischer und asiatischer Herkunft herabzusehen, aber selbst innerhalb dieser beiden Hauptgruppen gibt es viele Untergruppierungen. Es ist keine Seltenheit, daß sich Menschen aus einem bestimmten Land oder einer bestimmten Region in demselben Bezirk oder Berufszweig ballen.

In Einklang mit dem weltweiten Trend haben auch die

In der Theorie ist Israel ein säkularistisch ausgerichteter Staat, doch gibt es einen ernsthaften »Kulturkampf« zwischen religiösen und weltlichen Juden. Manche der Religiösen weigern sich, die Autorität der Regierung oder des Staates überhaupt anzuerkennen; andere haben einen Kompromiß geschlossen, indem sie religiöse Parteien gegründet haben, die, obgleich sehr klein, innerhalb von Regierungskoalitionen beträchtliche Macht ausüben. Aus verschiedenen Gründen ist es bereits zu gewalttätigen Auseinandersetzungen gekommen. Der für einen Außenseiter vielleicht verblüffendste Anlaß ist die Archäologie gewesen, die in Israel so etwas wie einen Nationalsport darstellt; die breite Mehrheit der Bevölkerung verspürt ein tiefes Gefühl des Stolzes, wenn Zeugnisse der fernen Vergangenheit ans Tageslicht gebracht werden. Den größten Wirbel haben die Ausgrabungen in der »Davidstadt« südlich des Tempelberges in Jerusalem verursacht. Als die Arbeiten schon längere Zeit im Gange waren, ging das Gerücht um, dort befänden sich uralte Gräber, vielleicht sogar jene König Davids und seiner Familie. Polizei und Miliz brauchten mehrere Stunden, um die eifernden Demonstranten zu zerstreuen, die die Archäologen an der Entweihung der vermeintlichen Grabstätten hindern wollten *(oben links)*. Der Fall entwickelte sich bald zu einer nationalen Krise, über die die amtierende Regierungskoalition um ein Haar gestolpert wäre. *Ganz oben:* Säkularisten und Archäologen protestieren gegen die Störung der Ausgrabungsarbeit. Die Plakate zeigen eine Karikatur des aschkenasischen Oberrabbiners von Israel, der zwei Gesetzestafeln in den Händen hält, auf denen geschrieben steht: »Du sollst nicht graben. Du sollst nicht forschen. Du sollst nicht wissen. Denn ich bin das Rabbinat, das dich herausgeführt hat aus dem Land des Gesetzes.«

*Oben:* Neuankömmlinge in Israel 1949. Die Schaffung des jüdischen Staates und die sofortige Aufhebung von Einwanderungsbeschränkungen brachte Rettung für Zehntausende von Juden, die in den europäischen Auffanglagern eingepfercht waren. Sie hatten ihre Familie, ihre Heimat, ihren Besitz, in vielen Fällen auch ihren Lebenswillen verloren. Endlich konnten sie einer besseren Zukunft entgegensehen, »ein freies Volk in einem eigenen Land sein«, wie die Nationalhymne, *Hatikwa,* es ausdrückt.

*Rechts:* Verkaufsgespräch zwischen einem jüdischen und einem arabischen Antiquitätenhändler in Jerusalem. Die frühe zionistische Bewegung wäre fast an der schmerzlichen Entscheidung zerbrochen, ob man weiter auf eine Heimstätte in Israel dringen sollte, was unerreichbar schien, oder ob man sich in einem anderen Teil der Erde niederlassen sollte. Die Mehrheit bestand auf Erez Israel als dem Land, in dem sich die Frühgeschichte der Juden abgespielt hatte. Die Tatsache, daß dort bereits Araber lebten, die ebenfalls alte Rechte besaßen, wurde in der Begeisterung des ersten Augenblicks verdrängt.

Juden Israels eine Vorliebe für die Stadt, doch die zionistische Politik hat seit jeher die ländliche Ansiedlung gefördert. Ein typisches Merkmal israelischen Lebens sind die *kibbuzim* – eine ausgesprochen zionistische Form landwirtschaftlicher Genossenschaften –, deren wichtige militärische, politische und ökonomische Funktion in keinem Verhältnis zu ihrer Zahl und Größe steht. Allerdings sind nicht alle agrarischen Kollektive *kibbuzim:* Es gibt auch die Siedlungsgemeinschaft *(moschav),* die dem Privatleben einen größeren Spielraum läßt, sowie ein gemischtes System mit der Bezeichnung *moschav schitufi,* das die Elemente der beiden anderen Formen verbindet.

Jüdische Gemeinden hat es in Israel zu allen Zeiten gegeben. Vor dem 20. Jahrhundert war ihre Zahl zwar klein, aber es kam immer wieder zu bedeutsamen Einwanderungsschüben, für gewöhnlich aus religiösen Motiven. Nach 1880 traf mit den russischen Juden und ihrer eher säkularen Ausrichtung ein neuer Immigrantentyp ein. Die beiden Gruppen, der »Alte Jischuv« und der »Neue Jischuv«, hatten wenig gemeinsam und vermischten sich kaum. Zu Beginn des 20. Jahrhunderts waren beide ungefähr gleich stark, doch mit der zweiten und der dritten Einwanderungswelle (1903–1914 und 1918–1923) zog eine erhebliche Anzahl osteuropäischer Neusiedler ins Land; ein beträchtlicher Prozentsatz davon waren aus der Arbeiterbewegung kommende Zionisten, denen eine autonome und klassenlose Nation vorschwebte, die frei über ihr Geschick bestimmen konnte. Das Gebiet war mittlerweile aus türkischen Händen an die Briten übergegangen, die sich in der Balfour-Deklaration von 1917 zur »Schaffung einer nationalen Heimstätte in Palästina für das jüdische Volk« verpflichteten. Diesem Ziel verschrieb sich auch der Völkerbund in seinem Mandat für Palästina (verabschiedet am 24. Juli 1922, formell in Kraft getreten am 29. September 1923), das eine Jewish Agency für Palästina anerkannte, die der Mandatsverwaltung bei der Verwirklichung ihres Vorhabens mit Rat und Tat zur Seite stehen und die Interessen der jüdischen Bevölkerung vertreten sollte. Die Jewish Agency konstituierte sich formell erst 1929. Gedacht war sie als Vertretung des Weltjudentums, aber in Wirklichkeit diente sie der Zionistenorganisation als Werkzeug. Die Juden Palästinas besaßen eine demokratisch gewählte Versammlung, deren Exekutivorgan der Nationalrat war. Die Agency und der Nationalrat stellten eine Art Schattenkabinett dar, das auch die Bildung der neuen autonomen Regierung nach Ende der britischen Herrschaft 1948 in die Wege leitete. Inzwischen gab es 1924–1926 eine vierte Einwanderungswelle, aus Polen, und eine fünfte 1933–1939 aus dem nationalsozialistischen Deutschland und anderen europäischen Ländern. Aus dem Streit um die Immigration entwickelte sich ein Dreieckskonflikt zwischen Zionisten, Briten und Arabern. In einer immer chaotischer werdenden Situation stimmten die Vereinten Nationen am 29. November 1947 für eine Teilung des Landes, einen Plan, den die Mehrheit der Zionisten akzeptierte, die Araber und die Briten jedoch ablehnten. Am 14. Mai 1948 zogen die Engländer ab, und der jüdische Nationalrat proklamierte die Unabhängigkeit Israels. Unmittelbar darauf drangen Truppen aus Ägypten, Transjordanien, Irak, Syrien und Libanon gegen die israelischen Ansiedlungen vor. Der Unabhängigkeitskrieg (Waffenstillstand 1949) bescherte dem jungen Staat die Kontrolle über ein größeres Gebiet als im Teilungsplan der UN vorgesehen, sowie den unsicheren Zustand des kalten Krieges mit allen seinen Nachbarn. Zu neuen schweren Kämpfen kam es dann wieder 1956 (Sinai-Feldzug), 1967 (Sechs-Tage-Krieg), 1973 (Jom-Kippur-Krieg) und 1982 (Libanon-Offensive). Ein erster Schritt auf dem Weg zum Frieden war der 1979 unterzeichnete Friedens-

Israel mag den Eindruck erwecken, als werde es von den Alten regiert, doch in Wirklichkeit ist es ein Land der Jungen und für die Jungen.
*Oben:* Im Kibbuz werden die Kinder von der Gemeinde betreut, so daß beide Eltern berufstätig sein können.
*Rechts:* Diese Gruppe von Jugendlichen dokumentiert die große ethnische wie kulturelle Vielfalt der israelischen Bevölkerung.
*Ganz rechts:* Luftaufnahme von Nahalal, einem frühen Genossenschaftsdorf *(moschav)*, das 1921 nach Plänen von Richard Kaufmann erbaut wurde.

vertrag mit Ägypten – ein Ergebnis des historischen Besuchs von Präsident Anwar al-Sadat in Jerusalem zwei Jahre zuvor. Unterdessen war durch einen Zustrom beispiellosen Umfangs die Einwohnerzahl gegenüber 1948 auf das Vierfache gestiegen, und der Anteil der Juden an der Gesamtbevölkerung von 30 auf über 80 Prozent emporgeschnellt.

**Das Wesen des »Jüdischen Staats«**

Die Unabhängigkeitserklärung proklamierte die Gründung eines »Jüdischen Staats«, doch ist dessen genaue Beschaffenheit niemals offiziell definiert worden. Die Juden innerhalb wie außerhalb des Landes hatten zu dieser Frage weit auseinandergehende und widersprüchliche Ansichten. Für viele sollte Israel ein moderner Staat sein, der seine Existenzberechtigung aus der Notwendigkeit zog, das nationale Dasein der Juden zu »normalisieren«. Andere sahen in der Bezeichnung »jüdisch« unweigerlich eine religiöse Verpflichtung. Der Konflikt konnte bis heute nicht gelöst werden. Theoretisch ist Israel eine weltliche Demokratie, die Religionsfreiheit für alle garantiert und Andersgläubigen dieselben Bürgerrechte einräumt wie den Juden. Die Wirklichkeit scheint jedoch häufig hinter diesem Ideal zurückzubleiben. Im Lauf der Jahre sind aus der Bevölkerung verschiedentlich Klagen über Rechtsmißstände gekommen, und schwere Auseinandersetzungen zwischen einzelnen Interessengruppen haben hin und wieder sogar zu gewalttätigen Ausschreitungen und zur Beunruhigung der Öffentlichkeit geführt. Hauptsächlich ging es dabei um den Stellenwert des traditionellen jüdischen Gesetzes *(Halacha)* im israelischen Staat und um die Rechtsprechung der Rabbinergerichte – ein Fragenkomplex mit weitreichenden Auswirkungen. Doch auch die Rechte von Minderheiten sowie der Status der unterschiedlich ausgerichteten Gruppen innerhalb der Judenschaft gerieten in die Diskussion. Die gegenwärtige Situation stellt einen nur widerwillig geschlossenen, labilen Kompromiß dar, über den keiner der Betroffenen besonders glücklich sein kann.

Die Beziehungen zwischen Religion und Politik sind ein haariges Thema. Es gibt zwar in Israel keine Staatsreligion, aber das Konzept des »Jüdischen Staats« garantiert aufgrund der Mehrheitsverhältnisse, daß der Judaismus eine Vorrangstellung einnimmt und den anderen Konfessionen eine untergeordnete Rolle zufällt. Die meisten Israelis würden sich selbst nicht als fromm bezeichnen, und viele von ihnen sind militante Säkularisten, aber ein Großteil ist bereit, ein gewisses Maß an religiösen Vorschriften im öffentlichen Leben, beispielsweise die gesetzliche Durchsetzung der Sabbatruhe, zu akzeptieren. Das ist teilweise ein Zugeständnis an die gläubige Minderheit, teilweise die Anerkennung der Tatsache, daß auch ein weltlicher jüdischer Staat gewisse religiöse Grundmerkmale in sich vereinigen sollte, aber zum Teil ist es vielleicht auch ein Zeichen der Verbundenheit mit den Glaubensbrüdern im Ausland, die bestimmte Einrichtungen in einem solchen Land erwarten. Doch die Säkularisten sind empfindlich gegen jedes Übergreifen der Religion in den öffentlichen Bereich und wehren sich entschieden gegen jegliche diesbezügliche Einmischung. Wie viele praktizierende Gläubige auch sind hingegen die religiösen Parteien der Ansicht, daß das Leben offiziell stärker von der Religion bestimmt sein sollte.

Die Nationalreligiöse Partei (NRP) wurde 1956 durch den Zusammenschluß von zwei Gruppierungen der Misrachi, des religiösen Flügels der zionistischen Bewegung, gegründet. Sie verfügte bis zur Wahl der Zehnten Knesset 1981 über 10 bis 12 der 120 Sitze des Parlaments; danach sank ihre Anhängerzahl von 9 Prozent auf unter 5 Prozent der Wählerschaft, und ihre Vertretung im Abgeordnetenhaus fiel von 12 auf 6 Sitze. Die Aggudat Israel, gegründet 1912 in Polen, ist nur locker an den Zionismus gebunden (tatsächlich hielt sie sich bis 1947 von zionistischer Politik fern). Mit ihrem »Arbeiter-Flügel«, Poalei Aggudat Israel, erlangte sie zeitweilig 5 oder 6 Sitze und sicherte sich 1981 immerhin noch 4 Mandate.

Das System des Verhältniswahlrechts erlaubt kleinen Parteien einen beträchtlichen Einfluß, wenn sie bereit

sind, in eine Koalition einzutreten. Die NRP war seit der Gründung Israels an jeder Regierung beteiligt und hat es stets verstanden, wichtige Ministerien zu besetzen. Als 1977 die Arbeiterpartei zum ersten Mal die Wahl verlor, schloß sich auch die Aggudat dem Likud-Block an, und es gelang den religiösen Fraktionen, als Preis für das Bündnis beträchtliche Konzessionen zu erhandeln. NRP-Minister trugen Verantwortung für innere Angelegenheiten wie Polizei, religiöse Belange, Bildungswesen und Kultur; der Aggudat wurde zwar von ihrer politischen Führungsgruppe, dem »Rat der Thorakundigen«, untersagt, Ministerposten anzunehmen, aber sie erhielt dafür andere wichtige Ämter. Die Regierung willigte in eine Reihe von Maßnahmen ein, die speziell der Stärkung der *Halacha* dienten oder dem gläubigen Teil der Judenschaft zugute kamen.

Die Grundlage für das Vorhandensein von religiösen Parteien ist der schon erwähnte Interessenkonflikt zwischen praktizierenden und säkularen Juden. In Wirklichkeit jedoch unterstützen viele fromme Glaubensanhänger andere Parteien, während manche Ultrareligiöse sich aus der Politik ganz heraushalten. Zudem sind die Aktivitäten der religiösen Volksvertreter oft gegen die nichtorthodoxen Mitglieder der Gemeinde gerichtet; die Misrachi wurde 1902 von osteuropäischen Traditionalisten und die Aggudat von mitteleuropäischen Orthodoxen gegründet, und daher haben beide Gruppen sich bis heute allen Reformen unerbittlich verschlossen. (Ein Aggudat-Abgeordneter schleuderte einmal während einer Debatte in der Knesset ein reformiertes Gebetbuch zu Boden und spuckte angeblich darauf.) Dieser Konservatismus mag erklären, warum bisher nicht öffentlich gefordert wurde, Israel in einen auf der *Halacha* gründenden »theokratischen Staat« umzuwandeln: Eine solche Veränderung würde zwangsläufig zu einer umfassenden Umgestaltung der *Halacha* führen, die in ihrer gegenwärtigen Form für die Bedürfnisse eines modernen Staates ungeeignet ist. Die religiösen Parteien beschränken daher ihre Bemühungen im wesentlichen darauf, sicherzustellen, daß praktizierende Juden nicht benachteiligt werden, die Privilegien ihrer eigenen Einrichtungen zu wahren sowie gewisse Grundprinzipien der *Halacha* durchzusetzen.

Auf dem Gebiet der Gesetzgebung bestand ihr erster Erfolg darin, die schriftliche Niederlegung einer detaillierten Verfassung zu vereiteln. Von größerer Tragweite war jedoch, daß es ihnen gelang, die Zuständigkeit der Rabbinergerichte auszudehnen sowie die Einführung von Zivilehe und Scheidung zu verhindern. Das Völkerbundsmandat hatte praktisch das osmanische *millet*-System übernommen, nach dem jede Glaubensgemeinschaft durch ihre eigenen Gerichte in Angelegenheiten des Personenstandes autonom entscheidet. Die Bestimmungen galten nur für palästinensische Staatsangehörige, und die Mitgliedschaft in einer religiösen Gemeinde beruhte auf Freiwilligkeit. Ein 1953 verabschiedetes Gesetz erweiterte die Kompetenzen von Rabbinergerichten in Eheschließungs- und Scheidungsangelegenheiten auf alle im Land ansässigen Juden, gleichgültig, ob sie israelischer oder ausländischer Nationalität, Gläubige oder Atheisten sind. Demzufolge können hier Juden nur untereinander heiraten, und bestimmte Verbindungen sind untersagt (beispielsweise kann ein erblicher Priester keine geschiedene Frau ehelichen); auch nichtgläubige Juden sind verpflichtet, eine religiöse Trauungszeremonie abzuhalten. Im Ausland eingegangene Ehen (einschließlich Misch- und Zivilehen) werden jedoch anerkannt, und viele Paare haben diese Lücke im Gesetz ausgenutzt und sind zum Heiraten über die Landesgrenze gereist. Alle Schritte zur Einführung der Zivilehe sind bislang erfolgreich von den religiösen Parteien blockiert worden.

Ein anderes Feld, auf das sie ein wachsames Auge haben, ist die religiöse Erziehung. Dieser Streitpunkt führte 1951 zur Auflösung der Ersten Knesset und ist seither ein delikates Thema geblieben. In Israel besteht Schulpflicht, der Unterricht ist (in den öffentlichen Schulen) kostenlos. Die Misrachi-Schulen, an denen ausnahmslos gläubige Lehrer unterrichten und die besonderes Gewicht auf religiöse Fächer legen, wurden 1953 zwar in das staatliche Bildungssystem eingegliedert, aber man bestand darauf, daß sie von den säkularen Anstalten getrennt blieben und ihren konfessionellen Lehrstoff beibehielten (der jedoch auf 25 Prozent der Unterrichtszeit beschränkt wurde). Die Aggudat-Schulen, in denen fast nichts anderes als Glaubensthemen behandelt wurden, erklärten sich freiwillig zu privaten Instituten, doch gewährte man ihnen einen allgemein anerkannten Status, der sie berechtigte, als Gegenleistung für die Einführung eines offiziell genehmigten weltlichen Lehrplans finanzielle Zuschüsse vom Staat zu erhalten. Eine kleine Anzahl unabhängiger Schulen, mit Jiddisch als Unterrichtssprache und ohne Interesse an säkularem Lehrstoff, blieb völlig außerhalb des öffentlichen Bildungswesens. Alle staatlichen Grundschulen vermittelten »Werte der jüdischen Kultur«, und zwar nach einem vom Bildungsministerium ausgearbeiteten Plan, der das Studium der Bibel und der jüdischen Geschichte einschloß; doch die Wirksamkeit dieser Kurse wurde immer wieder angezweifelt. Nach der Wahl von 1977 übernahm die NRP erstmalig das Bildungsministerium, und der neue Minister machte es sich zur Aufgabe, den religiösen Gehalt des Lehrplans von säkularen Schulen durch moderne, attraktiv gestaltete Unterrichtseinheiten zu ergänzen, in denen auch wichtige moralische Probleme des modernen Lebens zur Sprache kamen. Diese neue Entwicklung mag hilfreich sein, einen ernsthaften Mangel des israelischen Bildungswesens zu beheben, aber sie trägt an sich nicht dazu bei, die Kluft in der Gesellschaft zu überwinden, die sich schon aus der sozialen Trennung zwischen »religiösen« und »nichtreligiösen« Schulkindern ergibt.

Andere umstrittene Themen sind Einhaltung der Sabbatruhe, Schweinezucht, Pornographie, Abtreibung, Leichenobduktion sowie Militärdienst für Frauen und angehende Rabbiner.

Religiöse Politik spielt auch eine Rolle bei dem grundlegenden Verfassungsproblem einer Definition der jüdischen Identität. In dem Rückwanderungsgesetz, das 1950 von der Knesset verabschiedet wurde, fand zionistisches Gedankengut seinen legalen Ausdruck, indem jedem Juden das Recht auf Einwanderung zugesprochen wurde. Das Nationalitätengesetz von 1952 garantierte jüdischen Neuankömmlingen automatisch die israelische Staatsbürgerschaft. Zu administrativen Zwecken unterhält das Ministerium des Inneren ein Register aller Staatsangehörigen, und die Nationalität (im Unterschied zur Staatsbürgerschaft und zur Religion) wird auf den Ausweispapieren jedes Einwohners vermerkt. Der Begriff »jüdisch« war zunächst nicht offiziell erklärt, aber die gesetzliche Regelung für die Rabbinergerichte von 1953 berechtigte diese Institutionen unter anderem, in dieser Frage nach der talmudischen Definition zu verfahren (wozu sie nach ihrer eigenen Verfassung sogar verpflichtet sind), derzufolge als Jude gilt, wer von einer jüdischen Mutter geboren oder entsprechend bestimmten Verfahrensweisen zum mosaischen Glauben übergetreten ist. Diese Begriffsklärung verträgt sich nicht mit der nationalen Konzeption des jüdischen Staates, die eher dazu tendiert, jedem Menschen diesen Status zuzuerkennen, der sich selbst als Jude versteht oder als solcher Diskriminierungen ausgesetzt ist, unabhängig davon, ob er den Forderungen des Talmud entspricht. Zu den ersten Einwanderern gehörten viele Menschen, die Opfer der nazistischen Rassengesetzgebung geworden, aber nicht im Sinne der *Halacha* Juden waren. Die talmudische Definition würde viele sowjetische Emigranten von nicht rein jüdischer Herkunft ausschließen, ferner auch Personen, die vor nichtorthodoxen Rabbinergerichten konvertiert sind, deren Verfahren von den religiösen Autoritäten in Israel nicht anerkannt wird. Es wäre wohl ebenso paradox wie ungerecht, wollte man Personen, die vor antisemitischer Verfolgung Zuflucht suchen oder von einem erheblichen Teil der Judenschaft als ihresgleichen angesehen werden, die Einreise gemäß dem Rückwanderungsgesetz verweigern oder sie im jüdischen Staat selbst diskriminieren. Gleichermaßen undenkbar ist es wohl, die Rabbinergerichte zur Anerkennung von Mischehen zu zwingen oder zu überreden. Die Idee, den »nationalen« Status formell von der religiösen Identität zu trennen, ist auf den entschiedenen Widerstand sowohl einiger weltlicher Zionisten als auch des geistlichen Establishments gestoßen, da ein solcher Schritt die Einführung der Zivilehe erforderlich machen würde. Das Ergebnis ist ein vorsichtiger Kompromiß, der nicht nur zu harten Entscheidungen in Einzelfällen geführt hat, sondern auch regelmäßig Anlaß zu öffentlicher Entrüstung gibt. In einem berühmten Rechtsstreit des Jahres 1958 wurde ei-

*Oben links:* Leichenzug in einem Kibbuz. Der Kibbuz ist eine eng verwachsene Gemeinschaft, fast eine Art Großfamilie.

*Oben:* Bar-Mizwa-Feier in Massada, dem Ort selbstmörderischen Widerstands gegen die römische Besatzungsmacht und letzter Stützpunkt der Rebellen (bis 73 n. Chr.) Ein weiterer beliebter Platz für Bar-Mizwa-Feiern unter freiem Himmel ist die Westmauer in Jerusalem geworden.

*Rechts:* Feier des Jerusalem-Tags im frühen Morgengrauen. Die Wiedervereinigung Jerusalems während des Sechs-Tage-Kriegs 1967 war ein Ereignis, das das Herz eines jeden Israeli höher schlagen ließ. Zuvor hatte sich der israelische Teil auf die westlichen Vorstädte beschränkt, und die Altstadt, das Herz Jerusalems, durfte von Juden nicht betreten werden. Dann wurde über Nacht alles anders. Damals schrieb der Jerusalemer Dichter Jehuda Amichai (geb. 1924):
»Zurückgekehrt bin ich an diesen Ort,
wo die Stätten Namen haben,
wie Menschen, und die Straßen Zahlen.
Nicht jene von Busverbindungen,
sondern »70 n. d. Z.«, »1917«,
»500 v. d. Z.«, »48«
Das sind die Straßen,
die wir wirklich ziehen.

*Seite 206:* Blick auf Jerusalem von Osten. Im Vordergrund der jüdische Friedhof auf dem Ölberg, wo sich jahrhundertelang Juden begraben ließen, in Erwartung einer raschen Auferstehung bei der Ankunft des Messias. Nach der Legende wird er von hier in die Stadt einziehen. In der Bildmitte sieht man den zu einer geräumigen Plattform ausgebauten Tempelberg, auf dem einst der Tempel stand, in der Nähe des Felsendoms. Diese Perle byzantinischer Architektur und Hauptheiligtum des Islam ähnelt einem reich verzierten Reliquienschrein, der den vermutlichen Gipfel umschließt, auf dem Abraham seinen Sohn opfern wollte.

nem Karmelitermönch von jüdischer Herkunft die israelische Staatsbürgerschaft und die Registrierung als Angehöriger der jüdischen Nation verweigert. Diesen Bescheid des Innenministeriums bestätigte das Oberste Gericht, obgleich der Antragsteller wahrscheinlich sogar nach der *Halacha* im Recht war. Die Frage der Registrierung hatte im selben Jahr bereits eine Regierungskrise heraufbeschworen, und nach fortgesetzter Empörung im In- und Ausland sowie einer weiteren umstrittenen rechtskräftigen Entscheidung aus dem Jahr 1968 definierte die Knesset 1970 den Begriff »Jude« für die Zwecke der Rückwanderungsregelung als »eine Person, die von einer jüdischen Mutter geboren oder zum Judaismus übergetreten ist und keiner anderen Religionsgemeinschaft angehört«. Dieser Formel konnte ein Großteil der Judenschaft in- und außerhalb Israels zustimmen, nicht aber extreme Säkularisten und auch nicht die religiösen Parteien, die ein »gemäß der Halacha« vor den Worten »zum Judaismus übergetreten« eingefügt sehen wollten. 1977 verpflichtete sich Ministerpräsident Menachem Begin im Rahmen des Koalitionsabkommens mit NRP und Aggudat, keine Anstrengung zu scheuen, um eine parlamentarische Mehrheit für eine dementsprechende Gesetzesänderung zustande zu bringen. Damit löste er einen Proteststurm aus, vor allem bei den nichtorthodoxen Vereinigungen in Amerika, wo die meisten gläubigen Juden konservativen oder Reformsynagogen angehören.

Für alle anerkannten Glaubenseinrichtungen ist in Israel das Ministerium für religiöse Angelegenheiten zuständig (an dessen Spitze bislang fast ohne Unterbrechung ein Kandidat der NRP gestanden hat). Nach einem von den Engländern und letztlich von den Osmanen übernommenen System gibt es zwei Oberrabbiner von Israel, einen aschkenasischen und einen sephardischen, sowie örtliche Oberrabbiner in den Städten (die vier größten Zentren haben ein doppeltes Oberrabbinat). Die zweifache Besetzung des höchsten religiösen Amtes ist immer wieder Anlaß zu ernsthaften Konflikten gewesen, und die Wahl dieser Funktionsträger hat wiederholt Probleme aufgeworfen. Die Orts- und Distriktrabbiner in offiziellen Positionen werden, mit Billigung des Oberrabbinats, von den lokalen geistlichen Räten ernannt und bezahlt, die – ebenfalls ein Erbe aus der Mandats-Zeit – praktisch Teil der kommunalen Verwaltungsstruktur sind, gemeinsam vom Ministerium für religiöse Angelegenheiten, örtlicher Behörde und Rabbinat bestimmt werden und völlig dem Einfluß der NRP unterstehen. Ihre beträchtlichen Geldmittel stammen aus dem Ministerium, der Lokalverwaltung sowie aus Gebühren für Dienstleistungen (wie etwa die Überwachung der Herstellung koscherer Lebensmittel). Die Rabbinergerichte (*Batei Din*) bestehen jeweils aus drei Richtern (*Dajanim*), die formell vom Staatspräsidenten mit Billigung des Oberrabbinats ernannt werden. Es gibt auch ein Rabbinisches Berufsgericht (das oberste *Bet Din*), an dessen Spitze die beiden höchsten geistlichen Amtsträger stehen.

Oberrabbiner, *Dajanim* und andere offiziell ernannte Persönlichkeiten des religiösen Lebens sind Funktionäre, die ihre Autorität dem Staat verdanken und nicht dem Konsens der jüdischen Gemeinde. Einige religiöse Oberhäupter wurden aufgrund ihrer menschlichen Qualitäten allgemein geachtet, doch sie bilden die Ausnahme; viele andere haben den Spott der Öffentlichkeit auf sich gezogen und zu der deutlich sichtbaren Abkehr der meisten israelischen Jugendlichen von der Religion beigetragen. Das Rabbinat genießt nur geringes Ansehen, besonders bei säkularen Juden. Die Rabbiner werden als Teil eines Staatsapparats aufgefaßt, der bei den Menschen häufig ein Gefühl der Unzufriedenheit oder der regelrechten Feindschaft hervorruft. Das ist nicht nur eine Frage des antiklerikalen Vorurteils. Die vom Staat besoldeten Geistlichen befassen sich selten mit Seelsorge und religiöser Unterweisung, wie es ihre Kollegen in Diasporagemeinden tun, und werden daher nicht mit jenem liebevollen Respekt behandelt, der vielen Rabbinern außerhalb des Landes entgegengebracht wird. Genau genommen ist schon eine Hierarchie von religiösen Ämtern der jüdischen Tradition und ihren Gesetzen nicht angemessen, und die *Halacha* bietet keinerlei Grundlage für die im wesentlichen weltliche, politische Funktion eines Oberrabbiners oder obersten *Bet Din.*

Auch die Synagogen in Israel unterscheiden sich von jenen in der Diaspora, die in der Regel von ihren Mitgliedern gebaut, unterhalten und geleitet werden und häufig ein breites Programm an religiösen, kulturellen und sozialen Aktivitäten zu bieten haben. Orthodoxe Synagogen in Israel billigen ihren Mitgliedern keine besonderen Mitspracherechte zu. Sie sind keine sozialen Einrichtungen, sondern in der Regel kleine, architektonisch unauffällige Gebetssäle, die nur für religiöse Zwecke bestimmt und über die lokalen geistlichen Räte von der Regierung finanziert werden.

Anders steht es mit den reformierten und konservativen Gebetshäusern. Sie werden vom Ministerium für religiöse Angelegenheiten nicht anerkannt und haben keinen Anspruch auf staatliche Mittel. Der Weg des nichtorthodoxen Judentums in Israel war lang und mühsam. Keine der beiden Bewegungen war an der Frühgeschichte des Zionismus beteiligt, und erst während der Nazi-Ära in Europa kam eine nennenswerte Zahl von reformierten und konservativen Juden ins Land. Die erste Reformsynagoge wurde 1935 in Haifa eröffnet, das erste konservative Gebetshaus 1937 in Jerusalem. Sie waren klein und unscheinbar und hatten nur geringen Zulauf. Doch nach und nach wuchsen beide Bewegungen an, im wesentlichen durch amerikanische Einwanderer. Die beiden wichtigsten Rabbinerseminare der USA, das (reformierte) Hebrew Union College und das (konservative) Jewish Theological Seminary, haben in Jerusalem Zweigstellen nebst Synagogen errichtet, die eine steigende Zahl von israelischen und ausländischen Besuchern anziehen; außerdem sind auch in den anderen größeren Städten mit der Zeit reformierte und konservative Versammlungsgebäude entstanden. (Es gibt sogar einen Reform-Kibbuz, Jahel, der 1976 gegründet wurde.) Der Aufschwung dieser beiden Richtungen stieß auf den wütenden Widerstand der orthodoxen Führungsschicht; man führte heftige Propagandafeldzüge und drohte damit, die Erlaubnis zum Betreiben nichtorthodoxer Gemeindeeinrichtungen zu widerrufen, so daß die so massiv Attackierten zeitweise sogar erwogen, den Status von nichtjüdischen Religionen anzunehmen, um sich auf diese Weise, wie Christentum und Islam, die Anerkennung und finanzielle Unterstützung des Staats zu erhalten. 1976 vereitelte der Minister für religiöse Angelegenheiten die Berufung eines reformierten Rabbiners in den geistlichen Rat von Jerusalem, und 1980 gaben die beiden Oberrabbiner der Stadt in einer gemeinsamen Erklärung bekannt, daß ein Gläubiger, der beim Neujahrsfest das Blasen des Schofar-Horns in einer konservativen Synagoge gehört habe, von der Orthodoxie als jemand angesehen werde, der dieser Zeremonie überhaupt nicht beigewohnt hat (was eine religiöse Verpflichtung ist). Solche Aktionen erregten in der Öffentlichkeit großes Aufsehen und hatten lediglich zur Folge, den beiden Bewegungen Sympathie und Unterstützung einzutragen. Sie wachsen nunmehr rasch und sind inzwischen in ihren Bemühungen um staatliche Hilfe auch recht erfolgreich gewesen. Die reformierte Gemeinde von

# Jerusalem: Die Heilige Stadt

Jerusalem bildet den Brennpunkt jüdischer Sehnsüchte und Träume. Es ist ein Symbol des Altertums wie der Erneuerung und hat selbst für Menschen, die zeitlebens hier gewohnt haben, nichts von seiner Faszination als heilige Stadt dreier Religionen eingebüßt, deren Heiligtümer mit den Namen von Adam und Abraham, David und Salomo, Jesus und Mohammed verknüpft sind. Für die Juden besitzt Jerusalem eine Bedeutung, die kaum in rationalen Begriffen ausgedrückt werden kann: Es ist eine Quelle schmerzlicher Sehnsucht, eine Hoffnung auf Vervollkommnung und Erfüllung. Jahrhundertelang reisten Juden in fortgeschrittenem Alter aus aller Herren Länder herbei, um hier zu sterben und nahe der Stelle begraben zu werden, wo die Erlösung zuerst verkündet werden würde. Doch Jerusalem ist auch die Metropole eines modernen Staats, mit seinen Regierungsgebäuden und öffentlichen Gedenkstätten, die zum Teil, wie *Jad Vaschem,* die einzigartige Beziehung zwischen der Stadt und dem ganzen jüdischen Volk zum Ausdruck bringen.

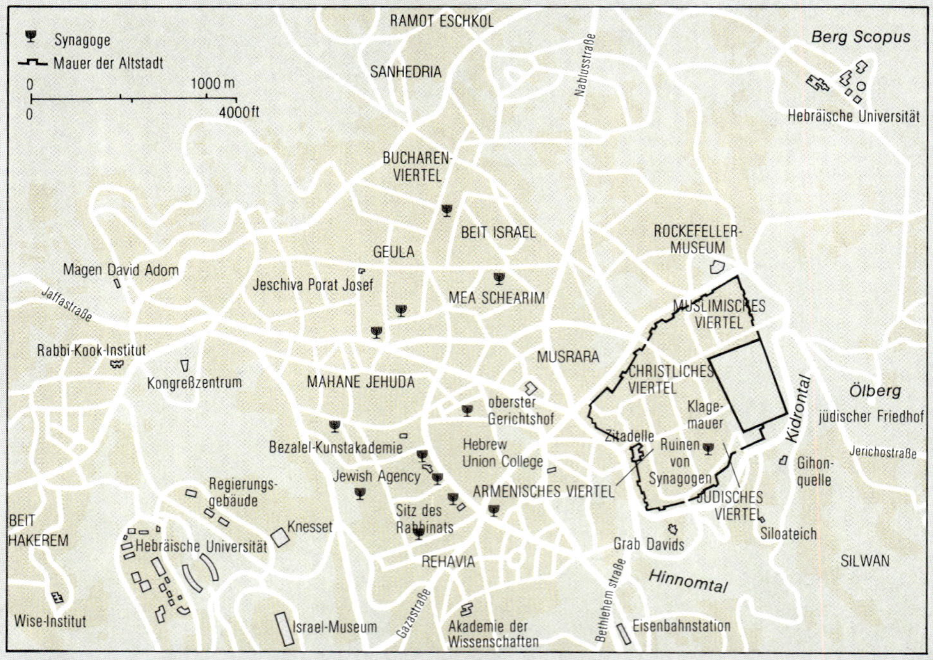

*Ganz oben:* In Jerusalem ist auf faszinierende Weise Altes mit Neuem vermischt. Der weitläufige Ringmauerbezirk im Vordergrund, der die Stelle bezeichnet, an der Salomos Tempel stand, ist das Heiligtum der Muslime mit dem Felsendom und der Al-Aksa-Moschee. Die Ausgrabungen unmittelbar links davon haben faszinierende Überreste von der Davidstadt ans Licht gebracht. Auf der anderen Seite des Tyropoeon-Tals erhebt sich das kürzlich restaurierte jüdische Viertel der Altstadt, rechts davon ist das Heilige Grab zu sehen, das Herzstück des christlichen Viertels.

*Oben:* Ansicht von Mea Schearim.

*Links:* Das Knesset-Gebäude bei Nacht. Im Vordergrund sieht man den Schrein, in dem die Schriftrollen vom Toten Meer aufbewahrt sind.

*Links außen, Mitte:* Gebäude eines Jerusalemer Stadtviertels, das im 19. Jahrhundert angelegt wurde, aber die Atmosphäre eines osteuropäischen *stetl* besitzt.

*Links außen, unten:* Eine Windmühle beherrscht Jemin Mosche, eine der frühesten jüdischen Ansiedlungen außerhalb der Stadtmauern. Das Viertel ist nach Sir Moses Montefiore benannt, der es errichten ließ, um die ungesunde Bevölkerungsdichte der Jerusalemer Altstadt zu senken. Die lange niedrige Säulenhalle gehört zu Mischkenot Scha'ananim, dem ältesten Bauwerk des Komplexes.

Tel Aviv erhielt nach zehnjährigem Kampf mit den Behörden endlich 1981 von der Stadtverwaltung die Erlaubnis, eine Reform-Synagoge nebst Gemeindezentrum zu errichten. (Das erste Synagogengebäude dieser Art war im Jahr zuvor in Haifa eröffnet worden.)

Die nichtorthodoxen Bewegungen verlangen Gleichberechtigung, und zwar entweder durch offizielle Anerkennung, verbunden mit staatlicher Finanzhilfe und der Befugnis ihrer Rabbiner, Eheschließungen zu vollziehen und geistlichen Räten anzugehören, oder aber durch die Entstaatlichung des offiziellen Rabbinats. Auf der Jahrestagung der (reformierten) Central Conference of American Rabbis, die 1981 in Jerusalem zusammentrat, wurde mit deutlichen Worten die Privatisierung der religiösen Ämter gefordert: »Ihrer willkürlichen Vollmacht entkleidet, müßten alle Rabbiner sich auf gütliches Zureden und erleuchtete Verkündigung verlassen, um Israels übergroße Mehrheit nicht gebundener Juden zu erreichen ... Der jetzige Zustand des staatlichen Rabbinats hat jeglichen religiösen Anstoß gelähmt, den das Judentum der Gesellschaft geben sollte.« Führer beider Richtungen äußerten nach den Wahlen von 1981 ihre große Sorge über die von den religiösen Parteien verlangten Zugeständnisse, insbesondere über die angestrebte Änderung des Rückwanderungsgesetzes zu Ungunsten reformierter und konservativer Konvertiten. Gegenwärtig gibt es rund 15 Synagogen, die der (reformierten) Bewegung für Progressives Judentum in Israel angehören, einem Zweig der World Union for Progressive Judaism mit Hauptsitz in Jerusalem, und rund 30 Mitgliedssynagogen der (konservativen) Vereinigten Synagoge Israels, die Teil der World Council of Synagogues ist.

Auf dem anderen äußeren Flügel des Spektrums sind die am stärksten der Tradition verhafteten jüdischen Gruppen ebenfalls außerhalb des staatlichen Systems geblieben – in diesem Fall aus eigenem Entschluß. Die Juden des »Alten Jischuv« wollten größtenteils vom Zionismus nichts wissen und widersetzten sich auch der Gründung des Staates Israel. Ihre Anhängerschaft wuchs nach dem Zweiten Weltkrieg durch die Einwanderung fanatischer Traditionalisten aus Ungarn. Sie leben abgeschieden für sich in ihren eigenen, fest gefügten Gemeinden, hauptsächlich im Mea-Schearim-Viertel von Jerusalem. Dort halten sie am Lebensstil des alten Ghettos fest und versuchen, das System innerer Autonomie zu wahren, das sie unter nichtjüdischer Regierung entwickelt hatten. Sie haben ihre eigenen Schulen und *jeschivot* und pflegen einen hohen Standard traditioneller Bildung. Ihre Zahl ist klein, und sie würden ein bizarres Kuriosum bleiben, wenn es bei ihnen nicht einen Anflug »religiösen Zelotentums« gäbe, das sich oft in publizistisch ausgeschlachteten Zusammenstößen mit den weltlichen Mächten äußert. Solche Zwischenfälle werden zwar häufig mit den extrem antizionistischen *Natorei Karta* (»Wächtern der Stadt«) in Zusammenhang gebracht, doch mittlerweile sind an ihnen viel breitere Kreise der traditionalistischen Bevölkerung in verschiedenen Teilen des Landes beteiligt, die auf diese Weise für Sabbatruhe und die Einhaltung anderer religiöser Vorschriften sorgen wollen. 1966 kam ein bekannter israelischer Künstler ums Leben, als er mit seinem Motorrad in ein Kabel fuhr, das am Sabbat widerrechtlich über eine nach Jerusalem führende Straße gespannt war; einen ähnlichen Todesfall gab es 1977 in Bnei Brak. In anderen Fällen wurden Krankenwagen im Einsatz mit Steinen beworfen, Omnibusse wegen angeblich »obszöner Werbung« von Randalierern attackiert, und es kam zu gewalttätigen Demonstrationen gegen Sport-, Gemeinschafts- und Kulturzentren, die für Mitglieder beiderlei Geschlechts offenstanden.

Die Behörden pflegen auf solche Zwischenfälle behutsam zu reagieren, zum Teil wohl aus Rücksichtnahme auf religiöse Empfindlichkeiten und teilweise aber sicher auch aus Angst vor noch größerer Zwietracht in der religiösen Führungsschicht. Diese Gefahr wurde Wirklichkeit, als es im August 1981 zu Unruhen kam, weil man in Jerusalem archäologische Ausgrabungen an einer Stelle unternahm, wo sich angeblich alte Gräber befanden. Nach einer erbitterten Schlacht zwischen Polizei und Demonstranten wurden die Ruhestätten von zionistischen Notabeln mit Hakenkreuzen und beleidigenden Parolen beschmiert. Die Eda Charedit, eine Dachorganisation aller traditionalistischen Gruppen, verurteilte zwar die Schändung, forderte aber eine Beendigung der archäologischen Arbeiten, ein Anliegen, das sich der aschkenasische Oberrabbiner von Israel zu eigen machte. Diese offizielle Unterstützung brachte den Minister für Bildung und Kultur als ein Mitglied der NRP in eine peinliche Situation. Er bat den Oberrabbiner um einen Bescheid über die Zulässigkeit der Ausgrabungen. Als beide Oberrabbiner und das Oberste Rabbinergericht zu dem Schluß kamen, daß sie einzustellen seien, erließ der Minister eine entsprechende Verfügung. Aus dem scheinbar belanglosen Fall erwuchs eine regelrechte politische und Verfassungskrise, welche die Regierungskoalition ins Wanken und die NRP in direkten Konflikt mit dem Oberrabbinat brachte. Unabhängig voneinander bestritten das Oberste Gericht und der Generalstaatsanwalt dem Rabbinat das Recht, amtierenden Ministern Anweisungen zu erteilen, worauf der Rabbinerrat mit der Erklärung reagierte: »Die *Halacha* ist ewig und keiner weltlichen Macht untertan.« Dieser Vorfall beleuchtet die Brüchigkeit des Verfassungskompromisses sowie die Spannungen, die es nicht nur zwischen religiösen und weltlichen Gruppierungen, sondern auch innerhalb des religiösen Lagers gibt.

## Östliche und westliche Gemeinden in Israel

Ein weiterer konfliktbeladener Bereich ist das Verhältnis zwischen »östlichen« und »westlichen« Juden. Die summarischen Bezeichnungen »östlich« und »westlich« sind an und für sich irreführend, da sie viele verschiedene Gemeinden mit unterschiedlichem und teilweise sich überschneidendem geographischen und kulturellen Hintergrund einschließen. Doch ihre gegenseitigen Beziehungen sind in der Tat ein Problem, und der vielbenutzte Begriff »östliche Gemeinden« (der sich grundsätzlich auf Juden aus arabischen Ländern bezieht, zu denen paradoxerweise auch der arabische Westen, der Maghreb, gerechnet wird) deutet schon an, worin nach allgemeinem Verständnis, zumindest aus »westlicher« Sicht, die Wurzel des Problems liegt. Die traditionellen Begriffe »aschkenasisch« (für westlich) und »sephardisch« (für östlich) werden ebenfalls (in einem spezifisch israelischen Sinn) zur Bezeichnung der beiden Gruppen verwendet.

Die sephardischen und aschkenasischen Gemeinden bewahrten unter osmanischer Herrschaft lange Zeit ihre jeweilige Identität, wobei die ersteren eine gewisse Vormachtstellung innehatten. Ihr Oberrabbiner wurde von der Regierung anerkannt, und sie behandelten daher die westlichen zionistischen Neuankömmlinge mit einer hochnäsigen Herablassung, die ihrerseits so stark unter den Einfluß östlicher Kulturformen gerieten, daß sie die sephardische Aussprache des Hebräischen übernahmen. Unter britischer Regentschaft waren es jedoch die Westler, die der herrschenden Macht näherstanden, und als ihre Einwanderung zunahm, wurden die Sephardim zu einer unbedeutenden Minderheit. Nach 1948 kehrte sich das demographische Muster wieder um, und bis heute bilden die Ostjuden bzw. ihre Nachkommen die Mehrheit der jüdischen Bevölkerung. Allerdings erlangten sie nur selten Spitzenpositionen in der Politik, den freien Berufen oder der Armee, da die religiöse und politische Führung weiterhin fest in westlicher Hand blieb. Sie lebten zusammengepfercht in städtischen Slumvierteln und waren ökonomisch wie bildungsmäßig gegenüber den Immigranten aus dem Westen benachteiligt. In Schule und Armee brachte man ihnen bei, ihr eigenes Erbe gering zu schätzen, und man versuchte, sie vollständig zu assimilieren. In den 60er Jahren kam Unmut auf, der Anfang der 70er Jahre in gewalttätigen politischen Aktionen gipfelte. Die sozialistische Regierung begann, auf Abhilfe zu sinnen, aber das war zu wenig und außerdem zu spät, und daher hat man die überraschende Niederlage der Arbeiterpartei bei den Wahlen von 1977 teilweise auf die Unzufriedenheit der östlichen Wähler zurückgeführt, die, als ärmere Bevölkerungsschicht, von der hohen Inflationsrate besonders schwer betroffen waren. Ein Jahr später wurde Jizhak Navon der erste sephardische Staatspräsident Israels. Seine Wahl zeigt, daß man sich an offizieller Stelle des Problems voll bewußt ist, doch die Schwierigkeiten dauern an, und östliche Juden äußern ihren Protest durch Demonstrationen und sogar durch die Bildung ethnischer Parteien, von denen eine bei den Wahlen 1981 drei Sitze in der Knesset errang.

## Israel und seine nichtjüdischen Bürger

Die Beziehungen zwischen der jüdischen Mehrheit und

Israel ringt beständig um Normalität – ein schwer erreichbares Ziel angesichts der alptraumhaften jüdischen Erfahrungen während des Dritten Reichs und der gespannten außenpolitischen Situation.
*Ganz oben:* Die Namen der Vernichtungslager auf dem Boden der Gedenkstätte *Jad Vaschem* erinnern an die schrecklichen Ereignisse, die zur Staatsgründung führten und an die sechs Millionen Opfer, die postum zu Bürgern Israels erklärt wurden.
Die Andächtigen, die sich zu Bußgebeten am Strand von Tel Aviv versammeln *(oben)*, sind sichtbarer Ausdruck der Kraft, die die traditionelle Religion heute noch besitzt und ihrer

der andersgläubigen (vorwiegend arabischen) Minderheit werden vor allem durch den politischen und militärischen Konflikt zwischen Zionisten und arabischen Nationalisten vergiftet. Ein kleiner Teil der Juden spricht sich offen für antiarabische Maßnahmen aus, aber auch die anderen haben, da meist der zionistischen Idee verpflichtet, Schwierigkeiten, Nichtjuden als vollgültige Israelis anzuerkennen. Die Araber haben daher unter manchen jener nationalistischen Vorurteile zu leiden, denen Juden in anderen Ländern einst zum Opfer fielen, was noch verstärkt wird durch die Befürchtung, sie könnten ein Sicherheitsrisiko darstellen. Die meisten Muslime dienen nicht in den Streitkräften, obwohl sie ansonsten alle Bürgerrechte genießen. Ihre Schulen werden vom Staat finan-

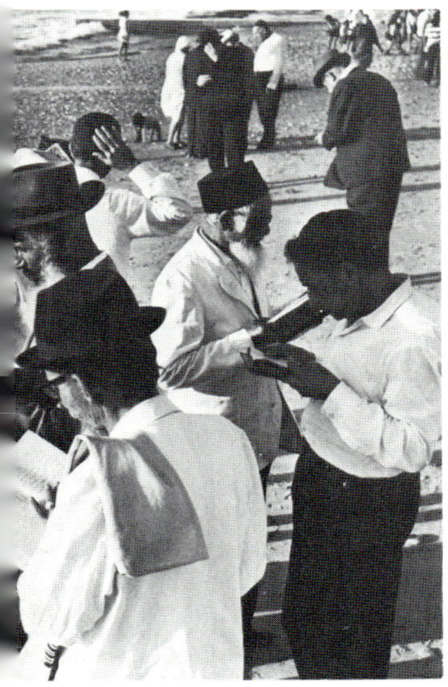

tiefen Verwurzelung im Heiligen Land.
Der jüdische Soldat, der in der arabischen Stadt Ghasa während ihrer Einnahme im Krieg von 1967 seine Gebete spricht *(ganz oben rechts)*, symbolisiert die unsichere Lage Israels und das drängende Problem der palästinensischen Flüchtlinge.

ziert, doch das zweigleisige Bildungssystem unterstreicht und festigt die sozialen und kulturellen Barrieren.

Der Staat gewährt seinen Bürgern volle Glaubensfreiheit, und anerkannten Religionsgemeinschaften wird die gleiche innere Autonomie zugestanden wie den jüdischen Gemeinden. Bekehrungsversuche sind jedoch verpönt. Der Staat schützt auch die heiligen Stätten aller Religionen und garantiert den ungehinderten Zugang zu ihnen. Einige gewalttätige, von Fanatikern provozierte Zwischenfälle, wurden unerbittlich verfolgt. Aber in diesem Land, in dem die Glaubenszugehörigkeit eine so herausragende Rolle spielt, und unter dessen Bürgern es eine ungewöhnliche Vielzahl verschiedener Konfessionen gibt, ist bislang sehr wenig zur Förderung der gegenseitigen Verständigung zwischen den einzelnen Gruppen getan worden. Jüdische Schulkinder erfahren im Unterricht nichts über andere Religionen, und offizielle Versuche zur interkonfessionellen Begegnung sind bisher spärlich gewesen. Einige erfreuliche Ansätze in dieser Richtung stießen in nur sehr begrenztem Maße auf verhaltene Zustimmung.

### Das Verhältnis zur Diaspora

Die Verbindung zwischen Israel und der Diaspora ist fest gegründet, aber dennoch in vieler Hinsicht unbestimmt und sogar umstritten. Unter dem britischen Mandat kam der Stellenwert des Weltjudentums bei der »Schaffung einer jüdischen nationalen Heimstätte« in der offiziellen Rolle zum Ausdruck, die man der Zionistischen Weltorganisation und seit 1930 ihrer Nachfolgeorganisation, der Jewish Agency (die nominell auch das nichtzionistische Judentum vertrat) zusprach. Zionistische Politik, die auch wichtige Entscheidungen für die in Palästina lebenden Menschen mit sich brachte, wurde im wesentlichen außerhalb des Landes gemacht, was zu ständigen Konflikten führte. Als die Unabhängigkeit Israels 1947 unmittelbar bevorstand, pochte die Führung der palästinensischen Juden entschieden auf ihr Recht, selbst über ihr Schicksal zu bestimmen. Nach der Staatsgründung bemühte sich die Regierung, die nützliche Verbindung zur Diaspora aufrechtzuerhalten, während sie gleichzeitig ihre eigene Autonomie sicherstellte und sogar ihren Einfluß bei den Gemeinden im Ausland erweiterte. Im Jahre 1952 verabschiedete die Knesset ein Gesetz, das diese Beziehung formell regelt:

*Der Staat Israel betrachtet sich als Schöpfung des ganzen jüdischen Volkes, und seine Tore stehen, in Einklang mit seinen Gesetzen, jedem einwanderungswilligen Juden offen... Er erkennt die Zionistische Weltorganisation als die verfügungsberechtigte Vertretung an, die auch weiterhin für die Entwicklung und Besiedlung seines Landes, die Aufnahme von Einwanderern aus der Diaspora und die Koordination der auf diesen Gebieten in Israel tätigen jüdischen Institutionen und Organisationen zuständig ist. Der Auftrag zur Heimführung der Verbannten – eine wesentliche Aufgabe Israels und der zionistischen Bewegung in unserer Zeit – erfordert ständige angestrengte Bemühungen in der Diaspora. Die Regierung erwartet daher die Mitarbeit aller Juden, einzeln und in Gruppen, beim Aufbau des Staates und bei der Ermöglichung der Immigration von jüdischen Volksmassen, und erachtet hierfür die Einheit aller Teile des Judentums als unbedingt notwendig...*

Diese Formel, die dem Judentum als ganzem Forderungen abverlangt, und einer internationalen Organisation eine formelle, wenngleich begrenzte Rolle auch innerhalb der Landesgrenzen überträgt, hat seither die Beziehungen zwischen Israel und der Diaspora bestimmt. Statt eine »Kolonie« des jüdischen Volkes darzustellen, was ursprünglich die Funktion Israels sein sollte, sind die Juden zu einem »Reservoir« für den Staat geworden. Sie werden aufgefordert, ihre Loyalität, ihre finanzielle Unterstützung und letztendlich ihre Person einem Staat zur Verfügung zu stellen, der das Recht beansprucht, sich in ihre Angelegenheiten einzumischen, indem er zionistische Aktivitäten und Geldsammlungen unterstützt oder (wie im Falle der Sowjetunion) auf die Veränderung der Regierungspolitik hinwirkt, d.h. auf die Anerkennung des Ausreiserechts jüdischer Bevölkerungsteile.

Dieses Verhältnis ist insgesamt stabil und erfolgreich gewesen. Juden in aller Welt haben Befriedigung und Stolz aus der Existenz Israels gezogen und an seinen Ängsten und Triumphen teilgenommen. Die zionistischen Organisationen, die in den führenden Zentren der Diaspora Büros unterhalten, haben dazu beigetragen, das Gefühl jüdischen Bewußtseins zu stärken, und bildungsfördernde Maßnahmen ergriffen, die vor allem auf eine Verbreitung der hebräischen Sprache abzielen. Die Juden haben dafür unerschütterlich zu ihrem Staat gehalten. In den letzten Jahren sind jedoch Risse in diesem Beziehungsgeflecht sichtbar geworden. Kritik an israelischer Politik wird immer unbefangener geäußert. Es ist eine Begleiterscheinung ihrer Identifikation mit diesem Land, daß Juden sich durch die moralische Schuld, die Israel mit manchen Handlungen auf sich geladen hat, verletzt fühlen, und blutige Überfälle arabischer Extremisten auf jüdische Gemeinden im Ausland haben die Beziehung zusätzlich belastet. Diese Spannungen müssen gelöst werden, wenn ein wirklicher Bruch vermieden werden soll. Einstweilen sorgen noch gefühlsmäßige Bindungen und Eigeninteressen gemeinsam dafür, daß – von Krisenmomenten einmal abgesehen – der Status quo zwischen Israel und der Diaspora erhalten bleibt.

# Türkei

Die Juden in der Türkei sind ein nur mehr dürftiger Überrest der einst blühenden Gemeinden, die im wesentlichen nach der Vertreibung aus Spanien 1492 entstanden waren. Unter dem Druck der wirtschaftlichen Verhältnisse kam es in den Jahrzehnten vor dem Ersten Weltkrieg trotz der verbesserten rechtlich-sozialen Lage der nichtmuslimischen Bevölkerungsteile zu einer Massenauswanderung, zumal die vorherrschende Rolle des Islam, entgegen offizieller Erklärungen, den Minderheiten nicht genügend Sicherheit bot.

Zwar bürgte der Friedensvertrag von Lausanne 1923 als Grundlage des modernen säkularen türkischen Staats auch für die Rechte der Minoritäten, doch die neue Ordnung bedeutete gleichzeitig eine Herausforderung für die traditionelle jüdische Kultur (zum ersten Mal übernahmen Juden Türkisch als Hauptsprache, und der Säkularismus untergrub die herkömmlichen religiösen Werte), während reaktionäre muslimische Kräfte gelegentlich antijüdischen Empfindungen Ausdruck gaben. Viele jüdische Einwohner identifizierten sich dennoch mit dem Land und wurden mehr und mehr in sein geistiges und wirtschaftliches Leben integriert.

Die erste türkische Volkszählung von 1927 registrierte 82000 Juden, was 0,6 Prozent der Gesamtbevölkerung entsprach. Die Mehrheit (47000) von ihnen befand sich in Istanbul, wo sie nahezu sieben Prozent der Einwohnerzahl ausmachten. Weitere größere Gemeinden gab es in Izmir (16000) und Edirne (6000). Insgesamt lebten 68 Prozent der Juden in der europäischen Türkei, während sich weitere 27 Prozent in den drei nächstgelegenen Provinzen *(vilajets)* des asiatischen Landesteils angesiedelt hatten. In den folgenden 20 Jahren waren diese Zahlen nur leicht rückläufig, doch nach der Unabhängigkeit Israels kam es zu einem plötzlichen und unerwarteten Exodus: in den ersten beiden Jahren nach 1948 verließen mehr als 30000 das Land, und der Auswandererstrom ist bis heute nicht abgerissen. Gegenwärtig gibt es in der Türkei schätzungsweise nur noch 20000 jüdische Einwohner, von denen 18000 in Istanbul ansässig sind.

# Irak

In den anderen Staaten, die nach dem Ersten Weltkrieg aus dem Osmanischen Reich hervorgingen, sind die jüdischen Gemeinden so gut wie verschwunden. 1920, zu Beginn des britischen Mandats im Irak, gab es hier 87500 Juden (etwas über drei Prozent der Gesamtbevölkerung); 50000 davon wohnten in Bagdad, wo sie ein Fünftel der Einwohnerzahl ausmachten, und 15000 lebten verstreut in den kleinen Städten und Dörfern Irakisch-Kurdistans. Die Gemeinde in Bagdad erfreute sich beträchtlicher Sicherheit, doch von den 30er Jahren an führte die Zunahme des arabischen Nationalismus und des Antizionismus in regelmäßigen Abständen zu Unruhen. Zum Zeitpunkt der Unabhängigkeit Israels war ihre Situation so unerträglich geworden, daß sie massenweise emigrierten. 1947 soll es ungefähr 150000 Juden im Irak gegeben haben, 1952 waren es nur noch etwa 6000, von denen wiederum die meisten zu Beginn der Republik 1958 ausreisten. Unter dem seit 1968 regierenden Baath-Regime haben sich die Lebensbedingungen für die wenigen hundert verbliebenen jüdischen Bürger noch verschlechtert.

*Links:* Die überwiegende Mehrheit der 20000 Juden in der Türkei lebt in Istanbul, der einstigen Metropole des Osmanischen Reiches, in der noch etwa 20 Synagogen in Gebrauch sind. Das Innere der Ahrida-Synagoge in Balat, dem ehemaligen Hauptjudenviertel der Stadt, ist sehr türkisch im Stil und weist einen merkwürdig bootförmigen *teva* sowie imposante Leuchter auf.

*Links unten:* Jüdische Frauen beim Teppichknüpfen, Kurdistan. Die Bergregion Kurdistan, die zwischen der Türkei, dem Irak und dem Iran aufgeteilt ist, war bis vor kurzem die Heimat einer jüdischen Minderheit. Sie sprach aramäisch, und obgleich viele in Städten lebten, gab es auch eine Anzahl von Bauern; einige Dörfer waren fast ausschließlich von Juden bewohnt. 1950/51 wanderte praktisch die gesamte jüdische Bevölkerung Kurdistans, die rund 30000 Seelen zählte, nach Israel aus.

*Rechts außen oben:* Hochzeitsfeier syrischer Einwanderer in New York.

*Rechts:* Jemenitische Juden feiern Passah. Im Jemen hatten seit dem Altertum Juden gelebt. Da sie keine regelmäßigen Kontakte mit den großen jüdischen Zentren unterhielten, hatten sie viele eigenständige Bräuche entwickelt, aber auch manche Traditionen und sogar geschriebene Texte bewahrt, die überall sonst verlorengegangen waren. 1949/50 emigrierte der größte Teil von ihnen nach Israel.

*Unten:* Eine Hochzeit jemenitischer Juden in Israel. Die Frauen tragen kostbare traditionelle Festkleidung.

# Syrien

In Syrien hatten im 19. Jahrhundert die wirtschaftlichen Schwierigkeiten, vor allem nach der Eröffnung des Suez-Kanals, eine umfangreiche Abwanderung, insbesondere nach Lateinamerika, ausgelöst. Als das Land während des Zweiten Weltkriegs unabhängig wurde, gab es hier nur noch etwa 30000 Juden, die meisten davon in Damaskus und Aleppo. Schon unter dem französischen Mandat in den 30er Jahren hatte eine antizionistische Kampagne begonnen, die in den ersten Jahren der Autonomie zu schweren Unruhen führte und nach dem israelischen Unabhängigkeitskrieg in blutigen Ausschreitungen kulminierte. Viele Juden ergriffen die Flucht, und Mitte der 50er Jahre war ihre Gemeinde auf ein paar tausend Seelen geschrumpft. Sie werden bis heute diskriminiert, und man hört immer wieder von tätlichen Übergriffen.

# Libanon

Der Libanon ist ein Land der Minderheiten, und die Juden haben sowohl am wirtschaftlichen Aufschwung Beiruts als auch an seinem tragischen Schicksal in den letzten Jahren teilgehabt. Die Volkszählung von 1944 registrierte 5666 jüdische Einwohner, doch dann kam es zu einem beträchtlichen Flüchtlingsstrom aus Syrien, und 1958 schätzte man ihre Gemeinde auf 9000 Mitglieder. Meldungen zufolge gab es bislang weder während der verschiedenen Kriege mit Israel noch während des seit 1975 andauernden Bürgerkriegs antijüdische Gewalttätigkeiten, aber der wirtschaftliche Zusammenbruch hat inzwischen viele Menschen zur Emigration veranlaßt. Heute sind hier nur noch einige hundert Juden ansässig.

# Arab. Halbinsel

Im Lauf der ersten Jahrhunderte nach dem Siegeszug des Islam wurden die jüdischen Einwohner nach und nach von der Arabischen Halbinsel vertrieben, mit Ausnahme des Jemen, der sich unter der Herrschaft der schiitischen Dynastie der Zaiditen befand. Hier lebten, verstreut auf eine große Anzahl verschiedener Orte, Tausende von Juden unter unbeschreiblichen Entbehrungen und Demütigungen. Im von England beherrschten Aden ging es ihnen weitaus besser, bis im Dezember 1947 anläßlich der Entscheidung über die Teilung Palästinas Unruhen ausbrachen. In den Jahren 1949 und 1950 wurden 44000 Jemeniten und 3000 Adeniten in der dramatischen Operation »Zauberteppich« über eine Luftbrücke nach Israel geholt. Mehrere Tausende verließen in der Zeit danach ihre Heimat, und vermutlich wohnen auch im Jemen heute nur noch wenige hundert Juden.

# Iran

Für den Iran liegen keine zuverlässigen Statistiken vor. 1950 schätzte man, bei einer Gesamtbevölkerung von 16,5 Millionen, rund 100000 jüdische Einwohner, von denen 40000 in Teheran lebten, 15000 in Schiras, 10000 in Isfahan und die übrigen auf mehr als hundert kleine Städte und Dörfer verteilt waren. Die überwiegende Mehrheit war arm und unterernährt und fristete ein unwürdiges Dasein in übervölkerten Ghettos. Eine Minderheit (etwa zehn Prozent) gehörte der Mittelschicht an, und es gab sogar einige wohlhabende Leute. Ihr Bildungsniveau war hier sehr niedrig, obwohl die Alliance Israélite Universelle in den großen Städten etwa 20 Schulen mit 7000 Schülern unterhielt. In der Verfassung von 1906 waren den Juden zwar die Bürgerrechte zugebilligt worden, und in dem politischen System der religiösen Volksvertretung hatten sie auch einen Abgeordneten im Parlament, aber die Feindseligkeit der schiitischen Glaubensführer vereitelte fast alle Möglichkeiten des Fortschritts.

Seit der Islamischen Revolution von 1979 hat sich ihr Status zusammen mit dem anderer Minoritäten erheblich verschlechtert. Hunderte von Juden sind verhaftet und ins Gefängnis geworfen worden, einige wurden auch als angebliche Wirtschaftsverbrecher oder »zionistische Spione« hingerichtet. Die übrigen haben inzwischen fast alle das Land verlassen.

# Afghanistan

In den 30er Jahren gab es schätzungsweise 5000 Juden in Afghanistan. Im Anschluß an die Ermordung Nadir Schahs im Jahre 1933 kam es zu einer Reihe repressiver Maßnahmen: sie wurden aus den kleinen Städten und Dörfern vertrieben und in Kabul, Herat und Balch in Ghettos gepfercht; außerdem erkannte man ihnen die Staatsbürgerschaft ab, untersagte jegliche kommerzielle Betätigung und verhängte ein Ausreiseverbot. Trotzdem gelang vielen von ihnen die Flucht, und die meisten übrigen emigrierten Ende der 60er Jahre, als die Auswanderung wieder gestattet wurde. Heute leben nur noch ein paar jüdische Familien in Herat und Kabul.

*Links:* Wie die Kurden und die Jemeniten, haben die persischen Juden ihre eigenen Traditionen bewahrt. Der starke persische Einfluß ist auch bei diesem Friedhof in Pir Bakran erkennbar, auf dem die Juden Isfahans ihre Toten zu bestatten pflegten.

*Unten links außen:* Zum persischen Kulturkreis zählen auch die Juden Bucharas und Afghanistans.

*Rechts außen:* Die Bene Israel sind recht gut in die indische Gesellschaft integriert. Einige Gemeindemitglieder haben sogar hohe Stellungen in der örtlichen Verwaltung oder im Militär erlangt.

*Unten:* Simchat Thora in Cochin. Eine dortige Redensart lautet: »Wenn Du niemals Simchat Thora in Cochin erlebt hast, weißt Du nicht, was Freude ist.«

*Unten rechts außen:* Japanische Konvertiten stellen nur eine winzige Minderheit unter den Juden in Japan. Meist handelt es sich bei ihnen um hier ansässige Geschäftsleute aus den USA und anderen Ländern, aber es gibt auch nach dem Zweiten Weltkrieg eingewanderte russische Juden.

# Indien

Als Indien 1947 geteilt wurde, gab es auf dem Subkontinent schätzungsweise mehr als 25000 Juden, die in drei Gruppen zerfielen: die Bene Israel (mit über 17000 Mitgliedern die größte Gruppe), die Baghdadis (6000) und die Cochin-Juden (2000). Unter ihnen waren die Baghdadis relative Neuankömmlinge, die erst seit dem Ende des 18. Jahrhunderts aus dem Irak zugewandert waren. Als wohlhabende Kaufleute und Industrielle identifizierten sie sich mit der britischen Kolonialmacht und hielten sich von den anderen beiden Gruppen, den »einheimischen Juden«, fern. Deren Geschichte in Indien reicht bis ins Altertum zurück – sie behaupten sogar, schon in biblischer Zeit aus Israel gekommen zu sein. Ihre wirkliche Herkunft ist ungeklärt, vermutlich führten sie bis zum 18. Jahrhundert ein völlig isoliertes Dasein. Die Bene Israel wohnten verstreut in den Küstendörfern Konkans, bis sie im 18. und 19. Jahrhundert allmählich nach Bombay zogen, wo sich ihre Lebensbedingungen verbesserten. Die Gemeinden der Cochin-Juden waren an der Malabarküste im Süden Indiens unter dem Schutz der örtlichen hinduistischen

Herrscher gewachsen. Beide Gruppen waren unterteilt in Untergruppen; im Falle der Bene Israel in »Weiße« und »Schwarze«, im Falle der Cochin-Juden in »Weiße«, »Braune« und »Schwarze«. Bis in die jüngste Zeit gab es zwischen all diesen verschiedenen jüdischen Bevölkerungsteilen keine Mischehen.

Seit der Unabhängigkeit ist die Anzahl der Juden durch Auswanderung erheblich zurückgegangen. In Cochin sind nur noch wenige Familien ansässig, während Bombay etwa 3000 und ganz Indien wahrscheinlich lediglich 5000 jüdische Einwohner hat.

# Ferner Osten

Die winzigen Gemeinden im Fernen Osten sind hauptsächlich Überbleibsel von Handelsniederlassungen aus dem vorigen Jahrhundert, die seinerzeit prächtig florierten; heute ist allerdings vom einstigen Glanz kaum etwas übriggeblieben, wenn man von einigen imposanten Gebäuden und wenigen Familien oder Einzelpersonen absieht. Lediglich Singapur, Taiwan und Japan haben eine kleine Zahl Juden angezogen, und kürzlich sind neue Synagogen in Hongkong und Manila errichtet worden.

# AUSTRALIEN/NEUSEELAND

Die Ursprünge der jüdischen Besiedlung Australiens reichen bis zum Anfang des 19. Jahrhunderts zurück. Die ersten Gemeindeorganisationen wurden 1817 in Sydney und 1839 in Melbourne gegründet. 1850 besaßen beide Städte feste Synagogengebäude, desgleichen Adelaide, Hobart und Launceston. Der Goldrausch jener Zeit brachte einen erheblichen Zuwachs, und Ende des Jahrhunderts gab es Gemeinden in Brisbane, Fremantle, Perth und Kalgoorlie. Die Immigranten assimilierten sich jedoch sehr rasch, so daß mehrere dieser frühen Niederlassungen inzwischen verschwunden sind. Während der 30er Jahre kam es zu einem erneuten Einwanderungsboom, der nach dem Krieg noch zunahm. 1933 lebten 27000 Juden in Australien, 1971 waren es 60000. Die Hälfte von ihnen war in Melbourne ansässig, wo die im wesentlichen osteuropäische Judenschaft ihr Identitätsgefühl und ihre Bindung an die jiddische Sprache und Kultur bewahrt hatte. Doch die Tendenz zur Assimilation wirkt sich weiterhin negativ auf die Stärke der Gemeinde aus, und obwohl zwischenzeitlich mehrere tausend Siedler aus der Sowjetunion, Israel und Südafrika eingereist waren, bekannten sich bei der Volkszählung von 1981 nur 62000 Australier zum Judentum.

Australische Juden spielten seit jeher eine hervorragende Rolle im öffentlichen Leben und waren im Landes- und Bundesparlament sowie im Justizwesen stets gut vertreten. Der erste Australier an der Spitze einer Armee, Sir John Monash, war jüdischer Abstammung, ebenso in den 30er Jahren der erste im Land geborene Generalgouverneur, Sir Isaac Isaacs, und Sir Zelman Cowen, Generalgouverneur von 1978 bis 1982.

Die unterschiedliche Herkunft der Zuzügler spiegelt sich auch in den religiösen Gemeinden wider, die von chassidisch bis liberal die ganze Bandbreite des Spektrums abdecken. Bemerkenswert viel Gewicht wird auf Tagesschulen gelegt, von denen es 1980 in Melbourne acht und in Sydney drei gab; gemeinsam erfaßten sie einen erheblichen Prozentsatz der jüdischen Schulkinder Australiens. Es ist verlockend, Melbourne mit Montreal oder Johannesburg zu vergleichen: alle drei Städte haben einen stark osteuropäischen, ursprünglich jiddischsprachigen Hintergrund, vor dem die alten Kontroversen noch lebendig sind, auch wenn sie heute auf Englisch ausgetragen werden. In allen dreien zeigt die Stärke der Tagesschulbewegung teilweise die Unzufriedenheit mit dem ethnischen oder religiösen Charakter des alternativen Erziehungssystems und läßt vor allem das Bestreben erkennen, ein Gefühl für jüdische Identität dauerhaft zu bewahren, indem dafür Sorge getragen wird, daß soziale Bindungen innerhalb der Gemeinde von früher Kindheit an entwickelt werden. Die australischen Tagesschulen haben in bezug auf die allgemeinen Fächer einen guten Ruf, aber es macht ihnen Schwierigkeiten, im spezifisch religiösen Unterricht ein hohes Niveau zu erreichen, und vielleicht kommt es hierauf letztlich auch gar nicht an. Bei 20 Prozent Mischehen (in kleineren Gemeinden bis zu 50 Prozent) sind bereits ernste Zweifel an der langfristigen Zukunft der australischen Judenschaft laut geworden.

Die Situation der jüdischen Bevölkerung Neuseelands ist der Australiens in vieler Hinsicht sehr ähnlich, allerdings in einem viel kleineren Maßstab. Ihre Ursprünge gehen auf einzelne Siedler zurück, die vor Errichtung der britischen Souveränität 1840 ins Land kamen und schon bald darauf begannen, organisierte Gemeinden zu gründen. Juden halfen mit, die Grundlagen für den wirtschaftlichen und industriellen Wohlstand des Landes zu legen, und sind auch hier im öffentlichen Dienst gut vertreten. (1873 wurde Sir Julius Vogel der erste bekennende jüdische Ministerpräsident im British Empire.) Aber heute haben sie Schwierigkeiten, ihre Zahl zu halten, und brauchen dringend neuen Zustrom, um den »natürlichen Schwund« auszugleichen. Die Bevölkerungsrate lag in den letzten Jahren ziemlich konstant bei 4000 bis 5000 Einwohnern, doch ohne stetige Einwanderung wird sie vermutlich rasch zurückgehen.

*Oben:* Sir John Monash (1865–1931), australischer Ingenieur und Armeegeneral.

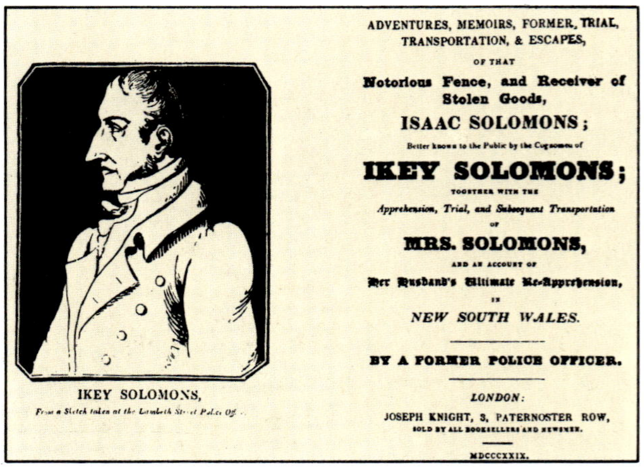

IKEY SOLOMONS,
From a Sketch taken at the Lambeth Street Police Office.

ADVENTURES, MEMOIRS, FORMER, TRIAL, TRANSPORTATION, & ESCAPES,
OF THAT
Notorious Fence, and Receiver of Stolen Goods,
ISAAC SOLOMONS;
Better known to the Public by the Cognomen of
IKEY SOLOMONS;
TOGETHER WITH THE
*Apprehension, Trial, and Subsequent Transportation*
OF
MRS. SOLOMONS,
AND AN ACCOUNT OF
Her Husband's Ultimate Re-Apprehension,
IN
*NEW SOUTH WALES.*

BY A FORMER POLICE OFFICER.

*LONDON:*
JOSEPH KNIGHT, 3, PATERNOSTER ROW,
SOLD BY ALL BOOKSELLERS AND NEWSMEN.

MDCCCXXIX.

*Links:* Die frühesten jüdischen Siedler in Australien waren aus England deportierte Sträflinge. Einer von ihnen, Ikey Solomons, war vermutlich Vorbild für den jüdischen Kriminellen Fagin in Charles Dickens' *Oliver Twist.*

*Unten:* Die größten Judengemeinden Neuseelands befanden sich in Wellington und Auckland. Die erste Synagoge in Wellington wurde 1870 errichtet. 1977 wurde ein neues Gemeindezentrum, verbunden mit einer orthodoxen Synagoge, eingeweiht.

*Unten links:* Die Große Synagoge in Sydney. Das heutige Gebäude datiert von 1878, doch geht der Ursprung der Sydneyer Gemeinde auf das Jahr 1828 zurück. Die Architektur erinnert an die englischen Synagogen der damaligen Zeit, und die englische Orthodoxie ist seit jeher vorherrschend gewesen. Doch gewinnen gegenwärtig auch die liberale und die traditionalistische Richtung an Einfluß.

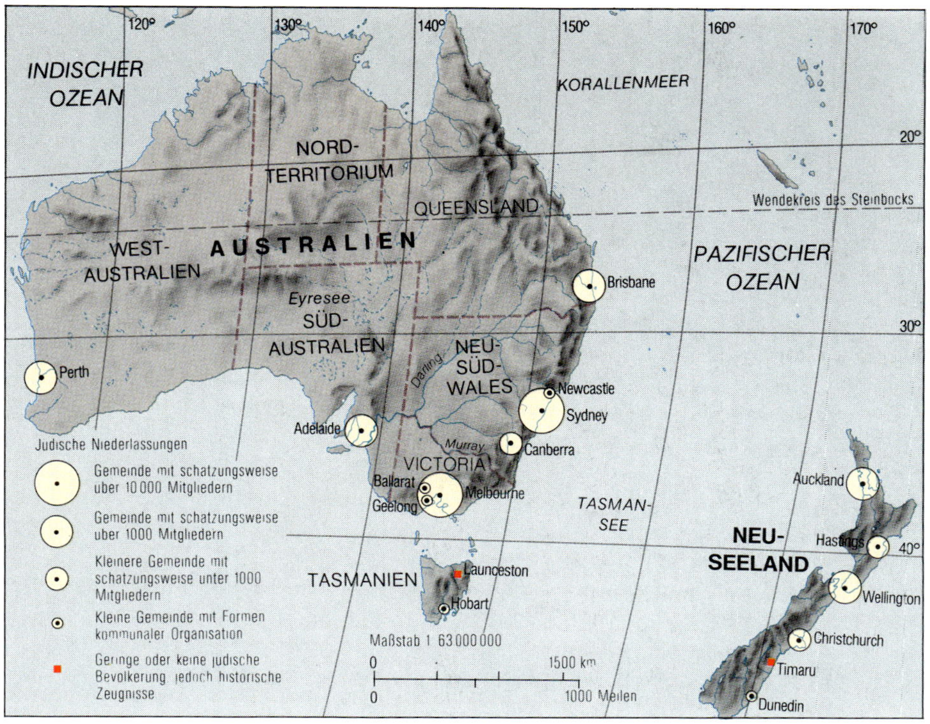


| | 1930 | | 1980 | |
|---|---|---|---|---|
| | *Annähernde jüd. Bev.* | *Juden auf 1000 Einw.* | *Annähernde jüd. Bev.* | *Juden auf 1000 Einw.* |
| Australien | 24000 | 3,6 | 70000 | 4,9 |
| Neuseeland | 2800 | 1,8 | 4000 | 1,3 |

*Oben:* Sir Julius Vogel (1835–99), neuseeländischer Staatsmann

*Oben:* Sir Zelman Cowen (links), 1978–82 Oberbefehlshaber der australischen Streitkräfte.

*Links:* Die Abnahme der australischen Juden durch Austritt aus der Gemeinschaft und Emigration wird durch Neueinwanderung weitgehend wettgemacht. In den letzten Jahren kamen die Zuzügler in der Hauptsache aus der Sowjetunion, aus Südafrika und Israel. Hier wird der zweitausendste jüdische Einwanderer aus der UdSSR auf dem Sydneyer Flughafen von Vertretern der Jewish Welfare Society begrüßt.

*Unten:* Schüler einer jüdischen Tagesschule in Sydney, von denen es insgesamt 15 in Australien gibt. Man schätzt, daß sie 75 Prozent aller Kinder erfassen, die jüdisch erzogen werden. Dies bildet eine entscheidende Voraussetzung für die Zukunft einer Gemeinde, die noch alles andere als gefestigt ist.

# AFRIKA

Afrika besitzt wie Asien eine Mittelmeerküste, die vom übrigen Kontinent durch eine Wüste abgetrennt ist, und auf diesem schmalen Küstenstreifen haben sich die Juden seit dem fernen Altertum bis in die neuere Zeit hinein konzentriert. Ägypten ist mit den frühen Anfängen des Volkes Israel verbunden; in der ptolemäischen Ära gab es Juden in Libyen; unter römischer Herrschaft tauchten sie in den westlichen Teilen Nordafrikas auf. Unter den Arabern war dieser Landstrich lange Zeit die Heimat einer blühenden jüdischen Kultur, und während des ganzen Mittelalters bis hin zur Moderne kamen immer wieder Zuzügler aus Spanien und anderen Ländern. In den 30er Jahren dieses Jahrhunderts wohnten trotz vorausgegangener Auswanderungswellen in den Ländern Nordafrikas, von denen drei Viertel unter französischer Herrschaft standen, noch immer weit über 400000. Seither hat der arabische Nationalismus eine Massenemigration ausgelöst, und es gibt in dem ganzen Gebiet nur mehr knapp 20000 jüdische Einwohner, von denen 90 Prozent in Marokko leben.

Die Geschichte der Juden südlich der Sahara ist Teil der europäischen Kolonisation. Jüdische Navigatoren trugen zum Erfolg der ersten portugiesischen Entdeckungsreisen bei, und jüdische Kaufleute waren an der holländischen Ostindien-Gesellschaft beteiligt, die der europäischen Besiedlung der Kapregion den Weg ebnete. Juden aus Großbritannien nahmen an der Erforschung und wirtschaftlichen Ausbeutung Südafrikas im 19. Jahrhundert teil, und als in den 80er Jahren des 19. Jahrhunderts die Massenabwanderungen aus Osteuropa begannen, zog es viele hierher, vor allem Flüchtlinge aus den baltischen Republiken, während andere, von der Insel Rhodos, sich in Rhodesien ansiedelten. Mit dem Trend zur schwarzen Mehrheitsregierung in Afrika und dem damit verbundenen Niedergang der weißen Präzenz sind die kleineren Gemeinden erheblich geschrumpft oder völlig verschwunden; Südafrika hingegen mit seiner wohlhabenden und eigenständigen weißen Bevölkerung zählt noch heute zu den größeren jüdischen Zentren.

Sir Roy Welensky (geb. 1907), rhodesischer Politiker

Helen Suzman, südafrikanische Politikerin

| | *1930* | | *1980* | |
|---|---|---|---|---|
| | *Annähernde jüd. Bev.* | *Juden auf 1000 Einw.* | *Annähernde jüd. Bev.* | *Juden auf 1000 Einw.* |
| Ägypten | 66000 | 4,8 | 250 | 0,0 |
| Äthiopien | 51000 | 6,8 | 32000 | 1,1 |
| Kenia | 300 | 0,1 | 450 | 0,0 |
| Libyen | 24500 | 34,4 | 0 | 0,0 |
| Marokko | 143000 | 23,8 | 18000 | 1,0 |
| Sambia | 400 | 0,3 | 300 | 0,1 |
| Simbabwe | 2000 | 2,0 | 1500 | 0,2 |
| Südafrika | 85000 | 9,4 | 108000 | 3,7 |
| Tunesien | 70000 | 29,9 | 2500 | 0,8 |
| Zaïre | 200 | 0,0 | 200 | 0,0 |

MITTELMEER
LIBYEN
ÄGYPTEN
ROTES MEER
Nil
Wendekreis des Krebses
Nassersee (Assuanstausee)
Biserta
Tunis
Naro
Nabeul
Sousse
Kairuan
Mahdia
Sbeitla
Sfax
Gafsa
Gabès
Djerba
Kébili
Zarzis
Medenine
Ben Gardane
Tatahouine
Suwara
Tripolis
Lebda
Misurata
Nalut
Oschadu
Gharjan
Meslatah
Sirte
Jahudia
Bengasi
Barka
Kyrene
Tobruk
Alexandria
Damanhur
El Mahalla el Kubra
Damiette
Kairo
Memphis
Hilwan
El Fajum
Achmim
Kift
Kus
Theben
Assuan
Maßstab 1 : 12 000 000
400 km
300 Meilen
Jüdische Niederlassungen
Gemeinde mit schätzungsweise über 100 000 Mitgliedern
Gemeinde mit schätzungsweise über 10 000 Mitgliedern
Gemeinde mit schätzungsweise über 1000 Mitgliedern
Kleinere Gemeinde mit schätzungsweise unter 1000 Mitgliedern
Kleine Gemeinde mit Formen kommunaler Organisation
Geringe oder keine jüdische Bevölkerung, jedoch historische Zeugnisse
MAROKKO
TUNESIEN
ALGERIEN
LIBYEN
ÄGYPTEN
Wendekreis des Krebses
Asmara
Gonder
Ankobar
Addis Abeba
ÄTHIOPIEN
KENIA
Nairobi
Äquator
ZAIRE
Kinshasa
Lubumbashi
SAMBIA
Lusaka
Harare (Salisbury)
Gatooma
SIMBABWE
Que Que
Gwelo
Bulawayo
NAMIBIA
Windhoek
Wendekreis des Steinbocks
Réunion (frz.)
St Denis
SÜD-AFRIKA
WITWATERSRAND
1 Randfontein
2 Krugersdorp
3 Roodepoort
4 Germiston
5 Kempton Park
6 Boksburg
7 Benoni
8 Brakpan
9 Springs
Limpopo
Wendekreis des Steinbocks
Pietersburg
Pretoria
Middelburg
Rustenburg
Johannesburg
Lichtenburg
Carletonville
Potchefstroom
Klerksdorp
Vereeniging
Nigel
Bethal
SWASILAND
Kroonstad
Vaal
Bethlehem
Vryheid
Upington
Kimberley
Bloemfontein
Oranje
Caledon
LESOTHO
Pietermaritzburg
Durban
SÜDAFRIKA
Queenstown
Doring
Sondags
East London
Grahamstown
Bellville
Wellington
Worcester
Paarl
Kapstadt
Stellenbosch
Oudtshoorn
George
Uitenhage
Port Elizabeth
Maßstab 1 : 14 000 000
400 km
300 Meilen

# Marokko

Nach der Volkszählung von 1947 gab es in Französisch-Marokko 203800 Juden, was 2,3 Prozent der Gesamtbevölkerung und 38,5 Prozent der Nichtmuslime entsprach. Weitere 25000 wohnten in Spanisch-Marokko und in der internationalen Zone Tanger. Das marokkanische Judentum war vorwiegend städtisch, und es fand ein stetiger Zustrom aus den kleineren Städten und Dörfern in die Zentren statt. Die meisten lebten in Casablanca; 1945 waren es dort 50000, 1951 schon 80000. 1947 gab es in Marrakesch 18000 Juden sowie nennenswerte Gemeinden von mindestens 10000 Mitgliedern in Fes, Meknes, Rabat und Tanger. Trotz des 35 Jahre währenden französischen Einflusses waren die Juden vom politischen Leben fast völlig ausgeschlossen und wurden von der muslimischen Mehrheit verachtet und gehaßt.

Schon bald nach der Gründung Israels im Mai 1948 begann eine Massenabwanderung, die durch schwere judenfeindliche Ausschreitungen in einer Reihe von Orten beschleunigt wurde. Zehn Jahre später führten die mittlerweile engeren Beziehungen zwischen dem inzwischen unabhängigen Marokko und der Arabischen Liga zur politischen Sanktionierung antijüdischer Maßnahmen, die auch einen generellen Ausreisestop einschlossen. Dennoch gelang es vielen weiterhin, auf illegalem Weg das Land zu verlassen. Nach der Thronbesteigung König Hassans II. 1961 wurde das Recht auf Auswanderung wiederhergestellt, und die Belästigungen hörten allmählich auf. Marokko hat heute mit seinen weniger als 20000 Juden, von denen sich drei Viertel in Casablanca befinden, mehr jüdische Einwohner als irgendein anderes der arabischen Länder, und der König hat wiederholt sein Bestreben zum Ausdruck gebracht, ihnen zu mehr Sicherheit und Wohlstand zu verhelfen.

# Algerien

Unter französischer Herrschaft genossen die Juden Algeriens beträchtliche Freiheit, namentlich in den nördlichen Distrikten, die verwaltungsmäßig zu Frankreich gehörten und in denen sich die jüdische Bevölkerung vor allem ballte. Das Crémieux-Dekret von 1870 machte sie zu französischen Staatsbürgern, und ihre Rolle im politischen Leben des Landes gewann allmählich an Bedeutung. Sie übernahmen in weitem Ausmaß die französische Kultur, doch gleichzeitig unterhielten sie bessere Beziehungen zur muslimischen Bevölkerung als ihre Glaubensbrüder in Marokko.

Die Gründung Israels blieb für die algerischen Juden fast folgenlos. Erst der Kampf um die Unabhängigkeit von Frankreich führte zur Auflösung dieser uralten Gemeinde: In einen Loyalitätskonflikt zwischen Frankreich und Algerien verstrickt, sahen sich die Juden in einer undankbaren Situation und schlossen sich der plötzlichen Auswanderungswelle an, die der Unabhängigkeit 1962 vorausging. 115000 von ihnen kamen innerhalb weniger Monate in Frankreich an, wo sie zunächst die französischen Gemeinden in akute Schwierigkeiten brachten. Inzwischen haben sie jedoch zur Neubelebung der dortigen Gemeinden in hohem Grad beigetragen. Von den wenigen tausend Juden, die damals in Algerien blieben, sind die meisten inzwischen ausgereist, und gegenwärtig gibt es nur noch wenige hundert in Algier und eine Handvoll in anderen Orten.

Von allen arabischen Staaten hat heute Marokko die größte jüdische Bevölkerung, doch ist auch sie nur ein trauriger Überrest der zahlreichen Gemeinden, die es hier vor der Errichtung Israels gab. Diese alten Fotografien vermitteln etwas von der einstigen Atmosphäre jüdischen Lebens in den arabischen Ländern.

*Oben:* Straßenszene in Marrakesch. Im Jahr 1930 hatte Marrakesch mehr jüdische Bewohner als gegenwärtig ganz Marokko.

*Links:* Gläubige in der Synagoge von Asni, im Bergland unweit von Marrakesch gelegen.

*Links unten:* Diese alte Ansichtspostkarte zeigt die Synagoge in Algier. Am Heiligen Abend 1960 wurde die Große Synagoge geplündert; damit begann die rapide Verschlechterung der bis dahin annehmbaren Existenzbedingungen der Juden in Algerien, was zur Massenemigration führte.

*Rechts:* Die Perle der vielen Synagogen auf Djerba ist die Ghriba. Der Überlieferung nach stammt eine ihrer Türen aus dem Tempel zu Jerusalem.

*Unten:* Auf der Insel Djerba in Tunesien geht das jüdische Leben trotz der Auswanderung im wesentlichen seinen gewohnten Gang.

*Links:* Das Maimouna-Fest ist eine Besonderheit der Juden Nordafrikas. Am Ende von Passah abgehalten, dreht es sich um Erneuerung, Fruchtbarkeit und Glück. In Israel erfreut es sich großer Beliebtheit bei nordafrikanischen Einwanderern, die auf diese Weise ihre spezifische Identität ausdrücken.

*Ganz unten:* Frömmigkeit und eifriges Studium der heiligen Texte sind stets ein Kennzeichen des nordafrikanischen Judentums gewesen, desgleichen die Hinwendung zur Kabbala. Dieser Mann in der Ghriba-Synagoge auf Djerba ist völlig in sein Gebet versunken.

# Tunesien

Anfang der 50er Jahre wurde die jüdische Bevölkerung Tunesiens auf 105000 Mitglieder geschätzt, unter ihnen viele Personen französischer Nationalität. 60 Prozent lebten in und um Tunis. Ansonsten befanden sich die meisten größeren Gemeinden in den nördlichen, stark europäisierten Städten; aber auch im Süden, der noch den Traditionen des Landes verhaftet war, gab es nennenswerte jüdische Ansiedlungen. Insgesamt machten die Juden nahezu ein Drittel der nichtmuslimischen Einwohnerschaft Tunesiens aus. Sie waren politisch anerkannt und hatten ihre eigenen Vertreter in den nationalen und kommunalen Gremien.

Bei der Unabhängigkeit im März 1956 erlangten sie dieselben Bürgerrechte wie alle Tunesier, und für kurze Zeit gehörte sogar ein Jude dem ersten Kabinett an; doch trotz einer friedlich verlaufenden Übergangszeit wanderte bald ein Großteil aus, so daß 1962 hier nur noch etwa 30000 von ihnen lebten. Die Bevölkerung umfaßt gegenwärtig nach verschiedenen Schätzungen zwischen 3500 und 7000 jüdische Einwohner, die hauptsächlich in der Hauptstadt Tunis ansässig sind, aber es gibt daneben auch kleinere Gemeinden in Sfax und Sousse sowie auf der Insel Djerba.

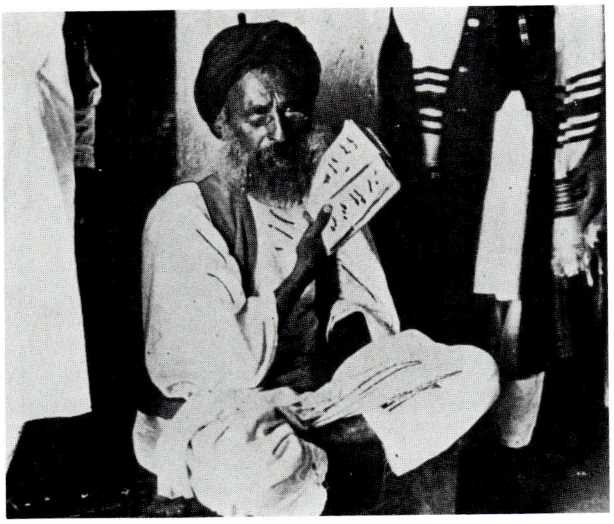

# Libyen

Die Volkszählung von 1931 registrierte 24500 Juden in Libyen, von denen die Mehrheit in Tripoli wohnte, einem der dynamischsten Zentren jüdischen Lebens in ganz Nordafrika. Es gab allerdings kleinere Ansiedlungen in der Cyrenaica und im Süden des Landes. Während des Zweiten Weltkriegs von den Faschisten bedrängt, hatten die Gemeinden in Tripoli 1945, und dann noch einmal 1948 anläßlich der Gründung Israels, unter muslimischen Angriffen zu leiden. Daraufhin begann eine Auswanderungswelle, die nach der Entscheidung, Lybien die Unabhängigkeit zu gewähren, zu einer wahren Flut anschwoll. Als das Land Ende 1951 zur autonomen Monarchie erklärt wurde, gab es hier nur noch wenige tausend Juden, meist ausländischer Nationalität. Viele von ihnen reisten 1967 nach dem Krieg im Mittleren Osten aus, die übrigen nach dem Sturz der Monarchie 1969.

# Ägypten

In Ägypten ergab die Volkszählung von 1917 nahezu 60000 Juden, von denen über die Hälfte Ausländer waren, hauptsächlich erst jüngst eingewanderte Siedler aus Europa und Palästina. Sie spielten damals eine wichtige Rolle in Politik und Wirtschaft. Nachdem 1937 schon die Privilegien für Ausländer abgeschafft worden waren, schränkten zehn Jahre später neue Gesetze die Aktivitäten von nichtägyptischen Staatsangehörigen derartig ein, daß die ökonomische Basis der hiesigen Judenschaft ernsthaft untergraben wurde (nur 15 Prozent waren Ägypter, 20 Prozent fremde Staatsangehörige und die übrigen staatenlos). Der Krieg mit Israel 1948 zog Gewalttätigkeiten von seiten des Pöbels und auch offizielle Schikanen nach sich, und Tausende von Juden verließen das Land. Nach der Machtergreifung Gamal Abd el-Nassers 1954 verschlimmerte sich die Situation noch; im Anschluß an den Suez-Feldzug von 1956 wurde der Besitz vieler Juden beschlagnahmt, so daß sie zur Ausreise gezwungen waren. Vertreibung und Auswanderung dauerten an, bis es 1979, als schließlich ein ägyptisch-israelischer Friedensvertrag zustande kam, nur noch wenige hundert Juden in Kairo und Alexandria gab. Die Wiederaufnahme von Beziehungen zu Israel hat das Selbstvertrauen dieser winzigen Gemeinde gestärkt, die sich 1982 dem World Jewish Congress anschloß.

*Oben:* Die imposante moderne Synagoge von Alexandria erinnert an eine glanzvolle Vergangenheit. 1900 lebte hier die größte Judengemeinde Ägyptens (mit 10000 Mitgliedern). Bis 1917 hatte sich die jüdische Bevölkerung mehr als verdoppelt. Viele Juden waren wohlhabende Einwanderer, die einen wichtigen Beitrag zur Entwicklung des modernen Ägypten leisteten.

*Oben links:* Die karäische Synagoge in Kairo, wo seit Jahrhunderten Karäer ansässig waren. Vor 40 Jahren, nach der Vernichtung ihrer Glaubensbrüder auf der Krim durch die Nationalsozialisten, war die karäische Gemeinde Kairos die größte der Welt. Heute umfaßt sie nur noch etwa 40 Mitglieder. Karäer ziehen die Schuhe aus, bevor sie die Synagoge betreten, knien beim Gebet und werfen sich während der Andacht zu Boden.

*Links:* Diese alte Postkarte zeigt einen jüdischen Kupferschmied in Port Said. Schon in der Antike hatte es in Ägypten jüdische Kupferschmiede gegeben; sie besaßen in der großen Synagoge von Alexandria spezielle Sitzplätze.

*Links außen:* Dieser jüdische Schriftgelehrte war eines der Opfer von judenfeindlichen Ausschreitungen in Tripoli 1945. Da sie sich auf den Schutz der britischen Armee nicht verlassen konnten, organisierten die Juden eigene Bürgerwehren, doch die Lebensbedingungen wurden so unerträglich, daß bis 1951 die meisten Juden Libyens ausgewandert waren.

*Links:* Die Friedensvereinbarung zwischen Ägypten und Israel von 1977, nach fast 30 Jahren Krieg, leitete für die wenigen noch verbliebenen ägyptischen Juden eine neue Zeit ein. Hier sieht man die israelische Verhandlungsdelegation vor der Synagoge in Alexandria.

*Unten:* Die Falascha oder *Beta Esrael* in Äthiopien waren traditionsgemäß in erster Linie ein Agrarvolk, das in weit verstreuten Dörfern lebte. Ihre liturgische Sprache ist *Gees* (Altäthiopisch), und ihre Religion verbindet biblische mit einheimischen afrikanischen Elementen. Jahrhundertelang waren sie von der jüdischen Welt isoliert; erst in jüngster Zeit kam es wieder zu Kontakten. Einige Falascha sind nach Israel ausgewandert.

# Äthiopien

Äthiopien hatte bis zum Militärputsch im Jahr 1974 kleine Gemeinden adenischer Juden in Addis Abeba und Asmara. Außerdem gibt es rund 30000 Falascha – einheimische Juden –, die hauptsächlich in einer großen Anzahl von Dörfern der Provinz Gondar im Nordosten des Landes, nahe der Grenze zum Sudan, leben. Als arme, isolierte Gemeinde hatten sie oft unter den Vorurteilen ihrer Nachbarn, der Willkür ihrer Herrscher und den Bekehrungsversuchen christlicher Missionare aus Europa zu leiden. Ihre jüdische Identität ist sehr umstritten, und diese Skepsis verhinderte, daß ihnen jene vorbehaltlose Unterstützung und materielle Hilfe von internationalen jüdischen Wohlfahrtsorganisationen zuteil wurde, von der andere abgelegene und unterprivilegierte Gemeinschaften profitieren. Seit den 50er Jahren gewährte man ihnen in beschränktem Umfang Hilfen im Bildungsbereich, und 1975 – zwei Jahre, nachdem der sephardische Oberrabbiner von Israel endgültig entschieden hatte, daß die Falascha in der Tat Juden seien – erklärte die Knesset, daß sie nach dem Rückwanderungsgesetz jetzt auch Anrecht auf die israelische Staatsbürgerschaft hätten. Die politischen Verhältnisse in Äthiopien sind aber einer Massenauswanderung ebensowenig förderlich wie dem Überleben der eigenständigen Falascha-Religion und -Kultur.

# Südafrika

Im Jahr 1910, als sich die ehemals selbstregierenden Kolonien Kapkolonie, Natal, Transvaal und Oranje-Freistaat zur Südafrikanischen Union zusammenschlossen, zählten zu ihrer Bevölkerung etwa 46000 Juden. Die meisten von ihnen waren erst in jüngster Zeit eingewandert. Die ersten Gemeinden in der Kapregion waren in den 40er Jahren des 19. Jahrhunderts von britischen und deutschen Siedlern in Kapstadt und Grahamstown gegründet worden. In die unerschlossenen Gebiete des Inlands hatten sich nur wenige Menschen vorgewagt. Die Erschließung der Diamantenfelder um Kimberley und der Goldbergwerke des Witwatersrand lieferte den Weißen neue Motivationen zur Besiedlung und verstärkte die europäische Einwanderungsbewegung gerade in dem Augenblick, als die unterdrückten und verarmten Juden Osteuropas nach neuen Chancen im überseeischen Ausland Ausschau hielten. Der Zustrom jüdischer Siedler aus Großbritannien und Westeuropa ließ zwar nicht nach, wurde aber bald von Osteuropäern, die größtenteils aus Litauen kamen, zahlenmäßig in den Schatten gestellt. Zwischen 1880 und 1910 trafen rund 40000 ein, die die Grundlagen für die heutigen Gemeinden legten. Es entstanden wichtige Zentren in Johannesburg und Pretoria in der Provinz Transvaal, in Bloemfontein im Oranje-Freistaat, in Durban in Natal sowie in Kapstadt und Port Elizabeth in der Kap-Provinz. Kleinere Ansiedlungen zogen sich am Witwatersrand und an der Südküste entlang, und einzelne jüdische Händler gab es in fast jedem Dorf.

Südafrikanische Volkszählungen liefern zuverlässige und aufschlußreiche Informationen über die Entwicklung der jüdischen Bevölkerung. 1926 gaben sich nahezu 72000 Südafrikaner als Angehörige des mosaischen Glaubens aus, was 4,28 Prozent der weißen Einwohnerschaft von 1,68 Millionen entsprach. 93 Prozent lebten in städtischen Gebieten, gegenüber 58 Prozent der Gesamtbevölkerung, und in Johannesburg machten die fast 25000 jüdischen Mitbürger 15 Prozent der Weißen aus. In Kapstadt gab es 11000 Juden, und jeweils mehr als 1000 in Durban, Pretoria, Port Elizabeth, Bloemfontein und Benoni.

1960, im Jahr des Referendums, das mit knapper Mehrheit für die südafrikanische Republik entschied, zählte man insgesamt nahezu 115000 Juden (3,62 Prozent der Weißen), von denen 113000 in Städten und deren Umkreis wohnten: 57800 Juden in Johannesburg, 22700 in Kapstadt und je 3000 oder mehr in Durban, Pretoria und Port Elizabeth. Mittlerweile allerdings war ein Großteil schon in Südafrika geboren, während 1926 die meisten von ihnen noch Einwanderer waren. Daraus wird ersichtlich, daß nach Ausbruch des Zweiten Weltkriegs die Immigration praktisch zum Erliegen kam, ja, es hatte sogar in gewissem Umfang Auswanderungen gegeben, insbesondere nach Israel und Großbritannien. Seit 1960 ist eine nur geringe Bewegung in beiden Richtungen zu verzeichnen, wobei ein Teil der Zuzügler aus Zentralafrika und insbesondere auch aus Israel kommt (1982 schwankten die Schätzungen der ständigen israelischen Siedler zwischen 15000 und 30000).

Die offenkundige ethnische Vielfalt der südafrikanischen Gesellschaft hat eine jüdische Gemeinde entstehen lassen, die in den weißen Bevölkerungsteil gut integriert ist, zugleich aber an ihrer eigenen Identität entschieden festhält. Das Jiddisch der osteuropäischen Einwanderer hat nach und nach dem Englisch als erste Sprache weichen müssen, obgleich das Afrikaans, entsprechend dem allgemeinen Trend, in den letzten Jahren an Verbreitung gewonnen hat. (Es gab zwar vereinzelt jüdische Autoren, die in Afrikaans schrieben, aber die meisten haben ihren Beitrag zur südafrikanischen Kultur auf Englisch geleistet.) Das starke calvinistische Ethos der ersten holländischen Siedler ließ anderen religiösen Ausdrucksformen wenig Raum, doch Anfang des 19. Jahrhunderts kam es dann mit den Verfassungsreformen in Holland und dem Beginn britischer Oberherrschaft zu einer toleranteren Haltung gegenüber Andersgläubigen in der Kapregion. In Transvaal war bis 1902, als die ehemalige Republik von Großbritannien annektiert wurde, die Religionszugehörigkeit ein wichtiges Kriterium im öffentlichen Dienst und beim Unterricht an staatlichen Schulen. Seither genießen alle jüdischen Staatsbürger uneingeschränkte gesellschaftliche Gleichberechtigung und Glaubensfreiheit.

Während der Nazizeit breitete sich in einigen Gegenden der Antisemitismus aus und wurde eine Zeitlang auch als offizielle Politik der Nationalpartei proklamiert. Als diese jedoch 1948 die Wahlen gewann, strich sie die »jüdische Frage« offiziell aus ihrem Parteiprogramm und vertritt seither eine Politik der Gleichberechtigung und Nichtdiskriminierung für alle Teile der weißen Bevölkerung. Der Antisemitismus wird zwar weiterhin von rechtsgerichteten »Afrikander«-Gruppen propagiert, aber im allgemeinen bemüht sich die Regierung, jeden Extremismus unerbittlich zu unterdrücken.

Die Juden haben hier auf allen Ebenen des gesellschaftlichen und politischen Lebens stets eine dominierende Rolle gespielt. Viele übernahmen Bürgermeisterposten oder vertraten verschiedene politische Parteien in den Provinzräten und nationalen Parlamenten. Sie waren auch maßgeblich am Aufbau der südafrikanischen Wirtschaft beteiligt, an Handel, Bergbau und anderen Industrien, und in geringerem Umfang auch an der Landwirtschaft. Einzelne Juden taten sich besonders hervor bei der Entwicklung der Bergbauindustrie, auf welcher der Wohlstand dieses Landes beruht, sowie in großangelegten Handelsunternehmungen. Andere machten sich einen Namen in den juristischen und akademischen Berufen, in der Medizin und im kulturellen Bereich.

Das südafrikanische Judentum spiegelt sowohl die größtenteils litauischen Ursprünge der Gemeinde als auch ihre traditionellen Verbindungen nach England wider. Das litauische Erbe zeigt sich noch heute in dem Respekt für herkömmliche Gelehrsamkeit und dem Vorherrschen orthodoxer Glaubensgemeinschaften, während die eher obskurantistischen Formen des polnischen Traditionalismus fehlen. An der Religion als solcher besteht jedoch wenig Interesse, und die vielen Synagogen fungieren eher als Ausdruck der formellen Identifikation mit dem Judentum denn als Beweis einer lebendigen Religiosität. Das Reformjudentum wurde in den 30er Jahren dieses Jahrhunderts eingeführt und hat zwar eine starke Anhängerschaft vorzuweisen, ist aber stets auf heftigen Widerstand des orthodoxen Lagers gestoßen; diese Konflikte haben immer wieder die Gefahr einer Spaltung auch der nichtreligiösen Gemeindeeinrichtungen mit sich gebracht. 1980 wurde in Kapstadt eine sephardische Synagoge eröffnet (ein Ergebnis der Einwanderung aus Simbabwe und Zaire), und 1982 entstand in Johannesburg eine konservative Gemeinde.

Die Juden Südafrikas haben eine Vielzahl von Gemeindeorganisationen aufgebaut, welche die unterschiedlichsten Ziele verfolgen; das Schwergewicht liegt jedoch charakteristischerweise in philanthropischen Bereichen sowie auf dem Bildungssektor. Es gibt ein ausgedehntes Netz von Ganztagsschulen (die erste wurde 1948 eröffnet), in denen religiöse Fächer in einen ansonsten völlig säkularen Lehrplan eingepaßt sind. Nach Schätzungen betreuen diese Schulen ein Drittel aller jüdischen Schulkinder.

Das Vertretungsorgan der gesamten Gemeinde ist der South African Board of Deputies, dessen Name an sein britisches Gegenstück erinnert und der auch ähnliche Aufgaben erfüllt. Auch die South African Zionist Federation hat eine zentrale Position im Gefüge der Gemeindeorganisationen inne. Beide Gremien repräsentieren eine große Anzahl unterschiedlicher Strömungen und arbeiten eng zusammen. Die zionistische Bewegung ist seit jeher in Südafrika stark vertreten gewesen. Sie verfügt über eindrucksvolle finanzielle Unterstützung sowie persönliches Engagement, und es gibt enge Beziehungen zu Israel, wo Einwanderer aus Südafrika einen wesentlichen Beitrag zum Aufbau des Landes geleistet haben. (Umgekehrt haben israelische Siedler hier, wie auch in anderen Ländern, wenig zum jüdischen Gemeindeleben beigetragen.) Die Ziele des Zionismus fanden in der südafrikanischen Öffentlichkeit und bei verschiedenen Regierungen große Sympathie und viel Unterstützung. Ministerpräsi-

Die Juden Südafrikas sind in der Mehrheit Nachfahren von Siedlern aus Osteuropa, besonders aus Litauen, die in den letzten Jahrzehnten des 19. Jahrhunderts eintrafen, als die Goldminen von Transvaal einen plötzlichen Immigrantenstrom in diese bis dahin unentwickelte Region zogen. Juden haben seither einen wichtigen Beitrag zum wirtschaftlichen und kulturellen Leben des Landes geleistet. Dennoch haben sie sich ein starkes Identitätsgefühl bewahrt.

*Links Mitte:* Ein jüdisches Lebensmittelgeschäft in Johannesburg, wo die jüdische Ansiedlung bis auf das Gründungsjahr der Stadt, 1886, zurückreicht. Heute beherbergt sie die größte Gemeinde Südafrikas.

*Links:* Angehörige einer jüdischen Familie posieren vor ihrem Fotostudio in Germiston, um 1920. Auch hier lebten Juden bereits seit dem Jahr der Stadtgründung (1896).

*Unten:* Jüdische Symbole auf den Zeremonialgewändern von Mitgliedern einer Zulu-Sekte.

dent Jan Smuts beispielsweise gehörte dem britischen Kabinett an, das die Balfour-Deklaration verabschiedete, und er trat sein Leben lang für den Zionismus ein. Eine seiner letzten Amtshandlungen war im Mai 1948 die De-facto-Anerkennung des eben entstandenen jüdischen Staates. Die nationalistische Regierung setzte die freundschaftliche Politik fort und erkannte Israel nach seiner Aufnahme in die Vereinten Nationen im Jahr 1949 auch De jure an. Die beiden Länder unterhalten seither herzliche Beziehungen, obwohl sich die israelische Regierung der internationalen Verurteilung der Rassenpolitik anschloß, wodurch es gelegentlich zu Spannungen zwischen der südafrikanischen Führung und der jüdischen Minderheit kam.

Die Juden der Kap-Region haben in der Rassenfrage schon immer einen vorsichtigen Kurs verfolgt. In der Politik instinktiv gemäßigt, lehnten sie es ausdrücklich ab, zu Problemen, die nicht unmittelbar ihre eigenen Rechte und Freiheiten berührten, einheitlich Stellung zu beziehen, doch spielten einzelne von ihnen durchaus eine bedeutende Rolle im Kampf gegen die Apartheid, und besonders das Reformjudentum leistete schon so manche Wohlfahrtsarbeit bei den Schwarzen. 1980 hat jedoch der Board of Deputies eine deutlichere Sprache gefunden, als er in einer Resolution alle Betroffenen, »besonders aber alle Mitglieder unserer eigenen Gemeinde«, dazu aufrief, »daran mitzuwirken, daß jede ungerechte, auf Rasse, religiöser Überzeugung oder Hautfarbe beruhende Diskriminierung letztlich beseitigt wird«.

Angesichts der im Land herrschenden Apartheidspolitik ist es kaum verwunderlich, daß das Judentum bei der schwarzen Bevölkerung wenig Anklang gefunden hat. Eine schwarze Gemeinde in Soweto unter der Leitung eines afrikanischen Rabbiners, den die Glaubenstreue polnischer Holocaust-Überlebender zur Annahme der mosaischen Religion bewogen hatte, gilt eher als Kuriosum, während die Behauptung der Lemba im nördlichen Transvaal, sie seien jüdischer Abstammung, mit Skepsis aufgenommen wird.

Die Zukunft der südafrikanischen Judenschaft ist offensichtlich mit dem künftigen Schicksal der weißen Bevölkerung insgesamt verknüpft. Im Gegensatz zu so vielen anderen ist diese standhafte Gemeinde nicht von der Assimilation bedroht, sondern vom Zusammenbruch der wirtschaftlichen und politischen Grundlagen ihrer Existenz – einem Geschick, das bereits die meisten anderen Gemeinden auf dem afrikanischen Kontinent ereilt hat.

# Andere Gemeinden

Die jüdischen Gemeinden Zentralafrikas waren nie sonderlich groß, und die meisten von ihnen sind heute vollständig verschwunden. In Rhodesien gab es nach 1880 einen geringen Zustrom, hauptsächlich aus Südafrika, und bald entstanden kleine Ansiedlungen in Bilawajo (1894), Salisbury (1895) und Gwelo (1901). Von nun an führte anhaltende Einwanderung zu stetigem Wachstum der jüdischen Bevölkerung, und 1953, nach dem Zusammenschluß von Rhodesien und Njassaland, gab es bereits Gemeinden in Que Que und Gatooma sowie in Lusaka und einer Reihe anderer Orte im Kupfergürtel Nordrhodesiens. (Nach Njassaland kamen niemals mehr als eine Handvoll Immigranten.) Diese Gemeinden florierten, solange die Föderation bestand, die mehrere Jahre von einem jüdischen Ministerpräsidenten, Sir Roy Welensky, geführt wurde. Nach der Auflösung des Staatenbundes 1963 aber begannen sie in Nord-Rhodesien (Sambia) zu verfallen, und heute gibt es nur noch wenige Familien, die in Lusaka leben. Die südrhodesische Judenschaft zählte in den 60er Jahren rund 7000 Seelen, mit einem dichten Netz kommunaler Einrichtungen, doch der Wirtschaftsboykott und die unsichere politische Lage führten in den 70er Jahren zu einer erheblichen Auswanderungsbewegung, und als 1980 die unabhängige Republik Simbabwe ausgerufen wurde, lebten hier weniger als 2000 Juden. In Zaïre zeugt heute nur noch wenig von den acht Gemeinden, denen vor der Unabhängigkeit immerhin 2500 Menschen angehörten.

Die jüdischen Siedlungen Kenias gehen auf das Jahr 1903 zurück, als die britische Regierung der zionistischen Organisation ein Territorium für autonome Niederlassungen anbot; die Ablehnung dieses Vorschlags hinterließ eine tiefe Kluft in den Reihen der zionistischen Bewegung. Ein paar Juden wurden dennoch in dem offerierten Gebiet seßhaft, und später gab es einen schwachen Zustrom von Flüchtlingen aus dem nationalsozialistischen Europa. Die gegenwärtige Gemeinde Nairobis ist sehr klein und besteht im wesentlichen aus Israelis.

In einigen anderen afrikanischen Hauptstädten existieren noch einige unbedeutende Gruppen jüdischer Diplomaten oder Geschäftsleute, die sich zu geselligen Anlässen treffen oder gemeinsam die großen Religionsfeste feiern, ansonsten aber keine gemeinsame Basis haben.

*Links:* Eine Gartenparty, deren Erlös Israel zufließt. Die zionistische Bewegung hat in Südafrika außerordentliche Erfolge zu verzeichnen, und die dortige Gemeinde finanziert viele wichtige Projekte in Israel.

*Rechts:* Ein chassidischer Rundfunksender in Johannesburg. Die religiöse Bandbreite in Südafrika reicht vom Chassidismus bis zur Reformbewegung, doch ist die Orthodoxie nach britischem Muster stets vorherrschend gewesen, gepaart mit einem starken Sinn für die traditionelle religiöse Bildung.

# FACHBEGRIFFE

**Aron ha-Kodesch** (hebräisch »Thoraschrein«). Ursprünglich die Bezeichnung der biblischen Bundeslade – der Truhe mit den beiden Gesetzestafeln, die Moses auf dem Berg Sinai von Gott empfangen hatte; heute der Name für den in der Synagoge stehenden, oft kunstvoll verzierten Schrank mit den Thorarollen.

**Aschkenasim** (abgeleitet von **Aschkenas**, einem biblischen Namen – vgl. Genesis 10,3 –, der mit Deutschland identifiziert wurde). Bezeichnung für Juden mittel- und osteuropäischer Herkunft.

**Bar Mizwa** (aramäisch und hebräisch »Sohn des Gebotes«). Im gewöhnlichen Sprachgebrauch die Zulassungsfeier der Knaben (normalerweise im Alter von 13 Jahren) zum Gottesdienst der Erwachsenen. Strenggenommen bezieht sich der Ausdruck auf die Jungen selbst bzw. auf jeden erwachsenen Juden männlichen Geschlechts, der dem jüdischen Gesetz unterworfen ist.

**Bat Mizwa** (hebräisch »Tochter des Gebotes«). Das weibliche Pendant zum *Bar Mizwa*. Mädchen werden formell im Alter von zwölf Jahren mündig.

**Brit Mila** (hebräisch »Bund der Beschneidung«). Die Entfernung der Vorhaut gilt als symbolisches Zeichen des Bundes zwischen Gott und dem Volk Israel. Die Operation wird von einem → **Mohel** an männlichen Säuglingen im Alter von einer Woche sowie an männlichen Proselyten vorgenommen.

**Bet ha-Midrasch** (hebräisch »Lehrhaus«). Ein dem Thorastudium geweihtes Gebäude oder Zimmer. Wegen des hohen Stellenwerts, den das rabbinische Judentum dem Thora-Studium zumißt, gilt das *Bet ha-Midrasch* traditionellerweise als heiliger als eine Synagoge.

**Blutbeschuldigung** (auch **Ritualmordbeschuldigung**). Die Anschuldigung, daß Juden bei der Zubereitung der → **Maze** Christenblut verwenden. Die Blutbeschuldigung war vor allem beim mittelalterlichen Christentum anzutreffen (erstmals wurde sie 1144 in Norwich erhoben), sie geht aber auf altägyptische Wurzeln zurück und kam auch in moderner Zeit vor, wobei sie von Europa auf das Osmanische Reich und sogar nach Amerika ausgriff. Sie diente häufig als Vorwand für antijüdische Ausschreitungen.

**Bundeslade** → **Aron ha-Kodesch**

**Chamez** (hebräisch »Gesäuertes«). Sauerteig aus Mehl und Wasser. Das biblische Gesetz verbietet den Genuß von Gesäuertem während des → **Passah**festes oder beim Speiseopfer im Tempel. Das Entfernen von *Chamez* aus der Wohnung ist wichtiger Bestandteil der Vorbereitung zum Passahfest.

**Chanukka** (hebräisch »Einweihung«). Lichtfest zur Wintersonnenwende zur Erinnerung an die Weihe des Tempels zu Jerusalem durch Judas Makkabäus am 25. Kislew 165 v. Chr. Das Fest dauert acht Tage und wird mit dem Entzünden von Lampen oder Kerzen begangen, wobei an jedem Tag ein weiteres Licht entzündet wird.

**Chassidismus** (von hebräisch **chassid** »fromm«). Religiöse Erneuerungsbewegung, die im 18. Jahrhundert von Polen ihren Ausgang nahm. Ihre Anhänger heißen *Chassidim*. Der Begriff selbst hat eine viel ältere Geschichte: eine »chassidische« Bewegung gab es bereits zur Zeit der Hasmonäer, eine andere im 13. Jahrhundert in Deutschland. Der Chassidismus vertritt eine popularisierte, verinnerlichte Frömmigkeit; religiös-sittlicher Führer der Gemeinde ist der *Zaddik*, dessen Amt erblich ist.

**Chavura** (hebräisch). Kleine religiöse Gemeinschaft.

**Cherem** (hebräisch »Bann«). Ausstoßung aus der Gemeinde. Infolge des Zusammenbruchs der mittelalterlichen Gemeindestruktur ist der *Cherem* heute praktisch unwirksam geworden und wird nur noch selten ausgesprochen. Aus der jüdischen Gemeinde ausgestoßen wurden u. a. der Philosoph Baruch de Spinoza (1656) und der Pseudomessias Sabbatai Zvi (→ **Sabbatianismus**).

**Chuppa** (hebräisch »Trauhimmel«). Der das Brautgemach symbolisierende Baldachin, unter dem die Trauung vollzogen wird. Im übertragenen Sinn bedeutet das Wort einfach »Hochzeit«.

**Davidschild** (hebräisch **Magen David**). Ein sechszackiger Stern (Hexagramm), seit dem 17. Jahrhundert charakteristisches jüdisches Symbol oder Kennzeichen. Der Davidschild wird besonders mit der zionistischen Organisation in Zusammenhang gebracht, doch wurde er auch von den Nationalsozialisten für den Judenstern verwendet.

**Diaspora** (griechisch »Zerstreuung«). Kollektivbezeichnung für die jüdischen Gemeinden außerhalb des Landes Israel. Die Diaspora hat im jüdischen Gesetz und Ritual einen von Israel verschiedenen Status, der auf das Altertum zurückgeht.

**Ethnarch** (griechisch »Beherrscher des Volkes«). Titel, den die hasmonäischen Könige und später die erblichen Regenten der Juden unter römischer Herrschaft (auch »Patriarchen« genannt) benutzten.

**Etrog.** Wohlduftende Zitrusfrucht, auch als »Paradiesapfel« bezeichnet. Er ist einer der »vier Arten«, die für den → **Sukkot**-Feststrauß (→ **Lulav**) verwendet werden. Der *Etrog* findet sich daneben häufig als Symbol auf jüdischen Grabsteinen.

**Exilarch.** Erbliches Oberhaupt der babylonischen Juden.

**Genisa** (hebräisch »Aufbewahrungsort« oder »Versteck«). Magazin für unbrauchbar gewordene heilige Texte und Kultgeräte. Die berühmteste *Genisa* ist jene der Synagoge Alt-Kairos, doch besaß im Mittelalter fast jede Synagoge ihre eigene *Genisa*.

**Ghetto** Ummauertes Stadtviertel, in dem in manchen europäischen Städten die Juden bis zur Emanzipationszeit leben mußten. Der Ausdruck ist von einem Stadtviertel in Venedig abgeleitet, das 1516 für diesen Zweck bestimmt wurde. Er wird heute in übertragenem Sinn für jedes von einer Minderheit (auch freiwillig) bewohnte Stadtviertel gebraucht. In Deutschland entstanden jüdische Ghettos erstmals Ende des 13. Jahrhunderts.

**Gnostizismus** (von griechisch **Gnosis** »[esoterische] Erkenntnis«). Eine vielschichtige religiöse Bewegung, welche die menschliche Existenz im Rahmen einer mythischen, streng dualistischen Kosmologie interpretierte. In den frühen Jahrhunderten spielte der Gnostizismus eine bedeutende Rolle in der Entwicklung der jüdischen und christlichen Orthodoxie. Im Mittelalter wurde die Entwicklung der → **Kabbala** durch den Gnostizismus beeinflußt.

**Haftara** (hebräisch »Verabschiedung«). Kapitel aus den Propheten-Büchern der Bibel, die im Anschluß an die Thoralesung am Sabbat oder bei einem festlichen Morgengottesdienst verlesen werden.

**Haggada** (hebräisch »Erzählung«). Das festgelegte Ritual für die Verlesung des biblischen Berichts vom Auszug aus Ägypten und die Erklärung seiner bleibenden Bedeutung im Rahmen der Familienfeier am Vorabend des → **Passah**festes.

**Halacha** (hebräisch »Wandel«). Teil der jüdischen Religion und Überlieferung, der sich mit den rechtlichen und sittlichen Verhaltensmaßregeln für die menschliche Praxis befaßt; Hauptbestandteil des → **Talmuds**.

**Havdala** (hebräisch »Scheidung«). Gebetsspruch am Ende des Sabbats oder eines Festtags, verbunden mit der Segnung eines Weinbechers und einer Benediktion über Gewürz.

**Holocaust** (griechisch **Holókauton** »Brandopfer«). Ursprünglich die Bezeichnung für ein vollständig vom Feuer verzehrtes Opfer. Heute wird der Ausdruck für den Massenmord an ca. sechs Millionen Juden durch die Nationalsozialisten und ihre Helfershelfer gebraucht.

**Hostienschändung.** Ein vom mittelalterlichen Chri-stentum erhobener Vorwurf, der den Juden unterstellte, Hostien entweiht zu haben. Diese Verleumdung ging oft mit judenfeindlichen Ausschreitungen einher. Anlaß für den Verdacht war rote Pilzbildung auf den Hostien.

**Israel.** Zweiter Name des biblischen Erzvaters Jakob. Das Wort bezeichnet im Hebräischen auch das ganze jüdische Volk bzw. einen einzelnen Juden *(Israelit)*. In diesem Sinn wird es noch heute von Juden und Christen in gleicher Weise gebraucht (wobei die christliche Kirche das *Neue Israel* ist). Der Name des modernen Staates Israel ist von der älteren Wendung *Erez* (Land) *Israel* abgeleitet.

**Jeschiva** (hebräisch »Sitz«, Plural **Jeschivot**). Eine höhere Lehranstalt, insbesondere zum Studium des → **Talmud**, obgleich es einige *Jeschivot* gibt, die einen viel umfassenderen Lehrplan anbieten.

**Jiddisch.** Ein mittelhochdeutscher Dialekt, der zur Sprache der Aschkenasim in Osteuropa wurde und sich von hier aus in viele Teile der Welt verbreitete. Hauptbestandteil der Sprache ist das Mittelhochdeutsche, vermischt mit starken hebräischen sowie einigen slawischen und englischen Elementen. Geschrieben wird das Jiddische mit hebräischen Zeichen.

**Jom Kippur** (hebräisch »Tag der Sühne«). Der höchste und ernsteste jüdische Feiertag. Abschluß und Höhepunkt der zehn Bußtage im Spätsommer.

**Kabbala** (hebräisch »Überlieferung«, eigentlich »Entstehung«). Theosophisches System, das einen ersten schöpferischen Höhepunkt im 13. Jahrhundert in Spanien mit der Kompilation des Buches *Sohar* und einen weiteren im 16. Jahrhundert mit der Schule Isaak Lurias in Safed (dem heutigen Zefat) erreichte. Im wesentlichen esoterisch ausgerichtet, hatte die *Kabbala* einen beträchtlichen Einfluß namentlich auf das Renaissancechristentum, den → **Chassidismus** und die volkstümliche jüdische Religion in Nordafrika und dem Jemen ausgeübt.

**Karäer** (von hebräisch **kara** »die Schrift lesen«). Eine im frühen achten Jahrhundert von Anan Ben David in Persien gegründete jüdische Sekte, die nur die Bücher des Alten Testaments, nicht aber die → **Mischna** und den → **Talmud** als Glaubensgrundlage anerkannte. Im 19. Jahrhundert waren die Karäer vor allem auf der Halbinsel Krim verbreitet.

**Kehilla** (hebräisch »Versammlung«). Im traditionellen Sinn die autonome jüdische Gemeindeversammlung des mittelalterlichen Systems.

**Ketubba** (hebräisch »das Geschriebene«). Heiratsvertrag, der die Verpflichtungen des Bräutigams gegenüber der Braut festhält.

**Kibbuz** (hebräisch »Versammlung«, »Gemeinschaft«). Ländliche Siedlung in Israel mit kollektiver Wirtschafts- und Lebensweise. Die ersten *Kibbuzim* entstanden Ende des 19. Jahrhunderts in Palästina nach dem Modell russischer Einwanderer auf meist sozialistischer Basis. Mit der Zeit wurden dann *Kibbuzim* mit unterschiedlicher ideologischer Ausrichtung gegründet.

**Kiddusch** (hebräisch »Heiligung«). Segen für den Beginn des Sabbats oder eines Festtags im Kreise der Familie oder in der Synagoge.

**Konservatives Judentum.** Eine Anfang des 20. Jahrhunderts in den USA aufgekommene religiöse Richtung, die später auch in Israel, Großbritannien und anderen Ländern Fuß gefaßt hat. Im wesentlichen eine vorsichtig modernistische Bewegung, umfaßt das konservative Judentum ein breites Spektrum an Glaubenssätzen und Ritualen und lehnt sowohl den strengen Traditionalismus als auch das radikale Reformjudentum ab.

**koscher** oder **kascher** (hebräisch »einwandfrei«, »den Ritualvorschriften entsprechend«). Der Ausdruck bezieht sich heute meistens auf Lebensmittel, die den Speisevorschriften genügen, oder auf Metzger und Läden, die solche Speisen verkaufen.

**Kristallnacht** (Reichskristallnacht). Die Nacht vom 9. auf den 10. November 1938, in der bei durch die Nationalsozialisten gesteuerten Übergriffen 91 Juden ermordet und über 100 Synagogen zerstört wurden. Unmittelbarer Anlaß für die Exzesse war das jüdische Attentat auf den deutschen Botschaftssekretär in Paris, Ernst Eduard von Rath.

**Ladino.** Romanische Sprache iberischer Juden und ihrer vertriebenen Nachfahren (auch als *Spaniolisch* bezeichnet). Das Ladino gründet auf dem Kastilischen, ist mit hebräischen, aragonesischen, leonesischen, portugiesischen sowie mit Sprachelementen der jeweiligen neuen Kontaktsprachen durchsetzt und wird mit hebräischen Zeichen geschrieben.

**Liberales Judentum.** Ein Begriff, der praktisch gleichbedeutend mit → **Reformjudentum** ist und besonders in Westeuropa gebraucht wird. In Großbritannien bezeichnet er den radikaleren Flügel der Reformbewegung.

**Lubavitch-Chassidim** (auch als **Chabad-Chassidim** bekannt). Chassidische Sekte, die sich durch den Glauben an das geistige Streben des Menschen als tragendes Element der Frömmigkeit auszeichnet der Ausdruck heute im allgemeinen den aus einem Palmenzweig, zwei Weidenzweigen, drei Myrtenzweigen sowie dem → Dynastie, beigemessen wird. Der Sitz des *Rebbe* der Sekte ist derzeit New York, doch unterhält sie Missionen in vielen Teilen der Welt.

**Lulav** (hebräisch). Im engeren Sinn ein Palmenzweig, doch bezeichnet der Ausdruck heute im allgemeinen den aus einem Palmenzweig, zwei Weidenzweigen, drei Myrtenzweigen sowie dem → **Etrog** bestehenden Feststrauß für das → **Sukkotfest.**

**Marranen** (spanisch **Marranos** »Schweine«). Verächtlicher Name für spanische und portugiesische Juden, die im 16. Jahrhundert zwangsweise zum Christentum übergetreten waren, sowie für deren Nachkommen, von denen viele insgeheim am jüdischen Glauben festhielten.

**Maze** (hebräisch, Plural **Mazot**). Ungesäuertes Brot, das insbesondere zum → **Passah**fest gegessen wird.

**Melammed** (hebräisch »Lehrer«). Ein Lehrer für Kinder im alten Cheder, der Talmud-Thoraschule.

**Mella** (arabisch). Bezeichnung für das Judenviertel in arabischen Städten.

**Menora** (hebräisch »Leuchter«). Der siebenarmige Leuchter, der sowohl in der Stiftshütte als auch im Tempel zu Jerusalem aufgestellt war und eines der bekanntesten Symbole des Judentums wurde. Seine Form ist oft Vorbild für den an → **Chanukka** benutzten achtarmigen Leuchter oder Kerzenhalter *(Chanukija)*.

**Mesusa** (hebräisch »Türpfosten«). Kleine, mit zwei Bibelstellen beschriebene Pergamentrolle, die in einem Gehäuse verwahrt und in jüdischen Wohnungen am rechten Türpfosten angebracht wird.

**Mischna** (hebräisch »Lehren durch Wiederholen«). Aufzeichnung der jüdischen Religionsgesetze aus dem ersten und zweiten Jahrhundert.

**Misrachi.** 1902 gegründeter religiöser Flügel der zionistischen Organisation. Die *Misrachi* widmete sich vor allem der religiös-nationalen Erziehungsarbeit und brachte in den 20er Jahren eine Arbeiterbewegung in ihrem Sinne hervor.

**Mohel** (hebräisch »Beschneider«). Der Mann, der im Auftrag des Vaters die Beschneidung des acht Tage alten Jungen vornimmt.

**Moschav** (hebräisch). Landwirtschaftliche Genossenschaftssiedlung mit Privatbesitz in Israel. Zwischenform von → **Kibbuz** und normalem Dorf.

**Neologie.** Bewegung des gemäßigten → **Reformjudentums** in Ungarn.

**Orthodoxes Judentum.** Die konservativste der modernistischen Richtungen im Judentum. Der vom Christentum entlehnte Ausdruck wird im übertragenen Sinn auch auf streng traditionalistische Formen des Judentums (auch bekannt als »ultra-orthodox«) angewendet.

**Parochet** (hebräisch, Plural **Parochot**). Oft reich verzierter Vorhang, der in aschkenasischen Synagogen vor dem Thoraschrein hängt.

**Passah** (hebräisch **Pessach** »Überschreitung«). Frühlingsfest zur Erinnerung an den Auszug aus Ägypten. Das Fest beginnt am 14./15. Nissan (März/April), dauert in Israel sieben und in der Diaspora acht Tage und wird mit einem rituellen Festmahl *(Seder)* eingeleitet, bei dem die Geschichte des Auszugs aus Ägypten erzählt und das Thema der Befreiung der Juden erörtert wird.

**Pogrom** (russisch). Spontane, nicht provozierte Verfolgung. Der Begriff bezeichnete ursprünglich die in den letzten Jahrzehnten der russischen Zarenherrschaft weit verbreiteten Übergriffe gegen jüdische Siedlungen; heute wird der Ausdruck für alle gewalttätigen Ausschreitungen gegen eine jüdische Gemeinde verwendet.

**Purim** (hebräisch »Lose«, »Losfest«). Freudenfest zur Erinnerung an die Errettung der Juden des Perserreichs vor dem mörderischen Anschlag Hamans (Buch Ester). Es findet am 14. Adar (Februar/März) statt. Einige Gemeinden, ja sogar einzelne Familien haben eigene Purimfeiern zum Gedenken an abgewendete Gefahren eingeführt.

**Rabbi** (hebräisch »mein Lehrer«). Ursprünglich Titel eines gelehrten Mannes, der befugt war, das jüdische Recht auszulegen; im modernistischen Judentum bezeichnet der Ausdruck das religiöse Oberhaupt einer Gemeinde.

**Reformjudentum.** Religiöse Bewegung, die im 19. Jahrhundert in Deutschland entstand und das Ziel verfolgt, die jüdische Tradition an die Gegebenheiten des modernen Lebens anzupassen. Die reformjüdische Richtung entfaltete sich vor allem in den USA, wo sie mit dem 1875 gegründeten *Hebrew Union College* eine international anerkannte Ausbildungsstätte für Rabbiner besitzt.

**Reconstructionism.** Eine von Mordecai Kaplan in den USA begründete jüdische Glaubensrichtung, die eine naturalistische Theologie mit der Vorstellung des Judentums als »Zivilisation« verbindet.

**Rimmon** (hebräisch »Granatapfel«, Plural **Rimmonim**). Die auf die Rollstäbe der Thorarolle aufgesetzte Verzierung, die ursprünglich die Form von Granatäpfeln, später (in aschkenasischen Gemeinden) eine turmähnliche Form hat.

**Sabbatianismus.** Nach dem Pseudomessias Sabbatai Zvi (1626–1676) benannte religiöse Bewegung, die im 17. Jahrhundert ganz Europa und den Nahen Osten erfaßte und schließlich in sektiererischen Lokalfehden und Hexenjagden unterging, nachdem Sabbatai Zvi unter osmanischem Druck zum Islam übergetreten war.

**Sanhedrin** (von griechisch **Synhedrion** »Rat«). Bezeichnung für verschiedene altjüdische Gremien und Gerichtshöfe; auch Name der 1807 von Napoleon einberufenen Rabbinerversammlung, die helfen sollte, die napoleonischen Reformen durchzusetzen.

**Schofar** (hebräisch). Blasinstrument aus dem Horn eines Widders, das beim Neujahrsgottesdienst und am Ende von → **Jom Kippur** geblasen wird. In Israel ertönt es auch bei feierlichen öffentlichen Anlässen und in frommen Gemeinden zur Ankündigung des Sabbats.

**Seder** → **Passah**

**Sephardim** (von hebräisch **Sepharad** »Spanien«). Juden spanischer und portugiesischer Herkunft, im Unterschied zu den → **Aschkenasim**. In Israel wird diese Bezeichnung in der Regel für alle nichtaschkenasischen Juden gebraucht.

**Simchat Thora** (hebräisch »Gesetzesfreude«). Im Mittelalter eingebürgertes Fest zum Abschluß des jährlichen Zyklus der Thoravorlesung. *Simchat Thora* wird mit der Ausstellung der Thorarolle, Umzügen mit der Thorarolle in der Synagoge, Festmählern und Geschenken für die Kinder begangen.

**Sohar** (hebräisch »Lichterglanz«). Der klassische Text der → **Kabbala**. Das Hauptstück des *Sohar* ist ein mystischer Kommentar zur → **Thora**, der Ende des 13. Jahrhunderts wahrscheinlich von Moses Ben Schem Tov de Léon auf Aramäisch verfaßt worden ist.

**Sukkot** (hebräisch »Hütten«). Das Laubhüttenfest im Herbst, bei dem eine mit Zweigen, Laub und Obst geschmückte Hütte, die *Sukka*, aufgestellt wird, durch deren Dach die Sterne scheinen müssen. Eine andere Tradition an *Sukkot* ist der Feststrauß mit den »vier Arten« (→ **Lulav, Etrog**).

**Tallit** (hebräisch). Ein herkömmlicherweise nur von männlichen Erwachsenen angelegter Gebetsmantel in Form eines mit Quasten besetzten viereckigen Tuches, das beim Morgengebet und zu verschiedenen anderen religiösen Anlässen getragen wird. Das Tuch ist für gewöhnlich aus weißer Wolle mit schwarzen Streifen oder aus weißer Seide mit blauen Streifen.

**Talmud** (hebräisch »Lehre«). Nachbiblisches Hauptliteraturwerk des Judentums (in hebräischer und aramäischer Sprache), das aus der → **Mischna** und ihren rabbinischen Kommentaren *(Gemara)* besteht. Der *Talmud* existiert in zwei verschiedenen Textkompilationen, dem palästinensischen und dem (kanonischen) babylonischen Talmud, und wurde zum Eckstein des rabbinischen Judentums; seine Autorität wird hingegen von Karäern und Reformjuden angefochten. Der Talmud bildet noch immer die Grundlage für die Unterweisung in der → **Jeschiva**.

**Teba** (hebräisch »Kasten«). Sephardische Bezeichnung für die erhöhte Plattform in der Synagoge, auf der das Lesepult steht. Aschkenasim sprechen von *Almemor* oder *Bima*.

**Tefillin** (hebräisch »Gebetsriemen«). Zwei Lederriemen mit je einem ledernen Kästchen, in denen sich vier auf Pergament geschriebene Bibelstellen befinden. Die *Tefillin* werden zum wochentäglichen Morgengebet an Kopf und linkem Oberarm angelegt. Ihr Tragen ist obligatorisch für jeden männlichen Juden ab dem 13. Lebensjahr.

**Tempel.** Auf das → **Reformjudentum** beschränkte Bezeichnung für eine Synagoge.

**Thora** (hebräisch »Lehre«, »Gesetz«). Im weiteren Sinn die offenbarte oder überlieferte jüdische Lehre, mitunter eingeteilt in »schriftliche Thora« (enthalten in der Bibel) und »mündliche Thora« (enthalten im → **Talmud** und in anderen nichtbiblischen Textkompilationen). Im engeren Sinn die fünf Bücher Mose *(Pentateuch)* bzw. die Schriftrolle, auf die sie für den Gebrauch in der Synagoge geschrieben wurden.

**Zaddik** (hebräisch »Gerechter«). Ein chassidischer Führer (auch *Rebbe* genannt), der seine Autorität entweder charismatischen Kräften oder dynastischer Erbfolge verdankt.

**Zionismus.** Im 19. Jahrhundert in Europa entstandene Bewegung zur Rückkehr der Juden in das Land Israel und zur Schaffung einer jüdisch-nationalen Existenz, wobei innerhalb der Bewegung neben diesem Programm die unterschiedlichsten Akzente gesetzt wurden. Die Gründung des Staates Israel ist für die Zionisten nur eine Zwischenstufe; Endziel bleibt die Heimführung *aller* Juden aus der Diaspora.

# BILDQUELLENVERZEICHNIS

*Abkürzungen:* o = oben, ol = oben links, or = oben rechts, M = Mitte, u = unten usw.

Alle Karten von John Brennan, Oxford

*Innenspiegel: Typus Chorographicus, Celebrium Locorum in Regno Iudae et Israhel,* von Abraham Ortelius, 1586: Bodleian Library, Oxford.

*Seite*
2–6 Alfred Rubens Collection, London.
8–9 Zeichnungen von John Fuller, Oxford.
13 David mit Harfe: British Library, London, Add. Ms. 11639 f. 523 v.
15 Höhlen von Qumran: Jamie Simson, Brookwood, England.
16o. Die Eröffnung der Hebräischen Universität in Jerusalem: Gemälde von Leopold Pilichowski (Foto: Hebräische Universität).
16u. Jacques Basnage; nach einem Stich von J.C. Kraus: Sammlung des Verfassers.
17oM. Ballistische Wurfgeschosse, Massada: John Ruffle, Gulbenkian Museum, Durham.
17or. Bar'am-Synagoge: Zev Radovan, Jerusalem.
17ul. Synagoge von Cordoba: Foto Salmer, Madrid.
17uM. Diaspora-Museum: Bet Hatefutsot (Diaspora-Museum), Tel Aviv.
18ol. Konservator bei der Arbeit: Jewish Chronicle Colour Magazine, London.
19or. Autograph von Maimonides: British Library, London.
18–19 Andere Genisa-Manuskripte: University Library, Cambridge.
21o. Oase bei Qurna: Jamie Simson, Brookwood, England.
21u. Landschaft in Judäa: Alan Hutchinson Library, London.
23M. Stammbaum der Hasmonäer-Dynastie: John Brennan, Oxford.
26or. Judaea Capta-Münze: Leonard von Matt, Buochs.
26Mr. Silbernes Tetradrachmon von der jüdischen Revolte: Cadmon Numismatic Museum, Tel Aviv.
27 Stammbaum der herodianischen Dynastie: John Brennan, Oxford.
28ol. Titus-Bogen, Rom: A.A.M. van der Heyden, Amsterdam.
28or. Katakombeninschrift, Rom: Leonard von Matt, Buochs.
28M. Fresko aus einer jüdischen Katakombe, Villa Torlonia, Rom: Foto André Held.
31 Fresko aus Dura Europus (Rekonstruktion), »Feld der Totengebeine«, Dura Europus Collection, Yale University, Art Gallery.
33or. Luftbild von Herodium: Werner Braun, Jerusalem.
33Mr. Festung Massada: Werner Braun/Zefa, London.
33ul. Aquädukt von Caesarea: Sonia Halliday, Weston Turnville, England.
35o. Aus dem Leben der hl. Anna auf einer Tür der Kathedrale Notre Dame, Paris: Lauros-Giraudon, Paris.
35ul. Statue der unterjochten Synagoge: Lauros-Giraudon, Paris.
37 *Kreuztragung* von Hieronymus Bosch: Ghent-Museum.
39 Mohammed befiehlt die Hinrichtung der Juden: Chester Beatty Library, Dublin (Foto: Pieterse-Davison).
41 Türkischer Teppich mit hebräischer Inschrift: Textile Museum, Washington D.C.
42M. Estherrolle aus Kaifeng: Beth Tzedec Museum, Toronto, MS Roth 527.
42u. Synagoge von Kaifeng: Bet Hatefutsot, Tel Aviv.
43l. Falascha: Yoav Levy, Phototake, New York.
43r. Indische Juden: Alfred Rubens Collection, London.
44ol. Plünderung des Frankfurter Ghettos im Anschluß an den Fettmilchaufstand 1614. Radierung von H. Merian. Aus J. L. Gotfried, *Historische Chronica,* Frankfurt 1642: Alfred Rubens Collection, London.
44oM. Karikatur des Jobst Mellern: Alfred Rubens Collection, London.
45ol. Die Prozession der Inquisition in Goa, Stich von C. Du: Alfred Rubens Collection, London.
45oM. Ratgeber drängen den König zur Vertreibung der Juden: British Library, London, MS OR 2737.
46oM. Synagoge in Konstantinopel: Sonia Halliday, Weston Turville, England.
46ur. Gracia Mendes Nasi: Portrait auf einer Bronze-Münze von Pastorino, 1558: Bibliothèque Nationale, Paris.
48 M. Simchat Thora: Stich von Bernard Picart, Joods Historich Museum, Amsterdam.
48u. Kippur: Stich von Bernard Picart, Mary Evans Picture Library, London.
49ol. Das Gesetz wird gezeigt: Stich von Bernard Picart, Joods Historich Museum, Amsterdam.
49or. Das Blasen des Horns: Stich von Bernard Picart, Joods Historich Museum, Amsterdam.
49u. Weihung der Synagoge: Stich von Bernard Picart, Joods Historich Museum, Amsterdam.
50r. Weibliche Figur auf einer Münze: Equinox Archive, Oxford.
51. Juden werden aus einer deutschen Stadt vertrieben: Staats- und Universitätsbibliothek Hamburg.
52–53 Deckengewölbe der Synagoge von Chodorów: Bet Hatefutsot, Tel Aviv.
55 Deutsche Juden: Alfred Rubens Collection, London.
56Mr. Die Juden Amsterdams heißen Louis Bonaparte willkommen, Stich von J. A. Langendijk, 1808: Rijksmuseum, Amsterdam.
56Mu. Sanhedrin-Medaille: Jewish Chronicle, London.
58ol. Rothschild betritt das Parlament: Privatsammlung.
58or. Jüdischer Gottesdienst während des russisch-türkischen Kriegs: Coxe-Goldberg Photography, Inc./Museum of the City of New York.
59 Karikatur des Juden als Sündenbock von Abel Pann.
63or. Einwanderer bei ihrer Ankunft in den USA: American Jewish Archives.
63Mr. Einwanderer beim Gebet auf der SS Pennland: Jewish Chronicle Colour Magazine, London.
65o. Jüdische Kinder, die durch das Pogrom von Kischinew zu Waisen wurden: HIAS, New York.
65Ml. Fabrik in Argentinien: aus den Archiven des YIVO Institute for Jewish Research, New York.
65Mr. Dreyfus nach der Revisionsverhandlung in Rennes 1899: BBC Hulton Picture Library, London.
65ur. General Allenbys Proklamation wird auf arabisch verlesen, Jerusalem 1917: BBC Hulton Picture Library, London.
68–69 Russische Auswanderer: BBC Hulton Picture Library, London.
68u. Antisemitisches Plakat: Zydowski Instytut Historyczny w Polsce, Warschau.
69u. Zerstörte Synagoge in Gailingen, Baden-Württemberg: Leo Baeck Institute, New York.
71ol. Holländische Jüdin mit dem gelben Stern: Rijksinstitut voor Oorlogs documentatie, Amsterdam.
71or. Junge mit erhobenen Armen, Warschauer Ghetto: Wiener Library, London.
71u. Deportation von Frauen und Kindern: Statni Zidovske Museum, Prag.
73 Die *Exodus:* Camera Press, London.
75l. David Ben-Gurion eröffnet die erste Knesset: Werner Braun, Jerusalem.
75r. Russische Juden bei ihrer Ankunft in Israel, 1971: BIPAC/I.P.P.A., London.
76 Begin, Sadat und Carter: BIPAC, London.
77 Davidsschild, Manuskriptillumination: Bodleian Library, Oxford, MS Kennicott 1.f. 122 v.
78M. Karikatur – Die jüdische Frage: Gerard Silvain Collection, Paris.
78u. Initiale aus dem *Tripartate Malizor:* British Museum, London.
80ol. New Yorker *jeschiva*-Student: Yoav Levy, Phototake, New York.
80or. Jude mit Tefillin: Vautier-Nanxe, Paris.
80Ml. Samaritaner feiern Passah: Charles Harbutt/ Magnum – John Hillelson Agency, London.
80M. Falaschamädchen: Alan Hutchison Library, London.
81 Karäer: Jewish Chronicle Colour Magazine, London.
82–83 Abraham und Isaak: British Library, London; Moses zertrümmert die Gesetzestafeln (Rembrandt): Berlin Dahlem Gemäldegalerie (Phaidon Archive); Jesus (Turiner Grabtuch): Mansell Collection, London; Christoph Kolumbus: Mansell Collection, London; Baruch de Spinoza: Mansell Collection, London; Karl Marx: Mansell Collection, London; Sigmund Freud: Mansell Collection, London; Franz Kafka: Bilderdienst Süddeutscher Verlag; Pissarro in seinem Atelier: Roger-Viollet, Paris; Gustav Mahler: BBC Hulton Picture Library, London; Leo Trotzki: BBC Hulton Picture Library, London; Ilja Ehrenburg: Novosti Press Agency, London; Henry Kissinger: BBC Hulton Picture Library, London; Bischof Hugh Montefiore: mit Erlaubnis des Bischofs von Birmingham; Marilyn Monroe und Arthur Miller: Keystone Press Agency, London;
85l. Junge amerikanische Juden bei der Sabbatruhe, Connecticut: Bill Aron Photography, Los Angeles.
85u. Sowjetische Juden vor der Leningrader Synode an Jom Kippur: Bill Aron Photography, Los Angeles.
86–87 Hochzeitszeremonie: Jewish Chronicle Colour Magazine, London.
86ul. Beschneidungszeremonie: Robert Harding Picture Library, London.
86ur. Beschneidungsinstrumente: Flasche und Schutzscheibe von 1827, andere Geräte von 1866, Silber. Die hebräische Inschrift auf der Schutzscheibe besagt: »Jacob Nehemias Torres«: Coxe-Goldberg Inc./Jewish Museum, New York.
87or. Hochzeitsringe, Italien, 18. Jh. (?), Gold: Coxe-Goldberg Inc., Jewish Museum, New York.
87Mr. Emailliertes Glas einer Beerdigungsbruderschaft, Polin, Böhmen 1692: Coxe-Goldberg Inc./Jewish Museum, New York.
87ul. *Bar mizwa:* Robert Harding Picture Library, London.
87ur. Jüdisches Begräbnis, Brasilien: Alan Hutchison Library, London.
88 Simchat Thora-Fähnchen: Israel-Museum, Jerusalem.
89ul. Passah, aus einer spanischen Haggada des 14. Jhs: British Library, London.
89ur. Der Tierkreis, Bet Alpha: Werner Braun, Jerusalem.
90Ml. Blasen des Schofar-Horns: Werner Braun, Jerusalem.
90ur. Sukkot-Gebete an der Westmauer in Jerusalem: Werner Braun, Jerusalem.
90or. Chanukka: Jan Lukas/Photo Researchers Inc., New York.
90ol. Juden aus Buchara feiern Purim: Zev Radoran, Jerusalem.
91Ml. Verbrennung des *chamez:* Werner Braun, Jerusalem.
91ul. *Seder* am Vorabend des Passah-Festes: Neville Kenton/Zefa, London.
93o. Haggada von Joseph Leipnik: British Library, London.
93ul. Jüdische Bäckerei, 14. Jh. British Library, London.
93uM. Gemeindekessel: British Library, London.
94o. Teilnehmer an einer Homosexuellen-Demonstration von der Homosexuellen-Synagoge in New York: Ricki Rosen, New York.
94M. Londoner Geflügelschlächter, 1981: Judy Goldhill, London.
94u. Hochzeit in Los Angeles: Bill Aron Photography, Los Angeles.
95o. Feilschen um Fisch, Lower East Side, New York: Bill Aron Photography, Los Angeles.
95u. Mitglieder einer New Yorker *chavura:* Bill Aron Photography, Los Angeles.
97 Tag der Sühne; Gemälde von Jacob Kramer: Temple Newsam House, Leeds.
101 Sabbatai Zvi in der Türkei: Aus *Der Neu-eröffneten ottomanischen Pforten Fortsetzung,* Augsburg 1701: Alfred Rubens Collection, London.
103o. Die Westmauer: Sonia Halliday, Weston Turville, England.
106o. Polnische Holzsynagoge: Equinox Archive, Oxford.
106u. Altneuschul, Prag: Scala, Florenz.
106M. Givat-Ram-Synagoge: Werner Braun, Jerusalem.
106u. Bet-Schalom-Synagoge, Pennsylvania: E. Teitelman.
107ol. Neue Synagoge in Bonn: Zefa, London.
107or. Synagoge in Cochin: Zefa, London.
107u. Synagoge in Florenz: Scala, Florenz.
108–109o. Inneres der Synagoge von Gibraltar: Zefa, London.
108–109 Zeichnungen von Dick Barnard, London.
110M. Jüdische Pilger zum Grab eines Heiligen in Quirgane 1955: Israel Museum, Jerusalem.
110ul. König Davids Grab: Werner Braun/Zefa, London.
110ur. Jüdische Pilger zum Grab von Rabbi Meïr Ba'al Haness, Tiberias: Jamie Simson, Brookwood, England.
111o. Verkleidete Kinder am Purimfest: Werner Braun, Jerusalem.
111uM. *Lag ba-Omer* am Grab von Rabbi Simeon ben Jochai, Meiron, Werner Braun, Jerusalem.
111ur. Mann mit Sühnehuhn: Werner Braun, Jerusalem.
112o. Thoraschrein, Synagoge in Dura Europus: Yale University.
112u. Bankett der Gerechten: Biblioteca Ambrosiana, Mailand.
113l. Überreichung der Thora: John Brennan, Oxford, nach der Vogelkopf-Haggada.

113r. Fenster mit Chanukka-Motiv, Great Portland Street Synagogue, London: Sonia Halliday, Weston Turville, England.
114–115 Jewish Museum, London (Fotos von Mark Fienne).
116 Dreisprachige Hymne: Bodleian Library, Oxford, MS. OPP. ADD. 8°.52 f. 138r.
116–117 Kopist beim Ausbessern einer Thorarolle: Bill Aron Photography, Los Angeles.
119o. Lillian Hellman: BBC Hulton Picture Library, London.
119oM. Saul Bellow: BBC Hulton Picture Library, London.
119Mu. Primo Levi: Agenzia Giornalistica, Italien.
119u. Alberto Moravia: Agenzia Giornalistica, Italien.
122Mr. Hebräische Schriftzeichen: John Brennan, Oxford.
122–123u. Thorarollenwimpel: Jewish Museum, New York.
123M. Lehrer und Schüler: Magnum/John Hillelson Agency, London.
123or. Inschrift an der Synagoge in Cordoba, Foto MAS.
123Ml. Testtafel in hebräischer Schrift: Rhoda Galyn, New York.
123 Mr. »Moabiter Stein«: Louvre, Paris.
123Inset Buch gedruckt von Gerschom Soncino, Brescia 1491.
124Ml. Jesaja-Rolle, von den Schriftrollenfunden am Toten Meer: Israel-Museum, Jerusalem.
124ul. Jonas und der Wal: Bodleian Library, Oxford, MS Kennicott 1 fol. 305.
124–125 »Teppich« - Seite aus einer spanischen Bibel, geschrieben von Menachem ben Abraham Malik in Burgos, 1260: Jüdische National- und Universitätsbibliothek, Jerusalem.
125 Seite aus der Haggada von Ben Schahn: Trianon Press, Paris.
127 Papst Johannes Paul II. in Auschwitz, 1979: Gamma/Frank Spooner Pictures, London.
128ol. Pinkas-Synagoge, Prag: Jewish Chronicle, London.
128Ml. Westpark-Friedhof, Johannesburg: South African Tourist Corp.
128ul. *Le cri silencieux,* Statue von Leah Michelson: Vautier-De Nanxe, Paris.
128uM. Denkmal in Dachau: Ullstein Bilderdienst, W.-Berlin.
128ur. Harry M. Kortzinsky, Oberhaupt der mosaischen Gemeinde in Norwegen am Osloer Mahnmal: Billedsentralen, Oslo/Camera Press.
128–129 Überlebende von Auschwitz anläßlich des 30. Jahrestags der Befreiung in der Synagoge in der Rue de la Victoire: Alecio de Andrade/Magnum (John Hillelson Agency), London.
129ul. Jad Vaschem: Zefa Ltd., London.
129ur. Denkmal in Malmö: Scanda Photopress, Malmö.
131ul. Herzl in einem Wiener Café: Central Zionist Archives, Jerusalem.
131Mr. Mitglieder der Poalei Zion in Plonsk mit David Ben-Gurion, 1906: Zionistische Zentralarchive, Jerusalem.
131ur. Jabotinsky im Gefängnis von Acre, 1920: Zionistische Zentralarchive, Jerusalem.
132oM. Wandparolen in Jerusalem: Walter Weiss, Wien.
132Mr. Einwanderer mit Gepäck im Aufnahmelager, ca. 1950: Zionistische Zentralarchive, Jerusalem.
132M. Gepanzerter Traktor in Mischmar Ha-Emek, 1930er Jahre; Zionistische Zentralarchive, Jerusalem.
132u. Versammlung der Jewish Agency 1983: Zionistische Zentralarchive, Jerusalem.
133o. Schafhirte: J. Benor-Kalter/S. Adler, Haifa.
133M. Zvi Hirsch Kalischer: Zionistische Zentralarchive, Jerusalem.
140–141 Leonard Bernstein: BBC Hulton Picture Library, London; George Gershwin: Mansell Collection, London, Die Marx Brothers: BBC Hulton Picture Library, London; Bob Dylan: Keystone Press Agency, London; Leonard Cohen: BBC Hulton Picture Library, London; Aaron Copland: BBC Hulton Picture Library, London; Woody Allen: BBC Hulton Picture Library, London; Sammy Davis jr.: BBC Hulton Picture Library, London; 141 Samuel Goldwyn: BBC Hulton Picture Library, London; Norman Mailer: BBC Hulton Picture Library, London; Bernard Baruch: BBC Hulton Picture Library, London; Louis Brandeis: BBC Hulton Picture Library/Bettman Archive; Gerhard Herzberg: BIPAC/CP; Henry Morgenthau, senior: BBC Hulton Picture Library, London, Albert Einstein: Mansell Collection, London.
143Ml. HIAS-Büros, Lafayette Street, New York: mit Genehmigung von HIAS, New York.
143ul. Talmudschule in der Hester Street: Museum of the City of New York.
143r. Hausierer und Kunden an der Hester Street, 1899: Museum of the City of New York.
143or. Händler mit Karren: American Jewish Archives, New York.
144ol. Samuel Gompers spricht zu den Hemdenmachern der Cooper Union, 1909: Brown Brothers Inc., New York.
144–5 Chassidischer Sukkot-Gottesdienst, New York: Geoffrey Hiller/Black Star, New York.
146ol. Präriewagen: Jewish Chronicle Colour Magazine.
146or. Otto Mears mit dem Häuptling Ouray, Colorado, 1876: Jewish Chronicle Colour Magazine.
146u. Haus in einer jüdischen Farmerkolonie, New Jersey: Aus dem Archiv des YIVO Institute for Jewish Research/Jewish Chronicle, London.
147 Junge mit Spielzeug: Rhoda Galyn, New York.
147 Gottesdienst in Vietnam: Jewish Welfare Board.
148o. Schwarze Juden: Colorific!, London.
149 Jom Kippur-Gottesdienst, Temple de Hirsch, Seattle: Ted Spiegel/Black Star, New York.
149or. Touro-Synagoge, 1759-63: Howard Millard.
149Mr. Yeshivah University, New York: Jewish Chronicle Colour Magazine, London.
150ol. Die Frauenabteilung in einer bucharischen Synagoge in New York: Ricki Rosen, New York.
150M. Poster: Yoav Levy/Phototake, New York.
150–151 Jüdische Einwanderer aus der Sowjetunion: Ricki Rosen, New York.
151o. Aufseher in Manischewitz-Weinkellerei: BIPAC/UPI.
151ul. *Jeschiva* der Lubawitch-Chassidim: Ricki Rosen, New York.
151ur. Verkauf der vier Arten für Sukkot: Ted Spiegel, Black Star, New York.
152 Bobover Rebbe mit Enkelin bei der Hochzeit: Bill Aron Photography, Los Angeles.
152 Erster weiblicher Rabbi, New York: Ricki Rosen, New York.
152 Chassidische Kinder: Leonard Freed/Magnum (John Hillelson Agency), London.
153 Jüdische Läden in New York: Jewish Chronicle, London.
154 Delegation von Rabbinern zur Parteiversammlung der Demokraten, New York, 1980: Ricki Rosen, New York.
155o. Parade in New York zum israelischen Unabhängigkeitstag: Fred Lombard Photo Researchers Inc., New York.
155u. Nachtwache für die sowjetischen Juden: Bill Aron Photography, Los Angeles.
156M. Gottesdienst im Altersheim, Winnipeg: Jewish Historical Society of Western Canada.
156 Jüdische Farmer bei der Ernte, Monte Fiore Alta, 1920: Jewish Historical Society of Western Canada.
157 Chanukka Zeremonie: Associated Hebrew Schools of Toronto.
157 Parade zum 1. Mai, Winnipeg: Jewish Historical Society of Western Canada.
157 Holy Blossom Temple, Toronto: Jewish Chronicle, London.
159 Jacopo Timerman: Camera Press, London; Dr. Dujovne: Library of Institute of Jewish Affairs; David Elnecavé: Bibliothek des Institute of Jewish Affairs.
160o. Moisesville, frühe Siedler an der Synagoge, frühes 20. Jh.: Bet Hatefutsot (Diaspora-Museum)/ICA Collection, Tel Aviv.
161o. Jüdische Gauchos in einer ICA-Siedlung, 20er Jahre: Bet Hatefutsot (Diaspora-Museum), Tel Aviv, aus dem Zentralarchiv für die Geschichte des jüdischen Volks, Jerusalem.
161M. Schulausflug: Aus dem Archiv des YIVO Institute for Jewish Research, New York.
161u. Landwirtschaftliche Kooperative: Aus dem Archiv des YIVO Institute for Jewish Research, New York.
162o. Büste von Chajim Weizmann, Weizmann Plaza, Rio de Janeiro: Jewish Chronicle, London.
162M. Kinder heißen Präsident Schazar willkommen, Montevideo: Jewish Chronicle, London.
162u. Demonstration während des Sechs-Tage-Kriegs, Uruguay; Jewish Chronicle, London.
163o. Synagoge Ahavat Reim, Sao Paulo: Bet Hatefutsot (Diaspora-Museum), Tel Aviv.
163M. Große aschkenasische Synagoge, Caracas: Jewish Chronicle, London.
164o. Sabbat in der Synagoge in Venta Prieta: Three Lions, New York.
164ul. Mexikanische Juden: Three Lions, New York.
164ur. Eingang zu einer Synagoge, Kuba: Bill Aron Photography, Los Angeles.
164/165 Lionel Capriles zusammen mit Vertretern der holländischen Regierung anläßlich der 250-Jahr-Feier der Emanuel-Synagoge, Curaçao: Jewish Chronicle, London.
165o. Außenansicht der Mikve-Israel-Synagoge, Curaçao: Bet Hatefutsot (Diaspora-Museum), Tel Aviv.
165ol. Springbrunnen, Barbados Museum: Alfred Rubens Collection, Non Pareil Publishing Ltd., London.
165M. Mrs. Robles in ihrem Haus, Panama: Bet Hatefutsot (Diaspora-Museum), Tel Aviv.
166 Jacques Offenbach: Mansell Collection, London; Sir Jacob Epstein: BBC Hulton Picture Library; Sir Joshua Hassan: Keystone Press Agency, London; Sarah Bernhardt: BBC Hulton Picture Library, London.
168o. Vorsitzender der Jewish Master Baker, Barnet Galawitz; Jewish Chronicle Colour Magazine, London
168u. Vertreter von Commonwealthgemeinden mit der britischen Premierministerin Thatcher: Jewish Chronicle, London.
169o. Jüdischer Polizist: Jorge Lewinski/Jewish Chronicle Colour Magazine London.
170o. Gedenkmarsch jüdischer Kriegsteilnehmer, 1982: Judy Goldhill, London.
170or. Koschere Milch vor einer Tür in Gateshead: Jewish Chronicle Colour Magazine, London.
170Ml. Mittelalterliches jüdisches Haus, Lincoln: Edwin Smith.
170Mr. Koscherer Laden in Gateshead: Jewish Chronicle Colour Magazine, London.
170ul. Waddesdon Manor: National Trust Picture Library.
170ur. Suppenküche, East End, London: Jewish Chronicle, London.
171o. Inneres der Synagoge von Exeter: Andrew Lawson, Oxford.
171M Jewish Lads' Brigade pipe band, Glasgow: Jewish Chronicle, London.
171u. Habonim Camp, Irland, 1982: Judy Goldhill, London.
172oM. Schweigemarsch nach Drancy, 1945: Agip/ Robert Cohen, Paris.
172M. Nazi-Losungen auf jüdischen Gräbern, Bagneuse, 1981: Agip/Robert Cohen, Paris.
172–173o. Jüdische Demonstranten, 1980: Agip/Robert Cohen, Paris.
172–173M. François Mitterrand in der Rue des Rosiers: Agip/Robert Cohen, Paris.
173 Inneres der Synagoge von Carpentras: J. Combier, Macon.
174ul. Belleville, Paris: Daniel Franck, Paris.
174uM. Temple de Beth Yaacob: Bruno Barbey/Magnum, John Hillelson Agency, London.
174Mr. Synagoge in der Rue de la Victoire: Agip/Robert Cohen, Paris.
175u. Koscherer Fleischerladen, Paris: Jewish Chronicle Colour Magazine, London.
176o. Weesperplein-Denkmal, Amsterdam: Jewish Chronicle, London.
176M. Statue in Rotterdam: Voorlichting Gemeente Rotterdam,
176u. Bombenschaden in Belgien: Photo News, Brüssel.
177o. Ludwig Erhard in der Wormser Synagoge: Ullstein Bilderdienst.
177M Synagoge in Lengnau: Jewish Chronicle, London.
177u. Denkmal in Dachau: Bilderdienst Süddeutscher Verlag.
178oM. Der jüdische Dissident Boris Katz bei seiner Ankunft in Wien, 1978: Votavafoto, Wien.
178or. Theodor Herzls Grab: Votavafoto, Wien.
178u. Carl XVI. Gustaf und Königin Silvia besichtigen eine Synagoge: Roland Loefler, Stockholm.
178M. Santa Maria la Blanca, Toledo: Foto Salmer, Madrid.
179o. Königin Sofia in der Madrider Synagoge: Associated Press, London.
179M. Sifrei Thora: Jewish Chronicle Colour Magazine, London.
179Ml. Statue des Maimonides in Cordoba: Foto Salmer, Madrid.
179ul. Jüdische Häuser in der Judaria von Castelo de Vide, Portugal: Jewish Chronicle Colour Magazine, London.
179ur. Portugiesisches Paar: Jewish Chronicle Colour Magazine, London.
180M. Professor Pitighani, Präsident der jüdischen Gemeinde, beim 20. Jahrestag der Deportation der Juden aus Rom, 1963: UPI.
180ul. Synagoge von Sermoneta: George Mott, Rom.
180ur. Registrierung einer Eheschließung, Rom: Leonard von Matt, Buochs.
181o. Das Ghetto von Venedig: Jewish Chronicle Colour Magazine.
181u. Die deutsche Synagoge in Venedig: A. F. Kersting, London.
182o. Bogengang der Synagoge in der Kazinczy utca: András Villányi, Budapest.
182ur. Friedhof von Pest: Nicholas de Lange, Cambridge.
182–183o. Begräbnis in Budapest: András Villány, Budapest.
182–183u. Ordination in Budapest: Jewish Chronicle, London.
183or. Dohány-utca-Synagoge, Budapest: Equinox Archive.
183Mr. Inneres der Dohány-utca-Synagoge: Jewish Chronicle, London.
184o. Menachem Begin in der Bukarester Synagoge, 1977: BIPAC/I.P.P.A.
184Ml. Dr. Moses Rosen: BIPAC/Jewish Observer.
184Mr. Gedenkfeier für die Opfer von Auschwitz in Prag: Jewish Chronicle, London.
185 Altneuschul in Prag: B. Landisch/Zefa, London.
185r. Totenhalle in Prag: Robert Harding, London.
186 Das jüdische Viertel Kazimierz, Krakau: Roman Vishniac, c/o Farrar, Giroux und Strauss, New York.
187M. Jüdischer Friedhof: Ryszard Ziemak, Warschau.
187u. Jüdischer Friedhof: Ryszard Ziemak, Warschau.
188l. Einer der Leute aus dem Volk des Buches, Roman Vishniac, c/o Farrar, Giroux und Strauss, New York.
188o. Eingang zur Synagoge von Lwow (Lemberg): Jewish Chronicle, London.
188Mr. Chanukka in einem polnischen *schtibl:* K.V. Kraus/Jewish Chronicle, London.
188Mr. Koscherer Fleischer: O. Barnes/Jewish Chronicle Colour Magazine, London.
188u. Die zwei Milchkannen, mit Archivmaterial über das Warschauer Ghetto, wurden 1950 entdeckt. Hier werden die Dokumente im Jüdischen Historischen Institut sortiert, 1966: BIPA/UPI.
189ol. Jüdische Familie in Thessalonike: Bet Hatefutsot (Diaspora-Museum), Tel Aviv.
189or. Eingang zum alten Judenviertel von Rhodos: Jewish Chronicle, London.
189Mr Synagoge in Sofia: Jewish Chronicle, London.
189ul. Jüdisches Viertel in Dubrovnik: Graham Speake, Oxford.
189ur. Restaurierte Synagoge, heute ein Museum, Zenica: Jewish Chronicle, London.
192o. Ein Mitglied der jüdischen Gemeinde in Buchara beim Gebet: Novosti Press Agency, London.
192u. Leningrader Synagoge: Roland Loefler, Stockholm.
192–193 Sephardische Synagoge in Tiflis, Georgien: Werner Braun/Zefa Ltd. London.
193 Frauengalerie der Zentralsynagoge in Moskau: Novosti Press Agency, London.
194–195 Gottesdienst in der Synagoge von Minsk: Bill Aron Photography, Los Angeles.
196ol. Backen von *mazot* für das Passah-Fest: Jewish Chronicle, London.
196Ml. Junge Musiker, Birobidschan: BIPAC/Camera Press, London.
196u. Jüdischer Friedhof, Dorf Jaruga, Ukraine: Novosti Press Agency, London.
196–197 Prozeß von Juri Daniel und Andrej Sinjawski: BIPAC/Camera Press.
197o. Sowjetische Juden demonstrieren für Ausreisevisen nach Israel, Moskau 1973: UPI
200o. Säkularisten und Archäologen protestieren gegen Störungen bei archäologischen Ausgrabungen, Werner Braun, Jerusalem.
200 M. Polizei und Absperrungswachen zerstreuen Demonstranten: Associated Press, London.
201o. Einwanderer bei ihrer Ankunft in Israel: Jewish Chronicle, London.
201u. Jüdischer und arabischer Antiquitätenhändler: Werner Braun, Jerusalem.
202ol. Kibbuz, Kinder im Wagen: Jewish Chronicle, London.
202oM. Junge Juden unterschiedlicher Herkunft: Werner Braun, Jerusalem.
202–203 Nahalal, Luftbild: Werner Braun, Jerusalem.
204ol. Kibbuz: Begräbnisprozession: Sygma.
204or. *Bar Mizwa,* Massada: Werner Braun, Jerusalem.
205 Feier des Jerusalem-Tags an der Westmauer: Peter Carmichael/Aspect Picture Library, London.
206–207 Jerusalem von Osten gesehen, jüdischer Friedhof am Ölberg: Zefa, London.
208Ml. Ungarische Gebäude, Jerusalem: Richard Nowitz, Jerusalem.
208ul. Montefiore-Windmühle: Werner Braun, Jerusalem.
208 Die Jerusalemer Altstadt: Werner Braun, Jerusalem.
208–209 Knessetgebäude bei Nacht: Werner Braun, Jerusalem.
209o. Luftaufnahme von Jerusalem: Werner Braun, Jerusalem.
209M. Blick auf Mea Schearim: Alan Hutchinson Agency, London.
210–211o. Märtyrer-Denkmal auf dem Gelände von Jad Vaschem, Jiu Uris, Aspen, Colorado.
210–211M. Betende am Strand von Tel Aviv, 1982: BIPAC/WZPS Photo.
211 Jüdischer Soldat im Gebet in Gaza: Charles Harbutt, Magnum, John Hillelson Agency, London.
212o. Ahrida, Inneres der Synagoge: Leon Halevy, Istanbul.
212M. Kurdistan, Frauen beim Teppichweben: Israel-Museum, Jerusalem.
212–213 Hochzeit jemenitischer Juden in der israelischen Wüste: Leonard Freed/Magnum, John Hillelson Agency, London.
213ol. Jemenitische Juden feiern Passah: Werner Braun, Jerusalem.
213or. Hochzeit syrischer Juden in New York: Yoav Levy, Phototake, New York.
214 Jüdischer Friedhof, Pir Bhakvan: Douglas Dickens, London.
214ul. Juden aus Afghanistan: Jewish Chronicle, London.
214–215 Simchat Thora-Prozession in Cochin, Indien: Jewish Chronicle Colour Magazine, London. 215o. Bene Israel in Bombay: Jewish Chronicle, London.
215ur. Japanische Juden: Jewish Chronicle, London.
215M. Ikey Solomons: Equinox Archive.
216 Die Große Synagoge in Sydney: Andrew Lawson, Oxford.
216or. Sir John Monash 1865–1931: BBC Hulton Picture Library London.
216–217 Synagoge in Wellington, Neuseeland: Alexander Turnbull Library, Wellington, Neuseeland.
217or. Sir Zelman Cowen und Rabbi John Levi: Herald and Weekly Times, Melbourne.
217M. Der zweitausendste jüdische Immigrant aus Rußland auf dem Flugplatz Sydney: Australien Jewish Times.
217ur. Schüler einer Sydneyer jüdischen Tagesschule: Australian Jewish Times.
218 Roy Welensky: BBC Hulton Picture Library, London. Helen Suzman: International Defence and Aid Fund.
220o. Straßenszene in Marrakesch: Jewish Chronicle, London.
220M. In der Synagoge von Asni: Jewish Chronicle Colour Magazine, London.
220uM. Synagoge von Algier, um 1900: Gerard Silvain Collection, Paris.
220ur. Alte Jüdin in Tunesien: Jewish Chronicle Colour Magazine, London.

221o. Maimouna-Fest: Werner Braun, Jerusalem.
221ul. Synagoge in Djerba: Jewish Chronicle Colour Magazine, London.
221ur. Mann bei privatem Gebet in der Ghriba-Synagoge, Djerba: Jewish Chronicle Colour Magazine, London.
221ol. Alter Jude auf dem Marktplatz: Jewish Chronicle, London.
222or. Israelische Delegation besichtigt die Synagoge von Alexandria: William Kavel, Sygma/John Hillelson Agency, London.
222M. Karäersynagoge, Kairo: Jewish Chronicle Colour Magazine, London.
222Mr. Synagoge in Alexandria: Lisa Gilud, Jerusalem.
222u. Kupferschmied in Port Said: Bet Hatefutsot (Diaspora-Museum), Tel Aviv.
223 Falascha: Yoav Levy Phototake Inc., New York.
224o. Die Familie Rabinowitz vor ihrem Haus, 1920: Bet Hatefutsot (Diaspora-Museum), Tel Aviv.
224M. Feinkostgeschäft in Yeoville, Johannesburg, 1982: Bet Hatefutsot (Diaspora-Museum), Tel Aviv.
224u. Gartenfest der Bnoth Zion, ca. 1980: Bet Hatefutsot (Diaspora-Museum), Tel Aviv.
225o. Jüdische Zulus: Three Lions, New York.
225u. Habad-Radiostation, Johannesburg: Bet Hatefutsot (Diaspora-Museum); Tel Aviv.

# BIBLIOGRAPHIE

## TEIL 1: DER HISTORISCHE HINTERGRUND


**Allgemeine Werke**

Alt, A., *Zur Geschichte des Volkes Israel,* 2. Aufl., München 1979.
Baeck, L., *Das Wesen des Judentums,* 7. Aufl., Bonn 1979.
Baron, S. W., *History and Jewish Historians,* Philadelphia, Pa. 1964.
ders., *Social and Religious History of the Jews,* 18 Bde., 2. Aufl., New York/Philadelphia, Pa. 1952.
Basnage, J., *Histoire des Juifs . . .,* 7 Bde., La Haye 1706–11.
Ben Sasson, H. H. (Hg.), *Geschichte des jüdischen Volkes,* Frankfurt a. M. 1978 ff.
Dubnow, S., *Weltgeschichte des jüdischen Volkes,* 10 Bde., Berlin 1925 ff.
Graetz, H., *Geschichte der Juden von den ältesten Zeiten bis auf die Gegenwart,* 11 Bde., Leipzig 1855–76 [neu bearb. 1896–ca. 1923].
Grayzel, S., *History of the Jews,* 2. Aufl., Philadelphia, Pa. 1968.
Jost, I. M., *Geschichte der Israeliten seit der Zeit der Maccabäer bis auf unsere Tage,* 10 Bde., Berlin 1820–47.
Josephus Flavius, *De Bello Judaico* (griechisch/deutsch), München 1962 ff.
Kochan, L., *The Jew and his History,* London, 1977.
Maier, J., *Das Judentum von der biblischen Zeit bis zur Moderne,* 2. Aufl., München 1973.
Noth, M., *Geschichte Israels,* 7. Aufl., Göttingen 1969.
Parkes, J., *A History of the Jewish People,* London 1962.
Rajak, T., *Josephus,* London 1983.
Roth, C., *A Short History of the Jewish People* [London 1948, erw. illustr. Ausg. London 1969]; dt. *Geschichte der Juden. Von den Anfängen bis zum neuen Staate Israel,* Teufen 1954.
Yerushalmi, Y. H., *Zakhor: Jewish History and Jewish Memory,* Washington, D. C. 1983.

**Die Juden im Altertum**

Avi-Yonah, M., *The Jews of Palestine,* Oxford 1976.
Brücklmeier, M., *Beiträge zur rechtlichen Stellung der Juden im Römischen Reich,* Speyer 1939.
Buber, M., *Der Glaube der Propheten,* Zürich 1950.
Gordon, C. H., *The World of the Old Testament,* New York 1958; dt. *Geschichtliche Grundlagen des Alten Testaments,* Einsiedeln/Köln 1961.
Hanfmann, G. M. A., *Sardis from Prehistoric to Roman Times,* Cambridge, Mass. 1983.
Hengel, M., *Judentum und Hellenismus,* 2. Aufl., Tübingen 1973.
ders., *Die Zeloten,* Köln/Leiden 1976.
Hoheisel, K., *Das antike Judentum in christlicher Sicht,* Wiesbaden 1978.
Gunneweg, A. H., *Geschichte Israels bis Bar Kochba,* Stuttgart/Berlin 1982.
Kraeling, C. H., *The Synagogue,* New Haven 1936, Neuaufl. New York 1979.
Leon, H. J., *The Jews of Ancient Rome,* Philadelphia, Pa. 1960.
Momigliano, A. D., *Alien Wisdom,* Cambridge 1975.
Meyer, E., *Die Israeliten und ihre Nachbarstämme,* Halle a. S. 1906.
Neusner, J., *A History of the Jews in Babylonia,* 5 Bde., Leiden 1965–70.
Noth, M., *Das System der zwölf Stämme Israels,* Stuttgart 1930.
Otto, W., *Herodes,* Stuttgart 1913.
Safrai, S., *Das jüdische Volk im Zeitalter des Zweiten Tempels,* Neukirchen-Vluyn 1980.
Schurer, E., *Geschichte des jüdischen Volkes im Zeitalter Jesu Christi,* Leipzig 1901–09.
Stemberger, G., *Das klassische Judentum,* München 1979.
Tcherikover, V., *Hellenistic Civilization and the Jews,* 2. Aufl. Philadelphia, Pa./Jerusalem 1961.
Weber, M., *Gesammelte Aufsätze zur Religionssoziologie,* Bd. 3: *Das antike Judentum,* 6. Aufl., Tübingen 1976.

**Die christliche Ära**

Baer, J. F., *Die Juden im christlichen Spanien,* Berlin 1929–36.
Caro, G., *Sozial- und Wirtschaftsgeschichte der Juden im Mittelalter,* Frankfurt a. M. 1924.
Kisch, G., *Forschungen zur Rechts- und Sozialgeschichte der Juden in Deutschland während des Mittelalters,* Zürich 1955.
Marcus, J. R., *The Jew in the Medieval World,* Cincinnati 1938.
Parkes, J., *The Conflict of the Church and the Synagogue,* London 1934.
ders., *The Jew in the Medieval Community,* London 1938.
Roth, C., *The Jew in the Renaissance,* Philadelphia, Pa. 1959.
Scherer, J. E., *Die Rechtsverhältnisse der Juden in den deutsch-österreichischen Ländern,* Leipzig 1901.
Seiferth, W., *Synagoge und Kirche im Mittelalter,* München 1964.
Sharf, A., *Byzantine Jewry,* London 1971.
Shulvass, M. A., *The Jews in the World of the Renaissance,* Leiden/Chicago, Ill. 1973.
Straus, R., *Die Juden im Königreich Sizilien unter Normannen und Staufern,* Heidelberg 1910.
ders., *Die Juden in Wirtschaft und Gesellschaft,* Frankfurt a. M. 1964.
Synan, E. A., *The Popes and the Jews in the Middle Ages,* New York 1965.
Trachtenberg, J., *The Devil and the Jews,* 2. Aufl., New York 1966.

**Judentum und Islam**

Ashtor, E., *The Jews of Moslem Spain,* 2 Bde., Philadelphia, Pa. 1973.
Fischel, W. J., *Jews in the Economic and Political Life of Medieval Islam,* London 1937.
Goitein, S. D., *A Mediterranean Society,* 4 Bde., Berkeley/Los Angeles, Calif. 1967.
ders., *Jews and Arabs,* 3. Aufl., New York 1974.
Stillman, N. A., *The Jews of Arab Lands,* Philadelphia, Pa. 1979.
Tritton, A. S., *The Caliphs and their Non-Muslim Subjects,* London 1930.

**An der Peripherie**

Dunlop, D. M., *The History of the Jewish Khazars,* Princeton, N. J. 1954.
Kehimkar, H. S., *The History of the Bene Israel of India,* Tel Aviv 1937.
Kessler, D., *The Falashas,* London 1982.
Leslie, D. D., *The Survival of the Chinese Jews,* Leiden 1972.
Pollak, M., *Mandarins, Jews and Missionaries,* Philadelphia, Pa. 1980.
White, W. C., *Chinese Jews,* 2. Aufl., Toronto 1966.

**Die sephardische Diaspora**

Braude, B., u. Lewis, B., *Christians and Jews in the Ottoman Empire,* 2 Bde., New York 1982.
Roth, C., *A History of the Marranos,* Philadelphia, Pa. 1932.
ders., *The House of Nasi,* 2 Bde., Philadelphia, Pa. 1948.

**Die aschkenasische Diaspora**

Agus, I. A., *The Heroic Age of Franco-German Jewry,* New York 1969.
Dubnow, S. M., *History of the Jews in Russia and Poland,* 3 Bde., Philadelphia, Pa. 1916 ff.
Shulvass, M. A., *From East to West,* Detroit, Mich. 1971.
ders., *Jewish Culture in Eastern Europe: The Classical Period,* New York 1975.

**Am Übergang zur Moderne**

Adler, H. G., *Die Juden in Deutschland. Von der Aufklärung bis zum Nationalsozialismus,* München 1960.
Altmann, A., *Moses Mendelssohn,* London 1973.
Berlin, I., *The Life and Opinions of Moses Hess,* Cambridge 1959.
Duker, A. G., u. Ben Horin, M., *Emancipation and Counter-Emancipation,* New York 1974.
Greive, H., *Die Juden. Grundzüge ihrer Geschichte im mittelalterlichen und neuzeitlichen Europa,* 2. Aufl., Darmstadt 1982.
Jehouda, J., *The Five Stages of Jewish Emancipation,* New Brunswick, N. J. 1966.
Katz, J., *Out of the Ghetto,* Cambridge, Mass. 1973.
Liebeschütz, H., *Die Juden im deutschen Geschichtsbild von Hegel bis Marx,* Tübingen 1967.
Mahler, R., *A History of Modern Jewry 1780–1815,* London/New York 1971.
Marx, K., *Zur Judenfrage,* Berlin 1919.
Meisl, J., *Geschichte der Juden in Polen und Rußland,* Berin 1921–25.
Roth, C., *A Life of Menasseh Ben Israel, Rabbi, Printer and Diplomat,* Philadelphia, Pa. 1934.
Rürup, R., *Emanzipation und Antisemitismus. Studien zur Judenfrage der bürgerlichen Gesellschaft,* Göttingen/Zürich 1975.
Schwartzfuchs, S., *Napoleon, the Jews and the Sanhedrin,* Madison, N. J. 1980.
Toury, J., *Soziale und politische Geschichte der Juden in Deutschland 1847–1871,* Düsseldorf 1977.

**Antisemitismus, Zionismus und der Staat Israel**

Adam, U. B., *Judenpolitik im Dritten Reich,* Düsseldorf 1972.
Bauer, Y., *From Diplomacy to Resistance,* Philadelphia, Pa. 1970.
Begin, M., *The Revolt,* London 1959.
Dawidiwicz, L. S., *The War against the Jews, 1933–1945,* London 1977; dt. *Der Krieg gegen die Juden. 1933–1945,* München 1979.
Elbogen, I., *A Century of Jewish Life,* Philadelphia, Pa. 1966; dt. *Ein Jahrhundert jüdischen Lebens. Die Geschichte des neuzeitlichen Judentums,* Frankfurt a. M. 1967.
Frankel, J., *Prophecy and Politics,* Cambridge 1982.
Gilbert, M., *Atlas of the Holocaust,* London 1982; dt. *Endlösung. Die Vertreibung und Vernichtung der Juden. Ein Atlas,* Reinbek 1982.
Grayzel, S., *A History of Contemporary Jews,* Philadelphia 1960.
Grunwald, K., *Turkenhirsch,* New York 1960.
Herzog, C., *The War of Atonement,* London 1975; dt. *Entscheidung in der Wüste,* Berlin 1975.
Howe, I., *World of Our Fathers,* Boston, Mass. 1976.
Khalidi, W., *From Heaven to Conquest,* Beirut 1971.
Kimche, D., u. Bawly, D., *The Sandstorm: the Arab-Israeli War of 1967,* London 1968.
Mann, G., *Der Antisemitismus. Wurzeln, Wirkung und Überwindung,* München 1960.
Massing, P. W., *Vorgeschichte des politischen Antisemitismus,* Frankfurt a. M. 1959.
Kurzman, D., *Genesis, 1948,* London 1972.
Laqueur, W., *A History of Zionism,* New York/London 1972; dt. *Der Weg zum Staat Israel. Geschichte des Zionismus,* Wien 1981.
ders., *The Israel/Arab Reader,* London 1969.
Lee, S. J., *Moses of the New World,* New York 1970.
Levin, N., *Jewish Socialist Movements,* 1871–1977, London 1978.
ders., *Holocaust,* New York 1965.
Parkes, J., *Antisemitism,* London 1963; dt. *Antisemitismus,* München 1984.
Poliakov, L., und Wulf, J., *Das Dritte Reich und die Juden,* Berlin 1955.
Reitlinger, G., *The Final Solution,* London 1953. dt. *Die Endlösung. Hitlers Versuch der Ausrottung der Juden Europas 1939–1945,* Frankfurt a. M. 1979.
Rischin, M., *The Promised City,* Cambridge, Mass. 1962.
Sartre, J. P., *Betrachtungen zur Judenfrage. Psychoanalyse des Antisemitismus,* Zürich 1948.
Sachar, H., *The Course of Modern Jewish History,* London 1958.
Schoenberger, G., *Der gelbe Stern. Die Judenverfolgung in Europa 1933–1945,* Hamburg 1960.
Sharef, Z., *Three Days,* London 1962.
Stein, L., *The Balfour Declaration,* London 1961.
Sykes, C., *Cross Roads to Israel,* London 1965; dt. *Kreuzzüge nach Israel,* München 1967.
Tal, U., *Christians and Jews in Germany,* Ithaca, N. Y./London 1975.
Vital, D., *The Origins of Zionism,* Oxford 1975.
ders., *Zionism: the Formative Years,* Oxford 1982.
Waller, K., *Die Rassenlehre des Nationalsozialismus in Wissenschaft und Propaganda,* Darmstadt 1961.
Wilson, S., *Ideology and Experience: Anti-Semitism in France at the Time of the Dreyfus Affair,* Rutherford, N. J. 1982.
Wistrich, S., *Socialism and the Jews,* New York 1982.


## TEIL 2: ASPEKTE JÜDISCHEN LEBENS


**Die jüdische Identität**

Deutscher, I., *The Non-Jewish Jew,* Oxford 1968. dt. *Die ungelöste Judenfrage. Zur Dialektik von Antisemitismus und Zionismus,* Berlin 1976.
Gay, P., *Freud, Jews and Other Germans,* Oxford 1979.
Herman, S. N., *Jewish Identity,* Beverly Hills, Calif./London 1977.
ders. *Israelis and Jews,* New York 1970.
Leon, A., *The Jewish Question: a Marxist Interpretation,* Mexico City 1950.
Litwin, B., u. Hoenig, S. B. (Hg.), *Jewish Identity,* New York 1965.
Marmur, D., *Beyond Survival,* London 1982.
Mendes-Flohr, P. R., u. Reinharz, J., *The Jew in the Modern World,* New York/Oxford 1980.
Meyer, M. A., *The Origins of the Modern Jew,* Detroit, Mich. 1967.
Mourant, A. E., *The Genetics of the Jews,* Oxford 1978.
Segré, D. V., *A Crisis of Identity - Israel and Zionism,* Oxford 1980.
Voronel, A., u. Yakhot, V. (Hg.), *Jewishness Rediscovered,* New York 1974.

**Gemeindestruktur/Familienstruktur**

Abrahams, I., *Jewish Life in the Middle Ages,* 2. Aufl., London 1932.
Freedman, S. E., *The Book of Kashruth,* New York 1970.
Fried, J., *Jews and Divorce,* New York 1968.
Grossinger, J., *The Art of Jewish Cooking,* New York 1958.
Lamm, M., *The Jewish Way in Death and Mourning,* New York 1969.
Rosenthal, G. S. (Hg.), *The Jewish Family in a Changing World,* New York 1970.
Schauss, H., *The Lifetime of a Jew,* New York 1950.
Schlesinger, B., *The Jewish Family,* Toronto 1971.
Sharot, S., *Judaism: Sociology,* Newton Abbot 1976.
Zborowski, M., u. Herzog, E., *Life is with the People,* New York 1962.

**Der Judaismus**

Baeck, L., *The Essence of Judaism,* New York 1948; dt. *Das Wesen des Judentums,* Bonn, 1981.
Bamberger, B. J., *The Story of Judaism,* 3. Aufl., New York 1970.
Ben-Chorin, S., *Jüdischer Glaube,* 2. Aufl., Tübingen 1979.
Blau, J. L., *Modern Varieties of Judaism,* New York 1966.
Buber, M., *Origin and Meaning of Hasidism,* New York 1960.
ders., *Die chassidischen Bücher,* Hellerau 1928
Davis, M., *The Emergence of the Conservative Judaism,* Philadelphia, Pa. 1963.
Dubnow, S., *Geschichte des Chassidismus* (übers. aus dem Hebräischen), Berlin 1931–32.
Glazer, N., *American Judaism,* Chicago, Ill. 1957.
Guttmann, J., *Philosophies of Judaism,* Philadelphia Pa. 1964; dt. *Die Philosophie des Judentums,* München 1933.
Herberg, W., *Judaism and Modern Man,* Philadelphia, Pa. 1951.
Idelsohn, A. Z., *Jewish Liturgy and its Development,* New York 1932.
Jacobs, L., *A Jewish Theology,* London 1914.
ders., *Hasidic Prayer,* London 1973.
Kaplan, M. M., *Judaism as a Civilization,* New York 1934.
Kohler, K., *Jewish Theology,* New York 1918.
Lilker, L., *Kibbutz Judaism.,* Darby, Pa. 1982.

Mair, J., *Geschichte der jüdischen Religion,* Berlin 1972.
Maybaum, I., *Trialogue Between Jew, Christian and Muslim,* London 1973.
ders., *Happiness Outside the State,* Stockfield, Northumberland 1980.
Moore, G. F., *Judaism in the First Centuries of the Christian Era,* 3 Bde., Cambridge, Mass. 1927–30.
Peters, F. E., *Children of Abraham,* Princeton, N. J. 1982.
Petuchowski, J. J., *Understanding Jewish Prayer,* New York 1972; dt. *Beten im Judentum* [Ausz.], Katholisches Bibelwerk 1976.
Philipson, D., *The Reform Movement in Judaism,* 2. Aufl., New York 1931.
Prijs, L., *Die jüdische Religion. Eine Einführung.* München 1977.
Ringgren, H., *Israelitische Religion,* Stuttgart 1963.
Scholem, G. G., *Major Trends in Jewish Mysticism,* 3. Aufl., New York 1954/London 1955; dt. *Die jüdische Mystik in ihren Hauptströmungen,* Frankfurt a. M. 1980.
ders., *On the Kabbalah and its Symbolism,* New York 1965.; dt. *Zur Kabbala und ihrer Symbolik,* Frankfurt a. M. 1960.
ders., *Sabbatai Sevi,* 2 Bde., Princeton, N. J. 1973.
Schwab, H., *The History of Orthodox Jewry in Germany,* London 1951.
Silver, A. H., *A History of Messianic Speculation in Israel,* New York 1927.
Sklare, M., *Conservative Judaism,* New York 1955.
Stone, M. E., *Scriptures, Sects and Visions,* Philadelphia, Pa. 1980.
Trachtenberg, J., *Jewish Magic and Superstition,* New York 1939.
Wiener, M., *Jüdische Religion im Zeitalter der Emanzipation,* Berlin 1933.

**Sprache und Literatur**

Balkin, S., *Modern Hebrew Literature,* New York 1970.
ders. *Major Trends in Modern Hebrew Literature,* New York 1970.
Baumgarten, M., *City Scriptures,* Cambridge, Mass. 1983.
Bergsträßer, G., *Einführung in die semitischen Sprachen,* München 1928 [Neudruck 1963].
Carmi, T. (Hg.), *The Penguin Book of Hebrew Verse,* Harmondsworth 1981.
Fellmann, J., *The Revival of a Classical Tongue,* La Hague/Paris 1973.
Guttman, A., *The Jewish Writer in America,* New York 1971.
Gutmann, J., *Buchmalerei in hebräischen Handschriften,* München 1978.
Greenspan, J. S., *Hebrew Calligraphy,* New York 1981.
Karpeles, G., *Geschichte der jüdischen Literatur,* 3. Aufl. Berlin 1920–21 [Nachdruck Graz 1963].
Kutscher, E. Y., *A History of the Hebrew Language,* Jerusalem/Leiden 1982.
Liptzin, S., *History of the Yiddish Literature,* New York 1972.
Navé, P., *Die neue hebräische Literatur,* Bern/München 1962.
Prijs, L. G. (Hg.), *Hauptwerke der hebräischen Literatur,* München 1978.
Schwartz, H., u. Rudolf, A. (Hg.), *Voices Within the Ark,* New York 1981.
Silberschlag, E., *From Renaissance to Renaissance,* 2 Bde., New York 1973–77.
Sinclair, C., *The Brothers Singer,* New York 1982.
Stemberger, G., *Geschichte der jüdischen Literatur,* München 1977.
Waxman, M., *A History of Jewish Literature,* 5 Bde., New York 1960.
Weinrich, M., *History of the Yiddish Language,* Chicago, Ill. 1980.

**Die Folgen des Holocaust**

Adam, U., *Judenpolitik im Dritten Reich,* Frankfurt a. M., 1979.
Adler, H. G., *Der verwaltete Mensch. Studien zur Deportation der Juden aus Deutschland,* Tübingen 1974.
ders., *Auschwitz. Zeugnisse und Berichte,* Frankfurt a. M. 1979.
Arendt, H., *Eichmann in Jerusalem,* New York 1963; dt. *Eichmann in Jerusalem. Ein Bericht von der Banalität des Bösen,* Reinbek 1978.
Bauer, Y., *The Holocaust in Historical Perspective,* London 1978.
Berkovits, E., *Faith after the Holocaust,* New York 1973.
Blatter, J., u. Milton, S., *Art of Holocaust,* London 1982.
Brenner, R. R., *The Faith and Doubt of Holocaust Survivors,* New York/London 1980.
Cohen, A. A. (Hg.), *Arguments and Doctrines,* Philadelphia, Pa. 1970.
Davies, A. T., *Antisemitism and the Christian Mind,* New York 1969.
Eckardt, A. R., *Elder and Younger Brothers,* New York 1967.
Fleischner, E. (Hg.), *Ausschwitz: Beginning of a New Era ?,* New York 1977.
Friedlander, A. H. (Hg.), *Out of the Whirlwind,* New York 1968.
Katz, S. T., *Post-Holocaust Dialogues,* New York 1983.
Kogon, E., u. a., *Gott nach Auschwitz,* Freiburg 1981.
ders., *Der SS-Staat,* München 1974.
Kren, G. M., u. Rappaport, L., *The Holocaust and the Crisis of Human Behaviour,* London/New York 1981.
Leiser, E., *Leben nach dem Überleben, Begegnungen und Schicksale,* Frankfurt a. M., 1982.
Maybaum, I., *The Face of God after Auschwitz,* Amsterdam 1965.
Niederland, W., *Folgen der Verfolgung: Das Überleben-Syndrom,* Frankfurt a. M. 1980.
Oz, A., *Touch the Water, Touch the Wind,* New York 1974.
Reitlinger, G., *Die Endlösung,* 5. Aufl., Berlin 1979.
Rubenstein, R., *After Auschwitz,* Indianapolis, Ind. 1966.
Thomas, D. M., *The White Hotel,* London/New York 1981.
Wiesel, E., *Night,* New York 1960; dt. *Die Nacht,* Gütersloh 1980.

**Die zionistische Bewegung**

Avineri, S., *The Making of Modern Zionism,* New York 1981.
Boehm, A., *Die zionistische Bewegung,* Tel Aviv 1935–37.
Brodetsky, *Memoirs,* London 1960.
Elon, A., *Herzl,* London 1975.
ders., *Old-New Land,* New York 1960.
Gelber, N. N., *Die Vorgeschichte des Zionismus,* Wien 1927.
Gilbert, M., *Exile and Return,* London 1978.
Goldmann, N., *Memories,* New York 1969.
Halpern, B., *The Idea of the Jewish State,* 2. Aufl., Cambridge, Mass. 1969.
Hertzberg, A., *The Zionist Idea,* New York 1960.
Herzl, Th., *Der Judenstaat. Versuch einer modernen Lösung der jüdischen Frage,* Wien 1896 [Neudruck Osnabrück 1968].
Hess, M., *Rom und Jerusalem,* Leipzig 1862 [Neudruck Tel Aviv 1935].
Kohn, H. (Hg.), *Nationalism and the Jewish Ethic,* New York 1962.
Pearlman, M., *Ben Gurion Looks Back,* London 1965; dt. *Gespräche mit Ben Gurion,* München 1966.
Pinsker, L., *Autoemanzipation. Mahnruf an seine Stammesgenossen von einem russischen Juden,* Berlin 1882.
Simon, L., *Ahad Ha'am,* Philadelphia, Pa. 1960.
Viscount Samuel, *Memoirs,* London, 1945.
Weizmann, C., *Trial and Error.* New York/London 1949.
Wise, S., *Autobiography,* New York 1959.

TEIL 3: DIE HEUTIGE JÜDISCHE WELT

Bachi, R., *Population Trends of World Jewry,* Jerusalem 1976.
Federbush, S. (Hg.), *World Jewry Today,* New York/London 1959.
Ruppin, A., *The Jews in the Modern World,* London 1934.
Schmelz, U. O., *World Jewish Population: Estimates and Projections,* Jerusalem, 1981.

**Nordamerika**
**Vereinigte Staaten**

American Jewish Committee (Hg.), *American Jewish Year Book,* Philadelphia, Pa. jährl.
Birmingham, S., *Our Crowd; the Great Jewish Families of New York,* New York 1967; dt. *In unseren Kreisen,* Frankfurt a. M./Berlin 1969.
ders., *The Grandees: Americas Sephardic Elite,* New York 1971.
Blau, J. L., *Judaism in America,* Chicago 1976.
Blau, J. L., u. Baron, S. W. (Hg.), *The Jews of the United States 1790–1840: Documentary, History* 3 Bde., New York/Philadelphia, Pa. 1963.
Brotz, H. M., *The Black Jews of Harlem,* New York 1970.
Cohen, N. W., *Not Free to Desist,* Philadelphia, Pa. 1972.
Feingold, H. L., *Zion in America,* New York 1974.
Heilman, S. C., *Synagogue Life,* Chicago, Ill. 1976.
Learsi, R., *The Jews in America,* 2. Aufl., New York 1972.
Martin, B. (Hg.), *Movements and Issues in American Judaism: an Analysis and Sourcebook of Developments since 1945,* Westport, Conn. 1978.
Mirsky, N., *Unorthodox Judaism,* Columbus, OH. 1978.
Poll, S., *The Hasidic Community of Williamsburg,* New York 1962.
Sidorski, D. (Hg.), *The Future of the Jewish Community in America,* New York 1973.
Sklare, M. (Hg.), *Understanding American Jewry,* New York 1982.
Thorwald, J., *Das Gewürz. Die Saga der Juden in Amerika,* München 1978.

**Kanada**

Balkin, S., *Through Narrow Gates,* Montreal 1966.
Kage, J., *With Faith and Thanksgiving,* Montreal 1962.
Levine, N., *Canada Made Me,* London 1959; dt. *Kanada hat mich gemacht,* Hamburg/Düsseldorf 1967.
Richler, M., *The Apprenticeship of Duddy Kravitz,* London 1959.
ders., *St. Urbain's Horseman,* London 1971; dt. *Der Traum des Jakob Hirsch.* München 1980.
Rosenberg, S. E., *The Jewish Community of Canada,* 2 Bde., Toronto/Montreal 1970–71.

**Lateinamerika**

Beller, J., *Jews in Latin America,* New York 1969.
Cohen, R. (Hg.), *The Jewish Nation in Surinam,* Amsterdam 1982.
Elkin, J. L., *Jews of the Latin American Republics,* Chapel Hill, N. 1980.
Emmanuel, I. S., u. Emmanuel, S. A., *History of the Jews of the Netherlands Antilles,* 2 Bde., Cincinnati, OH. 1970.
Gerchunow, A., *The Jewish Gauchos of the Pampas,* New York 1955.
Lerner, I. T., *Mexican Jewry in the Land of the Aztecs,* 3. Aufl., Mexico 1973.
Liebman, S. B., *The Jews in New Spain Coral Gables,* Fla. 1970.
Sable, M. H., *Latin American Jewry: a Research Guide,* Cincinnati, OH. 1978.
Weisbrot, R., *The Jews of Argentinia from the Inquisition to Perón,* Philadelphia, Pa. 1979.
Winsberg, M. D., *Colonia Baron Hirsch,* Gainesville, Fla. 1964.
Wiznitzer, A., *Jews in Colonial Brazil,* New York 1960.

**Europa**
**Großbritannien**

Bermant, C., *Troubled Eden,* London 1969.
Fishman, W. J., *East End Radicals,* London 1975.
Gainer, B., *The Alien Invasion: the Origins of the Aliens Act of 1905,* London 1972.
Gartner, L. P., *The Jewish Immigrant in England,* 2. Aufl., London 1973.
Gould, J., u. Esh, S. (Hg.), *Jewish Life in Modern Britain,* London 1964.
Hyman, L., *The Jews of Ireland from the Earliest Times to the Year 1910,* London/Jerusalem 1972.
Lipman, V. D., *Social History of the Jews in England 1850–1950,* London 1954.
Lipman, S. L., u. Lipman, V. D. (Hg.), *Jewish Life in Britain 1962–77,* München 1981.
Pollins, H., *Economic History of the Jews in England,* London 1982.
Roth, C., *A History of the Jews in England,* 3. Aufl., Oxford 1964.
Salbstein, M. c. N., *The Emancipation of the Jews in Britain,* London 1983.

**Frankreich**

Cohen-Albert, P., *The Modernization of French Jewry,* Hanover, N. H. 1977.
Hyman, P., *From Dreyfus to Vichy,* New York 1979.
Marrus, M. R., u. Paxton, R. O., *Vichy France and the Jews,* New York 1981.
Schnapper, D., *Jewish Identities in France,* Chicago, Ill. 1983.
Weinberg, D. H., *A Community on Trial,* Chicago, Ill./London 1977.

**Deutschland**

Adler, H. G., *Die Juden in Deutschland. Von der Aufklärung bis zum Nationalsozialismus,* München 1960.
Broder, M. (Hg.), *Fremd im eigenen Land. Juden in der Bundesrepublik,* Frankfurt a. M. 1980.
Ehrlich, E. L., *Geschichte der Juden in Deutschland,* 2. Aufl., Düsseldorf 1958.
Elbogen, I., u. Sterling, E., *Die Geschichte der Juden in Deutschland,* Frankfurt a. M. 1966 [Bibliographie].
Engelmann, B., *Deutschland ohne Juden. Eine Bilanz.,* München 1970.
Fleischmann, L., *Dies ist nicht mein Land,* Hamburg 1980.
Gershon, K., *Postscript,* London 1969.
Hamburger, E., *Juden im öffentlichen Leben Deutschlands. Regierungsmitglieder, Beamte und Parlamentarier in der monarchischen Zeit 1848–1918,* Tübingen 1968.
Katcher, L., *Post Mortem,* London 1968.
Löwenthal, M., *The Jews of Germany,* Philadelphia, Pa. 1936/London 1939.
Marcus, J. R., *The Rise and Destiny of the German Jew,* New York 1973.
Niewyk, D. L., *The Jews in Weimar Germany,* Baton Rouge, La. 1980.
Sievers, L., *Juden in Deutschland. Die Geschichte einer zweitausendjährigen Tragödie,* Hamburg 1977.

**Österreich**

Drabek, A., u. a. [Hg.], *Das österreichische Judentum,* 2. Aufl., Wien/München 1982.
Frankel, J. (Hg.), *The Jews of Austria,* 2. Aufl., London 1970.
Wilder-Okladek, F., *The Return Movement of Jews to Austria,* La Hague 1969.

**Dänemark**

Melchior, M., *A Rabbi Remembers,* London 1968.
Yahil, L., *The Rescue of Danish Jewry,* Philadelphia, Pa. 1969.

**Spanien**

Aronsfeld, C. C., *The Ghosts of 1492,* New York 1979.
Torroba Bernaldo de Quirós, F., *The Spanish Jews,* Madrid o. D.

**Italien**

Hughes, H. S., *Prisoners of Hope,* Englewood Cliffs, N. J. 1983.
*Michaelis, Mussolini and the Jews,* Oxford 1978.
Roth, C., *The History of the Jews in Italy,* Philadelphia, Pa. 1946.

**Osteuropa**

Lendvai, P., *Antisemitism in Eastern Europe,* London 1971; dt. *Antisemitismus ohne Juden,* Wien 1972.
Meyer, P., *The Jews in the Soviet Satellites,* Syracuse, N. Y. 1953.
Mendelsohn, E., *The Jews of East Central Europe Between the World Wars,* Bloomington, Ind. 1983.
Vago, B., u. Mosse, G. L., *Jews and Non-Jews in Eastern Europe 1918–1945,* New Brunswick, N. J./Jerusalem 1974.

**Ungarn**

Bihl, W., u. a., *Zur Geschichte der Juden in den östlichen Ländern der Habsburgermonarchie,* Wien 1980.
Braham, R. L. (Hg.), *Hungarian-Jewish Studies,* New York 1966.
Katzburg, N., *Hungary and the Jews, 1920–1943,* Tel Aviv 1981.
McCagg, W. O., *Jewish Nobles and Geniuses in Modern Hungary,* Boulder, Colo. 1972.

**Rumänien**

Baron, S., *The Jews in Rumania,* Philadelphia, Pa. 1930.
Cohen, I., *The Jews in Rumania,* London 1938.

**Tschechoslowakei**

Lion, J., u. Lukas, J., *The Prague Ghetto,* London o. J.; dt. *Das Prager Ghetto,* Prag 1959.
*The Jews of Czechoslovakia,* Philadelphia, Pa./New York 1968.

**Polen**

Dobroszycki, L., u. Kirshenblatt-Gimblett, B., *Image before My Eyes: Photographic History of Jewish Life in Poland, 1864–1939,* New York 1977.
Fuks, M., *Polish Jewry: History and Culture,* Warschau 1982.
Gutman, Y., *The Jews of Warsaw 1939–1942,* Brighton 1983.
Heller, C. S., *On the Edge of Destruction,* New York 1977.
Krannhals, H. v., *Der Warschauer Aufstand,* München 1964.
Marcus, J., *Social and Political History of the Jews in Poland, 1919–1939,* Berlin 1983.
Melezin, A., *Particulars about the Demographic Processes among the Jewish Population of the Towns: Lodz, Cracow, Lublin, during the Occupation Period 1939–1945,* Lodz 1946.
Rabinowicz, H. M., *The Legacy of Polish Jewry,* New York 1965.
Vinecour, E., u. Fishman, C., *Polish Jews: the Final Chapter,* New York 1977.

**Kleine Balkangemeinden**

Angel, M. D., *The Jews of Rhodes,* New York 1978.
Argenti, P., *The Religious Minorities of Chois,* Cambridge 1971.
Freidenreich, H. P., *The Jews of Yugoslavia,* Philadelphia, Pa. 1979.
Tamir, V., *Bulgaria and her Jews,* New York 1979.

**Sowjetunion**

Azbel, M., *Refusenik,* London 1981.
Baron, S. W., *The Russian Jew under Tsars and Soviets,* 2. Aufl., New York 1976.
Emiot, I., *The Birobidzhan Affair: a Yiddish Writer in Siberia,* Philadelphia, Pa. 1982.
Gilboa, Y. A., *The Black Years of Soviet Jewry, 1939–1953,* Boston 1971.
Ginzburg, E. S., *Into the Whirlwind,* London 1967.
ders., *Within the Whirlwind,* London 1981.
Gitelman, Z. Y., *Jewish Nationality and Soviet Politics,* Princeton, N. J. 1972.
Kochan, L. (Hg.), *The Jews in Soviet Russia since 1917,* 3. Aufl., Oxford 1978.
Mandelstam, N., *Hope against Hope,* London 1971; dt. *Das Jahrhundert der Wölfe,* Frankfurt a. M. 1971.
ders., *Hope Abandoned,* London 1974.
Rothenberg, J., *The Jewish Religion in the Soviet Union,* New York 1971.
Sawyer, T. E., *The Jewish Minority in the Soviet Union,* Boulder, Colo./Folkestone 1979.
Schulman, E., *A History of Jewish Education in the Soviet Union,* New York 1971.

**Israel**

Abramov, S. Z., *Perpetual Dilemma,* New York 1976.
Baker, H. E., *The Legal System of Israel,* Jerusalem 1968.
Ben-Gurion, D., *Israel. Die Geschichte eines Staates,* Frankfurt a. M. 1973.
Birnbaum, E., *The Politics of Compromise,* Rutherford 1970.

Colbi, S. P., *Christianity in the Holy Land Past and Present,* Tel Aviv 1969.
Davis, M. (Hg.), *World Jewry and the State of Israel,* New York 1977.
Diskin, A., *Das politische System Israels,* Köln 1980.
Eisenstadt, S. N., *Israeli Society,* New York 1967; dt. *Die israelische Gesellschaft,* Stuttgart 1973.
Elon, A., *The Israelis: Founders and Sons,* London 1971; dt. *Die Israelis: Gründer und Söhne,* Wien/München 1972.
Fein, L., *Politics in Israel,* Boston, Mass. 1967.
Flores, A., *Palästinenser in Israel,* Frankfurt a. M. 1983.
Frankel, W., *Israel Observed,* London 1980.
Friedlander, D., u. Goldschneider, C., *The Population of Israel,* New York 1979.
Freudenheim, Y., *Government in Israel,* New York 1967.
Jiryis, S., *The Arabs in Israel, 1948–1966,* Beirut 1968.
Krupp, K., *Zionismus und Staat Israel,* Gütersloh 1983.
Landau, J. M., *The Arabs in Israel,* Oxford 1969.
Laqueur, W., *Der Weg zum Staat Israel,* Wien 1981.
Liegle, L., *Familie und Kollektiv im Kibbuz,* 5. Aufl., Weinheim 1979.
Lucas, N., *The Modern History of Israel,* London 1974.
Marmorstein, E., *Heaven at Bay,* Oxford 1969.
Patai, R., *Israel between East and West,* Philadelphia, Pa. 1953.
Penniman, H. R. (Hg.), *Israel at the Polls,* New York 1979.
Sachar, H. M., *A History of Israel,* Oxford 1977.
ders., *Aliyah,* Cleveland, Oh. 1961.
Seligmann, R., *Israels Sicherheitspolitik,* München 1982.
Sicron, M., *Immigration to Israel 1948–1953,* Jerusalem 1954.
Zander, W., *Israel and the Holy Places of Christendom,* London 1971.

#### Andere asiatische Länder

Cohen, H. J., *The Jews of the Middle East 1860–1972,* Jerusalem 1973.
Dicker, H., *Wanderers and Settlers in the Far East,* New York 1962.
Landshut, S., *Jewish Communities in the Muslim Countries of the Middle East,* London 1950.
Lestschinsky, J., *Jews in Moslem Lands,* New York 1946.
Loeb, L. D., *Outcasts: Jewish Life in Southern Iran,* New York 1977.
Roth, C., *The Sassoon Dynasty,* London 1941.
Sassoon, D. S., *A History of the Jews in Baghdad,* Letchworth 1949.
Strizower, S., *The Children of Israel,* Oxford 1971.

#### Afrika

Chouraqui, A., *Between East and West,* Philadelphia, Pa. 1968.
Gitlin, M., *The Vision Amazing,* Johannesburg 1950.
Hirschberg, H. Z., *A History of the Jews in North Africa,* 2 Bde., Leiden 1972–81.
Landau, J. M., *Jews in the Nineteenth-Century Egypt,* New York/London 1969.
Saron, G., u. Hotz, L. (Hg.), *The Jews in South Africa,* Cape Town 1955.
Shimoni, G., *Jews and Zionism: the South African Experience 1910–1967,* Kapstadt 1980.

#### Australien/Neuseeland

Getzler, I., *Neither Toleration, Nor Favour: the Australian Chapter of Jewish Emancipation,* Melbourne 1970.
Goldman, L. M., *The History of the Jews in New Zealand,* Wellington 1958.
Medding, P. Y., *From Assimilation to Group Survival,* Melbourne 1968.
ders. (Hg.), *Jews in Australian Society,* Melbourne 1973.
Price, C. A., *Jewish Settlers in Australia,* Canberra 1964.

# REGISTER

*Kursiv* gesetzte Seitenangaben weisen auf Bilder bzw. Bildlegenden hin.

# REGISTER GEOGRAPHISCHER NAMEN

Nachstehend sind bedeutende Orte der jüdischen Geschichte aufgeführt. Wo es angebracht erschien, sind variierende Namensformen und die Länder, wo sie heute liegen, angegeben.

TYPVS CHOROGRAPHICVS, CELEBRIVM LOCORVM IN REGNO IVDAE ET ISRAHEL.
arte factus à Tilemanno Stella Sigenensi.
EXPLICATIONES CHARACTERVM POSITIONIS.
Metropoles et vrbes insigniores.
Minus insignes.
Pagi, vici et villæ.
Ciuitates sacerdotales et refugij.
Vrbes Philistinorum, quę alias quinque regiæ, vel reguli vocari solent. Iosu. 13.
Loca pertinentia ad tribum Ephraim.
Loca pertinentia ad tribum Simeon.
Hæc loca per notas peculiares à ceteris discernere coacti sumus, quia per vicinas tribus dispersa, certis limitibus circumscribi non potuerunt.
MARE MAGNVM, SIVE MARIS ME.
Michmethath
SA M A
Bethehoron
Galgulis
Diospolis et Lidda
Ioppe
Antipatris
Arimathea
Azotus
DAN
THAMNITICA PRAEFECTVRA.
BENIAMIN
Ascalon
Enachim.
Amorræi
Gath
SIMEON.
Philistim.
Sephala uel Rephaim vallis.
IVDAEA
Chebron
Gaza
Daroma Interior.
Maon
Daroma Exterior.
EDOM et Pharam,
VEL IDVMAEA.